江苏省现代服务业发展研究报告

2019

主编　张为付

南京大学出版社

图书在版编目（CIP）数据

江苏省现代服务业发展研究报告.2019/张为付主
编.—南京：南京大学出版社，2020.6
ISBN 978-7-305-23213-8

Ⅰ.①江…　Ⅱ.①张…　Ⅲ.①服务业—经济发展—研
究报告—江苏—2019　Ⅳ.①F726.9

中国版本图书馆 CIP 数据核字（2020）第 077437 号

出版发行　南京大学出版社
社　　址　南京市汉口路 22 号　　　邮　　编　210093
出 版 人　金鑫荣

书　　名　**江苏省现代服务业发展研究报告（2019）**
主　　编　张为付
责任编辑　王日俊
助理编辑　秦　露

照　　排　南京开卷文化传媒有限公司
印　　刷　虎彩印艺股份有限公司
开　　本　880×1230　1/16　印张 28.75　字数 802 千
版　　次　2020 年 6 月第 1 版　　2020 年 6 月第 1 次印刷
ISBN 978-7-305-23213-8
定　　价　480.00 元

网　　址：http://www.njupco.com
官方微博：http://weibo.com/njupco
官方微信号：njupress
销售咨询热线：(025)83594756

　　本书为江苏省发展和改革委员会服务业重大课题、江苏高校优势学科建设工程(PAPD)、江苏高校现代服务业协同创新中心、江苏高校人文社会科学校外研究基地"江苏现代服务业研究院"和江苏省重点培育智库"现代服务业智库"研究成果。

　　本书出版得到江苏省服务业重大课题专项资金、江苏高校优势学科建设工程(PAPD)、江苏高校现代服务业协同创新中心、江苏高校人文社会科学校外研究基地"江苏现代服务业研究院"和江苏省重点培育智库"现代服务业智库"的资助。

书　　名:江苏省现代服务业发展研究报告(2019)

主　　编:张为付

出版社:南京大学出版社

目 录
Contents

综 合 篇
Part Ⅰ Comprehensive Report

区 域 篇
Part Ⅱ Area Report

行　业　篇

Part Ⅲ Industrial Report

集聚区篇

Part IV Cluster Report

举 措 篇

Part Ⅴ Action Articles

政 策 篇

Part Ⅵ Political Report

数　据　篇
Part Ⅶ Data Report

综合篇

第一章　2018年江苏省现代服务业发展概况

2018年,江苏现代服务业按照"优势互补、一体联动、合作共赢"的发展理念,抢抓国家战略在江苏实施形成的交汇叠加效应机遇,加快构筑以南京、苏州和徐州三大区域性服务业创新发展高地,沿江、沿海、沿东陇海及沿运河四大服务业发展带,宁镇扬、锡常泰、(沪)苏通、淮海城市群等多个服务业发展重要板块,打造形成"三高地四带多板块"的覆盖城乡、产业特色鲜明、辐射强劲的现代服务业空间发展框架。2018年,江苏服务业保持总体平稳较快的发展态势,产业规模继续扩张,占GDP比重稳步攀升,内部结构不断优化,发展质态持续向好。服务业领跑全省经济增长,在促进经济平稳健康发展中的动力引擎作用进一步增强。在服务业对经济增长的贡献率比上年提高的同时,服务业在税收贡献、就业贡献、利用外资贡献等方面均达到新水平。生产性服务业、服务业新兴行业和龙头企业的引领支撑作用进一步彰显。服务业龙头企业加快成长壮大,市场影响力和品牌知名度日益提高,互联网和相关服务等新兴行业增长势头强劲,现代服务新产业、新技术、新业态、新模式不断涌现。高附加值的生产性服务业发展质量和效益加快提升,商务服务业、道路运输业、软件和信息技术服务业、专业技术服务业等五大行业的规上营业收入超千亿元,与制造业发展呈现良性的双向互动效应。[①]

一、江苏现代服务业发展的现状分析

(一)服务业领跑GDP增长,产业结构调整实现标志性转变

2018年,江苏服务业增加值增速快于地区生产总值增速。数据显示,全省实现服务业增加值47205.2亿元,比上年增长7.9%,高出地区生产总值增速1.2个百分点。全省服务业增加值占地区生产总值比重为51.0%,比上年提高0.7个百分点,服务业占比超过第二产业占比6.5个百分点。

根据行业大类增加值情况来看,营利性服务业、非营利性服务业、交通运输和仓储邮电业增长较快,成为拉动服务业较快增长的主要动力。其中,营利性服务业增加值增长13.5%,非营利性服务业增长7.8%,交通运输、仓储和邮政业增长7.4%。房地产业增加值增速继续放缓,增长1.8%,比上年回落1.3个百分点。

服务业用电量保持较快增长。2018年,全省服务业用电量为875.3亿千瓦时,增长14.2%,同比加快1.2个百分点,高出全社会用电量增速8.7个百分点。分行业看,各行业用电量均实现正增

---

① 陆建康,李兴华,姚华荣,周正辉:数据剖析2018江苏服务业高质量发展[N].新华日报,2019年2月28日(17版).

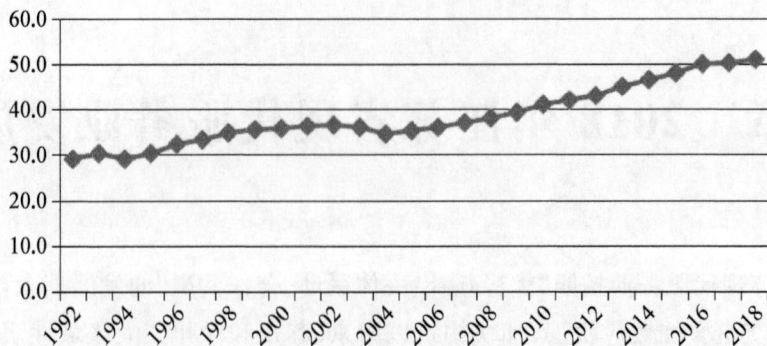

图1　1992—2018年江苏省第三产业占地区生产总值比例(单位:%)

数据来源:2019年江苏统计年鉴

长,用电量占比前三位行业增长情况分化。其中,批发和零售业、房地产业分别呈现15.1%和18.4%的较快增长,交通运输、仓储和邮政业用电量增速则回落至9%左右。其他行业中,科学研究和技术服务业、租赁和商务服务业、信息传输软件和信息技术服务业用电量也呈现两位数以上增长,分别达到19.5%、18.8%和12.1%。

服务业税收增速大幅提高。2018年,全省实现服务业税收收入6788.0亿元,同比增长17.4%,比上年大幅提高15.4个百分点。服务业税收增速分别快于全部税收和第二产业税收5.9个、11.2个百分点。批发和零售业增长16.4%,交通运输、仓储和邮政业增长15.7%,租赁和商务服务业增长14.4%,住宿和餐饮业增长8.2%,金融业增长5.5%。服务业税收收入占税收总收入比重为49.5%,已接近半数水平,比上年提高了2.5个百分点。

服务业行业贷款增速稳中有升。2018年末,全省投向服务业的人民币贷款余额为47689.0亿元,比年初增加4566.0亿元,同比增长10.7%。租赁和商务服务业、水利环境和公共设施管理业贷款余额居前两位,租赁和商务服务业贷款余额13202.7亿元,比年初增加1016.9亿元,增长8.0%;水利、环境和公共设施管理业贷款余额11645.6亿元,比年初增加911.3亿元,增长12.6%。两个行业贷款增量占服务业贷款增量的49.6%,拉动服务业贷款增长5.3个百分点。

服务业利用外资比重突破50%。2018年,全省服务业实际使用外资128.2亿美元,同比增长17.5%,成为拉动实际使用外资增长的主要动力,服务业实际使用外资占全省实际使用外资的比重也实现新跨越,占全省实际使用外资的50.1%,占比较上年提高了7.2个百分点。现代服务业成为优质外商资本投入的热点领域,实际使用外资额为51.2亿美元,其中,教育、信息传输软件和信息技术服务业、现代物流业实际使用外资同比分别呈48.5%、37.5%、13.9%的较快增长。

以生产性服务业为主攻方向,继续实施生产性服务业"双百"工程和互联网平台经济"百千万"工程,积极发挥好重大项目、集聚示范区、领军企业、综合改革试点等关键抓手的辐射带动作用。2018年服务业重大项目年度实际新增投资超过1300亿元,切实拉动了全省服务业有效投资;125家省级现代服务业集聚区吸纳入驻企业约20.8万家,全年实现营业总收入约2.9万亿元,从业人员超过220万人,营业收入超千亿元的现代服务业集聚区10家,现代服务业集聚区已成为引领全省服务业高质量发展的重要增长极。

（二）现代服务业内部结构渐趋完善，生产性服务业表现亮眼

全省各地大力推动生产性服务业优先发展，相应政策效应也在指标运行数据中得到了集中体现。商务服务业、软件业和科技服务业都是较为典型的生产性服务业。2018年，全省商务服务业总收入4473.6亿元，同比增长8.1％。其中，综合管理服务实现了21.6％的快速增长，人力资源服务、法律服务增速也较快，其中，人力资源服务实现收入787.6亿元，同比增长19.6％，法律服务增长12.4％。尽管在前几年高速增长的基础上，2018年江苏软件业务收入增长放缓，但全年仍实现软件业务收入9727.3亿元，全省软件企业超过7500家，实现软件产品收入2430亿元，增长8.4％；信息技术服务收入4355.6亿元，增长8.2％。

表1　第三产业分行业产值增加值及占GDP比重（单位：％）

	2014年		2015年		2016年		2017年	
	增加值	GDP比重	增加值	GDP比重	增加值	GDP比重	增加值	GDP比重
批发和零售业	6559.03	10.1	6992.68	10.0	7470.27	9.8	8070.23	9.4
交通运输、仓储和邮政业	2591.15	4.0	2705.44	3.9	2834.56	3.7	3097.67	3.6
住宿和餐饮业	1094.45	1.7	1189.40	1.7	1291.32	1.7	1406.82	1.6
信息传输、软件和信息技术服务业	1579.55	2.4	1870.81	2.7	2443.22	3.2	2882.52	3.4
金融业	4723.69	7.3	5302.93	7.6	6011.13	7.9	6783.87	7.9
房地产业	3564.44	5.5	3755.45	5.4	4292.79	5.6	5016.54	5.8
租赁和商务服务业	2469.55	3.8	2845.33	4.1	3451.12	4.5	3824.48	4.5
科学研究和技术服务业	884.50	1.3	998.71	1.4	1097.81	1.4	1350.83	1.6
水利、环境和公共设施管理业	428.27	0.6	496.67	0.7	551.91	0.7	591.57	0.7
居民服务、修理和其他服务业	1073.53	1.6	1259.45	1.8	1507.03	2.0	1756.07	2.0
教育	1866.58	2.9	2195.15	3.1	2426.57	3.2	2750.45	3.2
卫生和社会工作	1015.45	1.6	1230.89	1.7	1410.95	1.9	1615.15	1.9
文化、体育和娱乐业	536.56	0.8	635.64	0.9	795.79	1.0	863.43	1.0
公共管理、社会保障和社会组织	2003.97	3.1	2376.46	3.4	2618.65	3.4	2880.25	3.4

数据来源：《江苏统计年鉴2019》

2018年，全省科技服务业领域亮点纷呈，特色鲜明，不少成果走在全国前列。全省科技服务业体量不断扩大，总收入达到8045亿元，同比增长11％，全省科技服务业机构总数达5.5万家，从业人员数量125万人。规模以上科技服务机构平均年收入首次突破亿元。全省共有规模以上科技服务机构6177家，规模以上机构总收入达6558亿元，占全省总数比重81.5％，规模以上机构平均年收入为1.06亿元，规模以上机构从业人员74.8万人。研发设计服务继续保持领先地位。全省共有研发服务机构2.6万家，占科技服务业机构总数的47.5％，研发设计服务业收入达3728亿元，

较上年增长 12.9%。科技企业孵化器实现县、区全覆盖,各类众创空间、科技企业孵化器、"星创天地"达到 1500 多家,从业人员 3 万余人,孵化器数量、面积及在孵企业数均居全国第一。技术转移服务日益活跃。全省建有省级高校院所技术转移中心 43 个,设立技术转移分中心近 300 个,举办活动近 3000 场,服务企业 11.5 万家/次。全省共有各类技术转移机构近 300 家,2018 年技术合同登记成交额首次突破千亿元。检验检测认证服务稳步提升。全省共有 70 多家检验检测认证机构获国家高新技术企业认定,获批筹建的国家质检中心达 51 个,全省拥有各类检验检测实验室 2 万余家,涵盖了各主要专业领域。各地涌现出一批品牌、特色科技服务机构和小而精、创业型科技服务公司,如南京先进激光技术研究院探索"专业研发机构+孵化器"的运行模式,已发展成为国内一流的激光创新技术研发平台、创新创业人才培育池以及激光产业集聚地;先声药业开创"企业研发机构+孵化器"的"百家汇"模式,运用市场机制推动优势技术成果研发和落地转化;常州天正公司开发"面向制造业的工业互联网服务平台",利用大数据平台与多家金融机构合作,成功帮助 1200 余家制造企业获得融资支持。

交通运输行业运行继续呈现分化态势。2018 年,全省铁路客运增长情况好于货运,公路周转量总体出现回落,水运周转量增速有所下降。全省铁路客运量为 21203.6 万人次,增长 7.2%,比上年回落 3.9 个百分点;全省铁路旅客周转量为 803.1 亿人公里,增长 7.1%。2018 年,全省铁路货运量为 5971.4 万吨,增长 4.4%;全省铁路货物周转量为 296.7 亿吨公里,增长 1.8%。民航旅客吞吐量突破 5000 万人次。东南大学交通学院相关专家表示,经济发展到一定阶段,内河水运、公路运输占比发生变化,带有一定的普遍性和规律性。

邮政快递业、电信业兼有生产性服务业和生活性服务业的双重特征,2018 年也保持了较快增长。全省实现邮政业务总量 1050.2 亿元,同比增长 19.2%。全省实现邮政业务收入 647.0 亿元,增长 15.4%。全省实现快递业务收入 480.9 亿元,增长 17.8%。全省实现快递业务量 43.9 亿件,增长 22.1%。2018 年,快递业务收入占全省邮政业务收入的比重为 74.3%,占比较上年提高 1.5 个百分点。电信业务总量高速增长。2018 年,全省实现电信业务收入 975.1 亿元,增长 6.3%;全省实现电信业务总量 4811.6 亿元,增长 132.7%,比上年大幅加快 59.9 个百分点。

作为体现人民美好生活向往的旅游业,全年业务收入增长平稳较快。2018 年,全省实现旅游总收入 13247.3 亿元,增长 13.6%。其中,旅游外汇收入 46.5 亿美元,增长 10.8%。全省接待境内外游客 8.2 亿人次,增长 9.6%。其中,入境过夜游客 400.9 万人次,增长 8.3%。全省 4A 级以上景区接待游客 6.1 亿人次,增长 4.0%。

（三）新兴行业、龙头企业贡献增大,提质增效作用显著

值得关注的是,全省规上服务业运行总体平稳,部分指标明显向好。2018 年实现营业收入 14308.2 亿元,同比增长 7.5%。在调查的 31 个行业大类和 4 个中类中,互联网和相关服务、租赁业、其他服务业和管道运输业等 24 个行业的营业收入同比正增长,增长面达 68.6%;其中有 15 个行业的营业收入增速高于全省规上服务业营业收入增速。新兴行业、龙头企业贡献增大,在推动全省服务业提质增效升级中发挥了重要作用。

新兴行业增势领先。规上互联网和相关服务业、商务服务业、软件和信息技术服务业等新兴行业表现良好。去年全年互联网和相关服务业实现营业收入 914.5 亿元,同比增长 39%,快于全部

规上服务业营业收入 31.5 个百分点。软件和信息技术服务业实现营业收入 1528.5 亿元,同比增长 15.2%,增速排名第二。商务服务业实现营业收入 2691.2 亿元,在所有调查行业大类中总量居首位。互联网新技术不断引领服务业新兴行业加快创新发展步伐,如天泽信息是江苏省互联网平台经济"百千万"工程重点企业。由天泽信息自主研发的"TIZA STAR",作为一款面向物联网领域的大数据应用平台,目前已稳定接入超过 60 万台设备,广泛应用于智慧城市、交通管理、气象监测、环境保护和新能源等诸多领域。

龙头企业快速壮大。在全省规上服务业企业中,营业收入超 50 亿元企业有 19 家,合计实现营业收入 2743.7 亿元,对全省规上服务业增长的贡献率达 53.1%。营业收入超 10 亿元企业共计 184 家,实现营业收入 5915.7 亿元,占全省规上服务业营收比重为 41.3%。

(四)服务业区域结构逐步协调,苏南服务业引领态势明显

区域协调发展,是江苏发展的特色优势,苏南地区支撑作用进一步增强。苏南五市规上服务业实现营业收入 9985.0 亿元,占全省比重达 69.8%,同比增长 9.2%,比全省规上服务业营业收入增速高 1.7 个百分点,对全省贡献率 84.9%,拉动全省规上服务业营业收入增长 6.3 个百分点。苏州市加快构筑总部经济发展优势。2018 年底,苏州工业园区各类总部企业达到约 100 家,苏州高新区规划了建筑面积达 200 万平方米的上市企业总部园,整个总部园计划用三到五年时间建成。南京市服务业增加值占 GDP 比重已达到 61%,作为江苏省首批国家服务业综合改革示范典型区域,南京市在国家发改委组织的专项评估中位列全国第一,其现代服务业集聚区建设和都市圈服务业协同协作发展模式为全省服务业高质量发展提供了值得借鉴的经验样板。

表 2　2013—2018 年江苏省 13 个地级市第三产业占 GDP 的比重(%)

	2013 年	2014 年	2015 年	2016 年	2017 年	2018 年
江苏省	45.1	46.5	48.1	50.0	50.3	51.0
南京市	54.6	56.3	57.3	58.3	59.7	61.0
无锡市	45.5	47.6	48.2	51.0	51.5	51.1
徐州市	43.0	44.7	45.8	47.2	47.2	49.0
苏州市	45.3	47.2	48.7	50.6	50.8	51.5
常州市	45.8	47.8	49.3	51.2	51.2	50.8
南通市	42.0	44.1	45.7	47.6	48.0	48.4
连云港	41.0	41.0	42.1	42.8	43.4	44.7
盐城市	42.3	43.8	45.6	47.5	47.6	48.2
镇江市	39.8	40.6	41.9	43.4	44.5	45.1
宿迁市	41.3	42.4	43.4	44.4	45.9	47.0
扬州市	43.5	45.5	46.3	47.0	47.1	47.8
淮安市	41.3	43.1	44.7	46.7	47.3	46.9
泰州市	38.7	38.7	39.1	39.5	40.8	42.5

数据来源:《江苏统计年鉴 2019》

（五）服务业重点领域稳步增长，新兴业态蓬勃发展

江苏数字经济、平台经济、分享经济等新业态新模式呈现加速发展趋势。南瑞集团、熊猫电子、南京联创等8家企业入围2018年中国软件百强，苏宁控股、同程旅游、苏州蜗牛、南京途牛等7家企业入围2018年中国互联网企业百强。财新数联发布的《2018年中国数字经济指数》显示，江苏的互联网＋产业、大数据产业和人工智能产业发展位于全国第三位。新兴业态依托"工业互联网""云计算服务平台"等，改变了生产领域的资源集聚模式、技术创新模式、产品营销模式。如徐工集团自主开发的"Xrea"工业互联网平台被誉为"不仅是一个能为设备提供精准服务的平台，也是实体经济转型的抓手"，为300余家企业提供服务。工信部公布的2018"两化"融合管理体系贯标试点企业名单中，江苏70家企业入选，总数列全国第二。工信部公布的2018制造业"双创"平台试点示范项目名单中，苏交科集团股份有限公司等5家企业项目成功入围。工信部公布的2018年制造业与互联网融合发展试点示范项目名单中，江苏共计13个项目入选，主要分布在冶金、机械、电力、船舶和生物医药等9个行业。

二、江苏现代服务业存在的问题分析

1. 大型互联网服务企业相对缺乏

当前，不少服务业新业态均借助互联网产生。因此，互联网企业特别是具有品牌效应和广泛影响力的互联网企业，在服务业新业态的催生和发展中发挥了非常重要的作用。而江苏省互联网企业的发展却与江苏省在全国经济中的地位相比并不匹配。在2017年中国互联网企业100强榜单中，江苏企业仅占6家，北京、上海、广东、浙江和福建则分别有31家、20家、9家、8家、8家进入100强。同时，全国前十位互联网企业中并无江苏企业，江苏排名最靠前的苏宁控股集团仅列第12位。而互联网企业的一大特点是市场集中度高，市场占有率主要集中在本行业排名前几位的企业中，2017年中国互联网企业100强中，前五名企业的互联网业务收入占百强互联网业务总收入的50％以上，前50名占到95％，可见互联网行业市场集中度之高。由此可见，与江苏在全国的经济地位相比，江苏互联网企业数量明显偏少，且缺乏具有强大竞争力和影响力的互联网企业巨头，这严重制约了江苏服务业新业态的创新和发展。

2. 服务业业态创新不足

一是江苏省巨大的经济体量产生了海量的数据资源，但目前多数数据资源使用属于浅尝辄止，对数据资源的挖掘和利用仍处于初级阶段。二是跨行业的信息资源整合、数据挖掘、知识发现和协同决策缺乏，造成海量数据分析对上下游企业提供咨询服务的新型服务业态发展不足。如"我的南京"APP中，主要提供了对南京主干道的视频监控，公积金及社保等数据的获取也停留在直接查询，未能针对这些大数据信息进行深度挖掘、整合与分析，也未能为商圈或是园区、社区里的住户、商户提供更有价值的信息。三是虽然江苏省的服务业新业态较为全面，但这些新业态很多来自国内其他地区的推广，业态初创主要来自北京、上海、杭州、深圳、广州等地区的大型互联网企业，如互联网金融、共享单车、互联网医疗等。这些新兴服务产品在江苏省的原生性仍有不足。

3. 区域基础设施差距较大

一是新业态服务企业地区分布差距大。目前,江苏互联网企业和新业态服务业主要来自南京和苏州,而其他地区相对于这两个地区差距较大。如中国互联网企业100强中,江苏入选的6家企业全部来自南京和苏州,其他11个地市则无一企业上榜。二是支撑信息化和数字化的基础设施质量和覆盖面地区差距大,主要表现为苏南、苏中、苏北区域间信息化发展水平和信息基础设施建设水平差距较大,城乡间互联网覆盖面和质量差距较大,广大农村地区信息基础设施落后。在这其中,公共Wifi的覆盖与使用情况差异显得尤为突出。

4. 服务业新业态建设重复

新兴业态的服务业大部分属于规模报酬递增行业,因此,适合少数大企业占领广大市场,否则企业就会难以盈利。而江苏省不同地区间服务业新业态重复建设现象较为严重。如"十二五"期间,全省十三个地区重点发展服务业排前五位的基本均为商贸服务、现代物流、金融商务、电子商务与文化创意产业,在产业选择上呈现出行业同构、层次雷同的现象。在这其中,各地物流园区、文化创意产业基地、软件信息服务基地、研发创新平台等重复建设现象尤为突出,区域间缺乏从资源禀赋、产业基础、城市能级等层面选择行业来推进服务业新业态创新发展的意识和协调机制,从而难以使服务业新业态进一步做大做强。

三、加快江苏现代服务业发展的对策建议

(一)瞄准全国和世界著名品牌,培育一批具有国际影响力的互联网企业巨头

由信息技术创造和改造的新兴业态服务业具有明显的规模报酬递增特性,因此,某一领域的互联网企业只有第一没有第二,细分领域的互联网企业只有将自己打造成行业第一,才能生存下去,而知名度和品牌建设对于互联网企业的成长至关重要。因此,在对策建议上,一是通过财政支持、政府采购、广告投放、帮助树立公众信任等措施促进江苏省相关企业知名度和影响力的快速提升,以此占领国内市场和提升国际市场份额,并进一步通过兼并重组巩固自己的行业地位。二是实施标准化战略。加快制定并发布一批由江苏服务业新业态主导的业态标准,以标准建设促进江苏服务业新业态的品牌建设和影响力的提升。三是政府和相关部门鼓励和引导传统服务业和信息服务业深度合作并分享市场。比如,互联网金融与传统银行业的合作,2017年第二季度以来四大商业银行分别与阿里巴巴、百度、腾讯和京东达成全面战略合作协议就是典型案例。

(二)注重打造江苏服务文化品牌。

积极探索文化资源利用的新形式、新途径,促进文化资源与服务业有机融合发展,培育具有地方特色的骨干文化企业,打造具有文化内涵的优秀服务品牌。加快国家文化和科技融合示范基地建设,布局省级文化科技产业园和文化科技企业孵化器,构建一批低成本、便利化、全要素、开放式的文化科技众创空间,加快培育新型业态文化创意企业和产业集群。甚至具体地要求支持服务业企业研发应用新工艺,提升设计水平,优化服务流程,发挥江苏省陶瓷、水晶、丝绸和传统工艺美术发展优势,实施传统工艺振兴计划,鼓励挖掘、保护、发展云锦、苏绣、金箔、紫砂、泥人、剪纸、梳篦、

木雕、水晶、桃花坞木刻年画、香包等传统技艺和传统美术,培育和弘扬精益求精的工匠精神、协同创新精神,更好地传承和保护传统工艺工匠。在"有文化"方面,《纲要》提到创意经济的新动能作用,以创意和设计引领服务产品创新,大力提供高技术含量、高文化附加值的创新性产品和服务,积极探索构建"创新联盟＋产业基地＋产业基金＋人才基地"的创意经济发展模式。徐州贾汪区马庄村农民制作的香包是苏北文化和创意结合的典型代表。

(三)加快利用互联网技术推动服务业创新

加快发展平台经济,推进互联网平台经济"百千万"工程,推动大平台、大市场、大流通融合发展。加快实体经济与互联网平台嫁接,大力支持本土有综合实力、有发展潜能的平台企业跨地区、跨行业、跨所有制整合资源,建设一批综合类、商品销售类、消费服务类和跨境贸易类电商平台,鼓励发展行业类专业性平台,着力培育网上商圈、区域性服务、名优特产品销售类特色化平台,培育"平台＋模块"产业集群。

在具体行业上,要规范发展"互联网＋"金融,大力推进"互联网＋"现代物流,积极发展"互联网＋"研发设计,培育发展"互联网＋"中高端消费。其中,研发设计是技术创新的基础。原南京信息工程大学校长、博导李廉水教授曾提出,R&D投入在一定程度上预示着未来技术创新带来经济增长的可能。《纲要》支持科技服务机构依托互联网、移动互联网、大数据、云计算等技术,面向市场开展服务。大力发展"创投＋孵化"模式和基于互联网的新型孵化方式,建立在天使投资网络下的第三代孵化服务业态。推进全省工业设计融合发展载体建设,加快"中国工业设计服务中心"和"江苏工业设计国际合作平台"建设。

(四)通过鼓励跨界融合,构建产业协同创新体系

首先,加速促进服务业与农业及制造业融合发展。推进现代服务业与先进制造业融合,引导工业企业实现生产全流程的互联网转型,培育一批工业互联网领军企业,促进制造企业向创意孵化、研发设计、售后服务等产业链两端延伸,鼓励有条件的制造企业向设计咨询、设备制造及采购、施工安装、维护管理等一体化服务总集成总承包商转变,支持领军制造企业面向全行业提供市场调研、研发设计、工程总包和系统控制等服务,鼓励制造企业积极发展服务外包。积极推进全省大数据管理中心、无锡国家云计算服务创新发展试点和国家超级计算无锡中心、华东江苏大数据交易中心建设,吸引国家级数据服务中心、云计算中心等功能性平台落户江苏。鼓励制造企业挖掘生产、制造、流通各环节的体验价值,发展体验式营销和服务型制造,支持基于全套服务体验的工业4.0发展。鼓励发展生产、生活、生态有机结合的功能复合型农业,加快发展融合新业态,支持农业生产托管、农业产业化联合体、农业创客空间、休闲农业和乡村旅游等融合模式创新,积极探索农产品个性化定制服务、会展农业等新业态。

(五)避免不同地区新业态雷同和同质化竞争

一是鼓励各地区结合本地产业和资源禀赋优势创新服务业新业态。比如,纺织业发达的地区和企业可以发展与纺织业相关的新兴服务业态,旅游业基础有明显优势的地区可以优先发展与旅游业相关的服务业新兴业态,文化创意产业发达的地区可以发展与文化创意相关的服务业新兴业

态等,在差异化发展的基础上迅速做大做强由本地优势产业演变带动起来的服务业新业态,并迅速推广至全国各地。二是加大地区间的统筹协调,建议由省发改委牵头,邀请相关部门和地区参与,建立服务业新业态投资和发展的协调机制,完善重大利益分享机制,增强省内地区与城市间合作成果的可预期性,提升各方合作积极性。

(六)优化空间布局,区域推动协同创新发展

从功能区上看,江苏省将依托扬子江城市群打造国际服务业创新中心、立足沿海经济带打造海洋特色服务业基地、立足淮海经济区打造枢纽特色服务业基地、围绕江淮生态经济区打造生态特色服务业基地。扬子江城市群经济相对发达,底子较好,将创新服务业发展模式和业态,大力发展现代金融、软件和信息服务、电子商务、智慧物流、科技服务、文化创意、工业设计等现代服务业,重点打造沿沪宁高端服务业集聚带,促进服务业轴带联动协调发展。沿海经济带主攻现代海洋经济和临港产业,建立国际智慧物流信息平台,强化企业跨境物流合作,大力发展第三方、第四方物流,着力培育现代物流企业集团,打造长三角东部国际海港物流走廊和海洋经济特色区。淮海经济区抢抓徐宿淮盐、连淮扬镇、连盐、徐连等高铁建设的历史性机遇,发挥国家级服务业综合改革试点创新引领作用,围绕制造业转型升级和新型城镇化和城乡一体化发展,培育引导服务业发展增长极,打造江苏北部服务业新兴增长集群。江淮生态经济区充分利用网络扁平化后发优势,发展电商、金融等服务业新业态新模式;充分挖掘传统文化、大湖湿地等旅游资源,全域布局、多点突破,重点打造一批有影响力、带动性强的旅游产品;着重发展养老产业,以养老产业为支柱,带动发展地产、健康、电商、旅游、保险等相关服务业。

依据省内各区域服务业发展基础和特色,建设多层次服务经济中心实现服务业梯度与协作发展。南京、苏州等地加快建设国家级服务经济中心。将南京建成国家重要的区域性金融中心、商贸物流中心、文创旅游中心、健康医疗中心,长江三角洲重要的空港、海港、高铁枢纽;将苏州建成创新型城市和国际休闲度假旅游目的地,区域性研发创意与信息服务中心、区域性商贸物流会展中心、国家重要的跨境金融和苏南地区互联网产业与高端服务业创新发展先行区。提升徐州、连云港的区域服务经济中心辐射带动能力。将徐州建设成区域性现代服务业强市,成为长三角地区重要的商贸物流中心和江苏北部区域性科技服务中心、金融服务中心、商务服务中心;连云港充分发挥作为"一带一路"倡议节点、国家级区域物流枢纽城市优势,大力推动国际合作,突出发展现代物流、商贸流通、金融服务、跨境电商等重点领域,提升区域辐射带动作用。同时,增强中小城市和小城镇服务功能,强化中心城市服务业的集聚辐射功能,提升县域服务业发展层次,强化县域和中心镇综合服务功能。

(七)全面推动服务领域的双向开放

紧抓"一带一路"建设机遇,深度融入全球服务业分工体系,积极争取江苏省服务业扩大开放综合试点工作,拓展对外开放空间,形成平衡协调的服务业对外开放格局,才能提升江苏服务业国际竞争力。

深化改革首先要完善市场准入负面清单制度,破除各类显性隐性准入障碍。按照"非禁即入"原则,在非基本公共服务领域引入竞争机制,鼓励民资、外资更多地参与服务业发展;完善行业归类

规则和经营范围的管理方式,调整不适应"互联网＋"等新兴产业特点的市场准入要求。同时,确立法人主体平等地位。不管是什么所有制性质、企业规模大小,法律地位一律平等。深化国有企事业改革,将国有企业界定为商业类和公益类,商业类国有企业原则上都要实行公司制股份制改革,鼓励和支持商业类国有企业通过整体上市实现混合所有制;将从事生产经营活动的事业单位及能够分离的生产经营部门逐步转为企业,参与服务业市场公平竞争。保障所有企业在享受财政、金融、土地、价格等政策时,在合法前提下一视同仁。

江苏省服务业创新发展将不断提升服务业利用外资水平,引导外资投向高端服务业和新兴服务业领域。提高利用外资质量,引进功能性机构,发展总部经济。同时,扩大服务业重点领域对外开放。加大信息服务、科技服务、金融服务、商务服务、人才服务对外开放力度。信息服务允许外商投资互联网上网服务营业场所,取消外商投资电信企业的注册资本限制。取消首次申请资质时对投资者的工程设计业绩要求,取消外商投资建设工程设计企业外籍技术人员的比例要求。在政策范围内,支持金融服务鼓励外资合法合规设立法人金融机构,争取扩大跨境人民币创新业务试点范围。商务服务允许设立代表处的外国律师事务所与中国律师事务所以协议方式,相互派驻律师担任法律顾问,放宽外商设立投资性公司条件。人才服务设立中外合资人才中介机构,取消外方合资者的股份限制,引导外资教育培训机构健康发展。

参考文献

[1] 刘荣明.现代服务业统计指标体系及调查方法研究[M].上海:上海交通大学出版社,2005.

[2] 周振华.现代服务业发展研究[M].上海:上海社会科学院出版社,1994.

[3] 黄少军.服务业与经济增长[M].北京:经济科学出版社,2000.

[4] 张仲礼等.第三产业的理论与实践[M].上海:上海社会科学院出版社,1996.

[5] 杨小凯,张永生.新型古典经济学与超边际分析[M].北京:社会科学文献出版社,2003.

[6] 魏江.知识密集型服务业与创新[M].北京:科学出版社,2004.

[7] 黄维兵.现代服务经济理论与中国服务业发展[M].成都:西南财经大学出版社,2003.

[8] 任汪兵.我国服务业发展的国际比较与实证研究[M].北京:中国计划出版社,2009.

[9] 江小涓.中国服务业发展报告[M].北京:社会科学文献出版社,2004.

[10] 李朝鲜,李宝仁.现代服务业评价指标与方法研究[M].北京:中国经济出版社,2007.

[11] 李江帆.第三产业经济学[M].广州:广东人民出版社,2005.

[12] 张淑君.服务业就业效应研究[M].北京:中国财政经济出版社,2005.

[13] 谭仲池.现代服务业研究[M].北京:中国经济出版社,2007.

[14] 王守法.现代服务产业基础研究[M].北京:中国经济出版社,2007.

[15] 夏杰长等.高新技术与现代服务业融合发展研究[M].北京:经济管理出版社,2008.

[16] Daniels. *Producer Services Research in the United Kingdom*[M]. Progress in Human Geography, 2011.

[17] Clark. *The Conditions of Economic Progress*[M].London:Macmillan, 1941.

[18] Orion Guaraní. *The Emerging Service Economy*[M]. Pergamum Press,1998.

[19] Robert. *Managing the service economy: Prospects and problems*[M].Cambridge University Press,1985.

[20] 沙振权,温飞,胡贝斌.现代服务业内涵及演进方向的述评[J].华南理工大学学报(社会科学版),2011,(12).

第二章　世界服务业开放发展研究

在经济全球化时代,服务业开放发展成为世界各国参与国际经济合作竞争的主要途径。全球服务贸易正面临着难得机遇,同时也遭遇不小挑战。一是世界服务贸易呈现恢复性增长态势。根据世界贸易组织的统计,全球服务贸易出口在经历了2015年5%的负增长和2016年0.5%的微增长后,2017年恢复增长势头,全球服务出口增长7.4%,2018年世界服务贸易保持继续增长。二是数字技术成为推动全球服务贸易增长的新动能。据研究,过去15年间,数字经济的增速是全球GDP增速的2.5倍;到2025年,数字经济规模将达到23万亿美元,占全球经济比重将达到24.3%。由此催生了数字服务贸易的众多新模式与新业态。本章主要研究现阶段世界服务贸易的发展情况,用服务贸易发展指数进行度量和评价。

一、服务贸易发展指数的选取

(一)影响服务贸易竞争力的相关因素

1. 国际贸易竞争评价相关指标

(1)显示性比较优势指数(RCA)是由美国经济学家巴拉萨1976年提出的一个具有较高经济学价值的竞争力测度指标。它反映了一国某产业或产出的出口量占世界该产业或产品出口量的比重。

(2)沃尔拉斯等人1988年对RCA指数做了修正,提出显示性竞争比较位势指数(CA),即从出口比较优势中减去该产业的进口比较优势。

(3)为了反映进口对出口竞争力的影响,1989年,巴拉萨又提出了一个改进的显示性比较优势指数,称为"净出口显示性比较优势指数",或"NRCA指数"。

(4)出口优势变差指数(P指数)。出口优势变差指数,指某产业或产品品的出口增长率与该国或该产品所属行业的出口总额增长率进行比较,以确定一定时期内哪一产业或产品具有较强或较弱的出口竞争力。具体到服务贸易领域,主要用于比较一国服务业总体或部门的出口增长率与该国对外贸易或服务贸易出口总额增长率。

(5)出口市场占有率(MS),即一国服务出口总额与世界服务贸易出口总额之比,反映一国服务贸易出口占世界市场的比例。比例越高,出口竞争力越强。

2. 服务贸易竞争力影响因素选取

影响服务贸易国际竞争力的因素较多,也较为复杂。目前,学术界还未对服务贸易竞争力影响因素达成统一意见。通常是根据研究侧重点需要,以及数据可得性,选取相应影响因素。

(1)基于波特的钻石模型,以服务贸易竞争力的内涵为基础,可以从宏观环境、产业基础、微观主体三个层次来概括影响服务贸易竞争力的因素,构建出一个服务贸易竞争力的"金字塔"模型。

从微观层面来说,服务企业是服务贸易的主体,服务贸易竞争潜力的发挥,最终要落实到服务企业的竞争力上。而服务企业的竞争力往往又取决于企业的战略、组织结构与竞争理念等。企业的战略、组织结构与竞争理念包括企业的形成与组织管理方式、竞争激烈程度、创新与企业家才能等,波特认为这三点是决定一国的企业如何创建、组织和管理的条件。竞争优势来源于企业战略和激烈的国内竞争。真正能够形成国际竞争优势的是企业的发展战略,因为在经营管理层次,企业之间的激烈竞争和优秀企业之间在竞争中的相互学习,已使竞争性企业之间的差别不大,而企业之间真正不容易被学习或模仿的差别是企业的竞争战略或发展战略。企业可以通过战略的变换来适应环境的变化,以获得竞争优势。而国内竞争能够创造出迫使企业进行创新和改进的压力,刺激企业进步和推动企业创新,不断地提高质量,改善服务。

从产业层面来说,一国服务业发展水平始终是其对外贸易的基础,没有国内服务业的高度发展就没有对外服务贸易的高度发展,二者促进。服务贸易比重的高低往往是一个国家对外服务贸易发展程度的重要标志,所以,要进一步提升服务贸易竞争力,乃至国际贸易地位,必须突破国内服务业发展的瓶颈。越来越多的服务完全附属于有形商品价值实体,而且服务已成为产品增值的主要家源。并且,货物贸易与服务贸易存在相互支撑、相互推动的关系,前者为后者的发展创造需求空间,后者为前者的升级和转型创造条件,所以应加强服务业与制造业之间的协调与支持,发挥产业之间的联动效应,促进服务贸易的发展。

从宏观层面来说,任何一个企业、产业的成长与发展都会受到本国国内环境的影响。国内环境是一个宽泛的概念,既有经济方面的,又有政治、历史和文化方面的;既有"先天"形成的(如自然资源),又有"后天"人为创造的(如政策法规)。资源禀赋、市场环境和政策支持三大方面可以增强宏观环境对服务贸易竞争力的影响。

(2) 服务贸易竞争力影响具体因素分析

对中国服务贸易竞争力影响因素的探讨,国内部分学者是从波特的竞争优势理论的框架下进行的。郑吉昌、夏晴(2004),万红先(2005),卢素梅(2006)的研究均立足于波特的国家竞争优势理论,并将该理论与服务贸易相结合,阐述我国服务贸易的各影响因素,并提出了提升我国服务贸易竞争力的对策结论。程大中(2000)通过对比中美之间服务业就业人数与服务贸易出口之间的关系得出,在开放经济中,服务业就业人数对服务贸易出口收入具有正效应。

相关研究指出,可以采用服务业基础、服务业国际投资、服务业开放环境、服务业创新程度四个主要维度衡量服务贸易的竞争力。具体来看:① 服务业基础主要采用服务业消费规模、服务业消费占总消费比例、服务业增加值、服务业增加值占 GDP 比例、服务贸易企业数量、服务贸易企业数量占服务业企业数量比重、服务业从业人员数量、服务业从业人员占从业人员总量比重、服务业劳动生产率等指标衡量。② 服务业国际投资主要采用服务业固定资产投资、服务业投资占全社会固定资产投资总额比重、服务业利用外资规模、服务业利用外资额占利用外资总额比重、服务业对外直接投资规模、服务业对外投资占比、服务业外贸依存度等指标测量。③ 服务业开放环境主要通过服务业贸易开放度来衡量,服务业贸易开放国服务贸易竞争力与制造业的关联效应也不容忽视。服务业贸易开放度,是一国服务贸易进出口总额占该国国内生产总值的百分比,反映了一国参与国际贸易的开放程度,体现了一国经济增长对国际贸易依赖程度。④ 服务业创新程度主要可以采用研发投入(R&D 占 GDP 比例)、创新成果(PCT 专利申请量)及知识产权使用费收支差额等指标立行评价。

(二)服务贸易发展指数指标构建

本章的测度包含国际和国内两部分。世界服务贸易发展指数包含 5 个一级指标和 14 个二级指标;中国各省级地区及城市服务贸易发展指数包含同样的 5 个一级指标和 17 个二级指标。

表 1 服务贸易发展指数评价体系(国际)

一级指标	二级指标	权 重
服务贸易规模指数	服务贸易总额	7.5
	人均服务贸易额	7.5
服务贸易结构指数	新兴服务贸易占比	7.5
	服务贸易占比	7.5
服务贸易地位指数	市场地位(出口世界占比)	7.5
	市场地位(进口世界占比)	7.5
	竞争力地位(差额/总额)	7.5
	国际化水平(服务贸易额/服务业增加值)	7.5
服务贸易产业基础指数	服务业增加值	7.5
	服务业劳动生产率	7.5
	服务业增加值/GDP	7.5
	服务业从业人员占比	7.5
服务贸易综合环境指数	服务贸易限制指数(STRI)	7.5
	营商环境指数(DTF)	7.5

表 2 服务贸易发展指数评价体系(国内)

一级指标	二级指标	权 重
服务贸易规模指数	服务贸易总额	7.5
	人均服务贸易额	7.5
服务贸易结构指数	新兴服务贸易占比	7.5
	服务贸易占比	7.5
服务贸易地位指数	市场地位(出口世界占比)	7.5
	市场地位(进口世界占比)	7.5
	竞争力地位(差额/总额)	7.5
	国际化水平(服务贸易额/服务业增加值)	7.5

一级指标	二级指标	权 重
服务贸易产业基础指数	服务业增加值	7.5
	服务业劳动生产率	7.5
	服务业增加值/GDP	7.5
	服务业从业人员占比	7.5
	固定资产投入服务业占比	7.5
服务贸易综合环境指数	服务业实际利用外资总额	2.0
	服务业实际利用外资占比	2.0
	是否属于服务外包示范城市	2.0
	是否属于服务贸易创新发展试点地区	2.0
	是否属于自由贸易试验区等	2.0

服务贸易发展指数测度方法:首先,运用"最小—最大标准化"方法,对每个二级指标原始数据进行标准化处理;第二步,根据指标标准化和权数,进行加权计算,得出每个级指标的测度值;第三步,逐级加总得出各级指标测度值。其中,级持标权数分配为,综合环境指数10分,在内部各一级指标间平均分配;其他四个级指数总共占90分,并根据二级指标平均分配。

(三)数据说明

1. 国际视角

服务贸易规模指数。① 各国服务贸易总额:数据来源于 WTO。② 人均服务贸易额:各国人口数据由世界银行数据库得到。

服务贸易结构指数。① 服务贸易占比:服务贸易与货物贸易数据均来源于 WTO 数据库。② 新兴服务贸易占比:各国新兴服务贸易额由服务贸易总额减去加工贸易、旅游、运输、建筑四项得到(根据 BPM6 分类标准)。

服务贸易地位指数。① 市场地位两项以及竞争力地位数据均来源于 WTO 数据库。② 国际化水平:其中的服务业增加值根据各国 GDP 减去工业、农业增加值计算而得,数据来源于世界银行数据库。

服务贸易产业基础指数。① 服务业增加值数据同上。② 服务业从业人员占比数据来源于世界银行数据库。③ 服务业从业人员总数根据世界银行数据库提供的服务业从业人员占比与各国从业人员总数相乘计算而来。

服务贸易综合环境指数。① 服务贸易限制指数数据来源于世界银行 STRI 数据库,取各国服务贸易整体限制指数。② 营商环境指数:数据采用世界银行距离前沿水平指数(DTF)。③ 报告87 个国家或地区中,新加坡、中国香港、中国澳门虽然不直接包括在数据库中,综合考虑其贸易自由港与贸易环境自由开放的现实情况,取服务贸易自由度最高(即 STRI 指数最小)的前十位国家的平均值以及营商环境最优(即距离前沿水平距离指数最高)前十国家的平均值,定义三者服务贸易自由度和营商环境指数,将其纳入报告研究范围。

2. 国内视角

服务贸易规模指数。① 各省级地区和城市服务贸易总额数据均来源于商务部。② 各地区人口采用年末常住人口数一项,数据来源于国家统计局。

服务贸易结构指数。① 各地区贸易数据均来源于商务部。② 新兴服务贸易根据总额剔除旅游、运输、建筑、加工四项计算得出。

服务贸易地位指数。① 市场地位两项及竞争力地位原始数据均来源于商务部。② 服务业增加值数据来源于国家统计局。

服务贸易产业基础指数。① 服务业从业人员数据来源于各地 2017 年统计年鉴,从业人员统计口径包括城乡非私营、乡镇就业以及私营与个体,大部分地区采取者相加的最大统计口径,个别地区,包括大连、武汉、威海、哈尔滨、南京、安顺、西咸、青海等地统计口径与全国大部分地区存在差异,在现有数据上,根据各地服务业增加值情况进行估算,可能与实际存在出入。② 服务业增加值占 GDP 比重来源于国家统计局,固定资产投入服务业占比根据全社会固定资产投入总额减去农牧林业、采矿业、制造业、电燃煤以及建筑业固定资产投入数据计算得出,数据来源于国家统计局。

服务贸易综合环境指数。① 服务业实际利用外资总额以及服务业实际利用外资占比:数据均来源于各地 2017 年统计年鉴实际利用外资总额与农牧林业、采矿业、制造业、电燃煤,以及建筑业利用外资额数据计算得出,个别地区包括吉林、黑龙江、四川、西藏、山西,数据披露不详细,根据各地服务业增加值与现有数据估计得出;青海地区根据合同约定金额数据计算得出。② 服务业开放发展政策制度三项指数,包括是否属于服务外包示范城市、创新发展试点地区、自由贸易试验区分别依据国务院相关政策文件。

二、全球服务贸易发展指数分析

随着信息技术的进步和运输成本的降低,以及供给端和需求端的驱动,一些原本不能转移或进行贸易的服务产品有了转移和进行贸易的条件,使得全球服务贸易迅速发展,全球服务出口由 2005 年的 2.65 万亿美元增长到 2017 年的 5.35 万亿美元,年均增长率达到 6%,增长速度远高于全球生产总值的增长和货物贸易的增长,在全球贸易结构中扮演着越来越重要的角色。通过选取 87 个高度参与服务业全球化的国家和地区,分析当前全球主要国家和地区服务贸易发展的情况,系统测算了全球主要国家和地区服务贸易的规模指数、结构指数、地位指数、产业基础指数、综合环境指数,从而得出全球主要国家和地区服务贸易发展指数。研究发现:全球服务贸易发展较为不平衡,少量国家和地区参与了大部分的全球服务进出口活动;全球主要国家和地区服务贸易发展指数与收入水平高度相关,而与发展体量无明显关系,服务贸易的发展具有全面性和系统性,服务贸易发展指数较高的国家和地区各指标都较为突出;贸易和资本开放度、服务业产业基础、新兴服务业发展程度等在提高一国服务贸易发展指数上有重要作用。分析和了解各国服务贸易发展现状和重点国别的发展历程,不仅有助于继续加强我国服务贸易的发展,提高服务贸易竞争力,更有助于我国借鉴其他国家和地区的有益经验,寻求服务贸易的合作机会,为推动我国从服务贸易大国向服务贸易强国转变贡献新的力量。

服务贸易规模指数。① 各国服务贸易总额:数据来源于 WTO 数据库;② 人均服务贸易额:各国人口数据由世界银行数据库得到。系统、全面的评估,综合发展指数由五项分项指数加权得出,分别为服务贸易规模、服务贸易结构、服务贸易地位、服务贸易产业基础和服务贸易综合环境。

2017年全球服务贸易综合发展指数排名前10位分别为美国、爱尔兰、中国澳门、新加坡、英国、荷兰、德国、法国、中国香港和比利时,均为高收入国家和地区。实际上,综合发展指数排名前20位的国家和地区中,只有中国内地(全球排名第20位)不属于高收入国家或地区(见表3)。全球平均综合发展指数为29.93,中位数为27.32,排名中有31个国家和地区高于全球平均值,有56个国家和地区低于全球平均值,高于平均值的国家和地区数目占本报告涉及国家和地区的35.6%。

表3　全球服务贸易发展指数排名前20位的国家和地区

国家或地区	排名	发展指数	规模指数	结构指数	地位指数	产业基础指数	综合环境指数
美国	1	69.55	7.86	7.46	19.58	25.79	8.86
爱尔兰	2	63.30	9.76	13.32	15.58	15.80	8.85
中国澳门	3	58.46	6.60	10.46	10.87	21.3	9.23
新加坡	4	53.98	7.41	8.26	12.79	16.03	9.49
英国	5	51.53	4.05	8.90	11.91	17.64	9.03
荷兰	6	50.10	4.83	8.40	11.28	17.12	8.48
德国	7	47.47	4.35	6.82	11.90	15.92	8.48
法国	8	47.01	3.54	7.94	10.40	17.50	7.62
中国香港	9	45.16	3.34	5.03	8.48	18.97	9.34
比利时	10	43.71	3.26	7.26	8.66	17.15	7.38
丹麦	11	43.38	2.79	7.28	7.05	17.44	8.82
瑞典	12	42.88	2.14	8.21	6.64	17.04	8.85
日本	13	41.25	2.43	7.15	8.31	15.60	7.76
新西兰	14	40.68	0.74	6.16	4.84	19.24	9.71
西班牙	15	40.29	1.69	6.50	7.97	15.78	8.35
奥地利	16	39.53	1.99	6.75	6.85	15.52	8.41
芬兰	17	38.51	1.36	7.93	5.35	15.73	8.14
意大利	18	37.61	1.66	6.27	6.75	15.72	7.22
澳大利亚	19	37.45	1.26	5.48	5.54	16.72	8.44
中国内地	20	36.18	4.10	4.90	11.52	9.84	5.81

资料来源:根据WTO数据库数据计算所得

观察全球服务贸易发展指数,可以得出以下结论。

第一,区位分布较为集中,全球服务贸易发展指数较高的国家和地区中,除美国外,大多分布在欧洲、亚洲和大洋洲,其他地区较少。高于平均值的31个国家或地区中,有19个位于欧洲地区,8个位于东亚太平洋地区,2个位于加勒比海地区(哥斯达黎加和巴拿马),1个位于非洲(毛里求斯),1个位于北美洲(美国)。

第二,发展指数与GDP并无明显相关性。根据测算,较难发现发展指数与GDP的关系。发展指数排名靠前的国家或地区既包括美国、日本、德国等GDP排名居前列的国家,亦包括些经济体量不大的国家和地区,如爱尔兰、中国澳门、新加坡等。其中,爱尔兰除了贸易体量之外,各项指标得分均位于前列,综合贸易发展指数仅次于美国,位居全球第二。爱尔兰人口稀少,国内需求有限,但由于其吸引外资、优惠税率等系列政策扶持,该国计算机服务业起步较早且发展迅速,以美国为主的计算机巨头纷纷在爱尔兰开设分支机构,不仅带动了计算机服务业的对外出口,也促进了爱尔兰金融业的蓬勃发展,这两项服务业在爱尔兰近年的服务出口中占比超过50%。

第三,发展指数与收入水平呈正相关。排名靠前的国家和地区多为高收入国家和地区,高于平均值的31个国家和地区中有25个为高收入,5个为中高收入,1个为中低收入(格鲁吉亚)。从服务贸易发展指数与人均GDP散点图可以看出,除去个别异常值(卡塔尔)之外,发展指数和人均GDP散点均分布在拟合线周围,存在较为明显的线性正相关关系。这一定程度上与本报告指标体系的构建有关,指标体系各分项得分中,与贸易体量和一国服务业体量指标的权重有关,而下列两种指标权重较高:一是衡量一国人均服务贸易水平,如服务业生产率或人均服务贸易额,一些经济体量较大的国家和区,人均指标反而较低;二是比重指标,如服务业增加值占GDP的比重,服务贸易占总体贸易的比重等,经济体量大的国家和地区往往产业分布较为完整,间接导致服务业、服务贸易以及服务业就业等指标反而不如一些经济体量小但重点发展服务业的国家和地区。

第四,排名靠前的国家和地区各项级指标均名列前茅,尤其是反映该国服务业规模的服务贸易产业基础指标,均远高于世界平均值。这一方面说明全球服务贸易发展的提高需要服务业的全面协调发展,另一方面说明良好的服务业产业基础是打造服务贸易强国的关键因素。

将服务贸易按照收入划分为高收入、中高收入、中低收入、低收入四个组别,可以看出其平均发展指数和各项一级指标(除服务贸易结构外)均与组别的收入水平呈正相关关系(见表4)。

表4 全球服务贸易发展指数(按收入组别)

收入组别	发展指数	规模指数	结构指数	地位指数	产业基础指数	综合环境指数
高收入	40.42	2.60	6.92	7.85	15.12	7.93
中高收入	27.13	0.50	5.59	5.23	9.27	6.54
中低收入	22.67	0.21	5.43	4.55	6.82	5.66
低收入	20.17	0.03	6.13	3.89	4.54	5.58
全球平	29.93	1.12	6.08	5.88	10.16	6.69

总体发展指数,高收入组别国家和地区的平均发展指数远高于其他组别,是中高收入组别平均发展指数的近两倍。

从地域全球服务贸易发展的分级指标可以看出,各地区之间服务贸易发展存在差异,并与该地区收入水平高度相关(表5)。北美地区(美国)各项一级指标均处于世界前列,整体得分远高于其他地区。排名第二位的欧洲和中亚地区以及排名第三位的东亚太平洋地区综合得分相当,各项一级指标也相类似,二者与排名首位的北美地区的主要差距体现在服务贸易产业基础和服务贸易结构两个方面。拉丁美洲和加勒比地区、中东及北美、南亚和非洲地区的综合得分低于全球平均水平。

表5　全球服务贸易发展指数(按区域)

区　域	发展指数	规模指数	结构指数	地位指数	产业基础指数	综合环境指数
东亚太平洋	34.09	2.01	5.96	7.25	11.56	7.31
非洲	21.14	0.08	6.36	3.23	5.83	5.64
拉丁美洲和加勒比地区	26.32	0.23	5.46	4.57	9.55	6.51
南亚	21.04	0.47	5.96	4.35	6.08	4.18
欧洲和中亚	36.38	1.72	6.68	7.39	12.60	7.90
中东及北非	23.74	0.57	4.54	4.81	9.38	4.44
北美(美国)	69.54	7.86	7.46	19.58	25.79	8.85
全球平均	29.93	1.12	6.08	5.88	10.16	6.69

三、中国区域服务贸易发展指数分析

数字技术和数字经济蓬勃发展,服务业开放发展成为国际经济合作竞争的焦点议题,为服务全球化注入新动力。顺应趋势,把握规律。中国深入开展服务贸易创新发展试点和服务业扩大开放综合试点,建设服务外包示范城市,强调制度创新和政策创新,服务贸易持续保持平稳较快发展,贸易结构持续优化,高质量发展特征逐步显现,在国民经济发展中的战略地位日益凸显,在全球服务市场的影响持续扩大。2017年中国服务贸易进出口总额6956.8亿美元,位居世界第二。2018年上半年,中国服务贸易进出口总额创历史新高,达到3973.1亿美元,同比增长17%。服务贸易占货物和服务对外贸易总规模的比重达15.2%;新兴服务占服务贸易比重进一步提高,其中,新兴服务出口占服务出口比重达52.3%。服务贸易的快速增长成为中国对外贸易高质量发展的新增长点,有助于深入推进供给侧结构性改革,对国民经济持续健康发展做出重要贡献。

开展中国各地区服务贸易竞争力发展研究,旨在通过综合分析,展现地区间服务贸易竞争力发展现状与特征,深度挖掘服务贸易发展的优势与潜力,为进一步推动各地区服务贸易协调发展和增强服务贸易整体竞争力提供基础支撑。对国内各地区服务贸易发展的评析按照两个层次进行,考虑到数据可获得性:一是对中国大陆地区29个省、自治区、直辖市(不包括青海、西藏,下同)服务贸易发展情况进行评析;二是选择服务贸易创新发展试点地区及计划单列市等作为样本,对城市服务贸易发展情况进行评析。研究表明,中国服务贸易发展初步形成了以北京、上海为引领,东部、中部、西部竞相发展的三个梯队,围绕北京、上海、深圳、广州及香港、澳门等核心城市正在形成环渤海、长三角、粤港澳大湾区服务贸易集聚圈。综合来看,中国服务贸易产业基础不断夯实,发展环境持续优化,区域协调发展空间广阔,中国服务贸易的战略地位进一步提升,"中国服务"全球影响力将进一步扩大。

中国服务贸易区域发展分析分别针对省级和市级两个层级进行,对每一个层级的分析从两个部分展开:一是要按照东部、中部、西部三个区域方法对区域服务贸易发展进行总体评析,二是对部分省份(城市)服务贸易发展进行评析。

（一）中国省级区域服务贸易发展指数分析

1. 省级地区服务贸易发展指数总体评析

从服务贸易发展指数排名(见表6)及区域分布来看,中国省级地区服务贸易发展呈现两个突出特点:一是北京、上海两地居于领先地位,成为引领全国服务贸易发展的高地;二是东部、中部、西部服务贸易发展不平衡,东部地区率先发展,中部、西部地区竞相发展。2017年,北京、上海两地服务贸易发展指数均超过70,居全国前两位,并遥遥领先于其他地区,与广东共同成为中国服务贸易发展的第一梯队;江苏、天津、浙江等10个地区构成了服务贸易发展的第二梯队;陕西、山西等16个地区构成了服务贸易发展的第三梯队(见表7)。

表6 中国省级服务贸易发展指数

区 域	服务贸易发展指数	规模指数	结构指数	地位指数	产业基础指数	综合环境指数
上海	74.62	13.47	9.81	18.83	25.66	6.85
北京	73.38	13.49	9.82	15.40	29.83	4.85
广东	50.42	6.77	5.33	12.58	18.93	6.79
江苏	36.69	2.56	4.35	6.55	16.85	6.37
天津	35.96	2.05	3.77	7.53	17.01	5.60
浙江	32.12	1.93	2.65	5.88	15.80	5.86
海南	29.73	30.34	6.31	4.33	13.49	5.26
重庆	26.98	0.61	3.91	6.77	10.24	5.45
四川	26.73	0.79	4.92	5.64	10.44	4.93
山东	25.76	1.64	3.16	6.37	11.60	2.99
辽宁	25.71	1.14	4.40	5.04	11.15	3.98
福建	24.94	1.52	2.95	6.78	9.30	4.38
新疆	22.58	0.20	7.66	5.68	8.14	0.90
陕西	21.97	0.48	2.92	5.49	8.65	4.42
湖北	21.18	0.71	3.87	3.43	8.45	4.72
云南	19.99	0.22	1.68	7.48	8.86	1.74
黑龙江	16.55	0.25	2.67	1.47	9.47	2.68
湖南	16.42	0.27	2.24	2.69	9.31	1.91
内蒙古	15.94	0.21	1.94	4.20	9.36	0.23
贵州	15.44	0.04	2.89	1.98	8.75	1.78
吉林	14.76	0.35	5.13	2.03	5.81	1.43
山西	12.18	0.25	2.42	2.96	8.24	0.31
广西	13.65	0.19	0.23	6.39	5.58	1.26

续表

区 域	服务贸易发展指数	规模指数	结构指数	地位指数	产业基础指数	综合环境指数
安徽	13.59	0.37	1.74	5.02	4.92	1.54
甘肃	12.15	0.06	3.12	0.81	8.16	0.00
河南	11.55	0.39	0.51	1.54	5.89	3.22
河北	11.27	0.40	1.92	2.29	5.21	1.46
江西	9.76	0.20	1.38	2.95	3.94	1.29
宁夏	8.40	0.01	0.93	0.10	6.64	0.69

从区域来看,东部地区服务贸易发展指数大幅领先于中西部地区,西部地区服务贸易发展指数还略高于中部地区(见表8)。从服务贸易发展指数构成来看,东部地区在服务贸易规模、服务贸易地位、服务贸易产业基础、服务贸易综合环境方面的五项平均水平均高于全国平均水平,而中西部地区在五个分项领域的得分则均低于全国平均水平。从分期指标对比来看,中部地区规模指数、结构指数两个分项高于西部地区,而西部地区地位指数、产业基础指数、综合环境指数三个分项得分高于中部地区。

表7 中国省级地区服务贸易发展指数

梯 队	省(市、自治区)
第一梯队	北京 上海 广东
第二梯队	江苏 天津 浙江 海南 四川 重庆 福建 辽宁 山东 新疆
第三梯队	陕西 湖北 山西 云南 吉林 湖南 黑龙江 贵州 内蒙古 安徽 河北 甘肃 河南 广西 江西 宁夏

注:根据省级区域发展指数排名得出的三个梯队,每个梯队内部排名不分先后

表8 中国省级地区服务贸易发展指数(按区域)

区 域	服务贸易发展指数	规模指数	结构指数	地位指数	产业基础指数	综合环境指数
东部地区	37.29	4.13	5.54	6.78	16.04	4.8
中部地区	15.24	0.37	3.54	1.85	7.29	2.19
西部地区	16.58	0.30	3.27	2.96	7.8	2.26
全国平均	24.91	1.76	3.61	5.46	10.89	3.20

(二)部分省(市)服务贸易发展评析

北京、上海两个地区处于中国服务贸易发展的领先地位,既得益于两地服务产业基础好,也得益于两地服务贸易发展政策环境持续优化。北京、上海两地科教、人才资源丰富,软件和信息服务业发达,均是服务贸易创新发展试点地区和服务外包示范城市。上海是全国首个自贸试验区,北京是全国首个、目前也是唯一一个服务业扩大开放综合试点城市。在服务业开放发展中,两地大胆创新,保持领先地位,不断扩大地区服务的知名度和影响力。具体来看,北京在服务贸易规模、服务贸易结构和服务贸易产业基础三个领域的得分位居全国第一,在服务贸易地位、服务贸易综合环境两

个领域得分也明显高于全国平均水平。近年来,北京积极推动经济转型,着力构建高精尖经济结构,新兴新业态不断涌现,金融、科技服务、信息服务等优势行业对全市经济增长的贡献率合计达到53.3%,服务贸易发展基础不断夯实,自2012年以来,北京成功举办了五届京交会和2017年北京国际服务贸易交易会,"京交会"已打造成为规模最大的国家级、国际性、综合型的服务贸易交易平台。2015年国务院批复同意北京市开展服务业扩大开放综合试点,目前已形成了58项全国首创或效果最优的创新举措,新一轮试点措施任务清单发布实施,新增海淀、通州2个服务业扩大开放示范区,北京市服务贸易发展动力强劲,前景依然广阔。上海在服务贸易规模、服务贸易结构、服务贸易地位、服务贸易产业基础、服务贸易综合环境五个领域的得分均高于全国平均水平。上海服务贸易发展得益于开放型经济和服务经济的深入发展,发展基础好,呈现规模与质量并举发展的基本特征。近年来,上海聚焦"五个中心"的城市定位,积极参与"一带一路"建设,深入推进自贸试验区、服务贸易创新发展试点、服务外包示范城市等建设,在邮轮旅游基地建设、医药研发、技术贸易、服务外包以及海外交流合作等领域不断创新,为服务贸易发展注入持久动力。

广东服务贸易发展在服务贸易规模、服务贸易结构、服务贸易地位、服务贸易产业基础、服务贸易综合环境五个领域的得分均高于全国平均水平。广东省毗邻中国香港、中国澳门,是中国改革开放的前沿地区,开放型经济发展迅速,为服务贸易发展奠定了重要基础。近年来,广东省积极推进自贸试验区、服务贸易创新发展试点、服务外包示范城市等建设,发挥先行先试作用,以开放促发展,不断为服务贸易创新发展拓展新空间。

天津服务贸易发展位居全国前列,主要得益于服务发展的产业基础、服务贸易结构的不断优化,以及服务贸易发展地位及服务贸易综合环境的良好表现,但相对来讲,天津目前的服务贸易规模指标的得分不高,特别是与北京、上海、广东等相比有较大差距。进一步扩大服务贸易规模,是天津巩固和提升服务贸易发展的重要着力点。

江苏服务贸易发展位居全国前列,既得益于服务贸易规模的不断扩张、服务贸易地位的不断提升和服务贸易产业基础的不断巩固,也得益于服务贸易综合环境的不断改善。江苏位于长三角地区,开放型经济发展基础好,现代服务业发展迅速,为服务贸易发展奠定了良好基础。近年来,江苏围绕服务外包示范城市、服务贸易创新发展试点等建设,加强服务贸易发展的制度和政策创新,着力构建服务贸易发展良好市场环境和政策支持体系,扩大服务贸易规模,优化服务贸易结构,服务贸易发展呈现良好势头。

浙江服务贸易发展位居全国前列,既得益于服务贸易规模的不断扩大、服务贸易结构的不断优化、服务贸易地位的不断提升,也得益于服务贸易产业基础的不断巩固。近年来,浙江全面落实"八大战略",以开放促创新促发展,深入推进服务贸易创新发展试点,"数字+"服务成为发展新亮点,服务贸易发展的品牌效应开始显现。

海南服务贸易发展指数得分较高,主要得益于服务贸易结构、服务贸易产业基础和服务贸易综合环境等领域的良好表现。海南省服务贸易着力在放宽市场准入、提升服务贸易便利化、壮大市场主体、扩大服务业双向开放和提升行政效能等方面探索,成效逐渐显现。当前,海南正全境建设自由贸易试验区,探索建设中国特色自由贸易港,以发展旅游业、现代服务业和高新技术产业为主导,打造更高层次、更高水平的开放型经济,为服务贸易发展提供更加广阔的空间。

辽宁服务贸易发展位居全国前列,在东北三省居于首位,主要得益于服务贸易结构、服务贸易产业基础、服务贸易综合环境等领域的较高得分。近年来,辽宁依托制造业优势发展服务贸易,带动服务贸易"走出去",创新服务贸易发展方式,实现重点突破、全面发展,推进传统服务贸易转型升级和现代服务贸易加快发展,不断提升货物贸易附加值,增强服务业国际发展。

四川服务贸易发展指数得分较高,位居中西部地区第二,主要得益于服务贸易结构和服务贸易综合环境的较高得分。近年来,四川围绕自贸试验区、服务贸易创新发展试点、服务外包示范城市等建设,发挥先行先试作用,大力开拓创新,现代服务业发展基础不断强化,服务贸易发展较快,呈现良好势头。

湖北服务贸易发展指数在中部地区位于前列,主要得益于服务贸易规模、服务贸易结构、服务贸易产业基础和服务贸易综合环境等领域相对较高的得分。近年来,湖北积极推进自贸试验区、服务贸易创新发展试点,服务外包示范城市建设,加强制度创新和政策创新,服务贸易规模不断扩大,服务贸易结构不断优化。值得注意的是,中部地区大部分省市服务贸易发展指数得分位于第三梯队。近年来,随着服务业扩大开放和服务贸易发展环境持续改善,中部地区各省市应充分利用自然资源、人文环境等特色要素,着力培育优势领域,夯实服务业基础,高水平、高质量地发展地域服务贸易。

四、中国城市服务贸易发展指数分析

(一)城市服务贸易发展总体评析

按照服务贸易发展评价指标要求,结合数据可获得性,选择服务贸易创新发展试点地区及大连、青岛、宁波等计划单列市为样本,对城市服务贸易发展进行综合评价。

从城市分布来看,区域间服务贸易发展呈现明显的阶梯状分布,东部地区明显处于领先优势地位,而中西部区域中心城市服务贸易发展基础不断巩固。从城市来看,东部城市明显处于优势地位,其中,北京是京津冀地区服务贸易发展的领导者,上海是长三角地区服务贸易发展的核心,深圳和广州则是珠三角服务贸易发展的引领者。中西部地区的区域中心城市服务贸易发展也取得了较好成绩。大连、青岛、宁波、贵安新区、威海等依托自身优越条件,成为服务贸易发展极具特色的地区(见表9)。

表9　中国城市服务贸易发展指数

梯　队	省(市、自治区)
第一梯队	北京　上海　广东　深圳
第二梯队	南京　杭州　武汉　苏州　天津　成都　厦门
第三梯队	重庆　西咸新区(西安和咸阳)　哈尔滨　大连　青岛　宁波　贵安新区(贵阳和安顺)　威海

注:根据城市服务贸易发展指数排名得出的三个梯队,每个梯队内部排名不分先后。

(二)部分城市服务贸易发展评析

北京、上海属于省级行政区划,重点在省级地区服务贸易发展分析中进行比较分析,服务贸易创新发展试点中的重庆两江新区、贵州贵安新区、陕西西咸新区本身数据暂不可获得,因此用新区所在城市对应指标的得分作为评价依据。

深圳、广州服务贸易发展是珠三角地区的核心城市,也是粤港澳大湾区建设中的两个核心城市。深圳服务贸易发展指数位居全国第三,在服务贸易规模、服务贸易地位、服务贸易产业基础和服务贸易综合环境等领域均明显高于全国平均水平,而服务贸易结构的情况则明显低于全国平均水平,这也是深圳巩固和提升服务贸易发展的重要着力点。深圳毗邻中国香港,是中国改革开放的前沿,开放型经济发展水平高,货物贸易与服务贸易紧密相连,日益呈现协调发展之势。广州则在服务贸易规模、服务贸易结构、服务贸易地位、服务贸易产业基础和服务贸易综合环境五个领域均高于全国平均水平。服务贸易产业基础稳固,服务贸易规模不断扩大的同时,服务贸易结构不断优化,服务贸易地位趋于提升。随着开放型经济环境持续改善,广州服务贸易发展将进一步巩固和提升。

南京和杭州均是长三角城市群的副中心城市,服务贸易产业基础好,结构不断优化,服务贸易发展势头良好。南京地处中国沿海开放地带与长江流域开发地带的交会处,具有深厚的历史人文积淀,文化科教资源丰富,现代服务业发展迅速,是首个"中国软件名城"和首批服务外包示范城市,在服务外包示范城市综合评估中名列第一。在南京江北新区试点基础上,2018年南京全市也被纳入了服务贸易创新发展试点地区,知名度和影响力持续扩大。杭州近年来依托"互联网+",跨境电子商务、移动支付等新业态新模式发展迅速,创新创业活跃,引领带动数字经济蓬勃服务,服务贸易发展的产业基础进一步夯实。"数字+"服务成为驱动杭州服务贸易发展的新动力,也日益成为杭州服务贸易发展的重要着力点。

> **专栏 "南京服务"知名度和影响力不断扩大**
>
> 南京市深入推进全国服务贸易创新发展试点和服务外包示范城市建设,着力强化制度创新和政策创新,服务贸易呈现良好发展势头。2017年全市累计实现服务进出口总额135亿美元,离岸外包执行额61.7亿美元。在商务部全国31个服务外包示范城市综合评价中,南京连续两年排名第一。
>
> 市场主体建设成效显现。全市已涌现出一批具有较强竞争力的贸易企业,在计算机和信息技术、技术研发、工业设计、国际运输、旅游服务等领域具有较强国际竞争力。2017年,全市服务贸易进出口总额在1000万美元以上的企业达57家。现有国家级服务示范区5个,省级示范区2个,认定南京软件谷、生物医药谷等一批服务贸易集聚发展示范区,引领全市服务贸易和服务外包加快发展。
>
> 政策促进体系持续改善。先后出台各外包政策文件,如《关于加快推进国际服务发展的意见》《关于加速推进南京国际服务外包产业发展的实施意见》《南京市"十三五"服务贸易发展规划》《南京市中医药服务贸易先行先试三年行动计划(2015—2017)》,形成较为全面的促进体系。
>
> 品牌推广平台建设持续发力。做精做实"全球服务贸易大会""中国国际服务外包合作大会""软博会"等相关展会,形成与国际水平接轨、服务体系完善、专业化程度较高的专业展会平台,着力打造"智慧南京、服务全球"品牌。

武汉地处中国中部,是长江中游特大城市,是重要的工业、科教基地和综合交通枢纽,发展服务贸易的产业基础坚实。武汉综合发挥自由贸易试验区、服务贸易创新发展试点和服务外包示范城市等先行先试作用,大力开拓创新,着力推动服务贸易扩规模、优结构,服务贸易发展势头良好。

成都、重庆、西安在西部地区发展服务贸易具有较强的经济基础。以成都为例,近年来发挥自贸试验区、服务贸易创新发展试点和服务外包示范城市的叠加优势,大力开拓创新,新技术新业态发展势头强劲,技术先进型服务企业培育成效显著,技术密集型高附加值领域服务贸易发展迅速,正在形成服务贸易创新发展新动能。①

参考文献

[1] 林水利,鸿堂.有关竞争力问题的理论演进[J].经济学动态,2001年第3期.

[2] 林毅夫.中国经济将保持20年的较高速增长[J].紫光阁,2012年第3期.

[3] 刘世锦,杨建龙.核心竞争力:企业重组中的一个新概念[J].中国工业经济,1999年第2期.

[4] 卢素梅.我国服务贸易竞争力的影响因素与相关性分析[J].北方丝贸,2006年第12期.

[5] 庞娟.广西产业竞争力综合评价与对策研究[J].改革与战略,2005年第7期.

[6] 迈克尔·波特.国家竞争优势.李明轩,邱如美译[M].北京:华夏出版社,2002.

[7] 沈玉良,金晓梅.数字产品、全球价值链与国际贸易规则[J].上海师范大学学报(哲学社会科学版),2017年第1期.

[8] 万红先.入世以来我国服务贸易国际竞争力变动分析[J].国际贸易问题,2005年第5期.

[9] 王惠敏,张黎.电子商务国际规则新发展及中国的应对策略[J].国际贸易,2017年第4期.

[10] 王晶.发达国家数字贸易治理经验及启示[J].开放导报,2016年第2期.

[11] 王勤.当代国际竞争力理论与评价体系综述[J].国外社会科学,2006年第6期.

[12] 汪应洛,马亚男,李泊溪.几个竞争力概念的内涵及相互关系综述[J].预测,2003年第1期.

[13] 伊万·沙拉法诺夫,白树强.WTO视角下数字产品贸易合作机制研究——基于数字贸易发展现状及壁垒研究[J].国际贸易问题,2018年第2期.

[14] 陈靓.数字贸易自由化的国际谈判进展及其对中国的启示[J].上海对外经贸大学学报,2015年第3期.

[15] 程大中.服务业就业与服务贸易出口:关于中国和美国的对比分析[J].世界经济,2000年第11期.

[16] 崔日明,张楠,李丹.服务贸易竞争力研究评述[J].经济学动态,2009年第8期.

[17] 丁平.服务贸易国际竞争力:内涵与影响因素[J].石家庄经济学院学报,2007年第4期.

[18] 范晓屏.企业竞争力多相测度指标体系的构造[J].中国工业经济,1997年第5期.

[19] 贾怀勤.建议展开数字贸易尝试性测度[N].第一财经日报,2018年2月26日第A11版.

[20] 韩中和.增强自主知识产权为主导的企业核心竞争力[J].国际商务研究,2005年第3期.

[21] 康珂,倪鹏飞.经典文献中的国家竞争力理论:一个文献综述[J].江淮论坛,2014年第3期.

[22] 李斌.互联网环境下跨境数字化产品海关估价征税的问题研究[D].对外经济贸易大学,2016.

[23] 李墨丝.超大型自由贸易协定中数字贸易规则及谈判的新趋势[J].上海师范大学学报(哲学社会科学版),2017年第1期.

[24] 车杨,陈囊琦,周念利.数字贸易规则"美式模板"对中国的挑战及应对[J].国际贸易,2016年第10期.

---

① 本章节主要参考李俊:《全球服务贸易发展指数报告(2018)》,社会科学文献出版社,2019年版的主要内容完成。

第三章　江苏现代服务业高质量发展研究

农业社会和工业社会解决了温饱和富裕问题,而之后更好发展就需要发展服务业,这是大力发展服务业的根本原因。服务业是随着商品生产和交换的发展而产生的一个行业,最早主要为商品流通服务。随着城市的繁荣,居民日益增多,不仅在经济活动中离不开服务业,而且服务业也逐渐转向以为人们的生活服务为主。社会化大生产创造的发达的社会分工,促使生产企业中的某些为生产服务的劳动逐渐分离出来,成为为生产服务的独立行业。

现代服务业是为适应经济社会发展产生的新兴服务业,其本质是传统服务业的现代化和扩展化。与传统服务业相比,现代服务业具有如下特征:"两新",新服务领域、新服务模式;"三高",技术含量高、服务增加值高、人力资源智力高;"四集",关联产业的集群性、空间地理的集聚性、研发人员的集中性、市场营销的集体性。现代服务业发展的一般原则:生活性服务业便利化、生产性服务业专业化、基础性服务业网络化、公共性服务业公平化。其中,生产性服务业和生活性服务业主要由市场决定,基础性服务业和公共性服务业主要由政府主导。

推动制造业高质量发展,推动先进制造业与现代服务业深度融合,建设制造强国,列入 2019 年中央经济工作会议确定的重点工作任务之首。产业经济学理论认为,生产性服务业作为服务于工业生产过程连续性、技术进步、产业升级和效能提高的现代产业门类,在先进制造业创新发展、实体经济振兴过程中将发挥愈加重要的保障和促进作用。

现代服务业高质量发展的内涵要义,新时代下现代服务业发展将更加开放、更加竞争、更加集聚、更加智能、更加个性和更加普惠。在经济高质量发展的内核框架中,现代服务业的高质量发展可以概括为:创新成为第一动力、协调成为内生特点、人民满意成为根本目的的发展,讲求质量第一、效益优先,以高质量的生活性服务供给来引领高质量的社会需求,满足人们不断对美好生活的向往;以高质量的生产性服务业供给来充分发挥市场配置资源的决定性作用,推动由生产制造型向生产服务型转变。现代服务业的高质量发展包含以下六个方面的核心要义:首先,"现代服务业高质量发展"是更以人民为中心的发展;第二,"现代服务业高质量发展"是更以创新驱动的发展;第三,"现代服务业高质量发展"是更高结构水平的发展;第四,"现代服务业高质量发展"是更高经济效率的发展;第五,"现代服务业高质量发展"是与制造业更融合的发展;第六,"现代服务业高质量发展"是更为平衡的发展。

一、江苏现代服务业高质量发展的典型事实

作为经济大省的江苏,2018 年全省 GDP 总量突破 9 万亿元,服务业增加值同比增长 7.9%,占地区生产总值比重 51%,比上年提高 0.7 个百分点,服务业发展多个关键指标跃上新水平,生产性服务业发展进入提质增效新阶段。2019 年是新中国成立 70 周年,也是决胜高水平全面建成小康

社会的关键之年。落实省委十三届五次全会和《政府工作报告》精神,聚力创新,以生产性服务业为主攻方向,推动江苏现代服务业高质量发展,助力现代化经济体系建设,是做好全省经济工作的一项重要任务。①

(一)发展质量提升明显,引领发展新态势

当前,我国已经形成以服务业为主导的产业结构形态,服务业成为经济发展的主要动能,这是产业结构演进和经济转型的大势所趋。根据国家统计局发布的初步核算结果,2018 年全国服务业增加值占 GDP 的比重为 52.2%,超过第二产业 11.5 个百分点,继续呈现逐年提高走势。江苏是传统的制造业大省,近年来将加快发展现代服务业作为深化产业结构调整的战略重点,致力于不断推动服务业产业比重和质量效益的双重提升,"十二五"期末实现"三二一"产业结构新跨越,"十三五"时期提出要努力形成以服务经济为主体的现代产业体系,为建设"强富美高"新江苏提供支撑。从全省服务业发展阶段和特点来看,近几年增长速度稳健较快,内部结构日趋优化,产业质态持续向好,贡献份额逐年提高,有力助推了经济转型升级和持续健康发展。

(二)发展规模稳步扩大,服务业占比继续攀升

2018 年江苏省实现服务业增加值 47205.2 亿元,同比增长 7.9%,高于 GDP 增速 1.2 个百分点。"十三五"以来,全省服务业始终"领跑"总体经济增长,按可比价计算,全省服务业增加值年均增速达到 8.6%,比 GDP 年均增速高出 1.4 个百分点。继 2015 年全省服务业增加值占比首次超过第二产业占比,产业结构实现了由"二三一"向"三二一"的标志性转变后,2016 年服务业增加值占 GDP 比重首次占地区生产总值"半壁江山"以上,而 2018 年全省服务业增加值占比继续稳步提升,比"十二五"末提高了 2.9 个百分点,"三二一"的产业结构得到了进一步夯实。

(三)导向要求明确,高附加值生产性服务业势头良好

江苏服务业积极贯彻供给侧结构性改革的导向要求,立足以实体经济为本位的发展需求,加快构筑生产性服务业发展的领先势头。从服务业分行业增加值来看,"十三五"以来,以科技、商务、软件、信息等为主的营利性服务业增加值年均增速达到 14% 左右,金融业以及交通运输、仓储和邮政业增加值增速也高于服务业增加值平均增速,位居各行业大类前列。从规上服务业企业营业收入规模来看,2018 年 1—11 月,在纳入统计的 31 个行业大类和 4 个中类中,全省营业收入前十大行业均属于生产性服务业范畴,包括商务服务业、道路运输业、软件和信息技术服务业、专业技术服务业等在内的 5 个行业营业收入超千亿元,其中,商务服务业营业收入规模居首位,达 2402.1 亿元,同比增长 7.9%。

(四)产业结构持续优化,新兴服务业增速加快

伴随互联网信息、科技研发及商务服务市场向纵深拓展,以互联网和相关服务业、软件和信息技术服务业等为代表的新兴服务业发展亮点纷呈,新动能作用日益增强。根据规上服务业发展情

---

① 祁彪:推动江苏现代服务业高质量发展[N].新华日报,2019 年 2 月 2 日(第 5 版).

况的分析,以新兴行业为主的其他营利性服务业较快增长,1—11月实现营业收入5000.7亿元,同比增长13.3%,比全省规上服务业营业收入平均增速高6.2个百分点,对全省规上服务业营业收入增长的贡献率为70.5%,拉动全省规上服务业营业收入增长5个百分点。高技术服务业、战略性新兴服务业、科技服务业等技术含量高、业态领域新的服务行业均呈两位数以上较快增长,高于全省规上服务业营业收入平均增速6个百分点左右。规上互联网和相关服务业实现营业收入823.9亿元,同比增长41.6%,增长速度居新兴行业第一,对规上服务业营业收入增长的贡献率达29%,贡献程度位居规上调查的35个行业之首。

(五)贡献率占比逐年增加,引擎作用更加凸显

"十三五"以来,全省服务业在经济贡献、就业贡献和税收贡献三个方面实现稳定持续增长,服务业在保持经济社会平稳健康发展中的动力引擎作用进一步增强。2017年全省服务业对经济增长贡献率已达到56%,提前达成"十三五"服务业规划目标。服务业就业人数持续递增,全省第三产业就业人数占总就业人数比值达到40.3%,服务业成为吸纳城镇新增就业人员的主阵地之一。服务业的税收贡献实力逐年增强,2018年服务业税收收入实现了17.4%的快速增长,税收总额为6788亿元,占全省国地税总收入的比重49.5%,已近乎达到半数之多。

(六)服务业双向开放加快步伐,利用外资和对外投资有序发展

"十三五"期间,江苏持续扩大服务业领域的对外开放力度,积极引导服务业外资投向和对外投资的有序发展。2018年,全省服务业实际使用外资128.2亿美元,同比增速达17.5%,成为拉动实际使用外资增长的主要动力,服务业实际使用外资占全省实际使用外资的比重也实现新跨越,首次超过50%,占比较上年同期提高了7.2个百分点。现代服务业成为优质外商资本投入的热点领域,实际使用外资额为51.2亿美元,其中,教育、信息传输及计算机服务和软件业、现代物流业实际使用外资同比分别呈48.5%、37.5%、13.9%的较快增长。从境外投资情况看,服务业境外投资新批项目数和投资额占比近七成,服务业"走出去"成为江苏本土企业境外投资的主要形式。

> **专栏1:江苏科技服务业呈现高质量发展态势**
>
> 总体规模稳定增长。去年,全省科技服务业总收入达到8045亿元,同比增长11.6%,科技服务业机构总数达5.59万家,从业人员数量124.6万人,机构数和从业人员稳中有增。各设区市积极推动科技服务业发展,苏南科技服务业独占鳌头,服务收入占全省的76.6%,其中,南京市服务机构和从业人员数量均占全省总数的1/5左右,科技服务收入达3370亿元,"首位度"进一步凸显;苏北地区板块呈现提速增长态势,服务收入1009亿元,占全省比重为12.5%,较上年提高2个百分点,从业人员增加2万多人。
>
> 骨干机构能力持续增强。全省规模以上科技服务机构共有6177家,实现服务收入6558亿元,占科技服务业总收入的81.5%,同比增长8.8%,规模以上机构平均年收入首次超过1亿元。规上机构从业人员达74.8万人,占总从业人员数的60%。2018年,依托科技服务业特色基地等集聚区重点支持120多家骨干机构实施能力提升,涌现出一批品牌、特色科技服务机构和小而精、创业型科技服务公司。

集聚发展成效显著。积极引导各地因地制宜大力发展科技服务特色业务,持续推进科技服务业的集聚发展,形成专业服务特色和优势。新启动筹建南京市江北新区研创园、昆山高新区等4家省级科技服务业特色基地,全省科技服务业特色基地(示范区)总数达20家,共拥有服务场所538万平方米,集聚服务机构1339家,拥有专职服务人员1.8万人,服务资源、服务装备原值达37亿元,年实现科技服务收入70亿元。

各类服务业态特色鲜明。研发设计服务继续领跑,共有服务机构2.6万家,服务收入达3728亿元,较上年增长12.9%;创业孵化服务不断强化,新布局建设30家众创社区,各类众创空间、科技企业孵化器、"星创天地"达1500多家;技术转移服务日益活跃,加快推进以省技术产权交易市场为龙头的全省技术转移体系建设,全省建有省级高校院所技术转移中心43家,各类技术转移机构近300家,2018年技术合同登记成交额首次突破1000亿元,达1152亿元;科技金融服务成效明显,创投机构管理资金规模达2300亿元,科技支行、科技小额贷款公司等新型特色科技金融机构达345家;知识产权服务链条初步形成,江苏(国际)知识产权交易中心正式成立,专利代理服务机构达367家;科技咨询服务业发展迅速,全省科技咨询机构226家,从业人员达3.4万人,服务总收入超过400亿元;检验检测认证服务稳步提升,获批的国家质检中心达51个,检验检疫系统拥有实验室超2万家;科学技术普及服务不断完善,共命名省级科普示范社区80家,认定省级科普教育基地119家。

专栏2:江苏金融业高质量发展

制造业是实体经济的主体,也是支撑经济高质量发展的重要力量。制造业的高质量发展离不开金融服务。为强化金融支撑作用,人民银行南京分行根据党中央国务院、省委省政府和人民银行总行相关政策精神,坚持问题导向、需求导向和效果导向,于2016年组织实施了"江苏金融支持制造业提质增效行动计划(2016—2020)",引导金融机构主动对接制造业发展诉求,深化金融供给侧结构性改革,助力制造业高质量发展。

两年来,全省金融服务制造业转型升级取得阶段性进展,制造业融资实现恢复性增长。截至2017年末,全省制造业贷款余额1.6万亿元,同比增长3.9%,比年初新增594亿元,同比多增1167亿元。与此同时,融资渠道不断拓宽,投入方式日渐丰富,服务内容不断扩展。对此,本报专访人民银行南京分行党委书记、行长郭新明,详解金融支持制造业的提质增效行动计划。

对话嘉宾

《高端对话》:金融支持制造业高质量发展的切入点在哪里?

郭新明:金融服务制造业高质量发展是服务实体经济的主要内容。从江苏的实体经济发展以及金融发展情况来看,需要找准着力点、把握主攻点,把更多的资源配置到转型升级重点领域。一是着力支持先进制造业发展壮大。根据《中国制造2025江苏行动纲要》明确的15个重点领域,人行分支机构与当地产业主管部门联合发布新兴产业企业名录、建立重点智能改造项目库,引导金融加大投入。截至2017年末,全省主要金融机构对制造业发展的15个重点领域贷款余额3295亿元,同比增长18.1%,增速超过全部制造业贷款14.2个百分点。

第二,支持产业集群集聚发展,在推动金融机构主动对接的同时,推出全流程、高效率、可持续的在线供应链融资业务模式。截至2017年末,全省通过应收账款融资服务平台促成融资1.9万笔,总额 1.03 万亿元,笔数和金额连续三年位居全国第一。接下来,正在研究制定《江苏省小微企业应收账款融资专项行动实施方案》,相信随着方案的实施,会惠及更多中小微企业。

第三,支持传统产业技改升级。一方面是完善绿色金融监测机制,创新排污权质押、合同能源管理等融资模式。截至 2017 年末,全省节能环保项目及服务贷款 5670 亿元,同比增长 17.6%。引导金融机构加大对传统产业技术引进、智能改造、"两化融合"等方面服务力度。此外,金融机构要真正通过落实差别化授信政策助推优胜劣汰。截至 2017 年末,全省钢铁、煤炭、水泥、平板玻璃、船舶等产能过剩行业贷款同比净下降 8.7%。与此同时,坚持"区别对待、有扶有控",积极支持过剩产能行业优质骨干企业渡过难关。

《高端对话》:金融机构都是企业,有着逐利需求。相对来说制造业赚钱效应慢,人民银行如何引导金融机构来做好这件事呢?

郭新明:作为金融主管部门,一方面是强化政策引导,在"精准"上下功夫。不仅将金融支持制造业纳入考核,还要在资金使用上倾斜。2017 年向辖内 73 家法人金融机构发放再贷款 187 亿元,再贷款累放额和机构覆盖面同比分别提升 273%、35.2%。另外,人民银行南京分行与有关部门成立了金融支持制造业提质增效行动领导小组,按季监测,定期召开专题会议,提高金融机构重视程度。

另一方面,疏通银企对接渠道,搭建银企对接平台。这两年来,人民银行南京分行与省经信委等部门组织的银企对接会已经常态化、制度化。初步统计,2017 年,全省人民银行系统共组织开展银企对接活动 500 余场次,涉及制造业企业 9000 余家,融资需求 4200 亿元,其中达成初步合作意向 6820 个,涉及授信金额 3114 亿元。随着互联网的发展,全省已有 9 个地市建立线上平台,注册企业 2.7 万家,发布融资需求 3.7 万笔,金额 6332 亿元,其中,成功对接 3 万笔,金额 4816 亿元。尤其是泰州市在全国首创"融资服务+信息查询+信用评价+风险预警"的征信融资服务模式,打造了"一站式、一体化、一键通"的线上服务平台,有效提高了资金供需双方对接效率。

金融资源也需要"开源"。随着多层次资本市场的进一步完善,企业发展中的金融需求也日益多元化。为此,人行南京分行支持省内企业通过金融市场获取融资,并重点推动大规模运用银行间市场债务融资工具融资。近两年全省制造业企业共发行各类债务融资工具 1503 亿元。供应链票据、DFI 储架发行模式、双创专项债务融资工具等创新产品和服务模式,也先后落地。2016 年以来,江苏制造业企业发行公司债、企业债 275 亿元,制造业上市公司通过首发、增发等方式融资 1989 亿元。

《高端对话》:创新是企业核心竞争力的源泉,也是制造业提质增效的必由之路。然而,大部分高新技术企业和科技成果转化项目规模小、资产轻、风险大、综合化服务需求高,而金融机构的思维与观念转变没有跟上。如何引导金融机构服务好科技型企业?

郭新明:这是近年来较为突出的矛盾,需要具体分析。针对信用服务体系不完善,人民银行南京分行要引导金融机构转变理念和方式。2015 年以来,构建多层次、广覆盖的信用服务体系,为金融机构发展信用类金融产品营造了良好环境。以江苏银行纯信用的"税 e 融"为例,已累计授信 2.2 万户,发放贷款 13.9 万笔、金额 206 亿元。针对企业轻资产的特点,引导金融机构根据各类风险补偿基金创新信贷产品,13 家银行与省科技厅联合推出的"苏科贷",已向 4500 多家科技型中小企业发放贷款 370 亿元。同时,引导金融机构探索股权、知识产权、收益权等新型质押融资方式。截至 2017

年末,全省制造业企业股权质押贷款余额303亿元,同比增长25.3%。

另外,引导金融机构通过设立产业基金、探索投贷联动等方式开辟新的服务途径,以及利用资本市场的资源优势为制造业提供融资融智等综合金融服务。

《高端对话》:企业国际化发展、增强国际竞争力,是制造业迈向全球价值链中高端的重要一步。人民银行南京分行如何引导金融机构支持江苏制造业企业"走出去"?

郭新明:企业"走出去"面临的金融需求非常多,投资需求、结算需求、融资需求,等等。针对这些需求,人民银行南京分行积极落实一系列促进境外投资便利化政策,简政放权,切实为企业对外投资打通"最后一公里"。初步测算,境外直接投资由事前审批改为事后登记之后,每年可减少企业上千次行政审批,极大便利了企业跨境投资运作。

鼓励金融机构创新服务,助力企业参与国际竞争。比如,国家开发银行江苏省分行与境外发达国家银行达成200亿元的跨境贷款合作意向,借助海外银行的服务网络和风控能力,支持企业"走出去"。鼓励金融机构内外联动,推出跨国公司外汇资金集中运营管理试点、跨国公司内保外贷等创新,鼓励境内机构合理利用境外低成本资金,提升企业资金使用效率,降低汇兑成本。泰州医药高新区于2017年7月率先获批资本项目收入兑换便利化试点,截至2017年末,共有14家企业参与试点,其中,5家企业已开展相关业务,金额共计3120万美元。该试点简化了流程,极大地便利了企业生产经营。

《高端对话》:良好的金融环境和基础设施是金融服务制造业可持续、长效化的基础。人民银行南京分行如何打造优良的金融环境?

郭新明:一个好的金融环境,有利于促进经济可持续发展。人民银行着力强化金融改革的深度、加大金融生态建设的力度、提升支付结算的速度。以泰州市建设金融支持产业转型升级改革创新试验区为例,试点一年来,在金融产品创新、征信体系建设、金融生态环境等方面取得积极成效,为产业转型升级提供了良好金融支撑。目前,省内其他地区试点申报正在推进。其次,着力优化金融生态环境,加大金融生态县动态调整和激励约束机制。再次,有效提升支付清算服务水平。2017年,我省大、小额支付系统共发生交易4.74亿笔、金额326.87万亿元,同比继续保持增长态势。积极支持大型制造业企业的财务公司加入电子商业汇票系统,推进电子商业汇票应用,提高企业资金使用效率。

下一阶段,全省金融部门将牢牢把握金融服务实体经济工作要求,认真贯彻落实国务院和省委、省政府的决策部署,加强政策引导、推进金融改革、提升金融服务、优化金融环境,继续深入实施"金融支持制造业提质增效行动计划",力争取得更大成效。

二、江苏现代服务业高质量发展有待提升的方面

在经济增长缓中趋稳的背景下,我国服务业保持了较快发展。随着我国经济由高速增长阶段转向高质量发展阶段,服务业在规模扩张的同时更迫切的是要提高"含金量",实现发展的提质增效。

总体上讲,服务业发展是不是高质量,可以从四个方面来判断:一是服务业结构是否优化。要

使知识密集型生产性服务业、满足发展享受型需求的消费性服务业较快增长,占整个服务业的比重不断提高,为产业升级和人民美好生活提供有力支撑。二是服务业动力是否转换。要使服务业发展从依赖生产要素大规模、高强度投入转为更多依靠创新驱动,塑造更多发挥先发优势的引领型发展。三是服务业效率是否改善。要使服务业生产率拉近与标杆国家的距离,在更少、更绿色投入的基础上实现更高、可持续的产出。四是服务业企业是否壮大。要使企业基于提供质量更优、标准更高的产品或服务,获得收入和利润的增长,使一些具有领先优势的企业通过提供有竞争力的服务解决方案等,拓展全球布局,利用国际优质资源增强自身实力。

1. 产业升级相对滞后,质态效率有待提升

由新一轮信息技术驱动的"结构大调整"时期,江苏没能充分发挥之前的基础优势,在具有引领性的产业领域尚未形成领先优势。与互联网经济相关的真正起源于江苏的创新型业态并不多,现有企业大多属于被动迁入型和追随型。凭借传统产业的基础优势,数字经济整体发展情况良好,但并没有特别突出的领域。

2. 科技引领作用和创新能力需进一步提升

服务业整体创新能力偏弱,向制造业输送技术、知识密集型生产要素的作用发挥不够,在人工智能、基因生物、区块链等前沿科技领域缺乏前瞻性布局。科技服务市场主体偏"国字头",科技服务中介"小、散、弱"。

3. 生产性服务业对江苏制造的支撑能力有待提高

制造业服务化存在多重制约,载体建设滞后,综合性服务平台和功能区依然稀缺。工业互联网平台建设总体投入不足,发展速度偏慢,制造业企业与互联网企业合作不够紧密,自给自足能力不足。

4. 生活性服务业品质化、精细化程度需进一步提高

生活性服务业发展能级不高,多层次、多样化、便利化的服务供给不足,发展粗放,质量偏低,个性化供给缺口较大,规模化、组织化程度偏低,品牌企业相对较少。

5. 服务业合理和科学的区域分工格局还未完全清晰

区域发展不平衡,存在产业重构现象,服务业发展内源性动力不足,基于提供中间需求的分工拓展能力不够。部分服务业中心城市的辐射能力有限,尤其在高端服务业领域和高质量生产性服务业领域更为明显。

三、江苏现代服务业高质量发展的必然趋势

当前,世界服务业发展趋势主要体现在四个方面:(1)制造业服务化。随着产品复杂程度提高、用户需求日趋个性化,在新一代信息技术的助推下,制造业服务化已成为当今制造业发展的新趋势。越来越多的企业开始从提供产品向提供全生命周期管理转变、从提供设备向提供系统解决方案转变,制造业服务化正在推动"工业社会"向"服务社会"转型。(2)服务业制造化。服务业制造化是指服务业企业在发展到一定规模后,凭借自身的核心技术,以实体产品为载体,进入制造业领域,生产相应产品,完成向制造业企业的转变。近年来,随着互联网企业的快速崛起,越来越多的互联网企业正在引领"服务业制造化"的发展潮流,互联网等新技术的发展促使服务业企业向制造

业领域拓展。服务业企业通过在传统制造业的上中下游深度嵌入互联网信息技术,可以实现对传统制造业的现代化升级;初级的上游原材料供给产业通过互联网技术升级成为智能仓储物流,能够更加高效便捷地向工厂输送原料;中游生产环节通过互联网技术的升级,成为先进的智能工厂,能够高效、智能、定制化地生产高品质的产品,也有企业利用互联网技术改变产品本身,使之升级为智能产品;下游的销售和售后等相关服务环节通过互联网技术建立电子商务平台,实现网上销售和在线服务。此外,互联网企业还会把自己专长的服务业管理方案运用到制造业中,以提高整体管理水平和生产效率。(3)服务外包化。具体而言,信息技术外包强调技术,更多涉及成本和服务,如系统操作服务、系统应用服务、基础技术服务等;业务流程外包强调业务流程,解决有关业务的效果和运营的效益问题,如企业内部管理服务、企业业务运作服务、供应链管理服务;知识流程外包是服务外包的高端部分,解决的是发包企业依靠自身技术无法实现的服务,如数据分析服务、市场情报服务、专业技术服务。(4)全球价值链分工促使服务业和制造业分离。随着互联网等新技术的发展,服务的可贸易性大大增强,这诱使企业按照各地的要素优势在全球范围内布局服务环节。全球价值链分工将会促使发展中国家和地区逐渐成为低端制造业和服务业的集聚地,而高端人力资本丰裕的发达国家和地区成为高端制造业和高端服务业的集聚地。

目前,全球产业结构正向"服务型经济"加速转型,新技术、新业态、新模式不断涌现,网络化、智慧化、平台化和产业跨界融合发展态势日益明显,对经济社会发展产生着多方位的贡献价值。随着经济发展阶段的转化,发展实体经济、建设制造业强省的目标坚定不移,因而对于以现代服务业助力实体经济发展的意义、路径和方式的认知更应摆上新的高度。江苏服务业拉动国民经济增长的主动力和新引擎作用正在持续释放,在此背景下,加快推进现代服务业创新发展,培育经济发展新动能,争创创新发展新优势,是贯彻新发展理念的自觉行动,是全面建设现代化经济体系的重要保障。

(一)高质量成为现代服务业发展的根本要求

党的十九大和中央经济工作会议作出"中国特色社会主义进入了新时代,我国经济发展也进入了新时代"的重大论断,指出新时代我国经济发展的基本特征,就是我国经济已由高速增长阶段转向高质量发展阶段。经济发展高质量,涵盖了供给、需求、配置、投入产出的高质量,以及收入分配的高质量,乃至国民经济循环的高质量。推动高质量的供给,就是要提高商品和服务的供给水平。2017年9月,《中共中央国务院关于开展质量提升行动的指导意见》中,明确提出要推动服务业提质增效。2018年5月,国家发改委牵头召开服务业发展部际联席会议,强调要从深化改革、培育品牌、鼓励创新、分类引导、扩大开放等五个方面推动服务业高质量发展。服务业发展要把握"高质量"的根本要求,以保持服务业较快增长、促进生产性服务业与制造业深度融合、深化服务业高水平全面开放、提升生活性服务业品质和消费满意度为着力点,推动服务业发展跃上新台阶,以此巩固经济"稳"的基础和增强"进"的动力。2018年7月,中共江苏省委十三届四次全会对推动高质量发展作出深化部署,并明确提出全省要加快发展现代服务业,要围绕重点打造的制造业集群着力推进生产性服务业,加快江苏省产业从生产制造型向生产服务型转变。

(二)创新成为现代服务业发展的动力源泉

党的十九大报告指出,"创新是引领发展的第一动力,是建设现代化经济体系的战略支撑",并要求"在中高端消费、创新引领、绿色低碳、共享经济、现代供应链、人力资本服务等领域培育新增长点、形成新动能。"这其中列举的重点领域大多与现代服务业息息相关。2017 年 7 月,国家发改委发布《服务业创新发展大纲(2017—2025 年)》,提出要加快服务业创新发展、增强服务经济发展新动能。江苏省进一步聚焦产业前沿,鼓励积极发展基于现代信息技术的数字经济、共享经济、平台经济、体验经济、创意经济等新业态、新模式,以新需求、新趋势、新基础、新生活为方向,大力培育服务业新技术、新业态、新产品、新模式,着力形成以创新驱动为内核的服务经济体系,把服务业新兴产业培育成为新动能发展的先导型引领型力量。

(三)跨界融合成为现代服务业发展的重要趋势

跨界融合是新经济的重要特征之一。随着新兴技术的快速发展和应用,产业边界日益模糊,跨界融合已经成为新一轮产业升级的大趋势。产业跨界融合是以创新供给为导向,以新科技和新平台为依托,以现有产业类别和资源要素的相互渗透、融合或裂变为形式,重新整合利用,实现产业价值链的延伸或突破。推进产业智慧化、智慧产业化、产业融合化、品牌高端化,加快新旧动能转换,推进服务经济高质量发展。现代服务业要在跨界融合发展思维的引领下,不断依靠市场机制改革和市场主体创新来培育形成新的增长点,以一、二、三产业和服务业内部融合渗透发展为主线,营造更宽松的政策环境和制度环境,推广"互联网+""文化+""旅游+"等产业融合发展模式,着力推动产业向高端化、高质化和高效化转型。

(四)扩大开放成为现代服务业发展的战略选择

随着经济全球化的发展,发达国家重新调整其全球产业布局,发起新一轮服务业产业转移,服务业开放发展的重要性不断上升。对外开放是中国经济社会发展取得成功的重要法宝,江苏以制造业开放为重点构筑了开放型经济优势。"十三五"乃至更长时间是江苏省扩大对外开放的关键时期,一方面要顺应国内服务贸易快速发展和国际服务贸易跨国转移加速的趋势,把握发展新机遇,逐步扩大江苏省服务贸易比重;另一方面要加快实施企业"走出去"战略,尤其是以生产性服务业"走出去"为重点推动制造业全球化布局,加快融入全球产业链分工体系。推进江苏省质量提升行动,努力打造更多走出国门的"江苏制造""江苏建造""江苏服务""江苏创造"品牌。

四、江苏现代服务业高质量发展的重要举措

生产性服务业优先,主攻现代化经济体系建设强支撑。江苏省委十三届五次全会和政府工作报告把加快建设自主可控的先进制造业体系,着力培育强大内需市场,加快发展现代物流、工业设计、金融服务等现代服务业,推进生产性服务业优先发展,推动先进制造业与现代服务业深度融合等,纳入今年的主要目标和任务。江苏现代服务业加快发展的目标如何实现,当务之急是明确方向,把握关键,把现代服务业和先进制造业发展的新一轮"双轮驱动"战略尽快从路径上、举措上全面落实,高效推进。

(一)强化生产性服务业对先进制造业的全产业链支撑作用

在创新引领、产业提升、强企壮企上聚焦发力,打通现代服务业和先进制造业良性融合互动的关键节点。紧扣加快建设自主可控的先进制造业体系需求,重点发展总集成总承包、现代供应链管理、融资租赁、电子商务、服务外包等高附加值生产性服务业。大力发展先进重大装备、成套设备和

高新技术、新兴战略产业领域的总集成总承包服务,积极推进重大装备领域的融资租赁服务和中小企业的融资担保服务;加快打造高效协同的现代供应链服务体系,发挥现代供应链在降本增效、供需匹配和产业升级中的作用。

围绕先进制造业集群建设,推广"徐工工业云"等先行模式,打造分布式工业云平台。支持有能力的企业发展大型工业云平台,实现企业内部及产业上下游、跨领域各类生产设备与信息系统的广泛互联互通,打破"信息孤岛",支持中小企业业务系统向数据端与云端迁移,促进工业制造资源和数据的集成共享。

补齐支持创新创业的生产性服务业发展短板。围绕提升科技创新能力,重点发展研发设计、信息技术、检验检测认证、知识产权、科技金融、创业孵化等科技服务业。尤其需要深化拓展知识产权服务和技术转移转化服务,加快完善适应创新链需求的科技服务体系;深化促进科技与金融结合,建立适应创新链需求的科技金融服务体系;构建以专业孵化器和创新型孵化器为重点、综合孵化器为支撑的创业孵化生态体系,推广"孵化＋创投"等孵化模式。

（二）面向消费升级和扩大内需丰富现代服务业产品供给

把消费对经济的拉动放在更加突出的位置,有效扩大服务型消费供给,提高适应民生幸福需求的服务产品质量,努力满足最终需求,优化消费环境,增强消费预期,并把扩大服务业投资作为增强内需的重要手段。

大力发展适应服务业创新发展需要的新技术、新工艺,促进生命科学、物联网、区块链等新技术在生产性服务和民生服务相关各重点领域的转化应用,以高质量的服务产品、手段和模式催生创造新的市场需求,从而加强与先进制造业的互促共进。加快培育平台经济、分享经济、创意经济、数字经济等新业态、新模式,支持平台服务企业整合资源,培育一批具有国际或区域影响力的平台型交易中心和流通市场,打造一批服务消费创新示范工程。

与此同时,也要着力引导广大服务业企业顺应居民消费升级大趋势,创造更多优质产品和服务供给,更好满足人民群众对美好生活的向往,促进形成强大内需市场,推动消费平稳增长。提升多元化文化服务消费,推行各具特色的全域旅游发展新方式,促进文化旅游融合发展。加快发展以居家为基础、社区为依托、机构为补充、医养深度融合的养老服务业,鼓励和支持社会资本发展健康体检、专业护理、养生康复、心理健康、母婴照料等多样化健康服务,积极发展丰富多样的教育培训服务。支持建设中高端消费服务载体和智能商圈,扩大升级信息消费,深化支付、出行、教育、娱乐、社交等领域的移动应用服务,拓展网络消费、数字消费、绿色消费、时尚消费等为代表的新兴消费性服务。

（三）由"供给方设计"转向"居民体验",构建更加普惠的基本公共服务体系

较高的基础性服务业发展水平可以充分地体现当地政府的资源协调和社会管理能力,是一个地区吸引投资的重要倚仗。当前江苏道路、桥梁、电网等主要基础设施总量和质量已经走在全国前列,但部分地区特别是乡村的基础设施供给仍存在较大缺口,且高铁、机场等基础设施明显不足,未来大有可为。

提升生活性服务业有效供给,创新人力资本服务、信息消费、网络消费、数字消费、绿色消费、时

尚消费等为代表的新兴消费性服务发展。由"供给方设计"转向"居民体验",构建更加普惠的基本公共服务体系。

（四）强化制度和要素供给，打造具有竞争力的一流营商环境

深入推进国家和省级服务业综合改革试点，着力破除制约服务经济发展的深层次体制机制瓶颈障碍。扩大服务业对外开放，建立服务业 FDI 和对外投资以及服务贸易整体协调发展的机制。狠抓规划落实，加强"江苏服务"的人力资源供给。加强服务业标准体系、法律体系、信用体系、统计系统以及知识产权保护体系建设，完善发展的制度环境。

（五）依托长三角区域一体化战略优化现代服务业功能布局

认真研究江苏融入长三角区域一体化发展的目标定位和实现路径，深入谋划现代服务业区域协调发展，在推进"宁镇扬、苏锡常一体化"过程中增进产业链上下游衔接与互动，以产业协同化、公共服务同城化大力推动长江两岸跨江融合，以提升城市服务经济发展水平为重点提高南京首位度，依托江淮生态大走廊、江南文化和大运河文化带、沿海经济带建设积极布局文化创意、节能环保等特色服务产业。

加快形成与上海功能互补的区域性服务中心城市。主动承接上海在生产服务功能上向南京、苏州等地的转移和知识溢出，催生更多高质量生产性服务供给，逐步扩大南京、苏州对周边地区市场的影响力，加快成为与上海国际服务功能互补的重要区域性生产服务中心城市。

以"宁镇扬同城化"为抓手，加快推进南京都市圈建设，拓展南京辐射腹地，强化区域空间、科技创新、公共服务、文化旅游等城市服务经济功能，构建区域金融合作平台，推进旅游、会展、文化创意等产业链合作发展。加快推进江北新区国家服务贸易创新试点工作，打造宁镇扬服务贸易平台和窗口。

加快苏中、苏北各市产业转型升级步伐，引导苏中、苏北各市坚持现代服务业培育引进与传统服务业改造提升"两手抓"，推动现代服务业发展提速、比重提高、结构优化、质态提升，突出自身的资源禀赋优势，完善平台和载体建设，在细分领域形成产业特色和竞争力。

五、江苏现代服务业高质量发展的路径选择

2018 年经济形势错综复杂，机遇与挑战并存。江苏省发改委作为全省服务业发展的牵头责任部门，将深入贯彻中央和省委、省政府决策部署，着眼"支撑江苏制造业高端攀升"和"满足群众高品质生活需求"两大目标，把现代服务业作为当前江苏省产业升级的重要着力点、发力点，系统谋划、整体推进，将政府管理引导的"有形之手"和市场内生发展的"无形之手"更加紧密地结合起来。

（一）坚持问题导向，加强服务业发展的政策储备

针对省服务业"十三五"规划中期评估和前期系列基层调研中呈现的问题和薄弱环节，协同各地和各有关部门联合施策，加强重大问题专项研究，特别是围绕生产性服务业、总部经济、枢纽经济、新模式新业态发展等重头任务悉心谋划，优化政策供给，强化政策集成创新。依托现代服务业

研究院和相关重点智库平台,加强前瞻性研究,启动"十四五"服务业发展规划前期研究,加大重点课题研究成果应用转化。

(二)坚持扭住抓手,突出引领产业提升的关键环节

积极引导服务业有效投资。确定150个服务业重点项目予以推进实施,力争年度新增服务业投资1000亿元左右。兼顾规模性、先进性和区域性,安排更多转方式、促转型、重创新、补短板项目,调整优化供给结构,在互联网新型服务、科技研发服务、现代供应链体系建设、中高端消费、民生服务基础设施建设等方面营造新亮点。大力发展总部经济,想方设法引进优质跨国公司、国内大企业集团地区总部和功能性机构,集聚一批高能级、有活力的经济主体。提升现代服务业集聚区的资源整合和集群辐射效应,开展省级现代服务业集聚区(示范区)综合评价工作,强化集聚区动态管理,将集聚区评估情况列为地方服务业发展考核的重要指标,倒逼集聚区加快提档升级。支持生产性服务业企业做优做强,继续推进"生产性服务业百企升级引领工程"和互联网平台经济"百千万"工程,引导生产性服务业企业加快向专业化和价值链高端延伸,扩大互联网平台经济优势,支持发展服务型制造。实施专业服务提质增效行动,着力提高法律服务、会计审计、知识产权保护等专业服务水平。

(三)坚持先行先试,发挥综合改革试点的示范效应

日前,南京市作为江苏省首批国家服务业综合改革示范典型区域,在国家发改委组织的专项评估中位列全国第一,成绩不易,贵在长效,工作实践中,以现代服务业集聚区作为试点工作重要抓手促进资源整合、要素集聚、培育城市经济发展新动能等一系列经验做法和管理模式值得深入研究和推广。

继续抓好徐州列入国家"十三五"服务业综合改革试点城市的重要机遇。立足区域产业特色和资源禀赋,推进体制机制创新工作打开新格局。深入推进新一轮省级服务业综合改革试点,认真开展综合改革试点中期评估,完善考核机制,总结成功做法,力求在体制机制、区域分割和行业垄断等方面大胆突破,形成一批可复制可推广的现代服务业发展经验,为现代服务业加快发展打造更加高效优质的营商环境。

(四)继续抓好人才的培养培训和有效激励

人才是服务业特别是轻资产服务行业高质量发展的核心资源。近年来,江苏服务业人才结构有所改善,但也要看到,江苏服务业高层次、高技能人才缺口仍然较大,产业升级引发的人才需求变化与人才培养之间不相匹配。随着新兴技术的广泛普及和深度应用,从业者专业素养和技能不适应发展需要的问题也日益突出。不少服务业企业对人才培训不够重视,培训方式陈旧,效果不明显。此外,人才发展在收入分配、人事管理、职称评定等方面还存在一些体制机制障碍。

为此,要进一步强化服务业人力资本投资,推动要素资源向激励人才的方向倾斜,创新产教融合、工学结合、校企合作的人才培养模式,促进教育、科技、医疗等领域人才的有序自由流动。着力加强数字技能教育和职业培训,推行人才培训福利计划,鼓励应用型、技能型、复合型人才脱颖而出。细化落实以增加知识价值为导向的分配政策,支持人才以知识、技能、管理等多种创新要素参

与分配。加大国际服务业人才吸引力度,整合政策资源,为海外人才来华工作、居留和出入境创造更加宽松有利的条件。

(五) 推动产业的分工深化和融合互动

产业的分工深化和融合互动是服务业高质量发展的重要路径。受"营改增"及其他市场因素的驱动,近年来很多制造业企业对外经营原先仅自给自足的生产性服务业务,部分服务业企业获得来自制造业企业更多的业务外包,促进了专业化分工。平台型企业的业务裂变也衍生出一批有影响力的企业,成长为互联网金融、电子商务、云服务等行业发展的新动能。与此同时,服务创新不断涌现,加深了服务业与其他产业的融合。2018 年,服务业 500 强中综合服务业企业(以服务业为主、含有制造业)数量比上年有所增长。服务业与农业也形成了休闲农业、乡村旅游等融合模式。在服务业内部,一些行业通过"互联网+"探索了多样化的产业链垂直整合模式。

但现阶段,一些制造业企业剥离组建生产性服务业企业意愿不强,国有企业服务体系社会化改革有待推进,服务业细分行业的分工还需进一步深化。另外,服务业与其他产业的关联效应不显著,生产性服务业在制造业中间投入的占比与发达国家尚有较大差距。一些服务领域跨界融合的同质化竞争较为严重,过度依赖烧钱扩张的模式难以持续。一方面,要支持制造业企业主辅分离,促进生产性服务业务专业化发展,加快剥离国有企业办社会职能,推动服务业细分行业的要素优化配置,鼓励政府和企事业单位购买外包服务。另一方面,以产业升级需求为导向,增强服务业对先进制造业、现代农业的全产业链支撑能力,构建交叉渗透、协同共进的产业生态系统。创新多样化金融服务,在服务实体经济中实现金融业的稳健发展。

(六) 完善市场准入和监管制度

公平、规范、高效的市场准入和监管制度是服务业高质量发展的基本保障。随着"放管服"改革不断深化,五年来国务院部门行政审批事项削减 44%,地方政府行政审批事项也大幅压缩,非行政许可审批彻底终结,中央及地方政府定价项目分别缩减 80%、50%以上。外商投资由审批制转向负面清单管理,2017 年修订的《外商投资产业指导目录》保留 63 条外资限制性措施,比上一版(2015 年)减少 30 条。事中事后监管也在逐步加强,这些对推动服务业高质量发展起到了重要作用。

然而,与市场主体期望和高质量发展要求相比,在服务业市场准入和监管方面还需进一步改进。一是准入制度不完善,不少服务业初创企业遇到"准入不准营"问题;二是对以"互联网+"为依托的服务业新业态、新模式发展采取"包容审慎"监管原则的同时,缺乏动态监管机制,针对新出现的不规范价格行为、垄断行为等缺少法律规制;三是事中事后监管能力不足,方式较为落后,利用大数据等现代技术手段不够充分;四是除政府监管外,企业、消费者、社会组织等多元主体共同参与治理的格局有待建立。

要发挥市场准入负面清单制度改革的牵引作用,清理修改不合时宜的法律法规和规范性文件,推行承诺式准入,推进"照后减证",提高审批透明度和可预期性。对处在不同发展阶段的服务业新业态、新模式进行分类细化管理,构建以服务质量为导向的动态监管机制。进一步完善价格管理、预防和制止垄断行为等相关法律法规,加快企业信用监管制度改革。此外,要以政府机构改革为契机,实现部门内监管流程再造和跨部门协同监管,健全有效的多元共治模式,加强与平台型企业的数据合作对接,打通全流程数据并加以利用,提升监管效能。

(七)统筹发展服务业与服务贸易的关系

在开放条件下,服务业是服务贸易发展的产业基础,服务贸易为服务业发展提供更大市场空间和更多要素组合。统筹两者的协同发展,是服务业高质量发展的关键举措。近年来,江苏计算机和信息服务、建筑服务等具有一定竞争优势的行业快速发展,带动了整个服务贸易的增长,服务出口总额稳居世界前五。同时,新兴服务进口增长较快,2013—2018 年知识产权使用费年均增长 8%,弥补了紧缺的中间投入品供给,一定程度上促进了相关服务业的发展。"一带一路"建设等国际经贸合作网络的扩展,也深化了双边多边的服务业合作。

要理清进一步扩大服务贸易开放的重点领域和关键措施,落实新修订的外商投资负面清单,倒逼国内服务业相关体制机制改革。客观理性看待现阶段的服务贸易逆差,适当扩大新兴服务进口,充分发挥技术和知识溢出效应,改善国内服务业供给结构。提高自由贸易试验区建设质量,推广贸易便利化、投资体制改革、事中事后监管等方面的试点经验。大力推动商业存在模式的服务贸易发展,创新贸易新业态和新模式,培育质量竞争优势,提升国内增加值贡献度。加强对服务业企业"走出去"的指导,改进相关的外汇管理、人员出入境、金融支持、境外投资服务,强化与中国制造"走出去"的有效协同。

参考文献

[1] 李冠霖,任旺兵.用科学发展观推进服务业全面发展[J].宏观经济管理,2004(16).

[2] 王小鲁,樊纲.中国地区差距变动趋势和影响因素[J].经济研究,2004(1).

[3] 刘志彪.现代服务业的发展:决定因素与政策[J].江苏社会科学,2005(6).

[4] 李琪等.新经济环境下我国现代服务业的发展策略[J].生产力研究,2006(8).

[5] 白仲尧,依绍华.服务业与综合国力的关系[J].财贸经济,2011(3).

[6] 李庆杨,吕瑶.论现代服务业的作用及发展对策[J].集团经济研究,2006(8).

[7] 魏作磊.美国第三产业内部结构的演变规律[J].改革,2003(4).

[8] 刘重.论现代服务业的理论内涵与发展环境[J].理论与现代化,2005(6).

[9] 曹静.关于我国第三产业发展的战略思考[J].生产力研究,2006(3).

[10] 李松庆.加快发展我国服务业的战略选择[J].中国第三产业,2002(7).

[11] 邓于君.发达国家现代服务业发展策略及启示[J].环球瞭望,2008(9).

[12] 张楠.日本现代服务业发展经验及对中国的启示[J].现代财经,2011(2).

[13] 葛坚松.美国现代服务业发展经验及其启示[J].江南论坛,2007(3).

[14] 曹邦宇,姚洋洋.美国城市群服务业空间布局研究[J].当代经济管理,2013(8).

[15] 薛莉.现代服务业发展的国际比较[J].全球视城与中国实践,2005(10).

[16] 李秀文.美国服务业集聚实证研究[J].世界经济研究,2008(1).

[17] 李克强.把服务业打造成经济社会可持续发展的新引擎[J].中国产经,2013(5).

[18] 弓龙值.发展吉林省服务业的问题与对策[J].新长征,2001(1).

[19] 服务经济发展与服务经济理论研究课题组.西方服务经济理论回溯[J].财贸经济,2004(4).

[20] Hill, T. P. on Goods and Services[J]. *The Review of Income and Wealth*, 2004(23):315-338.

区域篇

第一章　苏南现代服务业发展报告

2018 年是贯彻党的十九大精神的开局之年,正值改革开放 40 周年。十九大报告提出,建设现代化经济体系,必须把提高供给体系质量作为主攻方向,显著增强我国经济质量优势。习总书记指出"产业结构优化升级是提高我国经济综合竞争力的关键举措。要加快改造提升传统产业,深入推进信息化与工业化深度融合,着力培育战略性新兴产业,大力发展服务业特别是现代服务业,积极培育新业态和新商业模式,构建现代产业发展新体系。"现阶段,现代服务业已成为苏南经济发展的主要组成部分之一。在企业越来越依靠服务维持市场地位、产业越来越趋向服务引领制造的新趋势下,生产性服务业加快发展,生活性服务业有效供给不足、质量不高的问题有所改善。数据表明,近几年苏南产业结构调整步伐在加快,三次产业结构从 2012 年的 6.3∶50.2∶43.5 调整至 2018年的 4.5∶44.5∶51,服务业增加值占 GDP 比重年均提升 1.75 个百分点。第三产业对经济增长的贡献率从 2012 年的 39.7% 提升至 2018 年的 58.8%,年均提升近 4 个百分点。信息传输软件和信息技术服务业、金融业、租赁和商务服务业等现代服务业增加值占 GDP 增加值比重从 2012 年的1.5%、5.0% 和 2.1% 分别提升至 2017 年的 3.4%、7.9% 和 4.5%。

一、苏南现代服务业的发展现状

在研究苏南、苏中和苏北地区现代服务业发展状况之前,首先我们简要分析一下江苏省的现代服务业状况。作为制造业大省,江苏省正处于经济转型的关键点,产业结构调整升级取得重要进展,服务经济为主导的产业体系正在逐步形成。近年来,江苏省服务业稳步发展,尤其在 2004 年之后对地区生产总的贡献保持增速增长,2018 年全省服务业对经济增长的贡献率达 57.6%,服务业增加值占 GDP 比重达 51%,全年服务业增加值占 GDP 比重提高 0.7 个百分点,服务业总体占比超过第二产业 6.5%,产业结构加快调整。三次产业增加值比例调整为 4.5∶44.5∶51,逐步深化产业结构"三二一"的标志性转变。

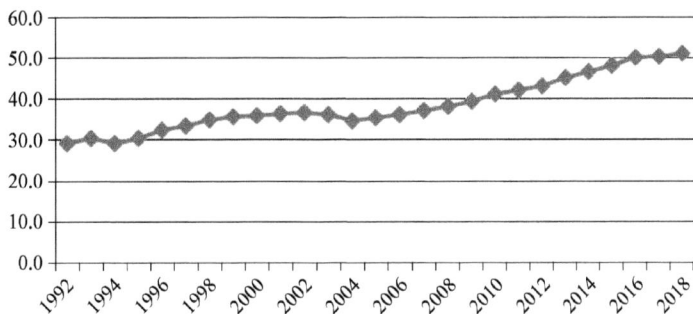

图 1　1992—2018 年江苏省第三产业占地区生产总值比例(单位:%)

数据来源:历年江苏省国民经济和社会发展统计公报

(一)服务业总量规模绩效保持快速增长

江苏省总体上已经实现向"三二一"结构形态的标志性转变,但是就区域发展而言,苏南、苏中、苏北仍然存在地区差异。作为经济发展先驱,苏南地区产业结构相对领先,已经实现了向服务型经济转型的第一步。苏中和苏北地区发展相对缓慢,产业升级滞后。从设区市情况看,2018年南京、苏州、无锡、常州四市服务业增加值占GDP比重超过50%,分别达61%、50.8%、51.1%和51.5%,均实现了"三二一"转型。仅就产业结构而言,苏中和苏北地区的发展滞后于苏南地区四到五年。

2018年,面对错综复杂的内外部环境,南京市顶住持续加大的经济下行压力,坚定不移地推进转型升级、培育主导产业持续向中高端迈进,服务业增加值增速在多年位居全省城市中游的情况下,跃居首位,南京市服务业增加值同比增长11.8%,增速比上年提高1.5个百分点,总量达到7825亿元,占GDP比重61%。2018年镇江市服务业实现增加值1935亿元,同比增长3.7%,高于全市GDP增速0.6个百分点,服务业增加值占GDP比重达47.8%,较2014年提高2.3个百分点。2018年常州市实现服务业增加值3630.7亿元,按可比价计算增长8.1%,高出全市GDP增速1.1个百分点。服务业对全市GDP增长贡献率达57.6%,拉动GDP增长3.7个百分点,继续引领全市经济平稳健康发展。2018年,苏州市服务业整体延续了稳中有升的良好发展态势,服务业增加值占比50.8%左右,服务业固定资产投资增长6.1%。2018年无锡市服务业增加值增长稳定,实现服务业增加值5849.54亿元,占地区生产总值的比重为51.1%,同比增长7.1%。

表1 2010—2018年江苏省13个地级市第三产业占GDP的比重(%)

地区	年份						
	2010	2013	2014	2015	2016	2017	2018
按地区分							
南京	51.8	54.6	56.3	57.3	58.3	59.7	61.0
无锡	42.2	45.5	47.6	48.2	51.0	51.5	51.1
徐州	39.5	43.0	44.7	45.8	47.2	47.2	49.0
常州	40.9	45.3	47.2	48.7	50.6	50.8	51.5
苏州	41.0	45.8	47.8	49.3	51.2	51.2	50.8
南通	37.1	42.0	44.1	45.7	47.6	48.0	48.4
连云港	38.8	41.0	41.0	42.1	42.8	43.4	44.7
淮安	39.1	42.3	43.8	45.6	47.5	47.6	48.2
盐城	37.0	39.8	40.6	41.9	43.4	44.5	45.1
扬州	37.2	41.3	42.4	43.4	44.4	45.9	47.0
镇江	39.5	43.5	45.5	46.3	47.0	47.1	47.8
泰州	37.3	41.3	43.1	44.7	46.7	47.3	46.9
宿迁	37.4	38.7	38.7	39.1	39.5	40.8	42.5

续表

地区	年份						
	2010	2013	2014	2015	2016	2017	2018
按区域分							
苏南	43.3	47.4	49.4	50.6	52.4	52.9	53.2
苏中	37.2	41.6	43.3	44.7	46.5	47.2	47.6
苏北	38.4	41.3	42.3	43.4	44.7	45.3	46.5

数据来源:历年《江苏统计年鉴》

（二）产业结构不断优化

三大区域加大结构调整力度,产业升级成效明显。苏南三次产业结构由 2012 年的 2.3∶51.5∶46.2 调整为 2018 年的 1.7∶45.1∶53.2,三产比重提高 7 个百分点,成为区域经济增长的主要力量,特别是金融、信息、广告、公用事业、咨询服务等新兴服务业发展最快。苏中三次产业结构由 2012 年的 7.0∶53.0∶40.0 调整为 2018 年的 5.0∶47.4∶47.6,苏北三次产业结构由 2012 年的 12.7∶47.5∶39.8 调整为 2018 年的 10.2∶43.3∶46.5,苏中、苏北三产比重分别提高 7.6 个和 6.7 个百分点。苏中、苏北工业化水平进一步提升,第三产业迅速发展,二、三产业比重差距逐步缩小。

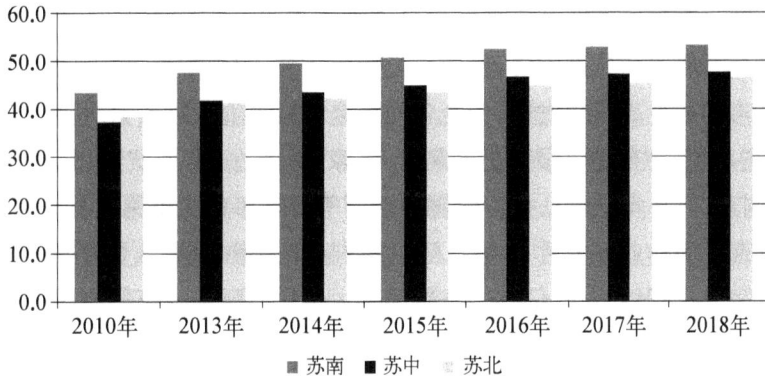

图 2　2010—2018 年三大区域的三次产业结构情况(单位:%)

（三）主导产业快速发展

2018 年苏南整体服务业产业结构不断优化,在传统服务业保持平稳发展的同时,现代服务业呈现快速发展态势。南京市推动现代服务业转型提升,新业态、新模式不断培育出新的增长点。四大现代服务业主营业务收入增长 12%,软件业务收入达到 4400 亿元,旅游业总收入增长 13.4%,金融业增加值占 GDP 比重预计达到 10.5%,文化产业增加值占 GDP 比重预计达到 6.3%。苏州新兴产业迅猛发展,科技服务业发展成效显著,2018 年科技服务业收入 1028 亿元,拥有从业人员 10 万人,技术合同成交额超 180 亿元,增幅近 60%。服务外包规模持续扩大,完成服务外包接包合同额 117.5 亿美元,离岸执行额 47.7 亿美元,占全省份额总体稳定。软件产业也得到健康快速的

2. 传统服务业过剩与现代服务业不足并存

苏南地区与整个国家一样,传统服务业进入过度与现代服务业进入不足同时并存,表现为传统服务企业的低利润甚至大量亏损倒闭,与一些垄断性的现代服务企业获取暴利的现象同时并存。进入过度的是那些与城市和农村的剩余劳动力就业有关的低技能的劳动密集型行业,而进入不足的是那些技术资本密集的现代服务业,如流通、交通、通信、金融等,这些行业普遍与政府管制和行政垄断密切联系。例如,据2010年3月中国626家上市公司披露的年报计算,无论是毛利率、净资产收益率,还是管理层薪酬均值(行业薪酬合计除以公司家数)最高的五大行业,金融服务业位居暴利行业之首,最高的五大行业中还包括竞争严重不足的交通运输、房地产、信息服务等。

3. 现代服务业发展的动力较为单一

苏南地区制造业的全球化与服务业的本地化同时并存,发展动力严重不对称。过去苏南地区的制造业在经济全球化动力驱使下,其增长受全球市场需求的支持,但是服务业的发展方式因受其技术特征的影响和制约,基本上是本地化的,受制于本地狭隘的消费市场。尤其是在过去人均收入较低和劳动收入占国民收入的份额有所下降的情境下,由于本地化的市场需求不振,因此,服务业的比重就难以有实质性的提升。相反,经济发达的苏南地区服务业的比重还随着制造业的快速增长而呈现不断下降的趋势。由此看来,转变服务业的发展方式,必须基于苏南地区加入全球产品内分工的特征,突破服务业在技术上不可贸易的初级特征,在信息技术等支撑下寻求全球化发展的理念和手段,大力发展服务贸易和国际服务外包。

4. 知名企业、品牌企业与上海等地相比较少

苏南知名企业、品牌企业与上海、广东等服务业发展较好的地区相比相对较少,导致现代服务业发展的主体支撑较为薄弱。江苏作为制造业大省,涌现出了一批在国内具有较强品牌效应的知名企业,但其现代服务业领域的规模企业、知名企业和品牌企业相对较少。2015年,在江苏百强企业中,服务业企业仅有26家;而在江苏服务业百强企业中,苏南营业收入超过200亿元的仅有10家,服务业百强企业的平均营业收入不足150亿元,与同期全省百强企业的平均营业收入差距明显。从服务业百强企业的名单可以看出,虽然金融、现代服务业等企业的上榜数量有所增加,但传统商贸型企业的比重依旧较大,超过60%。

5. 行业垄断、歧视性政策导致现代服务业的发展受到束缚

苏南在我国经济发达地区的竞赛中,以对外开放度最高、参与国际竞争最激烈著称。但是,其在现代服务业领域却没有形成与国内领先、国际接轨的服务经济的发展环境。究其原因,一是行业门槛过高,对社会资本的进入限制太多,部分行业垄断行为未能被打破,存在明显壁垒,特别是金融保险、公用事业和信息媒体等行业的市场化进程相对滞后,加之服务质量和价格方面的问题较多,抑制了需求增长。二是行业管理体制存在缺陷,部分行业存在多头管理、行政分割的现象,相关机构、企业的设立和业务扩展面临较多的审批事项与繁琐的审批程序。三是税收体制不合理,在营业税改增值税后,分销服务业由于税率和抵扣等因素,出现实际税负不降反升的问题。同时,在政策执行方面,由于一些地方的配套措施不衔接或没有及时跟进,导致国家和地方出台的部分优惠扶持政策没有能执行到位。

6. 区域间服务业资源竞争激烈、产业协同效应难以显现

区域间服务业资源竞争激烈、产业协同效应难以显现,导致现代服务业发展缺乏整体内源性动

力。近年来,为吸引服务业投资资源,我国各地服务业同质化竞争激烈,苏南也不例外。在江苏,无论是在经济发达的苏南、苏中地区,还是在发展相对滞后的苏北地区,都在大力发展现代服务业,但许多邻近地区的结构层次和业态分布都非常接近,区域资源竞争激烈。同时,一些地方政府仍然采用"粗放式"的发展模式,将"做大规模"作为现代服务业发展的第一要务,在引进新项目时,对项目缺乏系统的规划与引导,对于项目投产后所处价值链环节、发展层级缺乏筛选机制,忽略了新项目与原有项目的内在联系、价值链衔接。一些地区在发展现代服务业时带有很大的盲目性,产业选择追求"高、大",导致资源利用效率不高,从而使得现代服务业的发展缺乏内源性动力。

(二)苏南现代服务业发展的有利条件

1. 深化供给侧结构性改革将为服务业发展提供有利条件

2018年,持续深化供给侧结构性改革重点在"破""立""降"上下功夫。一是大力破除无效供给,把处置"僵尸企业"作为重要抓手,推动化解过剩产能。这将有利于优势企业生存发展,提高整个产业的供给效率,相应地扩大生产性服务的市场需求。二是大力培育新动能,强化科技创新,推动传统产业优化升级,培育一批具有创新能力的排头兵企业,积极推进军民融合深度发展。这能够为服务业创新发展提供有力支持,加速服务业新动能成长,促进一些服务行业的领先企业增强技术、商业模式优势,实现与发达国家"并跑"或"领跑"。三是大力降低实体经济成本,降低制度性交易成本,继续清理涉企收费,加大对乱收费的查处和整治力度,深化电力、石油天然气、铁路等行业改革,降低用能、物流成本。这有利于为服务企业营造宽松的发展环境,最大限度消除资源配置扭曲并激发创造活力,为服务业高质量发展奠定基础。

2. 强化实体经济吸引力和竞争力对服务业发展既是利好也是要求

实体经济不仅指工农业,还包括大部分服务行业,要改变服务业是"虚"产业的认识。当前,强化实体经济吸引力和竞争力,一方面要加快创新发展,以标准化和品牌建设为引领,推动传统产业提质增效,向全球价值链中高端攀升,这在很大程度上依赖于生产性服务业提供的中间服务水平,有利于具备生产率优势的服务行业发展壮大;另一方面要切实减轻企业负担,使其有更多资金可以用于主动调整和转型升级,这将提振包括很多服务企业在内的发展信心。

与此同时,强化实体经济吸引力和竞争力,也对服务业发展提出明确要求。要纠正服务业的过度自我循环和膨胀,深化服务业与其他产业的融合发展,打击违法违规金融活动,加强薄弱环节监管制度建设,完善促进房地产市场平稳健康发展的长效机制,防止社会资金"脱实向虚",在金融体系空转和房地产市场沉淀。

3. 实施积极的财政政策将促进和规范相关服务业发展

2018年,国家深化税制改革,继续实施减税降费政策,有利于减轻服务企业负担;深化财政科技管理改革,加速科技成果向现实生产力转化,促进服务领域的创新创业和小微企业发展;推进政府购买服务改革,有利于打破行政垄断等体制性障碍,加快社会服务领域开放,调动更多社会资源,实现社会服务业的稳步发展。此外,加强地方政府债务管理,严禁以政府投资基金、政府和社会资本合作(PPP)、政府购买服务等名义变相举债,对基础设施和社会服务项目的市场化运作起到规范作用,从而防控财政金融风险。

4. 世界经济复苏向好总体有利于服务业和服务贸易发展

根据相关预测,世界经济将延续回暖势头,增长率稳定 3％左右。发达经济体中,美国、欧盟有望持续复苏,日本也逐步企稳上行,这有利于资本、技术、人员等要素的跨国流动,预计我国服务贸易将呈现较快增长。同时,2018 年启动与多个国家自由贸易协定谈判或升级谈判,对我国服务业开放和服务贸易发展产生积极作用;争取区域全面经济伙伴关系协定(RCEP)谈判有重大进展,凸显我国在亚太地区服务贸易投资规则制定方面的影响力。但也要看到,全球贸易保护主义的风险仍然存在,我国服务进出口可能面临一定的贸易壁垒。

三、苏南现代服务业发展的对策建议

(一)重点工作

1. 抓好重大项目建设

围绕现代服务产业新体系重点领域,加强项目储备和分类指导,突出规模性、先进性和区域性,更多安排转方式、促转型、重创新、补短板项目。今年江苏省确定 150 个服务业重点项目予以推进实施,年度新增服务业投资 1000 亿元左右。苏南将调整优化供给结构,在大数据应用、科技研发服务、供应链创新体系建设、中高端消费以及现代服务业新模式新业态等方面营造一批新亮点。推广"旅游＋""文化＋"产业融合发展模式,大力发展智慧旅游,打响"水韵江苏""文化江苏"品牌,不断提升文化旅游、教育培训、康体养老、家政等服务供给能力和水平,打造一批服务消费创新示范工程。强化重点项目服务保障,土地点供指标优先供给,省级现代服务业发展专项资金对重点项目建设给予固定资产贷款贴息等支持。

2. 抓好重点企业培育

支持现代服务业龙头领军企业做优做强,继续推进"江苏省生产性服务业百企升级引领工程",以生产性服务业为主攻方向,重点发展现代物流、科技服务、软件和信息服务、电子商务、现代金融、服务外包、工业设计、国际航运等生产性服务业,加快推动生产性服务业向专业化和价值链高端延伸,引导制造业服务化。继续实施江苏省互联网平台经济"百千万"工程,扩大互联网平台经济优势,打造一批具有国际或区域影响力的平台型交易中心,培育一批特色鲜明、竞争力强的平台经济品牌企业。加快发展总部经济。

3. 抓好集聚区提档升级

继续推进"生产性服务业百区提升示范工程",重点打造若干优势公共服务平台,提升现代服务业集聚区的资源整合和集群辐射效应。针对省级集聚区在引领产业发展和促进地方经济增长中产生的实际作用作出科学评估,强化集聚区动态管理,将集聚区评估情况列为地方服务业发展考核的重要指标,倒逼集聚区优化自身运营发展模式,加快提档升级。

4. 抓好服务业综合改革试点

抓住南京成为国家服务业综合改革示范典型和徐州列入国家"十三五"服务业综合改革试点城市的重要机遇,协调推进两市服务业综合改革和体制机制创新工作,总结推广先进经验和做法。深入推进新一轮省级服务业综合改革试点工作,形成一批可复制可推广的现代服务业发展经验。

5. 抓好服务业发展政策储备

组织开展"十四五"服务业发展规划编制的前期研究,创新思考"十四五"时期我省现代服务业发展的思路导向和目标任务。针对《江苏省"十三五"现代服务业发展规划》和《服务业创新发展江苏行动纲要(2017—2025 年)》实施中的薄弱环节,突出问题导向,加强专题研究,特别是针对生产性服务业、总部经济、枢纽经济、新模式新业态发展等重点领域,强化政策集成创新,确保规划和纲要顺利实施。依托现代服务业研究院和重点智库平台,加强对服务业发展热点难点问题研究谋划,加大重点课题研究成果应用转化,提高服务业政策储备效益。

6. 抓好服务业人才培养

贯彻落实省"双创计划"、产业人才高峰计划、服务业人才境内外培训计划,着力培养现代服务业发展急需的知识化、专业化、复合型、创新型人才。优化江苏省现代服务业北大、清华两个培训基地建设,提高人才境内外培训成效,组织好现代服务业海外人才引进、现代服务业企业家创新创业沙龙等重点活动。加大支持创业投资机构和集聚区建设,完善创业投资匹配叠加服务,吸引并留住更多现代服务业高层次人才汇聚江苏、创新创业。

7. 抓好服务业发展动态监测工作

依托现代服务业公共服务云平台,做好重大项目、重点企业培育、集聚区以及融资增信企业库的数据填报和完善工作,健全督查和调度机制,保障服务业重点工作高效有序运转。继续组织做好服务业引导资金安排工作,加强项目和资金的管理监督和检查,确保发挥引导资金的使用效益。推动江苏省生产性服务业统计制度加快健全完善,加强现代服务业尤其是生产性服务业形势分析预测。

(二)政策建议

服务业发展要将"高质量"作为确定发展思路、制定各项政策的根本要求,以服务业提质增效升级为着力点,更多运用改革、开放、创新的办法,使服务业发展跃上一个新台阶,以此加快发展方式转变、经济结构优化和增长动力转换。

1. 加快服务业创新驱动和新动能培育

第一,发挥市场准入负面清单制度改革的牵引作用,清理修改不合时宜的法律法规和规范性文件,推行承诺式准入,加快"照后减证"试点,破除对创新创业的不合理束缚。同时,探索包容创新的审慎监管制度,建立跨界融合新行业和新业态的协同监管机制,把改革红利转化为发展新动能。第二,推动资源要素向激励人才的方向倾斜。探索实施人才培训福利计划,鼓励应用型、技能型、复合型人才脱颖而出。依法保护企业家的创新收益和财产权,赋予科研人员、教师、医生等更大的流动自主权。第三,创新多样化金融服务。完善动产融资服务体系,支持符合条件的服务企业上市融资、发行债券。第四,加强知识产权保护与运用。提高知识产权侵权代价和违法成本,制定在线创意、众创众包、研发设计等新领域创新成果的知识产权保护规则,进一步完善知识产权中介服务体系。第五,加快服务业标准化建设。支持具备能力的社会组织和产业技术联盟牵头制定满足市场和创新需要的标准,实施企业标准自我声明公开制度,推进优势、特色领域标准的国际化。

现代服务业是以先进技术和人力资源作为主要投入要素的产业,要将苏南服务业由劳动和资本密集型转变为智力密集型,这就需要加大力度引进和培养高层次、高技能的服务业专业人才,根据不同领域人才的特点分类制定引进开发计划;要加快推动服务企业创新发展,引导企业开展组织创新、模式创新、业态创新、技术创新;要加强体制机制创新,依托服务业综合改革试点,逐步消除体制机制障碍,加快服务业双向开放,逐步打破社会资本和外资进入服务业的"隐性天花板",为服务业创新提供良好的外部环境。

2. 增强生产性服务业对制造业和农业的全产业链支撑

以产业升级需求为导向,着力提高生产性服务业的专业化发展能力,构建与制造业、农业交叉融合的产业协同发展体系。一是紧扣产业价值链的核心环节,支持服务企业利用信息、创意、营销渠道等优势,向制造环节拓展业务范围。二是推动生产性服务业细分行业的要素优化配置和服务系统集成,有效发挥平台型、枢纽型服务企业的作用,带动小微企业发展。三是鼓励有条件的制造企业进行柔性化改造,逐步向设计咨询、设备制造和采购、施工安装、维护管理等一体化服务总集成总承包商转型。四是培育多元化农村产业融合主体,增强生产性服务业对推进农业供给侧结构性改革、发展现代农业的支撑能力。

生产性服务业是做强实体经济、构建现代化经济体系的重要支撑。苏南积极鼓励发展各具特色的生产性服务业,推动生产性服务业向专业化和价值链高端延伸。例如,在信息技术服务领域,将进一步实施网络强省战略,加快发展以云计算、物联网、大数据为代表的信息服务业;在科技服务领域,积极构建全价值链科技服务业态,培育建设一批国家级和省级工业设计中心;在金融服务领域,推进金融产品和服务创新;在现代物流领域,促进物流企业向第三方、第四方物流模式转型;在电子商务领域,打造线上线下融合的全渠道、全开放运营模式,等等。省发改委将深入贯彻全会精神,在研究制定加快建设现代化经济体系的意见中,重点突出现代服务业特别是生产性服务业,并抓紧出台推动服务业高质量发展的具体政策措施。

借力信息技术和"互联网+",推进制造业服务化发展与服务业制造化发展双向融合。加快引导大中型制造企业将生产流程中的非核心但具有相对比较优势的服务环节从原企业分离出来,向社会提供第三方专业化服务。以服务型制造示范企业为引领,逐步增加服务要素在投入和产出中的比重,推动苏南制造业从以加工组装为主向"制造+服务"转变,从出售产品向"产品+服务"转变,以基于服务为核心的制造与服务融合,进而实现提高产品附加值、市场占有率和全要素生产率的发展目标。

3. 提升生活性服务业品质和消费满意度

首先,鼓励企业运用大数据、人工智能等新技术挖掘用户需求,丰富和细化消费品类。促进无人超市、配送机器人等新业态和新模式有序发展。支持连锁便利店叠加更多服务功能,完善便捷、智慧、安全的服务体系。其次,引导社会资本更多投向生活性服务业短板领域,进一步丰富服务内容、创新服务方式、提高服务质量,更好满足人们对美好生活的多样化、多层次需求,实现消费升级与产业升级互促共进。再次,加强服务消费与商品消费的融合互动,激发关联消费潜力。以培育发展国际消费中心为载体,建立多行业关联协同的消费生态体系。最后,健全消费者权益保护机制。打击侵权假冒行为,完善消费环节经营者首问和赔付先行制度。

4. 深化服务业高水平全面开放

一方面,进一步提高服务业对外开放水平。借鉴国际高水平自由贸易协定的经验,在互惠互利基础上推动中国与贸易伙伴国家之间的服务贸易投资自由化和便利化。以自由贸易试验区和服务业综合试点城市等为依托,加强政策创新和对比互补试验,复制推广成熟经验。适当扩大新兴生产性服务进口,充分发挥技术和知识溢出效应,改善国内服务业供给结构。另一方面,积极推动服务业"走出去"。特别是深化与"一带一路"沿线国家服务贸易合作,加强全球布局,鼓励更多有实力的服务企业拓展海外市场,为中国制造"走出去"提供服务支持。

5. 加快现代服务业新业态发展

孕育大型互联网服务企业。由于信息技术创造和改造的新兴业态服务业具有明显的规模报酬递增特性,使得某一领域的互联网企业只有第一没有第二,细分领域的互联网企业只有将自己打造成行业第一,才能生存下去,而知名度和品牌建设对于互联网企业的成长至关重要。因此,提出如下建议:一是通过财政支持、政府采购、广告投放、帮助树立公众信任等措施促进江苏省相关企业知名度和影响力的快速提升,以此占领国内市场和提升国际市场份额,并进一步通过兼并重组巩固自己的行业地位。二是建议实施标准化战略。加快制定并发布一批由江苏服务业新业态主导的业态标准,以标准建设促进江苏服务业新业态的品牌建设和影响力的提升。三是要鼓励和引导传统服务业和信息服务业深度合作并分享市场。

加速大数据运用环境建设。一是可由互联网企业、科研院所、高校以及相关行业的企业共同设立与"大物移云"相关的研究机构,充分挖掘和利用相关行业所产生的大数据资源,将深度挖掘后的行业海量数据转化为政府部门、消费者和企业的重要决策依据。二是可加强产业间、部门间大数据的综合应用,构建包含医疗、健康、饮食、农业、教育、运动、休闲、设计、营销、法律、金融、咨询、制造等行业的综合大数据库,为企业、消费者和政府提供完整的相互联系的动态综合服务。三是建议引进和培育既熟悉本行业务又熟悉互联网业务、既精通生产技术又精通商务知识的跨学科复合型人才,建议在目前江苏省各类人才工程的基础上,鼓励不同行业人才到互联网企业、其上下游企业或相关部门、特别是与之相关的互联网企业工作访问,从而发现和创新本行业与互联网企业的可嫁接机会,形成和拓展新的服务业态。

加强信息技术基础设施建设。一是应加大信息技术基础设施的投入,提高免费 Wifi 的覆盖面和信号质量,进一步提高网络平台的搭建和潜在参与者的互联互通,提高消费者、生产者、中间者等所有环节的互联互通。二是建议建立标准化的基础信息数据库。服务业新业态的产生和发展都离不开数据,因此,及早建立标准化基础信息数据库,提升服务业效率,并将此标准推广至全国和国际,是江苏服务业新业态跨越发展和领先发展的关键。三是可加大对大数据、物联网、移动互联网、云计算等的投资,为进一步引导产业间、行业间的跨界融合,引导互联网企业与其他各类企事业单位的全面深度合作提供基础。

引导区域业态差异化发展。一是应鼓励各地区结合本地产业和资源禀赋优势创新服务业新业态。比如,纺织业发达的地区和企业可以发展与纺织业相关的新兴服务业态,旅游业基础有明显优势的地区可以优先发展与旅游业相关的服务业新兴业态,文化创意产业发达的地区可以发展与文化创意相关的服务业新兴业态等,在差异化发展的基础上迅速做大做强由本地优势产业演变带动起来的服务业新业态,并迅速推广至全国。二是要加大地区间统筹协调。建议可由如省发改委等部门进行牵头,邀请相关部门和地区参与,建立服务业新业态投资和发展的协调机制,完善重大利益分享机制,增强省内地区与城市间合作成果的可预期性,提升各方合作积极性。

6. 大力发展总部经济

江苏省委十三届四次全会指出,要大力发展总部经济,致力引进跨国公司总部、地区总部以及国内大企业集团决策中心、利润中心、研发中心,着力集聚一批高能级、有活力的经济主体。无锡市的抽样调查显示,享受市级政府总部企业补贴的 36 户总部企业 2012 年创造税收 13.8 亿元,到 2016 年创造税收 21.1 亿元,近五年税收的复合增长率 11.2%,总部企业平均每户创造的税收从 3833 万元增长至 5855 万元。此外,总部企业对扩大就业总量、提升本地人才素质以及推动外地人才流入,都有较明显促进作用。SK 海力士销售总部已落户并实现销售,预计全年新增销售收入 40 亿美元;360 物联网安全运营总部落户无锡⋯⋯无锡市发改委主任张明康介绍,2018 年以来,无锡上下就发展总部经济形成新的共识,总部经济工作迈上新台阶。下半年将继续"五措并举"——加大总部企业招引力度、着力培育本地总部企业、建立健全总部经济政策体系、加大总部经济工作考核力度、为总部企业提供优质服务,进一步培优做大总部经济。

苏州工业园区总部经济发展起步于 2003 年,目前已集聚经省、市、区认定的各类总部达 82 家。其中,跨国公司地区总部及功能性机构(省级总部)39 家,占全省五分之一。2018 年底,园区各类总部达到 100 家。苏州高新区近日发布了总部经济新政,旨在打造总部经济高地。"目前高新区已规划了建筑面积达 200 万平方米的上市企业总部园,一期 480 亩核心区下半年动工建设,整个总部园计划用三到五年时间建成。"高新区经济发展和改革局局长何宁说,下一步要积极鼓励区内各街道、镇集中规划建设企业总部园,引导符合条件的企业优先入驻区内企业总部园。对各板块企业总部园建设,将优先提供土地指标支持。

江苏省目前已认定总部功能性机构 200 家。省发改委相关人士表示,近年来兄弟省市陆续出台鼓励跨国公司地区总部和功能性机构的政策措施。江苏省尤其是苏南地区迫切需要学习借鉴兄弟省市的相关经验,出台更有竞争性政策措施,营造新的引资优势。

7. 让文旅产业成经济发展的重要支撑

要增强文化旅游产业的发展自觉,充分激活市场机制,谋划一批有影响力的标志性项目,让文旅产业成为江苏经济的重要支撑。

文化部南京大学国家文化产业研究中心教授、博士生导师顾江认为,文化旅游产业对传统产业结构转型有很大推动效应,对城市消费市场有较强的培育与吸引力,对相关产业资源整合利用具有效益增值的产业链效应。顾江建议,要按照省委十三届四次全会的部署要求,激活市场机制,加大工作力度,从体制机制上推动文旅产业成为江苏经济的重要支撑。要加快推进文化和旅游融合的力度,全方位、多角度实施"文化+""旅游+"发展战略,着力打造培育一批文化旅游资源开发的新亮点、新模式,谋划一批具有全国影响力的标志性项目、标志性平台工程。要抓住大运河文化带建设契机,推进大运河国家文化公园试点建设,培育大运河文化旅游经典线路,举办大运河文化旅游博览会,打造"千年运河"文化旅游品牌;要着力培育文化旅游龙头企业,强化运河带文化产业功能区建设,突出地域特色的文化发展战略,同时,省文投集团等一批龙头文化企业要发挥新增文化旅游发展职能,尽快成为江苏省文化旅游发展旗舰;高等院校应全面做好智库工作、高质量培养与输送符合市场主体需求的人才,江苏文化产业学会和协会应大力推动与创新政产学研结合的新模式和新思路,让文化接上智慧的引擎飞得更高更远。与此同时,要实施全域旅游战略,坚持规划引领,注重共建共享,促进富民利民,加快建设文化旅游强省。7 月 30 日,苏州亨通集团与南京 21 世纪投资集团在吴江举行苏州湾好莱坞魔法城投资合作签约仪式。双方将强强联合,打造苏州城市新地标、长三角文旅新天地、魔法城在中国的旗舰品牌,为苏州增添融入国际品牌的文化新名片。

　　江苏省旅游局副局长陈芬表示,增强文化旅游产业的发展自觉,谋划一批有影响力的标志性项目,首先应加大规划编制和实施力度。紧密对接国家和省委省政府各项发展战略,下半年要完成长江旅游发展规划,启动江苏全域旅游发展规划的编制,通过规划引领,让扬子江旅游成为江苏长江经济带发展的重要支撑,让全域旅游发展形成江苏样板、贡献江苏经验。同时,要加强与国家项目的对接。下半年,文化和旅游部即将推出文旅融合发展示范区(项目)、大运河国家文化公园、全域红色旅游示范市、红色示范小镇等全新的创建项目。各地要根据本地资源特色,提前谋划、主动对接。

参考文献

[1] 晁刚令.服务业分类统计核算研究[J].科学发展,2010年第10期.

[2] 江小涓,李辉.服务业与中国经济:相关性和加快增长的潜力[J].经济研究,2004年第1期.

[3] 江波,李江帆.政府规模、劳动-资源密集型产业与生产服务业发展滞后:机理与实证研究[J].中国工业经济,2013年第1期.

[4] 江静,刘志彪.政府公共职能缺失视角下的现代服务业发展探析[J].经济学家,2009年第9期.

[5] 黄繁华,洪银兴.加快江苏现代服务业发展路径研究[J].南京社会科学,2007年第7期.

[6] 李华.人口老龄化对中国服务业发展的影响研究[J].上海经济研究,2015年第5期.

[7] 李江帆.中国第三产业的战略地位与发展方向[J].财贸经济,2004年第1期.

[8] 李红梅.论生产服务业发展中的政府角色[J].统计研究,2002年第8期.

[9] 李眺.服务业开放与我国服务业的生产效率研究[J].产业经济研究,2016年第3期.

[10] 刘丹鹭,夏杰长.供给侧改革的增长效应:以生产者服务业减税为例[J].广东财经大学学报,2016年第4期.

[11] 刘恩初,李江帆.发展生产服务业核心层推动广东产业高端化[J].南方经济,2015年第1期.

[12] 刘志彪.现代服务业发展与供给侧结构改革[J].南京社会科学,2016年第5期.

[13] 刘志国,李丹.供给侧改革与我国经济的有效增长策略[J].马克思主义研究,2016年第3期.

[14] 卢云卿,孔群喜等.需求、供给和创新,谁是推动服务业发展核心动力[J].南京财经大学学报,2015年第3期.

[15] 钱纳里.工业化和经济增长的比较研究[M].上海:格致出版社,2015年.

[16] 邱瑾,戚振江.基于MESS模型的服务业影响因素及空间溢出效应分析[J].财经研究,2012年第1期.

[17] 孙爱军,刘生龙.人口结构变迁的经济增长效应分析[J].人口与经济,2014年第1期.

[18] 邵骏,张捷.中国服务业增长的制度因素分析[J].南开经济研究,2013年第2期.

[19] 汪德华,张再金,白重恩.政府规模、法治水平与服务业发展[J].经济研究,2007年第6期.

第二章 苏中现代服务业发展报告

现阶段,苏中处于加快构建以服务经济为主的现代产业体系、推进产业结构调整走向纵深发展的关键时期。"十三五"期间,苏中服务业的发展潜力进一步释放,服务业新动能将快速成长,服务业将继续领跑三次产业。可以说,苏中经济将逐步由工业经济转型为服务经济。在此背景下,推进服务业供给侧结构性改革,优化服务业供给结构,培育经济增长新动力,就显得尤为重要。2018年苏中服务业规模扩增、比重提高、层次跃升,服务业总量和增幅连年攀升,发展水平不断提升,结构不断优化,如今已成长为拉动苏中经济高质量发展的强大引擎。但是在苏中经济发展过程中,服务业一直是发展的短板,服务业比重不高,内部结构不合理,高端的生产性服务业还相当落后,无法满足生产发展和人民消费升级的需要等问题仍然比较突出。因此,推动苏中服务业加快发展,对实现产业结构的升级,提升经济发展的容量,推动苏中经济在新常态下持续、健康地发展具有重要意义。

一、苏中现代服务业的发展现状

(一)服务业发展提速明显,经济拉动能力提高

随着沿江和沿海开发战略的不断实施和地区经济的不断腾飞,为苏中地区的现代服务业发展提供了良好的机遇。苏中三市服务业都呈现出良好的发展态势,发展提速,占GDP比重稳步提升,拉动经济能力提高。表1显示了2013年以来苏中地区各市服务业增加值状况,相比2013年,2018年南通、扬州和泰州服务业名义增加值增加了近2倍,平均每年增长率保持两位数以上。在苏中三市中,南通规模最大,扬州、泰州次之。2018年南通市三次产业结构为4.7∶46.9∶48.4,保持"三二一"格局,服务业增加值占经济总量比重达48.4%,比上年提高0.4个百分点;2018年扬州市实现服务业增加值2569.59亿元,占地区生产总值比重47%,较去年同期提升1.1个百分点,服务业对全市经济增长贡献率达55%,成为全市经济高质量发展的"火车头";2018年泰州市第三产业增加值2393.57亿元,增长7.0%,服务业增加值占GDP比重为46.9%,高于工业占比5.4个百分点,服务业增加值对经济增长的贡献率为48.4%。

表1 2013—2018年苏中地区服务业增加值(单位:亿元)

	2013年	2014年	2015年	2016年	2017年	2018年
南 通	2069.98	2500.78	2815.97	3231.8		4081.35
扬 州	1333.86	1584.80	1762.88	1927.89	2327.02	2569.59
泰 州	1226.95	1464.19	1657.93	2000.26	2242.32	2393.57
苏 中	4670.3	5549.77	6236.78	7159.95	8281.49	9044.51

资料来源:历年《江苏统计年鉴》

随着服务业占 GDP 比重的提高,服务业的带动作用不断增强,拉动经济能力不断提升。整体来看,苏中地区服务业占 GDP 比重由 2010 年的 37.2% 提升至 47.6%,提高了 10.4 个百分点。具体来看,南通市服务业占 GDP 比重为 48.4%,比上年提高 0.4 个百分点,居苏中地区第一位。扬州 2018 年服务业增加值占比 47%,服务业提高 1.1 个百分点。泰州服务业增加值占 GDP 比重达到 46.9%,下降 0.4 个百分点,占比排名苏中第二位。

表 2　2010—2018 年苏中各市服务业占 GDP 比重(单位:%)

年　份	2010	2013	2014	2015	2016	2017	2018
按地区分							
南　通	37.1	42.0	44.1	45.7	47.6	48.0	48.4
扬　州	37.2	41.3	42.4	43.4	44.4	45.9	47.0
泰　州	37.3	41.3	43.1	44.7	46.7	47.3	46.9
苏　中	37.2	41.6	43.3	44.7	46.5	47.2	47.6

资料来源:历年《江苏统计年鉴》

表 3　苏中地区服务业增加值指数(%)(按可比价计算,上年＝100)

年　份	2010	2013	2014	2015	2016	2017	2018
按地区分							
南　通	113.7	114.2	112.0	110.4	109.2	109.1	108.4
扬　州	113.9	113.6	112.2	110.7	112.1	110.1	108.2
泰　州	113.9	113.5	112.3	111.2	111.4	110.0	107.0
苏　中	113.8	113.8	112.2	110.7	110.6	109.6	108.0

资料来源:历年《江苏统计年鉴》

(二)服务业税收保持增长态势,投资增速渐趋上行

苏中三市 2018 年服务业增加值都获得较快发展,同时税收支撑作用较为显著。2018 年,南通服务业实现应税销售 9007.1 亿元,同比增长 22.9%,比 2017 年提高 4.8 个百分点,比同时期服务业增加值现价增速高 13 个百分点。分县市区情况看:市区实现应税销售 4640.6 亿元,增长 10.2%;县区实现应税销售 4366.6 亿元,增长 39.9%,增速比市区、全市平均水平分别高 29.7 和 17 个百分点。2018 年 1—8 月淮安市实现服务业税收收入 167.32 亿元,同比增长 16.3%,增速居全省第 11 位,服务业税收收入占全部税收收入的比重为 45.0%,比去年同期提升 0.6 个百分点。分行业看,服务业税收收入最多的三个行业是房地产业、批发零售业和金融业,分别实现税收收入 56.28 亿元、43.23 亿元和 20.94 亿元,三个行业税收合计占全市服务业税收收入的比重达 72.0%;增长最快的三个行业分别是卫生和社会工作,公共管理、社会保障和社会组织业以及信息传输、软件和信息技术服务业,增幅均超过 30%,同比分别增长 235.5%、110.3% 和 30.5%。2018 年泰州市服务业投资同比增长 11.6%,高于全部投资增幅 2.4 个百分点,高于全省平均水平 7.9 个百分点,列全省第一。从主要行业看,房地产业完成投资同比增长 18.8%;交通运输、仓储和邮

政业完成投资同比增长 20.8%;租赁和商务服务业完成投资同比增长 13.4%。三大行业占全部服务业投资的比重分别为 40.6%、13.1%和 9.5%。

(三)服务贸易加速发展,助推服务业转型升级

南通是中国首批对外开放的 14 个沿海港口城市之一,处于沿海经济带与长江经济带"T"型结构交汇点,与国际大都市上海分别位居长江三角洲北南两个洲头,具备发展服务经济特别是服务外包的优越条件。在国家服务外包示范城市扩围中,南通成功入选,位居全国 31 个服务外包示范城市之列。南通要积极抢抓重要战略机遇,精准定位,推动服务外包发展再上新台阶,为江苏高质量发展做出新贡献。

(四)主导产业继续发挥引领作用

南通列入规模以上服务业统计的十大行业呈现"三快、三稳、两缓、两降"的发展格局。其中,租赁和商务服务业、居民服务修理和其他服务业、文化体育和娱乐业三个行业发展较快,营业收入同比分别增长 21.5%、19.4%和 16.1%;交通运输仓储和邮政业、卫生和社会工作、房地产业(房地产开发除外)三个行业平稳增长,营业收入同比分别增长 13.3%、11.7%和 10%;教育业、信息传输软件和信息技术服务业两个行业缓慢增长,营业收入同比分别增长 2.8%和 1.3%;水利环境和公共设施管理业、科学研究和技术服务业两个行业营业收入同比分别下降 11.2%和 16.6%。

2018 年扬州市旅游实现总收入 917.9 亿元,同比增长 15.2%;推动文化、软件和互联网等基本产业,现代物流、科技服务、商务服务等重点产业,"三区经济""三新经济"等新兴业态加快发展,全市生产性服务业占服务业增加值比重达 53.6%。

(五)重大项目结构渐趋优化

2018 年扬州市严格执行修订后的《扬州市服务业重大项目认定办法》,强化项目建设"质量"和"效益"标准。全市认定新开工服务业重大项目 44 个,完成全年目标的 110%,其中,现代服务业项目达 26 个,占比 59.1%,高于省高质量考核目标 4.1 个百分点;认定新达效项目 32 个,完成全年目标的 106.7%,新增税收 6.3 亿元,贡献水平较 2012—2017 年间投运服务业重大项目提升了 64.1%。在有力拉动全市固定资产投资增长的同时,服务业重大项目产出贡献水平逐步放大。

南通市把加快服务业发展作为"推动高质量发展"的战略举措,把壮大服务业经济作为"追赶超越"的重点工程,紧抓项目建设、集聚区推进、企业培育、楼宇经济四项工作重点,全市服务业发展态势良好。国际国内知名企业阿里巴巴落户南通。目前,阿里巴巴江苏云计算数据中心一期已开工,该项目总投资达 180 亿元。项目 2019 年建成后,将成为国内领先、世界先进的新一代高性能绿色数据中心。

泰州市新开工项目 2018 年共认定亿元以上新开工项目 518 个,完成年度计划的 103.6%。从产业结构看,认定项目中,工业项目 432 个,占比为 83.4%,计划总投资 809 亿元,占比 82.4%;服务业项目 86 个,占比为 16.6%,计划总投资 173 亿元,占比为 17.6%。从项目规模看,认定项目计划总投资 982 亿元,平均规模 1.9 亿元,其中,工业项目平均规模 1.87 亿元,服务业项目平均规模 2.01 亿元。

（六）服务业企业发展势头良好

2018年扬州市净增服务业重点企业139家,超额完成全年净增100家重点企业目标。全市规上服务业营业利润同比增长44.4%。营业规模超1亿元的企业由上年同期的61家增加到67家,营业收入总计292.85亿元,占全部规上服务业企业的65.4%。其他营利性服务业单位数313家,较上年同期增加43家,实现营业收入172.72亿元,同比增长21.4%,增速居全省第三位。服务业重点企业盈利水平和竞争力明显改善。

（七）劳动报酬结构优化

2018年扬州市服务业企业职工薪酬明显提高。分行业看,专业技术服务业月人均薪酬超过万元,达到了人均1.1万元/月,在各行业中最高;其次是航空运输业,人均0.8万元/月;第三位是电信、广播电视和卫星传输服务业,人均0.79万元/月。从薪酬增长幅度来看,房地产业、航空运输业、体育业、生态保护和环境治理业增速最快,分别增长24.3%、23.2%、22.5%和22.3%。信息服务、科技服务、现代物流等一批现代服务业重点行业劳动报酬的明显提升,也从侧面反映了扬州服务业高质量发展取得的成果。2018年南通市规模以上服务业应付职工薪酬111.8亿元,同比增长15.5%,增速比前三季度提高3.7个百分点,快于营业收入增速7个百分点。

二、苏中现代服务业发展中的问题分析

（一）问题剖析

1. 制造业处于价值链低端,制约生产性服务业发展

制造业和服务业的平衡同时体现在政策层面和产业发展层面。从政策层面而言,两个产业政策的不兼容问题严重影响了产业结构的调整。尽管政府已经从战略高度强调发展生产性服务业的重要性,并将它上升到实施"扩内需、调结构、稳增长、促就业"战略的主要突破口和关键点高度来推进。然而,一些政府部门尤其是基层政府领导,也许不少还陶醉在兴办工业园区、招商引资上项目以及围绕产品生产安排政策的思维之中。或者说,刚刚熟悉如何围绕工业制造"抓GDP"这一中心工作,对于开始重视服务业的发展,至少在政策设计和理念上还难以转变。于是,一方面,一些政府部门开始用"抓生产"的办法来抓服务业,上各类服务业项目;另一方面,面对政策冲突常常左右为难,摇摆不定。例如,对于商业网点布局的用地政策问题。可以说,这是未来相当长一个时期内,发展生产性服务业的最大难点,即"发展生产"与"发展服务业"两类政策的普遍性"不兼容"问题。产业发展角度而言,制造业和服务业的发展是平衡进行,相互带动的,目前苏中制造产业的一些问题影响了服务业的提升。近二三十年,苏中第三产业增长并不慢,但由于第二产业体量太大,增速也很快,从"二三一"调整为"三二一",是一种不同寻常的结构优化。这个不同寻常的优化背后是潜在的两大产业的平衡问题,在全球经济下行,外商投资下降,贸易增速减缓,同时国内经济也步入增速下降的新常态形势下,一方面要保持制造业的规模优势,提升制造业价值链地位,改善制造业供给效率的改革任务,另一方面要全面提高服务业在促进经济增长、吸收就业方面的贡献,加速向服务

业型经济转变。这两个方面结构性地结合在一起,要一起抓才能一起发展。

一直以来,苏中传统制造业比重较高,部分高新技术产业缺乏核心技术、处于价值链中低端的行业较多的现实客观存在,产业层次需要进一步提升。苏中传统制造产业占经济总量比重较大,纺织、化工、电力设备制造、机车设备、造船、光电等产业的规模在全国处于领先地位,但是普遍存在着价值转换率偏低、产品附加值不高、不能占据价值链中高端等问题。部分制造业行业出现了结构性产能过剩的现象,库存率急剧上升、产销率快速下降、大面积企业亏损,给苏中经济带来了巨大的发展压力。制造业的产业问题制约了服务业的发展,以及产业结构整体升级。国内外实践表明,服务业特别是生产性服务业均以制造业为依托和根基。但江苏制造业长期精于制造不善服务,往往处于产业链中低端。同时,创新转化率低影响了产业升级进程,尽管区域创新能力不断提高,但是科技成果转化能力不强,创新投入产出率不高,这些成为制约苏中创新驱动发展的短板,也成为制衡服务业发展,尤其生产性服务发展的重要因素。

2. 传统服务业和现代服务业资源竞争,挤出效应明显

从服务业成长的逻辑上看,只有充分地发展基础性服务业之后,才有利于发展所谓的"现代服务业"。尽管基础性服务业与现代服务业可以兼容、不矛盾。但在现实决策时却往往矛盾。一谈到发展现代服务业,我们往往就把零售业、批发业、旅游业、酒店业、餐饮业等纳入"传统服务业"范围。这样的误解导致了在发展服务业时,会认为二者是此消彼长的关系。实际上,传统服务业也可以通过纳入现代服务业要素来提升附加值,比如,电子商务、现代物流。近年来,餐饮业也在运用现代管理和科学技术手段,有效实施和运用连锁经营、网络营销、集中采购、统一配送等现代经营方式,现代化程度不断提升。

在传统的割裂的视角下,在资源分配、政策支持以及市场反应方面,传统服务和现代服务业的竞争关系导致了一定的挤出效应。近几年苏中在政策层面上的确在大力扶持现代服务业的发展,但如果忽略传统服务业和现代服务业之间的相辅相成关系,以及传统服务业向现代服务业发展的轨迹,挤出效应形成,并不利于整个服务业的产业结构升级。比如在债权融资方面,可以看到传统服务业和现代服务业之间的不平衡问题,在2011年之后政府对现代服务业的补贴和财务支持力度加大,行业对债权融资依赖度下降,而传统服务业恰恰相反。这种此消彼长的关系,反映了传统服务业和现代服务业资源竞争方面的问题,也是服务业向高端价值链升级过程中遇到的资源问题。

3. 要素配置行政干预较强,供给缺乏市场效率

要素市场的不完善会直接或间接增加现代服务业企业的要素投入成本。历经多年改革开放,市场机制在苏中许多领域已经开始发挥决定性作用。但值得注意的是,虽然产出品的价格已经基本市场化,但是各类投入品市场(要素市场)仍然存在较强的政府干预,要素价格被人为扭曲,市场在配置资源过程中的"决定性作用"尚未充分发挥,包括土地、资本和人力在内的要素市场机制还不完善:

一是土地市场不完整。苏中虽然在土地制度方面不断改革,但仍然存在着土地经营分散、土地资源闲置、农民收入单一等问题。当前,限制土地市场发展的主要障碍在于没有广泛对土地进行确权,尚未建立相应的土地产权市场,这容易导致在土地征用时对于征地补偿、征用标准、征地程序等方面无法遵循土地市场的供求规律和价格决定机制。

二是资本金融市场不健全。苏中资本金融市场发展取得了一定进展,股权交易中心和产权市

场在业内有较大影响,但其规模相对偏小,且存在区域内各市各自为政、散而小等一系列问题。整体而言,苏中资本金融市场的现代化进程较为缓慢,金融资本市场还不够健全,目前尚没有全国性的金融交易市场,这与苏中经济发展不相匹配。

三是劳动力市场不完善。在中共十四大确立社会主义市场经济地位以后,劳动力市场进入快速发展时期,劳动力流动障碍有所减少。苏中劳动力市场经过多年发展,虽然取得了较大进展,但由于客观上仍然存在着诸如户籍制度限制、就业歧视等一系列障碍,仍然存在着地域分割、行业分割、城乡分割、"同工不同酬"、进城务工人员社会保障不健全等诸多不良现象,导致市场机制尚难以有效在劳动力资源配置中发挥决定性作用。人力市场结构性问题明显,而现代服务业在快速增长的过程中,面临的人才短缺问题相对于制造业更为严重。

4. 开放程度不足,产业融合度低,全要素贡献率不高

目前,包括江苏在内的我国现代服务业效率处于较低水平,全要素生产率对服务业增长的贡献非常小。研究指出,体制、政府规模、外贸依存度、对外开放、人力资本、信息化、财政支出、市场化和工业化都是影响现代服务业效率的重要因素。苏中虽然在市场化、对外开放、工业化等方面都不断前进,但仍然存在一些弊病限制了服务业生产效率的提高,概括而言包括市场开放程度、产业融合程度、全要素贡献程度等几个方面。

首先,体制方面有待为企业提供新的市场活力,服务业的对外开放程度尤其需要提高。苏中开放型经济起步较早、发展较快,但也存在着一些问题,突出表现在两大方面:一是开放型经济规模开始下降。2016年,占出口近七成的八大重点行业中七大行业出口下降。利用外资也受到较大影响。二是开放型经济结构有待改善。在对外贸易方面,存在着服务贸易占比较小、高新技术产品出口比重不高,新兴市场开拓力度不足等问题;在利用外资方面,存在着服务业外商投资比重仍较低、高端制造环节外商投资较少等问题;在开放的区域结构上,仍存在较为明显的差距,而且区域内部的开放程度不高,各行政区之间存在一定的贸易壁垒。

其次,产业融合的程度有待提高,融合行业范围有待拓展。产业融合是现代产业发展的新趋势,并逐渐成为产业发展和经济增长的新动力。事实上,伴随着经济的发展,服务业与制造业的关系表现出较强的产业关联性,而传统意义上的"此消彼长"产业转移关系逐渐弱化。"服务"以技术、知识和人力资本等高级要素大量地投入到制造业生产活动中,与此同时,服务业生产过程中来自制造业的投入逐渐增加。传统意义上的服务业与制造业之间的边界越来越模糊,而更多地表现出一种互相融合的趋势,融合方向可以是正向,也可以是负向,或者双向耦合的融合形式。产业融合一方面会促进制造业的升级,通过服务业服务制造业,进而"补强制造业",同时也会提高服务业的生产效率和交易效率,促进服务业,尤其是生产性服务业的发展。目前而言,苏中的制造和服务产业融合集中在低附加值的交通运输等行业,在与发达国家的产业融合程度方面还有一定距离。

第三,全要素生产率需要为现代服务业效率提供动力。全要素生产率,是指在各种生产要素的投入水平既定的条件下,所达到的额外生产效率。比如,一个企业也好,一个国家也好,如果资本、劳动力和其他生产要素投入的增长率分别都是5%,如果没有生产率的进步,正常情况下产出或GDP增长也应该是5%。如果显示出的产出或GDP增长大于5%,譬如说是8%,这多出来的3个百分点,在统计学意义上表现为一个"残差",在经济学意义上就是全要素生产率对产出或经济增长的贡献。国家之间的总体经济增长差异很大程度上体现在服务业生产率的差异上,服务业全要素

生产率可以在很大程度上解释这种增长差异。苏中目前的增长还更多地建立在资本等要素的投入方面,服务业增长模式仍然以粗放型增长为主,今后应转变服务业增长模式,由现在的依靠要素投入转变为依靠生产率提高来促进服务业增长和发展的集约型增长模式。

(二)创新发展的宏观环境

以党的十九大精神为指引,加快培育发展新动能,推进服务业创新发展,是全面建设现代化经济体系的重要举措。

全方位推进服务业发展。省发改委介绍,一系列规划、政策正在积极推进中。一是加快实施全省"十三五"现代服务业发展规划。发挥好全省服务业领导小组的统筹协调功能,充分凝聚各地和各有关部门的发展合力,确保重点任务和支持政策的落地实施,建立科学、系统、执行力强的规划实施保障体系,引领"十三五"服务业更好更快发展。二是贯彻落实国家发改委《服务业创新发展大纲(2017—2025年)》文件精神。紧密结合江苏服务业发展现状特点和未来需求,编制出台《服务业创新发展江苏行动纲要(2017—2025年)》,提出努力构建优质高效、充满活力、竞争力强的"江苏服务"产业新体系,培育壮大经济发展新动能,促进现代化经济体系建设。三是研究编制全省现代服务业人才发展专项规划。省发展改革委与省人才办联合出台了《江苏省现代服务业人才发展规划(2017—2020年)》,与省人才办联合印发,提出构筑有江苏特色的现代服务业人才高地,到2020年实现生产性服务业人才和新兴服务业人才占比明显提升。四是贯彻落实全省"十三五"养老服务业发展规划,加快建立健全与江苏老龄化发展形势相适应的养老服务体系,促进养老服务业健康发展。五是密集开展推动政策创新的专题调研。前往广东、深圳、四川、重庆等多地调研,实行对标找差,学习借鉴先进地区推进服务业发展的经验做法,启发酝酿江苏省加快服务业发展的新思路新办法。

为了完善服务业重大项目的投资布局,围绕江苏省现代物流、科技信息、金融服务、休闲旅游、商务商贸、健康养老等重点发展的服务业产业领域,编制省级现代服务业重点项目投资计划,2017年经滚动调整,列入计划的150个省级服务业重点项目总投资6521.6亿元,年度计划新增投资1046.2亿元。全年以重点项目为载体加大推进力度,总体建设进展良好,实际完成投资超1100亿元,影响带动了服务业固定资产投资增速稳步回暖。从重点项目所属行业类别来看,现代物流、科技服务和旅游服务类项目数量居前列,达到87个,占到项目总数的58%;旅游服务、科技服务、现代物流以及商贸流通等是目前服务业投入较集中的领域,年度计划新增投资占到全部新增投资的73.3%。年度新增的服务业重大项目总体建设周期一般在3—4年左右,投资时效性较强。其中,旅游服务、科技服务以及现代物流是新增项目的投资热点。

突出产业重心,构筑生产性服务业发展的领先势头。经济学家刘志彪认为,优先发展生产性服务业,对促进江苏省产业由生产制造型向生产服务型转变有很大作用。江苏省坚持示范引领,树立行业标杆,立足生产性服务业和互联网平台经济重点领域,深入探索载体集聚集约发展模式,充分激发行业领军型企业、平台型企业和产业集群的规模带动和创新引领效应。继续深入实施生产性服务业"双百工程"和互联网平台经济"百千万"工程,认定第二批省级生产性服务业集聚示范区(13家)、领军企业(19家)和互联网平台经济重点企业(24家)。引导省级现代服务业集聚区加快提档升级,以生产性服务业为重点,持续开展集聚区调研摸底工作。据调查掌握,2017年全省125家省级现代服务业集聚区已吸纳入驻企业约 16.5 万家,营业收入 2.7 万亿元。

加大财政支持,强化服务业专项资金的使用绩效。采取股权投资、融资增信、贷款贴息、项目补助和政策奖励等多种方式组合使用,最大限度地发挥资金导向作用,提高资金使用效益。面向全省现代服务业中小企业的融资增信服务业务发展顺利,累计贷款余额已经超过 30 亿元,一定程度上有利于缓解服务业中小企业"融资难、融资贵"的问题,并开展了融资增信资金的专项绩效评估工作。

提升智力资本,加强服务业专业人才的培养引进。先后成功组织赴港亚洲金融论坛、全省服务业管理人员和企业家北大及清华专题培训班、现代服务业企业家创新创业沙龙等活动。根据省委组织部和省人社厅关于实施十大领域海外引才行动计划的安排,牵头负责实施现代服务业领域海外引才计划,组织了赴美国、加拿大的服务业专场引才活动。

三、苏中现代服务业发展的对策建议

(一)总体思路

1. 更加严格地保护投资者权益,稳定服务企业的投资预期

众所周知,"有恒产者方有恒心"。但当前不少民营企业家顾虑很多,资本流出现象时有发生,对其投资权益能否得到有效保护有这样或那样的担忧。为此,要重点规范产权制度保护,全面落实中共中央和国务院联合颁布的《关于完善产权保护制度依法保护产权的意见》,要把文件提出的"同等保护不同所有制经济产权,规范财产处理法律程序、完善财产征收征用制度、加大知识产权保护、加大合同执行力度"等意见切实落实落地。

2. 打破垄断和市场管制、放宽服务业市场准入

行政垄断和市场管制是当前制约服务业发展的突出难题。国有企业在教育、文化传媒、医疗卫生、金融、交通运输和公用事业等领域的投资占比超过 2/3。要改变这些状况,就必须大胆地进行制度创新,参照国际通行的做法,以市场准入负面清单为核心,建立服务领域平等规范、公开透明的准入标准,并适时动态调整。除对少数垄断行业及关系到国家安全的重点服务业,制定"否定"或"限制"行业目录外,其他的一概实施"非禁即入"的准入制度,切实打破垄断经营,形成多元竞争的大格局。当前,特别要面向社会资本扩大服务业市场准入领域,加快开放电力、民航、铁路、石油、能源、邮政、市政等行业竞争性业务。

3. 培育市场主体,增强企业活力

服务业做大做强之关键是要充分发挥市场机制的决定性作用,而企业又是市场的主体。所以要在培育市场主体上做好做足文章。服务业企业大中小并存,差异化很大。我们既要鼓励服务业企业专业化发展,推动优势服务企业跨地区、跨行业、跨所有制兼并重组,打造跨界融合的产业集团和产业联盟,培育若干有特点、有品牌、有控制力的服务业龙头企业或企业集团;又要积极发展服务业中小企业,让中小企业充满活力和效率。政府支持中小服务企业发展,不是简单直接的帮扶,而是要从完善社会化服务体系,推进中小企业公共服务平台建设着手,通过平台建设,让企业产需对接,供需匹配。

4. 加强社会诚信制度建设

服务无形的特点以及越来越多服务网上交易，决定了服务交易更具"信息不对称""道德风险"和"逆向选择"的可能性。采取切实有效措施，完善企业、社会和个人信用环境体系建设，特别要善于运用大数据管理，实施信用信息共享，加大对"违信"的处罚力度，提高失信违约成本，让各类主体"不敢违约、不愿违约"，建立守信、有序的服务市场秩序。

5. 顺应新经济新服务的要求，创新政府治理和市场监管方式

顺应服务经济发展新趋势，改革监管思维、创新治理方式，按照统一高效、开放包容、多方参与、协同制衡的原则重新构筑服务业监管体系。新经济新服务，是前所未有的新事物，创新难免有失败有过错。所以，要包容创新试错，允许"草根"成长，避免因为过度过细监管而可能错杀成长性的新经济新服务企业或业态。坚持"政府管理平台、平台自律共治"的原则来监管平台经济、分享经济和体验经济这些新型服务形态。

6. 按照分类施策的原则推动服务业价格改革

服务业的异质性决定了它有不同的价格形成机制。所以，服务业价格改革的关键是分类指导、分类施策。竞争性领域的定价要尽可能放开，由市场供求、市场机制决定其价格形成，尽可能避免政府干预。公共服务领域，包括基本公共服务需求和非基本公共服务需求。对那些具备竞争条件的客货运输、邮政服务的非基本公共服务类的价格要逐渐减少政府定价，条件具备时，可以主要由市场定价。公用事业和公益性服务价格政府指导和市场调节相结合的办法。慎重对待教育、医疗、养老等基本公共服务领域价格改革，保底线部分的定价由政府负责，但满足个人特殊需求的那部分由市场定价为主，政府实时适度调控。

7. 切实降低服务业发展相关经营成本

成本持续增加是制约服务业发展的主要障碍之一，主要表现在房租、人力成本、融资难等方面。在用地、税收、融资等方面制定相关政策时，要切实考虑服务业目前遇到的"阵痛"。一是通过推进服务业"营改增"改革，针对服务业"轻资产""人力资本"密集、难以进行进项抵扣的特点，将养老服务、居民和家庭服务、餐饮服务、文化演出服务等服务业纳入简易征收范围，统一实行3%的简易征收税率。二是进一步清理不合理的行政事业性收费，切实减轻服务企业的成本负担。三是鼓励商业银行将服务企业的商标、品牌等无形资产纳入授信范围，创新信贷政策，完善无形资产、债券抵押、商业用地抵押制度，降低企业融资成本。

（二）具体措施

1. 优化产业结构，发展新兴服务业

坚定实施创新驱动发展战略，要突出科技创新对培育发展新动能的支撑引领作用，助力服务业产业结构不断优化。一是大力发展服务业新经济。促进技术创新和管理创新、商业模式创新融合，拓展数字消费、电子商务、现代物流、互联网金融、新一代信息网络等新兴服务业，大力发展数字经济、平台经济、共享经济和智能经济。二是积极推动创新创业。全力推进创业载体建设，建立低成本、便利化、开放式的众创空间和虚拟创新社区，孵化培育创新性小微企业；培育发展天使投资，创立投资引导基金，助力科技型小企业迅速发展。三是深入推进科研创新基地建设。抢抓"北大门"发展机遇，深入推进与上海对接的科技创新中心和自主创新示范区建设，打造新的经济增长点，发

挥辐射带动作用。

立足苏中服务业发展的现状,从加强高品质生活性服务业入手,优化产业结构。商贸业发展方面,除了要立足城市综合体,零售业要"见缝插针",在大力发展社区连锁便利店的基础上,还要扩大经营范围,实行错位经营。餐饮住宿方面,要兼顾多层次需求,立足大众化主体,还要往品牌化、精品化发展,并与线上企业开展紧密合作。教育培训方面,要努力为居民提供幼儿教育、养老保健、职业技能等方面的教育服务。文化旅游方面,各地在举办各种主题的旅游节同时,基础设施方面也要提前规划好,在旅游标志、引导路牌、停车场、Wifi覆盖等方面为游客做好服务。

2. 培育领军企业,发挥引领作用

引导服务企业优化结构、拓展业务、创新服务,培育一批创新能力强、发展前景好、市场潜力大的领军企业,发挥龙头企业的辐射引领作用。一是壮大本土企业。鼓励本土服务业企业加强科学管理,创新发展模式,积极参与市场竞争,争取更大市场份额,打造一批国内外知名的服务业品牌。二是引进优质企业。加大服务业招商引资力度和精准度,引进一批核心竞争力强、带动作用大的好企业好项目,提升对优质企业的服务能力,加大政策扶持力度,优化营商环境,让更多的优质企业进入苏中、留在苏中。三是发展潜力企业。优化创新创业环境,汇聚人才、团队、资金等创新创业资源,增加政府采购项目,为中小潜力服务业企业发展壮大创造良好条件,助力一批潜力企业成长为领军企业。

分类指导选择服务业企业的创新转型方向,大力培育服务业领军型企业。准确把握不同领域服务业企业的基本特点,一业一策,因企制宜,明确创新发展的任务和重点,支持广大服务业企业以技术、业态、品牌三大创新为重点,理清创新发展思路,完善创新支撑体系,提高创新发展水平。技术创新型企业要重在强化信息技术渗透,提升自主研发水平,抢占前沿技术高地;业态创新型企业要重在树立先进理念,创新商业模式,变革服务方式;品牌创新型企业要重在创建自主品牌,强化品牌营销管理,提升品牌核心价值。

明晰服务业企业的资金扶持重点,突出"创新能力"的价值导向。重点对具有转型条件和较为成熟的企业给予政策倾斜,着力培育转型的新生主体和力量,并在长期跟踪服务业转型方面总结果做法和经验,为其他服务业企业转型发展提供借鉴和指导。政府对服务业企业政策激励的重点应该放在"创新的产出能力"上,激励的重点不仅仅停留在企业经济意义上的规模产出能力,而是在"品牌、专利、技术标准、技术先进性"等自主创新方面的产出能力上,要突出提升"创新能力"的核心价值导向。

3. 优化发展环境,增强发展活力

服务业是经济成分最活跃的发展领域,有效整合社会资本,切实保护各种经济成分的市场主体地位,对于服务业良性发展至关重要。要从思想上突破"重工轻商"的传统观念,把加速服务业发展作为一项重大战略任务抓好。加大对服务业特别是服务业中小企业的资金引导和政策扶持力度,对于服务业的薄弱乡镇、龙头企业和重点行业,要扶强带弱,在财政、税收、信贷、审批、土地等方面给予优惠政策,支持其健康快速发展。一是完善市场机制建设。切实推进公平的市场准入机制,以转变发展方式和优化经济结构为主线,加快建立更加公平开放透明的市场规则,以包容的姿态开放更多领域允许民间资本进入,保证民间资本公开公平公正参与市场竞争、受到同等的法律保护。同时,要真正落实各种经济成分享受同等行业政策和行业监管。二是优化资源要素供给。要不遗余力优化土地、融资、劳动力等要素供给,大力发展融资性担保机构,优化抵质押扶持政策,解除企业的后顾之忧,让企业有更多空间去创新和发展。三是深入推进简政放权。深化简政放权,创新监管方式,优化政府服务功能,取缔各种不合理的收费和摊派,降低中间成本,切实减轻企业负担。

实行分类指导培育,加大初创企业和高成长性企业的扶持力度。根据统计,规模越小的企业越更能感受到政府的优惠政策,营业收入越高的企业,其政策满意度得分越低。大企业相对来说在市场已站稳脚跟,其在资金、技术、人才方面已较有优势,政府政策的扶持对其的影响力并没有小企业显著。建议政府的服务业扶持政策,改变规模性的偏好,在分类指导培育方面细化方案,特别是要加大对初创企业、具有高成长性的基于互联网技术与商业模式的中小企业的支持力度。

完善支持服务业企业创新转型的配套政策,放大政策支持的杠杆效应。互联网新兴服务产业技术更新快、市场规模小,容易出现创新过程中的颠覆性破坏,造成投资的高沉淀性成本,因而政府、企业、社会机构等应形成一体化的保障机制,最大限度地化解市场风险。在实施税费减免优惠方面,要在切实抓好现行国家税收优惠政策落实的基础上,进一步落实扶持现代服务业发展的税收优惠政策,对鼓励发展的服务业落实税费减免优惠。在完善金融支持政策方面,应加快培育现代服务业信用评级市场,建立融资平台,推进各类现代服务业企业担保机构发展。同时,鼓励金融机构多为现代服务业提供融资咨询、项目评估、融资设计等特色服务,加快开发面向服务业企业的信贷产品。

4. 推动服务业供给侧结构性改革,提高服务业发展水平

夯实服务业开放基础。苏中服务业发展进步显著,但服务业整体发展水平和苏南地区相比还有较大差距,面临诸多挑战。例如,行业附加值率偏低,以劳动密集型服务业为主,传统服务业比重偏高,附加值高的知识密集型服务业和专业服务业严重滞后;制造业和生产性服务业发展严重脱节,生产性服务业对制造业转型升级的推动不足;服务业领域竞争不够充分,服务业管制过多,监管与治理不能适应新经济新服务的发展等。积极推进服务业领域的供给侧结构性改革,补齐发展短板,提高服务业供给水平,增加服务业知识含量和附加值,推动服务业高质量发展,是摆脱高端服务业被发达国家和跨国巨头掌控局面、扭转服务贸易低端锁定的根本出路。

积极推进"互联网+"行动计划,充分运用大数据、移动互联网、云计算等信息技术和手段,培育新兴业态。大力发展资本、技术密集型服务贸易,培育特色优势产业,提高新兴服务贸易比重。适应产业结构调整要求,支持发展研发设计、物流服务、采购与营销服务、会展服务、人力资源服务等生产性服务贸易。拓展我国离岸服务外包业务领域,重点发展软件和信息技术、研发、设计、互联网、医疗等领域服务外包,鼓励开展人才培训、资质认证、公共服务等,提高跨境交付能力。

5. 增加高端要素供给,引导优质资源向现代服务业有序流动

高端要素是驱动现代服务业发展的重要投入,也是供给侧结构性改革的关键驱动力。服务经济时代,信息、技术、知识等新兴要素对经济发展的驱动作用更加关键,因此,要提升其配置效率,归根结底均需要大力推进高端人力资源和技术资源的开发、引进、培育和激励。一是加大高端技术资源的引进、吸收和转化力度,增强现代服务业自主创新能力。推进政、产、学、研的协同创新,构建良好的科技研发环境,增强服务业的研发力量。鼓励互联网、大数据等新一代信息技术对于服务业的有效渗透。二是加大现代服务业人力资源开发力度。充分利用江苏科教资源丰富的优势,大力推进职业教育、创业教育,针对市场需求指导定制化的人才培养方案,增加服务业劳动力供给与企业

需求的匹配度。借助服务型龙头企业在行业内的资源优势、信息优势和品牌优势,鼓励引导其制定本领域本行业技术技能人才规格标准、预警预测技术技能人才需求目录等。适应现代服务业技术密集、知识密集等特征,健全资本、知识、技术、管理等由要素市场决定的报酬机制,实现薪酬与价值对等。三是引进和培育高水平服务业人才。根据现代服务业的发展方向、人才需求、行业特点,推进现代服务业人才引进和培育计划,加大对现代服务业复合型人才和领军型人才的引进和培育力度,提高现代服务业优秀人才的供给量和储备量。

6. 继续深化体制机制改革,充分释放服务业发展活力

采用负面清单管理方式。建议对大部分服务业采用负面清单管理方式,进一步简政放权,放宽市场准入,减少行政审批项目。深化垄断性行业改革。伴随着技术的进步和市场竞争的发展演进,垄断性行业的自然垄断范围不断缩小。"十三五"期间,建议以培育有效竞争为目标导向深化我国垄断性行业改革,面向社会资本扩大市场准入,增强竞争活力进而降低服务价格。加强市场监管。建议政府完善对事中、事后进行监管的规则,加强监管人才队伍建设,对服务市场进行有效、及时监管,维护公平竞争的市场秩序。同时,对电子商务、人力资源服务等行业,要开展常态化的市场监管。建设统一市场。继续推进统一市场建设,消除各地方对外地企业的歧视性规定和行为,取消各地方对本地企业在税收、土地等方面违反规定的优惠政策。

健全人才培养和引进机制,对服务业企业领军人才实施政策倾斜。一方面,应建立健全现代服务业人才培养和引进机制。省级的"双创计划"团队、"双创计划"人才、"科技企业家培育工程",应进一步向现代服务业人才倾斜。大力资助引进现代服务业类创新团队,重点加强现代服务业复合型领导人才、高层次企业管理人才和高素质专业技术人才队伍建设。另一方面,进一步完善企业引进和使用人才的政策,加强与国际国内高端人才服务机构、高等院校、职业学校、科研院所的交流合作,开办现代服务业人才交流平台。立足江苏现代服务业的十大领域,着重围绕高技术和专业知识服务领域,加快高校相关学科建设,鼓励建立现代服务业人才公共实训基地,强化紧缺人才和实用型高技能人才培养,为企业转型升级提供人才支撑。

参考文献

[1] 晁刚令.服务业分类统计核算研究[J].科学发展,2010年第10期.

[2] 江小涓,李辉.服务业与中国经济:相关性和加快增长的潜力[J].经济研究,2004年第1期.

[3] 江波,李江帆.政府规模、劳动-资源密集型产业与生产服务业发展滞后:机理与实证研究[J].中国工业经济,2013年第1期.

[4] 江静,刘志彪.政府公共职能缺失视角下的现代服务业发展探析[J].经济学家,2009年第9期.

[5] 黄繁华,洪银兴.加快江苏现代服务业发展路径研究[J].南京社会科学,2007年第7期.

[6] 李华.人口老龄化对中国服务业发展的影响研究[J].上海经济研究,2015年第5期.

[7] 李江帆.中国第三产业的战略地位与发展方向[J].财贸经济,2004年第1期.

[8] 李红梅.论生产服务业发展中的政府角色[J].统计研究,2002年第8期.

[9] 李眺.服务业开放与我国服务业的生产效率研究[J].产业经济研究,2016年第3期.

[10] 刘丹鹭,夏杰长.供给侧改革的增长效应:以生产者服务业减税为例[J].广东财经大学学报,2016年第4期.

[11] 刘恩初,李江帆.发展生产服务业核心层推动广东产业高端化[J].南方经济,2015年第1期.

[12] 刘志彪.现代服务业发展与供给侧结构改革[J].南京社会科学,2016 年第 5 期.

[13] 刘志国,李丹.供给侧改革与我国经济的有效增长策略[J].马克思主义研究,2016 年第 3 期.

[14] 卢云卿,孔群喜等.需求、供给和创新,谁是推动服务业发展核心动力[J].南京财经大学学报,2015 年第 3 期.

[15] 钱纳里.工业化和经济增长的比较研究[M].上海:格致出版社,2015 年.

[16] 邱瑾,戚振江.基于 MESS 模型的服务业影响因素及空间溢出效应分析[J].财经研究,2012 年第 1 期。

[17] 孙爱军,刘生龙.人口结构变迁的经济增长效应分析[J].人口与经济,2014 年第 1 期.

[18] 邵骏,张捷.中国服务业增长的制度因素分析[J].南开经济研究,2013 年第 2 期.

[19] 汪德华,张再金,白重恩.政府规模、法治水平与服务业发展[J].经济研究,2007 年第 6 期.

[20] 王志明,张斌等.现代服务业的内涵界定与分类[J].上海商业,2009 年第 6 期.

第三章　苏北现代服务业发展报告

2018年，是"十三五"规划的第三年，是全面深化改革的关键之年，面对错综复杂的外部环境和经济下行压力持续加大的严峻形势，苏北五市继续优化服务业发展环境，创新服务业发展政策，在不断改造升级传统服务业发展的基础上，加快发展新兴服务业、高技术服务业，促进了现代服务业的快速增长，并已成为经济发展的主要增长点和经济的主要支撑，对拉动经济做出了重大贡献。

一、苏北现代服务业的发展现状

（一）服务业总量稳步增长，占GDP比重逐年提升

苏北地区经济的快速增长为苏北五市现代服务业的发展提供了基础，服务业规模不断扩大，从表1可以看到，苏北作为一个整体，服务业增加值从2013年的4209.43亿元增加到2018年的9932.57亿元，增长了136%。苏北五市中，服务业增加值规模最大的为徐州，其次是盐城和淮安。2018年徐州市第三产业增加值3311.82亿元，增长7.0%，三次产业结构调整为9.4∶41.6∶49.0，第三产业增加值比重比上年提高1.8个百分点，超过二产7.4个百分点；盐城市三次产业增加值占GDP比重为10.5∶44.4∶45.1。同上年相比，第三产业比重提高0.6个百分点。从贡献率看，第三产业对经济增长的贡献持续增强，由上年的63.2%提高至64%；2018年淮安市服务业增加值1734.44亿元，同比增长8.8%；服务业增加值占GDP比重达48.2%，较去年增长0.6%，服务业压舱石作用更加突出；连云港市第三产业实现增加值1238.74亿元，增长8.2%，第三产业占比20年来首次超过第二产业，三次产业结构调整为11.7∶43.6∶44.7；2018年宿迁市服务业增加值1170.3亿元、占GDP比重达到42.6%，实现税收193.3亿元，三次产业结构调整为10.9∶46.5∶42.6，第三产业增加值比重提升1.8个百分点，服务业在调整经济结构、转变发展方式、繁荣城乡市场、扩大消费需求、促进城乡就业等方面发挥了积极作用。

表1　苏北地区第三产业增加值（亿元）

地区＼年份	2013	2014	2015	2016	2017	2018
苏　北	5724.13	6455.58	7249.03	8159.42	9178.25	9932.57
徐　州	1885.12	2244.13	2460.07	2751.78	3121.41	3311.82
连云港	718.83	814.23	918.95	1025.02	1147.03	1238.74
淮　安	900.13	1082.44	1260.76	1455.24	1583.05	1734.44
盐　城	1350.34	1563.71	1772.50	1992.2	2261.8	2477.23
宿　迁	655.67	751.07	836.75	935.52	1065.32	1170.34

资料来源：历年《江苏统计年鉴》

表2 苏北服务业增加值指数

年份\地区	2013	2014	2015	2016	2017	2018
徐 州	112.8	109.2	110.2	109.1	109.9	107.0
连云港	113.1	112.8	112.3	109.8	108.9	108.2
淮 安	113.3	112.3	111.3	110.6	109.2	108.8
盐 城	113.4	112.5	112.5	110.2	110.1	108.1
宿 迁	113.0	113.7	111.1	110.2	108.5	107.3
苏 南	111.6	107.7	110.6	109.7	108.9	107.8
苏 中	112.8	111.1	110.7	111.1	109.6	108.0
苏 北	113.1	111.5	111.3	110.1	109.6	107.8

资料来源:历年《江苏统计年鉴》

由于服务业规模的快速发展,服务业占GDP的比例不断提高,从表3可以看到,苏北服务业占GDP的比例从2013年的39.2%增加到2018年的46.5%,提高了7.3个百分点,接近苏中的水平,但是和苏南53.2%的水平还有一定的差距。从苏北五市来看,淮安的服务业比重最高,其次是徐州和盐城,以及连云港与宿迁,这和该地区的经济发展水平是一致的。除了服务业总体发展迅速之外,服务业大部分主要行业也呈较快增长态势,新兴服务业也开始出现明显增长。

表3 苏北地区服务业占GDP比重(%)

年份\地区	2013	2014	2015	2016	2017	2018
徐 州	43.4	45.2	46.2	47.4	47.2	49.0
连云港	40.3	41.4	42.5	43.1	43.4	44.7
淮 安	41.8	44.1	45.9	47.7	47.6	48.2
盐 城	38.9	40.7	42.1	43.5	44.5	45.1
宿 迁	38.4	38.9	39.4	39.8	40.8	42.5
苏 南	47.4	50.0	51.2	52.7	52.9	53.2
苏 中	41.0	43.6	45.0	46.7	47.2	47.6
苏 北	40.6	42.6	43.8	44.9	45.3	46.5

资料来源:历年《江苏统计年鉴》

(二)规上服务业企业成为拉动经济增长的主要力量

规模以上服务业共包括10个门类计28个行业,综合反映了服务业发展实际。如宿迁龙头企业贡献突出。2018年1—8月,全市规模以上服务业企业中有26家营业收入超1亿元,占企业总数的5.7%。1—8月,超亿元企业累计实现营业收入占规上服务业总体的61.3%,达101.37亿元,同比增长14.1%,比规上服务业收入增速高4.1个百分点,拉动规上服务业总体收入增长8.4个百分点;8月末,超亿元企业从业人员为2.22万人,比去年同期增加0.31万人,占规上服务业总体从业人数的比重为32.0%,比同期提高4.0个百分点。2018年淮安市新入库规上单位中,工业企业新入库单位数最多,为 211 个,占比 33.3%,较 2017 年增加 26 个,占比上升 2.8 个百分点;服务业 138 个,占比 21.8%,批零住餐业新入库 195 个,占比 30.8%,增加 14 个,房地产业新入库 60 个,占比 9.5%,增加 59 个,占比上升 9.3 个百分点。

（三）新业态新模式发展势头良好

2018 年是"十三五"发展的关键时期,也是苏北产业机构调整的重要时期,五市服务业都在努力调整服务业发展的内部结构,全面提升主导产业能级水平。2018 年,盐城市发改委组织实施《加快全市物流业发展行动计划》,大力发展港口物流、航空物流,推进港口物流园建设,加快空港经济区规划建设,增强城市物流服务功能。加快推进"五大组团"建设,压茬推进建军路商圈改造、高铁枢纽片区开发等项目;以规划建设盐城(上海)优质农产品供应基地为切入点,打造盐城农产品区域销售平台。积极推进金融城二期建设,有序开展银行分支机构引入筹建工作;持续推动金融机构接入综合金融服务平台,提高中小微企业接入平台覆盖面。围绕争创国家全域旅游示范区,建设一批精品线路、特色景区,打造一系列旅游景观带;紧扣打造上海生态旅游康养基地,深耕长三角客源市场;积极筹办世界湿地生态旅游大会等活动,提升盐城生态旅游品牌影响力。改革创新,构建综改试点体系。

徐州市发改委颁布《打造区域性现代服务业高地实施方案》,明确以打造区域性现代物流中心、商贸旅游中心、科教文化中心为重点,着力构建优势凸显、功能强大、深度融合的"333"现代服务业新体系。根据方案指导,徐州市发改委成功举办智慧物流国际发展大会,金融机构存贷款余额分别增长 11.1% 和 17.7%,国家创新型城市和知识产权示范市建设取得突破。全市实现社会消费品零售总额同比增长 8%。全年接待来徐游客增长 11%,实现旅游总收入增长 13%,社会办养老床位占比提高到 68.6%,新增省级养老服务业综合性示范基地 1 家。全市服务外包合同额和执行额分别增长为 194% 和 222%,电子商务交易额增长 30% 以上。以深化国家服务业综合改革试点为牵引,统筹推进泉山、鼓楼、新沂省新一轮服务业综合改革试点工程,着力构建全市"1+3"服务业改革试点体系。制定并实施 2019 年国家服务业综改试点推进计划,编排并实施一批具有带动性和影响力的改革创新事项,形成对国家服务业综合改革的有效支撑。

连云港市作为江苏省最具自然优势的港口城市,以物流、商贸、旅游为主导产业的"三、四、五"服务业格局逐步凸显,四大重点、五大新型服务业行业加快扩大规模的步伐,传统服务模式转型升级加速,产业间的协同及融合发展不断增强。结合科学技术的不断进步、产业升级步伐的不断加快,全市服务业业态、模式、理念随之创新、提升。电子商务、法律服务、商务咨询、体育健康、科技研发等一批新兴服务业的发展不断提速。创新的服务模式,高质量、高标准的服务理念,对产业发展以及城市生活的服务支撑越来越强。

淮安市服务业规模持续壮大,新增规上服务业企业 608 家;消费品市场规模稳步扩大,高品质生活消费品增长较快,实现社会消费品零售总额 1238 亿元,同比增长 9.5%。生态文旅产业融合发展,将博物馆、文化馆、纪念馆列入省级文创产品开发试点单位,深度开发旅游产品;围绕运河文化主题,举办淮安·中国大运河文化周,郎静山杯新画意摄影双年展、"中国大运河主题艺术摄影展"等活动进行集中展示、精彩呈现;参加 2018 长三角慢生活旅游峰会暨第二届长三角慢生活旅游目的地联盟峰会,淮安区荣获"长三角最具魅力旅游度假名城"称号。

(四) 服务业创新能力不断增强

创塑提升服务"名品"。开展品牌价值提升行动,强化服务品牌价值评价体系建设,2018年盐城市培育一批能够展示"盐城服务"形象的优质品牌。开展服务业标准化行动,通过标准化建设试点单位示范引领,推动重点领域服务与管理水平提升。开展提高服务质量、知识产权助力产业提升行动,组织开展服务业重点行业、企业服务质量与国内外先进水平比对活动,全面提升服务业重点行业、企业服务质量。徐州以深化国家服务业综合改革试点为牵引,统筹推进泉山、鼓楼、新沂省新一轮服务业综合改革试点工程,着力构建全市"1+3"服务业改革试点体系。制定并实施国家服务业综改试点推进计划,编排并实施一批具有带动性和影响力的改革创新事项,形成对国家服务业综合改革的有效支撑。

连云港实施"互联网+"战略,大力发展平台经济。一是搭建专业型电商平台。加强平行进口车综合电商平台、中国户外运动网上网商供应平台等专业电商平台构架建设及推广,以高质量服务及创新合作模式为抓手,加速促进资源向平台集聚,同时拓展线上线下服务市场领域,形成相互支撑,壮大电商产业发展。二是构架综合性跨区域服务平台。做大做强"港港通"第四方综合物流服务平台、新思路物联网等跨区域服务平台,通过平台将优质服务输出,以优质服务吸引更多资源向平台汇集,以资源的汇聚将平台做大。三是强化功能性服务平台构架。进一步推进大数据应用服务平台的建设,强化电子口岸等功能性平台的建设及推广,优化服务流程、树立服务标准、拓展平台服务功能,为互联网平台经济的发展打好基础。

(五) 建立集聚区的培育和管理体制

盐城市积极开展服务业集聚区培育储备,支持各县(市、区)开展县级服务业集聚区的培育工作。盐城市通过"等级创建"考核工作,认定一批服务业高质量发展示范区和市级生产性服务业集聚示范区。积极争创省级生产性集聚示范区,加快构建省、市、县三级培育体系。2018年新增省级生产性服务业集聚示范区3家,创成国家4A级旅游景区4家。

连云港市围绕规划定位,大力培育特色集聚区。布局建设大型化、特色化生产性服务业集聚区,实现企业集聚化发展是解决"小、散、乱"重要举措。一是突出抓好全市16个重点服务业集聚区产业集聚和功能完善。实现产业集聚、功能集中、土地集约、去同质化发展。二是充分发挥连云港作为"一带一路"建设的交汇点、国家级区域性物流枢纽城市、国家级重点海港的优势,突出发展现代港口物流和商贸流通支柱性服务业产业。三是面向石油化工、装备制造、新医药等特色产业集群需求,推进龙头企业主辅分离,通过高质量的服务业集聚区,聚拢小而散的服务业企业,形成行业无缝化对接,提高服务业企业运行效率。

淮安市6家省级服务业集聚区围绕主导产业搭建发展平台,集聚生产要素,延伸产业链条,已成为全市新的经济增长点、提升点和亮点。淮安软件园通过整合平台人才、技术资源,大力推广应用物联网、云计算、大数据等新一代信息技术,推动电商产业蓬勃发展,获评"2017—2018年度省级电子商务示范基地",电商企业交易额达26.6亿元。淮安电子商务现代物流园升级税收优惠政策,强化总部经济招引,积极拓展税源,全年实现开票销售8亿元,入库税收6000万元,分别同比增长72.04%、73.48%。组织淮安生态物流园、金湖电商园等3家市级服务业集聚区申报省级生产性服务业集聚示范区。

（六）推进服务业重大项目建设和招商力度

如盐城市高质量、快速度、高效率推进省、市重大和重点项目建设,突出编排盐城市年度十大开工项目、十大推进项目、十大竣工项目,为现代服务业高质量发展不断注入新动能。聚焦现代物流、商务商贸、生态旅游、科技服务等重点领域,形成重点产业库,开展定向招商;聚焦上海、深圳、香港等先进地区,形成重点区域库,开展驻点招商;高质量、快速度、高效率推进省、市重大和重点项目建设,突出编排盐城市年度十大开工项目、十大推进项目、十大竣工项目,为现代服务业高质量发展不断注入新动能。聚焦现代物流、商务商贸、生态旅游、科技服务等重点领域,形成重点产业库,开展定向招商;聚焦上海、深圳、香港等先进地区,形成重点区域库,开展驻点招商;徐州市聚焦双招双引,开展专题招商活动。对接全市重点招商活动,建立现代服务业招商引资、招才引智年度计划,落实建设淮海经济区人才高地意见以及系列配套政策,积极引进一批现代服务业领域顶尖人才、领军人才、创新创业团队。

连云港市优化市场环境,培育消费新热点。一是着力推进信息消费。大力推进信息基础设施、智能终端产品开发应用、信息化示范工程项目等建设,组织实施信息消费重点工程,提高网络宽带建设水平,完善公共服务平台功能,推动商业模式和服务业态创新。二是升级旅游休闲消费。积极发展假日经济,着力打造"西游连云港"品牌。实施乡村旅游工程,增加乡村旅游公共交通供给,着力建设自驾、房车旅游等户外营地。三是大力推广绿色消费。按照国务院提出的"促进绿色消费,推广节能产品"的要求,大力推广绿色食品、服装、电机、节能灯和新能源汽车等产品,完善充电设施配套,扩大覆盖面。

淮安市编排实施 5000 万元以上服务业特色产业项目 200 个,年度计划投资 675.5 亿元,每月会同市委组织部对服务业重点项目进行现场督查推进,每季度对新开工、新竣工服务业重点项目进行现场确认,确保项目按计划序时开展建设。列入省服务业重点项目 9 个,其中,洪泽湖旅游综合体美丽蒋坝项目内蒋坝河工旅游风情特色小镇成为全省第二批特色小镇创建单位,子项目洪泽湖文旅康养服务中心主体建筑已经封顶。古淮河西游记文化旅游区唐镇样板段基本完成,雷音寺桩基及基础工程全部完成。

二、苏北现代服务业发展的问题分析

随着苏北经济的发展与进步,服务业也获得了较快发展,在经济结构中的地位和比重不断上升,逐渐成为经济增长新的动力源。黄繁华、洪银兴(2007)对江苏现代服务业的发展进行了多方面评估,认为苏北服务业相对发展水平指标相当靠后,服务业人均消费量指标与其他区域有较大差距,单位工业产值服务消耗量的差别十分明显。苏北服务业在快速发展过程中,既存在规模上的问题,也存在结构上和质量上的问题。由于有效供给与有效需求均存在不足,使得苏北的服务业处于低水平均衡状态。

（一）供给不足与供给过剩并存

服务业和制造业一样存在着结构性不足与结构性过剩的问题。服务业供给不足的行业主要是生产性服务和公共性服务,过剩的行业主要集中在生活性消费领域,主要是餐饮业和批发零售等传统行业。供给不足与供给过剩并存指的是传统服务业进入过度与现代服务业进入不足同时并存,表现为传统服务企业的低利润甚至大量亏损倒闭,与一些垄断性的现代服务企业获取暴利的现象同时并存。进入过度的主要是那些与城市和农村的剩余劳动力就业有关的低技能的劳动密集型行业,而进入不足的是那些技术资本密集的现代服务业,这些行业普遍与政府管制和行政垄断密切联系。

生产性服务业和基础性服务业存在供给不足。生产性服务业企业普遍规模比较小,尤其是资本、技术与知识密集型生产性服务业所占比重小,难以实现规模经济效应,致使有效供给不足。生产性服务业较小的规模使服务质量的标准化滞后,服务质量难以保障,使市场一些高质量、高标准、差异化的潜在需求无法转化为有效的实际需求。由于现有生产性服务等高端服务业普遍规模偏小,服务成本相对较高,知识技术含量低,社会化服务能力不强,最后导致了高端服务的"低供给"。

高端生产性服务的有效供给不足,迫使许多制造业企业自我提供服务,从而形成了"大而全、小而全"的封闭式自我服务体系。这种状况不仅制约了整个制造业效率的提高,而且还形成负向的强化反馈机制,进一步制约生产性服务业的规模化发展,从而使低效供给与低效需求形成一种"低效均衡",限制了行业的发展。

苏北服务业中公共性服务业也存在着供给不足的问题。现代服务业比重偏低并长期处于低水平的稳态状况,与政府公共职能缺失和经济增长方式有关。江静、刘志彪(2009)认为以增长为导向的发展模式使政府将资源过多投入与经济增长及其相关的领域,直接导致了公共服务供给不足。当政府以GDP为主要目标和考核指标时,就会将资源过多地投资于基础设施与基础产业以更有效地刺激经济增长,对于医疗卫生、教育和社会保障、环境保护和食品、药品安全等民生相关公共服务领域,由于其投入大,对增长的带动效果不明显,导致投入不足,从而限制了供给服务的供给。

一方面,政府资源投入结构导致了公共服务的供给不足,另一方面,政府对公共服务部门的市场准入限制,又抑制了民营资本和境外资本增加公共性服务的供给。在公共服务业只能依赖于政府力量的情况下,政府的财政支出规模和财政支出方向就变得非常重要。政府对住房、教育和医疗、养老等制度进行了一系列带有市场化倾向的改革,最大程度上释放了社会需求,由此使单一来源的公共服务供给变得更加捉襟见肘。在公共服务业发展严重不足的情况下,居民对未来支出和收入的不确定性预期增加,从而使谨慎性储蓄动机增强,限制了消费规模的扩大,形成社会性的有效需求不足。

在现代服务业供给不足的同时,传统服务业存在着过剩问题。2017年,江苏全省批发和零售业、交通运输仓储和邮政业、住宿和餐饮业三个行业增加值占第三产业增加值的29.1%,新兴产业相对集中的营利性服务业增加值占比为21.4%。苏北地区这种现象更加明显,上述三个传统服务业占第三产业增加值的比重达到40.4%。传统服务业由于进入门槛低,限制少,往往成为经济相对欠发达地区的就业的主力。近年来,由于互联网商业的崛起,传统的批发零售业发展空间受到挤压,形成过剩。以劳动密集型为主的仓储和物流产业也面临着劳动力成本上升的影响。由于制造业转型和制造业本身的不景气,大量劳动力进入餐饮服务业,从而使该行业也出现过剩。虽然传统生活型服务业出现过剩,但并不意味着生活型服务业是健全的。从经济现实来看,服务业为生活服务的功能并没有到位,尤其是年龄化社会的到来,服务业已经表现出了明显的调整滞后。

（二）服务业的供给相对低端化

从供给角度看,作为中间使用的生产性服务业在第三产业中所占比重较小,如果从产业价值链的角度来看供给结构,我们会发现处于产业链下游的服务行业所占比重过大,处于产业链上游的行业所占比重较小。2018 年,苏北处于产业链下游的货物运输及仓储和邮政快递服务、批发零售业两大类行业分别占第三产业的比重仍然位于前列,而处于产业链上游的商务服务、研发设计与其他技术服务、信息服务三大类行业在服务业的比重则较低。竞争力和创新能力较弱是供给结构相对低端化的重要形式。苏北服务业的创新发展水平总体上处于较低阶段,尤其是研发、设计、营销、供应链管理等生产性服务方面,向制造业输送技术、知识密集型生产要素方面发挥的作用有限。服务业的竞争力除了创新能力以外,规模也是一个重要因素。在苏北的服务业中,具有核心竞争力的服务业大企业集团较少,品牌建设能力较低,服务业市场化、社会化、国际化水平总体上不高。在"互联网＋"和智能化生产的大背景下,基础性服务业的水平决定了经济整体创新能力的提升。

（三）服务业的国际化水平和制造业的全球化发展不相适应

20 世纪 80 年代以来,江苏制造业国际化水平不断提高,融入全球分工体系。制造业参与全球化可以享受全球化分工所带来的益处,同时也使自己处于价值链的末端,价值创造过程被国际资本控制。20 世纪 90 年代以来,苏北服务业的开放力度也开始加大,使服务业的发展过程也成为经济全球化的一部分。但总体而言,相当多的服务行业并没有对外资实行积极有效的开放。服务业开放度低,一方面是因为服务业的市场化和产业化水平较低,使得服务业难以像制造业一样吸引到大量外资,另一方面服务业中的外资主要集中在房地产业和传统的商业服务业,像现代物流、金融服务、高科技服务业由于政策限制使这些行业利用外资的比例偏低。由于服务业的开放存在的政策限制更多,使之难以引进外资和国外先进技术和管理经验,服务供给、服务质量和服务手段的国际化步伐就被延后。

（四）现代服务业信息化程度不高

一方面,信息化程度偏低,根据调查结果显示:服务业拥有信息系统和信息网络的比例仅为20％和 40％左右,说明在服务业企业的内部管理与市场营销方面,大多数都把主要精力放在传统的人员组织和宣传上,而对通过信息化改造以提高工作效率和获取信息手段关注不够,投资不足;企业之间建立信息联系的比例几乎为 10％,说明企业与企业之间的联系还是停留在传统的沟通方式上,这样必然会造成信息的延迟性和工作的低效率;大多数的企业没有开展电子商务系统,更不要说应用供应链管理等。另一方面,标准化程度不够,苏北服务业标准化水平相对较低。目前,物流业、电子商务、商业零售连锁业和餐饮连锁业的行业还没有建立起统一的行业标准。现代服务业需要标准化的规则来规范行业的发展,如果没有一定的规范,市场将会变得极其混乱。因此,江苏省应尽快建立起服务业统一行业标准。基于业务信息实体模型并可向任何语法描述映射的电子文档格式,以及业务过程和信息模型等,将满足和适应不断发展和出现的新技术要求,进一步促进数据共享、系统互操作性。

(五)人才瓶颈问题较为突出，中高端人才吸引政策支持力度有待提高

当前服务业竞争激烈，要求人才所具备的技能越来越有多元化以及专业化的趋势。近年来，苏北现代服务业已进入快速发展阶段，对人才的需求已从劳动密集型服务业往知识密集型服务业方向发展。但苏北现代服务业的发展对于人才的需求还存在服务业人才总量不足，难以满足发展需求；专业人才引进难度较大，现代物流、金融保险、科技研发、信息软件、电子商务等领域表现尤为明显，对中高端服务业人才的支持政策体系尚不健全，在人才开发、人才奖励、保障条件等方面还有较大改进空间。服务业人才开发不平衡的现象可以说是服务业产业发展过程中必然会存在的现象和问题，最终会影响同一地区不同行业或不同地区服务业发展的不平衡，且随着后期的发展，这种不平衡会逐步加剧，甚至会造成地方发展巨大差距和社会不稳定的情况出现，因而控制人才开发不平衡是必要的。与当下服务业呈现科技化、信息化和与互联网紧密结合等特点相对应的，服务业人才需求方面也发生了一定的变化。当下服务业发展的人才应该是综合型人才。这种人才不仅是懂得服务业，还需懂得诸如信息技术、科技知识及互联网知识等，因而当下人才需要多方面锻炼，以使自己具有相关的知识而成为综合型人才。其次，当下服务业发展的人才应该具有较强的学习能力。较强的学习能力表现在快速学习和快速更新自身知识系统的能力。无论是互联网发展，还是信息科技的发展，其生命周期较短，更新速度快，要实现服务业的发展，需要掌握最先进的相关技术，这就需要人才方面的储备。

三、苏北现代服务业发展的对策建议

(一)宏观环境

地理空间上看，苏北地区地域广阔，占据全省过半的国土面积，但是经济社会发展在全省比重与国土面积不相称，与苏南地区相比落后很多。从经济发展梯度上看，增大了区域发展不均衡。如果我们以动态观点来看，这种不均衡是可以打破的。一个发达国家或一个地区的发展状况，包括经济、基础设施、科技水平，是由这个国家或地区内部的各个区域协调发展状况所决定的，各个区域发展水平是总体发展水平的基础。

从发展阶段来看，苏北地区可以跨越传统工业化发展老路，走生态发展的可持续路径。可持续发展已成为全球共识，2016年联合国正式启动了《2030年可持续发展议程》，中国提出在"十三五"期间创建10个左右国家可持续发展议程创新示范区。江苏以绿色生态为主线定位苏北发展，拟建苏北国家可持续发展议程创新示范区，包含江淮生态经济区建设的"1+3"区域功能布局，体现了江苏坚持可持续发展的方向，契合了当前江苏区域协调发展的总体要求。

从功能空间布局来看，"1+3"功能区突破了主体功能区以行政区为单元的类型分区局限，从全省"一盘棋"的战略层面进一步明确了各区域发展的总体思路、方向和定位。扬子江城市群是江苏工业经济的"主战场"和经济发展的"主动力"，是全省经济发展"主推进器"。沿海地区是国家层面的重要战略区域，主要发展沿海经济、临港经济，不仅符合主体功能要求，也更好地体现了国家沿海开发、陆海统筹的战略意图；徐州是国家级重点开发区域，按照主体功能定位要提高对周边地区乃

至中西部的影响力,切实发挥徐州对淮海经济区的引领辐射作用;苏北京杭运河沿线和环洪泽湖、高邮湖、骆马湖地区为省级限制开发区域,主体功能定位是农产品主产区和重点生态功能区,主要任务是增强农产品和生态产品生产能力。可以说,"1+3"功能区战略是依据当今发展环境和当地资源条件提出的有效发展路径,为大苏北地区指出了发展新方向。

江苏已步入发达地区行列,人们可以追求更高的生活水平。自改革开放以来,苏南地区经过快速工业化,形成了完整工业化体系,而整个大苏北地区没有赶上这一波全球工业体系分工,形成了目前工业化体系相对落后的局面。而恰恰是这样一个发展状态,为苏北地区走生态经济道路提供了较好基础。可以说,大苏北地区是一个天然的生态公园,河流纵横,湖泊相连,海岸相伴。京杭运河、通榆河、泰东河、淮河入海水道、黄河故道、新沂河纵横其间,有洪泽湖、骆马湖、高邮湖三大湖泊湿地体系,这些自然生态资源为江苏全省推进区域协调可持续发展提供了必要条件。加强规划统筹,借助运河连通长江、淮河两大河流,以及洪泽湖、骆马湖、高邮湖等三大湖泊的生态优势,实现各大功能区的有机连接,构建由生态区和经济区相辅相成、发展带与生态带交相辉映的网络化空间,将有助于形成大中小城市、特色镇协调发展的网络化新型城镇化体系。总之,从目前来看,大苏北地区走生态可持续发展之路是必然选择。

(二)对策建议

1. 宏观层面,发挥政府"引导"作用

加强政策规划引导、健全联席会议制度、设立专项资金,优化苏北地区服务业集聚发展环境。一是优化完善规划布局,促进产城互动发展。统筹考虑苏北地区产业布局,制定出台产业发展规划,明确苏北各市产业发展方向和重点,引导苏南地区产业有序向苏北地区转移,推动苏北地区重点产业做大做强,打造一批千亿级产业,提升区域综合产业竞争力。二是健全苏北服务业集聚发展联席会议制度,强化统筹谋划和政策协同。定期研究工作推进中的重大决策,督促落实有关政策措施,组织实施重大工程项目,协调解决重大问题;组织开展产业集聚区观摩活动,交流经验,促进项目建设和重点工作落实。三是设立苏北地区产业集聚发展专项资金。一方面支持苏北地区产业园区基础设施和公共服务平台建设,加快完善各项功能配套,增强园区的集聚力和承载力;另一方面支持园区重大产业项目的招引,对园区引进符合产业定位的重大产业项目按不同标准给予奖励。四是积极培育优良的产业集聚发展环境。支持苏北地区创新土地开发利用方式,鼓励先行先试,着力破解土地难题,对符合国家有关政策和法律法规,符合土地利用总体规划和年度计划的建设项目用地,适度增加建设用地指标,提供有效保障;引导各类金融机构加大对苏北地区园区内企业的支持力度,支持中小企业发行集合式企业债券,解决企业融资难、融资贵等问题。

强化区域分工合作,形成区域平衡发展新结构。进一步加强不同区域板块的统筹谋划力度,以提升苏南自主创新示范区建设水平为重点促进苏南提升,以实施陆海统筹、跨江融合和江海联动为重点推动苏中崛起,以积极参与国家"一带一路"建设为重点,加快苏北振兴,以城市群为主体形态全面谋划区域发展新布局。依托长江经济带建设推进江苏沿江地区转型升级,加快南京江北新区建设,推进宁镇扬同城化,带动南京都市区优化发展;打造锡常泰、(沪)苏通跨江融合板块,引领苏中加快崛起,提升沿江城市群在长三角世界级城市群中的地位。强化徐州在新亚欧大陆桥经济走廊中的重要节点城市地位,规划建设淮海城市群,提升沿东陇海城镇发展轴整体实力。推进沿海深

水大港、临港产业园区和城镇三位一体协同发展,构建以沿海、沿江为两轴的"L"型特色海洋经济带,把沿海城镇发展轴建成我国东部地区的重要经济增长极。培育壮大沿运河城镇轴,形成贯通南北、辐射带动苏中、苏北腹地的生态文化旅游产业带。要以大合作谋求大发展,以区域内部合作为基础,以南北合作为重点,省外合作为补充,不断创新合作形式,大力拓宽合作领域,努力提升合作层次,合理配置、有效利用和互惠共享优势资源,逐步形成地区间优势互补、良性互动的江苏区域平衡发展新结构。

以完善协调推进机制为保障,形成服务业发展强大合力。各级政府对服务业加快发展负有重要职责。要切实改变发展工业是硬任务、发展服务业是软任务的传统观念,把服务业真正放在优先发展的战略位置,精心谋划,周密部署,推动服务业发展实现新的突破。要加强组织领导。发展服务业涉及政府工作的方方面面,是大家共同的责任。要充分发挥各级政府领导服务业发展的职能作用,实行政府领导统分结合、分工负责,加强组织协调,合力推动服务业加快发展。各有关部门要密切配合,各负其责,真正承担起规划、指导和管理的重任。要加强规划引领。把规划作为促进发展的第一资源,理清发展思路,突出发展特色,优化发展布局,创新发展举措,以更具前瞻性、导向性、战略性的发展规划引领服务业更大发展。要加强政府服务。各级政府和部门要按照建设服务型政府的要求,切实增强服务意识,为企业提供全方位的服务。加快建立公开、平等、规范的行业监管制度,整治各项不合理隐性收费,查处各种违法违规行为。把市场诚信作为政府对服务业管理的重点,加快完善信用体系,营造讲诚信的社会环境。要加强智力支撑。各级领导干部要适应加速发展现代服务业的新形势,深入学习和研究现代服务业发展规律,加快知识更新,创新发展思路,提高领导服务业发展的能力和本领。把培养和引进服务业人才纳入教育和人才队伍建设总体规划,在高等院校和职业学校增设服务业紧缺专业,加快服务业专门人才和实用型高技能人才培养,有计划地选派政府管理人员、研究人员和企业管理人员到服务业发达国家学习培训,下决心引进一批在国内外有影响的服务业人才,最大限度地激发人才的创造活力。要加强目标考核。完善服务业统计制度,加强部门间服务信息和统计数据交流,最大程度地利用好现有信息和数据。优化绩效考核办法,将服务业增速、投资增速、占 GDP 比重、从业人员比重等重要指标列入政府考核体系,把"四个明显"的阶段性目标作为考核的主要依据,确保各项工作部署真正落到实处。

2. 中观层面,发挥市场"倒逼"作用

推进结构调整,积极支持实体经济发展,增强市场竞争力,推动生产要素向有前景的领域和新兴产业集聚,在转型升级中开拓新的市场。一是坚持传统产业转型升级、新兴产业倍增发展,进一步调优经济结构。针对苏北地区产业结构"同质化""低度化"现象严重问题,加快推进传统产业集团化、国际化、高端化发展步伐,把传统产业链"做粗""做长";通过技术研发、资金保障、政策倾斜、市场培育等手段,全力培育壮大新兴产业,把新兴产业"做大""做响"。二是培育壮大产业集聚,推动产业载体联动发展。坚持"竞争力最强、成长性最好、关联性最高"的选择标准,结合产业发展基础,每个市优先选择 2—3 个发展潜力较大、近期能够实现突破的主导产业,研究制定行动计划;选择产业规模大、企业集中度高、投资吸引力强的产业集聚区,发展壮大龙头企业,增强产业辐射带动和产业链引领作用,使之成为产业集群的核心载体;着眼构建区域产业配套体系,突出载体功能,形成区域联动、资源共享、优势互补、协调发展的格局。三是加快产业园区平台载体建设,提升产业集群发展的支撑能力。依托产业园区,培育和发展特色产业集群,加快推进苏北地区新型工业化道路,提高产业特别是工业综合竞争力,实现经济跨越式发展;加快东中西合作示范区、中韩(盐城)产业园等园区产业集聚,大力发展轻工、纺织、建材等传统优势产业,积极发展新能源、新材料、生物医药、节能环保、高端装备制造等战略性新兴产业;结合园区产业基础、交通条件、发展潜力与优势等制定符合新型工业化要求、满足集群发展机理的高级化的产业集群发展规划,引导集群朝着更加健康的方向发展。四是以市场一体化为突破口,强化行业协会、商会等非政府社会组织的功能。落实各项改革任务,取消下放更多行政审批事项,使行业协会、商会摆脱原有行政化色彩,成为依法自治的市场主体,进一步优化外部环境,激发发展活力,提升服务水平。

以延伸产业链为突破口,促进现代服务业和先进制造业互动发展。现代服务业特别是生产服务业正广泛参与并渗透到制造业发展全过程,其"黏合剂"和"推进器"的作用日益明显,既有利于拓展服务业发展空间,又有利于提升制造业发展水平。一要推动产业链升级。当前,制造业的竞争越来越表现为以生产服务业为重点的产业链竞争。苏北工业发展从大量的代工贴牌到逐步形成比较完备的制造业体系,主要得益于产业链的不断延伸和生产服务业的不断跟进。在新的发展阶段,要坚决摒弃传统的重生产、轻服务的观念,大力引进和发展产业链中最具价值的生产服务环节,推动产业向研发、设计、物流、营销、品牌推广、系统集成等上下游延伸和专业化协作,实现制造业在服务中收益、在服务中增值、在服务中创新,形成制造业与服务业相互支撑、相互促进的发展格局。二要推动制造业内部服务专业化发展。制造业服务化是全球生产性服务业发展的重要趋势。推进制造业企业分离发展服务业,既有利于做强做大主营业务,也有利于促进生产性服务业规模化和产业化,加快现代服务业发展。浙江到去年底已实现1900多家企业分离发展服务业,促进了服务业占比的快速提升。要顺应社会分工细化的大趋势,充分发挥苏北制造业发展较好的优势,切实加强宣传发动和政策扶持,积极引导制造业企业实行主辅分离,将内部的研发设计、物流、营销等服务环节剥离出来,大力发展第三方专业化服务企业,加快提高服务业比重。三要推动产业与金融的融合发展。金融是产业发展的"发动机"和"催化剂"。要加快推动金融业从传统信贷功能向资金融通、资源整合和价值增值等多重功能转变,促进金融创新与新兴产业发展的紧密结合。通过发行股票、债券、建立基金等手段强化资本运作,通过风险投资、股权投资、资金贴息等方式放大财富效应,通过发展信托投资、金融租赁、融资担保、投资银行等金融产品和专营机构提供多元化的金融支持,通过完善融资担保体系、信贷风险分散和补偿机制为中小企业及科技型企业创造良好的金融服务环境,推动资源、资产、知识产权、未来价值的资本化,实现产业与金融发展的良性互动。

3. 微观层面,发挥企业"主体"作用

强化科技创新能力,加快政产学研合作平台建设,优化整合产业链两端产业发展,推动产业向价值链高端发展。一是引导企业加大创新力度。一方面,加大体制创新力度。鼓励骨干企业、优势企业通过并购、控股、参股等多种方式,重组关联中小企业,形成一批支撑作用明显、拉动力强的百亿级大企业、大集团;引导传统优势产业中的关联企业组建行业协会,成立集团公司,实行分工合作、优势互补,变横向竞争为纵向协作;引导企业按照"资源资产化、资产资本化、资本股份化"的思路和"产权清晰、股份量化"的原则,加大股份化改造步伐。另一方面,加大机制创新力度。引导企业加快所有者与经营者功能分开,引进职业经理人,解决所有者与经营者内动力利益调节机制问题;引导企业"模拟上市",按照上市公司的财务制度、资产管理制度来规范企业管理,确保健康运行。二是引导企业加快开放步伐。制定出台鼓励企业高位嫁接、技术进步、人才引进等专项奖励办

法，紧抓"一带一路"国家倡议，引导企业以更加开放的心态和胸怀"走出去""引进来"。一方面，加快"走出去"，积极挂靠国内外领军企业，以资源、资产、资本、股份换市场，实现高位嫁接、"借梯"攀高，由大企业的配件供应商向配套协作企业再向子公司发展；另一方面，大力"引进来"，积极引进先进技术、优秀人才和先进管理经验，培育自有品牌和自主知识产权，提升企业的核心竞争力。三是引导企业家转变思想观念。着力引导企业家树立"合作、共赢"的理念，在更广范围内、更高层次上寻求合作伙伴；树立"船大抗风险"的理念，积极向产业链上下游延伸、向价值链高端攀升，不断做大做强；加快建立现代公司治理结构，打造"常青藤"企业，避免企业由于固有家族观念，因人而兴、因人而衰。

以提高企业竞争力为核心，构筑服务业发展优势。当前，服务业的竞争越来越表现为市场主体在品牌影响、规模实力、商业模式等方面的竞争。要针对目前江苏省服务企业层次低、规模小、品牌少的发展状况，着力在三个环节上下更大功夫。一是打造知名品牌。品牌是企业技术水平、管理水平、质量水平和市场竞争力的综合体现。服务业企业从发展之初就要注重形成一套具有自主知识产权的服务标准和服务流程，努力构筑自己的品牌特色和竞争优势。要加快建立健全政府、企业和行业协会联动的品牌建设工作机制，开发一批具有自主知识产权的服务产品，实施一批优势突出、关联度高、品牌示范作用明显的重大产业项目，培育一批国内著名、国际知名的服务业品牌。一流的品牌有赖于一流的管理。要积极推进企业管理创新，运用先进的经营理念、组织形式和营销手段，使资源达到最优配置，品牌效应得到最大限度发挥。加快服务业标准化建设，突出抓好重点领域服务标准的制订与推广，提高市场话语权。二是创新商业模式。新兴的商业模式有利于细分市场、创造需求，实现增值服务。要适应经营环境信息化、市场化、全球化的深刻变化，通过服务信息化、产业链一体化联动、品牌连锁经营、资产证券化等先进商业模式的运用与扩展，使产业核心竞争力与价值链中的重要环节相匹配。坚持开拓无形市场与做强做优有形市场相结合，积极引导企业借助网络、信息等先进技术，大力发展网络经营和电子商务，实现各类资源要素的充分利用。三是做强做大企业。大企业大集团是服务业发展的龙头，代表服务业发展的水平、实力和竞争力。要把培育现代化、国际化的大企业大集团作为重要战略，积极鼓励企业开展多种形式的并购重组，集中资本、技术、人才等要素，加快培育一批创新能力强、带动作用大、在同行业位居前列的重量级服务业企业集团。

参考文献

[1] 晁刚令.服务业分类统计核算研究[J].科学发展,2010 年第 10 期.

[2] 江小涓,李辉.服务业与中国经济:相关性和加快增长的潜力[J].经济研究,2004 年第 1 期.

[3] 江波,李江帆.政府规模、劳动-资源密集型产业与生产服务业发展滞后:机理与实证研究[J].中国工业经济,2013 年第 1 期.

[4] 江静,刘志彪.政府公共职能缺失视角下的现代服务业发展探析[J].经济学家,2009 年第 9 期.

[5] 黄繁华,洪银兴.加快江苏现代服务业发展路径研究[J].南京社会科学,2007 年第 7 期.

[6] 李华.人口老龄化对中国服务业发展的影响研究[J].上海经济研究,2015 年第 5 期.

[7] 李江帆.中国第三产业的战略地位与发展方向[J].财贸经济,2004 年第 1 期.

[8] 李红梅.论生产服务业发展中的政府角色[J].统计研究,2002 年第 8 期.

［9］李眺.服务业开放与我国服务业的生产效率研究［J］.产业经济研究,2016 年第 3 期.

［10］刘丹鹭,夏杰长.供给侧改革的增长效应:以生产者服务业减税为例［J］.广东财经大学学报,2016 年第 4 期.

［11］刘恩初,李江帆.发展生产服务业核心层推动广东产业高端化［J］.南方经济,2015 年第 1 期.

［12］刘志彪.现代服务业发展与供给侧结构改革［J］.南京社会科学,2016 年第 5 期.

［13］刘志国,李丹.供给侧改革与我国经济的有效增长策略［J］.马克思主义研究,2016 年第 3 期.

［14］卢云卿,孔群喜等.需求、供给和创新,谁是推动服务业发展核心动力［J］.南京财经大学学报,2015 年第 3 期.

［15］钱纳里.工业化和经济增长的比较研究［M］.上海:格致出版社,2015 年.

［16］邱瑾,戚振江.基于 MESS 模型的服务业影响因素及空间溢出效应分析［J］.财经研究,2012 年第 1 期.

［17］孙爱军,刘生龙.人口结构变迁的经济增长效应分析［J］.人口与经济,2014 年第 1 期.

［18］邵骏,张捷.中国服务业增长的制度因素分析［J］.南开经济研究,2013 年第 2 期.

［19］汪德华,张再金,白重恩.政府规模、法治水平与服务业发展［J］.经济研究,2007 年第 6 期.

［20］王志明,张斌等.现代服务业的内涵界定与分类［J］.上海商业,2009 年第 6 期.

行业篇

第一章　江苏省软件与信息技术服务业发展报告

"十二五"以来,我国软件和信息技术服务业持续快速发展,产业规模迅速扩大,技术创新和应用水平大幅提升,对经济社会发展的支撑和引领作用显著增强。"十三五"时期是我国全面建成小康社会决胜阶段,全球新一轮科技革命和产业变革持续深入,国内经济发展方式加快转变,软件和信息技术服务业迎来更大发展机遇。软件和信息技术服务业是关系国民经济和社会发展全局的基础性、战略性、先导性产业,具有技术更新快、产品附加值高、应用领域广、渗透能力强、资源消耗低、人力资源利用充分等突出特点,对经济社会发展具有重要的支撑和引领作用。发展和提升软件和信息技术服务业,对于推动信息化和工业化深度融合,培育和发展战略性新兴产业,建设创新型国家,加快经济发展方式转变和产业结构调整,提高国家信息安全保障能力和国际竞争力具有重要意义。

一、江苏省软件与信息服务业发展现状

(一)产业规模不断增大,业务收入增速逐年减缓

根据江苏省官方统计年鉴,2018年全省营收百亿以上的软件企业预计10家,亿元以上软件企业预计1070家,国家规划布统计局内重点软件企业34家,目前已有18家软件企业在主板上市。南瑞、中兴软创、金智、润和等8家企业入围软件企业百强,苏宁、同程、艾德无线、华云数据等7家企业入围互联网企业百强,其中,艾德无线、华云数据、无锡不锈钢电子交易中心3家无锡企业首次入围,也是无锡市首次有企业入围百强。

今年前三季度,全省规模以上服务业中信息传输、软件和信息技术服务业完成营业收入2482.4亿元,比上年同期增长16.2%,增速比上半年回落1.6个百分点,比一季度提高0.9个百分点,保持稳定增长的态势。从全年来看,虽然2018年软件与信息技术服务业总的增速较2017年回落1.9个百分点,有增速减缓的趋势,但总的来说,江苏省业务收入还是在增加。

在信息传输、软件和信息技术服务业三个行业大类中,互联网和相关服务营业收入保持强劲增长势头,前三季度完成营业收入664.7亿元,比上年同期增长36.8%,对信息传输、软件和信息技术服务业增长贡献率达51.5%,拉动信息传输、软件和信息技术服务业增长8.4个百分点;1—9月,全省软件和信息技术服务业完成营业收入986.8亿元,增长12.0%;1—9月,全省电信、广播电视和卫星传输服务完成营业收入830.9亿元,增长8.1%。1—11月,全省软件和信息技术服务业累计完成业务收入8866亿元,同比增长11.6%。其中,软件产品、信息技术服务和嵌入式系统软件三大类中,信息技术服务收入增长最快,占比最高,充分说明江苏省软件产业平台化、服务化转型在加速。

表1　2011—2018年全国及江苏软件与信息服务主营业务收入与增速情况

全　国	2011年	2012年	2013年	2014年	2015年	2016年	2017年	2018年
主营业务收入(亿元)	18400	25033	30587	37235	43249	48511	55037	63061
增速(%)	32.4	36.05	22.19	21.73	16.15	12.17	13.45	14.48
江苏	2011	2012	2013	2014	2015	2016	2017	2018
主营业务收入(亿元)	3106	4305	5177	6439	7062	8324	8936	9892
增速(%)	35.59	38.61	20.25	24.4	9.68	17.87	7.35	10.7
江苏省占全国的比重(%)	16.88	17.2	16.93	17.29	16.3	17.2	16.24	15.69

数据来源:江苏经信委、中国工业与信息化部

图1、图2和图3分别是2011—2018年全国和江苏省软件与信息服务业主营业务收入、增速及占比的变化情况。2011—2012年,全国软件与信息服务业的收入呈现出明显上升的趋势,由32.4%上升到36.05%,江苏省在此期间也保持着35%以上的增速水平,但是从2013年开始,不管是全国还是江苏省软件与信息技术服务业的收入都呈现了不断下降的趋势,在2016年,全国增速最低,下降到12.17%的水平,对于江苏省来说,在2017年增速最为缓慢,仅占7.35%。但是从图2中可以看到,江苏省软件与信息服务业每年的业务收入占全国的比重呈现微幅上升并趋缓的形势。在2014年,该占比达到近几年最大17.29%,2018年小幅度下降至15.69%。总的来说,虽然在2011—2018年间江苏省软件与信息服务业整个行业的发展趋势有所波动,但在全国的地位始终保持平稳发展的状态,充分说明江苏省软件与信息服务业的发展已经步入良好发展的阶段,对社会生活和生产各个领域的渗透和关联带动作用非常稳定,经过前期政策的消化作用,其经济效果也相应有所体现。

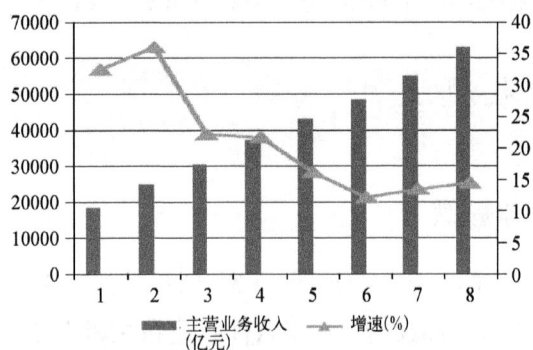

图1　2011—2018年全国信息与软件服务业务收入与增速情况

数据来源:江苏经信委、中国工业与信息化部

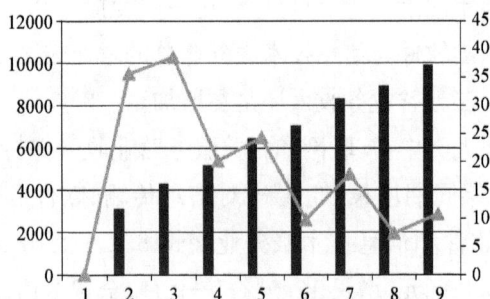

图2　2011—2018年江苏省信息与软件服务业务收入与增速情况

数据来源:江苏经信委、中国工业与信息化部

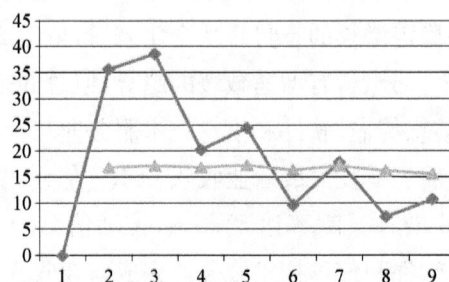

图3　2011—2018年江苏省信息与软件服务业务增速与占比情况

数据来源:江苏经信委、中国工业与信息化部

（二）产业结构

1. 综合实力持续增强

经济总量再上新台阶，根据江苏省统计年鉴初步核算，全年实现地区生产总值92595.4亿元，比上年增长6.7%。其中，第一产业增加值4141.7亿元，增长1.8%；第二产业增加值41248.5亿元，增长5.8%；第三产业增加值47205.2亿元，增长7.9%。全省人均地区生产总值115168元，比上年增长6.3%。劳动生产率持续提高，平均每位从业人员创造的增加值达194759元，比上年增加14247元。产业结构加快调整，全年三次产业增加值比例调整为4.5：44.5：51，服务业增加值占GDP比重比上年提高0.7个百分点。商务服务业、软件和信息技术服务业、互联网和相关服务业营业收入比上年分别增长8%、15.2%和39%。

2. 软件产品收入实现较快增长

2018年，全行业实现软件产品收入19353亿元，同比增长12.1%，占全行业比重为30.7%。其中，信息安全和工业软件产品实现收入1698亿元和1477亿元，分别增长14.8%和14.2%，为支撑信息系统安全和工业领域的自主可控发展发挥重要作用。

3. 信息技术服务加快"云化"发展

2018年，全行业实现信息技术服务收入34756亿元，同比增长17.6%，增速高出全行业平均水平3.4个百分点，占全行业收入比重为55.1%。其中，云计算相关的运营服务（包括在线软件运营服务、平台运营服务、基础设施运营服务等在内的信息技术服务）收入10419亿元，同比增长21.4%，占信息技术服务收入比重达30.0%；电子商务平台技术服务收入4846亿元，同比增长21.9%。

4. 嵌入式系统软件收入平稳增长

2018年，我国全行业实现嵌入式系统软件收入1314亿元，同比增长6.8%，占全行业收入比重为14.2%；江苏省实现嵌入式系统软件收入1314亿元，占软件业务收入的14.88%。嵌入式系统软件已成为产品和装备数字化改造、各领域智能化增值的关键性带动技术。

表 2　全国及江苏省 2018 年企业个数及软件业务收入

指标名称	单 位	全 国	江 苏
企业个数	个	37776	5956
软件业务收入	亿元	63061	8831
其中：1. 软件产品收入	亿元	19353	2173
2. 信息技术服务收入	亿元	34756	5344
3. 嵌入式系统软件收入	亿元	8952	1314

数据来源：中国工信厅及江苏省工信厅

（三）产业成果

1. 江苏省成果

1月9日，国家发改委、科技部、财政部、海关总署、税务总局联合发文，公布了第25批新认定国家企业技术中心名单,江苏有 6 家企业上榜。截至目前,江苏共拥有国家企业技术中心 117 家,在全国排名第三。其中,博众精工科技股份有限公司、凯龙高科技股份有限公司、天合光能股份有限公司、南京越博动力系统股份有限公司新增为国家企业技术中心,江苏中车电机有限公司、江苏森威精锻有限公司新增为国家企业技术分中心。

截至目前,省电信、省移动、省联通等电信运营企业均已完成 LTE 网络、固定宽带网络城域网和接入网、业务运营支撑系统 IPv6 改造,省广电网络运营企业完成全省骨干网 IPv6 改造;省电信、广电网络运营企业完成大型数据中心 IPv6 改造,完成递归域名解析服务器的 IPv6 改造,完成门户网站、网上营业厅网站 IPv6 改造,并完成活跃用户规模排名前 10 位的自营移动互联网应用(APP)及相应系统服务器 IPv6 升级改造;全省移动互联网 IPv6 用户规模已超过 3000 万户;圆满完成年度目标任务。

产业规模稳步增长。今年上半年软件业务收入已经达到了 4600 亿元,预计到今年年底能够超过 1 万亿元,其中大数据和云计算的收入可以达到 3700 亿元。

转型升级趋势比较明显,软件产业向服务化、平台化转变的趋势比较明显。

创新能力显著增强。2017 年全省新增省级软件企业技术中心 24 家,累计已经达到了 129 家,软件企业的研发投入强度达到了 6%,全省共登记软件注册权 4.53 万件,有 18 家软件企业在主板上市。

发展环境不断优化。省大数据发展办、省大数据发展联盟相继成立,南京软博会、互联网创新发展大赛、中国软件杯大学生软件设计大赛,以及江苏省互联网风云人物和风云企业评选等重大活动相继举办,形成了全省大数据、互联网等新一代软件产业发展的新浪潮。

科技创新能力持续增强。全省专利申请量、授权量分别达 60.03 万件、30.7 万件,其中,发明专利申请量 19.88 万件,比上年增长 6.31%;发明专利授权量 4.2 万件,增长 1.21%;PCT 专利申请量达 5500 件,增长 19.8%;万人发明专利拥有量达 26.45 件,增长 17.56%。全省企业共申请专利 43.76 万件。全年共签订各类技术合同 4.2 万项,技术合同成交额达 1152.6 亿元,比上年增长 32%。省级以上众创空间达 746 家。2018 年,江苏共有 50 个项目获国家科技奖,获奖总数位列全国各省第一。

高新技术产业加快发展。组织实施省重大科技成果转化专项资金项目 124 项,省资助资金投入 8.38 亿元,新增总投入 72.81 亿元。新认定国家高新技术企业超过 8000 家,企业研发经费投入占主营业务收入比重提高至 1.3%,大中型工业企业和规模以上高新技术企业研发机构建有率保持在 90% 左右,国家级企业研发机构达到 145 家,位居全国前列。全省已建国家级高新技术特色产业基地 160 个。

2. 特色城市成果

(1)盐城中润普达开创的大数据产业发展模式

2018 年 3 月 6 日,盐城城南新区下发文件将中润普达纳入园区重点扶持培育的上市公司名单,积极配合进行上市培育计划,以上市的条件和政策对接中润普达需求。江苏中润普达信息技术有限公司(以下简称:江苏中润普达)作为 2015 年江苏省大数据产业园引入的园区落地的第一家大数据企业,经过近 3 年的发展,所取得的成果令人瞩目。在北京中润普达(集团)有限公司的大数据、人工智能产业布局中,江苏中润普达作为重要的研发基地,聚焦于如何利用大数据、区块链技术解决中国数十万亿元的非标资产流通问题。江苏中润作为中润普达体系底层技术研发中心之一,也是大数据和人工智能核心技术的关键环节,不仅聚焦于人工智能中文认知核心技术突破,也是江苏省大数据、人工智能领域的一支不可忽视的力量。江苏中润普达开创的大数据产业发展模式,即建设一个大数据流通和交易工程实验室＋一个全省大数据交易中心＋一个省级政务数据中心＋一个关键技术研发中心＋N 个产业大数据创新中心＋一个孵化基地(部省市共建大数据产业园和大数据国家自主创新试验区)。该模式正在逐步为全国其他省市所借鉴,为推动当地大数据产业的发展贡献智慧和力量。

(2) 南京软博会开启软件行业盛宴

9 月 7 日,2017 年第十三届中国(南京)国际软件产品和信息服务交易博览会(以下简称南京软博会)开幕,持续 4 天。这次大会汇聚了全江苏、全国乃至全世界的软件名企,开启一场软件行业的盛宴。今年南京软博会的参展企业达 1375 家,达成签约项目 86 项、总投资 337 亿元,创下历届软博会之最。南京软博会的背后,是南京软件信息服务业多年来的飞速发展。2010 年,南京成为中国首个中国软件名城,目前南京已经拥有自然企业 4100 家,从业人员突破 70 万人。据统计,2016年南京软件信息服务业收入已经占到了江苏全省的 42%。

(3) 无锡世界物联网博览会联动相关产业发展

9 月 10 日,世界物联网博览会在无锡开幕,时任江苏省委书记李强连续第二年出席"物博会"。李强在主旨演讲中指出,2017 年 10 月,2016 世界物联网博览会的成功举办,推动了江苏省物联网及相关产业的加速发展。以无锡为核心,苏州和南京为支撑,一体两翼、多元发展、辐射全省的物联网产业格局正在形成。无锡"物博会"组委会透露,重大物联网项目签约落地无锡的金额超过 180亿元,达成战略合作协议签约成立 50 亿元物联网产业基金。无锡物联网企业集中签约项目 40 个,签约金额 8 亿元。无锡"物博会"给无锡这座百年工商业名城带来另一张叫"物联网"的城市新名片。无锡是中国民族工业和乡镇工业的摇篮,而今它不仅在物联网的核心——传感器上有突出的成绩,在工业设计上的美名也享誉全国,已经连续举办了 14 届的工业设计博览会也展示着无锡在工业发展方面突飞猛进的成果。

3. 特色产业成果

(1) 服务型制造企业数量增加

江苏省工信厅公布 2018 年度江苏省服务型制造示范企业和示范培育企业名单,遴选出 2018年度江苏省服务型制造示范企业(76 家)和服务型制造示范培育企业(25 家)。

(2) 信息化建设力度加强

2018 江苏省"企业上云"大会暨江苏省企业信息化协会年会在江苏南京召开,工信部信息化和软件服务业司参加会议。近年来,江苏省在推动工业互联网平台落地应用,推进"企业上云"等方面做了大量工作,制定并实施了"企业上云"三年行动计划、发布工作指南、组织宣贯活动、建设综合服务平台、安排专项资金,省、市联动推动广大企业用云用平台。下一步,信软司将继续加大平台建设力度,推动工业企业"上云",实施工业互联网 APP 培育工程,营造良好发展环境。

(3) 以科技创新专注小微企业的金融服务兴起

小微企业在我国经济中发挥稳定经济增长、吸纳就业和维持社会稳定的作用。截至 2017 年末,我国小微企业法人约有 2800 万户,个体工商户约 6200 万户,中小微企业(含个体工商户)占全部市场主体的比重超过 90%，贡献了全国 80% 以上的就业，70% 以上的发明专利，60% 以上的 GDP 和 50% 以上的税收。截至 2017 年 6 月底，江苏省正常运营的 P2P 网贷平台 77 家，占全国正常运营 P2P 网贷平台的 3.64%，位居全国第六。江苏省互联网金融发展总体较为稳健，市场规模稳步攀升，互联网金融业态种类齐全，部分业态引领全国，并涌现出以开鑫金服为代表的全国知名互联网金融平台。截至 2017 年底，开鑫金服累计成交额突破 976 亿，成交余额 365.4 亿元；2017 年当年成交 626.3 亿元，同比增长 230%，稳居全国互联网金融第一梯队。

（4）科技服务业发展迅速

全省科技服务业总收入达到 8045 亿元，同比增长 11.6%，科技服务业机构总数达 5.59 万家，从业人员数量 124.6 万人，机构数和从业人员稳中有增。各设区市积极推动科技服务业发展，苏南科技服务业独占鳌头，服务收入占全省的 76.6%，其中，南京市服务机构和从业人员数量均占全省总数的 1/5 左右，科技服务收入达 3370 亿元，"首位度"进一步凸显；苏北地区板块呈现提速增长态势，服务收入 1009 亿元，占全省比重为 12.5%，较上年提高 2 个百分点，从业人员增加 2 万多人。骨干机构能力持续增强。全省规模以上科技服务机构共有 6177 家，实现服务收入 6558 亿元，占科技服务业总收入的 81.5%，同比增长 8.8%，规模以上机构平均年收入首次超过 1 亿元。规上机构从业人员达 74.8 万人，占总从业人员数的 60%。2018 年，依托科技服务业特色基地等集聚区重点支持 120 多家骨干机构实施能力提升，涌现出一批品牌、特色科技服务机构和小而精、创业型科技服务公司。

（5）集聚发展成效显著

积极引导各地因地制宜大力发展科技服务特色业务，持续推进科技服务业的集聚发展，形成专业服务特色和优势。新启动筹建南京市江北新区研创园、昆山高新区等 4 家省级科技服务业特色基地，全省科技服务业特色基地（示范区）总数达 20 家，共拥有服务场所 538 万平方米，集聚服务机构 1339 家，拥有专职服务人员 1.8 万人，服务资源、服务装备原值达 37 亿元，年实现科技服务收入 70 亿元。

（6）各类服务业态特色鲜明

研发设计服务继续领跑，共有服务机构 2.6 万家，服务收入达 3728 亿元，较上年增长 12.9%；创业孵化服务不断强化，新布局建设 30 家众创社区，各类众创空间、科技企业孵化器、"星创天地"达 1500 多家；技术转移服务日益活跃，加快推进以省技术产权交易市场为龙头的全省技术转移体系建设，全省建有省级高校院所技术转移中心 43 家，各类技术转移机构近 300 家，2018 年技术合同登记成交额首次突破 1000 亿元，达 1152 亿元；科技金融服务成效明显，创投机构管理资金规模达 2300 亿元，科技支行、科技小额贷款公司等新型特色科技金融机构达 345 家；知识产权服务链条初步形成，江苏（国际）知识产权交易中心正式成立，专利代理服务机构达 367 家；科技咨询服务业发展迅速，全省科技咨询机构 226 家，从业人员达 3.4 万人，服务总收入超过 400 亿元；检验检测认证服务稳步提升，获批的国家质检中心达 51 个，检验检疫系统拥有实验室超 2 万家；科学技术普及服务不断完善，共命名省级科普示范社区 80 家，认定省级科普教育基地 119 家。

（四）主要企业

据工信部网站消息，工信部近日发布 2018 年（第 17 届）中国软件业务收入前百家企业名单，江苏省共有 8 家企业入选。其中，南瑞集团已连续多年跻身前十，排在第七名，在入选的江苏企业中排名最高。科技领先是南瑞发展之本,通过持续自主创新,南瑞取得了大量高水平、具有自主知识产权的科技成果。

表3　2018年江苏软件收入全国百强名单

企业名称	全国百强排名	所在城市
南京南瑞集团公司	第7位	南京
熊猫电子集团有限公司(PEG)	第20位	南京
江苏省通信服务有限公司	第30位	南京
国电南京自动化股份有限公司	第37位	南京
中兴软创科技股份有限公司	第50位	南京
江苏金智集团有限公司	第62位	南京
江苏润和科技投资集团有限公司	第70位	南京
南京联创科技集团股份有限公司	第85位	南京

数据来源:中国工业与信息化部

2017年,江苏省软件和信息技术服务业继续保持平稳增长,累计实现软件和信息技术服务业收入8936.5亿元,同比增长9.4%,其中,软件产品实现收入2243.3亿元,同比增长21.2%,信息技术服务实现收入3873.3亿元,同比增长3.4%,嵌入式系统软件实现收入2819.8亿元,同比增长9.8%。为鼓励全省信息技术服务企业做大做强,江苏省软件行业协会从全省年报数据、企业资质情况、行业影响等方面综合评估产生"2018年度江苏省信息技术服务企业十强",并予以公布。

表4　2018年度江苏省信息技术服务企业十强名单

企业排名	企业名称	所在城市
1	南京途牛科技有限公司	南京
2	江苏省通信服务有限公司	南京
3	汇通达网络股份有限公司	南京
4	江苏万圣伟业网络科技有限公司	南京
5	南京联创科技集团股份有限公司	南京
6	中兴软创科技股份有限公司	南京
7	苏州蜗牛数字科技股份有限公司	苏州
8	江苏润和科技投资集团有限公司	南京
9	无锡文思海辉信息技术有限公司	无锡
10	江苏蜂云供应链管理有限公司	南京

数据来源:江苏工业与信息化部

中国互联网协会、工业和信息化部信息中心日前联合发布2018年中国互联网企业100强榜单,江苏苏宁控股集团有限公司、同程旅游集团、苏州蜗牛数字科技股份有限公司、无锡艾德无线广告有限公司、无锡华云数据技术服务有限公司等7家单位上榜。

二、江苏省软件与信息技术服务业的问题分析

(一)江苏省软件与信息技术服务业面临的形势

1. 以"技术＋模式＋生态"为核心的协同创新持续深化产业变革

软件和信息技术服务业步入加速创新、快速迭代、群体突破的爆发期,加快向网络化、平台化、服务化、智能化、生态化演进。云计算、大数据、移动互联网、物联网等快速发展和融合创新,先进计算、高端存储、人工智能、虚拟现实、神经科学等新技术加速突破和应用,进一步重塑软件的技术架构、计算模式、开发模式、产品形态和商业模式,新技术、新产品、新模式、新业态日益成熟,加速步入质变期。开源、众包等群智化研发模式成为技术创新的主流方向,产业竞争由单一技术、单一产品、单一模式加快向多技术、集成化、融合化、平台系统、生态系统的竞争转变,生态体系竞争成为产业发展制高点。软件企业依托云计算、大数据等技术平台,强化技术、产品、内容和服务等核心要素的整合创新,加速业务重构、流程优化和服务提升,实现转型发展。

2. 以"软件定义"为特征的融合应用开启信息经济新图景

以数据驱动的"软件定义"正在成为融合应用的显著特征。一方面,数据驱动信息技术产业变革,加速新一代信息技术的跨界融合和创新发展,通过软件定义硬件、软件定义存储、软件定义网络、软件定义系统等,带来更多的新产品、服务和模式创新,催生新的业态和经济增长点,推动数据成为战略资产。另一方面,"软件定义"加速各行业领域的融合创新和转型升级。软件定义制造激发了研发设计、仿真验证、生产制造、经营管理等环节的创新活力,加快了个性化定制、网络化协同、服务型制造、云制造等新模式的发展,推动生产型制造向生产服务型制造转变;软件定义服务深刻影响了金融、物流、交通、文化、旅游等服务业的发展,催生了一批新的产业主体、业务平台、融合性业态和新型消费,引发了居民消费、民生服务、社会治理等领域多维度、深层次的变革,涌现出分享经济、平台经济、算法经济等众多新型网络经济模式,培育壮大了发展新动能。

3. 全球产业竞争和国家战略实施对产业发展提出新任务、新要求

世界产业格局正在发生深刻变化,围绕技术路线主导权、价值链分工、产业生态的竞争日益激烈,发达国家在工业互联网、智能制造、人工智能、大数据等领域加速战略布局,抢占未来发展主导权,给我国软件和信息技术服务业跨越发展带来深刻影响。"中国制造2025""一带一路"、"互联网＋"行动计划、大数据、军民融合发展等国家战略的推进实施,以及国家网络安全保障的战略需求,赋予软件和信息技术服务业新的使命和任务;强化科技创新引领作用,着力推进供给侧结构性改革,深入推进大众创业万众创新,加快推动服务业优质高效发展等,对进一步激活软件和信息技术服务业市场主体、提升产业层级提出新的更高要求。

(二)存在的问题

1. 信息资源深度开发不足

我国软件和信息技术服务业通过多年的发展,基础设施建设方面呈现为良好的发展态势,但在信息资源深度开发方面还存在一定的滞后性。相较于发达国家,我国信息数据库建设较晚,再加上

缺少统一的协调规划,信息数据库建设方面存在数量少、投入少的问题。根据相关统计,现阶段我国大约八成左右的信息资源基本都集中在国家机关,信息资源共享性极差。与此同时,因为没有统一的规划与标准,各个软件和信息技术服务企业存在各自为政的情况,对外发布与提供的信息存在过多的重复现象,信息针对性与时效性不高,信息资源的利用效率极为低下。

2. 信息服务市场亟待完善

软件和信息技术服务业是市场经济下的产物,要想保证其健康、有序发展,就必须要构建一套系统、完善的信息服务法律体系。然而,江苏省当前有关软件和信息技术服务业的政策法规体系还不够完善,立法工作基本都是集中于地方、部门规章,相应的效力明显不足。因此,约束效力不足导致软件和信息技术服务业缺乏统一的规范,信息产业部门没有标准可以参照,导致信息资源组织不规范、技术与语言不兼容等现象,信息横向交流受到极大的影响。此外,因为法律法规方面的缺失,社会中信息欺诈、知识产权侵权以及不良信息传播等现象层出不穷。

3. 综合型人才缺乏

由于软件和信息服务行业在江苏省的发展时间相对较短,在一定程度上导致江苏省信息技术服务人才在经验方面的缺失。从整体层面来看,软件和信息技术服务业的从业人员存在综合素质参差不齐的情况;从结构层面来看,国家化的管理型人才、高层次的技术人才以及市场经营方面的综合型人才较为缺乏。

三、江苏省软件与信息服务业发展的对策建议

(一) 主要任务

1. 加大信息资源的开发力度

软件和信息技术业的发展要避免"重硬轻软"的现状,应当进一步建立健全基础设施的同时,基于信息资源开发利用核心技术,坚持以咨询、软件与系统以及数据库集成为核心的发展途径。对政府来说,应当基于资源共享、信息公开的基本原则来加强电子政务建设,除了直接投资以外,还应当积极利用保护政策、倾斜政策主动引导社会各界参与到信息资源的开发工作中,通过市场机制的引导与政府的协调,逐步在社会中构建覆盖各个行业的企业资信数据库与服务系统,以此来满足市场经济环境下各个企业之间合同、支付、信贷以及贸易等对资信方面的需求。此外,对软件和信息技术服务企业来说,应当在明确客户目的、需求以及背景的前提下,针对各方面的信息进行综合性的判断、取舍以及组合,保障信息资源的开发更为深入,有效彰显信息服务的价值。

2. 建立健全信息服务市场体系

正如上文所述,软件和信息技术服务业的发展需要一套完善的法律法规体系与公平的市场环境作为保障。这就需要江苏省吸收借鉴其他城市相关的经验教训,综合参考江苏省软件和信息技术服务业的现状,建立健全相关的法律法规体系,针对软件和信息技术服务业的技术标准实施调整优化,使相关的市场行为得到有效的规范,打造公平、公开的竞争环境。与此同时,知识产权是软件和信息技术服务业发展的核心竞争力,这就需要在建立健全相关法律法规体系的同时,完善知识产权法律法规体系,高度重视软件、信息产品的知识产权保护,加大盗版打击力度,进一步规范知识产

权市场。

鼓励利用大数据、云计算等新技术,探索加强行业运行监测分析、预警预判以及事中事后监管的新模式新方法,提升行业管理和服务水平。进一步完善行业标准体系建设,强化标准对行业发展的促进作用。开展行业知识产权分析评议,加强行业态势分析和预警预判,深入推进软件正版化,鼓励企业联合建设软件专利池、知识产权联盟,提升知识产权创造、运用、保护、管理和服务能力。加强软件资产管理和使用,开展软件价值评估和定价机制研究,探索建立科学合理的软件价值评估体系。鼓励研究建立云服务、数据服务等新兴领域交易机制和定价机制。顺应产业发展新趋势新特点,加强产业收入计量标准的研究,完善产业统计制度。强化行业自律,完善行业信用评价体系,进一步规范市场秩序。加强行业智库建设,提升发展决策支撑能力。

3. 加大人才培养和引进力度

要想提升软件和信息技术服务业从业人员的综合素质,就需要逐步构建软件人才评估标准,建立相应的人才信息库。对信息技术服务企业来说,还应当建立健全人才引入体系与培养体系,通过整合人才培养与产业创新,使得企业在软件和信息技术服务业创新实践过程中发现人才、引入人才、培养人才。针对软件人才流动方面,政府应当积极制定对应的政策,不仅要加大国外优秀人才的引进工作,同时还应当主动解决国内人才工作待遇、科研条件等方面的问题,保证软件人才的合理流动。

实施人才优先发展战略,加快建设满足产业发展需求的人才队伍。强化人才培养链与产业链、创新链有机衔接,依托重大人才工程,加强"高精尖缺"软件人才的引进和培养。鼓励有条件的地区设立软件和信息技术服务业人才培养基金,重点培养技术领军人才、企业家人才、高技能人才及复合型人才。以学校教育为基础、在职培训为重点,建立健全产教融合、校企合作的人才培养机制,探索建立人才培养的市场化机制,利用信息化手段创新教育教学方式。鼓励高校面向产业发展需求,优化专业设置和人才培养方案。推广首席信息官制度,鼓励企业加强复合型人才的培养和引进。深入实施人才引进政策,重点发挥企业在人才引进中的作用,吸引和集聚海外优秀人才特别是高端人才回国就业创业。建立完善以能力为核心、以业绩和贡献为导向的人才评价标准,大力弘扬新时期工匠精神。

4. 加大财政金融支持

创新财政资金支持政策,统筹利用现有资金资源,加大对软件和信息技术服务业发展的支持。采用政府引导、市场化运作方式,探索建立国家软件和信息技术服务业产业投资基金。支持有条件的地方、大企业和投资机构设立产业专项资金或产业基金、创新创业基金、天使创投、股权和并购等各类基金。鼓励运用政府和社会资本合作(PPP)模式,引导社会资本参与重大项目建设。完善企业境外并购、跨境结算等相关金融服务政策。深化产融合作,在风险可控的前提下,推动商业银行创新信贷产品和金融服务,支持软件和信息技术服务企业创新发展,推动政策性银行在国家规定的业务范围内,根据自身职能定位为符合条件的企业提供信贷支持。健全融资担保体系,完善风险补偿机制,鼓励金融机构开展股权抵押、知识产权质押业务,试点信用保险、科技保险,研究合同质押、资质抵押的法律地位和可行性。鼓励企业扩大直接融资,支持具备条件的企业开展应收账款融资、公司信用债等新型融资方式。

5．强化统筹协调

建立健全部门、行业、区域之间的协调推进机制，在协同创新、标准制定、行业管理、市场监管、资金保障等方面加强联动合作。引导和推动各地区、各部门因地制宜发展产业，合理布局重大应用示范和产业化项目，分工协作、有序推进。引导和鼓励企业与其他行业企业建立多层次合作创新机制，在技术研发、应用推广、安全保障、资源分配利用等方面实现协同发展。加强规划实施情况动态监测和评估，确保规划实施质量。

（二）对策建议

1．全面提高创新发展能力

围绕产业链关键环节，加强基础技术攻关，超前布局前沿技术研究和发展，构建核心技术体系，加快信息技术服务创新，完善以企业为主体、应用为导向、政产学研用金相结合的产业创新体系。

（1）加快共性基础技术突破

面向重大行业领域应用和信息安全保障需求，瞄准技术产业发展制高点，加大力度支持操作系统、数据库、中间件、办公软件等基础软件技术和产品研发和应用，大力发展面向新型智能终端、智能装备等的基础软件平台，以及面向各行业应用的重大集成应用平台。加快发展适应平台化、网络化和智能化趋势的软件工程方法、工具和环境，提升共性基础技术支撑能力。

（2）布局前沿技术研究和发展

围绕大数据理论与方法、计算系统与分析、关键应用技术及模型等方面开展研究，布局云计算和大数据前沿技术发展。支持开展人工智能基础理论、共性技术、应用技术研究，重点突破自然语言理解、计算机视听觉、新型人机交互、智能控制与决策等人工智能技术。加快无人驾驶、虚拟现实、3D打印、区块链、人机物融合计算等领域技术研究和创新。

（3）加强信息技术服务创新

面向重点行业领域应用需求，进一步增强信息技术服务基础能力，提升"互联网＋"综合集成应用水平。形成面向新型系统架构及应用场景的工程化、平台化、网络化信息技术服务能力，发展微服务、智能服务、开发运营一体化等新型服务模式，提升信息技术服务层级。加快发展面向移动智能终端、智能网联汽车、机器人等平台的移动支付、位置服务、社交网络服务、数字内容服务以及智能应用、虚拟现实等新型在线运营服务。加快培育面向数字化营销、互联网金融、电子商务、游戏动漫、人工智能等领域的技术服务平台和解决方案。大力发展基于新一代信息技术的高端外包服务。

（4）加强产业创新机制和载体建设

面向基础软件、高端工业软件、云计算、大数据、信息安全、人工智能等重点领域和重大需求，加强产学研用对接，布局国家级创新中心建设，建立以快速应用为导向的创新成果持续改进提高机制，加快核心技术成果的转化。突出企业技术创新主体地位，推进建设企业技术创新中心，不断提升企业创新能力。引导互联网大企业进一步通过市场化方式向社会开放提供优势平台资源和服务。加强产业联盟建设，探索完善共同参与、成果共享、风险共担机制，强化协同创新攻关。发挥开源社区对创新的支撑促进作用，强化开源技术成果在创新中的应用，构建有利于创新的开放式、协作化、国际化开源生态。

专栏 1：软件"铸魂"工程

加快突破基础通用软件。围绕基础通用软件由跟跑到并跑发展战略目标,以安全可靠应用试点为抓手,实现操作系统、数据库等领域核心基础技术突破,建立安全可靠基础软件产品体系。建设安全可靠软硬件联合攻关平台,支持企业和科研机构搭建通用技术创新和应用平台。发展需求分析与设计、编程语言与编译、软件测试验证、过程改进和成熟度评价度量、集成开发等软件工程方法、工具和环境,完善基础通用软件开发和应用生态。

强化网络化软件竞争优势。围绕网络化软件由并跑到领跑发展战略目标,突破虚拟资源调度、大规模并行分析、分布式内存计算等核心技术,引导骨干企业加快研发面向云计算、移动互联网、物联网的操作系统、数据库系统、新型中间件和办公套件。

抢先布局发展智能化软件。围绕抢占智能化软件领跑地位战略目标,突破虚拟资源调度、数据存储处理、大规模并行分析、分布式内存计算、轻量级容器管理、可视化等云计算和大数据技术,以及虚拟现实、增强现实、区块链等技术。支持机器学习、深度学习、知识图谱、计算机视听觉、生物特征识别、复杂环境识别、新型人机交互、自然语言理解、智能控制与决策、类脑智能等关键技术研发和产业化,推动人工智能深入应用和发展。

构筑开源开放的技术产品创新和应用生态。支持企业、高校、科研院所等参与和主导国际开源项目,发挥开源社团、产业联盟、论坛会议等平台作用,汇集国内外优秀开源资源,提升对开源资源的整合利用能力。通过联合建立开源基金等方式,支持基于开源模式的公益性生态环境建设,加强开源技术、产品创新和人才培养,增强开源社区对产业发展的支撑能力。

专栏 2：信息技术服务能力跃升工程

强化基础服务能力建设。创新基础通用的信息技术服务方法论,鼓励企业建立网络化、智能化、多行业的知识库。支持企业研发网络化开发和集成平台、异构云环境资源调度管理、微服务管理等关键支撑工具。支持提升信息技术咨询、信息系统方案设计、集成实施、远程运维等服务能力,鼓励相关企业建立信息技术服务管理体系。建设完善一批公共技术服务平台,提升测试验证、集成适配等服务保障能力。

发展服务新模式新业态。创新软件定义服务新理念,鼓励发展新一代信息技术驱动的信息技术服务新业态。整合资源,支持重点企业面向人工智能、虚拟现实和增强现实等领域,提升容器、区块链、开发运营一体化等方面的关键技术服务能力,加快培育各类新型服务模式和业态,促进信息服务资源的共享和利用。依托国家新型工业化产业示范基地(软件和信息服务)及产业园区,组织开展面向"互联网+"的智能服务试点示范。

促进企业服务化转型发展。支持重点行业企业发挥基础优势,加速提升信息技术的应用水平,发展基于云计算、大数据分析的新型服务业务。支持软件企业加快向网络化、服务化、平台化转型,研发综合性应用解决方案,并推动其与重点行业企业的跨界联合,实现共赢。

2. 积极培育壮大新兴业态

顺应新一代信息技术创新发展和变革趋势,着力研发云计算、大数据、移动互联网、物联网等新兴领域关键软件产品和解决方案,鼓励平台型企业、平台型产业发展,加快培育新业态和新模式,形成"平台、数据、应用、服务、安全"协同发展的格局。

（1）创新云计算应用和服务

支持发展云计算产品、服务和解决方案，推动各行业领域信息系统向云平台迁移，促进基于云计算的业务模式和商业模式创新。支持云计算与大数据、物联网、移动互联网等融合发展与创新应用，积极培育新产品新业态。支持大企业开放云平台资源，推动中小企业采用云服务，打造协同共赢的云平台服务环境。发展安全可信云计算外包服务，推动政府业务外包。引导建立面向个人信息存储、在线开发工具、学习娱乐的云服务平台，培育信息消费新热点。完善推广云计算综合标准体系，加强云计算测评工具研发和测评体系建设，提高云计算标准化水平和服务能力。

专栏3：云计算能力提升工程

发展面向智能制造的安全可信云计算。鼓励骨干企业开展智能制造资源和服务的可信云计算资源池建设，支撑智能制造全生命周期的各类活动。支持软件和信息技术服务企业跨界联合，发展个性化定制服务、全生命周期管理、网络精准营销、在线支持服务等新业态新模式。

开展云计算应用示范。组织开展工业云服务创新试点，推进研发设计、生产制造、营销服务、测试验证等资源的开放共享，打造工业云生态系统。支持发展第三方专有云解决方案，在政务、金融、医疗健康等领域开展行业应用试点示范，推动核心业务系统向专有云迁移。

提高公共云服务能力。开展公共云服务企业能力评价体系建设，研究完善云服务评价及计量计费标准，支持公共云服务骨干企业建设高水平公共云计算服务平台。鼓励政府部门、公共服务机构、行业骨干企业利用公共云服务构建信息化解决方案。

（2）加快大数据发展和应用

构建大数据产业体系。加强大数据关键技术研发和应用，培育大数据产品体系。发展大数据采集和资源建设、大数据资源流通交易、大数据成熟度评估等专业化数据服务新业态，推进大数据资源流通共享。培育大数据龙头企业和创新型中小企业，打造多层次、梯队化的产业创新主体。优化大数据产业布局，建设大数据产业集聚区和综合试验区。支持大数据公共服务平台建设，发展大数据标准验证、测评认证等服务，完善大数据产业公共服务体系。

发展工业大数据。支持研发面向研发设计、生产制造、经营管理、市场营销、运维服务等关键环节的大数据分析技术和平台，推动建立完善面向全产业链的大数据资源整合和分析平台，开展大数据在工业领域的应用创新和试点示范。依托高端装备、电子信息等数据密集型产业集聚区，支持建设一批工业大数据创新中心、行业平台和服务示范基地，丰富工业大数据服务内容、创新服务模式。

深化大数据应用服务。面向金融、能源、农业、物流、交通等重点行业领域，开发推广大数据产品和解决方案，促进大数据跨行业融合应用，助力重点行业转型发展。以服务民生需求为导向，加快大数据在医疗、教育、交通、旅游、就业、社保、环保、应急管理等领域的应用。支持建立面向政务、社会治理和网络安全领域的大数据平台，强化顶层设计、整合资源，推动大数据技术深入应用，提升政府治理能力和服务水平。

专栏 4:大数据技术研发和应用示范工程

加强大数据关键技术产品研发和产业化。开展新一代关系型数据库、分布式数据库、新型大数据处理引擎、一体化数据管理平台、数据安全等关键技术及工具攻关,充分利用开源技术成果,推动构建大数据技术体系。发展大数据可扩展高质量的计算平台及相关软件系统,提升数据分析处理能力、知识发现能力和辅助决策能力,形成较为健全的大数据产品体系。大力发展与重点行业领域业务流程及数据应用需求深度融合的大数据解决方案。

布局推进大数据应用示范。开展大数据产业集聚区创建,支持有条件的地区开展大数据应用创新试点。推动大数据与云计算、工业互联网、信息物理系统等的融合发展,支持建立面向不同工业行业、不同业务环节的大数据分析应用平台,选取重点工业行业、典型企业和重点地区开展工业大数据应用示范,提升工业领域大数据应用服务水平。

（3）深化移动互联网、物联网等领域软件创新应用

加快发展移动互联网应用软件和服务,面向新兴媒体、医疗健康、文化教育、交通出行、金融服务、商贸流通等领域创新发展需求,鼓励建立分享经济平台,支持发展基于软件和移动互联网的移动化、社交化、个性化信息服务,积极培育新型网络经济模式。加强物联网运行支撑软件平台、应用开发环境等研发应用,进一步深化物联网软件技术在智能制造、智慧农业、交通运输等领域的融合应用。加快发展车联网、北斗导航等新型应用,支持智能网联汽车、北斗导航软件技术及应用平台发展。

3. 深入推进应用创新和融合发展

充分发挥软件的深度融合性、渗透性和耦合性作用,加速软件与各行业领域的融合应用,发展关键应用软件、行业解决方案和集成应用平台,强化应用创新和商业模式创新,提升服务型制造水平,培育扩大信息消费,强化对中国制造2025、"互联网＋"行动计划等的支撑服务。

（1）支撑制造业与互联网融合发展

围绕制造业关键环节,重点支持高端工业软件、新型工业 APP 等研发和应用,发展工业操作系统及工业大数据管理系统,提高工业软件产品的供给能力,强化软件支撑和定义制造的基础性作用。培育一批系统解决方案提供商,研发面向重点行业智能制造单元、智能生产线、智能车间、智能工厂建设的系统解决方案,开展试点示范,提升智能制造系统解决方案能力。推进信息物理系统(CPS)关键技术研发及产业化,开展行业应用测试和试点示范。推动软件和信息技术服务企业与制造企业融合互动发展,打造新型研发设计模式、生产制造方式和服务管理模式。

专栏 5:工业技术软件化推进工程

工业软件及解决方案研发应用。面向智能制造关键环节应用需求,支持研发计算机辅助设计与仿真、制造执行系统、企业管理系统、产品全生命周期管理等一批应用效果好、技术创新强、市场认可度高的工业软件产品及应用解决方案,进一步突破高端分布式控制系统、数据采集与监控系统、可编程逻辑控制器等工业控制系统核心技术和产品,强化安全可靠程度和综合集成应用能力,推动在重点行业的深入应用。

工业信息物理系统验证测试平台和行业应用示范。支持工业信息物理系统关键技术及系统解决方案研发和产业化。支持建立工业信息物理系统验证测试平台和安全测试评估平台。面向航空、汽车、电子、石化、冶金等重点行业,开展信息物理系统应用示范。

工业软件平台及APP研发和应用试点示范。支持软件企业联合工业企业,面向重点行业建设基础共性软件平台和新型工业APP库,构建工业技术软件体系,开展应用试点示范。支持有条件的地方或行业建设工业APP共享交易平台,丰富工业技术软件生态。

专栏6:面向服务型制造的信息技术服务发展工程

支撑制造业向生产服务型加速转型。引导制造企业建立开放创新交互平台、在线设计中心,充分对接用户需求,发展基于互联网的按需、众包、众创等研发设计服务模式。鼓励大型制造企业发展基于互联网平台、面向产业链上下游的云制造、供应链管理的服务。支持重点工业行业利用物联网、云计算、大数据等技术发展产品监测追溯、远程诊断维护、产品全生命周期管理等在线服务新模式,推动产品向价值链高端跃升。鼓励企业基于产品智能化、供应链在线化的大数据分析挖掘开展供应链金融、融资租赁等新业务。

发展面向制造业的信息技术服务。推动信息技术服务企业面向制造业研发集成解决方案,提供信息技术咨询、设计和运维服务,开展示范应用和推广。面向工程机械、轨道交通、航空船舶等制造业重点领域,鼓励和支持信息技术服务在智能工厂、数字化车间、绿色制造中的应用,促进个性化定制、网络化协同制造、服务型制造等智能制造新模式的应用推广。大力发展电子商务,鼓励行业电子商务平台创新发展,支撑面向制造业的供应链管理和市场销售。

强化以供需对接为核心的服务支撑。探索建立面向制造业的信息技术服务公共服务平台,提供共性的研发测试、仿真模拟、人才培训、设备租赁等各项服务。强化供给端和需求端双驱动,搭建信息技术服务企业与制造企业供需对接平台,建立良性对接机制,推广先进经验,促进跨领域合作。加快研制和推广应用面向制造业的信息技术服务标准(ITSS),构建完善的标准体系。

（2）支撑重点行业转型发展

面向"互联网+"现代农业发展需求,围绕农业生产管理、经营管理、市场流通等环节,支持相关应用软件、智能控制系统、产品质量安全追溯系统,以及农业大数据应用、涉农电子商务等发展。面向"互联网+"能源发展需求,支持发展能源行业关键应用软件及解决方案,推进能源生产和消费协调匹配。坚持鼓励创新和规范引导相结合,发展互联网金融相关软件产品、服务和解决方案,强化对"互联网+"金融的支撑服务。支持物流信息服务平台、智能仓储体系建设,以及物流装备嵌入式软件等研发应用,提升物流智能化发展水平。支持面向交通的软件产品和系统研发,支撑智能交通建设,提高交通运输资源利用效率和管理精细化水平。

（3）支撑政府管理和民生服务

围绕现代政府社会治理应用需求,鼓励和支持发展一批政府管理应用软件,利用云计算、大数据等新一代信息技术建立面向政府服务和社会治理的产品和服务体系。开展医疗、养老、教育、扶贫等领域民生服务类应用软件和信息技术服务的研发及示范应用,推动基于软件平台的民生服务应用创新。

专栏7：软件和信息技术服务驱动信息消费工程

发展关键应用软件和行业解决方案。支持软件企业与其他行业企业深入合作，搭建关键应用软件和行业解决方案的协同创新平台，研发大型管理软件、嵌入式软件等软件产品，提升融合发展能力。面向重点行业领域，布局发展面向云计算、大数据、移动互联网、物联网等新型计算环境的关键应用软件和行业解决方案，构建行业重大集成应用平台。

发展面向重点行业领域的信息技术服务。面向农业、金融、交通、能源、物流、电信等重点行业，大力发展行业智能化解决方案和数据分析等新型服务。面向医疗、卫生、教育、养老、社保等公共服务领域，创新服务模式，构建新型信息技术服务支撑体系。围绕餐饮、娱乐、出行、文化、旅游等居民生活服务领域消费需求，培育线上线下结合的服务新模式，发展基于软件与互联网的分享经济服务新业态，以及各类创新型的产品和服务。围绕智慧城市建设，重点发展智慧交通、智慧社区、智慧政务等领域的智能化解决方案和服务。支持有条件的地方和企业开展信息消费创新应用示范，推广扩大信息消费的典型经验和模式。

4. 进一步提升信息安全保障能力

围绕信息安全发展新形势和安全保障需求，支持关键技术产品研发及产业化，发展安全测评与认证、咨询、预警响应等专业化服务，增强信息安全保障支撑能力。

发展信息安全产业。支持面向"云管端"环境下的基础类、网络与边界安全类、终端与数字内容安全类、安全管理类等信息安全产品研发和产业化；支持安全咨询及集成、安全运维管理、安全测评和认证、安全风险评估、安全培训及新型信息安全服务发展。加快培育龙头企业，发展若干专业能力强、特色鲜明的优势企业。推动电子认证与云计算、大数据、移动互联网、生物识别等新技术的融合，加快可靠电子签名应用推广，创新电子认证服务模式。加强个人数据保护、可信身份标识保护、身份管理和验证系统等领域核心技术研发和应用推广。

完善工业信息安全保障体系。构建统筹设计、集智攻关、信息共享和协同防护的工业信息安全保障体系。以"小核心、大协作"为原则，建设国家级工业信息系统安全保障研究机构，开展国家级工业信息安全仿真测试、计算分析和大数据应用等技术平台建设，形成国家工业信息安全态势感知、安全防护、应急保障、风险预警、产业推进等保障能力。完善政策、标准、管理、技术、产业和服务体系，开展工业控制系统信息安全防护管理等政策及标准制定，加强工控安全检查评估，支持工业控制系统及其安全技术产品的研发，鼓励企业开展安全评估、风险验证、安全加固等服务。

专栏8：信息安全保障能力提升工程

发展关键信息安全技术和产品。面向云计算、大数据、移动互联网等新兴领域，突破密码、可信计算、数据安全、系统安全、网络安全等信息安全核心技术，支持基础类安全产品、采用内容感知、智能沙箱、异常检测、虚拟化等新技术的网络与边界类安全产品、基于海量数据和智能分析的安全管理类产品，以及安全测评、WEB漏洞扫描、内网渗透扫描、网络安全防护、源代码安全检查等安全支撑工具的研发和应用。

加强工业信息安全保障能力建设。选取典型工业控制系统及其设备，开展工业防火墙、身份认证等重点网络安全防护产品研发和测试验证。面向石化、冶金、装备制造等行业，遴选一批重点企业，

开展网络安全防护产品示范应用。支持工业控制系统网络安全实时监测工具研发及其在重点企业的部署应用。建设一批工业信息系统安全实验室,优先支持工业控制产品与系统信息安全标准验证、仿真测试、通信协议安全测评、监测预警等公共服务平台建设,培育一批第三方服务机构。

5. 大力加强产业体系建设

加快构建产业生态,着力培育创新型企业,促进形成以创新为引领的发展模式,强化标准体系建设和公共服务能力提升,加强中央与地方协同,打造一批特色优势产业集群。

构建产业生态。面向重大应用需求,以构建基础软件平台为核心,逐步形成软件、硬件、应用和服务一体的安全可靠关键软硬件产业生态。以高端工业软件及系统为核心,建立覆盖研发设计、生产制造、经营管理等智能制造关键环节的工业云、工业大数据平台,形成软件驱动制造业智能化发展的生态体系。围绕新型消费和应用,以智能终端操作系统、云操作系统等为核心,面向移动智能终端、智能家居、智能网联汽车等新兴领域,构建相应的产业生态体系。

培育创新型企业。支持行业领军企业牵头组织实施重大产品研发和创新成果转化,不断提高新型产品和服务的市场占有率和品牌影响力。支持企业面向云计算、大数据、移动互联等新技术新环境,重塑业务流程、组织架构,创新研发模式、管理模式和商业模式,发展新技术、新产品和新服务。加强政策扶持、项目带动和示范引领,培育一批专业化程度、创新能力突出、发展潜力大的细分领域优势企业。支持建设创客空间、开源社区等新型众创空间,发展创业孵化、专业咨询、人才培训、检验检测、投融资等专业化服务,优化改善中小企业创新创业环境。

加强标准体系建设。面向工业软件、云计算、大数据、信息安全等重点领域,加快产业发展和行业管理急需标准的研制和实施。实施《信息技术服务标准化工作五年行动计划(2016—2020)》,完善和推广信息技术服务标准(ITSS)体系。开展标准验证和应用试点示范,建立标准符合性测试评估和认证体系。支持组建标准推进联盟,推动建立产品研发和标准制定协同推进机制。鼓励支持企业、科研院所、行业组织等参与或主导国际标准制定,提升国际话语权。

打造特色优势产业集群。支持中国软件名城、国家新型工业化产业示范基地(软件和信息服务)、中国服务外包示范城市、软件出口(创新)基地城市等加大建设力度,做强优势领域和主导产业,提升产业集聚发展水平。支持京津冀、长江经济带、珠江—西江经济带等区域加强软件技术、产品和服务创新,突出特色优势,加快融入全球产业链布局。发挥东北地区装备制造集群优势,发展面向制造业的软件和信息技术服务,助力东北老工业基地振兴。支持中西部地区结合国家相关战略实施,发展特色软件和信息技术服务业。

专栏9:公共服务体系建设工程

强化服务载体建设。支持各地结合产业基础和市场需求,进一步推动产业基地和专业园区建设,完善优化一批产业创新平台、应用体验展示平台等公共服务载体,打造线上线下相结合的创新创业载体,推动建设众扶、众筹等综合服务平台。支持中国软件名城及试点城市创新公共服务机制,开展公共服务创新试点。建设一批面向中小企业的公共服务平台。鼓励软件和信息技术服务大企业、各类电子商务平台向小微企业和创客群体开放创业创新资源,形成一批低成本、便利化、全要素、开放式的创新创业平台。

提升公共服务能力。支持各类公共服务平台利用云计算、大数据等新技术汇集数据信息,丰富平台资源,创新服务模式,推动平台互联互通、服务共享。培育一批知识产权、投融资、产权交易、能力认证、产品测评、人才服务、企业孵化和品牌推广等专业服务机构。推动行业协会、产业联盟等第三方中介组织加强自身建设,提升对行业发展和管理的服务支撑水平。以新兴领域软件产品标准和信息技术服务标准为重点,加强软件和信息技术服务标准体系建设,强化标准对产业发展的引领作用。

6. 加快提高国际化发展水平

坚持开放创新,把握"一带一路"等国家战略实施机遇,统筹利用国内外创新要素和市场资源,加强技术、产业、人才、标准化等领域的国际交流与合作,以龙头企业为引领深度融入全球产业生态圈,提升国际化发展水平和层次。

提升产业国际化发展能力。支持龙头企业等建立完善海外运营机构、研发中心和服务体系,建设境外合作园区,鼓励发展跨境电子商务、服务外包等外向型业务,加快软件和信息技术服务出口,打造国际品牌。依托双边、多边合作机制和平台,加强政企联动,以龙头企业为主体开展重大合作示范项目建设,支持企业联合,发挥产业链协同竞争优势,集群化"走出去"。加强原创技术引进渠道和机制建设,深化与技术原创能力强的国家和地区的产业合作,加快引进人才、技术、知识产权等优势创新资源,提高产业"引进来"的合作层次和利用水平。

强化国际化服务支撑。鼓励地方从政策、资金、项目等方面加大对产业国际化发展的支持和推进力度。支持企业、科研机构等积极参与软件和信息技术服务领域国际规则制定和标准化工作,提升国际话语权。发挥行业协会、商会、产业联盟、开源联盟等中介组织的作用,为企业国际化发展提供市场化、社会化服务。充分发挥知识更新工程、海外人才培训等手段的作用,支持软件企业培养国际化人才和引进海外优秀人才。

参考文献

[1] 冯梅,王成静.我国各地区软件与信息技术服务业绩效评价研究[J].经济问题,2015(8):66-70.

[2] 傅家骥,仝允桓,高建,雷家骕.技术创新学[M].北京:清华大学出版社,1998:319.

[3] 江苏省软件产业发展研究报告.2018.

[4] 李京文.迎接知识经济新时代[M].上海:上海远东出版社,1999:109.

[5] 柳卸林.技术创新经济学的发展[J].数量经济技术经济研究,1993(4):67-76.

[6] 沈瑾秋.江苏省科技服务业发展现状及对策建议[J].江苏科技信息,2016(2):1-4.

[7] 阳军,吴东亚,徐洋,等.软件和信息技术服务业技术标准体系研究[J].信息技术与标准化,2014(11):4-10.

[8] 赵冬梅,陈前前,吴士健.双创环境下发展科技服务业助推经济转型升级问题研究——以江苏科技服务业为例[J].科技进步与对策,2016(7):41-46.

[9] 中华人民共和国工业和信息化部.软件和信息技术服务业"十二五"发展规划.2018.

[10] 中华人民共和国国家统计局.国民经济行业类.www.stats.gov.cn.2018.

[11] 赵伟,周智涛,火耀高.依托软件和信息技术服务业,助推大连经济转型升级[J].软件工程师,2014(2):29-30.

［12］Porat，M.U.C. *The Information Economy*［M］.Washington，DC：Government Printing Office，1977.

［13］Ransley D L，Rogers J L.A Consensus on Best R D Practices［J］. *Research Technology Management*，1994，37(2)：19－26.

［14］Richard Conroy. Technological Innovation in China's Recent Industrialization ［J］. *The China Quarterly*，1984(97)：39－44.

［15］Sana Harbi，Mariam Amamou，Alistair R.Anderson. Establishing high-tech industry：The Tunisian ICT experience［J］. Tech-novation，2009(29)：465－480.

第二章　江苏省服务外包业发展报告

随着全球数字经济和服务经济的迅速发展,服务外包行业正在全球范围内蓬勃发展,不少企业依托现代信息技术将企业生产经营中的非核心业务转交给公司外部的专业服务提供商来完成,以达到企业降低生产成本、优化生产价值链、提高资源的配置效率和提高企业的核心竞争力等目标。国际服务外包在促进当代经济发展中的重要作用主要体现在加速服务要素在全球的流动,促进服务资源的优化配置;加速全球价值链的分解、重构与优化,促进全球产业生态体系的形成;优化全球创新链布局,推动创新全球化。其中,推动后发国家产业结构升级等诸多方面已经成为推动服务全球化与价值链攀升的重要动力,也是新兴服务贸易发展的主要方式,以服务外包、服务贸易以及高端制造业和技术研发环节转移为主要特征的新一轮世界产业结构调整正在全球范围内蓬勃兴起,这无疑为我国发展面向国际市场的现代服务业带来了新的发展机遇。

目前,学术界对于服务外包尚未有完全统一的定义和内涵,但在一些比较重要的领域中广泛存在着以下三点共识:一是服务外包有别于制造外包。制造外包,比如,货物贸易中的加工贸易,是产业链和价值链中制造环节的跨境延伸和外包,处于价值链微笑曲线的底端,通常以吸收蓝领工人为主要特点;而服务外包是除制造环节外,企业将部分内部业务和业务流程交由外部接包方来完成,主要为非核心业务,处于微笑曲线的中高端,通常以吸收白领职员为主要特征。二是交易方式有所不同。WTO界定的服务贸易主要有四种交易方式,而服务外包的交易方式主要分为两种,即离岸外包和在岸外包。其中,离岸外包与服务贸易重合,属于服务贸易的范畴,是服务贸易的重要组成部分;而在岸外包则不在服务贸易的范畴之内,但这类外包对产业结构的优化调整和企业的转型升级具有极其强大的推动作用,进而可以为离岸外包做大做强奠定更加坚实的基础。三是业务内容的分类不同。目前,服务外包按照内容分类主要有以下三种,即信息技术外包(ITO)、业务流程外包(BPO)和知识流程外包(KPO),同时还可以根据具体业务内容进行进一步细分,如研发外包、软件外包、设计外包、金融服务外包、财务管理外包、公共服务外包、人力资源管理外包、客户关系管理外包、物流外包、电子商务外包和销售外包等。

服务外包主要是指是企业依据服务协议将信息服务、应用管理和商业流程等业务委托授权给第三方进行执行的一类业务,是一个以互联网信息技术发展作为重要支撑的新型服务行业,也是现代高端服务业的重要组成部分,具有科技含量高、国际化程度高、增长空间大、产业带动力强、吸纳大学生就业空间广阔、资源消耗低和环境友好性强等显著特征,顺应了当前中国产业结构转型升级的经济发展大趋势,具有光明且广阔的发展前景。因此,我国应当牢牢把握这一宝贵的发展机遇,大力承接离岸服务外包业务,努力转变我国对外贸易增长的发展方式,扩大知识密集型服务产品的出口,从而进一步优化外商在我国投资的产业结构,提高我国利用外资的质量和水平。在降低生产成本、寻求更优质的资源服务、规避经营风险等目标的共同驱动下,经济全球化正在逐渐演变并形成了以服务外包为特色的产业升级转移的新浪潮。

一、江苏省服务外包的发展现状

随着我国经济发展进入新常态阶段,进一步推动产业结构的优化升级和转型是促进当前经济稳定健康增长的重要引擎,其中,服务业的优化升级对于推动整体产业结构的升级优化、促进国民经济健康发展具有重要意义。国际服务外包对于承接国际服务业结构升级有着重要影响,对于承接国来说,通过承接国际服务外包可以促进国内服务业技术水平的提升,有助于改造传统服务业,有利于发展现代服务业,并以此推动承接国国内服务业结构的优化升级和转型。

近些年,江苏省产业结构不断优化,2018年江苏省一、二、三产业的增加值占全省GDP的比重依次为4.5%、44.5%和51.0%,第三产业继续领跑全省经济,具有良好的发展势头。与此同时,作为江苏省服务业重要组成部分的服务外包业也取得了良好的发展成绩,2018年江苏省服务外包合同额比2017年增长了19.6%,达到了445.9亿美元。当前,江苏省需要通过积极承接国际服务外包的战略来进一步推动省内服务外包产业的持续发展和结构升级,进而推动省内产业结构优化升级与省内产业经济的健康发展。

(一)江苏省服务外包业的现状分析

1. 南京成为全国深化服务贸易创新发展的领军者

根据商务部发布的《深化服务贸易创新发展试点总体方案》,南京已经被商务部认可并批准作为深化服务贸易创新发展试点地区,规定的深化试点期限为2年,截止日期为2020年6月。在试点期间,商务部会暂时调整实施相关行政法规、国务院文件和经国务院批准的部门规章的部分规定,并相应地调整本部门制定的规章和规范性文件,在遇到重大问题时,商务部需要及时向国务院相关机构请示汇报。这次的试点工作的主要内容包括:进一步完善管理体制,全面建立地方政府服务贸易发展绩效评价与考核机制;进一步扩大对外开放,借鉴自贸区的开放经验,有序推动服务领域对外开放;进一步培育市场主体,科学建设运营全国性、区域性公共服务平台;进一步创新发展模式,依托自贸试验区、经济技术开发区等建设一批特色服务出口基地;进一步提升便利化水平,深入改革通关监管制度和模式,提升移动支付、消费服务等方面的便利化水平;进一步完善政策体系和健全统计体系;进一步创新监管模式,探索创新技术贸易管理模式,逐步将有关服务贸易管理事项纳入国际贸易"单一窗口"。

江苏省作为全国服务外包行业的领军者,凭借自身独特的资源优势和雄厚的产业基础,南京将发展服务贸易、服务外包作为转变经济发展方式、推动全市经济转型升级的重要抓手。目前,江苏省已经拥有五个全国性的服务外包示范城市和六个省级的服务外包示范城市,具有其他省难以匹敌的政策优势。正是在国家和省级政策方针的共同支持下,江苏省的服务外包企业有机会充分利用难得的政策优势,进一步深入开发自身的资源优势,积极投入到全国服务贸易蓬勃发展的巨大浪潮中。根据商务部最新公布的全国服务外包示范城市综合评价结果,2018年南京在全国31个服务外包示范城市和11个服务外包申请城市中排名第一,服务外包行业发展的卓越成绩取得了权威的肯定。在省内服务外包企业的共同努力下,江苏省服务贸易得以蓬勃发展和创新,从而有机会促使此次以南京为中心的深化服务贸易创新发展的试点工作在到期时可以取得令上级及群众满意的理想工作成果,进而有机会为未来服务贸易创新发展在全国范围内的进一步推广落实做好铺垫,发挥好模范带头作用。

2. 基础设施不断完善,承接外包的规模和领域不断扩大

江苏省地处"一带一路"的交汇点、长江经济带的龙头地带和长三角的核心区域,省内经济发达、人口密布、城镇化发展处于较高水平,交通便利且公铁水空运输方式齐全,具有发展服务外包业独特的区位优势。在政府财政的大力支持下,江苏省的年度交通投资屡创历史新高,综合交通设施水平不断提升,2018年的主要建设成果包括:时速200公里的快速铁路1811公里,时速250公里以上的高速铁路846公里,长三角核心区(沪宁杭)已经形成了"一小时高铁圈",高速公路也实现了从"县县通"到"县城通"的跨越;跨江通道也由原来的11座增加到14座,建成了全国最大的内河水运工程长江南京以下12.5米的深水航道二期工程和连云港30万吨级的航道一期工程等,内河航道总里程和密度均已经位于全国第一;万吨级以上的泊位数和亿吨级大港数均居于全国第一;城市轨道交通的开通里程也增至640公里,总里程位居全国第四;与此同时,南京禄口机场二期工程和徐州观音山机场二期工程正式建成启用。江苏省的交通基础设施正在铁路、水运和空运等领域全面迈进,形成了多个交通枢纽,立体的交通走廊正在形成并不断完善,为江苏省服务外包行业的发展提供了十分完善的交通基础设施条件。

江苏省企业"走出去"承接国际外包项目的步伐逐步加快,承接所涉及的领域也越来越广泛,其中承接机场、港口、公路和铁路等建设的项目逐渐增多,对外投资和承接项目的领域逐渐扩展到矿产资源开发、新能源(太阳能、风能等)开发、房地产开发、农业项目开发、工业及生活垃圾发电、污水与污染处理、服装与印染行业、工业装备制造业等多个领域。

3. 国际服务外包承接地主要集中在苏南地区

江苏省服务外包业的发展排名一直位于全国前三的领先地位,发挥着模范带头作用,但是江苏省服务外包行业发展与区域经济发展不平衡相对应,存在着十分明显的区域发展不平衡现象。从苏南到苏中,再到苏北,省内服务外包业的发展水平呈现逐渐下降的显著趋势,苏南地区服务外包业的发展十分迅速且规模较大。迄今为止,江苏省已经拥有五个国家级别的服务外包示范城市,分别为南京、苏州、无锡、南通、镇江。这五个示范城市,以南京、苏州为首,带动全省服务外包业发展,形成产业集聚,其中,南京和苏州的各项指标一直在全国范围内名列前茅。苏南地区的制造业中外商直接投资金额总量较大、产业分布相对集中,经济基础较好,且交通方便、劳动力储备较丰富,为国际服务外包的发展奠定了坚实的基础。然而,苏北地区由于经济较为落后,缺乏相对完善的基础设施和人力资源,其服务外包行业的发展与苏南地区相比存在较大差距。据统计,2018年苏北地区的服务外包接包金额只占据了全省服务外包接包总额的5%左右,与苏南地区之间的差距十分明显。

4. 离岸外包业务主要集中于信息技术外包,但结构在不断完善

江苏省服务外包的业务所涵盖的领域比较狭窄,且整体所处的层次还比较低,离岸外包业务主要分布在IT技术、软件、工程技术、生产设计、研发人力和资源管理等方面。据统计显示,江苏省服务外包以较为低端的信息技术外包(ITO)为主,而在服务外包业务中所处层次更高的业务流程外包(BPO)和技术性知识流程外包(KPO)的份额则相对较少,有待进一步依赖发展提高。

江苏省作为全国服务外包发展较快的一个省份,其发展结构和发展速度紧紧跟随着国际服务外包发展的步伐,在发展信息技术外包的同时,也更加注重知识流程外包和商业流程外包这类高附加值的服务外包模式的开发与发展。近些年,江苏省服务外包业不仅在接包总量上取得了快速发展,同时外包业务水平也在逐步提升,承接外包的业务结构不断优化,信息技术外包(ITO)、知识流程外包(KPO)、商业流程外包(BPO)的离岸执行额一直维持着稳定上升的状况,ITO、BPO发展状况良好。以BPO为例,2013年BPO离岸执行额仅占全国离岸服务外包总额的14%,到2018年全国占比上升至40%左右。

5. 投资结构持续优化,为服务外包行业发展提供宝贵机遇

改革开放以来,伴随着经济体制的改革和省内经济的进一步发展,江苏省第一产业投资占比逐渐降低,第二产业投资的占比小幅震荡减少,与此同时,第三产业的投资占比迅速提升。自党的十九大以来,江苏省进一步深入推进供给侧结构性改革,把发展先进制造业和现代服务业作为调结构、转方式、促升级的工作重点内容,优化全省的投资结构,努力推动省内经济实现高质量的增长。2018年,江苏省第一产业、第二产业、第三产业的投资结构已经整体呈现二、三产业协调发展且第三产业占比逐步提高的良好态势。

服务外包行业作为当前第三产业中新兴服务贸易的代表性产业,在全省投资结构不断优化的大环境下可以为服务外包行业的发展提供宝贵的机遇。相对以往而言,可以获得更多的发展资金支持和政策鼓励,有利于进一步扩大省内服务外包行业的发展规模,拓展服务外包行业涉及的行业领域,完善服务外包行业的产业结构。

6. 高新技术产业蓬勃发展,为服务外包发展奠定基础

高新技术产业是国民经济中具有先导性和战略性的重要产业,加快发展高新技术产业,对于推动产业转型升级和构建现代产业体系具有重要作用,是提升经济发展质量水平和实现新型工业化的必然选择。十八大以来,为了推进我国工业化的进程,适应产业结构转型升级的需要,江苏省不断加大对高新技术产业的投资,仅2013—2017年五年间,全省累计完成高新技术产业投资37739.3亿元,建成投产高新技术产业项目37733个,高新技术产业投资规模迅速提升,对省内投资的拉动作用逐渐显现,成为全省投资增长的重要"新引擎",为江苏省高质量的发展提供强大动力。十八大以来,高新技术产业的投资增速一直处于较高水平,除个别年份外,其投资增幅一般均高于同期的社会总投资增幅,2018年更是达到了15.2%,是全省投资增速的2.8倍。在高新技术产业投资的蓬勃发展下,省内逐渐形成了以智能装备、电子及通讯设备、新材料、医药制造业投资为主体,新能源、仪器仪表、电子计算机及办公设备、航天航空制造业为支持的高新技术产业投资的新局面。以2018年为例,居于前四位的高新技术行业投资额占比分别为电子及通讯设备制造业(33.1%)、智能装备制造业(28.2%)、新材料制造业(12.1%)和医药制造业(11.4%)。

服务外包行业作为以互联网信息技术发展作为支撑的新型服务行业,是现代高端服务业的重要组成部分,具有科技含量较高的重要行业特征。省内高新技术产业的蓬勃发展可以为服务外包行业提供一定的技术和设备支持,有利于发展处于外包价值链较高端的知识流程外包和商业流程外包,提高省内服务外包的业务水平和优化省内服务外包的业务结构,有助于提高江苏省服务外包行业的市场竞争力和行业收益。

7. 民间投资异军突起,为服务外包业增加资金支持

党的十八大以来,民间投资进一步发展壮大,2012年全省民间投资完成额为21293.5亿元,总量首次超过2万亿元,2017年全省民间投资达到37485.5亿元,是2012年的1.8倍。2013—2017

年,全省民间投资累计完成额为156320.5亿元,年均增速12.0%,高于同期全部项目投资增幅1.2个百分点。为了响应社会需求和政策号召,进一步繁荣民间投资,2018年江苏省政府出台了《关于进一步激发民间有效投资活力,促进经济持续健康发展的实施意见》。该《意见》强调支持民间资本PPP项目,不断扩大基础设施和公共事业领域开放。据统计,2018年江苏省面向社会公布了11个PPP项目,总投资达508.4亿元,吸引民间资本142.7亿元。

在国家政策的积极支持和推动下以及江苏省民间资本的发展壮大,政府与社会资本合作(PPP)将成为江苏省外包企业承接国际服务外包业务的主要运作模式,主要涉及港口建设、公路建设、铁路建设、能源开发、信息技术、产业园规划等项目的承接与投资。政府和民间资本的共同合作有助于促进社会资本融合流通,分摊投资主体的投资风险,提高社会资源的配置效率和投资项目的管理水平,从而为提高服务外包行业的资金规模和拓展投资领域提供更为充足的资金支持。

8. 教育事业的跨越发展,为服务外包业发展提供智力支持

随着江苏省教育投入的持续增加,教育规模不断扩大,教育质量不断提升,教育改革不断深入发展。2018年江苏省各级各类教育在校学生达1389.7万人,平均受教育年限达9.5年,义务教育普及目标已经达成。截至2018年,江苏省共有普通高校167所,普通高等教育本专科在校生180.6万人,每万人中大学生248.5人,研究生在校人数为19.4万余人,高等教育毛入学率为58.3%,江苏省的教育发展已经跻身于全国教育先进之列。与此同时,江苏省各级政府把文化教育作为财政支出的重点领域,依法加大对教育事业的经费投入,2018年江苏省地方教育经费总投入达到2837亿元,其中,财政性教育经费达到2202亿元,占教育经费总投入的77.6%。

留学归国人员是宝贵的人才资源,为了更好地贯彻创新驱动发展战略、科教兴国、人才强省战略和人才国际化战略,以高精尖缺人才作为重点,出台了一系列吸引留学人员回国创新创业的相关战略举措。截至2018年,江苏省累计吸引留学人才近20万人。

江苏省教育的蓬勃发展为省内经济的蓬勃发展提供了优质的人力资源储备。服务外包行业作为以互联网信息技术发展作为支撑的新型服务行业,是现代高端服务业的重要组成部分,具有科技含量高、国际化程度高和吸纳大学生就业空间广阔的显著特征,省内优质且丰富的人才储备可以为服务外包行业的发展提供较为充足的智力支持。

(二)江苏省服务外包发展的环境分析

1. 国际环境

(1)贸易保护主义抬头,世界经济复苏进程缓慢

2008年世界金融危机给全球经济带来了巨大冲击,发达国家相继推出量化宽松政策,世界经济在重重艰难中缓慢复苏。随着发达经济体经济逐渐复苏,全球经济整体逐渐趋于稳定,但世界经济的整体增长状况依旧十分缓慢,全球经济复苏的进程漫长而曲折。目前,世界经济仍处在全球金融危机之后的深度调整期,全球经济总体增长处于温和而不均衡的状态,结构性调整有待加快速度。一方面,发达经济体增长复苏的同时出现分化;另一方面,新兴经济体和发展中经济体面临本国经济结构的艰难调整,增长速度开始放缓,国际经济发展的前景不容乐观。

未来几年,全球产能过剩压力依然较大,发达经济体人口老龄化、高福利弊端、经济虚拟化问题依然存在,金砖国家为首的新兴经济体增长进一步放缓。与此同时,贸易保护主义在美国政府的作

用下将进一步加剧,从而使得世界经济复苏的步伐难以加快。全球经济增长有待于各国政府进一步推进国内产业的结构性改革,扩大基础设施投资,进一步推进贸易投资自由化并改善商业条件、提高生产率。服务外包行业发展的驱动力源自降低成本、提高效率和增加价值,金融危机对世界经济的打击固然在很大程度上影响我国服务外包行业的发展前景,对江苏省服务外包企业获得新的发包机会也会产生相应的阻碍。然而,从某种程度上来看,机遇与挑战并存,经济不景气的时期也是服务外包行业发展难得的机遇期,面对国内如今相对低迷的外包市场行情,江苏省服务外包企业应当积极发挥自身的积极性,制定具有前瞻性和可行性的发展战略,充分利用自身资源优势并对企业进行创新升级,努力提高自身的实力,为江苏省企业能够在未来服务外包行业的繁荣市场中屹立不倒奠定坚实的实力基础。

(2)发达国家人口老龄化日趋严重,外包机会增多

根据联合国公布的《世界人口展望》报告,2018年全球总人口约为75.94亿,发展中国家的人口占据世界人口的绝大部多数(超过80%)。其中,中国和印度依旧是全球人口最多的两个国家,分别占全球人口总数约19%和18%,预计2027年印度人口将超过中国成为世界第一人口大国。由于世界人均寿命延长和生育观念改变等原因,今后几十年全球人口老龄化问题将更加严重。据联合国预计,到2050年,世界人口总数将达97亿,到2100年,全球人口将接近110亿,届时全球人口增长将降至零。全球平均生育水平从1990年每名妇女平均生育3.2个孩子降为2018年每名妇女平均生育2.5个孩子,到2050年,这一数字将继续下降到2.2。与此同时,全球人均预期寿命已经从1990年的64.2岁增加到了2019年的72.6岁,到2050年可能增加到77.1岁。以日本为代表的发达国家面临严重的老龄化问题,据联合国预计,到2050年,日本65岁以上的老年人数量将达到近4000万,而那时日本的总人口可能减少到1.05亿左右。而25—64岁的劳动人口可能只有4500万,每1.1个劳动力就要供养一名老年人,而目前这一比例是1.8,为全球最低。由此可见,发达国家的青壮年在人口结构中的比重逐渐降低,社会经济发展所需要的青壮年劳动力相对供应不足。发达国家劳动力市场目前所面临的这种不利现状无疑会对其承接离岸服务外包造成一定阻碍,而拥有比较充足青壮年劳动力资源的我国则有机会彰显承接离岸服务外包的劳动力优势,有利于我国企业承接国际产业转移,促进国内产业结构优化升级。

(3)新一代信息技术为外包发展提供新动力

21世纪是信息科技的时代,信息技术成为当代世界经济增长的新动力。信息科技产业已成为世界各国,特别是众多发达国家竞相投资、重点发展的战略性产业部门,希望能够通过抢占科技信息高峰在未来的经济发展中继续保持领先地位。近十年来,以移动互联网、社交网络、云计算和大数据为特征的第三代信息技术蓬勃发展,为服务外包的发展提供了新动力。由于网络互联的移动化和泛在化、信息处理的集中化和大数据化、信息服务的智能化和个性化,第三代信息技术又被称为"新一代信息技术"。未来信息网络发展的趋势之一是实现物与物、物与人、物与计算机的交互联系,将互联网拓展到物端,通过泛在网络形成人、机、物三元的完美融合,进入万物互联的新时代。

近期,第五代移动通信技术(5G)的诞生和推广在全球范围内引起了广泛关注,中国的科技实力得到了国际社会的广泛认可,也成为通信业、社会大众以及学术界探讨的热点话题。而5G网络的主要优势在于,数据传输速率远远高于以往的蜂窝网络,最高可达10 Gbit/s,比目前的有线互联网都要快,比先前的4G LTE蜂窝网络要快100倍。另一个优点则是响应时间更快,低于1毫秒,

而 4G 为 30—70 毫秒。由于数据传输的大幅增速,使世界范围内的信息交流变得更加便利,因此,可以为江苏省承接国际服务外包提供有力的技术支持,行业的工作效率也会因此得到有效提高,有利于服务外包行业在全球范围内的蓬勃开展。

商务部数据显示,2018 年我国实现服务进出口总额 5.24 万亿元人民币,同比增长 11.5%,服务贸易规模再创历史新高,连续 5 年保持全球第二位。2009—2018 年,我国服务外包执行金额从 200.1 亿美元增至 1450.2 亿美元,年均增长率近 25%,加快产业向高端化、数字化、融合化、标准化方向创新发展,向高技术、高附加值、高品质、高效益方向转型升级,成为数字经济时代提升我国全球价值链层次的战略选择。

(4) 离岸接包市场的国际竞争加剧

全球外包业务的离岸发包市场由美国、欧洲和日本等发达国家和地区主导,这些国家和地区离岸业务发包规模占全球发包市场的近九成。而与之相对应的,以中国,印度为代表的新兴经济体则是国际服务外包市场上的主要接包国。全球离岸接包市场竞争较为激烈,印度、爱尔兰、加拿大和中国组成了软件接包国家的第一梯队,合计市场占有率约为 67%;菲律宾、墨西哥和俄罗斯组成了第二梯队,合计市场占有率约为 13%;澳大利亚、新西兰和马来西亚等国家组成了第三梯队,合计市场占有率约为 8%。根据管理咨询公司科尔尼以国家作为单位,分别从金融吸引力、劳动力人口技能水平及可获得性、综合营商环境和数字化能力四大维度出发,对信息技术外包服务(ITO)、业务流程外包服务(BPO)和语音服务等服务领域进行综合评估,从而得出全球离岸服务目的地指数。根据 2019 年全球离岸服务目的地指数(GSLI)显示,印度、中国和马来西亚三国继续稳居世界前三,而美国和英国今年则首次跻身前十。

由于离岸外包是全球化的竞争,竞争的主体参与者虽然是企业,但国家的整体竞争力至关重要。很多发包商往往是先考虑目的地国家,再考虑目标企业。由于相对低成本,发展中国家在全球竞争中具有一定的比较优势。与经济较为发达的国家相比,中国企业承接服务外包企业的国际化程度较低,全球化运营能力还不够强,因而承接离岸外包的能力较弱,国际市场开拓相对困难。与信息技术水平较高的印度等国相比,中国企业的国际化水平和技术水平还有一定差距。虽然中国正在逐渐丧失劳动力低成本优势,但是中国在东亚地区仍有一定的接包优势。中国与日本、韩国因为同在"东亚文化圈"内,有着相对深厚的历史渊源,同时兼具地理相近、文化相通等优势。中国独有的学习日韩语言文化的优势是中国相对于其他竞争国家,如印度、菲律宾、俄罗斯、波兰、越南等国所无法企及的,随着中日韩等国之间经贸合作日益深化,人文交流日益频繁,中国相对拥有较多的通晓日语韩语和软件的复合型人才,人力资源的质量较优且成本较低、合作优势十分明显。因此,即使中日韩关系因为政治因素降温,但中国仍然是日本韩国的服务外包产业的发包首选。事实上,在日本的软件外包产业中,60% 以上的离岸服务外包业务由中国企业进行承接。当前,印度、俄罗斯、韩国、菲律宾、新加坡和泰国等新兴经济体均在一定程度上放松了对服务业的管制,纷纷采取措施为承接国际服务外包创造有利的国内发展条件。与此同时,美国、德国以及其他发达国家凭借其资金,技术、人才、管理、和地理交通等各方面的优势,也积极参与到承接国际服务外包业务的竞争中来,市场竞争进一步加剧。

(5)"一带一路"倡议为发展服务外包提供新空间

自 2013 年 9 月习近平主席提出建设"一带一路"("丝绸之路经济带"和"21 世纪海上丝绸之

路")的倡议构想以来,中国推进"一带一路"倡议的步伐开始不断加快。该倡议将通过政策沟通、道路联通、贸易畅通、货币流通、民心相通的"五通"方式,为中国营造一个良好的区域国际环境。目前,中国已经与沿线国家达成了一系列国际共识,签署了一揽子合作协议,正在稳步推进"一带一路"倡议的实施,从而促进中国与沿线各国经济合作与发展,以及区域稳定和繁荣。其中,主要内容有:加强贸易投资合作,促进国际贸易繁荣;以交通基础设施为突破,优先部署中国同邻国的铁路、公路项目;搭建融资平台,打破互联互通的瓶颈,建立亚洲基础设施投资银行,同时,中国还将出资400亿美元成立丝路基金;加强与周边地区的人文交流,夯实亚洲互联互通的社会根基。

随着"一带一路"倡议的进一步实施,中国与沿线国家的投资和贸易联系将大大加强,在中国输出资本和技术的同时,服务也将跟随着一起"走出去",这无疑将给我国服务外包带来了极为难得的新发展机遇,有可能成为经济发展新的增长极,在未来将形成由发达国家、新兴市场和国内市场共同组成的多元化服务外包市场。

2. 国内环境

(1) 国民经济发展进入"新常态"阶段

中国经济在经历十多年的经济高速增长后,经济总量大幅增加,引起了世界的瞩目惊叹。然而近几年GDP的增速却逐渐放缓,经济发展由高速增长转为中高速增长,从2010年的10.6%下降到2014年的7.3%,再到2018年进一步下降到6.6%。与此同时,经济结构不断优化,逐步由要素驱动和投资驱动转为创新驱动。2018年是中国宏观经济需要全体社会高度关注的一年,中国经济发展全面步入新常态的新阶段,内部增长速度换档期、经济结构调整阵痛期和前期刺激政策消化期三期叠加,所面临的经济下行压力需要利用新一轮全方位改革开放和新一轮供给侧结构性改革来进行化解和对冲,迎来了中国经济结构转换的关键期、深层次问题的累积释放期以及中国新一轮大改革的推行期。在此背景下,服务外包行业作为新型服务业的代表,江苏省应当抓住宝贵的历史机遇积极发展服务外包,并以此推进产业结构的优化升级,为经济发展贡献力量。在新发展理念下,江苏全面落实供给侧结构性改革的部署,全省固定资产投资的增幅稳中趋缓,进入中高速的稳定增长阶段,更加注重投资的结构、质量和效益。

目前,中国正处于产业转型升级、结构调整的关键时期。尽管目前我国仍然处于工业化发展阶段,科技进步对经济增长的支撑作用不断增强,然而事实上,服务业对GDP增长的贡献率已经超过制造业,我国产业结构正在逐渐由工业主导型向服务业主导型进行转变,服务业发展的增速较快,已经成为中国吸收外资的重要领域。根据商务部的数据显示,2018年中国吸收外资额达8856.1亿元人民币,同比增长0.9%,规模创历史新高。在主要投资来源地中,新加坡、日本、英国、美国实际投入金额同比分别增长8.1%、13.6%、150.1%和7.7%,"一带一路"沿线国家实际投入金额同比增长13.2%。数据显示,服务业已经成为外商投资的首选产业,2018年服务业吸收外资的占比达68.1%,其中,服务贸易占对外贸易总额的比重逐渐提升到14.6%。在全球经济下行趋势和国内经济增速放缓的双重压力下,服务贸易成为中国经济新的增长点和重要突破口。随着我国经济发展阶段的逐渐演变和国家产业结构的有序调整,我国服务业的发展必将迎来蓬勃发展的美好春天,而代表新型服务业发展方向的服务外包行业也将因为置身其中有机会获得突破性的发展机遇。

(2) 人口红利逐渐丧失,成本优势不再突显

中国作为世界人口大国,劳动力资源十分丰富,劳动力成本相对于经济较为发达的国家而言处

于较低水平,正是在人口红利的支持下,廉价而丰富的劳动力资源为我国经济曾经的高速发展贡献了不容忽视的重要力量。然而,随着我国经济发展水平的不断提高,生活成本的逐渐上升和文化教育的广泛普及,我国职工的工资水平也随之上升,企业的劳动力成本较以往大幅提高,企业的劳动力成本优势逐渐式微。与此同时,我国人民币经历了持续多年的升值过程,这些因素使得我国劳动力的平均成本较以往大幅上升,在国际社会上的人口红利优势逐渐消失。正是在这一大背景下,不少原本在中国设立工厂的外国劳动力密集型企业,甚至本国的一些劳动力密集型企业为了节约劳动力成本开始将战略目光转向经济发展水平较低、劳动力成本较低的东南亚地区,因此,我国的一些外商投资开始转移到东南亚地区。目前,江苏省服务外包企业的业务以劳动密集型的低端服务外包为主,一旦劳动力成本显著增加,则原本的竞争优势就很难突显,进而导致省内服务外包行业的国际竞争力随之下降。

(3)丰裕的人才储备为服务外包升级奠定基础

中国作为世界上人口最多的国家,人口众多,人力资源非常丰富。随着中国义务教育的全国普及和高等教育的不断发展,2018年九年义务教育巩固率为94.2%,比上年提高0.4个百分点,同时,高等教育的毛入学率达到了48.1%,即将由高等教育大众化阶段进入普及化阶段,大学毕业生人数呈现逐年增加的趋势,而持续增长的高校毕业生将为服务外包产业的发展提供了充足的基础人才支撑。

随着国内经济的不断发展,人们的可支配收入不断增加,越来越多的经济能力允许的学生选择出国留学,而这些留学归来的学生绝大多数选择回国择业,这些同时具备语言和技能优势的国际化人才具备从事服务外包行业的独特优势。随着中国在世界舞台上的崛起,归国的留学人员数量大幅增长。1978—2007年的30年间,中国总共约有121万人到海外留学深造,累计只有32万人回国。而在2008—2012年间,出国与回国的人数分别为140万和80万,短短5年里的回国人数就是前30年总和的约2.5倍。

与此同时,国内经济的繁荣吸引了一些长期移居海外的华人回国发展,这些在欧美等发达国家已经站稳脚跟,甚至成功创办自己公司的优秀华人,不仅拥有拓展国内外市场所需要的技能、人脉和国际交流能力,还为我国带来了丰裕的外商直接投资,给中国企业带来了宝贵的知识资本和管理经验。

二、江苏省服务外包发展中存在的主要问题

(一)服务外包规模不断扩大,但发展速度逐渐放缓

从2007年开始起步,得益于国内经济发展的利好环境,在国家和省级政策的大力支持下,这些年来,江苏省的服务外包行业的发展趋势十分迅猛,在全国范围内处于领先地位。2008年全球金融危机爆发后,江苏省服务外包行业依旧维持着高速发展的利好态势,且2008年全年服务外包合同额首次突破了10亿美元,达到24.42亿美元。之后的2009年、2010年服务外包合同额同比增长率均维持在30%以上。到2018年为止,江苏省全年服务外包合同额已达到450亿美元。

虽然规模和领域都在持续扩大,但近几年省内服务外包业的发展速度有所放缓。以服务外包离岸执行额为例,2007 年为 2.6 亿美元,此后开始快速增长,2018 年已达 221.5 亿美元,从 2007 年到 2018 年江苏服务外包实现了突破式增长,外包的规模不断扩大,这也说明江苏服务外包能力有了大幅的提升。近几年,虽然省内服务外包的规模仍呈现逐年增长的基本态势,但增速却在持续下降,在 2013 年之前,江苏省服务外包增速始终保持在 30% 以上,而从 2014 年开始,江苏省服务外包业的发展增速一直处于 30% 以下且呈现继续下降的基本态势。究其原因:一方面,由于江苏省服务外包规模不断扩大,使得服务外包离岸执行额的基数也在不断扩大,江苏省服务外包增长的剩余空间相对缩小,进而导致增速相对下降;另一方面,也与世界整体经济疲软,政局动荡的现状有关,当前经济仍处复苏阶段,再加上欧债危机,英国脱欧,美国发起贸易战等因素使得世界发展的前景并不明朗,发达国家出于国内经济发展、促进就业等考虑,发包与以往相比并不积极,同时,来自国内其他地区的强有力的服务外包竞争者以及其他发展中国家接包的低成本优势也不同程度上分割了国际外包市场的份额,综上,在这些因素的共同作用下,江苏省服务外包的增速逐渐下滑。

(二)外包结构不断优化,但业务主要集中在中低端

江苏省服务外包近些年不仅在总量上取得了快速发展,同时服务外包业务的质量水平也在逐步稳定提升,承接服务外包的业务结构不断优化,信息技术外包(ITO)、知识流程外包(KPO)、商业流程外包(BPO)的离岸合同执行额一直维持着稳定上升的状况,ITO、BPO 发展状况良好。以 BPO 为例,2013 年 BPO 离岸执行额占全国离岸服务外包总额的 14.0%,到 2018 年全国占比上升至 36.5%。而江苏省作为全国服务外包发展较快的一个省份,其发展结构、发展速度紧紧跟随着国家的脚步,也更加注重知识流程外包和商业流程外包这类高附加值的服务外包模式的开发与发展。以知识流程外包为例,2016 年、2017 年、2018 年的全省知识流程外包额分别占省内服务外包总额的 30.6%、38.1%、40.4%,说明江苏省外包产业的结构总体呈现不断优化的良好态势。

目前,服务外包业务主要分为 ITO、BPO、KPO 三类,相比较来看,KPO 业务的技术要求和附加值含量最高,BPO 业务次之,ITO 业务在三类中最低。在服务外包领域,中低端业务竞争最为激烈,主要依靠是低劳动力成本优势取胜。就江苏省服务外包产业结构来看,依旧以中低端产业为主。虽然商业流程外包(BPO)和知识流程外包(KPO)近几年也在维持着快速发展的趋势,但在服务外包总量中的占比依旧过低,信息技术外包(ITO)依旧占据着主要地位。从近几年的数据来看,两者相加的数量额依旧没有超过信息技术外包的数额。虽然江苏省开始慢慢从中低端外包向高端服务外包转型,但就服务外包业这类知识密集型产业的需求来看,江苏省服务外包业整体的创新能力和知识技术水平还是有所欠缺的,而这些局限性因素往往也会影响省内 BPO 和 KPO 的发展,这也是 BPO 和 KPO 占比过低的主要原因之一。但随着江苏省服务业技术水平的进一步提升和创新优势的不断突显,江苏省服务外包的发展会更加趋向高技术知识密集型的中高端业务。

(三)外包产业集聚在苏南地区,区域发展十分不均衡

江苏省服务外包业常年位于全国前三的区间内,具有领头军的作用。迄今为止,江苏省已经拥有五个国家级别的服务外包示范城市,分别为南京、苏州、无锡、南通、镇江。五个示范城市以南京、

苏州为首，带动全省服务外包业发展，形成产业集聚。南京和苏州的各项指标一直名列前茅。2016年的全球服务外包大会上，南京市与北京市并驾齐驱，被评为服务外包行业最具影响力城市。2018年，南京以其60.67亿美元的服务外包离岸执行额位列全国之首。但江苏省服务外包行业存在着较为明显的区域发展不平衡。从苏南到苏中、苏北，全省服务外包业水平呈现逐渐下降的显著趋势。苏南地区服务外包业发展十分迅速，苏南五市中的南京、苏州、无锡、镇江就占据了江苏省五个国家级服务外包城市中的四个名额。其中，南京市服务外包总额常年位居全国首位，苏州市也紧随其后，全国排名一直稳居前四。仅剩的另一外包示范城市南通位于苏中，而苏中也只有南通的服务外包业处于较好状态，其余城市的服务外包发展仍处于较低水平。而就苏北的服务外包业整体发展来看，发展水平远远低于苏南地区，据统计，苏北的服务外包接包金额只占据了全省服务外包接总额的5%左右。

（四）外包业务市场国过于集中，"一带一路"市场开拓仍不足

随着国家"一带一路"相关政策的不断推进，为我国发展服务外包进一步拓宽了市场。2018年，江苏承接"一带一路"沿线国家和地区的离岸业务执行额达33.5亿美元，占全省离岸业务执行额比重达15.6%，取得了突破式的成绩，"一带一路"沿线国家和地区外包业务市场的开拓为江苏省服务外包市场多元化发展奠定了良好的基础。但是，长期以来，江苏省离岸外包业务的发包国以欧美国家为主，2018年，来自美国、欧洲、中国香港、中国台湾、韩国和日本的离岸业务额占比达79%，由此可见，江苏服务外包的发包国家过于集中，因而省内外包业务发展就容易受这些国家政治经济环境变化的影响，这也是近几年江苏省服务外包业务增长速度有所下滑的重要原因之一。因此，江苏省不仅要努力维护已有的主要欧美外包市场，还要进一步加大对"一带一路"国家服务外包市场的开拓，努力形成服务外包行业多元化市场的发展格局。

（五）缺乏承接国际服务外包的高素质专业人才

服务外包业作为知识密集型产业，对劳动力的教育水平、知识和创新等方面有着较高要求，高素质的人才投入对整个产业的发展起着积极的促进作用，而服务业、服务外包业的快速发展，同时也有效促进了劳动力水平的提升，两者之间是相辅相成的关系。

江苏省作为全国知名的教育大省，拥有的高等院校数量排名全国第一，从理论上来看，我省理应具有比较充足的高质量人才储备，但是事实上，省内服务外包行业的人才结构不尽完善，比例失调，尤其是擅长外语和具备实质实践操作能力的复合型人才严重缺乏，大部分从业人员由于知识能力限制，只适合从事中低层次的非核心软件外包业务，导致服务外包的整体水平较为低下。

（六）承接服务外包的企业实力有限

目前，江苏省服务外包相关企业的国际化水平较低，全球化的运营能力较弱，承接离岸外包的能力较低，国际市场开拓困难，相关设备也不够完备。本土实力不强的服务外包企业一般难以走出国门，需要积极依托省内部分企业对世界各国和地区的直接投资，借助其资源网络，通过承接跨国公司业务，同时掌握国际市场信息，汲取更多国际服务外包的承接经验以增强竞争力。

综合来看,要提高省内服务外包产业的国际竞争力需要接包企业在参与国际服务外包业务竞争时做到有效借助省内资源建立接包企业、省内高校和科研院所的发展联盟,实现大学与科研机构的创新研发资源和企业的经营管理资源的优势互补以及研发链和产业链的有机结合,还需要接包企业运用知识产权法律规则保护属于自己的知识产权,建立企业自主创新发展体系。

(七)承接国际服务外包的企业融资困难

事实上,江苏各地区的服务外包产业整体还处于全球价值链的比较低端的不利位置,跨行业整合水平还不够,企业的优势和竞争力相对有限。而企业对于高附加值环节的开拓升级以及行业合作共赢需要通过加大资金投入来进行进一步的探索发展。省内的服务外包企业绝大多数是中小型企业,资产规模较小、运营管理制度存在缺陷、社会诚信体系建设相对滞后以及缺乏资产和其他实物抵押品等原因,行业内较为普遍地存在着"融资难、融资贵"的问题。如何通过金融手段创新和政府财政支持促进省内服务外包企业的融资信息与金融机构提供的金融服务间进行快速对接,加大金融支持服务外包产业发展的力度、构建更加完善有效的服务外包产业投融资体系,已经成为江苏省发展壮大服务外包产业,在推动服务外包产业升级优化的重要问题。

(八)知识产权保护环境仍不理想

服务外包产业的发展与知识产权保护力度密切相关,我国的知识产权保护力度虽然与过去相比提升不少,但社会上仍旧存在着很多侵占他人创意成果的剽窃行为,与发达国家相比,知识产权保护的环境不甚理想。由于离岸外包是全球化的竞争,竞争的主体参与者虽然是企业,但国家的整体竞争力至关重要,很多发包商往往是先考虑目的地国家,再考虑目标企业。我国对于知识产权保护的相对疏忽,无疑在某种程度上影响我国服务外包企业在国际市场上的形象和接包合同额,从而制约了我国服务外包产业的发展。

三、江苏省发展服务外包的对策建议

近几年,国际贸易和投资的发展前景不甚乐观,服务外包逐渐成为当前跨国投资领域的新趋势,这是当前江苏省经济发展中一个难得的机遇。而抓住这个机遇需要江苏省政府充分重视服务外包行业的发展,从实际出发来制定相关的政策安排,为省内服务外包行业的发展指引方向,保驾护航,对此应当做到以下几点:

(一)加强服务外包人才培养,引进优秀专业人才

由于服务外包行业发展的国际性、多样性和快速性,服务外包行业对人才在技能和素质等方面的要求也越来越高,服务外包人才的培养和积累对于促进服务外包发展,推动服务业结构升级起着重要的作用。虽然江苏省一直致力于对于人才培养的投入,不断增添相关的培训机构单位和聘用相关的专业人才教学,但是当前江苏省服务外包行业的人才结构不尽合理,尤其是中高端从业人才和复合型人才相对匮乏。服务外包人才的培养方式一直是需要不断改进的。学校或机构可以提供相关的社会实践项目,理论与实践的结合式教育模式比传统的教育模式更贴合现代企业的真正需

求,尤其是对于高端的服务外包人才。

对此,政府应当鼓励社会各界积极开展各式各样的服务外包专业人才培训活动。江苏省作为文化名省,高等院校众多,其中不乏教学质量较高的知名高校,优秀人才储备较为丰富,但是缺少服务外包行业所急需的复合型优秀人才。因此,江苏省政府和相关教育部门应当加大对服务外包人员教育培训的支持力度。其中,各大高校也应当为相关专业的在校大学生进行服务外包有关的培训交流,支持高校以人才需求为导向,调整和优化服务外包专业教学和人才结构,依照服务外包人才相关标准有的放矢地组织实施相应的教学活动,进行课程体系设置改革试点,鼓励高校和企业创新合作模式,积极开展互动式人才培养,共建实践教育基地,加强高校教师与企业资深工程师的双向交流,形成江苏省服务外包人才定制化培养"升级版"。在社会上,政府要支持省内的服务外包培训机构开展大学生岗前培训,鼓励省内服务外包培训机构积极开展具有国际认可资质的服务外包中高端人才培训,从而能够让更多的有志于从事服务外包行业的社会群体了解和掌握服务外包行业的专业知识技能,为江苏省服务外包行业的发展贡献智慧和力量。此外,省政府有关部门应该制定出具有足够吸引力的优秀人才引进政策,加大服务外包行业的宣传力度,加速引进其他地区高质量的高端服务外包人才和来自其他国家具有国际服务外包从业经验的人才,吸引鼓励海外留学人员回国从事服务外包产业的相关工作。

(二)解决企业融资问题,加快服务外包企业发展步伐

从全省来看,省内接包企业的固定资产比重小,可供抵押和担保的资产少,但接包的前期研发费用较大,资金回收期较长,企业资金压力大,融资需求强。而商业银行风险投资体系的不完善以及缺乏对服务外包企业的了解,使得企业在融资方面存在许多障碍,加之风险投资机制不健全,企业融资渠道狭窄,制约企业发展。为了促进我国服务外包产业的健康迅速发展,江苏省政府不断加大财政扶持力度,改善财政资金政策结构,提高资金使用的效率,从实质上加速产业发展壮大,改善江苏省服务业指引资金支出结构,促进相关企业大力开展国际服务外包业务的研究、人才培训、公共服务、资格认证等。提高财政资金的运营效率,通过发展全球服务外包产业将本省的基础服务外包指引到正确的发展道路上来,促使服务外包不断扩大。

此外,政府应当为具有发展潜力的中小型服务外包企业提供相应的信用担保,加强基金建设,鼓励优质的服务外包企业发展,对于发展迅速的服务外包企业给予一定的政策支持和资金奖励。在调控方面,政府可以健全税务政策,发挥税收的杠杆作用,对于跨国企业、中小型企业适当减免税务,以此来增加江苏省服务外包业的吸引力。针对全省服务外包行业中的成熟企业数量偏少的问题,政府应该努力发挥政策和政府投资型基金的作用。

在"一带一路"政策下,江苏省应继续加强省内"一带一路"建设规划,并由政府出面,抓住国际合作机会,鼓励外商投资,积极引进外资,以此来解决中小企业前期资金短缺问题。另外,包括江苏"一带一路"投资基金在内的政府型投资基金也可以解决一部分中小企业资金短缺的问题,对有潜力的企业注入资金援助,使得企业度过研发前期,帮助企业模式升级,加快企业发展步伐。如此一来,省内成熟企业的数量和质量都会有所提升,从而能够推动服务外包行业的发展。与此同时,省政府应当通过完善规章制度和提高行政效率,适当降低服务外包企业的获得资金的门槛来鼓励省内服务外包企业的发展,相关服务外包登记注册部门对于从事服务外包的企业在进行审批和登记

时,可以在不违背国家现有法律法规的基本前提下,给予一定程度上的手续便利,为服务外包企业的发展保驾护航。

(三)发挥产业集聚效应和学习效应,促进区域产业平衡发展

江苏省以南京和苏州的服务外包园区作为中心,形成了服务外包行业的产业集聚。南京和苏州的工业园区发展速度较快,因而,所处的产业链位置也较为高端,知识产权保护等法律意识也较为强烈。就全省区域发展不平衡的现状来看,相关管理部门可以借助苏南产业链的力量,发挥产业集聚效应,通过园区合作来实现园区间的二包、三包,这样既能带动苏中、苏北的落后园区的发展,也使得较为先进的园区能够专注于高端外包业务。另外,政府也可以出台相关的帮扶政策,加强园区间的交流与学习,让先进的园区有对象、有目的地来帮助落后地区的园区建设,让落后园区学习先进园区有关管理、生产、法律等方面的模式,以此来解决苏北、苏中的服务外包园区落后的问题,推动区域平衡发展。

与此同时,不同区域的服务外包企业应充分发挥各自的比较优势,积极开展服务外包业务,把江苏建成我国乃至世界发展服务外包的重要承接地。首先,江苏应认真总结苏州、无锡和南京服务外包行业发展的经验,尽快向其他城市进行试点推广。其次,重点鼓励苏中、苏北地区积极举办各种形式的专题招商活动,宣传投资环境,提高知名度。其中,可以学习无锡的招商经验,在班加罗尔、孟买、东京设立商务代表处,宣传无锡的投资环境和优惠政策。最后,各地采取差别化策略。江苏各个城市在发展服务外包的时候应采取差异化、专业化的发展道路,发挥区域优势,形成特色鲜明的产业,整合载体及服务资源,推动各区域服务外包协调健康发展。

(四)加强科技研发投入,充分利用技术溢出效应

1. 加强科技研发投入,提高自主创新能力

为提高江苏省服务外包行业的发展水平,政府需要完善相关政策,鼓励服务外包企业进行自主创新。政府鼓励与推动服务外包企业通过自主创新从"中国制造"到"中国创造"转变。政府可以通过设立消化吸收专项基金等方式推动企业做好引进与消化、吸收、创新、再出口工作,鼓励和支持服务外包企业依靠自主创新实现转型升级,建立对自主创新企业的金融扶持政策,建立税收优惠政策,鼓励有能力的企业积极上市获得创新资本,还应当建立多重融资渠道,保障研发项目有持续的资金投入,通过资本市场的进入为自主创新能力提供必要的财力支持。

与此同时,企业应当加强创新文化建设,重视创新意识培养。建立符合科学发展规律的创新意识,营造宽松自由的创新环境,强化创新意识的培养,加强企业创新文化的积淀与传承。服务外包企业可在观念和制度上推动自主创新文化建设,建立"产权清晰、责权明确、政企分开、管理科学"的现代企业制度,以企业使命与愿景目标驱动自主创新能力培养。

2. 加强国际交流合作,充分利用技术溢出效应

作为服务外包的发包方,相对于接包方来说,具有较为先进的管理经验和技术水平,通过加大与发包方的关联度,可以更有效地促进发包方的技术溢出,从而更加有利于服务业技术进步,推动服务业结构升级。对此,省内服务外包的接包企业应当与发包企业建立长期信任的合作机制,要努力做到保质保量地完成所承接的服务外包业务。这意味着,不仅要加强承包企业和发包企业在原

材料采购等方面的后向关联度,更应当加强在技术和创新方面的前向关联度,如技术研发和创新等。此外,省政府应实施相应的积极政策措施来吸引跨国公司研发中心进驻江苏,从根本上提高省内服务外包行业整体的技术水平,促进省内服务业结构优化升级。

(五)加大知识产权的保护力度,打造江苏服务外包品牌

1. 加大知识产权保护力度

国际服务外包是知识密集型行业,不尊重知识产权就很难发展服务外包,跨国公司在考虑外包服务时,对承接地的知识产权保护状况十分看重,因此,一定要重视知识产权和信息安全保护工作,努力营造有利于服务外包企业健康发展的优良环境。虽然近年来江苏知识产权保护工作取得了很大成效,但仍需要进一步完善相关工作,切实保护服务外包过程中涉及的知识产权,解除国际发包商的后顾之忧,促进江苏国际服务外包产业的快速发展。

为此,首先,要增强全民知识产权保护意识,尤其是要加强对员工的知识产权保护和保密的教育,在全省营造诚信为本的良好氛围。其次,完善知识产权保护法规体系。各地应该积极宣传《专利法》《著作权法》《商标法》《省软件产业发展促进条例》等法律法规,学习昆山制定《昆山市软件服务外包知识产权保护的若干意见》,指导服务外包企业建立完善的知识产权管理与保密制度,鼓励企业申请知识产权,帮助企业规避知识产权风险。最后,加大对侵权行为的打击力度。加强知识产权保护工作,建立知识产权举报投诉服务点,受理服务外包知识产权侵权的举报投诉,依法规范市场经营秩序,打击各类侵犯知识产权的违法行为,为服务外包企业创造良好的经营环境。

2. 打造江苏服务外包品牌

在世界经济一体化和全球化建设的大背景下,服务外包企业一般很难从战略高度上认识到树立品牌的必要性与紧迫性,也鲜有企业将品牌打造与推广放在企业整体发展战略的重要位置,难以直接利用服务外包品牌去拓展市场的力量,大部分企业只是被动地承接业务。江苏省接包企业在参与国际服务外包业务竞争时的实力不强,没有有效借助外部资源建立接包企业、省内高校和科研院所的发展联盟,使大学与科研机构的创新研发资源和企业的经营管理资源没有形成优势互补、实现研发链和产业链的有机结合、运用知识产权规则保护属于自己的知识产权、建立企业自主创新发展体系。本土实力不强的服务外包企业往往难以走出国门,为提高省内服务外包企业的竞争力,政府需要通过制定相关政策支持具有潜力的服务外包企业发展,争取打造出国家级的知名品牌。比如,对获得"中国优秀软件产品"称号和对通过 CMM/CMMI 认证的服务外包企业给予一定的福利,还可以对企业的名称认定及相关专利著作权登记费用予以贴补。扩大外包企业总体规模,打造服务外包旗舰企业,形成承接服务外包的品牌优势。江苏应支持本省服务外包企业扩大规模,鼓励服务外包企业通过资产重组、收购、兼并和境内外上市等方式打造出一批有规模、有影响力的区域性服务外包龙头企业,带动越来越多江苏企业在服务外包市场中参与竞争。

参考文献

[1] 江苏省统计局.江苏统计年鉴 2018[EB/OL].江苏省统计局网站,2018.

[2] 江苏省统计局.2018 年江苏省国民经济和社会发展统计公报[EB/OL].江苏省统计局网站,2019.

［3］武红阵.江苏服务外包产业转型升级策略研究［J］.唯实(现代管理),2018(6):17-21.

［4］狄昌娅,徐颖.江苏省服务外包竞争力与影响因素研究［J］.市场周刊,2018,12(64):64-68.

［5］黄鹤.中国承接离岸服务外包影响因素研究［J］.改革与战略,2017,33(2):147-150.

［6］戴军,韩振.新常态下承接一带一路国际服务外包的竞争力研究——基于八大经济区域面板数据的分析［J］.技术经济与管理研究,2016(2):104-109.

［7］朱福林,夏杰长,王晓红.中国离岸服务外包国家竞争力及促进效应实证研究［J］.商业研究,2015(1):78-84.

［8］赵进,史成日.江苏省服务外包产业发展的现状路径探讨［J］.对外经贸实务,2013(12):82-84.

第三章　江苏省旅游业发展报告

一、江苏省旅游业发展的现状分析

(一) 旅游业发展机遇

1. 政策机遇

近年来,国家及江苏省相关部门先后通过制定法律法规、出台系列产业政策、使用相关行政手段来优化旅游产业融合发展的制度环境,对相关产业进行扶持,鼓励旅游产业与其他产业加快融合发展。2018年3月国办印发《关于促进全域旅游发展的指导意见》提出:要进一步加大旅游产业融合开放力度,提升科技水平、文化内涵、绿色含量,增加创意产品、体验产品、定制产品。要把旅游业列为国民经济社会发展的中重要支撑,发挥旅游"一业兴百业"的带动作用,促进其它相关传统产业提档升级,孵化出一批新产业、新业态。为加快旅游强省建设,近年来,江苏把发展全域旅游列为推进"两聚一高"新实践,建设"强富美高"新江苏的重要抓手,把全域旅游创建工作、旅游产业融合发展列入经济发展的重要项目,提上重要工作日程。结合江苏旅游产业发展的实际情况,江苏先后出台了《江苏省全域旅游示范区创建工作指南》及产业融合发展实施方案,促进江苏旅游产业转型升级、提质增效。

2. 技术机遇

原国家旅游局颁布的《旅游+互联网行动计划》文件指出"互联网正在深刻改变着世界经济发展和人们的生产生活方式,推动全球旅游业全新变革发展,旅游与互联网的深度融合发展已经成为不可阻挡的时代潮流"。旅游业是我国国民经济中重要的综合性产业,是国民经济产业结构优化升级、融合发展和"互联网+"行动的重要领域。当前互联网信息技术正全领域地推动着旅游产业与其他产业融合发展,是旅游产业与其他产业融合发展的最主要的支撑手段。旅游业与互联网产业的融合发展,不仅迅速地改变了旅游者的消费习惯,不断催生出新业态、新产品,拓宽旅游经济产业面,拉长传统旅游产业链,形成包含内容更丰富的现代旅游经济产业集群,进一步改变、提升其他传统产业附加值,同时对旅游相关产业的商业管理模式、产品促销模式等方面也带来了重要的改变。目前,江苏正积极推动科学技术在旅游业的运用。一方面,通过实施"旅游+互联网"战略,推动全省智慧旅游建设,实现大数据、物联网、云计算等信息技术在旅游业的运用,建立南京等7个"国家智慧旅游试点城市",11家省级智慧旅游示范基地和19家示范单位;另一方面,推动全省旅游资讯平台由PC端向移动端、由传统媒体向社交媒体、由网站向网群延伸发展转变,整合推出江苏旅游微博、微信、微视频和手机客户端"三微一端"平台,还开发应用全国首个省级旅游市场客情监测与分析系统等。

3. 市场机遇

旅游产业是一种消费导向型产业,旅游产业融合发展必须紧贴消费需求,不断满足旅游者的消费需求。江苏提出到 2020 年人均年出游 4、5 次的发展目标,旅游产业已经成为江苏"五大幸福产业"之首,成为人民幸福生活的刚需,市场发展前景巨大。随着社会的发展和人民可自由支配收入的增加,当前江苏旅游消费已从大众旅游时代迈入新旅游时代,市场消费需求正日益呈现出个性化、碎片化、多元化、精细化等典型特征。消费需求改变和消费升级对旅游产品的供给提出了全新的要求,这也必然推动旅游产业供应链随之发生变化,成为旅游产业与其他产业融合发展的根本动力,从而更好地满足人民群众对于"美好生活"的需要。

(二)旅游业发展趋势预测

1. 抓住趋势布局仍有意义,前期精细化探索可以介入

虽然总体的经济形势严峻,但十九大提出当前的主要矛盾是"人民日益增长的美好生活需要和不平衡不充分的发展之间的矛盾"这一判断极具前瞻性。因此,把握趋势,提前布局,即便是在经济相对不景气的时期也是非常有意义的。下面列举三个明显的趋势。首先就是新生代消费趋势。根据 2018 年的统计,90 后人群 1.74 亿,00 后人群 1.47 亿,新生代人群共同撑起超 3 亿的大市场。这一块阵地对于互联网企业而言是最敏感的,因此,它们对新生代的研究最为透彻,引导消费最为彻底。娱乐、动漫、美妆、旅游、美食,这些主题被互联网企业已经用到极致,被互联网企业借助迭代。2018 年,旅游行业也有部分企业顺利地抓住了一波潮流,那就是"网红"景区及"网红"项目,阿里飞猪抓住了新生代海外自由行的热潮在"双十一"实现了销售大增长,2019 年新生代的消费会转向何方,旅游企业还需要贴近新生代的需求动向,及时跟进。第二个明显的趋势就是老龄化趋势。2016 年我国 65 岁以上年龄的老人总数 1.5 亿,占人口比例 10.8%,预计到 2020 年,我国 65 岁以上人口将达到 2.5 亿,老龄化的趋势在中国是非常显著的,但直至目前,中国仍然是一个以家庭养老为主体的方式在维系运转,中国老龄化趋势对于社会养老的需求巨大,这一个领域的探索在近年来正在增速,但是供给缺口依旧巨大,模式探索仍在进行。与养老相关的旅游休闲,至今还停留在比较初级的观光购物之上,更深层次的开发有待拓展。第三个是健康体育消费趋势。经济发展水平越高,人们对于自身的健康就越重视,对于能够提升健康的康养、医疗、保健、运动、休闲方面就越愿意投入更多的精力与资金,对标欧、美、日,我国在这些方面的市场还很小,未来的空间还很巨大,健康体育休闲的盘子很大,如何进入这个专业化的盘子,如何布局与收获,需要探索。

当然,还有很多的趋势都在呈现,已经呈现的热点都有大量的资本在追进布局,还有更多的趋势在呈现,却并未显示。前期精细化探索,尤其要注意运营探索,运营团队、运营模式的探索是重中之重,在前期探索中打好队伍基础,才能在后期腾飞;前期精细化探索注意资源端布局,对于趋势领域有决定性作用的关键资源、关键技术、关键人才,一定要及时布局谋篇。2019 年是一个趋势布局年,对于明显的趋势,可以从资源端与运营端同时跟进,先轻资产进入,再等时机飞跃。

2. 把握市场、精准营销,跨界联合与抱团发展成主流

在经济形势紧张、资本寒冬的时期,把握市场、精准营销就成为旅游企业发展的必备技能,这同

时也是区域发展的必经之路,对于企业而言,跨界联合将成为主流,对于区域来说,整合资源抱团发展才是主流。

对于旅游企业而言,精准地把握旅游市场,针对目标市场进行精准营销,就不得不实现跨界联合,如旅行社、景区、酒店与新媒体结合的营销推广就是势在必行的手段,旅游企业要积极发现市场属性的其他需求,勇敢地进行跨界尝试。如旅行社,在现有客群的基础上,是否针对人群未来的需求进行有选择的跨界发展,比如跟摄影机构合作,推出摄影之旅;与养老机构合作,推出养老休闲之旅;与体育机构合作,推出赛事旅游。景区在现有客群的基础上与新媒体合作,成就了2018年的诸多"网红"景区;与培训机构合作,衍生了亲子教育项目;与无人机企业、动漫群体等合作,产生了诸多的小群体节庆活动。

而在区域层面上,全域旅游带来的是以市、县为基础,地方政府主动干预,区域资源整合、抱团发展、一致对外,形成了一个个旅游强县(区)、旅游强市,2019年在寒冬之下,这种趋势还会增强,毕竟对于大多数并不拥有世界级旅游资源的市县来说,区域热则景区热,区域寒则景区凉是一个大概率。类似河南栾川、湖北恩施、浙江湖州这样的旅游强县(区)、旅游强市,在政府主导下,全市县(区)一条心,统一行动听指挥,集体出击,共同开拓在目前这个阶段更具效率。

2019年区域整体作战还将延续,使得区域间的竞争更加惨烈。这种政府主导型的发展也并非万能药,过度的刺激往往透支发展潜力,以区域为主体的竞争,将更加考验主导者对旅游的认识、把控与精准操作。

3. 文旅融合崛起,旅游文创迎来风口

2018年是文旅融合元年。2018年3月13日国务院机构改革方案提出,"将文化部、国家旅游局的职责整合,组建文化和旅游部,作为国务院组成部门。不再保留文化部、国家旅游局"。2018年8月15日,《文化和旅游部职能配置、内部机构和人员编制规定》("三定方案")出炉。截至12月14日全国31个省(市)文化和旅游厅(委)挂牌全部完成,标志着在2019年到来之前,在政府层面文旅融合已经全面完成,而更深层次的文旅融合则在2019年开启探索。

文旅融合必然是2019年的大风口,因为从文化产业来看,中国2017年的文化产业占GDP比重约为5%,这个数据在美国是20%。文化输出方面,中国的占比却是大大落后于国家经济排位,《2017—2022年中国文化创意市场发展前景预测及投资战略研究报告》指出,2017年全球文化创意产业的市场份额,美国占市场总额的43%,欧洲占34%,亚洲、南太平洋国家占19%(其中,日本占10%和韩国占5%),中国和其他国家及地区仅占4%。这个差距如此巨大,也为文化产业融合旅游发展提供了可能,因为旅游是我国文化输出最稳定的渠道。另一方面旅游经过40余年的发展,也已经走到了瓶颈,那就是没有强有力的IP体系,没有全世界的广泛认知,使得中国的旅游很难走向世界。文旅的融合为文化产业找到了很好的推广渠道与消费市场,为旅游产业找到了内容生产的源头,未来在文旅产业链条上,前端打通了内容生产,中后端有文化企业、旅游企业进行产业布局与衍生产品生产,形成良好的闭环,这是一个风口所向。

2019年的文旅融合,将从最基本的景区文化产品与文化推广开启,故宫文化在岁末很好地为文旅发展上了一课,在景点景区文化挖掘、文化与市场对接、文化产品设计、文化社群营造等方面都做出了非常有益的探索,未来这一块的市场还很大,紧缩于文化内部与龟缩于旅游行业的人们需要联手来开拓市场了。文化项目的活化、IP的创造与传承将成为2019年文旅融合的重要领域。

4. 资源为王向运营为王、流量为王转变

在旅游发展的初级阶段,必然是资源为王的,谁占有了优秀的旅游资源,拥有一定的交通条件,就能够实现躺着挣钱的梦想,躺着收门票,躺着土地增值,躺着股权溢价,这一点在凤凰、香格里拉、黄山、泰山等一大批中国知名景点景区都可以看到缩影,甚至在 2016 年前的贵州也是如此,控资源是旅游发展初级阶段最重要的手段。

但是优质的资源总是有限的,在旅游发展热潮中,涌现了一大批资源一般、区位一般的景点景区,不能凭借资源躺着挣钱,就要拼运营,老景点景区在运营上懈怠也容易被赶超,例如,广东四大名山、深圳五湖四海这些当年占尽资源之利的景点景区,最终也大部分衰落了。谁的运营更高一筹,谁就过得更加滋润,运营为王是景点景区未来发展的必然方向。而旅行社、酒店、旅游交通早就进入了运营为王的阶段,运营定生死。未来旅游行业寒冬已至,拼运营将成为各家企业不得不面对的选择。运营有不同层次,在目前的阶段,仍然是运营的初级阶段,那就是流量为王。2019 年仍然是流量为王的阶段。因为全国人民的消费层次还没有达到较高层次,从 2017 年的统计数据来看,人均旅游消费在 1080 元,其中,旅游交通、旅游住宿、旅游门票、旅游餐饮、旅游购物等旅游消费进行分配后,可以发现每一项可用于支出的资金都捉襟见肘,这也是区域旅游营销,例如,免高速费、免门票费等极大的刺激旅游者前往当地的重要原因。

在这种背景下,流量是根本、流量是基础,有流量至少能够保证基本的门票收入、住宿收入、旅游交通收入,在流量保障的基础上才能够筛选出中高级的消费人群,因此,2019 年旅游企业仍然是得流量者方能挺过去,一旦流量这个基础没有了,就像丽江古城的游客量下降,带来的直接后果就是古城业态的凋敝,高层次的旅游需求也难以筛选出来,雪山艺术小镇一类的项目破产也在情理之中。

不论是掌握在线渠道,还是线下渠道,抑或是社群营造,或者是关系营销,不论是哪种方式获得的流量,企业都应当珍惜,并且尽可能地拓展流量渠道,使得流量不被某一种方式所局限。拥有足够的流量,才能在流量的基础上,用运营思维去进行流量的二次转化,例如,在景区中,拥有足够的流量,首先展现在门票上,然后可以通过景区交通、景区餐饮、景区收费项目、景区住宿、景区购物等多种方式实现"二消",有流量就有可能,有流量就有传播,有流量就有影响,深度的运营一定是建立在一定流量的基础上的,2019 年及未来 2—3 年内这一个大趋势是不会变化的。

(三)江苏省旅游业发展成绩

1. 旅游业经济指标较快增长,产业地位不断提升

近几年江苏在旅游总收入、旅游增加值、国内旅游收入、国际旅游外汇收入等方面均呈现出不断增长的趋势,旅游产业在全省经济发展中的地位日益提高,旅游业增加值年均增长达 14.1%,高于全省经济发展平均水平;旅游总收入在全国旅游总收入的比重一直保持在 20% 以上,处于领先地位。

全省全年实现旅游业总收入 13247.3 亿元,增长 13.6%。国内旅游收入 12851.3 亿元,增长 13.7%。旅游外汇收入 46.5 亿美元,增长 10.8%。

表1 江苏省2018年全年旅游业收入构成

指 标	金 额	同比(±%)
旅游业总收入	13247.3亿元人民币	13.6
国内旅游收入	12851.3亿元人民币	13.7
旅游外汇收入	46.5亿美元	10.8

资料来源:2018年江苏省国民经济和社会发展统计公报

2. 民众旅游热情不减,接待游客数量增速明显

全年接待境内外游客81823.7万人次,比上年增长9.6%;接待入境过夜游客400.9万人次,增长8.3%。其中,外国人264.7万人次,增长9.5%;港澳台同胞136.2万人次,增长6.1%。接待国内游客81422.8万人次,增长9.6%。

表2 江苏省2018年全年接待境内外游客数量

指 标	人 次	同比(±%)
接待境内外人数	81823.7万	9.6
国内游客	81422.8万	9.6
入境过夜游客	400.9万	8.3

资料来源:2018年江苏省国民经济和社会发展统计公报

3. 入境旅游游客数量增长明显

2018年江苏省共接待入境游客超400万人,同比增长8.3%。其中,外国人共计264.69万人,同比增长9.5%,香港同胞21.0万人次,澳门同胞13433人次,台湾同胞113.81万人次,港澳台同胞共计136.2万人次,增长6.1%。旅游外汇收入46.5亿美元,增长10.8%。具体来看,2018年江苏省接待游客数量保持稳定,基本在30万人以上。其中,5月江苏省接待入境过夜游客人数38.36万人,为一年人数最高值,与2017年同期相比增长22.8%。

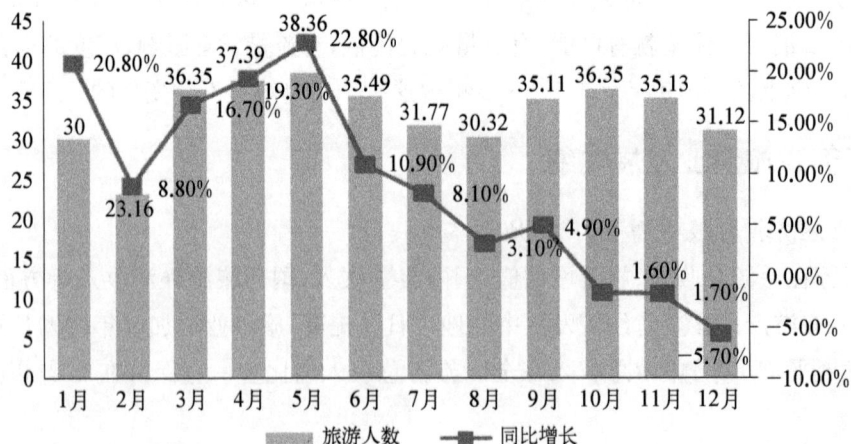

图1 2018年江苏省接待入境游客数量统计(万人)

资料来源:江苏省旅游局

从接待外国游客客源来看,2018年日本来江苏旅游的游客最多,共计48.5万人次,与去年同期相比增长5%;其次是韩国过夜游客数量43.87万人,同比增长8.8%;美国游客数量第三,接待游客人数28.35万人,同比增长13.8%。从游客增速来看,2018年澳大利亚游客增速最快,达到21.3%。加拿大游客增长也较快,同比增速为15.6%,接待游客96223人。

表3　2018年江苏旅游接待报表

指　标	人　次	同比(±%)
接待入境过夜旅游者人数	4008509	8.3
外国人	2646909	9.5
香港同胞	210056	15.2
澳门同胞	13433	24.9
台湾同胞	1138111	4.4

资料来源:江苏省旅游局

表4　2018年江苏省外国游客按主要客源国人数排名

排　名	国　别	人　次	增长速度(%)
1	日本	485023	5
2	韩国	438699	8.8
3	美国	283482	13.8
4	德国	114272	5.6
5	马来西亚	110238	11.6
6	加拿大	96223	15.6
7	澳大利亚	93621	21.3
8	印度	81683	10.9
9	新加坡	80237	10
10	英国	63952	6.1
11	法国	52513	5
12	印度尼西亚	50404	12.5

资料来源:江苏省旅游局

4. 省内各城市旅游业经济指标增速明显,你追我赶良性发展

目前,全省拥有13座历史文化名城、20个国家级森林公园、3项世界文化遗产和8项人类口述和非物质文化遗产、52个省级以上旅游度假区,600多个A级以上旅游景区,其中,4A级、5A级旅游景区数量位居全国第一。为了消除区域旅游供给差异,推动各区域平衡发展,江苏一方面加大对苏中、苏北的规划、资金和政策支持,鼓励旅游业跨越式发展,另一方面推动省内建立区域旅游合作联盟。同时,积极推进长三角区域旅游合作,承办长三角旅游合作联席会议,形成长三角旅游发展

合作协议和"苏州共识"。经过努力,苏中、苏北旅游业总收入增速显著,超过全省平均增速。淮安周恩来故里旅游景区和盐城大丰麋鹿园成功晋升国家5A级景区,实现苏北5A级景区零的突破。苏南、苏中和苏北的旅游发展差异明显缩小。

就省内各城市接接待游客数量来看,2018年,南京市接待游客数量排名第一,当年累计接待游客11615.82万人次,同比增长2.5%;苏州市排名第二,当年累计接待游客共计9947.93万人次,同比增长1.9%;无锡市排名第三,当年累计接待游客9407.04万人次,同比增长2.8%。全省整体旅游人数增长,其中,接待游客数量增长最快的是南通市,2018年接待游客1911.77万人次,同比增长25.3%。另外,宿迁市和盐城市接待游客数量增幅也分别达22.3%和16.7%。

表5　2018年江苏省各市5A、4A级景区接待情况

城　市	人　数	同　比
	(万人次)	(±%)
全省	60971.00	4.0
南京	11615.82	2.5
无锡	9407.04	2.8
徐州	5403.31	−0.2
常州	7140.76	2.1
苏州	9947.93	1.9
南通	1911.77	25.3
连云港	1968.91	6.8
淮安	1701.99	0.3
盐城	2677.54	16.7
扬州	3965.93	12.2
镇江	2455.12	−4.1
泰州	1548.17	2.5
宿迁	1226.71	22.3

资料来源:江苏省旅游局

专栏1:人民网舆情数据中心发布《**2018年全国5A级旅游景区影响力排行榜TOP50**》。

排行榜以全国5A级旅游景区的媒体报道情况、官方认证"双微"运营情况以及网民评论情况为评价维度,综合考察关注度、活跃度和美誉度三个指标,通过海量数据分析和复杂的数理模型计算,全面、立体、准确地反映我国5A景区在2018年的整体发展状况。为各5A景区提供一个从不同角度审视自身发展状况的机会,找到与其他同类景区的差距,取长补短。

2018年全国5A级旅游景区品牌影响力排行榜

排序	官方名称	关注度	活跃度	美誉度	影响力
1	故宫博物院	98.77	95.89	98.90	97.64
2	颐和园	94.13	82.09	93.15	89.12
3	恩施州恩施大峡谷景区	88.73	76.25	84.23	82.84
4	天坛公园	90.62	69.57	91.44	82.36
5	上海野生动物园	82.97	67.06	95.23	79.06
6	阿勒泰地区喀纳斯景区	64.48	83.94	95.48	78.46
7	黄山市黄山风景区	58.45	83.91	89.00	74.74
8	上海科技馆	76.54	59.68	91.93	72.87
9	北京市奥林匹克公园	80.61	56.03	89.00	72.46
10	杭州市西湖风景名胜区	59.07	72.74	90.34	70.79
11	深圳华侨城旅游度假区	68.18	67.74	78.89	70.15
12	海南呀诺达雨林文化旅游区	46.22	85.33	85.94	69.81
13	长白山景区	74.15	54.72	91.20	69.79
14	武汉市东湖景区	75.00	54.55	88.14	69.45
15	敦煌鸣沙山月牙泉景区	77.42	46.00	94.74	68.32
16	昆明市石林风景区	35.32	89.56	89.98	67.95
17	乐山市峨眉山景区	36.69	86.27	93.40	67.86
18	承德避暑山庄及周围寺庙景区	34.54	88.86	88.02	66.96
19	广州市长隆旅游度假区	22.20	94.27	97.68	66.12
20	山东青岛崂山景区	44.30	81.10	80.68	66.30
21	海南省三亚市蜈支洲岛旅游区	27.79	91.37	87.90	65.24
22	青海省青海湖景区	67.74	47.29	95.23	65.06
23	丽江市丽江古城景区	48.96	72.91	80.94	64.94
24	恭王府景区	52.32	63.10	92.54	64.68
25	嘉兴市桐乡乌镇古镇旅游区	22.71	91.79	92.30	64.26
26	海南槟榔谷黎苗文化旅游区	41.20	79.03	79.83	64.06
27	拉萨布达拉宫景区	81.76	32.36	91.93	64.03
28	三亚市南山文化旅游区	53.25	59.94	93.77	64.03
29	枣庄市台儿庄古城景区	31.48	84.15	86.67	63.59
30	成都市青城山-都江堰旅游景区	36.68	75.45	93.52	63.56
31	四川省阿坝州黄龙景区	43.67	73.25	83.25	63.42
32	桂林市漓江景区	71.61	43.45	86.43	63.31
33	金华市东阳横店影视城景区	25.24	87.93	89.61	63.19
34	泰安市泰山景区	43.32	66.65	94.99	62.99
35	中国科学院西双版纳热带植物园	35.18	75.18	93.52	62.85
36	大同市云冈石窟	45.41	65.73	91.93	62.84
37	三亚市南天大小洞天旅游区	20.23	90.87	90.22	62.48
38	乐山市乐山大佛景区	41.09	73.02	83.50	62.34
39	陕西渭南华山景区	24.45	83.72	94.87	62.24
40	湖州市南浔古镇景区	34.80	72.61	91.32	61.23
41	杭州市千岛湖风景名胜区	30.74	83.68	77.26	61.22
42	酉阳桃花源旅游景区	43.05	68.66	82.40	61.16
43	河北省保定市白石山景区	27.81	77.43	94.74	61.04
44	安徽省芜湖市方特旅游区	22.81	83.99	90.95	60.91
45	黑龙江黑河五大连池景区	34.49	77.11	80.81	60.80
46	苏州园林（拙政园、虎丘山、留园）	26.97	77.62	90.87	60.01
47	无锡市鼋头渚景区	33.81	72.34	87.29	59.92
48	晋中市平遥古城景区	31.67	75.53	84.72	59.82
49	山东威海刘公岛景区	41.56	61.81	92.30	59.81
50	哈尔滨市太阳岛景区	30.58	78.96	78.85	59.59

2018年江苏各城市旅游收入稳定增长,其中,苏州市全年旅游收入2460.2亿元,排名第一,同比增长13.4%;南京市全年旅游收入2460.2亿元,排名第二,同比增长13.4%;无锡市全年旅游收入1943亿元,排名第三,同比增长11.5%。

表6　2018年江苏13个地级市旅游收入

序　号	城　市	旅游收入(亿元)	同比增长(±%)
1	南　京	2460.2	13.4
2	苏　州	2609	12
3	无　锡	1943	11.5
4	常　州	1080	13.4
5	镇　江	934.46	13.6
6	扬　州	917.9	15.2
7	徐　州	775.1	16.3
8	南　通	709.19	15.3
9	连云港	531	15.9
10	淮　安	413	15.6
11	泰　州	375	15
12	盐　城	374.2	16.9
13	宿　迁	293	15

资料来源:江苏省统计局

专栏2:2018年中国旅游城市排行榜 TOP50

根据地级以上城市的旅游人数、旅游收入、人均旅游消费、旅游业比重、交通便利程度和旅游基础设施六个维度来进行评比,进而计算出中国旅游城市的排名,选出前50名进行展示。数据主要源自CEIC数据库,国家统计局,国家旅游局以及各地市国民经济和社会发展统计公报。

纵观前十名,与去年相比,前三名岿然不动,依然是北京、重庆和上海。"帝都"北京作为祖国的政治中心,文化中心,独占鳌头并不让人意外,其旅游总收入和旅游基础设施都排在首位,旅游总收入达到5469亿元。山城重庆今年在抖音的帮助下大火了一把,旅游总人数达到54230万人,是接待游客最多的城市。上海排名第三,2017年接待游客达到32718万人,虽仅次于重庆,但只占重庆游客总人数的三分之二。上海旅游总收入为4470亿元,占上海2017年GDP的15%。

稍有变化的是广州和天津排名互换,广州排在了第四名,而天津排在了第五名。广州地处珠三角区域,交通便利。2017年广州旅游总收入为3614亿元,仅次于上海。在旅游基础设施方面,广州有53个国家A级景区,例如,长隆旅游度假区,白云山风景名胜区等。

杭州比去年前进两名,挤在了成都和武汉前面,排在第六位。俗话说"上有天堂,下有苏杭",杭州近年不只互联网行业飞速发展,旅游业也不甘落后,国家A级景区扩展到91个,旅行社达到767个,有着丰富的旅游基础设施;人均旅游消费为1867元,远远超过成都和武汉。除此之外,2016年G20峰会在杭州成功举办之后,进一步将杭州推向世界。

5. 各项旅游服务优化升级，游客满意度不断提高

江苏通过新建、优化旅游咨询服务中心、旅游厕所、景区停车场、旅游交通标识标牌和景区无线通信等基础设施来提升旅游服务体系；同时，还在全省新建、改建旅游景区步道、绿道和慢行道，在高速公路服务区、高铁站、机场空港设立旅游咨询点，完善旅游公交系统，开通各类旅游专线。

（1）2018 年度江苏省游客满意度在"全域满意"基础上再创新高。根据清华大学发布的 2018 年度江苏省游客满意度调查结果，2018 年全省游客满意度综合指数保持平稳增长，并取得新的突破，全年平均水平 83.59 分，同比增长 0.65 分。上半年与下半年全省游客满意度综合指数分别为 83.30 分和 83.88 分。2018 年下半年，江苏省游客满意度平稳提升，同比增长 0.64 分，环比增长 0.37 分，高于去年同期水平且保持稳步提升势头。全省 13 个设区市中，游客满意度综合指数排名前五的依次是无锡、南京、苏州、扬州、常州，且五市在下半年均达 85 分以上，达到了"满意度高"水平。

对比来看，全省旅游相关要素的游客满意度同比增幅排名前五的设区市依次是连云港（↑1.62 分）、南京（↑1.06 分）、无锡（↑0.97 分）、淮安（↑0.86 分）、扬州（↑0.66 分）。全省旅游相关要素的游客满意度环比增幅排名前五的设区市依次是连云港（↑1.31 分）、无锡（↑0.56 分）、南京（↑0.54 分）、淮安（↑0.54 分）、扬州（↑0.28 分）。

专栏 3：2018 江苏"旅游百佳"单位名单公布

江苏省于 2018 年 1 月 26 日公布了 2017 年度江苏"旅游百佳"单位名单。开展"旅游百佳"品牌评选活动，旨在培育旅游品牌、树立品牌标杆、凝聚品牌力量，推进江苏省旅游业高质量发展。江苏省旅游局决定命名南京玄武湖景区等 123 个单位为 2017 年度江苏"旅游百佳"单位，具体名单如下：

2018 江苏"旅游百佳"单位名单（节选前 50 名）

序号	地区	单位名称	申报类别	序号	地区	单位名称	申报类别
1	南京	侵华日军南京大屠杀遇难同胞纪念馆	旅游景区	12	南京	锦江南京饭店	旅游饭店
2	南京	中山陵园风景区	旅游景区	13	南京	玄武饭店	旅游饭店
3	南京	雨花台烈士陵园	旅游景区	14	南京	古南都饭店	旅游饭店
4	南京	玄武湖景区	旅游景区	15	南京	黄埔大酒店	旅游饭店
5	南京	牛首山文化旅游区	旅游景区	16	南京	翠屏山宾馆	旅游饭店
6	南京	珍珠泉风景区	旅游景区	17	南京	水秀苑大酒店	旅游饭店
7	南京	高淳老街历史文化景区	旅游景区	18	南京	中青旅江苏国际旅行社	旅行社
8	南京	金陵饭店	旅游饭店	19	南京	途牛国际旅行社	旅行社
9	南京	绿地洲际酒店	旅游饭店	20	南京	南京中北友好国际旅行社	旅行社
10	南京	金丝利喜来登酒店	旅游饭店	21	南京	江苏舜天海外旅游有限公司	旅行社
11	南京	中心大酒店	旅游饭店	22	南京	中国国旅（江苏）国际旅行社	旅行社

续表

序号	地区	单位名称	申报类别	序号	地区	单位名称	申报类别
23	南京	南京大华国际旅游有限公司	旅行社	37	无锡	无锡君来湖滨饭店	旅游饭店
24	南京	江苏东方航空国际旅业有限公司	旅行社	38	无锡	无锡太湖饭店	旅游饭店
25	南京	金陵商务国际旅行社	旅行社	39	无锡	无锡日航饭店	旅游饭店
26	南京	中旅总社(江苏)国际旅行社	旅行社	40	无锡	宜兴宾馆	旅游饭店
27	南京	南京凤凰假期旅游有限公司	旅行社	41	无锡	江阴黄嘉喜来登酒店	旅游饭店
28	南京	江宁区石塘人家(石塘社区)	旅游乡村	42	无锡	无锡灵山君来波罗蜜多酒店	旅游饭店
29	南京	黄龙岘茶文化村(江宁街道牌坊社区)	旅游乡村	43	无锡	无锡阳山花间堂嫁圃集酒店	旅游饭店
30	南京	南京六合龙袍街道长江社区	旅游乡村	44	无锡	无锡中旅信程旅游股份公司	旅行社
31	南京	高淳桠溪国际慢城	度假区	45	无锡	江苏康辉国际旅行社有限责任公司	旅行社
32	无锡	灵山景区	旅游景区	46	无锡	无锡阳山生态休闲旅游度假区	度假区
33	无锡	鼋头渚景区	旅游景区	47	无锡	宜兴市阳羡生态旅游度假区	度假区
34	无锡	中央电视台无锡影视基地三国水浒景区	旅游景区	48	无锡	无锡宜兴市湖父镇洑西村(篱笆园)	旅游乡村
35	无锡	惠山古镇景区	旅游景区	49	无锡	江阴市华西新市村	旅游乡村
36	无锡	宜兴竹海风景区	旅游景区	50	无锡	宜兴市西渚镇白塔村	旅游乡村

(2) 大力推进政民互动。2018年,江苏旅游政务网互动管理平台受理、流转办件176件,其中,局长信箱50件,在线咨询126件。

(3) 充分利用新媒体发布信息。"江苏微旅游"微信公众号全年共推送文章1710篇(原创182篇),总阅读达1435万次,累计关注人数29万人,10次位居全国旅游微信影响力排行榜首,全年稳定排行榜前五名。"江苏微旅游"微博累计关注人数36.5万人,阅读总数达2.1亿次,位居上半年人民日报政务旅游排行榜首。腾讯企鹅号和今日头条江苏微旅游官方帐号全年共发布文章2000篇,全年阅读数达117.3万人次。

(4) 积极回应公众关注热点。元旦、春节等假日期间,全省所有5A级景区和部分4A级景区在江苏旅游政务网等平台发布游览舒适度指数和剩余车位信息。春节、暑期和国庆黄金周前夕,调查了江苏省旅游市场热销的线路产品经营成本,向社会公布了100条热门线路的成本价格,线路涉及国内多个省份、港澳台地区以及国外热点旅游目的地,有效引导游客消费,抵制不合理低价游。

(5) 加强公共服务信息公开。在江苏旅游政务网设置"从业人员网上培训"栏目,为旅游行业从业人员继续教育提供服务;在政务网设置"2018年导游资格考试报名""全国中高级导游等级考试报名"入口,并提供相关资料,方便公众报名和了解相关信息;接入12301"旅游网络投诉举报平台",方便游客依法维权。

(6)厕所革命效果显现,旅游厕所保持"满意"水平。2018年,江苏省旅游厕所游客满意度的全年平均水平为81.31分,同比增长0.80分,保持在"满意"水平。其中,城市公厕游客满意度的全年平均水平为81.45分,同比增长0.68分;景区公厕游客满意度的全年平均水平为81.04分,同比增长0.90分。从增幅上来看,下半年较上半年全省旅游厕所的游客满意度提升了0.27分,其中,城市公厕游客满意度提升了0.34分,景区公厕游客满意度提升了0.15分。

专栏4:2018江苏省旅游工作会议在南京召开

为贯彻全省文化和旅游工作座谈会精神,落实省委十三届四次全会的决策部署,总结2018年上半年完成工作,谋划下一阶段工作思路,部署下半年工作,2018年7月27日上午,江苏省旅游局在南京市建邺区召开全省旅游工作座谈会。

会议通报了上半年全省旅游业发展情况,上半年,全省旅游系统以党的十九大精神为指导,围绕人民群众对美好生活的需求,以"建设国内领先的旅游强省和国际著名的旅游目的地"为目标,坚持深入推进旅游业供给侧结构性改革,全面提升旅游管理服务水平,合力推进旅游产品品牌建设,全省旅游业继续保持健康有序发展态势,实现"时间过半、任务过半"工作目标。据统计,2018年上半年全省旅游业总收入6328.57亿元,增长13.5%;接待境内外游客3.86亿人次,增长9.5%,均超过全省经济和服务业的增长水平。

在总结上半年全省旅游业发展情况后,领导对加快推进下半年重点工作提出要求:一是加大规划编制和实施力度;二是有效推进各类创建活动进程;三是推动营销推广精准发力;四是提升旅游公共服务品质;五是强化旅游市场秩序和安全监管;六是积极参与机构改革;七是持之以恒抓好党风廉政建设。

下半年,国家要对全域旅游示范区、5A级景区等创建进行验收评定,各地各创建单位既要进一步对照国家标准,对标找差、补齐短板,还要认真总结经验,展示特色、彰显成效,以最好的状态迎接国家级验收。同时,创建不是为了拿个牌子,而是为了推进工作推动发展,我们更要有一个端正的态度对待验收。另外,文化和旅游部即将推出文旅融合发展示范区(项目)、大运河国家文化公园、全域红色旅游示范市、红色示范小镇等全新的创建项目。各地要根据本地资源特色,提前谋划、主动对接。要继续实施《江苏省厕所革命新三年行动计划》,加快旅游厕所建设进度,确保完成1500座的年度目标,并开展好质量等级评定和文明如厕宣传等工作。要实施《江苏省智慧旅游发展行动计划》,加快构建全省旅游产业管理与服务平台体系,13个设区市和国家全域旅游示范区创建单位要全面完成本级平台建设,年底前要实现互联互通。要实施《道路旅游标识设置规范》,开展旅游交通标识优化提升工程,推进旅游风景道建设,全面提升旅游公共服务水平。

会议明确,要以高质量发展为主线,以旅游业供给侧结构性改革为统领,全面部署了11项重点工作。这11项重点工作包括:一是突出"水韵"主题,高质量编制实施旅游规划;二是突出"厕所革命",高质量完善旅游公共服务;三是突出重大项目,高质量推动旅游业转型升级;四是突出全域旅游,高质量推进产业融合发展;五是突出入境市场,高质量开展旅游品牌营销;六是突出"乡村振兴",高质量做好旅游富民文章;七是突出市场治理,高质量规范旅游市场秩序;八是突出智慧旅游,高质量提升旅游科技含量;九是突出人才建设,高质量打造旅游行业队伍;十是突出目标考核,高质量实现全年目标任务;十一是突出从严治党,高质量筑牢旅游强省建设的思想基石。

6. 江苏省"文""旅"合并,机构改革深入实践

2018年10月23日上午11时28分,"江苏省文化和旅游厅"在原江苏省文化厅地址的南京市龙蟠里9号大院门口正式挂牌。省委常委、宣传部部长王燕文、副省长王江为新的政府部门机构揭牌,新机构的领导班子成员参加了揭牌仪式。

改革开放以来,我们经历了大大小小若干次机构改革,涉及面较大的至少有六七次,而此次显然力度最大。较之此前的机构改革,此次名为"党和国家机构改革",显然并非一般意义上的政府直属部门调整,也不是一般意义上的大部制改革,而是"推进国家治理体系和治理能力现代化的一场深刻变革"。在这样的大背景下,旅游主管部门的调整是必然的。

(1) 文化与旅游部门合并的考虑

旅游主管部门的调整是必然的,旅游与文化在行政层面的融合既有对现实问题的解决,更有对未来发展的布局。在现实发展层面,旅游与文化一直是高度融合的。比如,从资源角度看,夫子庙、总统府、周恩来故居这样的传统旅游资源都属文化部门管理;从项目角度看,主题公园、文旅小镇这样的新型旅游供给,都可列为文化项目;从产品角度看,各种文创产品、旅游演艺也是百分百的文化产品。在行政管理层面,这些年旅游部门和文化部门也有密切合作,只是毕竟是两个独立的机构,恐怕很难从根上高度融合。此次调整,可避免由于部门间职能交叉、导向冲突、规则矛盾而带来的各种问题,是对现实问题的解决。更重要的是,体现了未来的发展方向和布局思路。这种方向即是用文化的理念发展旅游,用旅游的方式传播文化,真正实现协同与融合。

(2) 文化与旅游部门合并的长远影响

用文化的理念发展旅游,用旅游的方式传播文化,这一思路会对文化与旅游领域的发展带来系统性的影响。

一方面,用文化的理念发展旅游,不仅意味着更强调旅游发展中对文化内涵、文化品质、中国文化的强调,更意味着需要和文化产业与文化事业一样,发挥旅游的产业和事业双重功能。近五六年以来,《旅游绿皮书》一直在强调这种调整的必要性。众所周知,我国旅游发展过程中,曾经历从事业(外交)到产业(经济)的转变。随着经济和社会的发展,从满足人民美好生活需要的角度来看,旅游应该同时具备产业和事业的双重属性。除关注旅游的经济效益外,更加关注旅游在改善民生福祉、实现社会和谐、平衡区域发展、促进文化发展、保护生态环境、提升国家形象等方面的作用;除在竞争性领域发挥市场配置资源的决定性作用外,更加强调政府在保障公民休假权利和旅游权利等方面的重要作用。未来的旅游景点尤其是依赖于国有资源发展的景点是否会和博物馆、图书馆、文化馆等文化设施一样实行低价甚至免费政策,对此,我们是可以期待的。

另一方面,用旅游的方式传播文化具有对内和对外两重价值。对内而言,从满足人民美好生活需要的角度出发,以旅游这种喜闻乐见的方式,丰富文化产品和服务的供给类型和供给方式,让更多文化资源、文化产品发挥价值;对外而言,通过旅游传播中国文化、体现中国软实力,也是重要的方式。旅游是国际化程度较高的行业,不管是入境旅游还是出境旅游,通过人员的跨境、跨国流动,增进文化交流、传播中国文化,还有很多空间。

(3) 满足人民美好生活需要是核心使命

存在了20年的名字——"江苏省旅游局"将成为历史,将由"江苏省文化和旅游厅"替代。很多老旅游人对于这一变化也许会有复杂的个人感情。改革开放40年里,基于不同历史条件下的不同使命,旅游主管部门几经变迁。而每一次的变化,也都凝结了诸多旅游人的努力。尤其是近几年旅游主管部门的作为,从理念到举措,皆透出改革的魄力,也具有相当的格局。就此次变化而言,不管是文化与旅游的合并,还是自然资源管理的统一,以及以倡导全民公益性为宗旨的国家公园的建设,乃至更广泛意义上的"国家治理能力和治理体系现代化",莫不是为了更好地满足人民对美好生活的需要,莫不是为了中华民族的伟大复兴。从更长远的历史来看,人民有更加美好的生活,中国有更高质量的发展,局也罢,部也好,独立或者合并,或许并没有那么重要。

二、江苏省旅游业发展存在的问题

(一)旅游品牌整合不完善

现阶段,江苏省文化旅游品牌整合还不完善,很多优势的文化旅游产品还缺乏必要的品牌宣传。虽然江苏省旅游资源丰富,但是文化旅游品牌的知名度却有待提升。对品牌的重视程度较低,缺乏长远的品牌发展战略,因此难以形成知名度较高的文化旅游品牌,进而没能形成品牌合力。另外,品牌整合不完善也在很大程度上限制了江苏省文化旅游产业的整体竞争优势。

1. 缺乏具有较大影响力的旅游品牌

江苏省旅游产业经过长时间的历史发展,具有深厚的文化底蕴和鲜明的历史发展特色,具有一定的国际影响力,众多的旅游产品能够吸引广大游客的关注,但总体来说江苏省当前的历史文化资源较为分散,缺少具有创新功能的文化产品,文化形式未形成整体性和连贯性,文化旅游区众多,但是旅游景点规模较小,级别较低,不利于全面旅游景区的开发,具有较大影响力的龙头旅游产业较少,无法满足旅游爱好者的休闲需求。在进行旅游形象包装的过程中,缺少一定的宣传力度,没有有效落实品牌影响力,尚未形成世界级文化旅游品牌。

2. 旅游产品供给种类不足,难以满足旅游者多样化需求

总体而言,江苏旅游产品种类仍显不足,且以观光型为主,休闲度假类以及新兴业态旅游产品,如游轮游、体育游、私人订制旅游等开发不足,尚不能有效满足国内外游客多样化旅游需求;而且,旅游产品还存在重复建设、开发雷同等问题,如常州市东方盐湖城和华夏宝盛园等新开发旅游产品,与之前已开放的中华恐龙园、春秋淹城等旅游产品同质化明显,都是建立在"门票经济"上的游乐型主题公园。

江苏旅游产品观光型为主的旅游产品结构体系,造成国内外旅游者在旅游中的消费以交通、住宿、购物和餐饮为主,而娱乐等其他消费较少,既不能满足旅游者的休闲、娱乐等高层次个性化需求,也不能为旅游企业带来更高的价值增值。

3. 旅游公共产品和服务供给不足,难以满足旅游公共需求

虽然江苏的旅游集散中心、旅游厕所、停车位、交通标志标识和无线网络覆盖等旅游公共产品建设日趋完善,但仍不能满足日益增长的旅游需求,旺季停车难,旅游厕所少、脏、乱、差,游客集散中心配套设施不完善等问题仍存在。另外,旅游基础设施服务、旅游信息咨询服务、旅游安全保障服务、旅游行业指导服务等公共服务体系也尚未完善,不仅在对游客的信息指引、安全防范、秩序维护、投诉处理等方面服务仍有缺失,在针对旅游企业的投资引导、市场营销、行业监管、诚信建设等

方面的服务也有缺失。

(二)旅游产业区域发展不平衡

江苏从经济发展水平和旅游资源禀赋来说,苏南最优,苏中次之,苏北最差,这两方面的差异造成区域旅游业发展的不平衡,导致旅游产品供给不均衡。虽然江苏加大了对苏中和苏北地区旅游业发展的扶持力度,但不平衡仍十分明显,苏南地区在省级旅游度假区、3A级以上旅游景区和星级旅游饭店数量方面处于明显优势。旅游供给不均衡加大区域旅游产业发展的不平衡,导致它们在旅游外汇收入和国内旅游收入方面的巨大差异。江苏旅游产业供给难以满足需求的供需错位问题,究其根源在于江苏旅游产业要素存在不合理,具体包括:

1. 旅游产业要素结构不合理导致旅游产业结构不合理

江苏旅游产业内各类要素主要流向旅游景区、饭店、餐饮、交通和旅游基础设施等部门,而旅游娱乐业、旅游商业等部门流入的要素较少,导致旅游产业结构内各个部门之间比例关系不协调,旅游饭店、交通、景区景点在旅游业中占比过多,不合理的旅游产业结构造成旅游产品供给以食、住、行为主,这是典型观光型旅游产品的内容。

2. 旅游产业要素层次偏低导致产业资源配置效率低

从江苏旅游产业投入要素的层次看,仍以自然、人文资源、低端服务型人力资源和土地等一般性生产要素投入为主,高科技、人才、技术、知识、制度变革等高级要素投入则偏少,这种依靠要素大规模投入推动旅游经济发展的粗放方式,造成江苏省旅游业资源配置效率低下,即在低端产品市场重复开发,浪费资源。

3. 旅游产业空间分布不均衡导致区域旅游发展不平衡

由于经济发展水平差异,江苏省内各区域在吸引旅游要素方面存在不平衡,旅游资本、旅游高级人才等要素更愿意流向苏南等经济发达、旅游收益高的地区,而苏北、苏中等地区对旅游要素吸引力较弱,进而限制了旅游产业发展,造成苏中、苏北和苏南旅游业发展不平衡。

(三)管理体制不顺,与旅游产业发展不匹配

旅游管理体制与旅游产业发展不匹配,一直是制约旅游业发展的重要矛盾。旅游是综合性产业,关联度高、涉及面广,传统的行业管理体制无法适应现代旅游业发展的客观要求。从目前情况看,现行的旅游管理体制整体滞后于产业发展实践,改革步伐缓慢。体制机制的落后,造成旅游业发展过程中"产品-市场"观念的缺失,市场主体未能充分发挥作用。

近些年来,江苏省内旅游景点数目不断增多,旅游业在提速发展。从整体上看,旅游业发展的过程中存在一些问题,特别是管理体制改革滞后,旅游业的发展和进步被严重阻碍。随着深化服务业的改革,很多部门都在发展各种服务企业,包括酒店、交通等,由于不同的投资部门拥有这些服务企业的产权,导致省内旅游服务企业没有形成规模、项目多、质量低等实际情况。这在对企业的形象造成一定影响的同时,也让国家和人民的利益遭受损失。除此之外,旅游淡旺季现象比较明显,在淡季因为没有多少旅客,一些旅行社为了吸引更多的游客,恶性竞争普遍存在,对正常的旅游市场秩序造成了一定的影响,在宏观上,旅游部门难以调控旅游市场。

目前,绝大多数旅游景区、度假区、饭店、乡村旅游区等都有自己的上级主管部门,旅游行政管

理部门一般情况下只能靠星级评定、A级评定等工作,才能在相关业态的管理与服务方面形成一些影响力。随着部分品牌含金量的下降,这些品牌对旅游企业的向心力在不断减弱。此外,旅游部门与公安、工商、质监、价格等部门的联合执法频次偏低,对旅游企业实施质量监督的力度明显不够,对不法旅游企业的威慑力不足。

三、推动江苏省旅游业发展的对策建议

(一)旅游产业融合发展,实现新突破

江苏旅游产业融合发展的有效路径当下社会各界对于发展旅游业的重要意义已有了明确的认识,但对于旅游业与其他产业融合发展方面还存在着认识不到位,认为旅游业与其他产业融合发展是"重要但不紧迫"。对于如何产业之间如何融合发展,存在着模糊而简单的认识,这在一定程度上影响着江苏旅游新业态的发展进度和旅游新产品的开发速度。江苏各界必须充分理解、把握十九大报告中提及的新时代社会发展的新矛盾,发展全域旅游,让旅游成为人民实现美好生活的重要载体,实施"旅游+"战略,推动旅游业与其他产业融合发展实现新突破。

1. 统筹协调,构建融合发展的机制和保障

江苏各级政府部分及相关产业界要提高"旅游+"发展战略的认识程度,认真贯彻《国务院办公厅关于促进全域旅游发展的指导意见》,把发展全域旅游、推进旅游产业与其他产业融合发展作为推进经济发展新实践,建设"强富美高"新江苏的重要内容。要做好旅游与其他产业融合发展规划,不断创新"强富美高"新理念下江苏经济社会发展规划理念,将旅游业与国民经济其他产业融合发展的"旅游+"规划理念融入社会经济发展全局。加大旅游产业扶持力度,落实"坚持引领变革、坚持开放共享、坚持安全有序"的发展方针,实施"旅游+"创新驱动发展战略,转变发展方式,积极推动旅游业与相关产业融合发展。创新领导体制,强化统筹职能,建立健全江苏各级政府部门旅游综合协调机制,明确相关部门或者机构的主体责任,形成合力,对区域的旅游业发展进行统筹协调、监督管理。作为新生事物,"旅游+"融合发展战略在有些时候、有些区域对传统产业的发展环境不太适应,需要政府相关管理部门从制度设计、环境改善、效率提升等多方面进行推动,加快推进旅游供给侧结构性改革,精心编制、实施高水平、高标准的旅游产业融合发展规划,切实保障"旅游+"的融合效果,从而提升旅游产业竞争力。

2. 创新突破,建立融合的旅游产业体系

农业方面,江苏是农业大省,是著名的"鱼米之乡",农产品种类丰富,地域特色明显,农业资源丰富,村镇经济发达,交通便利,旅游业与第一产业融合发展的潜力巨大。江苏农业与旅游相结合的休闲农业的发展模式已逐渐成为经济新常态下培育新动能、创造新业态、实现产业融合发展的有效手段。江苏可以结合"美丽乡村建设""新型城镇化建设"的有利政策,立足本地特有农业资源,依托丰富的农特产品,创新特色餐饮、特色住宿、特色购物体验等休闲农业产品要素。针对各类不同的消费需求,改善乡村旅游基础设施,提高旅游服务水平,精品化开发各类主题乡村旅游目的地和旅游线路,建设农村生态酒店、开发汽车露营基地,强化游客的参与感、体验感,做好特色体验活动,让游客收获乡愁和乡情。同时,可以充分发挥现代农业的生态涵养、休闲观光、文化教育等多元功

能,开发亲子旅游、影视旅游、摄影旅游、研学旅游、采风旅游、红色旅游等文化旅游形态,发展集农业观光、体验采摘、乡村美食、休闲度假、参与体验等多项功能于一体的特色旅游村、旅游风情小镇。

工业方面,2014年由国务院颁布的《国务院关于促进旅游业改革发展的若干意见》中提出:开展工业与旅游业融合发展调研,加快推动旅游业与新型工业化相结合。江苏是工业化大省,工业发展历史悠久,拥有众多的工业遗址、多样的生产流水线、规模庞大的工业厂区、悠久的企业文化、丰富的工业产品,可供进行工业旅游开发的资源极其丰富。但江苏目前的工业旅游尚处于起步阶段,存在着品牌宣传力度不够、"工""游"结合不强、旅游要素关联不紧密、专业化服务水平不高等问题。江苏省自2012年开始创建江苏省工业旅游区(点),力争到2020年建成100家省级工业旅游区,"能吃能玩能参观"的工业游未来将迎来更大的发展空间。江苏工业基础良好,可供开展工业旅游的资源数量较多,能够开展工业旅游的企业种类广泛,其中,以轻纺企业、轻型工业最为突出,涉及20多个行业,游客选择面广。在未来一段时间内,江苏旅游业与工业融合发展必须做到以下几点:一是做好工业旅游发展规划,优化产业政策环境,建立部门合作联动机制,加大市场宣传力度,创新税收等金融支持政策;二是树立工业遗址保护理念,加大对具有历史文化价值的百年老厂房等工业遗址的保护力度,鼓励和支持知名旅游企业开发工业旅游项目;三是构建工业旅游产品体系,用产品彰显江苏"旅游+新型工业化"的品牌特色。可以通过开发观光工厂、工业遗址公园、工业文化创意基地、工业旅游小镇、工业节庆会展活动等资源,构建完整的江苏工业旅游产品品牌,形成工业品牌带动旅游、旅游提升工业品牌影响力的江苏工业游新格局。

除了与第一、二产业融合发展,在江苏旅游的发展实践中,还可以全面拓展旅游业与其他行业的融合发展,延长旅游经济产业链,创造更多的"旅游+"融合型新产品,形成新业态。江苏可以围绕旅游、文化、体育、健康、养老"五大幸福产业",不断推动旅游产业与其他行业融合发展,形成改善民生的"幸福产业",进一步增强人民的幸福感和获得感。如可以与医疗养生机构合作,开展特色医疗、美容保健等健康养生旅游;与体育部门共同开发健身休闲、竞技表演等体育旅游项目;与教育部门共同推进研学旅游、写生旅游基地建设;与民政部门合作,发展"候鸟式"旅游养老,开发系列健康养生的旅游服务产品。此外,推进旅游业与互联网融合,发展智慧旅游,建立旅游信息营销体系,形成旅游大数据,实现线上线下分工合作,可以为江苏全域旅游发展的提供保障,形成社会经济发展新亮点。

3. 发展共享,提升游客的满足感和百姓的获得感

发展共享是社会主义的本质要求,也是我党解决社会发展新矛盾,满足人民对"美好生活"向往的需要。全域旅游是发挥旅游业综合带动功能,让人民共享旅游发展成果的有效方式。江苏全域旅游背景下旅游业与其他产业的融合发展,必须以人为本、全民参与,饯行全员共享理念。旅游业与一、二、三产业融合发展的关键是人的发展,是通过人来实现融合,用融合来服务人。全域旅游产业融合发展既要惠及旅游目的地居民,让当地居民共享基础设施、公共服务、美丽生态环境,让百姓从参与旅游产业融合发展中增收致富,增强获得感,从而调动老百姓参与旅游业发展的积极性;又要从游客满意的角度出发,及时敏锐地把握市场最新需求信息,结合江苏的特色资源开发产品、提供服务、创新业态,提高游客的满足感。只有实现了共享发展,才能提升居民的全域旅游意识和文明素质,消除旅游产业融合发展的障碍,从而形成统一高效、平等有序的旅游大市场,激发人们的旅

游创业潜能,实现万众创新,让游客和当地从业者实现真正的互惠共赢,推动江苏全面小康社会的建设和发展。

(二)顺应"旅游+"态势,探索旅游职业人才培养新模式

随着文化旅游及知识经济时代的快速发展,人才已经成为各行业发展的关键性力量。江苏省要有效弥补文化旅游要素的薄弱环节,全面做好旅游专业人才队伍建设,优化旅游人才供给结构。一方面,要对现有的旅游从业人员进行专业化的培训,尤其要重视对其进行文化旅游、文化创意产品开发、品牌宣传、市场营销等方面的专业化培训,使其能够为江苏省文化旅游产业结构升级和优化提供全面的保障。另一方面,江苏省文化旅游部门及相关企业可以从外部引进一批专业化的文化旅游人才,使其能够及时补充到现有人员团队中,优化专业人才结构,为现有文化旅游人才团队注入新鲜血液,发挥其专业化水平和技能,以更好地服务江苏省文化旅游产业的发展。

在激烈的市场竞争中,最关键的要素是旅游人才,在提升地区旅业业核心竞争力中旅游人才发挥着重要的作用。构建基于"旅游+"态势,引入"旅游+"概念和三重螺旋的理论,优化适合时代发展需要的旅游职业人才培养模式,以期促进旅游职业教育的科学发展。三重螺旋模型理论的核心在于打破传统组织边界和功能划分,要求参与者提供各种策略和手段,并在相互适应过程中形成自己的新角色。

1. 政府角色:风险投资商

政府应尽快完善和推进产教融合的法规和政策,创建有力的外部环境,促成高职院校和行业企业的良性发展,统筹职业教育资源,牵头帮助高职院校和相应层次的旅游行业企业相互衔接,帮助它们搭建沟通平台和渠道,让它们各显神通共同服务地方旅游产业。政府通过政策倾斜(如参与产学研融合下企业给予减免税收)和财政、金融调控等手段,引导资金流入校企合作的研究项目和创新计划,助推知识和技能性成果的研发和转化。此外,政府可设立政企校合作的管理机构或部门,协助校企间开展资源信息的共享和互通,引入第三方机构参与政企校合作的绩效评估,保证和激励政府在校企合作中共担责任、共享成果。

2. 企业角色:社会教育家

企业是产学研合作中技术创新、知识应用的主体,肩负着支持教育的社会责任。在与院校共育人才的过程中,行业要根据市场行情和用人需求为院校制定人才培养方案提供行业人才质量标准,邀请企业专家参与优化旅游专业人才培养方案,为旅游企业制定"精准打造"的优秀人才。旅游企业将生产经营过程中使用的新理论、新技能、新工艺等引入教学课堂,充实和更新教学内容。旅游企业的技术难题、技改项目、产品设计等实际需求,可成为教学实践技能训练的内容和学生毕业设计的选题,这将有利于加速科研成果转化的时效。企业可充分利用院校的激励政策、场地资源和学员力量,打造校内实训企业和共建经济实体(如旅行社、旅游服务中心、休闲餐吧、茶馆等),为旅游专业教学实训提供场所,提高旅游院校的技术创新和服务能力,成为企业互利共享合作育人的展示成果,帮助企业自主创新增强核心竞争力,将技术优势转化为规模经济优势,有利于企业提高其技术服务水平和社会美誉度。对于院校而言,学生参与校内企业实习实训的实践活动,将提高其在真实职业环境的应用应变能力和职业迁移能力。

3. 旅游职业院校:人才资源库

旅游职业院校作为旅游服务人才的主要输出地身兼重任,要主动围绕区域旅游经济发展和旅游产业转型升级的需求,在课程体系、实训模式、师资打造等方面都必须顺应"旅游+"态势,加强与旅游行业企业的横向合作,培养适应现代旅游业发展要求的高素质技能型人才。坚持以社会主义核心价值观为指导思想,为学生在校内开设旅游专业知识讲授和旅游职业技能训练模块。此外,适应新时代要求在课程中加入信息技术、新媒体、电子商务、创新创业等课程,提高学生信息素养和塑造学生的创新创业理念。在校企合作过程中,一方面,旅游职业院校要为校企合作搭建校企合作联盟、校企合作委员会等平台,基于旅游产业和职业岗位需求强化学生的就业和创业能力,学校和企业全面参与教学过程,全程监控教育质量,通过形成人才培养质量报告动态反馈及时改进教学模式。从专业技能、职业素养和创新能力等方面评价学生,以师德、教学技能和服务水平评价教师,以就业质量和社会反馈评价校企合作的质量。另一方面,搭建校企合作共育人才调解委员会,为校企合作中可能产生的理念和文化冲突提供协调部门。旅游职业院校在教育教学中也积极融入企业文化、旅游专业行业资讯、职业精神等内容,让院校和企业行业之间形成尊重包容、求同存异、融合共进的积极氛围。

(三)加快结构调整,提升旅游供给水平

1. 明晰产权培育大型旅游集团

江苏省文化旅游产业的发展必须要首先完善旅游资源产权明晰化,通过行业协会或者政府部门来强化对旅游产权的培育与保护,对文化旅游产业内现有的企业进行全面整合,在产业内部形成具有战略导向性的龙头企业,使其能够借助规模优势和创新优势来引领整个江苏省文化旅游产业的发展。在进行产权培育的过程中,要充分激发大型旅游集团企业的创新能力,鼓励其以产权保护为契机不断提升对文化旅游资源的开发能力。另外,必须要注意的是在进行旅游资源产权明晰化的过程中,需要充分协调政府、行业协会、旅游企业等诸多主体的相互关系,以确保江苏省文化旅游产业的发展保持在正常轨道中。

2. 优化旅游产品结构

江苏省在文化旅游产品机构优化方面,要对各项文化旅游产品之间在整体规模、数量、类型和层次等方面的组合关系和比例进行全面整合,同时要全面做好文化旅游产品的市场定位,强化文化内涵,提升旅游资源的文化创意,要做到文化旅游资源在食、住、行、游、购、娱等方面的相互协调,兼顾开发不同档次的文化旅游产品,满足消费者的差异化和个性化需求。同时,要以旅游消费者需求层次的变化来对旅游产品的层次和类型进行动态化的开发与优化,及时对消费者的需求结构域消费者结构进行预测,延长旅游产品的生命周期,创造出更具有价值的旅游产品,完善文化旅游产品机构体系。

3. 打造旅游知名品牌

江苏省应该借助现有的文化旅游各项优势,深挖旅游资源,打造江苏省旅游知名品牌,充分提升品牌效应和附加价值,以此提升江苏省文化旅游产品的市场竞争优势。积极围绕城镇化建设,突出历史文化体验,重视对文化的传承与保护。首先,要进行文化旅游品牌的宣传,借助互联网等现代媒体,强化对知名旅游品牌的推广和营销,提升其知名度。其次,要充分突出文化旅游主题,使得

旅游消费者在观光旅游的同时能够深切感受到江苏省各地的文化底蕴。另外,要全面突出绿色生态旅游,以旅游观光、生态独家庄园、氧吧旅游、养生旅游等为亮点旅游项目。通过全面打造旅游知名品牌,全面加速江苏省文化旅游产业的发展。

参考文献

[1] 陈显军,熊敬锴,杨霞.供给侧结构性改革视域下广西文化产业与旅游业融合发展研究[J].桂海论丛,2016,32(2).

[2] 周春波.文化与旅游产业融合对旅游产业结构升级的影响效应[J].当代经济管理,2018,40(10).

[3] 肖虹,张芝雄.我国文化旅游产业资本结构特征及优化策略研究[J].度假旅游,2018(4).

[4] 缪莹莹.旅游产业与旅游文化融合发展的路径选择[J].中国民族博览,2019(3).

[5] 谢祥项.吴珏基于政府执行力的旅游业优势转化机制创新研究———以海南省为例[J].社会科学家,2006(5).

[6] 温泉.论我国旅游行业管理中的政府行为与旅游管理体制[J].黑龙江对外经贸,2008(5).

[7] 李彬彬,杨娜.基于内容分析法的经济型酒店顾客需求分析[J].安徽商贸职业技术学院学报:社会科学版.

[8] 郝索.外国旅游管理体制比较研究及对我国旅游业改制的启示[J].人文杂志,2001(3).

[9] 廖惠兰.从下枧河景区谈宜州市旅游管理体制和经营机制的改革构想[J].广西商业高等专科学校学报,2004(4).

[10] 张俐俐.袁国宏论行业协会在我国旅游管理体制演进中的作用[J].社会科学家,2002(6).

[11] 马聪.政府主导型战略与建立有效的旅游管理体制[J].信阳农业高等专科学校学报,2002(4).

第四章 江苏省科技服务业发展报告

科技服务业作为现代服务业的重要组成部分和核心内容,具有人才和智力密集、技术含量和附加值高、创新性和渗透性强、发展潜力和辐射带动作用显著等特点,是全球产业竞争的战略制高点,是推动产业结构升级优化的关键。科技服务业是一个内涵相当丰富的行业领域,由于各国科技发展水平不同,对科技服务业内涵的界定也不十分统一。应该说,科技服务业是经济发展中产业分工越来越细化以及各产业链不断延伸和融合发展所形成的新的产业分类。服务的手段主要是技术、知识、管理,服务对象是经济发展各行业、各专业、各类企业。服务的内容涵盖技术咨询、技术服务、成果转化、科技孵化、技术评估、市场推广、专业从业人员的培训等。科技服务业作为科技转化及经济发展之间的桥梁与纽带,向中小型企业提供技术支持和提升利润价值的智力支撑产业。而且它具有针对不同企业的技术需求和发展环境进行量身制造,具有极高创新性、全新技术性和双方互动性的特点。2014 年 10 月底,国务院正式发布《关于加快科技服务业发展的若干意见》,成为促进科技与经济融合的重要引擎,强化了科技服务对当今经济提质增效的智力支撑作用。随后,全国科技服务业区域试点和行业试点工作陆续启动。2015 年 4 月 15 日国家统计局正式发布《国家科技服务业统计分类(2015)》,正式将科技服务统计纳入国家统计体系。2018 年,国家统计局对《国家科技服务业统计分类(2015)》进行了修订。本次修订延续 2015 版的分类原则、方法和框架,根据新旧国民经济行业的对应关系,仅对行业分类有变化的相关内容进行调整和行业编码的对应转换,形成《国家科技服务业统计分类(2018)》。这些举措对于我国经济社会高质量发展及全面落实自主创新、推动科技与经济深度融合具有战略意义。

2018 年,江苏以促进科技与产业融合、加快科技成果转移转化,推动科技服务业高质量发展为核心,继续深入实施科技服务业升级计划,构建覆盖科技创新全链条的科技服务体系,积极营造创新创业良好生态系统,全省科技服务业实现高质量发展。

一、江苏省科技服务业发展的现状分析

(一)科技服务业发展趋势

1. 服务模式日趋完善

我国科技服务业虽然是刚刚起步,但科技服务服务能力不断提升、服务模式不断完善、服务质量不断提高、服务业态不断创新,尤其是在大众创业、万众创新的政策背景下,科技产业园、企业孵化器、生产力促进中心、创客中心、基金小镇等综合性、专业性或专门性服务机构有力地推动了科技成果的转化。例如,北京的中关村引领地位进一步凸显,科技服务业集群化发展效应开始显现,中关村创业产业园创造了 50.1% 的营业收入和 49.9% 的利润。还有位于北京市房山区长沟镇的基

金小镇,充分整合了整个产业链上下游的资源,打造了中国最具价值的基金业交流平台,孵化了成熟的基金管理人和资产管理公司,引领了我国基金业科学健康发展。目前,入驻基金机构已达92家,资产管理规模已达1659亿元。同时,互联网、云计算、大数据技术等"互联网+"科技服务模式带来了科技服务的深刻变革。中软国际、华路时代、京东等企业正在开展智能硬件众筹服务。

2. 政府支持力度逐步加大

2014年10月28日国务院发布《关于加快科技服务业发展的若干意见》,明确提出:"到2020年,基本形成覆盖科技创新全链条的科技服务体系,服务科技创新能力大幅增强,科技服务市场化水平和国际竞争力明显提升,培育一批拥有知名品牌的科技服务机构和龙头企业,涌现一批新型科技服务业态,形成一批科技服务产业集群,科技服务业产业规模达到8万亿元,成为促进科技经济结合的关键环节和经济提质增效升级的重要引擎。"2017年4月,科技部印发了《"十三五"现代服务业科技创新专项规划》,其中指出要推动现代服务业领域的模式创新,加速形成现代服务业核心竞争力。通过技术融合与创新,不断催生现代服务业领域的新业态、新业务和新模式,形成现代服务业创新驱动发展的新局面。2018年5月,为了深入落实《国家技术转移体系建设方案》,加快发展技术市场,健全技术转移机制,促进科技成果资本化和产业化,科技部制定了《关于技术市场发展的若干意见》,并指出到2025年,统一开放、功能完善、体制健全的技术市场进一步发展壮大,技术创新市场导向机制更趋完善,市场配置创新资源的决定性作用充分显现,技术市场对现代化产业体系发展的促进作用显著增强,为国家创新能力提升和迈入创新型国家前列提供有力支撑。由中央政治局审议的《京津冀协同发展规划纲要》中指出要明确城市战略定位,坚持和强化首都全国政治中心、文化中心、国际交往中心、科技创新中心的核心功能;同时,对于强化北京科技服务业发展也提出了具体指标,到2020年,北京市科技服务业收入达到1.5万亿元,技术合同成交金额达到5000亿元。国家及各级政府也更加关注科技型中小企业的发展,在创业基金、场地提供、技术服务、项目引进、税收等方面给予大力支持,同时注重与科研院所的合作研发、联合攻关,积极引导与创建构产、学、研一体的科技服务体系,尤其是鼓励风险投资、产业基金和银行贷款等多项金融措施跟进支持,同时给中小型科技企业上市融资提供重要的服务平台和政策支持。

表1 12017—2018年科技服务业政策汇总

时 间	政 策	具 体 内 容
2018年5月	《关于技术市场发展的若干意见》	到2020年,适应新时代发展要求的技术市场初步形成,服务体系进一步完善,市场规模持续扩大。培育20家具有示范带动作用的高水平专业化技术转移机构、600家市场化社会化技术转移机构,发展3—5个枢纽型技术交易市场,培养1万名技术经理人,技术经纪人,全国技术合同成交金额达到2万亿元,技术交易的质量和效益明显提升。到2025年,统一开放、功能完善、体制健全的技术市场进一步发展壮大,技术创新市场导向机制更趋完善,市场配置创新资源的决定性作用充分显现,技术市场对现代化产业体系发展的促进作用显著增强,为国家创新能力提升和迈入创新型国家前列提供有力支撑。
2018年2月	《关于印发洛阳市科技服务业转型攻坚行动计划(2018—2020年)的通知》	到2020年,引进培育一批国内外知名的平台型科技服务机构和龙头企业,备案一批技术先进型服务企业和创新型科技服务机构示范企业等科技服务示范机构,涌现一批科技服务新业态,科技服务市场化水平明显提升,服务科技创新能力大幅增强,成为促进科技创新和产业发展的重要引擎。

时 间	政 策	具体内容
2017 年 12 月	《关于北京市加快科技创新发展、科技服务业的指导意见》	到 2020 年,打造一批具有国际影响力的科技服务龙头骨干企业,培育一批拥有核心技术的科技服务高成长企业,涌现一批服务模式新的科技服务创新型企业。首都科技服务资源潜力充分释放,市场化程度进一步提高,结构优化、支撑有力、创新引领的科技服务体系基本形成,定位清晰、布局合理、协同发展的科技服务业发展格局更加优化,对科技创新、成果转化、产业发展的支撑服务能力明显增强。
2017 年 12 月	《南京市政府办公厅关于印发加快科技服务业发展实施方案》	到 2020 年,基本形成符合南京经济社会发展需求,覆盖科技创新全链条的科技服务体系,服务科技创新能力大幅增强,科技服务市场化水平和国际竞争力明显提升,建设 2 个科技服务业集聚区,5 家以上科技服务业特色基地,培育 200 家营业收入超亿元的科技服务骨干机构、2 个国内外知名的科技服务品牌,引进培养 600 名高层次科技服务业领军人才,科技服务业产业规模超过 3000 亿元。科技服务成为促进科技与经济相结合的关键环节,经济转型升级和提质增效的重要引擎,将南京打造成为科技服务业中心城市。
2017 年 4 月	《“十三五”现代服务业科技创新专项规划》	到 2020 年,初步形成现代服务科学体系,理论技术水平大幅提高,生产性服务业、新兴服务业、文化与科技融合、科技服务业领域服务科学研究与实践能力进入世界前列。在重点领域攻克一批关键核心技术,形成一批国际、国家标准和行业解决方案,支持建设 10—20 个国家级现代服务业工程技术研究中心、国家重点实验室和企业技术中心,大幅提高科技在现代服务业增加值中的贡献度,全面提升现代服务业的规模、质量、效率和品质,实现我国现代服务业总体水平与发达国家并跑,在部分领域达到领跑水平。

资料来源:课题组整理

3. 新的服务业态不断催生

伴随着技术的不断进步和科技创新需求的逐渐多样化,科技创新服务链条开始不断细化分解,各创新要素不断进行重组和对接,社会上涌现出了一批新的创新服务模式和业态,包括风险投资机构、产业技术联盟、创业苗圃、研发外包、互联网众包等在内的大量市场化的科技服务机构不断出现并快速发展。这些新型组织的出现一方面迎合了当前创新全球化的历史潮流,另一方面随着科技服务业业态的逐渐形成,其对全社会科技创新发展的带动和提升效应也日益凸显。尤其是随着技术进步和变革极大地促进了各创新要素的重组和对接,不断涌现出技术转移、创业服务、科技金融等一批新兴业态,促进产业内部的活力和实力不断增加,同时围绕新兴业态又形成了创新的产业服务链,例如,生物 CRO、检测服务等。另外,众筹、研发众包、创新驿站、创业咖啡馆、创新工场等新型业态也正在成熟与发展中,尤其是第三方支付等互联网金融呈现迅猛发展的态势。

4. 体制机制上需要不断完善

我国的科技服务业相比发达国家起步较晚,虽然是发展速度很快,但无论对于政府管理层面还是从企业的运行方面都有很大的提升空间,导致本国科技服务业在数量、质量及发展模式上均存在一定问题,并对科技服务业体系的构建及可持续健康发展产生局限性。一是从政府层面政策制定上、管理机制上、运行监管上还存在一定缺陷,政策环境、法律保障不完善。科技服务业缺乏明确的法律及行业规范,对权利责任、运营模式、竞争机制、内部制度等没有明确的规定。二是在服务企业的服务模式、服务内容、服务质量等方面没有形成完善的科技服务产业平台,导致科技型产业信息获取、技术传播得不到有效保障。科技成果转化率低,延长了服务周期。三是在我国科技服务行业中,从业人员素质有待提升,缺乏具备理、工、商、法、管理等多学科复合背景的人才。

（二）江苏省科技服务业发展成绩

1. 总体规模稳定增长

2018 年,全省科技服务业体量不断扩大,科技服务业总收入达到 8045 亿元,同比增长 11.6%,2016—2018 年平均增长 13.7%。科技服务业机构总数达 5.59 万家,从业人员数量 124.6 万人,机构数和从业人员稳中有增。各设区市积极推动科技服务业发展,苏南科技服务业独占鳌头,服务收入占全省的 76.6%,其中,南京市服务机构和从业人员数量均占全省总数的 1/5 左右,科技服务收入达 3370 亿元,"首位度"进一步凸显;苏北地区板块呈现提速增长态势,服务收入 1009 亿元,占全省比重为 12.5%,较上年提高 2 个百分点,从业人员增加 2 万多人。

表 2　江苏省科技服务业总体规模增长情况

	时间	数值	增速
科技服务业总收入(亿元)	2016 年	6230	15%
	2017 年	7481	14.6%
	2018 年	8045	11.6%
科技服务业机构总数(万家)	2016 年	5.5	
	2017 年	5.5	
	2018 年	5.6	
科技服务业从业人员数(万人)	2016 年	116.3	
	2017 年	120	
	2018 年	124.6	

资料来源:江苏省科技厅

2. 骨干机构能力持续增强

全省规模以上科技服务机构共有 6177 家,实现服务收入 6558 亿元,占科技服务业总收入的 81.5%,同比增长 8.8%,规模以上机构平均年收入首次超过 1 亿元。规上机构从业人员达 74.8 万人,占总从业人员数的 60%。2018 年,依托科技服务业特色基地等集聚区重点支持 120 多家骨干机构实施能力提升,涌现出一批品牌、特色科技服务机构和小而精、创业型科技服务公司,如南京先进激光技术研究院探索"专业研发机构＋孵化器"的运行模式,已发展成为国内一流的激光创新技术研发平台、创新创业人才培育池以及激光产业集聚地;先声药业开创"企业研发机构＋孵化器"的"百家汇"模式,运用市场机制推动优势技术成果研发和落地转化;常州天正公司开发"面向制造业的工业互联网服务平台",利用大数据平台与多家金融机构合作,成功帮助 1200 余家制造企业获得融资支持。江苏省科技创新服务联盟发布 2018 江苏省科技服务业"百强"机构和"百优"人才名单中,规模以上科技服务机构累计服务收入近 550 亿元,约占江苏所有规模以上科技服务机构总收入的 9%,服务绩效显著。

专栏 1：2018 江苏省科技服务业"百强"机构、"百优"人才

　　自 2012 年以来，江苏持续开展科技服务业"百强"机构年度评选工作。从 2017 年开始，为了突出评选的全面性、科学性和权威性，由省科技创新服务联盟牵头，通过各科技服务行业组织推荐，并与科技服务业统计数据相结合的方式推选"百强"科技服务机构。2018 年评选出的"百强"机构和"百优"人才覆盖了 9 大科技服务领域。"百强"机构 90% 来自苏南自创区，上榜的"百优"人才已累计服务企业超 2.2 万家。其中，南京地区有 49 家、苏州地区有 19 家，以南京、苏州为代表的苏南区域以绝对优势独占鳌头，集聚效应明显。

　　为充分调动广大科技服务人员的积极性和创造性，2018 年评选活动又增加了"百优"科技服务人才的评选。经自愿申报、行业初评、专家综合评选、社会公示等程序和环节，评选出了南京先进激光技术研究院、苏州福履投资管理咨询有限公司等 100 家"百强"机构和常州天正工业发展股份有限公司董事长张翀昊、东南大学技术转移泰州中心主任严永滔等 100 名"百优"人才，覆盖了 9 大科技服务领域。"百优"人才中，既有大型科技服务机构的模范代表，也有小而精、创业型科技服务公司的年轻助理；既有扎根一线服务超 20 年的行业前辈，又有开展科技服务不足 10 年的 85 后年轻同志。这些"百优"人才累计服务企业超 2.2 万家，示范作用突出。

3. 集聚发展成效显著

　　积极引导各地因地制宜大力发展科技服务特色业务，持续推进科技服务业的集聚发展，形成专业服务特色和优势。新启动筹建南京市江北新区研创园、昆山高新区等 4 家省级科技服务业特色基地，全省科技服务业特色基地(示范区)总数达 20 家，共拥有服务场所 538 万平方米，集聚服务机构 1339 家，拥有专职服务人员 1.8 万人，服务资源、服务装备原值达 37 亿元，年实现科技服务收入 70 亿元。

表 3　江苏省科技服务业特色基地(示范区)名单

	第一批省科技服务业特色基地	
1	江苏省科技服务业特色基地(检验检测认证)	常州市天宁区人民政府
2	江苏省科技服务业特色基地(科技金融服务)	苏州国家高新技术产业开发区管理委员会
3	江苏省科技服务业特色基地(大数据服务)	盐城市城南新区管理委员会
4	江苏省科技服务业特色基地(研发服务)	淮安经济技术开发区科教产业发展办公室
5	江苏省科技服务业特色基地(创业孵化服务)	南京市江宁区人民政府
6	江苏省科技服务业特色基地(知识产权服务)	南通市崇川区人民政府
7	江苏省科技服务业特色基地(医药研发服务)	泰州医药高新技术产业园区管委会
	第二批省科技服务业特色基地	
1	江苏省科技服务业特色基地(检验检测认证)	南京生物医药谷建设发展有限公司
2	江苏省科技服务业特色基地(科技金融服务)	徐州信息谷资产管理有限责任公司
3	江苏省科技服务业特色基地(研发服务)	丹阳市高新技术创业服务中心

续表

第三批省科技服务业特色基地		
1	江苏省科技服务业特色基地(研发设计服务)	南京市江北新区产业技术研创园管理办公室
2	江苏省科技服务业特色基地(创业孵化服务)	昆山高新技术创业服务中心
3	江苏省科技服务业特色基地(研发设计服务)	扬中高新技术产业开发区管理委员会
4	江苏省科技服务业特色基地(创业孵化服务)	连云港市科技创业城管理服务中心
省科技服务业示范区		
1	苏州自主创新广场	
2	常州科教城	
3	扬州广陵新城	
4	南京市麒麟科技创新园	
5	无锡(太湖)国际科技园	
6	南通高新区科技新城	

资料来源:江苏省科技服务业研究会

4. 各类服务业态特色鲜明

研发设计服务继续领跑,共有服务机构 2.6 万家,占科技服务业机构总数的 47.5%,服务收入达 3728 亿元,较上年增长 12.9%。

创业孵化服务不断强化,全省共有研发服务机构 2.6 万家,新布局建设 30 家众创社区,各类众创空间、科技企业孵化器、"星创天地"达 1500 多家,从业人员 3 万余人。培育建成国家级双创示范基地 6 家、省级 100 家,各类科技企业孵化器达 720 家,国家级孵化器 175 家,国家级孵化器数量、面积及在孵企业数连续多年位居全国首位。

技术转移服务日益活跃,加快推进以省技术产权交易市场为龙头的全省技术转移体系建设,全省建有省级高校院所技术转移中心 43 家,各类技术转移机构近 300 家,举办活动近 3000 场,服务企业 11.5 万家/次,2018 年江苏省技术合同登记数达 42703 项,技术合同登记成交额首次突破 1000 亿元,达 1152 亿元,同比增长 32%,位居全国前列。2018 年,江苏省技术市场充分发挥在促进全省技术交易方面的积极作用,推动技术合同工作业务体系重新布局,依托省技术市场分中心建设技术合同登记点,由原来的 5 家合同登记点发展到 48 家,覆盖全省 13 个设区市和部分高校;重构技术合同登记系统,将技术吸纳作为重点,保证江苏省技术交易持续高质量增长;同时将中介服务方角色纳入技术合同登记系统,更是针对技术交易中介服务方出台奖补政策,鼓励技术转移机构和技术经理人参与成果转化,发挥撮合对接作用,活跃全省技术交易。

科技金融服务成效明显,创投机构管理资金规模达 2300 亿元,科技支行、科技小额贷款公司等新型特色科技金融机构达 345 家;全省累计发放"苏科贷"贷款 475 亿元,支持企业 5581 家,创投机构管理资金规模超过 2300 亿元。

知识产权服务链条初步形成,江苏(国际)知识产权交易中心正式成立,专利代理服务机构达 367 家;在积极开展知识产权质押融资方面,江苏(国际)知识产权运营交易中心积极探索企业知识产权的市场价值实现形式,设计适合企业需求的各类知识产权融资产品和股权融资产品,近两年来已完成 26 笔知识产权质押贷款项目备案,备案贷款金额 8279.6 万元。

科技咨询服务业发展迅速,全省科技咨询机构 226 家,从业人员达 3.4 万人,服务总收入超过 400 亿元。

检验检测认证服务稳步提升,全省共有 70 多家检验检测认证机构获国家高新技术企业认定,获批筹建的国家质检中心达 51 个,全省拥有各类检验检测实验室 2 万余家,涵盖了各主要专业领域。

科学技术普及服务不断完善,共命名省级科普示范社区 80 家,认定省级科普教育基地 119 家。

5. 新型研发机构成为创新驱动发展的新力量

新型研发机构凭借其实现科学发明、技术创造以及产业革新三者有效融合的优势,逐渐新体系中崭露头角,成为国家促进产学研协同、吸引科技人才、推动科技成果产业化进程的重要平台。因此,探索市场化运行模式,加快新型研发机构建设,成为提高科技成果转化效率、促进科技体制改革的重要研究方向。近年来,江苏省涌现了以昆山市工业技术研究院、江南石墨烯研究院、江苏省产业技术研究院等为代表的一批建设模式新、体制机制新的新型研发机构。这些机构在集聚科技创新资源、引进高端人才、科技成果转化、推动产学研深度融合等方面取得了很大的进展。截至 2018 年 6 月底,江苏列统的新型研发机构有 346 家,从区域看,苏南 201 家、苏中 79 家、苏北 66 家,苏州、南京、常州的机构数位列前三;从产业行业看,主要涉及 14 个行业,其中,科学研究技术服务业、制造业及信息传输、软件和信息技术服务业三大行业分布最多;从领域看,主要集中在装备制造、新材料、电子信息、节能环保等产业领域;从体量和成效看,拥有人员 10000 多人,其中,研发人员 8000 多人,年开展技术服务 33000 多次,累计引进、孵化科技企业 2000 多家。

从组建方式看,已列入统计的 346 家新型研发机构中,均已注册独立法人,"独立法人"的组建模式是江苏省新型研发机构的主要形式。另外,江苏省的新型研发机构建设主要依托中科院所属研究平台、国内重点高校以及央企或其他科研团队三类资源进行组建。从机构性质上看,346 家新型研发机构中,事业性质的有 197 家,占 56.94%;企业性质的有 124 家,占 35.84%;民办非企业性质的有 25 家,占 7.22%。与传统科研院所国有事业单位性质,有编制、有级别、有经费相比,我省新型研发机构建设和投资主体不仅仅局限于政府部门,还包括科研院所、高校、大型央企、社会组织甚至世界 500 强外资公司等不同类型的社会主体。江苏中科睿赛污染控制工程有限公司是中国科学院过程工程研究所与中国盐城环保科技城投资建设,亭湖区委、区政府负责整合各方资源,提供优质服务,为项目建设创造良好环境的集研发、设计、制造、工程、技术服务于一体的新型研发机构,同时也是一家综合性国家高新技术企业。

从科研主攻方向看,更具有前瞻性,瞄准国际前沿。打造优质的科技研发平台,起草和制订一批国家和行业相关标准,积极抢占行业领域标准的话语权。由江苏未来网络创新研究院牵头建设的国家重大科技基础设施——未来网络试验设施项目正式获国家发改委立项。研究院以我国未来网络发展顶层设计、技术研发、标准推动、知识产权保护、产业孵化与发展为重点,带动未来网络技术、产品应用的大规模发展与推广,形成从芯片设计、设备制造、系统集成到应用服务的完整产业链。

成果转化路径多样化。新型研发机构定位为开展应用技术开发、科技成果产业化和产业孵化,促进新兴产业发展和产业转型升级。成果转化常采用企业孵化、合作研发、技术交易等形式开展。

比如,浙江大学先后在苏州、昆山和常州建成 3 个工研院,地方投入 10 多亿元,累计引进学科团队 58 个,孵化企业近百家;与康缘药业合作构建国内首个中药注射液智能制造提取精制工厂,获批科技部支持 7500 万元;孵化的苏州维美生物科技公司,研制成功以氨基酸作为主清洁剂的氨基酸日化产品,已完成 30 多个系列产品研发,有望在苏州培育形成氨基酸日化产业集群。

科技金融深度融合。推进产业链、创新链、资金链深度融合,引入社会风投,建立"政策+创新+产业基金+VC 和 PE"的新机制,为新型研发机构的快速发展提供全方位的服务和支撑。比如中科院物联网研究中心已有中科院微电子所、中科院软件所等 10 多个中科院系统研究院所入驻,组建了国内首个专门的物联网投资基金"中国物联网产业投资基金",形成了 200 多家物联网企业集群。

专栏 2:新型研发机构发展的江苏经验——以江苏省产业技术研究院为例

从全球来看,科技成果转移转化是一个共性难题,一直是各国政府、科技界、理论界和企业界共同关注的焦点。世界各国都进行了大量积极地探索和实践,形成了诸如美国的"硅谷模式""MIT 创业模式"、德国弗朗霍夫应用研究促进协会(FhG)的"合同研发"模式、中国江苏省产研院"合同科研"模式等若干具有代表性的科技成果转移转化模式。其中,江苏省产研院等组织的经验做法,在我国情境下的产业应用技术转移转化方面具有良好的适用性与借鉴意义。

为了加快江苏省产研院的发展,推动产业应用技术创新与转化,江苏省政府专门出台了两个指导性政策文件,给予江苏省产研院政策"最惠特区"待遇。作为江苏科技体制改革的试验田、产业技术升级的助推器,从 2017 年起,江苏省产研院开始征集和提炼企业愿意出资解决的行业关键技术需求,并与龙头企业共建"联合创新中心"。目前,已在南京、常州、苏州、盐城、南通等地布局新材料、装备制造、电子信息等领域的专业研究所 40 家,研发人员总规模近 6000 人,累计转化成果 2630 项,累计申请专利 2200 项,累计衍生孵化企业 504 家。包括大全集团、鱼跃医疗、法尔胜泓昇、钱璟康复、KDX 材料高科技等公司,都已与省产研院共建"联合创新中心",由企业出资,产研院对接全球创新资源,寻找解决方案。"放管服"结合,完善"合同科研"的评价机制,是产研院的一大改革亮点。财政支持方式不再按人员编制分配经费,主要根据合同收入、纵向科研经费、衍生孵化企业等合同科研绩效开展综合考评。

初期获得政府稳定持续的资金投入扶持,并在发展过程中逐步引入社会资本力量。江苏省产研院财政资金资助方式由传统的项目式资助变为机构式资助,并且每年划拨 5—6 亿的财政资金,用于江苏省产研院初期的管理运营与发展;同时实行三方共建模式调动地方政府与社会资本力量;江苏省产研院有限公司的成立,打开了其对外投融资管理的市场化运作空间。

整体推进结合地方优势,实施自主化管理。在机构建设设计与发展策略上,遵循了依托区域优势、整合地方资源的原则。江苏凭借雄厚的工业产业基础(其中制造业比重近 40%)和教育科技资源,将丰富的科技、人才、金融优势有机结合,利用科技创新建设发展新契机,勇于突破、大胆创新,力争建成独具特色的、具有全球影响力的产业应用技术研发与转化高地。具体到机构运营管理上,则按照市场化手段进行推进,强调技术与产业的充分融合。江苏省产研院通过体制机制创新,在事业单位建制的基础上,采用公司制的现代企业治理机构运作模式,拥有资金使用、人才管理等方面的自主权,打破了体制内外管理运作限制和制度藩篱;人才的引进以懂市场、专业化为标准,运用"项

目经理制",以"引人"促"成事",对标市场需求、提高技术转移成效。

构建协同创新的应用技术转化与产业化网络,实现人才、技术资源的全球化配置。江苏省产研院通过多元协同、多方共建——江苏省产研院、地方政府(园区)和项目经理人才团队三方共建,最大限度调动各方力量推动产业技术转化、支持产业发展,并实行经理制调动全球智力资源,形成了区域协同创新网络。

二、江苏省科技服务业发展存在的问题

(一)市场主体能力偏弱

江苏科技服务机构规模普遍较小、结构欠优、业务定位不明确、服务内容单一、核心竞争力不强等问题,缺乏持续稳定的服务业务、特色业务。2018年,"百强"机构榜单中拥有规模以上科技服务机构68家,仅占江苏所有规模以上科技服务机构总数的1%。在研发设计、检测、科技咨询等领域缺少国内知名、国际一流、具有行业影响力的大型专业科技服务机构。科技型企业在科技服务领域的研发成果产出也反映着一个地区科技服务业的综合实力。从2018年全国科技服务业专利第一申请人来看,中兴通讯的申请量最多,共70件,占全部申请量的11.18%;其次是武汉瑞莱保能源技术有限公司,申请量共38件,占比为6.07%。江苏共有四家企业上榜,但申请量总计69件,不足中兴通讯一家公司的申请量。

表4 科技服务业专利申请前十位公司

排 名	申请人	专利数	百分比
1	中兴通讯股份有限公司	70	11.18%
2	武汉瑞莱保能源技术有限公司	38	6.07%
3	苏州树云网络科技有限公司	35	5.59%
4	珠海市新域智能科技有限公司	30	4.79%
5	江苏凯奥纺织科技有限公司	20	3.19%
6	华为技术有限公司	15	2.4%
7	江苏新汇源电气科技有限公司	14	2.24%
8	江苏依埃德科技有限公司	10	1.6%
9	广东固特超声股份有限公司	9	1.44%
10	武汉醉吟茶品业科技有限公司	8	1.28%

资料来源:前瞻产业研究院

(二)市场运作程度不高

一是传统科研机构市场化动力不足。在全省科技服务业市场主体中,大型国有企业、国家级科

研院所居多,由于体制机制等原因,传统国有化科研机构在重大科研项目研发、产学研合作方面多是依托自身资源储备,较少借助外部力量,缺乏市场化运作动力。二是新型研发机构也面临市场运作机制不健全的突出矛盾。新型研发机构在起步阶段,离不开政府、高校院所等投资主体的支持,需要各方从资金、技术、土地等方面进行输血维持。经过数年的积累和发展,部分机构已经取得了一些成绩,并可以独立运行。但更多的新型研发机构仍然依赖政府来维持运行,自我造血功能缺失,难以在市场竞争中生存,更甚者在政府考核不合格、资金不到位后直接人去楼空,对地方政府造成极大的财政浪费。由于投资主体的多元化,新型研发机构存在多头管理的现象,一方面受"母体"(高校或科研院所等)的考核管理,另一方面也受所在地方政府的管理。在技术创新体系及产业发展中所处的位置模糊,无法区分于孵化器、众创空间、技术转移中心的异同。另外,部分高校院所对新型研发机构缺乏支持政策,造成专家不愿意去地方工作,机构无技术支撑等。

(三)科技服务业人才相对缺乏

科技服务业人才队伍总量偏小,专业化科技服务业人才较为短缺,尤其是科技服务行业领军人才、高端人才、高级管理人才和专业化的咨询服务专家严重匮乏,对科技服务行业的发展和创新能力的提高产生了严重的影响,在科技服务业发展过程中已经成为严重的瓶颈问题。高端研发人才、资深创业导师、技术转移经纪人、高级咨询师、无形资产评估师、高级专利代理人等中高端专业技术人才本地化率较低,无法满足外省科技服务业快速发展的需要。同时,省内尚未建立专门针对科技服务业人才的引进计划和培训制度。

(四)服务体系亟待完善

在服务网络方面,目前江苏科技服务资源较为分散,尚未形成省级层面统筹开发、统一利用的长效机制,缺乏有效的信息、资源、利益等共享机制,创新要素流动受阻;在服务延展方面,各专业化服务在业务拓展及交叉协作方面缺乏活力,特别是科技成果转移转化、高层次人才、科技金融、知识产权等综合性强、服务链长、影响力大的关键领域有待强化。缺乏专业从业人员及规范的服务标准,尚未形成规范的职业资格考核制度,从业人员服务水平和服务道德不受管理和约束,影响服务水平提升;服务标准尚未形成规范,市场收费不合理、经营行为不规范等现象仍然存在。

(五)资金投入机制不健全

科技服务业扶持经费在科技计划经费和现代服务业发展专项引导资金中占比很低,尚未起到很好的资金引导作用。事业性的科技服务机构由于政府资金投入有限以及体制内管理规范的要求,制约了持续发展能力的提升。同时,科技服务机构作为中介服务机构的特殊性,一般企业自身无专利、无技术,相关税收减免政策很难落实。企业类科技服务机构一般规模较小,科技服务机构社会化融资的吸引力不大,全省上市融资以及到全国中小企业股份转让系统挂牌的科技服务机构数很少,创业投资、风险投资及银行信贷等社会资本对科技服务机构的支持力度还不够。

三、江苏省科技服务业发展的对策建议

(一)打造创新创业服务新引擎

围绕高端研发、创业孵化、工业设计等领域,突出专业化、特色化,打造创新创业服务新引擎。(1)高端研发:加快各类高水平研发机构建设,瞄准世界科技前沿,强化基础研究,提升原始创新能力,催生一批引领性、原创性重大技术成果;加大关键核心技术攻关力度,加快突破一批关键共性技术、前沿引领技术、现代工程技术、颠覆性技术。大力发展专业研发类企业,积极培育新型研发组织、研发中介和研发服务外包新业态。推动科技资源开放共享,引导重点实验室、工程实验室、工程(技术)研究中心、大型科学仪器中心、分析测试中心等向社会开放服务。(2)创业孵化:大力促进创新创业平台服务升级,引导创业孵化机构专业化、精细化发展。支持创业孵化机构围绕高精尖产业领域,聚焦前沿技术创新,强化面向"硬科技"的创业孵化服务。积极发展新型孵化服务组织,推动众包、众筹、众创、众扶等模式创新,促进新技术、新服务、新产品、新产业快速发展。鼓励创业孵化机构开展国际合作,加强创新创业的全球链接,探索全球创新资源整合的未来产业孵化模式。(3)工业设计:加快工业设计创新中心、工业设计园区、创意设计小镇建设,培育发展外观设计、产品设计、时尚设计、品牌设计四条设计产业生态链。扶持壮大一批设计服务品牌企业,提高企业智能设计、协同设计、绿色设计能力。加强设计基础研究和设计工具研发,支持建设设计公共服务平台,强化设计发展支撑。加强工业设计在传统优势产业和新兴产业中的应用,鼓励"设计+品牌""设计+科技""设计+文化"等商业模式和新业态发展。

(二)构建专业科技服务新优势

鼓励技术转移机构创新服务模式,为企业提供跨领域、跨区域、全过程的技术转移集成服务,推动技术转移服务机构从"点对点"服务向综合服务模式升级。支持从事技术交易、技术评估、技术投融资等活动的技术转移服务机构发展,完善专业化、市场化、国际化的技术转移服务体系。支持科技服务机构面向军民科技融合开展综合服务,推进"军技民用、民品进军"。加强与中国技术交易所、中国国际技术转移中心、上海国际技术交易市场等互联互通,构建长三角一体化的技术市场,形成"合作研发、江苏转化"新模式。

推进江苏省科技金融信息服务平台建设,为科技型企业融资、并购、重组、改制、上市提供一站式、个性化服务。强化科技金融服务产品创新,鼓励金融机构探索知识产权质押贷款、股权质押贷款、信用贷款、科技保险、产业链融资等新型融资服务。支持天使投资、创业投资等股权投资对科技企业进行投资和增值服务,探索投贷结合的融资模式。支持民营企业通过股权、债权及证券化融资,支持发展潜力好但尚未盈利的创新型企业上市或在新三板、科创板挂牌。做大做强省成果转化引导和创业投资基金,支持有条件的市设立成果转化基金、创投基金,试行混合所有制的市场化基金管理模式。

加快发展知识产权代理、法律、信息等基础服务,大力发展知识产权评估、价值分析、交易、转化、投融资、运营、托管、商用化、咨询等高附加值服务。强化知识产权创造、运用、保护、管理和服

务。鼓励社会资本投资设立知识产权运营公司,开展知识产权收储、开发、组合、投资等服务,探索开展知识产权证券化业务,盘活知识产权资产。探索知识产权交易与综合服务线上线下融合新模式,打造一站式的知识产权交易、评估、认证等创新服务。

以集聚服务主体、延伸服务链条为重点,推动检验检测认证服务由单一的测试、分析和认证,向全产业链、产品全生命周期的创新检测技术集成延伸。积极推进国有检验检测认证机构转企改制,着力集聚一批国内外第三方检验检测认证机构,推动形成面向全国、多元并存、错位发展、覆盖全面的检验检测认证服务体系。支持检验检测认证机构积极参与地方、行业、国家及国际标准制订,推进资质标准和检验检测结果互认。

支持发展战略咨询、管理咨询、工程咨询、信息咨询等专业化服务,积极培育管理服务外包、项目管理外包等新业态。鼓励科技咨询机构开展数据存储、分析、挖掘和可视化技术研究,加强行业数据库、知识库建设,探索运用新技术、新方法、新模型,开展网络化、集成化的科技咨询和知识服务。加快全省高端智库建设,为经济社会发展提供高质量咨询服务。

(三)培育跨界融合新业态

加强大数据、云计算、人工智能等新技术与科技服务业的融合应用,探索发展线上线下融合服务(O2O)、第三方云平台服务、特种定制服务、一站式集成服务等新业态。围绕工具、方法、标准、基础数据库等,加快构建科技服务共性技术支撑体系和标准规范体系,支撑科技服务业数字化发展。加快引进和培育平台型科技服务机构,整合相关科技服务资源,实现综合科技服务供需精准匹配。支持科技服务机构聚焦优势领域,参与或主导建设基于互联网、大数据等新技术应用的第三方、第四方科技服务平台。

(四)构建开放式科技服务创新网络

加强长三角资源引进与协作。把科技服务业作为重要内容纳入对接长三角一体化工作,促进长三角科技服务资源流动共享。依托省科技服务业特色基地(示范区)等重大平台,积极开展科技招商、平台招商和新业态招商,吸引上海、杭州等地科技服务机构在江苏省设立分支机构,与江苏省合作成立服务机构或服务窗口。深化长三角科技创新券合作,推动三地科技创新券相互衔接、互认互通、统筹使用。构建长三角一体化的技术市场,统一交易规则、服务规范、信息标准,实现技术转移、科技金融、创业孵化、知识产权等服务机构的协同互动。

提升科技服务国际化水平。鼓励国外知名科技服务机构在我省设立分支机构或开展科技服务合作。鼓励建设联合实验室、孵化器、技术转移中心、技术示范推广基地、科技园区等国际科技合作平台。支持有条件的科技服务机构通过海外并购、联合运营、设立分支机构等方式开拓国际市场,提供联合研发、技术转移、知识产权、产品推广等服务。支持科技服务机构接轨国际,围绕技术合作、离岸孵化、技术转移等,提供符合国际规则和标准的高质量服务,支撑江苏省企业国际化发展。充分利用外事资源和优势,积极支持科技服务机构"走出去""引进来"。

强化区域资源整合和协同发展。加强统筹规划和顶层设计,以政府引导、多方共建、资源共享为原则,建立健全科技服务资源开放共享机制。鼓励科技服务业领军企业跨领域融合、跨区域合作,以市场化方式整合现有科技服务资源,发展全链条的科技服务,形成集成化总包、专业化分包的综合科技服务模式。以企业为主体,联合高校、科研院所资源,组建一批利益共享、风险共担的科技服务业战略联盟。加快大型仪器设备资源开放共享服务平台建设,实施开放共享服务绩效评价制度和绩效后补助制度,提升科研仪器设备资源使用效率。

(五)打造适应新经济发展的赋能生态

发展新型科技服务组织。聚焦战略性新兴产业发展和产业转型升级重大需求,深入建设"研发作为产业、技术作为商品"的江苏省产业技术研究院。着眼畅通科技成果转移转化通道,建设全球化视野、国际化资源、市场化运营的江苏科技成果展示交易中心。以企业化运作、公益性与经营性相结合的模式,建设一批集科学发现、技术发明和产业发展于一体的新型研发机构。推动科技服务模式创新。支持有条件的区域围绕高端研发、创业孵化、工业技术、技术转移、科技金融、检验检测、知识产权等领域,建设综合性或专业性科技服务云平台。鼓励科技服务机构创新发展理念,支持研发服务机构发展众包、众筹等新业态,支持科技服务机构开展行业融合、垂直整合,发展平台经济。支持基于网络信息技术的模式创新。赋能打造新经济增长点。支持科技服务企业创新发展,培育一批科技服务领域瞪羚和领军企业。拓展一二三产业中科技服务应用场景,发展一批面向大数据、云计算、人工智能、生命科学等领域的专业科技服务机构,培育一批服务新经济企业的综合性科技服务提供商,支撑江苏省新产业新业态发展,打造新经济增长点。

(六)推进科技服务与实体经济深度融合

提升优势产业科技服务能级。围绕钢铁、石化、食品、纺织服装等优势传统产业,依托行业优势企业和重点科研院校,聚焦产业科技创新和转型发展需求,谋划建设一批行业和区域创新服务平台,进一步强化创新链与产业链深度融合,推动传统产业迈向中高端。加强战略性科技服务平台布局。聚焦大数据与物联网、高端装备制造、新能源与智能电网、新能源汽车与智能网联汽车、先进环保等战略性新兴产业领域,超前谋划一批科技创新服务平台,布局国家实验室、重大科技基础设施和一批国家重点实验室、工程研究中心,在细分领域培育一批国家级和省级制造业创新中心。完善特色产业科技服务链条。围绕皮革、箱包、丝网、自行车、花木、电线电缆、家具、葡萄酒、玻璃等有影响力的县域特色产业集群,健全完善创意设计、研究开发、检验检测、标准信息、品牌推广等科技服务链条,提升产品附加值和市场竞争力。推动大中小企业服务融通共享。鼓励大型企业将技术研发、检验检测等部门注册成为具有独立法人资格的研究开发中心或研究院,开展市场化经营。支持大型企业开放资源、探索平台化发展模式,支持大中小企业通过联合研发、专业化分工、服务外包、订单生产等方式构建产业协同创新网络。鼓励大企业设立创投基金,建设专业化众创空间,培育内部创客和外部关联业务创客。鼓励科技型服务业中小微企业向"专精特新"方向发展。

(七)集聚、培育、扶持科技服务从业人员

推进市场化引才机制、专业人才激励机制等,加大对专业人才的政策扶持力度。加强国际联合办学,支持科技服务机构与研发机构、高等院校或国际知名机构合作,联合培养科技服务专业人才。积极利用各类人才计划,引进和培养一批懂技术、懂市场、懂管理的复合型科技服务高端人才。依托科协组织、行业协会,开展科技服务人才专业技术培训,提高从业人员的专业素质和能力水平。

完善科技服务业人才评价体系,健全职业资格制度,调动高校、科研院所、企业等各类人才在科技服务领域创业创新的积极性。积极发展科技服务专业人才,建设技术转移学院,建立实训基地和常态化的技术转移人才交流渠道,培养一批熟悉国际国内技术转移业务规则、专业化复合型、高度活跃的技术转移人才队伍。进一步优化城市功能配套,在生态建设、教育文化、医疗卫生、交通设施、人才公寓等城市功能配套上,进一步提升服务能力,完善人才综合服务,使相关人才近悦远来,充分发挥聪明才智。

(八)发展科技金融,搭建"资本"生态圈

一是动员和激励大型跨国金融机构创新金融服务内容,牵头组建科技金融投资机构,或扶持、培育科技金融孵化器。二是搭建科技金融平台,整合并吸纳省外的创新创业型金融孵化器,为其在江苏开展科技众筹提供发展空间。省内可由区金融办牵头,针对信息不对称、信息半径有限及对接渠道缺乏等痛点,建设科技型企业"一站式"金融服务平台,充分调动、整合社会各方力量和资源积极参与科技服务业创新投资,对企业融资需求和融资平台进行智能匹配,打造多层次、多渠道的融资体系。对科技服务业科技项目和示范工程加大财政支持力度,引导社会资本投资科技服务企业创业创新。

(九)加大财政对科技服务业鼓励扶持力度,建立多元化投资支持模式

创新财政支持方式,积极探索以政府购买服务、"后补助"等方式支持公共科技服务发展。发挥"金融集聚区"的"资本群聚"效应,鼓励大型金融机构牵头建立科技服务业投融资平台,在科技服务业领域引入 PPP 机制,引导风险投资和社会资本参与公共科技平台建设。大力发展科技成果转移转化过程中的投融资服务,推进技术市场与资本市场的融通,为科研团队、科技企业提供资本对接、股权激励等投融资服务;对接江苏中小微企业政策性融资担保基金管理中心,创新科技金融产品,引导银行等金融机构为科技成果转化拓展融资渠道;研究相关政策,降低中小企业融资成本,鼓励保险机构提供支持科技成果转化的保险产品。增加债券和信托融资在中小创业型企业中的应用范围,推动多渠道、多种方式增加研发投入,实现科技服务业整体创新投入大幅度增长。

参考文献

[1] 陈红喜,姜春,袁瑜,等.基于新巴斯德象限的新型研发机构科技成果转移转化模式研究——以江苏省产业技术研究院为例[J].科技进步与对策,2018(11):42-51.

[2] 李昌峰,刘筱天.基于产业协同演进的高新技术产业和科技服务业发展研究——以江苏省为例[J].江苏科技信息,2018(25):1-5.

[3] 熊素兰.江苏科技服务业发展现状及建议[J].江苏科技信息,2018,35(19):1-3.

[4] 叶欢蝶,蒋志华.科技服务业研究文献述评[J].合作经济与科技,2019(13):55-57.

[5] 周柯,靳欣.我国科技服务业链式化与生态化耦合发展研究[J].中州学刊,2019,265(01):34-39.

[6] 2018 年江苏省科技服务业实现高质量发展[J].华东科技,2019(04):14.

第五章 江苏省物流业发展报告

物流业,既是经济的组成部分,又是经济状况的晴雨表。2018年江苏物流业呈现平稳健康的发展态势,物流需求稳中有进,运行效率继续提高,衡量社会物流行业发展的三方面指数全线增长。

2018年,江苏省物流运行总体平稳,呈现稳中向好、稳中有进的良好态势。社会物流需求保持平稳增长、运行质量持续向好、企业效益持续改善。全年实现物流相关行业增加值5647.3亿元,同比增长8%,占全省GDP的比重为6.1%。2018年江苏紧紧围绕降低物流成本、提高物流效率为重点任务,坚持以市场为导向、企业为主体、先进技术为支撑,坚持规模与质量并重、效率与效益并进,加快物流模式创新,着力促进产业融合,着力提升物流业规模化、集约化、国际化、现代化水平,着力构建标准化、一体化、智慧化、绿色化现代物流服务体系,促进产业结构调整和经济提质增效升级,为全省经济社会发展提供强大的物流体系支撑。

一、江苏省物流业发展现状分析

社会物流总额进一步扩大——2018年全省社会物流总额302551.9亿元,同比增长8.2%。其中,工业品物流总额244355.6亿元,同比增长7.8%,在社会物流总额中占比达到80.8%;进口物流总额17205.2亿元,增长13.8%,占社会物流总额的5.7%;农产品物流总额3108.3亿元,同比增长3.3%,占社会物流总额的1%;外省市商品购进额36382.0亿元,同比增长10%,占社会物流总额的12%。

社会物流总费用有所提升——2018年全省社会物流总费用12892.7亿元,同比增长6.5%。对GDP的贡献地位进一步巩固,社会物流总费用与GDP的比率仍达到13.9%,较2017年微降0.2个百分点。物流总费用的构成中,运输费用6430亿元,同比增长4.2%,占社会物流总费用的49.9%;保管费用5095.5亿元,增长9.1%,占社会物流总费用的39.5%;管理费用1367.1亿元,增长8.1%,占社会物流总费用的10.6%。

物流业增加值进一步提高——2018年,全省物流业增加值为5647.3亿元,按可比价格计算,同比增长8.1%。较快的增速,使物流业增加值占全省服务业增加值的比重达到12%。

2018年以来,全省认真贯彻落实党的十九大精神、省委十三届三次全会决策部署,加快推动物流业高质量发展,进一步增强物流业对实体经济的支撑作用。上半年,全省物流业发展稳中向好,降本增效成效显著。

(一)物流规模稳步增长

2018年,全省社会物流总额为302551.9亿元,同比增长8.2%,社会物流总额结构随着社会物流需求变化调整的趋势更加明显。受高新技术和装备制造业的增速发展的影响,工业品物流总额保持稳定上升,全年达到 244355.6 亿元,同比增长 7.8%,占社会物流总额比重为 80.8%,大宗商品进口强劲增长,带动进口货物物流需求增长,全年进口货物物流总额为 17205.2 亿元,同比增长 13.8%;互联网普及化推动了电商快速发展,与民生、绿色经济相关的物流规模也保持快速增长,单位与居民物品物流总额增速达 19.2%;外省市商品购进额同比增长 10%,占社会物流总额的比重略有提高,社会物流规模稳中有进。

(二)重点项目稳步推进

2018 年上半年,全省重点物流项目共完成投资 145.66 亿元。其中,列入《江苏省"十三五"物流业发展规划》的 100 个重点项目已开工建设 89 个,项目已竣工 32 个,上半年完成投资 87.56 元,累计完成投资 786.5 亿元,投资完成率 45%,比上年同期提高 11 个百分点。列入重点项目库的 60 个冷链物流项目中,26 个项目已竣工,上半年完成投资 35.65 亿元,累计完成投资 119.82 亿元。5 个 2018 年年度重大物流项目,累计完成投资 22.45 亿元。

(三)降本增效成效显著

2018 年江苏省物流运行效率稳步提升,全省社会物流总费用为 12892.7 亿元,同比增长 6.5%,继续保持中低速增长。其中,运输费用为 6430 亿元,增长 4.2%;保管费用 5095.5 亿元,增长 9.1%;管理费用 1367.14 亿元,增长 8.1%,物流传统服务平稳增长,增值服务能力继续增强,管理水平稳步提升。运输费用、保管费用和管理费用占社会物流总费用的比重分别为 49.9%、39.5% 和 10.6%,公转铁和多式联运快速发展优化了成本空间,增值服务业务所占比重持续提升。

2018 年全省社会物流总费用与 GDP 的比率为 13.9%,同比下降 0.2 个百分点,物流效率继续稳步提升,表明物流业调结构、促转型和降成本等相关政策效力正逐步向实体经济传导。

(四)载体平台作用凸显

全省物流园区示范工作有序推进。截至 2018 年 6 月,全省省级示范物流园区达 25 家,其中 4 家园区已被评为国家级示范物流园区,重点培育物流园区达 27 家。无锡西站物流园、海安商贸物流产业园等 15 家园区获得"2018 年全国优秀物流园区"称号,占全国的比重为 12.3%。1—6 月,全省 24 家无车承运人试点企业总计完成运单 175 万单,完成货运量 3800 万吨,整合车辆数 25 万辆。其中,中储智运整合货主、承运商、承运人,优化配置公路物流资源,显著降低找货配货等交易成本,车辆利用率较传统运输企业提高了 50%,平均等货时间从 2—3 天缩短至 8—9 小时,交易成本下降 6%—8%。物润船联将移动互联网与水路运输融合,搭建智能物流竞价平台,可为客户降低 10% 以上的物流成本。

(五)国际物流水平提升

目前,省内中欧中亚班列开行了 4 个城市、7 条线路,"宁新亚""苏满欧"等国际货运班列实现常态化运营。今年上半年,南京开行西行班列 66 列,完成国际货物运输 6036 标箱;"苏满欧"开行出口班列 25 列,发运 2224 标箱、货值 2.7 亿美元;徐州开行中欧中亚班列 33 列,货物运输量 2.84 万吨。太仓港新开东南亚航线 2 条,集装箱航线总数达到 196 条,其中,近洋航线 25 条、内贸干线

50条、洋山支线40条、长江(内河)支线81条,基本形成长江集装箱运输的近洋直达集散中心、远洋中转基地、内贸转运枢纽。上半年,太仓港完成集装箱吞吐量245.1万标箱,居全省第一位。徐州港到美国休斯敦和丹麦奥胡斯港发往徐州港的外贸进出口业务正式开通,目前,徐州内河水运集装箱可通达全球70余个国家,240余个港口;徐州铁路物流园"无水港"正式全面启用,开通了徐州至宁波港的铁海联运班列。

2018年全省实现总货运量为247388.1万吨,全省货物运输量持续平稳增长,比上年同期增长5.7%,货物周转量为9684.0亿吨公里,比上年同期下降0.5%。分运输方式来看,铁路大宗物资运输优势进一步发挥,全省铁路运输持续增长,完成铁路货运量为5971.4万吨,同比增长4.4%,货物周转量296.7亿吨公里,同比增长1.8%;完成公路货运量139251.0万吨,同比增长8.0%,货物周转量2544.4亿吨公里,同比增长7.0%;水路货运增速回升,水路运输货运周转量降幅收窄,完成水路货运量87735.0万吨,同比增长2.4%,货物周转量6121.9亿吨公里,同比下降4.1%。全年完成港口货物吞吐量233070.0万吨,比上年同期增长0.8%,全年实现由负增长转正,社会货运结构持续调优。

同时,我们也关注到江苏省货物运输仍以公路为主,铁路和水路运输优势未完全得以发挥,各种运输方式之间的有效衔接和协调性不够等问题,下一步将通过加快推进货物运输结构调整、强化重点物流枢纽建设等手段加以逐步解决。

(六)物流企业效益明显改善

2018年,月度调查的158家省重点物流企业数据显示,平均每单位的物流业务收入、成本、利润分别比上年增长14%、13.8%和15%。物流业务营业税金及附加占物流业务收入为3%,同比下降0.1个百分点,表明促进企业降本措施取得实效。从重点物流企业营业利润来看,平均每单位的物流业务利润额占物流业务收入的比重为3.1%,比上年同期增长0.2个百分点。其中,96家企业的物流业务收入同比有所增长,51家企业收入有不同程度下降,55家企业的利润有所下降,共有8家企业出现亏损,亏损面为5.1%。物流企业经营效益两极分化状况持续,部分企业生产经营形势仍然比较困难,表明物流企业尤其是传统物流企业需要顺应时代发展趋势,借助物流业与制造业的深度融合时机,细分产业供应链管理类别,加强物流一体化运作,促进平台与实体经济的结合。

(七)物流市场活动较为活跃

2018年江苏物流业景气指数(LPI)月度均值为53.7%,总体呈现平稳增长态势。节假日临近,需求略有回落,四季度月度均值为52.2%,其中,12月的江苏物流业景气指数为51%,比上月回落2.3个百分点,保持在景气区间运行。

社会物流需求规模增长放缓。业务总量指数、固定资产投资完成额指数、从业人员指数的月度均值分别为55.5%、50.2%和49.7%,四季度均值分别为53.9%、50.8%和49.5%,其中,12月份分别为52.4%、54.8%和50.0%,业务总量指数比上月下降2.2个百分点,固定资产投资完成额指数比上月上升8个百分点,从业人员指数上升0.8个百分点,显示出物流需求平稳放缓,物流企业基础建设或购进物流相关设备设施完成速率的加快,为后期物流业持续保持增长奠定基础。

企业利润平稳增长。主营业务利润指数、主营业务成本指数和物流服务价格指数的月度均值为 51.5％、55.9％和 50.1％,四季度均值为 50.8％、55.0％和 51％,其中,12 月份分别为 50.0％、52.4％和 51.6％,分别比上月增长 1.5 个百分点、下降 3.9 个百分点、增长 1.6 个百分点,主营业务利润与服务价格指数的同步回升,表明行业服务水平的提升逐步得到市场认可,市场同质化竞争状态有所改善,行业效益景气度稳步上升。

物流周转效率趋升。平均库存量指数、库存周转次数指数和设备利用率指数月度均值分别为 49.8％、52.6％和 53.2％,四季度均值 49.0％、51.2％和 51.6％,其中,12 月份分别为 50.9％、49.2％和 50.0％,分别比上月增长 3.3 个百分点、下降 1.6 个百分点和 1.5 个百分点,表明经济活动较为活跃,仓储环节货物去库存明显。随着年终节假日临近,物流运作效率受季节性影响有所下降。

后期发展预期平稳。新订单指数月度均值为 55.4％,四季度均值为 53.3％,依然保持在景气区间运行。其中,12 月的业务活动预期指数、新订单指数分别为 54％和 51.6％。物流企业对后市信心趋于理性,市场总体预期向好未变,物流业将延续平稳增长走势,但仍然要重点关注一季度相关行业物流需求情况。

二、江苏省物流业发展的问题分析

(一)江苏省物流业市场特点

1. 物流降本增效措施不断深化

国办印发意见,进一步推进物流降本增效,促进实体经济发展。国家税务总局围绕创新跨区域涉税事项报验、深化税务系统"放管服"改革和调整完善外贸综合服务企业办理出口货物退(免)税等事项出台制度办法,进一步优化办税流程。江苏省深化"不见面审批(服务)"为核心的"放管服"改革,省市县三级统一的"江苏政务服务网"上线运营,"江苏 12345"从热线转为在线,大数据管理中心正在组建。省物价局结合江苏省实际,扩大两部制电价执行范围,降低仓储物流业企业用电成本。各级政府部门出台的相关配套政策措施,有利于减轻物流企业负担,不断激发物流运营主体活力。

2. 区域物流市场机遇逐步凸显

国家"一带一路"倡议深入推进,已与多国签署共建合作协议,搭建空间信息走廊建设应用与产业国际化发展交流平台,支持中小企业参与"一带一路"建设。长江经济带规划已具雏形,相关部门出台区域工业绿色发展、绿色航运发展等具体指导意见。域内多个企业自主成立长江经济带航运联盟,促进沿线区域的经济发展。江苏省召开领导小组会议,研究部署重点工作任务。《淮河生态经济带发展规划》《扬子江城市群物流业发展规划》等区域发展战略也逐步提上议事日程。区域物流市场正加速形成,发展机遇进一步显现,促进物流区域一体化协同发展。

3. 市场生态体系建设有序推进

在诚信建设方面,国家发改委等多部门联合印发《关于对运输物流行业严重违法失信市场主体及其有关人员实施联合惩戒的合作备忘录》,交通运输部也出台意见加强水路运输市场信用信息管理。在安全监管方面,国务院发文完善进出口商品质量安全监管体系,国办发文加快发展冷链物流保障食品安全。交通运输部发文加强港口危险货物安全管理,公安部等九部门联合开展寄递物流专项整治工作。在绿色发展方面,多部门共同研讨绿色物流指标评价体系及探讨城市绿色物流发展。江苏省高度重视物流运输行业安全监管,积极部署开展货车非法改装,治超专项整治工作。无锡市还开展了"放心消费诚信快递"标准化网点创建,推动行业服务质量提升。跨地区、跨部门、跨领域联合激励惩戒机制进一步完善,物流市场的良好生态日渐形成。

4. 运输组织方式全面优化升级

交通运输部等14个部门印发《促进道路货运行业健康稳定发展行动计划(2017—2020年)》,促进道路货运行业转型升级、健康稳定发展。民航局运行监控中心等23家单位签署协议,推进运行数据共享。中铁特货公司明确了商品汽车、冷链、大件物流等经营运作各环节行为规范和工作标准,构建了铁路特货物流规范化、一体化运作的经营机制。省交通运输厅会同省发展改革委印发《江苏省中欧班列建设发展规划实施方案(2017—2020)》,初步实现中欧班列服务区市全覆盖。此外,省内交通运输部门加强对综合交通、临空产业、码头整治的规划与研究,多个过江新通道、高速公路开工或运营,为推动全省物流业的发展创造了良好的基础环境。

5. 各地推进物流业发展措施卓有成效

在公共服务平台建设方面,无锡市城市配送公共信息服务平台、徐州市智慧物流云平台和常州市跨境电子商务公共服务平台建设均取得实质性进展。在物流展会方面,第四届中国(连云港)丝绸之路国际物流博览会、2017年中国物流发展与形势分析会、第四届中国国际物流发展大会相继举办,不断增强物流业的交流与合作空间。在产业发展方面,无锡、泰州和淮安市发挥区域优势,通过政策扶持和项目推进,分别促进电商物流、冷链物流及集装箱物流发展。徐州市利用城市商业化改造、传统产业升级和区域交通枢纽建设契机,大力发展物流业,保税、电商及多式联运等31个重点项目加快推进。在企业培育方面,第三季度全省新增A级物流企业37家,其中,4A级以上物流企业13家,第十二批省重点物流基地和企业、省级物流企业技术中心认定工作相继开展,多地也适时开展了市级智慧物流示范企业和重点物流企业认定工作。

6. 技术进步引领物流模式创新

在托盘共用方面,无锡市试点企业标准化托盘使用率达40.5%,物流企业带托运输率达到45.5%,企业物流成本占主营业务收入比重降到37.7%。在平台技术方面,《江苏省无车承运人平台技术规范》正在修订,物润船联、海通物流等重点平台型物流企业技术研究持续深入,一批水陆联运APP、云数据平台等软件著作权获批。在多式联运方面,省部级集装箱甩挂运输试点项目、国家及省级多式联运示范工程推向深入,集装箱标准趋于规范,推动全省集装箱运输业务由单一模式向多元化发展。在报关流程方面,多家报关企业利用物理围网、信息化手段,实现进出口货物查验、集拼、分拨、订舱、退税等业务在线一站式综合服务,极大提升了通关及物流效率。

7. 国际物流供应链趋于优化

苏南地区充分发挥外向型经济优势,在传统的保税、报关、海运、出口加工等单一模式业务基础上,着力推进平台化运营、一体化管理的国际物流模式。苏州工业园区报关有限公司开发"全贸通"平台、生物材料国际物流平台、一体化供应链物流系统平台等,向关务咨询、贸易管理、物流服务外包等价值链高端发展。航港物流公司搭建水果口岸冷链物流中心、一站式查验分拨中心、联合订舱中心,对接"一带一路"苏满欧等新型业态发展,培育出新的业务增长点。苏北、苏中地区的国际物流业务趋于快速增长,徐州市和连云港市抢抓"一带一路"机遇,积极推进保税物流业务和国际多式联运业务发展。泰州市姜堰三水物流港产业园一期建设的公共型保税仓库已投入使用,该项目是泰州市目前唯一获批的公共型保税仓库。

8. 物流专业化程度显著提升

江苏澳洋医药物流以医院、连锁药店为主营方向,与多家医院合作开展 HPD 系统项目,通过医药供应链管理平台实现药品供应商与医院等终端客户之间的双向需求管理。苏州望亭远方物流全面拓展国际采购、区域分拨、物流金融、销售代理、售后维修等业务,打造一体化的国际物流供应链管理体系。徐州市先后成立大型工业货源企业联盟、龙头物流企业联盟,在此基础上,围绕全球工程机械供应链构建“公铁水”供应链一体化联合体。江苏海企化工仓储积极应对化工整治压力,主动构建液体化工品仓储、运输、信息处理的综合服务平台,并同步优化客户结构、品种结构,提升了化工物流供应链管理水平。五矿无锡物流园的钢铁定制加工及期货交割、万林木业的国际林木采购及贸易、越海全球的国际电商供应链协同平台等业务的开展,也进一步提升了相关行业的供应链管理专业化水平。

9. 多重不利因素倒逼市场调整

第三季度,江苏省物流业市场受到多重不利因素影响,存在的结构性问题不容忽视。“两减六治三提升”专项行动持续推进,导致化工企业“关停并转”影响面不断扩大,加速化工行业的重新洗牌。内河船舶“油改气”政策陷于停滞、新能源汽车补贴力度弱化,导致物流装备升级缓慢。无车承运人配套政策尚未落地、食盐体制改革处于起步阶段,制约了相应物流市场主体的经营积极性。“营改增”对物流业造成企业税负成本上升问题,企业用工难、融资难以及市场运输价格上升等诸多导致经营成本上升的因素仍然存在,综合效应趋于扩大。受全球大宗商品价格变化震荡、汇率波动、调节长江流域和个别国家煤炭贸易、停止部分废旧物资进口、部分合资车企业务下降等市场不利因素影响,与之相关的物流业务趋于下降。

（二）存在问题

虽然江苏省物流业发展质效提升、稳中向好,但与高质量发展的要求还存在较大差距,一些问题需要进一步加以关注:

1. 物流业集聚集约水平仍需提升,现代物流业服务功能不完善

部分物流园区对建设发展规划不够重视,规划水平不高,存在规划落实不到位、项目布局不合理等问题,造成物流资源分散、集聚化程度不高,土地集约利用水平有待进一步加强。部分物流项目投产不达预期,存量物流资源有待整合优化。物流园区同质化、重复建设现象依然存在,部分物流园区规划建设脱离实际市场需求,造成较大的资金压力和运营风险。部分物流园区用地受限,发展受到制约,需要与互联网结合提升园区单位土地产出效率,提高园区集聚集约水平。现代物流业提供的物流服务功能不仅包括传统的仓储、存货管理、发送、配送和运输等,还包括对服务对象进行订货处理、采购等信息处理和质量控制等功能。江苏具有雄厚的工业基础,机械、电子、化工、汽车等支柱产业在全省工业增加值中占有较高的比例,这符合江苏省制造业发达的特点,但从物流服务提供商的物流服务来看,主要是传统的运输、仓储、配送等传统物流服务功能,增值服务如订货处理、采购等较少,现代物流业服务功能还不完善。此外,有资料显示根据对江苏部分工商企业的典型调查,尽管江苏省外包比例高于全国的平均水平,但仍说明由于现代物流业服务功能不完善,企

业自营物流占较大比重。

2. 物流业区域发展不平衡,缺乏先进的物流观念

江苏省虽然总体上属于经济发达省份,但省内苏南、苏中、苏北三大区域经济发展不平衡现象比较突出,这不仅表现在经济发展总量上的差别,在物流业发展方面也有明显表现,高质量发展环境还需改善。部分地市物流降本增效工作推进缓慢,物流降本增效政策措施的落实工作有待进一步加强。通过问卷调查反映,"放管服"改革、降税清费、发展要素保障等方面的物流降本增效措施存在落实不到位的情况。随着中美贸易摩擦逐步加剧,国际环境不稳定性不确定性有所上升,加之物流行业发展不平衡不充分的问题仍然存在,推动物流高质量发展的任务仍然繁重。江苏省对于现代物流业的重要性观念认识不足,主要体现在:(1)对于现代物流业的重要性的忽视,缺乏相应的政策激励电子商务物流这个行业;(2)因为政府的不重视使得许多企业对于电子商务物流缺乏重视,不能促进产业发展;(3)对于了解电子商务物流这一概念的公司只重视硬件而忽视了软件部分。

3. 物流业人才稀缺,缺乏专业性指导

人才的缺少也是大大阻碍江苏省物流业发展的一个因素。近年来,由于全国物流业的快速发展,物流专业人才的需求日益增长,在物流相对发达的长江三角洲等地区,物流专业人才的缺乏更加明显。由于我国在物流研究和教育方面还非常落后,物流知识远未得到普及,物流企业对人才也未予以足够重视,人才缺口明显。随着我国逐步成为世界制造中心,江苏省发达的制造业必将由于全球采购与销售网络的形成而带动形成庞大的国际物流系统,而目前江苏物流方面从业人员主要是从传统运输、仓储行业转变而来的,大部分未受过物流业务知识、业务技能的系统学习与训练,缺乏熟悉现代物流理念和现代物流管理,精通国际法、进出口贸易业务、采购系统、供应链管理的物流专业人才。在江苏,为了能招聘到高级的物流人才,个别公司甚至给出30万元的年薪以及一些福利待遇。根据相关网站的统计表示,在掌握物流知识的人才中,物流规划、管理、研究员和物流师是最稀缺的。在这些人员中,掌握英语、现代贸易运输理论和技术的人才最受欢迎。

4. 物流业产业分散,缺乏健全法律

江苏作为一个经济大省,资源过剩导致浪费,从而与许多机会失之交臂。现在的江苏或者说我国目前最需要的就是领头的大企业带头引导中小企业,改善电子商务流产业结构的不合理。相信随着物流政策进一步规划与实施,会带给中国或者说江苏机遇与挑战,把握住机遇迎接挑战是现在江苏省的当务之急,这样才能促进电子商务物流产业的发展,从而促进经济的发展,相信下一个经济发展期就会来临。

国内对于电子商务物流没有一个统一的标准。任何行业缺乏标准都会影响其进步以及相关企业的发展。没有相关法律保护,电子商务物流企业的权益得不到保护,这个行业的新鲜度就会降低,这一点会大大阻碍电子商务物流的发展。

5. 物流业门槛过高,缺乏良性竞争

物流运输的主要方式有铁路、公路、水运、航空、管道等,物流运输市场的绝大部分份额是铁路和水运。而江苏省内,国家铁道部大力管制铁路运输市场,国家铁道部是经营主体,铁路运输市场不存在来自铁路部门以外的竞争。水运业尤其是外贸远洋运输,其运输市场门槛高,实际上就是介于垄断竞争与完全垄断之间的一种比较现实的混合市场。因为垄断和分割长期以来存在于物流运

输市场,良性竞争较难在物流企业中开展,因此,物流运输业的成长受到了很大阻碍。

6. 物流成本依然偏高,行业盈利能力下降

江苏省目前物流成本依然偏高,导致物流行业盈利能力下降。受产业结构、运输方式、组织化程度等因素的影响,江苏省物流成本依然居高不下,影响了企业的盈利能力和经济效益。物流设施之间不衔接、不配套、信息不通畅等问题还比较突出,都直接拉高了物流业运营成本。全省社会物流总费用与 GDP 的比率虽然低于全国平均水平,但与发达国家相比仍存在较大差距,不仅高于美国、日本、德国等发达国家,也高于印度、巴西等新兴市场国家。

7. 物流设施、设备有待于进一步改善

由于现代物流业发展时间较短,江苏省除少数新建的一些大型物流企业有较先进的物流设施、设备,大多数物流企业是从运输、仓储等传统业务起步的,先进的物流技术、物流设备、设施使用较少,普遍存在仓储设施陈旧、货物混堆、人力搬运、敞篷货车等现象,专用物流设施、设备和工具比较落后,全自动立体仓库、托盘、货架、集装箱、机动工业车辆、自动拣选设备、一体化的配送信息系统、条形码、磁卡、RFID 等先进的物流设施、设备与技术尚未普及使用,搬运系统尚未实现机械化、半自动化或自动化。

8. 物流运输管理效率低

以尽可能少的资源投入,在节约成本和环境负担的管制下达到顾客满意的服务为宗旨的一项管理活动是物流管理。因为江苏省物流业相对于欧美国家及先进城市而言还处在低级发展水平,物流管理还是较为粗放的经营布局,多数物流运输企业管理机制仍不够先进,甚至还是较为低端的机制,服务机制依然低端化。首先是物流设施配备整体低端化,基本凭借廉价人力资源作为劳动力来做成的各项物流活动。其次是较为落后的物流信息系统功能,没有办法来实现现代物流所需的信息一体化需求。最后是统一的物流管理机制的缺少,延迟了物流活动各个环节的交接和物流信息的传递,导致物流运输的管理效率和物流管理水平低下。

9. 物流运作时间过长

江苏省传统的仓库、运输企业成功地转型成现在的物流运输企业。与现代物流业的需求还有颇大距离的,例如,技术能力、服务范围和管理水平。物流企业不但普遍有经营规模小,所占市场份额少,服务项目单一,信息化程度较低,高素质管理人才大量缺失等现象,而且物流企业整体运行水平低,缺乏高科技的管理模式。除此之外,因为以低水平运行的物流企业,物流运输时间得不到保障,致使企业可以用来流动的资金很少,甚至物流运输交通事故层出不穷,更是导致物流企业入不敷出,严重匮乏周转金。

10. 物流运输结构有待优化

江苏货物运输仍以公路为主,上半年公路货运量占全省货物运输总量的比例达到 61.7%。受国际贸易环境趋紧和运输航线调整导致的远洋运输量快速下降影响,水路货运增长放缓。上半年水路货运量占比为 35.5%,比去年底下降 3.4 个百分点,水路货物周转量不增反降。铁路货运量占比仍较低,仅为 2.8%,低于全国平均水平。同时,各种运输方式之间的有效衔接和协调性不够,组织化程度不高,多式联运一体化运作水平有待提升。

(三)江苏省物流业发展基础

随着江苏省综合经济实力的不断增强,社会物流需求快速增长,物流规模不断扩大,物流业对

经济发展的支撑作用不断增强。

1. 地理优势

江苏处于我国交通枢纽中心,地理环境优越,例如,南通、连云港、盐城等沿海城市,交通基础设施良好。江苏是北煤南运和南粮北运的通道,是中西部和长江中下游地区的出海口,是上海对内辐射的必经之地。而良好的交通运输系统体系离不开良好的基础设施,而要使交通运输体系良好运转,江苏的交通结构和功能在全国都是数一数二的,因此,这是江苏省在这一方面的一大优势。

2. 人才优势

江苏省作为全国文明的教育大省,拥有许多著名的高等学府,这些高等学府使得江苏省的人才异常庞大,并且其中拥有从业资格证书的人才比例也不容小觑。在电子商务物流的发展很需要懂得专业知识并且拥有技能认证的人才的支撑,江苏省正好具备这一点。

3. 技术优势

由于江苏省电子商务物流人才繁多,技术也变得领先于其他省。在拥有众多人才的基础下,技术的发展也领先于其他省,再加上地理环境的优势,使得技术更新也快于其他省。创新永远是一个行业不断前进的动力,江苏省鼓励创新的政策使行业的发展得以顺利开展。

4. 经济优势

在地理优势的基础上,江苏省拥有许多其他省没有的贸易机会。发达的交通,如港口运输和内陆运输等都为江苏提供了许多发展的机遇,而众多的人口数量也为江苏提供了可靠稳定的购买力,这使经济也变得稳健发展。再加上江苏其他产业的支持如旅游业、制造业等都为电子商务产业经济提供了厚实的基础。

5. 外部环境优势

近年来,现代物流业发展受到政府重视,经国务院批准,国家发改委等9部门陆续出台了多项物流业法制法规,提出了促进现代物流业发展的一系列政策措施,从税收、投融资、通关等方面对尚处于起步阶段的物流企业给予政策倾斜。随后,各市政府相关部门亦出台了一系列的扶持物流业发展的政策措施,总体来看目前江苏省物流业发展的外部环境在逐步完善。

6. 市场需求优势

随着江苏省经济的快速发展,物流市场需求逐步扩大,社会经济发展对现代物流业需求有继续增大的趋势,由于物流需求的增加,全省社会物流总额也有较快增长。此外,随着江苏各地的开发区和工业园区的迅猛发展,企业物流业务外包促进了提供第三方物流服务的集运输、仓储、配送、加工等功能的物流企业的发展。

(四) 江苏省物流业发展机遇

专家认为,2019年物流行业发展趋势将表现为以下方面:其一,科技进步推动的智慧物流将大行其道,并掀起更大的创新浪潮。2019年将是物流科技落地年,越来越多的成熟物流科技将更广泛地应用到企业之中,如现代化的分拣设备、传输设备、大数据支撑的信息化平台等,无人仓、无人机在发达地区及现代物流企业中也会更多地投入使用;同时,现代化的先进物流企业将一如既往地加大研发投入,一些试用的高科技产品也将加速落地,进入正常应用阶段。

其二,现代化物流企业的供应链运营管理能力会更强,对供应链的协调掌控能力也将同步提高。进入21世纪,随着全球经济一体化与网络信息技术的迅速发展,物流的组织技术已进入全球供应链管理时代。先进的物流企业向供应链服务转型成为重要趋势,供应链能力也将成为检验物流企业综合实力的重要尺度。近两年,我国物流企业对供应链业务很是看重,同时,该业务也具有很高的附加值。业内专家认为,2019年物流企业将会在供应链服务领域展开更加激烈的竞争。

其三,借力扩张,多方融合协同发展将成常态。自2018年开始,顺丰、圆通等物流企业开始与物流同行以及供应链上下游企业进行合作,比如,顺丰与UPS、DHL、普洛斯、夏晖等物流企业的合作,彰显出相互借力,共同发展,合作共赢的特点。业内人士认为,2019年这种合作趋势会更加明显。

当前,江苏省经济运行稳中有变、变中有忧,物流业发展面临的国内外形势正在发生深刻而复杂的变化。自2018年12月以来,江苏省制造业PMI指数水平总体低于上年同期,表明经济下行压力仍然较大。受此影响,物流规模增速将有所放缓,一些制约行业发展的长期性、结构性矛盾将集中显现,结构调整阵痛持续增强,新旧动能转换相互交织,下行压力是行业面临的突出问题。

从不利因素看,一是国际形势影响市场预期。当前,世界经济不稳定、不确定因素增加,特别是中美贸易摩擦对企业信心和市场预期影响不可忽视,国际贸易波动幅度可能加大,国际供应链体系将加快重构,对国际航运、国际货代等领域带来直接影响,也将对国内物流需求产生一定冲击。目前,衡量国际贸易水平的波罗的海干散货运价指数(BDI)持续回落,表明国际贸易摩擦持续发酵对全球贸易和全球物流产生一定负面影响。

二是国内市场需求增速放缓。国内消费需求虽保持较快增长,但是增速有所下滑,社会消费品零售总额增速多年来首次低于10%,且实物消费增速低于服务消费增速,直接影响到社会物流需求增长。快递业虽然仍保持较高增速,但是增速已连续几年呈放缓态势。此外,房地产开发投资增长受销售放缓和市场调控影响增速可能持续放缓,制造业投资特别是民间投资受投资信心和利润放缓影响有继续放缓可能,将对社会物流需求增长造成不利影响。

三是物流成本高、效率低问题依然严峻。企业成本上涨压力依然较大。资金、人工、能源等要素成本增长较快。物流用地难、用地贵问题日益尖锐,特别是在特大型、大中型城市,服务国内市场的物流配套设施紧缺,拉高社会仓储成本。物流运输价格持续低迷,公路货运价格已经跌至近5年来最低水平。由于各种运输方式衔接不畅,中间环节多、损耗大,降低运输成本难度加大。企业物流成本分散在产业链各个环节,物流服务质量总体偏低,一体化解决方案设计能力和专业化物流服务能力有待提高。

四是环保治理压力持续加大。随着污染防治攻坚战初战告捷,下一步将针对突出问题打好重点战役。按照国务院部署,运输结构调整将持续推进,2020年采暖季前,沿海主要港口和唐山港、黄骅港的矿石、焦炭等大宗货物原则上将改由铁路或水路运输。同时,重点地区将淘汰"国三"及以下排放柴油货车100万辆以上,"公转铁"力度将持续加大。柴油货车污染治理攻坚战进入实施阶段,以高污染高排放柴油货车为重点,将建立实施最严格的机动车"全防全控"环境监管制度。柴油车"国六"排放标准正式发布,各地加大车辆环保限行力度,"国三"及以下营运柴油货车面临提前淘汰,城市电动货车替换仍面临通行压力,货车通行难尚未有效缓解。

五是市场营商环境有待持续改善。目前,"放管服"改革进入深水区,行业治理难度日益增加,简政放权之后的放管结合、优化服务还有待深化和创新。物流业管理涉及部门多、协调难度大,与一体化运作、网络化经营的物流运行模式不相适应。近年来,各部门出台了一系列政策措施,但存在落实不到位、推进速度慢、地方协调难等问题。对于新兴的"互联网+"物流领域出现的新问题,传统的监管模式已经跟不上时代需要,也对物流业治理体系和治理能力现代化提出了新课题。

从有利因素看,一是物流先导作用逐步显现。当前,服务业对 GDP 增长的贡献率达到近60%,物流业作为重要的服务产业,基础性、战略性地位逐步巩固,先导性作用开始显现。党的十九大报告首次将物流基础设施等同于水利、铁路、公路、电网等网络建设,进一步提升了物流产业地位。继全国物流园区规划之后,政府有关部门首次出台《国家物流枢纽布局和建设规划》,要求规划建设一批国家级物流枢纽。加快推进要素集聚和资源整合,充分发挥在全国物流网络中的关键节点、重要平台和骨干枢纽作用,实现区域物流格局与产业布局重塑,将有效支撑"一带一路"倡议、"京津冀协同发展""长江经济带"等国家战略落地,促进区域协调发展,培育新的经济增长极。

二是产业链升级面临机遇。国际贸易摩擦对我国带来严峻挑战的同时也有重要机遇。我国产业链仍处于全球价值链的中低端,供应链掌控能力不足是重要因素。全球经济已经进入供应链时代,掌控现代供应链体系是体现国家竞争力的重要标志,也是现代化经济体系建设的应有之义。国际贸易摩擦加剧要求我们重新审视国家供应链体系安全,防范供应链风险,推动先进制造业与现代服务业深度融合,重构国家供应链体系。下一阶段,随着国家供应链试点城市、试点企业工作推进,将逐步提升产业链水平,有效支撑实体经济,助力经济高质量发展。

三是科技发展孕育发展新动能。新一轮产业革命、技术革命深入推进,成为行业发展的强大引擎。物联网、云计算、大数据、人工智能、区块链等一些重大技术与产业深度融合,创造行业新业态,"互联网+"物流模式不断创新。数字经济引领创新发展,产业互联网深入推进,将改变传统物流运作方式和商业模式,行业新动能不断培育壮大。当然,面对新一轮技术革命,传统物流企业的观念转变和战略转型速度稍显不足。如何推动广大物流企业拥抱互联网,全面实现物流数字化、智能化改造,加入智慧物流生态体系的构建,形成"数字驱动、协同共享"的产业新生态是下一步面临的新机遇。

总体来看,我国物流业仍然处于重要的战略机遇期。面对国内外形势和各种因素叠加,江苏省物流业下行压力较大,保持平稳增长的难度将更大。预计江苏省 2019 年物流业仍将运行在合理区间,社会物流运行效率将继续保持平稳。

三、江苏省物流业发展的对策建议

随着"一带一路"倡议、长江经济带、"互联网+"等国家战略的深入实施,物流"补短板"、物流降本增效、物流与产业融合发展的不断推进,支持物流业高质量发展的积极因素也不断积累。5月16日、6月27日,国务院总理李克强分别主持召开国务院常务会议,确定进一步降低实体经济物流成本的措施,部署调整运输结构提高运输效率,降低实体经济物流成本,这对江苏省物流业发展提出了新的要求。国家级物流枢纽载体城市积极布局与淮安区域性航空物流枢纽建设、京东物流全球航空货运枢纽项目落地江苏,为推动江苏省物流业发展、提升物流服务水平带来了机遇。初步预测,2018 年江苏省社会物流总额有望突破 30 万亿元,增速超过 9%。下半年全省发展改革系统物流工作将突出以下重点:

第一,推进货物运输结构调整。充分发挥省级物流业降本增效联席会议机制的作用,加强对全省物流降本增效工作的指导和推进,持续加强跟踪调度和督促检查,力促各项政策措施落地见效。加强铁路集装箱运输的应用研究,推进铁路集装箱多式联运相关政策落实,提升江苏省铁路物流服务水平,提高铁路货运量占全省货运总量的比重。进一步发挥江苏省水运资源优势,围绕沿海、沿江、沿运河重点港区,加强铁路专用线和集疏运体系建设,提升水运服务能力和中转联运能力。

第二,强化重点物流枢纽建设。结合国家级物流枢纽布局建设,进一步强化南京、徐州、苏州、连云港四大综合性物流枢纽功能,增强无锡、南通、淮安等物流节点服务能力。加快打造一批各具特色、优势互补的重点物流枢纽,着力推进南京区域航运物流中心、南京空港枢纽、徐州铁路物流枢纽等建设,进一步完善多式联运基础设施建设,提升综合服务功能。推进打造淮安区域性航空物流枢纽,加快建设和做大做强淮安货运机场。积极推进京东物流全球航空货运枢纽项目在江苏落地建设。高水平建设上合组织(连云港)国际物流园、中哈物流合作基地等重要开放合作平台,尽快建成面向"一带一路"沿线国家的区域性国际物流枢纽。

第三,推动供应链创新与应用。加强"江苏供应链管理应用与创新"专题研究,加快现代供应链创新应用,促进物流业与上下游制造、商贸企业深度融合,培育一批供应链创新与应用示范企业,建设一批跨行业、跨领域的供应链协同、交易和服务示范平台,提升全省制造业物流管理水平。结合国家骨干物流信息平台试点,重点支持推进中储智运、物润船联等一批公共物流重点平台建设。加强物流信息资源整合,推动跨地区、跨行业物流信息互联共享,发展"互联网＋物流园区"模式,推进各物流园区之间实现信息联通兼容。

第四,抓好物流园区试点示范。围绕科学规划、功能提升和企业集聚,继续培育和认定一批省级示范物流园区,会同省国土资源厅、住房城乡建设厅做好2018年度省级示范物流园区认定工作;密切关注国家物流示范工程的最新进展,做好江苏省争创国家级示范物流园区申报工作。进一步调整、完善省级示范物流园区特别是专业示范物流园区的评审认定办法和申报标准,建立考核评价体系,加强对全省示范物流园区的跟踪检查和动态考评,抓紧建立完善省级示范物流园区退出机制。会同省有关部门,加快推进有条件的示范物流园区引入铁路专用线,进一步完善园区集疏运体系。

第五,加强物流对外开放合作。全力建设连云港-霍尔果斯串联起的新亚欧陆海联运通道,加快打造标杆和示范项目,支撑面向新时代的江苏"一带一路"交汇点建设。推进中欧班列资源优化整合,重点围绕连云港、南京、苏州三大国家中欧班列枢纽节点,推动省内货源向枢纽城市集并,集中资源重点打造"连新亚""宁新亚""苏满欧"国际货运班列线路。继续深化苏港、苏澳物流合作,积极探索推进在国际产能转移中与香港共建共用海外仓等方面的合作,增强江苏省对"一带一路"沿线国家市场进出口货物的集散能力。组织物流企业参加香港亚洲物流与航运会议,探索推进我省物流企业"走出去"。

第六,培育壮大物流主体。鼓励物流企业通过参股控股、兼并联合、资产重组、协作联盟等方式做大做强,形成一批技术水平先进、主营业务突出、核心竞争力强的现代物流企业集团。培育一批区域服务网络广、供应链管理能力强、物流服务水平优、品牌影响力大的第三方、第四方物流知名企业。打造一批行业特色明显、区域影响力大的物流公共信息平台,提升平台的竞争力。引进一批国内外知名物流企业在江苏设立地区总部、采购中心和配送中心,努力使江苏成为国内外品牌物流企业的总部集聚地。加快物流领域本土驰名商标、著名商标的培育创建工作,逐步扩大品牌效应,推动品牌物流企业做大做强做优,提升品牌价值。鼓励国家级和省级示范物流园区运营管理创新,对外进行模式复制和管理输出,推动品牌园区的网络化发展。加快推进物流咨询、规划、设计、物流金融、境外服务等服务品牌的建设,扶持一批物流品牌培育和运营专业服务机构,开展品牌管理咨询、市场推广等服务。

第七,推动区域物流联动,继续发挥长三角地区、丝绸之路经济带等区域物流联动发展合作机制作用,积极推进物流业的跨区域合作与资源共享。统筹长三角区域物流基础设施规划建设和功能对接,加速区域物流服务融合互通,实现物流信息、人才等资源共享和平台互联。完善长江经济带物流集疏运和多式联运服务体系,加强与上海、武汉、重庆等重要物流枢纽节点的联动,着力提升通道运营组织能力,形成通畅高效、服务融合、协同运作的跨区域物流联动机制。加强与西安、郑州和新疆等枢纽城市在"无水港"建设、大陆桥海铁联运方面的联动,加快推进与河南、安徽等东陇海沿线地区在内河运输上的通畅衔接。

围绕"苏南提升、苏中崛起、苏北振兴",大力推进物流业跨江融合、南北联动。推动苏南物流业高端引领、创新发展,苏中物流业转型提升、跨越发展,苏北物流业提档升级、突破发展。创新三大区域物流合作模式,推动物流园区等设施的南北共建和物流企业合作运营。推进电子口岸"大通关"合作,建立跨关区、跨检区的申报、审单、验放协作机制,推动实现沿江及大陆桥口岸管理相关部门"信息互换、监管互认、执法互助"。继续推进与国内其他主要物流区域之间的深层次物流合作和联动发展,建立统一开放、通畅高效、协调共享的现代物流市场体系。

第八,加快发展智慧物流,推进实施"互联网＋高效物流",加快移动互联网、大数据、物联网、云计算、北斗导航、生物识别等现代信息技术在物流跟踪、认证、交易、支付、监管、信用评价等环节的应用推广。推进运输、仓储、配送等物流环节的智能化建设,大力发展产品可追溯、在线车辆调度、产品自动分拣、智能快递和智能配货。完善新一代物流信息基础设施建设,实现物流园区、配送中心、货运站等物流节点的设施数字化,形成可感知、可视可控的智慧物流设施体系。加快建设汇集全省物流信息资源、沟通全国其他物流信息平台的智慧物流公共信息平台。依托移动互联、智能终端等手段,以第三方、第四方物流企业为载体,推动智能运输平台建设。加快推进物流公共服务云平台建设,深度挖掘物流大数据价值,提供数据租售、分析预测、决策支持等增值服务。

第九,推进物流标准化和绿色化,加强物流标准化建设。按照重点突出、科学适用的要求,加快物流信息标准、服务标准和管理标准的研究、制定与推广,推进全省物流标准信息库及信息服务平台建设,进一步完善相关标准和服务规范。支持仓储设施、转运设施、运输工具、停靠和装卸站点的标准化建设和改造,推广应用托盘、集装箱等标准化设备,推动条形码、RFID等物流技术及智慧物流信息标准化建设。推进南京、徐州、无锡等市国家物流标准化试点,依托重点领域大型物流企业、配送中心以及物流园区开展物流标准化试点示范工作,推进物流标准的认定咨询、培训宣传和推广应用。

大力发展绿色物流。加快推广多式联运、甩挂运输、共同配送等先进的物流组织模式,推进低环境负荷的循环物流系统建设。加快推广绿色低碳技术,鼓励企业采用节能和清洁能源运输工具与物流装备,推广应用节能型绿色仓储设施,建立第三方标准化托盘循环共用网络。推进绿色物流评估标准和认定体系建设。加快发展回收物流,提高逆向物流服务水平。

第十,加强物流人才引进培养。围绕完善多层次物流教育体系,提高人才培养质量,重点培养高层物流人才。发展物流业从业人员在职培训,加强职业技能教育以及促进物流人才培养的国际合作。完善普通高等本科院校、高等职业技术学校、中等职业技术学校三个层次的人才培养体系。规范物流领域职业资格认证,继续推广国家物流与采购联合会的物流师资格认证,积极引进英国皇家采购与供应学会CIPS认证和英国皇家物流职业认证ILT。制订人才激励政策,引进国内外优秀物流专业人才,尤其是物流管理和物流工程技术方面的复合型人才、熟悉国际物流业务运作的高级人才和业务操作人才,为物流业的快速发展提供智力保障。

参考文献

[1] 杨宇.浅探江苏省物流业发展的问题及对策[J].江苏商论,2008(7):6-8.

[2] 黄新涛.浅探我国物流业建设发展[J].中国外资,2008(7):57-57.

[3] 赵婕.浅析江苏省物流运输近况、问题、对策[J].中国管理信息化,2016,19(7):155-157.

[4] 马向阳.江苏电子商务物流发展现状及对策分析[J].现代商贸工业,2016,37(34):52-54.

[5] 白元龙,杨柔坚."一带一路"战略下江苏物流业发展研究[J].宏观经济管理,2017(1):79-82.

[6] 姚晓霞.江苏现代物流业发展现状与对策[J].江苏商论,2007(6):9-10.

[7] 江苏省现代物流业协会《2018年江苏省物流运行情况》

第六章 江苏省公共服务业发展报告

按照我国国民经济行业分类,公共服务业包括五个方面:科学研究、技术服务和地质勘查业,水利、环境和公共设施管理业,教育,卫生、社会保障和社会福利业,公共管理和社会组织。公共服务业提供的既有纯公共物品和准公共物品,也有少量私人产品。公共服务可以根据其内容和形式分为基础公共服务、经济公共服务、社会公共服务。公共服务是有国家行为介入的一种服务活动,公共服务可以使公民的某种直接需求得到满足,如教育和医疗保健。

2018年一季度,面对复杂严峻的宏观经济形势,江苏省服务业深入贯彻落实中央和省委、省政府决策部署,围绕"六个高质量"中对服务业发展的要求做好各项工作,全省服务业运行稳中向好质量提升。据江苏省发改委介绍,江苏将调整优化供给结构,在大数据应用、科技研发服务、供应链创新体系建设、中高端消费以及现代服务业新模式新业态等方面营造一批新亮点。推广"旅游+""文化+"产业融合发展模式,大力发展智慧旅游,打响"水韵江苏""文化江苏"品牌,不断提升文化旅游、教育培训、康体养老、家政等服务供给能力和水平,打造一批服务消费创新示范工程。强化重点项目服务保障,土地点供指标优先供给,省级现代服务业发展专项资金对重点项目建设给予固定资产贷款贴息等支持。

一、江苏省公共服务业发展现状

江苏省服务业发展比较缓慢,但总体增长率仍高于GDP的增长速度,总体规模在不断扩张,带来的经济效益也在不断上涨,服务业作为重点产业在江苏经济中的领先优势逐步显现出来。

公共服务业作为服务业的第三类产业,是国民经济发展的保障,具有公平性和非营利性。就江苏近几年的政府统计报告来看,公共服务业的五大基本产业都取得了显著的成果,总的产值在增加,规模不断扩大,并且有一个较稳定的增速。

(一)公共服务业各行业发展成效显著

1. 科学研究和技术服务业

党的十八大以来,以习近平同志为核心的党中央全面实施创新驱动发展战略,江苏各地坚持科学发展,锐意改革,开拓进取,实现了科技、经济、社会发展的历史性跨越,朝着"两聚一高"的战略目标迈进。全省科技创新和科技体制改革全面推进,基础研究得到加强,高新技术产业快速发展,技术市场规模稳步扩大;科技投入持续增加,企业创新活力竞相迸发,科技产出成果丰硕,科技实力不断增强,科学技术事业突飞猛进,科技创新为转型升级、经济高质量发展提供强力支撑。

(1)科技创新能力持续增强

全省专利申请量、授权量分别达60.03万件、30.7万件,其中,发明专利申请量19.88万件,比

上年增长 6.31％;发明专利授权量 4.2 万件,增长 1.21％;PCT 专利申请量达 5500 件,增长
19.8％;万人发明专利拥有量达 26.45 件,增长 17.56％。全省企业共申请专利 43.76 万件。全年
共签订各类技术合同 4.2 万项,技术合同成交额达 1152.6 亿元,比上年增长 32％。省级以上众创
空间达 746 家。2018 年,江苏共有 50 个项目获国家科技奖,获奖总数位列全国各省第一。

(2) 高新技术产业加快发展

组织实施省重大科技成果转化专项资金项目 124 项,省资助资金投入 8.38 亿元,新增总投入
72.81 亿元。新认定国家高新技术企业超过 8000 家,企业研发经费投入占主营业务收入比重提高
至 1.3％,大中型工业企业和规模以上高新技术企业研发机构建有率保持在 90％左右,国家级企业
研发机构达到 145 家,位居全国前列。全省已建国家级高新技术特色产业基地 160 个。

(3) 科研投入力度逐步增强

全社会研究与试验发展(R&D)活动经费占地区生产总值比重达 2.64％(新口径),研究与试验发
展(R&D)人员 78 万人。全省拥有中国科学院和中国工程院院士 98 人。各类科学研究与技术开发机
构中,政府部门属独立研究与开发机构达 466 个。建设国家和省级重点实验室 171 个,科技服务平台
277 个,工程技术研究中心 3404 个,企业院士工作站 326 个,经国家认定的技术中心 117 家。

表 1　2011—2018 年江苏省科技活动基本情况

指　标	2011 年	2012 年	2013 年	2014 年	2015 年	2016 年	2017 年	2018 年
科技机构数(个)	9061	17776	19393	21844	23101	25402	24112	24728
科研单位	148	148	143	144	142	135	133	130
规模以上工业企业	6518	16417	17996	20411	21542	23564	22007	22469
大中型工业企业	3166	7395	7231	7538	7432	7816	7204	
高等院校	647	761	801	854	971	1055	1133	1219
其他	1748	450	453	435	446	648	839	910
科技活动人员数(万人)	81.62	98.23	109.46	115	111.99	117	—	
大学本科及以上学历	32.72	44.96	49.09	53.61	54.84	70.16	—	
研究与发展经费内部支出(亿元)	1071.96	1288.02	1450	1630	1801.23	2026.87	2260.06	2504.43
R&D经费支出占国内生产总值比重(％)	2.2	2.33	2.45	2.5	2.57	2.66	2.63	2.7
三种专利申请受理量(件)	348381	472656	504500	421907	428337	521429	514402	600306
发明专利申请受理量(件)	84678	110091	141259	146660	154608	184632	187005	198800
三种专利授权量(件)	199814	269944	239645	200032	250290	231033	227187	306996
发明专利授权量(件)	11043	16242	16790	19671	36015	40952	41518	42000

数据来源:江苏省统计局,历年《江苏统计年鉴》

2. 教育

全省共有普通高校 142 所。普通高等教育招生 62.74 万人,在校生 200.09 万人,毕业生 53.87 万人;研究生教育招生 6.91 万人,在校生 19.46 万人,毕业生 4.74 万人。高等教育毛入学率达 58.3%,比上年提高 1.6 个百分点;高中阶段教育毛入学率达 99% 以上。全省中等职业教育在校生 62.6 万人(不含技工学校)。特殊教育招生 0.48 万人,在校生 3.12 万人。全省共有幼儿园 7222 所,比上年增加 240 所;在园幼儿 255.58 万人,比上年减少 4.95 万人。学前三年教育毛入园率达 98% 以上。

表 2　各阶段教育学生情况

指标	招生数		在校生数		毕业生数	
	绝对数(万人)	比上年增长(%)	绝对数(万人)	比上年增长(%)	绝对数(万人)	比上年增长(%)
普通高等教育	62.74	4.9	200.09	2.9	53.87	0.6
研究生	6.91	7.1	19.46	10.1	4.74	3.0
普通高中教育	35.21	11.9	98.08	4.0	31.24	−1.6
普通初中教育	80.23	5.9	225.76	8.2	62.35	1.8
小学教育	102.23	7.3	560.44	3.7	81.62	5.5

数据来源:《2018 年江苏省国民经济和社会发展统计公报》

3. 水利、环境和社会保障

(1) 水利规模扩大

全省重点工程和农村水利累计完成投资 234 亿元。新沟河工程基本建成,新孟河工程全面实施,望虞河西岸控制、镇扬河段三期、黄墩湖滞洪区等工程加快推进,南京八卦洲整治等工程开工建设;中小河流治理、病险水库除险加固工程加快推进,郑集河输水扩大工程等启动实施,黄河故道后续工程全面开工;南水北调东线一期工程加快扫尾验收。

全省现有注册登记水库 952 座,水库总集水面积 2.09 万平方千米,总库容 35.20 亿立方米,设计灌溉面积 36.8 万公顷,有效灌溉面积 27.1 万公顷,年供水量 4.34 亿立方米。

(2) 污染防治力度加大

全省 PM2.5 年均浓度 48 微克/立方米,104 个国考断面水质优Ⅲ类比例 68.3%,劣Ⅴ类比例 1%,化学需氧量、二氧化硫、氨氮、氮氧化物四项主要污染物排放量削减指标均完成国家下达的目标任务。长江、淮河等重点流域及近岸海域水质总体保持稳定,太湖治理连续 11 年实现"两个确保"。实施农村人居环境整治三年行动,大力推进生活垃圾处理、生活污水处理、村容村貌提升和厕所革命,城乡人居环境持续改善。全省林木覆盖率达 23.2%,建成国家生态园林城市 5 个,国家生态工业园区 21 个,国家生态文明建设示范市县 9 个。

(3) 社会保障体系更加完善

稳步实施全民参保计划,参保覆盖面持续扩大。年末全省城乡基本养老、城乡基本医疗、失业、工伤、生育保险参保人数分别为 5538 万人、7721.18 万人、1671.3 万人、1777.2 万人和 1694.46 万人,比上年末分别增加 160.4 万人、102.08 万人、88.4 万人、87 万人和 112.45 万人。城乡居民基本养老保险基础养老金最低标准由每人每月 125 元提高到每人每月 135 元。城乡居民医保人均财政补助最低标准提高到每人每年 589 元。

4. 卫生

改革开放以来,江苏卫生医疗机构经历了从小到大、从弱到强的发展历程,覆盖城乡居民的 15 分钟健康服务圈已经建成,全民医保体系基本形成,基本医疗卫生制度、疾病预防控制体系和突发公共卫生事件医疗救治体系基本建成,城乡卫生服务体系逐步完善,人民群众健康得到了有效保障。

(1) 医疗体制机制不断健全

江苏积极推进医疗卫生体制改革,卫生事业发展取得突破性进展,卫生资源进一步整合,卫生服务效率进一步提高,卫生力量、医疗服务能力和人民群众健康水平在全国均处领先位置。形成了县乡两级、乡村一体、防治结合、多元投资、分工合理的新型农村卫生服务体系;构建以社区卫生服务中心为主体、社区卫生服务站及其他具有社区特色的专业服务机构为补充的社区卫生服务网络,形成了社区卫生服务中心与医院和预防保健机构合理分工、双向转诊的两级新型城市卫生服务体系,实现了"小病在社区、大病到医院"的目标。截至 2017 年底,江苏所有县(市、区)建立了新型农村合作医疗制度,人口覆盖率达 99% 以上;分级诊疗制度加快实施,基层诊疗人次占诊疗总数的比重达到 60% 以上。2013 年出台《江苏省开展城乡居民大病保险的实施意见》,在全国省级层面率先建立城镇居民基本医疗保险稳定增长的筹集机制。加强突发公共卫生事件应急防治体系建设,县以上疾病预防控制体系已全面建成。

(2) 卫生保障资源稳步增长

年末全省共有各类卫生机构 33254 个。其中,医院 1853 个,疾病预防控制中心 117 个,妇幼卫生保健机构 114 个。各类卫生机构拥有病床 49.08 万张,其中,医院拥有病床 38.72 万张。共有卫生技术人员 59 万人,其中,执业医师、执业助理医师 23.34 万人,注册护士 26.03 万人,疾病预防控制中心卫生技术人员 0.63 万人,妇幼卫生保健机构卫生技术人员 1.23 万人。

表3　2014—2018 年江苏省卫生机构、床位及卫生技术人员情况

分　类	2014 年	2015 年	2016 年	2017 年	2018 年
卫生机构数(个)	32000	31925	32135	32037	33254
卫生机构床位数(万张)	39.23	41.36	44.31	27.0	49.08
卫生技术人员数(万人)	45.85	48.70	51.71	32.8	59.0

数据来源:江苏省历年统计年鉴

(3) 卫生服务水平不断提升

妇幼保健工作不断加强,疾病预防控制成效显著。2017 年,全省妇幼保健院(所、站)110 所,比 1978 年增加 26 所;婚前医学检查率、孕妇产前医学检查率为 88.63%、98.8%,分别比 2000 年提高 26.0、4.4 个百分点;孕产妇系统管理率、住院分娩率为 95.03%、100%,分别比 2000 年提高 13.2 个、1.13 个百分点;落实孕前预防措施,免费孕前优生健康检查目标人群覆盖率达 100%,筛查出的高风险人群全部获得针对性的咨询指导和治疗转诊等服务,有效降低了出生缺陷发生。托幼机构卫生保健合格率、7 岁以下儿童保健管理率为 97.4%、97.7%,分别比 2000 年提高 36.6 个、4.8 个百分点。

人口健康状况普遍改善，生命质量显著提升。人均期望寿命由 1982 年的 69.5 岁提高至 2015 年的 77.5 岁，高于全国同期平均水平 1.2 岁，居民健康水平总体处于全国前列，接近高收入国家水平。2017 年孕产妇死亡率 10.4/10 万，比 1995 年降低 25.9/10 万；婴儿死亡率 2.6‰，比 1995 年降低 18.7 个千分点；5 岁以下儿童死亡率 3.7‰，比 1995 年降低 29.22 个千分点，妇女儿童健康状况普遍改善，生命质量显著提升。

5. 文化和体育

(1) 公共文化服务水平提升

城乡公共文化服务体系不断完善。全省共有文化馆、群众艺术馆 115 个，公共图书馆 115 个，博物馆 322 个，美术馆 31 个，综合档案馆 113 个，向社会开放档案 79.55 万件。共有广播电台 8 座，中短波广播发射台和转播台 21 座，电视台 8 座，广播综合人口覆盖率和电视综合人口覆盖率均达 100%。全省有线电视用户 1666.82 万户。全年生产故事影剧片 61 部；出版报纸 21.92 亿份，出版杂志 1.14 亿册，出版图书 6.84 亿册。

(2) 体育事业成绩斐然

江苏省委、省政府高度重视体育事业发展，2001 年作出了《关于进一步加强体育工作加快建设体育强省的决定》，江苏体育事业按照健康中国和健康江苏建设部署，全面深化体育体制改革，坚持以增强人民体质为根本任务，大力实施全民健身国家战略，积极构建有利于科学发展的体制机制；深入推进公共体育服务体系示范区建设，着力完善功能明确、网络健全、城乡一体、惠及全民的公共体育服务体系，全省体育事业在快速发展中取得了辉煌的成就。

(3) 竞技体育实力突出

全省以承办十运会为契机，加大大型体育赛事申办力度，提高竞赛组织水平。先后成功承办、举办了第十届全国运动会、第六届全国残疾人运动会、世界女篮锦标赛、世界青年女子垒球锦标赛、亚青会、青奥会等世界高水平比赛，充分展示了江苏承办大型赛事的能力和水平，受到国际和社会各界的广泛好评。竞技体育硕果累累，竞技水平保持全国前列。2004 年雅典奥运会，江苏 4 人获金牌、1 人获银牌、1 人获铜牌；2008 年北京奥运会，获得 8 枚金牌、3 枚银牌、1 枚铜牌，奖牌总数位居全国前列；2012 年伦敦奥运会，5 人获 23.5 枚金牌，2 人获 1.5 枚银牌，2 人获 2 枚铜牌，取得江苏境外参加奥运会的最好成绩，获国家体育总局颁发的"2012 年伦敦第三十届夏季奥运会重大贡献奖"和"特殊贡献奖"；2013 年，第二届亚青会江苏运动员有 34 名运动员参赛，同年第十二届全运会上，共获得 45 枚奖牌，与上海并列第四；2014 年青年奥林匹克运动会，获得金牌 14 项次、银牌 5 项次、铜牌 3 项次，同年仁川亚运会上，获金牌 22 项次、银牌 13 项次、铜牌 18 项次、破 3 项赛会纪录，金牌数列全国第 3 位，奖牌数位居全国第 1 位；在第 31 届里约奥运会上，江苏 33 名运动员入选中国体育代表团，5 人获得 3 枚金牌，4 人获得 2 枚银牌，3 人获得 3 枚铜牌。

2018 年成功举办第 19 届省运会，促进群众体育和竞技体育、体育事业和体育产业协调发展。江苏健儿在第 18 届亚运会上取得优异成绩，在重大比赛中获世界冠军 5 项，获金牌 58 人次，获银牌 37 人次，获铜牌 55 人次。

(4) 群众体育蓬勃开展

江苏全面实施《全民健身计划纲要》，不断完善全民健身服务体系，深入开展群众体育活动。国民体质监测和体育组织网络逐步完善，环太湖体育圈、沿江体育带等体育健身品牌建设进展顺利。

青少年、职工、农民、妇女、老年人体育健身活动广泛开展,残疾人体育、少数民族体育、军队体育进一步加强。全民健身运动会、老年人体育节、"长三角"全民健身大联动、"长三角"体育旅游休闲季等定期举办,其中,"泛沿江体育带"全民健身大联动活动已连续举办十三届,影响力持续扩大。广场健身舞运动作为群众体育的新兴力量,江苏在全国率先成立省级协会——江苏省广场健身舞运动协会,有效推动了广场舞的健康有序发展。2017 年,全省经常参加体育锻炼的人数比例超过35%,国民体质合格率达 92.1%以上。

(5)体育环境明显改善

公共体育服务体系基本建成。全省公共体育服务体系示范区建设成绩斐然,在国内率先建成全国公共体育服务体系示范区,11 个设区市、86 个县(市、区)创建成省级公共体育服务体系示范区;体育保障体系基本形成,全省公共体育服务从业人数占本地常住人口比例平均达到 0.15%,每万人拥有社会体育指导员数量达到 27 名,参与提供公共体育服务的企业、事业和体育社会组织数量稳步增长,政府主导、企事业、社会组织和机构共同参与的服务主体供给格局基本形成。

公共体育服务设施逐步完善。"十二五"末,全省 12 个设区市建成功能齐全的体育中心和全民健身中心,95%以上的县(市、区)完成"新四个一"工程(即建成一个塑胶跑道标准田径场、一个3000 个座席的体育馆、一个游泳馆或标准室内游泳池、一个 3000 平方米以上的全民健身中心),城市社区全部建成 10 分钟体育健身圈,6500 公里健身步道覆盖城乡,90%以上的乡镇(街道)建成小型全民健身中心,行政村(社区)基本实现体育设施全覆盖。全省人均公共体育场地面积达 2.01 平方米,高出全国平均值 0.55 平方米。省、市、县、乡镇(街道)、行政村(社区)五级公共体育设施服务网络逐步完善。学校体育设施开放率接近 50%。

截至 2017 年末,所有设区市、县(市、区)均建成省级公共体育服务体系示范区,全省拥有国民体质测试站(点)458 个,接受国民体质测试人数为 39.4 万人,社会体育指导员年末累计审批人数为 29.98 万人。

(6)体育产业快速发展

体育产业体系逐步健全,规模逐年壮大。全省体育产业在国民经济发展中的地位和作用不断提升,基本形成以健身休闲、竞赛表演、体育用品、场馆服务、体彩销售、体育旅游为主的体育产业体系。2016 年末,全省体育产业从业人员 66.7 万人,体育产业总规模 3154.1 亿元。成功创建苏南(县域)国家体育产业基地,组建江苏体育产业集团,建成省级体育产业基地 59 家,实现体育产业规模化发展。江苏彩票销售量在全国实现"十连冠",2017 年全省体育彩票销量达 201.3 亿元,比2006 年增长 5.18 倍。

改革开放四十年来,江苏文教卫体等社会事业取得巨大成就,但与"强富美高"新江苏建设目标及人民群众对美好生活的向往还有一定距离,一些薄弱环节亟须解决。如,文化贸易"走出去"存在障碍,整体实力尚需加强;教育现代化、优质资源均衡化有待进一步提升;卫生与健康服务结构不够合理、分布不够均衡、基层服务能力相对薄弱问题还比较突出;城乡居民体育需求日趋个性化、多元化,公共体育服务的内涵和空间亟须拓展等。

(二)公共服务业产值规模持续扩大

江苏积极转变经济增长方式,产业结构持续优化,总体表现为第一产业比重不断下降,第二产业在快速发展后占比也呈下降趋势,代表最高结构层次的第三产业比重逐渐提高。2018 年,全省第一、二、三产业增加值比重分别为 4.5%、44.5%、51%。

2011—2017 年,江苏省公共服务业的总产值逐年增长,从 2011 年的 4434.84 亿元增加到 2017 年的 10051.68 亿元,增长了 126.65%,并且,公共服务业各行业的产值均呈增长态势:2017 年科学研究和技术服务产值达到 1350.83 亿元,较上年增长 23.05%,是增速最快的公共服务业;水利、环境和公共设施管理业产值为 591.57 亿元,较上年增长 7.19%;教育产值为 2750.45 亿元,较上年增长 13.35%;卫生和社会工作产值为 1615.15 亿元,较上年增长 14.72%;文化、体育和娱乐业产值为 863.43 亿元,较上年增 8.50%;公共管理、社会保障和社会组织产值为 2880.25 亿元,较上年增长 9.99%,增长幅度有轻微下降。江苏公共服务业发展呈现出蓬勃发展、整体推进的良好势头,进入了重要发展期,并且公共服务业总产值占第三产业的比重每年均维持在 20%以上,保持了平稳的增长。

表4　2011—2017 年江苏省公共服务业发展情况　　　　　　　　　　　　单位:亿元

项　　目	2011 年	2012 年	2013 年	2014 年	2015 年	2016 年	2017 年
科学研究和技术服务业	496.42	612.53	774.22	884.5	998.71	1097.81	1350.83
水利、环境和公共设施管业	280.76	321.98	382.91	428.27	496.67	551.91	591.57
教育	1217.21	1420.47	1680.21	1866.58	2195.15	2426.57	2750.45
卫生和社会工作	664.54	731.58	887.94	1015.45	1230.89	1410.95	1615.15
文化、体育和娱乐业	268.01	302.99	418.85	536.56	635.64	795.79	863.43
公共管理、社会保障和社组织	1507.89	1691.85	1752.72	2003.97	2376.46	2618.65	2880.25
公共服务业总产值	4434.84	5081.4	5896.85	6735.33	7933.52	8901.68	10051.68
第三产业总产值	20842.21	23517.98	27197.43	30599.49	34085.88	38458.46	43169.73
公共服务业产值占第三产业比重(%)	21.28	21.61	21.68	22.01	23.28	23.15	23.28

数据来源:根据历年《江苏统计年鉴》整理。
注:最新官方数据只到 2017 年。

(三)公共服务业增速趋于稳定

2011—2017 年,江苏省公共服务业各行业产值的增长速度波动较大,几乎呈现出正的波浪形,并且各个行业的增长速度也表现出一定的差异性。2013 年,文化、体育和娱乐业的增长速度达到 38.24%,而公共管理和社会组织的增长速度仅仅 3.60%。而 2014 年,各细分行业的增速恢复到了 10%以上。2016 年,公共服务业各细分行业的增速都有所下降,但是文化、体育和娱乐业的增长速度再次突破 20%,达到 25.20%。文化、娱乐和体育业增速保持了一贯的较高水平,成为近年来江苏公共服务业发展中的亮点。2017 年水利、环境和公共设施管理业、文化、体育和娱乐业以及公共管理、社会保障和社会组织增长率在下降,低于 10%。公共服务业增长速度的不稳定性在一定程度上表现出了江苏省公共服务业发展面临的经济社会环境依然错综复杂,可持续发展尚缺乏具有竞争力的有效依托,受政策变化等不确定因素的影响显著。

表 5 2011—2017 年江苏省公共服务业分行业增长速度

项 目	2011 年	2012 年	2013 年	2014 年	2015 年	2016 年	2017 年
科学研究和技术服务业(%)	35.94	23.39	26.40	14.24	12.91	9.92	23.05
水利、环境和公共设施管理业(%)	30.38	14.68	18.92	11.85	15.97	11.12	7.19
教育(%)	19.02	16.70	18.29	11.09	17.60	10.54	13.35
卫生和社会工作	32.72	10.09	21.37	14.36	21.22	14.63	14.72
文化、体育和娱乐业(%)	21.38	13.05	38.24	28.10	18.47	25.20	8.50
公共管理、社会保障和社会组织	20.48	12.20	3.60	14.33	18.59	10.19	9.99
公共服务业总产值(%)	24.01	14.58	16.05	14.22	17.79	12.32	12.92

数据来源:根据历年《江苏统计年鉴》整理及计算

注:最新官方数据只到 2017 年。

二、江苏省公共服务业发展存在的问题

在新的发展空间下,江苏社会性公共服务面临着新的机遇和挑战。江苏省政府通过完善社会性公共服务来促进民生幸福,提升了人民群众对政府的满意度,在社会性公共服务的构建上取得了量的进步。但如何在其基础上实现质的飞跃,培育新的竞争优势,就需要江苏省政府认清当前社会性公共服务发展的过程中存在的制约因素。

(一)发展规模不大,总量偏低

江苏省既是我国经济大省,也是经济强省,但江苏社会性公共服务的发展目前仅处于全国中上等水平,与其整体经济水平的发展不相符。如江苏省信息服务增加值增速虽快,但 2013 年刚突破2000 亿元大关,而同期北京市信息服务增加值已达 2854.6 亿元,且江苏社会性公共服务占 GDP比重低于发达地区。从社会性公共服务与经济发展程度的相关性来看,江苏省的社会性公共服务事业和北京市、上海市、浙江省相比还存在明显的发展差距,江苏省政府在做好做强社会性公共服务、提高政府影响力等方面还有漫长的路要走。

(二)公共服务业固定资产投资比例较低

2011—2017 年,尽管江苏省公共服务业固定资产总额在不断增长,但是其所占的固定资产总额的比例却一直处于波动状态。2011—2017 年,公共服务业固定资产投资在总投资中占比均在10%左右,未超过 15%,其中,2014 年公共服务业投资占比回升明显,升至 14.05%,但是 2015、2016 年公共服务业占比均有所下降,但到 2017 年又上升到 14.5%。

表 6 2011—2017 年江苏省公共服务业固定资产投资   单位:亿元

项 目	2011 年	2012 年	2014 年	2015 年	2016 年	2017 年
科学研究、技术服务和地质勘查业	226.12	337.7	606.63	592.31	639.21	768.48
水利、环境和公共设施管理业	1737.39	2014.32	3541.34	3868.82	3965.38	4692.76

续表

项　目	2011 年	2012 年	2014 年	2015 年	2016 年	2017 年
教育	218.82	326.90	479.78	543.29	590.09	677.40
卫生、社会保障和社会福利业	145.66	166.04	271.44	450.55	446.43	534.39
文化、体育和娱乐业	209.76	343.42	578.86	560.11	642.24	546.77
公共管理、社会保障和社会组织	258.19	299.58	361.99	370.47	485.82	477.49
公共服务业	2795.94	3487.96	5840.04	6385.55	6769.17	767.29
公共服务业固定资产投资占比(%)	10.63	11.00	14.05	13.91	13.71	14.5

资料来源:根据历年《江苏统计年鉴》整理

(三)农村公共服务业发展仍然较缓慢

近年来,尽管江苏省农村公共服务业取得了较好的成绩,但是也面临着不少的问题。其主要为:首先城乡收入差距仍然较大。虽然从 2010 年以后,农村居民的人均收入增长率快于城镇居民人均可支配收入,但是其绝对收入差距仍然较大,并且具有递增的趋势。2011 年农村居民人均可支配收入与城镇居民的人均可支配收入绝对收入差距为 15536 元,而 2018 年为 26355 元。其次农村公共服务业的发展理念和经营方式落后,规模小、专业化和社会化水平低、竞争能力弱。有些地方对农村公共服务业发展的需求导向还不够重视,疏于培育农村公共服务业对农村发展的引领、支撑和适应能力。还有一些地方,农村公共服务业的发展片面追求区域自成体系,不重视区域分工协作,组织模式的创新、管理方式的再造和经营业态的创新。除此之外,农村公共服务业的统筹规划不足,重复投资、重复建设和恶性竞争的问题较为严重。农村公共服务业的发展长期缺乏区域总体规划,处于自然发展的状态,从而导致了在区域内部,农村公共服务业不同行业之间缺乏协调整合,整体功能难以提高。

表 7　2011—2018 年江苏省城乡居民人均收入及增长率

项　目	2011 年	2012 年	2013 年	2014 年	2015 年	2016 年	2017 年	2018 年
城镇居民家庭人均可支配收入(元)	26341	29677	31585	34346	37173	40369.88	43621.75	47200
增长率(%)	14.8	12.7	6.4	8.7	8.2	8.6	8.1	8.2
农村居民人均纯收入(元)	10805	12202	13598	14958	16257	17703.87	19158.03	20845
增长率(%)	18.5	12.9	11.4	10.0	8.7	8.9	8.2	8.8

资料来源:根据历年《江苏统计年鉴》整理

(四)地区发展不平衡,南北差距较大

众所周知,江苏省南北部发展不均衡,优质资源高地重点集中在苏南地区,对社会性公共服务空间均衡分布提出了严峻挑战。苏南地区在经济发展方面具有优势,2013 年地区生产总值约占全省的 60%,其社会性公共服务的建设已经形成了城市农村共同发展共同进步的良好状态;而苏中、

苏北地区因基础建设较差,农村地区的公共服务体系建设尤为薄弱,发展速度较慢、水平较低,故亟须加快缩小南北差异的步伐。推进全江苏省的公共服务,保障人民的社会福利,缓解当前社会突出问题,加强和改进社会管理,促进南北区域的协调发展,最终实现公共利益最大化。

区域发展不平衡是江苏经济社会发展的典型特征,苏南、苏中、苏北三大区域发展的差距不仅体现在经济发展的水平上,在公共服务发展的领域上也有所体现。从表8中公共服务业的各项指标来看,2018年苏中、苏北公共服务业的发展明显落后于苏南地区。从公共服务业的生产总值来看,2018年苏南地区的生产总值为53956.76亿元,是苏中地区的2.84倍,苏北地区的2.53倍。在科技服务方面,苏南地区科技活动经费支出占地方财政支出的5.85%,而苏中、苏北地区仅分别占3.49%、2.77%。在教育方面,苏南地区的普通高校在校生总数为123.96万人,苏中地区为23.77万人,苏北地区为32.90万人,与2017年相比均有增长,但幅度不大;普通高校专任教师数,苏南地区为8.28万人,苏中和苏北分别为1.38万人与1.98万人,从而可以看出苏南地区的教育明显高于苏中和苏北地区。公共卫生服务方面,每万人拥有医院、卫生院床位数以及卫生技术人员均表现为苏南地区高于苏中与苏北地区,卫生资源配置明显向苏南地区倾斜。文化体育方面,在文化体育与传媒经费支出的比重上,苏南地区为2.00%,苏中为1.33%,苏北为1.16%,苏南相较苏中、苏北也具有比较优势。比2017年相比,三个区域在文化方面占比支出均有少许的下降,但总的来说,2018年三个区域都有增长的趋势,幅度较小,而且有明显的地域差异,区域发展不平衡。

表8　2018年江苏省三大区域社会基本情况和公共服务业差异比较

项　目	苏　南	苏　中	苏　北
年末常住人口(万人)	3365.74	1647.67	3037.29
地区生产总值(亿元)	53956.76	19000.80	21365.98
人均地区生产总值(元)	160747	115360	70369
第三产业增加值占生产总值的比重(%)	53.17	47.60	46.49
城镇化率(%)	76.8	66.8	63.2
科技活动经费支出占地方财政支出的比重(%)	5.85	3.49	2.77
环境保护经费支出占地方财政支出的比重(%)	3.35	2.68	2.16
普通高校在校学生数(万人)	123.96	23.77	32.90
普通高校专任教师数(万人)	8.28	1.38	1.98
卫生机构床位数(万张)	21.32	9.58	18.26
卫生技术人员(万人)	28.00	10.49	20.52
文化体育与传媒经费支出占地方财政支出的比重(%)	2.00	1.33	1.16

资料来源:《江苏统计年鉴2019》整理计算

(五)公共服务业市场化程度低

目前,江苏省公共服务业在生产和提供方面仍然是以政府和事业单位为主导,而一些社会中介组织在公共服务资源配置方面的作用仍然是有限的。江苏省公共服务业市场化程度低的具体表现是:公共服务资源的配置方式目前多通过计划而非市场,价格也并不是主要依靠市场来提供。从总体来看,在多数公共服务的生产和提供领域,目前仍主要采取由政府和事业单位直接提供公共物品和服务的单一模式,市场机制在公共服务资源配置方面的作用仍然有限,导致从事公共产品生产的部门人员众多,但绩效低下。从总体格局上来说,公营部门仍然是江苏省公共服务业的主力军,尤其是在具有非营利型的公共服务业当中,如公共管理和社会组织的国有单位比重接近100%。公营部门的比重过大,政府包揽公共服务生产和提供的绝大多数领域和环节,一方面,导致政府负担过重,公共投入不足;另一方面,政府对公共服务的垄断供给,阻碍了竞争,也影响了公共服务绩效和质量的改善。此外,公共服务产品的价格大多由政府制定和管理,这就造成了服务产品的定价不能市场化和合理化,进而不能通过市场竞争来刺激企业提高生产效率、提升服务质量、增加服务产品种类等方式来满足消费者的需求。近年来,公共医疗、教育等领域的市场化改革不尽如人意,城市公交特许大多由经营出现回潮,市场化面临着责难与质疑。因此,正确认识公共服务的市场化提供机制,是江苏公共服务业健康发展的一个核心问题。

(六)人才就业公共服务管理体系建设有待完善

人才就业公共服务是政府公共服务的重要组成部分。建立和完善人才就业公共服务体系,更好地发挥政府人事部门、政府所属人才服务机构的作用,充分调动社会各方面的力量,积极采取多种形式,不断满足人民群众日益增长的人才就业公共服务的需要,即使人才就业与人才市场发展的内在要求,也是政府转变职能、更好地履行政府公共职能的客观需要。近年来,尽管江苏政府已经意识到加强人才就业公共服务管理的重要性,在立法、质量管理、标准化管理、人才队伍建设等方面采取了很多富有成效的举措,但是与我国人才就业公共服务发展的要求相比,还存在着亟待改善的地方,主要表现在立法与制度建设、规划、准入条件、标准化管理、监管和绩效管理等多个方面,其主要原因是政府职能转变尚未完成,政府人才就业公共服务职能界定不清,相关理论准备不足等。

(七)财政制度不完善

政府是实现公共服务均衡供给的主导力量。但是就目前而言,江苏省乃至全国都存在着财政制度不完善,政府的财力和事权不匹配的问题。这是由于我国财税体制改革后,财权层层上移而事权逐级下放,中央政府与地方政府之间、地方不同层级政府之间的财权与事权不明确,省级以下政府的财政实力变得非常有限。省市县乡之间的财政关系尚未按照公共服务均等化的要求理顺,致使超越地方政府承担能力的事权安排加速了地区间公共服务供给的现实差距,这种省县财政之间非直接的关系削弱了省级财政保障基层公共服务供给的能力。虽然在服务型政府理念的指导下,江苏省财政体制也在向公共财政管理体制转型,目前以公共服务支出为主的财政支出框架已基本形成,但是江苏省的财政资金的支出仍不能保障公共服务供给均等化,具体问题体现在财政结构不对称,政府间财政关系不对称,转移支付制度不够完善,尤其是省级以下的财政转移支付制度建设较为落后。这极大地制约了我国公共服务的供给、普及和质量的提升。

三、江苏省公共服务业发展对策建议

（一）重视公共服务业发展

1. 打造扁平化公共服务的基层供给体系

着力打造扁平化公共服务的基层供给体系。一方面，从执行人的角度看，要着眼于基层行政机构工作能力和效率的提升，面向群众，面向基层需求，强化基层组织的执行力，让政策与资源落实到位，让基础设施真正发挥作用。另一方面，从组织结构看，要重点推进公共服务资源在基层的配置力度和范围，让资源配置扁平化，减少中间环节的损耗，提升公共服务供给效率。

2. 支持企业和社会组织开展公共服务

各级政府要从法律、制度、政策层面支持公共服务的社会化创新。首先，对于公共服务社会化的方法要借鉴吸收与摸索总结相结合，用于实践和创新。其次，政府要为支持企业和社会参与公共服务在软环境和硬环境上给予支持。第三，积极扶持参与公共服务的企业家成长，激励企业家的社会责任感，推动企业家社会责任机制实施。第四，让具备核心服务能力的企业参与公共服务，政府以外包的形式将非营利性质的公共服务发包，提升服务效率。

3. 通过创新实现公共服务供给的可持续性

公共服务的持续投入，即是提升人民生活质量的需求，也是消费驱动经济发展战略的需要，公共服务兼具双重使命。所以，公共服务的发展不仅起到为人民群众保障"兜底"的作用，还要引领经济的前行，这就需要以创新的思维开展公共品、公共服务的提供。公共服务的创新包括机制创新和产业创新，机制创新就是要设计出创新的公共服务治理机制，发挥政策的指导和调节作用；产业创新是指发挥市场主导作用，让市场参与公共服务的提供。

（二）创造良好的市场发展环境

对于公共服务业市场环境的营造，一是要注重营造良好的产业生态环境，促进中小企业实现集群发展。集群式发展模式是促进服务业与制造业融合、推动服务业快速发展、提高产业竞争力的重要途径。要以产业集聚区为依托，通过在融资、税收、人才引进、信息平台建设等方面的支持，通过紧密的产业关联、共享的资源要素、有效的竞争机制、融合机制，培育和促进公共服务业产业集群。二是要加快推进城市化进程，活跃公共服务业市场供需环境。城市化水平的提高会促进产业、人才、信息、技术等资源的集聚，进而会为服务创造大量的需求和有效的供给。我国较低的城市化水平必然会阻碍公共服务业的发展，因此，要通过提升城市基础设施建设、培养和吸引高素质的人才、完善城市功能，为公共服务业的发展创造需求和提高供给能力，活跃市场供需环境。具体可从以下几个方面着手：

1. 完善公共服务业的法律、法规体系

创造条件，扶持公共服务业中小企业的发展，改变企业"多"而"小"的局面。我们应突破一些体制性，政策性障碍，建立真正有利于公共服务业中小企业的政策体系，运行机制和咨询服务机构，为公共服务业中小企业创造良好的发展空间，从而促进公共服务业中小企业的发展壮大。要建立、健

全法律支持体系,为公共服务业中小企业提供公平竞争的经营环境。特别是要加快制定涉及公共代服务业中小企业产权和从业人员合法权益保护方面的相关法律法规。及时取消阻碍公共服务业发展的不合理规定和各项收费;应为服务业各行业确定合理的市场准入门槛,促进竞争,规范竞争;应积极推动服务业行业协会的发展,加强对企业的服务和管理;通过法规、政策等一系列行之有效的保护措施,加强知识产权保护;要积极发展社会信用中介服务业,建立健全社会信用评价评级体系,建设社会信用监管和立法执法体系等。

2. 加强社会价格、信用体系建设

相关政府部门要进一步减少政府定价,完善价格形成机制。由于市场机制的核心是价格机制,市场通过价格来配置资源,从而达到供求平衡。在价格形成过程,要尽力避免政府的介入,从而导致资源配置的低效。相关政府部门应及时制定信息传输、计算机服务和软件业,部分批发和零售业,金融业,科学研究、技术服务和地质勘探业等现代服务业的标准体系,从而充分发挥"科技外溢"的效益,实现同类行业不同企业间的信息、服务等的共享。加快公共服务业的资源配置,实现要素在行业内的自由流动,鼓励其他新的市场主体参与到公共服务业的发展中来。

3. 破垄断、消除企业发展的壁垒

第一,清理服务业市场准入规定。公共服务业中许多行业是为居民生活提供服务的一般性行业,中央经济工作会议曾提出,放宽市场准入,凡是允许外资的领域应当允许国内各类资本进入。原则要求已经提出,关键在落实。行业协会在这方面有优势,希望行业协会高度重视这项工作,积极主动地对本行业现行的市场准入条件、资质及审批程序等进行调研评估,提出如何减少不必要的环节,简化前置审批,清理不合理收费的意见和建议。并把清理市场准入工作作为加强自身建设,以便更好地履行职能的重要基础工作抓紧、抓好。

第二,维护公平竞争和市场秩序。放宽市场准入,必须同时加强监管。公共服务业的监管,应分门别类、区别对待。有些行业由政府执法部门直接监管;有些行业不涉及国民经济命脉和国家安全,可以由行业协会根据法律法规或行规行约负责监管。对适宜行业协会监管的,有关行业协会应抓紧研究提出或修订相关的行规行约和具体的监管办法;对适宜由行业协会监管、但目前仍由政府部门履行职能的应积极向政府建议,提出改进和调整意见。

第三,加强对公共服务业发展的总体规划和统筹管理。制定促进服务业发展的财政、税收、金融、保险、外汇等优惠的政策环境。在资金支持上,要放宽对中小型企业、民营企业的信贷、融资、外汇管理的限制,解决服务业扩张时期的资金瓶颈问题;要积极发展信用担保机构,为服务企业承接大型国际项目解决资金需要;可设立服务发展专项资金;积极培育和扶持技术含量与附加值高、有市场潜力的龙头企业,在信贷、融资出口、品牌推广、项目招投标等方面给予重点支持。

(三)加强城乡基础建设

1. 推进农业服务业的集聚发展

现代农业与服务业的融合发展,需要构建适应农业服务业发展的环境。一方面,需要加快农业基础设施建设,健全农村土地流转制度,实现农业的集约化经营。引导农民走集约化经营,通过土地入股等方式自主开发经营农业项目,扩大经营规模。另一方面,有计划地吸引民营服务企业进入,推动现代农业与公共服务的融合发展,由单纯的农产品生产集聚转变为农业生产与服务功能集约的产业链集聚。

2. 制定惠农政策

农业服务业除了生产技术服务外,还包括资金服务、农副产品运输、加工和流通等等,农业服务业大多是有偿服务。与其他产业比,农业成本高、效益低,是弱质产业。因此,各部门要制定一系列的优惠政策,以促进农业公共服务业健康稳定地发展。

3. 推进政策性农业保险

加大宣传力度,提高农民对政策性农业保险的认识。大力宣传和积极引导农民参与农业险种,政府部门要充分利用电视、广播、报纸等各种媒体,加强政策性农业保险的宣传,让农民特别是龙头企业、种养殖大户、专业合作组织了解政策,用好保险;农业保险承保公司和相关部门通过对农户印发宣传资料,开展知识讲座等方式,让农民了解农业保险的相关知识,自愿参保投保;财政所要在服务大厅设立专门窗口,接受咨询并协助办理相关业务。加大财政补贴的力度。采取切实有效的措施,通过项目安排、资金分配、保费分担比例等配套组装整合各种支农政策手段和财政支农资金,完善农业风险保障专项补助资金,减少自然风险对农民造成的损失。强化政策引导,对参保农户在项目资金扶持、技术指导和培训、灾后重建等方面予以优先考虑安排。改进完善补贴方式,改革救灾救助方式,集中投放,优势互补,更好地发挥放大效应,重点支持优势产区和优势产业加速发展,率先突破。

4. 强化科技创新和人力资本支撑

科学技术是第一生产力。科技创新与人力资本对农业具有显著正向促进作用,因此要全力提高农业的科技创新能力。将科技含量高低、自主研发能力高低列为相关涉农企业的必审条件。充分利用现代信息技术和各种媒体力量,以各种形式推广普及农业技术,提高务农人员的科学素养。培育地方农业技术市场,为高等院校、科研院所、农业科技研发人员与农业专业合作社、农业专业大户之间建立技术合作关系牵线搭桥。设立地方农业科技创新基金,定期立项招标,组织农业科研技术人员攻关解决本区全局性制约性的生产实际技术难题。提高农业社会化服务中的技术含量,是提高服务水平的关键。充分运用高新技术促进现代农业服务业的发展,在提高现代农业与服务业融合发展的基础上,逐步建立现代农业服务业科技创新体系。逐步建立农业服务业科技创新体系,大力推进多元化的农业科技推广体系,并充分发挥农业企业、农村合作经济组织和农村中介组织等推广农业技术的作用,通过建设示范基地和农业科技示范园以点带面,全面推进农业技术利用水平的提高。制定各种激励政策,引导各种具备创意的人才和高技术人员、有战略思维和市场开拓能力的企业家,致力于农业服务业发展。建立有效的政产学研合作机制,加强人才队伍建设。通过构建多层次、多元化和市场化职业教育和培训体系,满足农业服务业人才素质提升需要。

5. 促进区域协调发展

江苏作为中国第一大省,包括苏南、苏中、苏北三个部分。纵向比较,在时间轴上,江苏省13个地级市的基本公共服务均表现为持续上升的发展路径,如南京从2007年的8.109上升到2018年的25.251;横向比较,苏南的基本公共服务水平综合指数平均值仍然高于苏北的平均值,南京的基本公共服务水平最高,2018年达到25.251,而宿迁的基本公共服务水平在2018年只有3.249,两者的基本公共服务水平相差22.002。由于江苏公共服务业存在区域条件差异、经济发展不平衡的问题,因此,公共服务业的发展要结合资源禀赋优势,因地制宜,统筹协调,促进区域间的协调发展。

苏南地区要根据工业化中后期城市化水平相对较高的特点,大力发展技术密集型与资金密集型的科学研究、技术服务,文化卫生教育等服务业,不断提高公共服务业的发展水平与质量。积极参与国际服务业分工的大格局,努力拓展国际服务贸易,使服务贸易与国际接轨,促使公共服务业的发展水平更上一个台阶。苏中地区应根据特大工业企业集中的特点,以提高工业化水平来带动公共服务业的发展。苏北地区现阶段应根据第二产业还不发达、服务业发育程度较低的特点,在注重保持区域公共服务业协调发展的基础上,还要充分利用该区域城市的聚集与辐射效应,实现城市公共服务业向农村公共服务业的有效带动,促进农村公共服务业的发展。

6. 联动其他省市发展

(1) 提升医疗服务环境和服务水平

首先,推动江苏与长三角其他省市医疗卫生服务协同发展。加快长三角医联体建设,推动江苏与长三角其他省市在医政、疾病防控、采供血、卫生应急、综合监督、药品医用耗材集中采购等方面工作的协作。探索建立长三角地区分级诊疗、双向转诊机制,推进长三角地区异地结算便利化,实现跨省异地就医直接结算,使居民共享区域内优质医疗资源,同时有助于进一步提高江苏的卫生资源利用率和医疗机构服务效率。

其次,大力发展智慧医疗服务。依托"江苏省健康医疗大数据共享服务平台",推动江苏与长三角其他省市在医疗卫生、药品、医保、养老、体育等健康医疗相关领域的数据资源开放共享。依靠人工智能、知识图谱、智能硬件、大数据等技术,提升远程医疗服务水平。强化智慧医疗的法律监管,完善相关法律法规,加强信息安全监管,维护好患者隐私权。

第三,为满足消费者多层次、多样化、个性化的健康需求,大力发展个性化治疗、第三方医学检查等高端医疗服务,个性化健康管理、个性化体检等特别医疗服务,力争在医疗前沿技术应用方面先行先试。

(2) 推动体育健康产业快速发展

首先,深化与长三角其他省市体育健康产业的合作。体育健康产业专业技术性强、产业关联性强,蕴藏着巨大的消费需求。未来江苏应发挥体育产业规模大、基础好的优势,推动与长三角其他省市体育设施、人才、资金、信息等资源的开放共享,加强体育赛事、市场开发等方面的合作,合理布局三省一市的体育产业空间。

其次,加大体育基础设施和人才投入力度。以社区为单位建设体育设施,鼓励学校、企事业单位的体育设施向公众免费或低收费开放,有效对接居民休闲健身实际需求,提高公共体育设施的利用率;推动社区配备体育健康辅导人员,为社区居民提供健身辅导、健康培训、体能测试、健康评估等服务。

第三,在发展过程中,注重体育与科技、休闲、旅游、养老、会展等产业的融合发展。利用互联网、大数据、云计算及物联网技术,推广智能体育公园、智能健身房、智能健身步道等体育健康新产品,在有条件的地区发展集体育运动、健康养生、医疗康养、休闲度假于一体的体育健康小镇,不断满足消费者的消费升级需要。

(四) 完善科技服务体系和人才培养

江苏省是经济和科技大省,经济基础雄厚,科技力量强大。2011 年《江苏省"十二五"科技发展规划》提出大力发展科技服务业,满足产业技术创新、企业自主创新和公共科技服务的需求。江苏省大力推动科技服务业发展和促进经济转型,注重发挥科技服务业集聚区特点,科技服务业发展快速,集聚程度呈现出递增趋势,处于全国前列。江苏以"研发设计、创业服务、成果转化转移、科技咨询"为中心任务,发展科技服务业龙头企业,进一步完善科技服务体系。

1. 推动科技服务业发展

(1) 政府规划引导

政府考虑本地区的发展特点和产业发展需求,首选条件好、产业基础强的科技服务业务,积极引导资源有效配置和集约利用,同时吸收硅谷、班加罗尔等地的经验,探索特色创新体制机制打造科技服务机构的品牌效应,逐步建成了具有本地特色、功能完善、结构合理的科技服务业集聚区。

(2) 建立科技服务集聚区

全省科技服务业特色基地(示范区)总数达 20 家,共拥有服务场所 538 万平方米,集聚服务机构 1339 家,拥有专职服务人员 1.8 万人,服务资源、服务装备原值达 37 亿元,年实现科技服务收入 70 亿元。科技服务集聚区集聚优质服务资源,探索科技服务业发展的新路径、新模式,培育科技服务新业态,打造科技服务生态系统。

(3) 依托行业协会及商会组织

在科技服务机构发展中,政府依托行业协会,重视行业信誉和规范建设,提高行业信誉、规范行业行为,建立会员制,定期评价科技咨询企业信誉,科技咨询业规范发展。

(4) 搭建国内外科技服务平台

政府引导社会各方面的力量,在科技服务业集聚区内搭建网络平台,促进区域内的交流和合作;在科技服务机构、政府和科技供需方之间提供平台,降低了科技服务机构成本,推进科技服务业集聚;打造国际平台,以消化吸收和引进为方式,实行对外开放,吸引国外投资,多方面引进国外科技服务机构或在当地建设分支机构,吸引人才、资金、技术等要素进入科技服务业集聚区,带动科技服务业发展。

(5) 加大科技服务业投入

投入科研经费,拓展投融资渠道。科技服务业发展好的国家和地区具有强大的技术开发与创新能力,还有大量的研发投入。一是加大财政科技投入,建立财政投入增长机制,优先支持重点投资项目等,探索地方配套资金机制,构建科技项目联动机制。二是拓宽投融资渠道,以多种融资方式实现政府、企业、资本资金的多元化投融资体系。三是建立风险投资机制,探索创业风险投资基金,鼓励风险投资机构参与科技项目。

2. 完善人才机制

2010 年,江苏省研究发展经费支出 857.95 亿元,占地区生产总值 2.1%;2014 年研究发展经费支出 1630 亿元,占地区生产总值 2.5%,总数上涨显著,但占地区生产总值比例增长不大。2018 年,江苏省增大科研投入比重,增加研发投入的规模,调整研发投入结构;2010 年江苏省科技活动人员 73.79 万人,2014 年为 115 万人,从业人数上涨,政府采用各种鼓励政策,加大对科技服务业领军人物的引进,同时加大培训力度,加强企业与高校、科研机构的合作。

科技服务业发展好的国家和地区都重视人才培养和引进,都拥有大量高端科技人才。近年来,江苏省政府也日益重视科技人才队伍建设,但与经济社会发展需求还存在差距。未来需要不断加强科技人才培养和完善人才机制。一是制定科技服务人才长期发展战略,注重人才储备,优化高端人才培养模式,统筹科技人才,加强区域人才交流合作。二是多渠道优化科技人才培育机制。积极依托中介机构,积极开展各种活动,加快发展职业技能教育。三是完善人才机制,积极构建合理的人才投入机制,合理强化人才保障。

(五)加大财政扶持力度

各级政府要进一步调整和优化财政支出结构,加大对公共服务领域的投入,将财政性资金重点投向"三农"和社会事业、社会保障等公共领域,以公共消费引导和拉动社会消费。同时,政府应该发掘有潜力做好提供公共服务的优质企业,给予财政优惠政策,壮大公共服务业的市场主体,为加速江苏省公共服务业市场化进程,确保江苏省公共服务业市场化水平稳步提高打下坚实基础。

除此之外,政府还要加大投入和政策扶持力度。一是加大政策扶持力度,推动公共服务业加快发展。依据产业政策完善和细化公共服务业发展指导目录,从财税、信贷、土地和价格等方面进一步完善政策扶持体系。二是拓宽投融资渠道,加大对公共服务业的投入力度。重点支持公共服务业关键领域、薄弱环节发展和提高自主创新能力;积极调整政府投资结构,加大对社会资金投资公共服务业的引导;引导和鼓励金融机构对符合区域产业政策的公共服务企业予以信贷支持,在控制风险前提下,加快开发适应公共服务企业需要的金融产品;引进先进的服务理念、技术和管理经验,促进现代公共服务业的发展,提高公共服务业发展水平。

参考文献

[1] 国家统计局.2019 年中国统计年鉴[M].北京:中国统计出版社,2019.

[2] 江苏统计局.2019 年江苏统计年鉴[M].北京:中国统计出版社,2019.

[3] 马晓冬,沈正平,宋潇君.江苏省城乡公共服务发展差距及其障碍因素分析[J].人文地理,2014(1):89-93.

[4] 田文.江苏产业结构演进中服务业的发展分析[J].现代经济探讨,2006,(2):84-88.

[5] 唐铁汉,李军鹏.公共服务的理论演变与发展过程[J].新视野,2005(6):36-38.

[6] 吴根平.我国城乡一体化发展中基本公共服务均等化的困境与出路[J].农业现代化研究,2014(1):33-36.

[7] 吴剑,陈小林,杨小丽等.江苏环境服务业现状与发展对策建议[J].环境保护,2012(11):56-57.

[8] 吴先满.江苏服务业深化发展研究[J].江苏商论,2007(12).

[9] 杨跃之.江苏服务业发展对策研究[J].商场现代化,2011(23).

[10] 朱跃华.我国城市社会性公共服务体系研究[J].中国工程咨询,2012(4):22-24.

第七章 江苏省商务服务业发展报告

商务服务业指为企业提供服务的行业划分,其提供的服务以知识、技术和信息为基础,对商业活动的抽象分析和定制化程度高,以知识要素投入生产过程,表现为人力资本密集型。其分类涵盖了诸如法律服务、商旅服务、信息咨询、广告服务、公关服务、教育培训、特许经营、金融服务、保险理财等二十多个行业。全球化大趋势带来的知识转移,作为以新技术和新模式为主要支撑的新兴服务业态,商务服务业在助力传统服务业转型升级的同时,也成为高新技术产品实现价值增值和拓展服务领域的有效途径。

当前,新科技革命和产业变革孕育突破,以新一代移动互联网为代表的信息技术以及大数据、云计算等推动了服务业跨界融合发展,也催生出服务业新业态、新平台、新空间,专业服务业发展呈现出多元化、规范化、国际化等趋势。经济全球化不断深化,自贸区建设和服务贸易创新是我国服务业开放发展的重点,国际贸易投资规则正经历重大变革,为适应市场、科技、资源、文化、人才和国际规则影响力的竞争的需要,必须大力发展国际化、高端化的商务服务业。在中国经济进入高质量发展的大背景下,江苏必须主动适应、深刻把握、积极引领发展阶段的变化,紧紧围绕"强富美高"新江苏建设的总体目标,发展新经济、培育新动能、构建新产业体系、拓展区域新空间的要求,大力发展高端商务服务业。

一、江苏省商务服务业发展的现状分析

(一)商务服务业发展面临新要求

1. 移动互联时代背景对商务服务业发展提出新要求

当前,服务业发展呈现专业化、融合化、细分化、智能化趋势。随着以移动互联网为代表的信息技术发展,新技术、新产品、新业态、新商业模式在服务业中大量涌现。服务业分工日益细化,商务服务的功能凸显,商务服务业成为区别于传统意义服务业的新型现代服务业重要门类。产业跨界融合,尤其是服务业与制造业的融合、服务业内部的跨界融合,以大数据、云计算为支持的新型服务经济平台,是服务业现阶段特征,高技术服务业及高端商务服务业等不是孤立发展,对制造业、金融、物流、贸易、文化等发展都有相互促进作用。同时,全球经济一体化继续深化,基于物联网、云计算、大数据等新一代信息技术的跨界整合、全价值链整合和供应链整合成为产业融合发展的客观规律,以服务外包、技术研发环节转移为主要特征,"互联网+"运用于传统商务服务业,如中介服务等行业,如从门户网站包含中介信息的栏目平台到专门分类网站出现再到细分市场领域信息共享平台APP等迅速发展,商务服务业内部领域也被互联网快速改变。

2. 经济高质量发展及一批国家战略的实施对商务服务业发展提出新要求

当前,中国经济发展进入高质量发展阶段,创新驱动战略成为核心,产业发展必须由中低端水平转向中高端水平,研发设计、品牌、商务等价值链高端环节成为服务业升级发展方向。今后很长一段时期,中国将培育发展新经济、新动能,以提高公共服务供给,发展"双创"等作为驱动发展的双引擎,尤其是构建新型政商关系、培育新的市场主体,也为小微企业发展如广告、咨询、代理、审计、养老、健康、人力资源等领域及业态提供了政策支持。国家大力实施自贸区战略、服务贸易试点等为引进国际化高端商务服务等,扩大服务业开放,拓展商务服务业领域提供机遇。在商务服务业领域,以服务贸易创新试点政策为契机,扩大服务业双向开放力度、培育服务贸易市场主体,提升商务服务贸易便利化水平,优化服务贸易支持政策等方面有可能迎来突破性发展。

3. 建设全球影响力的产业科技创新中心对商务服务业发展提出新要求

为实施创新驱动战略,打造具有全球影响力的产业创新中心需要大力发展总部经济、专业服务等商务服务业。同时,需要发展"三新"经济来推进江苏达到国际先进水平,并通过高端化发展完成现代化的过程。从国家政策来看,依据国家统计局《新产业新业态新商业模式统计分类(2018)》,现代服务业的新产业新业态新模式主要包括5个方面36个细分类别。其中,现代商务服务属于现代生产性服务活动。"三新"[①]领域的发展是要实现现代信息技术的深度融合应用,通过强化产业链不同环节之间以及不同产业链之间的互动关系,不断的分化、融合、跨界、变异以及与信息技术的嫁接,实现现代信息技术的深度融合应用,推动产业形态、生产形式、组织方式、商业模式等的深刻变革。

表1 "三新"经济统计内涵

新产业	1. 新技术形成新产业。新技术应用产业化直接催生的新产业,如云计算、大数据、物联网等。 2. 新产品形成新产业。传统产业采用现代信息技术和新工艺形成的新产业,如智能制造、3D打印、智能交通等。 3. 新需求催生新产业。由于科技成果、信息技术推广应用,推动产业的分化、升级、融合而衍生出的新产业,如电子商务、现代物流、互联网金融等。
新业态	1. 企业+互联网。以互联网为依托开展经营活动,如网约车、共享单车、众包和众创平台等。 2. 产品+服务创新。商业流程、服务模式或产品形态的创新,如创业空间、车库咖啡、网上下单配送等。 3. 服务+延伸。提供更为灵活、快捷的个性化服务,如定制化服务。
新模式	1. 互联网与产业创新融合,如互联网支付、网络理财、社交网络、新媒体平台等。 2. 生产经营要素重新组合,如把网络和硬件融入服务形成的网络游戏、网络时评、网络阅读、网络音乐等。 3. 新的经营组织方式,如提供消费、娱乐、休闲等的一站式服务的大型购物中心(广场)、城市商业综合体等。

资料来源:《"三新"统计知识速递》,新华日报

---

① 新产业指的是应用新科技成果、新兴技术而形成一定规模的新型经济活动;新业态指的是顺应多元化、多样化、个性化的产品或服务需求,依托技术创新和应用,从现有产业和领域中衍生叠加出的新环节、新链条、新服务形态等;新模式指的是为实现用户价值和企业持续盈利目标,对企业经营的各种内外要素进行整合和重组,形成高效并具有独特竞争力的商业运行模式。

表 2　现代服务业新产业新业态新模式分类

序　号	类　别	细分领域
1	互联网与现代信息技术服务	现代信息传输服务、互联网平台(互联网＋)、互联网信息及其他服务、软件开发生产、数字内容设计与制作服务、现代信息技术服务、网络与信息安全服务等 7 类
2	现代技术服务与创新创业服务	研发服务、技术推广服务、质量检验(测)技术服务、知识产权服务、相关专业技术服务、其他现代技术服务、创新创业服务、追溯技术服务等 8 类
3	现代生产性服务活动	先进制造业服务、现代贸易物流服务、现代互联网金融、其他现代金融服务、现代商务服务、人力资源服务等 6 类
4	新型生活性服务活动	现代医疗服务、健康管理与促进服务、现代养老服务、现代家庭服务、互联网教育、新型便民服务、新型住宿服务、新型餐饮服务、现代体育休闲服务、文化娱乐服务、现代旅游服务、现代零售服务等 12 类
5	现代综合管理活动	城市智能管理服务、现代城市商业综合管理服务、农林牧渔业跨行业融合服务等 3 类

资料来源:根据国家统计局《新产业新业态新商业模式统计分类(2018)》整理。

(二)江苏商务服务业发展基本特征

1. 产业整体发展稳健,主导行业"中坚"作用稳固

改革开放后,江苏服务业经历了单一到多元业态的发展过程。"营改增"统一了货物和服务税制,有力地推动了先进制造业和现代服务业的融合发展,促进服务业的分工不断细化,商务服务业发展抢眼,总部经济、会展服务、广告业、人力资源服务、法律服务等相关商务服务业不断发展壮大,形成自己的发展体系。当前,江苏经济正由高速增长阶段向高质量发展阶段转变,消费结构升级不断加快,有力地拉动了服务业的增长。作为服务业的重要组成部分,商务服务业也持续高速增长,规模不断增大。2018 年,全省商务服务业总收入 4473.6 亿元,同比增长 8.1%。商务服务业实现营业收入 2691.2 亿元,也在所有调查行业大类中总量居首位。

2. 内部行业势头良好,部分领域呈现新亮点

商务服务业中,综合管理服务实现了 21.6% 的快速增长,人力资源服务、法律服务增速也较快,其中,人力资源服务实现收入 787.6 亿元,同比增长 19.6%,法律服务增长 12.4%。外资总部企业在江苏呈现良好发展势头,总量规模不断扩大,先进技术和管理经验溢出效应显著,发展能力稳步提升。

专栏 1:外资总部经济的江苏成绩

江苏在全国较早谋划推动外资总部经济发展,早在 2012 年就出台鼓励跨国公司设立地区总部和功能性机构的政策,认定了全省第一批跨国公司地区总部和功能性机构。

2015 年、2018 年两次修订和完善外资总部经济鼓励政策,经过近八年持续推进,在全省部门间建立了联席会议工作机制,从加大财政支持、简化出入境手续、工作许可、人才签证、通关便利化、外汇资金运营管理、税收服务、子女教育等方面不断完善各项政策举措,积极鼓励和吸引跨国公司在江苏省设立地区总部和功能性机构。各设区市也高度重视培育发展外资总部经济,南京、苏州相继出台实施了外资总部发展配套政策,不断加大支持力度。

截至目前,江苏共开展了十批次跨国企业地区总部与功能性机构认定,累计认定跨国企业地区总部与功能性机构 258 家,包括地区总部 153 家、功能性机构 105 家,其中,46 家由世界 500 强企业投资。据 2018 年外资统计年报显示,省级认定的跨国公司地区总部和功能性机构户均营业收入 27亿元、户均纳税总额 1.4 亿元,均高于全省外商投资企业平均水平。外资总部经济快速健康发展,促进了全省外资规模质量和效益提升,推动了区域优势产业集聚,扩大了中高端就业,在提升城市综合竞争力、推动全省经济社会高质量发展方面发挥了重要作用。

3. 发展格局日趋优化,各地重视程度普遍提高

当前,全省基本形成了"三高地四带多板块"的现代服务业空间发展框架,其中商务服务业成为各地区尤其是苏南现代服务业的重要发力方向。苏南地区,南京重点发展软件和信息服务、金融和科技服务、文旅健康、现代物流与高端商务商贸四大主导产业;苏州、无锡、常州以其高度发达的工业基础,重点发展工业设计、专业性服务业。

4. 行业开放度进一步提升,"走出去"呈现显著

2018 年商务服务业对外投资新批项目数 64 个,中方协议投资 9.6 亿美元,分别较上年增长1.6% 和 12.3%。商务服务业对外投资额排列服务业各细分行业第二位,占比为 20.3%。苏宁云商、武进出口加工区、吉打邦农林生态产业园等一批商务服务企业加快"走出去"步伐,在"一带一路"国家投资设厂。

表 3　服务业分行业境外投资情况(2018 年)

	2017 年		2018 年	
	新批项目数(个)	中方协议投资(万美元)	新批项目数(个)	中方协议投资(万美元)
服务业	359	431671	452	470907
道路运输业	1	4000	2	2100
水上运输业	1	13	4	20783
装卸搬运和其他运输服务业	2	100	2	201
仓储业	1	5600	2	1694
邮政业	3	47		
电信和其他信息传输服务业	1	112	11	8097
计算机服务业	10	13772	27	10719
软件业	11	10878	10	−572
批发业	162	73043	183	145445
零售业	27	5404	35	5322
住宿业			1	1500
餐饮业	3	8828	2	17
金融业	4	22126		
房地产业	4	28387	2	6000

续表

	2017 年		2018 年	
	新批项目数(个)	中方协议投资(万美元)	新批项目数(个)	中方协议投资(万美元)
租赁业	1	2000	1	128
商务服务业	63	85337	64	95810
研究与试验发展	22	14790	50	57917
专业技术服务业	9	7413	24	6615
科技交流和推广服务业	9	28585	2	269
生态保护和环境治理业	8	15464		
居民服务业			1	6497
其他服务业	8	15464	12	−4370
教育	9	24675	3	17155
新闻出版业	1	120	1	307
广播、电视、电影和音像业	5	2345		
文化艺术业	1	500		

资料来源:《江苏统计年鉴 2019》

表 4　商务服务业重点企业境外投资情况(2018 年)

境外企业(机构)名称	东道国	中方投资主体名称	所在地区	核准(登记)日期	中方协议出资额(万美元)	协议现汇(万美元)	备　注
欧甘世界有限公司	中国香港	腾龙科技集团有限公司	常州市武进区	2018/3/1	6020.7	6020.7	
云杉国际控股有限公司	中国香港	江苏云杉资本管理有限公司	南京市玄武区	2018/4/1	20000	20000	
丽广有限公司	中国香港	江苏省建筑工程集团有限公司	南京市鼓楼区	2018/4/1	7100	7100	
香港常武实业有限公司	中国香港	江苏武进出口加工区投资建设有限公司	常州市武进区	2018/5/11	9984	9984	增资
印尼吉打邦农林生态工业园	印度尼西亚	江苏吉打邦农林生态产业园建设发展有限公司	苏州市虎丘区	2018/9/21	7343	5343	有增资
靓狮有限公司	开曼群岛	苏宁云商集团股份有限公司	南京市鼓楼区	2018/10/26	20000	20000	

资料来源:商务厅数据

5. 用电量、人民币贷款余额等指标加速增长

2018 年,全省服务业用电量为 875.3 亿千瓦时,增长 14.2%,同比加快 1.2 个百分点,高出全社会用电量增速 8.7 个百分点。租赁和商务服务业用电量增长也呈现两位数以上达到 18.8%。

2018 年末,全省投向服务业的人民币贷款余额为 47689.0 亿元,比年初增加 4566.0 亿元,同比增长 10.7%。租赁和商务服务业、水利环境和公共设施管理业贷款余额居前两位,租赁和商务服务业贷款余额 13202.7 亿元,比年初增加 1016.9 亿元,增长 8.0%。

二、江苏省商务服务业发展存在的问题

(一)本土龙头企业较少,品牌培育力度亟待增强

江苏商务服务企业,尤其是本土商务服务企业规模小,资源分散,没有形成品牌效应,在市场竞争中处于不利地位,很难占领高端业务市场。在2018中国民营企业服务业100强榜单中,商务服务业排名前十的民营企业中仅有同程控股股份有限公司一家江苏企业,与广东相比,在商务服务业龙头企业体量和数量上差距巨大。同时,这也与江苏民营经济与服务业大省的地位严重不匹配。江苏商务服务业品牌建设滞后,未能形成国际品牌集群,竞争力相对较弱。

近观行业内部的企业属性,虽然内资企业在数量上占有明显优势,但是相比外资企业来说,在企业收益、人员管理、服务水平上却存在明显的差距。外资企业在内地积极执行本土策略,从多角度满足客户的需求,已经基本垄断了区域内的高端市场。而本土企业多呈现规模较小、注册资金较少、容易能力较弱的特点。因为经济实力的局限,内资企业在服务创新投入上无法与外资企业抗衡,造成依赖大企业创新后的知识溢出,同时,内资商务服务业提供商在传统业务领域高度聚集、服务性质趋同进一步削弱了自身的竞争力。咨询服务方面,美国有兰德、麦肯锡等超级国际品牌,德国有罗兰贝格,与之相比,江苏的管理咨询企业到目前为止还没有一家成长为世界级的咨询公司。会计、审计及税务服务业方面,世界四大会计师事务所普华永道、安永、毕马威、德勤等国际巨头均来自海外,并在江苏商务服务业市场上占有较大比重的市场份额,而江苏的相关企业却没能发展出与之相当的规模。会展业方面,江苏会展业因为市场竞争与开放的不充分,其扩张呈现粗放特征。在这种情况下,会展业亟待注重内在质量,努力向集约型发展方式转变。与此同时,会展主题重复的现象还十分严重,呈现普遍较低的会展水平。

表5 2019中国民营企业服务业100强名单(商务服务业部分)

排 名	企业名称	地 区	行 业	营收(万元)
9	雪松控股集团有限公司	广东省	商务服务业	26882596
18	西安迈科金属国际集团有限公司	陕西省	商务服务业	10862627
35	深圳市怡亚通供应链股份有限公司	广东省	商务服务业	7007207
41	中基宁波集团股份有限公司	浙江省	商务服务业	5764381
47	郑州中瑞实业集团有限公司	河南省	商务服务业	4954050
52	大汉控股集团有限公司	湖南省	商务服务业	3989426
59	深圳金雅福控股集团有限公司	广东省	商务服务业	3657301
86	深圳市富森供应链管理有限公司	广东省	商务服务业	2807308
87	海外海集团有限公司	浙江省	商务服务业	2801874
91	月星集团有限公司	上海市	商务服务业	2738798
93	深圳市信利康供应链管理有限公司	广东省	商务服务业	2650017
94	太平鸟集团有限公司	浙江省	商务服务业	2639268
97	同程控股股份有限公司	江苏省	商务服务业	2586923

资料来源:中华全国工商业联合会

（二）总部经济受到国内先进地区的政策"挤压趋势"

省委十三届四次全会提出要大力发展总部经济,致力引进跨国公司总部、地区总部以及国内大企业集团决策中心、利润中心、研发中心,着力集聚一批高能级、有活力的经济主体。近年来,北京、上海、天津、广东等地密集出台总部经济新政,对江苏省总部企业集聚形成明显的"挤压趋势"。我省现有总部经济政策为 2015 年 8 月 7 日发布的《省政府办公厅转发省商务厅省财政厅关于鼓励跨国公司在江苏省设立地区总部和功能性机构意见的通知》(苏政办发〔2015〕79 号)。与近两年北京、上海、天津、广东等地发布的总部经济新政相比,竞争力较弱,亟须加以深化完善。

专栏 2：国内先进地区总部经济发展举措

总部企业认定标准更加灵活。除上海、天津外,其他省市对于总部企业的认定并不仅限于跨国公司,对国内企业同样适用。相比于上海,天津市的认定门槛更低,母公司总资产从不低于 4 亿美元到不低于 2 亿美元,已投资企业数从 3 家减少到 2 家。深圳市在原来的营业收入不低于 20 亿元且地方财力不低于 4000 万元外,增加了营业收入不低于 15 亿元且地方财力不低于 6000 万元和营业收入不低于 10 亿元且地方财力不低于 8000 万元两档,认定标准更加灵活。

引进总部企业的扶持力度进一步加大。广州市对于新引进的总部企业可连续 3 年每年给予 500 万元、1000 万元、2000 万元、5000 万元不同档次的奖励。东莞市对于新迁入的综合型总部企业最高可给予 1 亿元的一次性奖励。西安市对新落户的金融业总部企业最高一次性奖励 6000 万元,其他类型总部企业奖励在 1500—3500 万元不等。深圳市对于新落户总部企业奖励 1000 万元。

更加注重对于存量总部企业能级提升的支持。北京市对发展综合贡献度增量 100(含)以上的总部企业,给予一次性资金奖励,由区域总部升级为全国总部、由跨国公司地区总部提升为亚太区总部或全球总部的总部企业给予不同程度的奖励。深圳市存量总部企业贡献奖为上一年度形成本市地方财力超过前两年度最高值的 30%,最高不超过 2000 万元。成都市对于首次被评为世界 500 强、中国企业 500 强的企业分别给予 2000 万元、1000 万元的一次性奖励。

更加完善总部企业配套支持政策。北京市每年发布一次《北京市重点总部企业名录》,各委办局对《名录》上的重点总部企业实行个性化服务。深圳市提出符合条件的总部企业可以独立或联合申请总部用地建设总部大厦,其建筑规模与总部企业形成的地方贡献相适应。成都市提出向总部企业高级管理人员和核心技术人员发放"蓉城人才绿卡",分层分类提供住房、落户、配偶就业、子女入园入学、医疗、出入境和停居留便利、创业扶持等服务保障。

（三）高端人才匮乏,专业化服务水平低

江苏虽然作为我国的发达区域,吸引和集聚了一定规模的高素质商务服务从业人员,但和外资同行相比,高端人才仍然相当匮乏,突出表现为工资水平不高。2018 年,江苏商务服务业就业人员平均工资为 61136 元。在租赁和商务服务业内部,也远低于科学研究技术服务业、研究和试验发展和专业技术服务业。究其原因:一方面,外资机构利用丰厚的薪资待遇和良好的工作环境等优势,从本土企业分流高端人才;另一方面,国内职业教育环节薄弱,培养的人才不能适应社会实际需求。作为典型的人力资本密集型服务业,人才的匮乏直接制约了本土商务服务企业专业化服务水平的

提升,无法形成自己的优势领域,在与外资竞争中只能承接附加值较低的中低端服务业务。

表6　江苏城镇非私营单位就业人员平均工资(2018 年)

项目	合计	国有单位	城镇集体单位	其他单位
农、林、牧、渔业	43470	41876	67928	47934
采矿业	88012		28150	88108
制造业	79022	99602	60420	79022
电力、热力、燃气及水生产和供应业	136619	108244	57298	140291
建筑业	64663	61877	54393	64825
批发和零售业	81009	86478	56187	81100
交通运输、仓储和邮政业	86323	100435	62367	83435
住宿和餐饮业	49527	56102	51074	49091
信息传输、软件和信息技术服务业	144766	90111	57664	147398
金融业	136975	133404	136333	138044
房地产业	81329	93906	55845	81228
租赁和商务服务业	61768	56409	47203	64257
租赁业	82676	60117	51992	84769
商务服务业	61136	56378	47147	63493
科学研究、技术服务业	123839	133857	93313	120379
研究和试验发展	152431	180436	95613	131187
专业技术服务业	117993	118540	91972	118491
科技推广和应用服务业	115100	110653	97610	118844
水利、环境和公共设施管理业	70150	81731	56623	59038
居民服务、修理和其他服务业	66169	76753	58476	63282
教育	113637	115598	107077	98005
卫生和社会工作	116589	123819	103474	88147
文化、体育和娱乐业	107119	113602	107810	100177
公共管理、社会保障和社会组织	126578	126732	98821	94758

资料来源:《江苏统计年鉴 2019》

(四)信息化水平较低,创新能力弱

目前,江苏多数商务服务企业以传统的服务方式为主,领域狭窄,品种单调,服务手段落后,信息技术在商务服务领域应用还不够广泛,整体水平较低。在行业层面上,资源共享的信息平台还未搭建起来;在企业层面上,内部的管理信息系统(MIS)、客户关系管理系统(CRM)的应用还不普遍。这些滞后不仅使商务服务业本应提供的高附加值未能真正体现,也制约了商务服务知识的积累、共享和更新,其核心资源仅限于个人或小团队不可复制的知识能力,进一步制约了企业的创新能力。

（五）标准化体系建设滞后，难以开拓国内外市场

虽然从政府到协会,都在不断推进各类服务标准化体系建设,但在商务服务业方面,行业整体标准化程度仍然较低,如在成本核算标准、从业人员资格认定标准、市场准入与退出标准以及标准的相互认证、承认制度等方面都没有与国际标准接轨,使国内企业服务得不到国际认可,无法承接高端业务,更无法开展国际业务。例如,在会计审计行业,世界四大会计师事务所普华永道(PWC)、安永(Ernst & Young)、毕马威(KPMG)、德勤(Deloitte & WEF)凭借其拥有的国际标准资质,几乎垄断了我国上市公司的审计咨询业务。

（六）市场体系发育程度低，政策机制不完善

江苏商务服务业还未形成完善的市场体系,市场功能不发达。近年来,省政府努力通过制定法律、法规来保护商务服务业的健康发展,并在政策和税收方面给予优惠。但我省商务服务业仍然以国有和集体所有制为主,中小企业的发展存在融资难、风险高、交易成本高的难题,没有形成鼓励经济多元化发展的政策机制。同时,由于缺乏有效的行业自律机制,行业内存在不正当竞争行为。

三、江苏省商务服务业发展的对策建议

（一）大力发展总部经济，以提升商务服务业发展能级

贯彻落实《省政府关于促进外资提质增效的若干意见》《关于鼓励跨国公司在我省设立地区总部和功能性机构的意见》,与上海、浙江错位发展,努力打造辐射长三角、影响全国、面向世界的亚太地区重要总部经济新高地。

1. 加强总部经济发展的顶层设计,建立跨区域协作新格局

出台省级层面总部经济发展行动计划,综合考虑各地区资源禀赋优势、区位特征以及重点产业发展方向,对各地总部经济的发展模式、长远定位谋划。构建总部经济发展合作机制,建立全省域或覆盖重点区域中心城市、都市圈的重点产业招商引资数据库和并购信息库,打通都市圈内总部企业流转通道,建立全省招商引资项目跨区域流转和利益共享机制,协调转接双方在 GDP 税收考核等方面的利益分配,强化各经济区、都市圈在产业、人才、机制、平台等方面全方位对接。

2. 开展总部经济发展专项行动

一是建立总部经济重点招商目录,加大总部企业招引力度。聚焦国内外大型知名企业,吸引高层次国际化大型企业设立地区总部、功能性机构。抓住金融扩大开放的政策机遇,引进外资银行、证券、保险等金融机构地区总部;大力发展文化旅游总部经济,形成各地区特色鲜明、旅游服务和文化资源协同性高的文化旅游模式;吸引科技、文化等领域国际组织在省内设立机构,发挥国际组织在全球资源整合和高端人才聚集方面的优势,建立有利于促进国际经济社会交流与合作的平台。二是着力培育本地总部企业。开展省内总部企业认定工作,鼓励本土企业积极发展总部业态;鼓励企业通过市场化手段,以吸收合并、新设合并、股权收购、资产收购等方式,整合企业资源、做大做

强。重点支持与引导已有的跨国公司总部、功能性机构衍生出综合服务功能,以存带增、以商招商,形成一批功能型、职能型总部。三是健全全生命周期服务体系。为经审核认定的跨国公司提供开办补助以及增资扩能奖励,为其因公出入境工作人员在出入境手续、居留申请提供便利,给予跨国采购中心与物流中心外贸进出口权、货物退税资格,放宽总部外汇结算条件,以及提供相应的税收优惠和其他公共服务。

3. 引进总部经济建设人才

一是建立与国际接轨的人才引进机制。鼓励用人单位采用柔性引进方式,制定人才紧缺产业目录,引进海外高端人才、行业领军人才、科研技术人才等高端人力资源。二是依托现有的高校体系强化人才支撑。支持重点高校积极与国外高校的交流合作,培养国际化专业人才。鼓励采用"订单"式教育、"定制式"培养等方式,为产业链发展输送更多适用性、高技能人才。在国家职业资格和职称制度体系下,探索国际市场流行的行业从业人员资格认证体系,培养国际认可的高端人才。三是完善以知识资本化为核心的激励机制。通过技术入股、管理入股、股票期权激励等多种分配方式,吸引集聚服务业领军人才、高端人才和综合性人才,并在住房、配偶就业、子女上学等方面提供相应政策支持。

专栏3:总部经济发展方向

——充分利用扬子江城市群的先进制造业基础、科技、人才、信息、市场等优势打造扬子江总部经济中心;

——支持南京重点打造江北、河西和南部新城三大总部经济集聚区、五大总部经济重点园区;

——发挥苏州制造业基础雄厚的优势,挖掘新一代信息技术提升制造业转型升级的应用场景,吸引企业在苏州设立产业研发中心、运营基地等,将苏州打造成具有全球影响力的产业科技创新中部经济基地;

——鼓励徐州、连云港等"一带一路"重要节点城市通过打造区域国际物流中心、航运中心、金融中心等,将决策、研发等功能分离,打造区域性总部经济新高地。

(二)按照市场化和国际化的方向,推动全省高端商务服务业发展

1. 着力提升法律、会计、审计、咨询等高端商务服务业水平

按照市场化和国际化的方向,推动全省高端商务服务业快速、健康、稳定发展。巩固发展法律服务、会计审计及税务、企业咨询及管理等优势行业,突破性发展信用评价、广告会展、中介外包等产业,加快引进和培育一批国内外优秀信用评级、资产评估、广告会展、中介外包、投资咨询等专业服务机构。

法律服务。依托行业领军企业,发展律师、公证、仲裁、调解等重点领域。积极发展法律代理服务以及围绕一般民事行为以及房地产与建筑工程、招标投标、旧城改造征地拆迁等项目提供法律咨询服务。积极引进国内外知名的法律服务机构,引进和培养高层次法律专业人才,加强品牌培育,构筑起运作规范、收费合理、覆盖面广的法律中介服务体系。

会计、审计及税务服务。大力发展会计、审计及税务服务等重点领域。大力发展专项审计、内控审计、涉税鉴证、会计服务、管理咨询及培训等新业务,积极鼓励综合性会计师事务所综合开展独

立审计、企业资产价值评估、税务代理、会计咨询等。鼓励会计师事务所向规模化、综合化发展，以适应国际会计行业的发展趋势并培育一批可以与国际会计师事务所竞争的大型事务所集团。积极鼓励中小型专业会计师事务所发展专项服务等特色经营。积极引进如毕马威、普华永道、德勤国际知名会计师事务所在华分支机构及其他著名企业，培育一批综合化、专业化的会计审计税务服务机构。

信用评价及管理。围绕信用信息服务、信用评级、信用管理咨询服务等重点领域，大力发展包括政府机构信用登记、金融机构及企业数据库、企业及个人信用调查、地方政府信用评级、中小企业及金融机构评级、金融类及非金融类咨询服务等新型业态。进一步推进信用管理评价大数据建设，加快引进和培育一批国内外优秀信用评级、管理咨询机构。

广告会展。围绕广告策划、设计、制作、发布代理等重点领域，积极发展媒体代理、品牌运营以及媒体策划、媒体广告资源购买等专项服务，大力发展品牌营销传播、广告设计制作、专项策划执行等新兴业务。瞄准国际 4A 广告公司，如奥美、智威汤逊中乔、李奥贝纳等，加快集聚行业标杆型企业，努力提升专业化水平与国际化程度。围绕为商品流通、促销、展示、经贸洽谈、民间交流、企业沟通、国际往来而举办的展览和会议等活动，大力挖掘江岸区会展服务业潜力，积极引入国际知名展会和企业。加快探索与国际国内大中型会展机构开展多种形式的合作，促进高端商务会展服务品牌化、细分化、国际化、高效化。

企业咨询及管理服务。围绕企业总部管理、投资与资产管理、单位后勤管理服务等新兴业态，大力推进生产管理软件技术 MES、ERP、BPM、PLMPDM 远程监控系统及协同管理软件 SAP、CRM、SCM、OA、SaaS 等新型管理技术及平台建设。加快探索与国际国内大中型企业管理咨询服务机构开展多种形式的合作，引进一批如麦肯锡、波士顿咨询公司、IBM 全球服务公司、德勤、仲量联行、上海外服、大公国际等具有行业领先地位和品牌影响力的企业咨询及管理服务机构，促进江苏企业咨询及管理服务机构发展迈向国际化、专业化。

中介服务及外包服务。围绕科技中介、人才中介、房产中介等领域，积极发展利用新模式、新技术为科技活动、人才交流、房产买卖租赁等领域提供服务与管理业务，积极发展政府、各类专业活动主体与市场之间的居间服务业务，拓展信息交流、技术孵化、评估鉴证、技能鉴定等业务。发展如短期业务合作、长期业务挂钩、设立分支机构等，建设国际化、信息化程度较高的中介服务市场平台。加快引导经营规模、业绩、品牌在行业中排名前列的本地或国内法律、咨询、评估、经纪、代理等市场中介机构，打破资质壁垒，拓展本土中介机构的服务实力和服务领域。

鼓励企业和其他经济组织提供以系统和应用、设计、开发、营运等为主的信息、技术外包服务，以及物流、金融、医疗、法律、教育等领域所从事的供应链、财务管理、后勤管理、人力资源管理、客户服务等业务流程外包服务。

2. 国际化发展人力资源和教育培训服务

国际化发展人力资源和教育培训服务，以专业化、市场化、细分化为方向，以培育本地区人力资源服务和教育培训专业企业、引进国内外知名企业集团为抓手，进一步拓展人力资源服务产业价值链，进一步提高教育开放水平，提高教育服务创新能力和竞争能力，努力提高江苏人力资源和教育培训服务行业在全市的影响力以及辐射力。

人力资源服务。依托苏州人力资源服务园等人力资源服务机构，做好公共就业服务、职业中介、劳务派遣、劳务外包等人力资源基础领域服务，探索发展人才猎头、人力资源培训、人才素质测评、人力资源管理咨询服务等人力资源服务新模式,拓展人力资源服务产业价值链。依托商务区、科技新城、高新技术产业园区及高品质楼宇经济发展对人力资源服务的需求,吸引国内外知名人力资源服务品牌企业入驻。推动市场人力资源服务管理制度和市场运行机制的建立和完善,打造公平竞争、规范服务的人力资源服务体系。组织开展人力资源服务进修班、研讨班,加强行业从业人员准入资格培训,促进人力资源服务业持续健康发展。

教育培训。依托现有优质教育培训资源,以互联网教育为新模式,发展国际通行的职业资格认证和培训项目、技能型及兴趣型教育。引导民间资本发展互联网教育工具开发、互联网教育技术设备研制、互联网教育整合平台建设等互联网教育产业新业态,鼓励发展办学起点高、理念新、与国际接轨的各种专业资质培训。按照江苏各地实际需求和未来发展预期,推进国际教育学校建设。借鉴市内已有的国际学校建设和运营经验,适度引进有资质、有经验的外籍教师,加强办学理念、教学方法、课程设置、德育水平、学生评价、国际交流等方面考量,提升教育国际化水平。探索引进优质教育资源新途径和利用境外教育资本新举措,加快提升全省教育服务整体水平和市场竞争力,探索建立江苏教育服务国际集团,加强国际教育服务市场研究与拓展。提高专业人才的国际化培养程度,积极引进境外高端、紧缺服务贸易专业人才。同时,选派优秀服务贸易专业人才赴海外培养,完善相关专业资格证书的培训。鼓励有条件的教育机构开展境外办学,为产业和投资实施“走出去”战略服务,建立健全相关制度和法规,完善教育服务贸易支持和服务体系,为教育服务贸易持续健康发展提供保障。依托新东方、环球雅思、上海交大昂立等大型教育企业集团,通过企业合作、校企合作等方式,提升职业教育的国际化水平,培养更多具有国际视野、通晓国际规则、拥有国际竞争力的高端人才,适应江苏的对外开放要求。

(三)紧抓“一带一路”交汇点建设,促进商务服务开放创新

1. 以“一带一路”建设为重点,引导有条件的企业在全球范围配置资源、拓展市场,推动商务服务

实施本土跨国企业培育计划,探索建立本土商务服务跨国公司服务联盟,促进企业强强联合,组建“走出去”联合体或战略联盟。借鉴日本综合商社作为投资贸易中介而发挥的综合服务功能,做大做强外贸综合服务,积极搭建境外投资公共服务平台,打造成为商务服务业境外投资的综合性、引导性大平台,为企业“走出去”提供信息和海外法律支撑等服务。

专栏4:日本综合商社——企业“走出去”的服务中介

日本综合商社是以贸易为主体、以产业为后盾、以金融为纽带,具有贸易、金融、情报、组织协调等多种功能的国际化、集团化、实业化、多元化的跨国集团,综合商社最本质的特征是中介。

——贸易中介功能。综合商社具有贸易和流通的中介功能,并利用自身构建的营销网络优势,为生产企业的产品打入国际市场牵线搭桥。

——信息功能。广泛收集经济情报。

——金融功能。综合商社表面是贸易公司,实质上是金融机构,广泛的开展对上下游关联企业的融资活动,并为买卖双方提供信贷业务服务。

——物流功能。为保证产品安全准时送达客户手中,建立了较为现代化的仓储、包装、报关、运输等物流设施,承担了社会分工的物流的职能。

——投资功能。为获得相对的稀缺资源和产品的稳定供应,对国内生产企业和国外直接投资企业进行了广泛的融资和参股。

——统合功能。综合商社运用合作、参股、兼并等方式,与其他业务伙伴甚至竞争对手进行联合与合作,形成以综合商社为核心、共同经济利益为纽带的利益共同体。

2. 推进长三角协同发展,服务"一带一路"建设

探索长三角区域产业链引资合作模式,建立境外投资合作风险预警信息共享机制。利用"上海服务"品牌影响力,对接上海高端商务服务业优势资源。结合长三角服务业分工与空间布局体系,探索与邻近地区产业链协同开放。积极培育对外服务贸易交流合作平台与综合试点。落实推进"一带一路"建设行动计划,支持具有自主品牌和自主知识产权的企业开拓国际市场,与沿线国家联合建设科技创新园区、商务服务型合作园区等。简化开辟相关国际航线的经营许可审批手续。

表7　上海自贸区临港新片区发展规划亮点

投资经营便利化	加大在电信、保险、证券、科研和技术服务、教育、卫生等重点领域的对外开放力度。
高标准贸易自由化	取消不必要的贸易监管、许可和程序要求,研究赋予新片区内符合条件的企业原油进口资质。
资金便利收付	简化优质企业跨境人民币业务办理流程,探索新片区内资本自由流入流出和自由兑换;支持金融机构为新片区内企业和非居民提供跨境金融服务;符合条件的金融机构开展跨境证券投资、跨境保险资产管理拉业务。
高度开放国际运输管理	提升拓展全球枢纽港功能,逐步放开船舶法定检验,吸引相关国家和地区航空公司开辟经停航线。打造区域性航空总部基地和航空快件国际枢纽中心。
自由便利人员管理	给予科研创新领军人才及团队等海外高层次人才办理工作许可,永久或长期居留手续"绿色通道"对新片区内符合条件的关键领域核心环节生产研发企业,自设立之日起5年内减按15%的税率征收企业所得税。
信息快捷联通	加强信用分级管理;建立主动披露制度,实施失信名单披露、市场禁入和退出制度。
支持高附加值产业发展	建设集成电路综合性产业基地,建设人工智能创新及应用示范区,建设民用航空产业集聚区。

资料来源:相关文件整理

3. 加强服务业对外开放风险防范

在促进服务业贸易发展的同时,有针对性地进行国际合作,发挥江苏省在人力资源、数据处理、核算和财务方面的优势,承接国际外包业务,形成特色商务服务产业基地。要加强风险防范意识、加强对国内市场的调控,使得资源配置高效合理。重视引进高技术人才与先进管理模式,促进国际交流合作、借鉴国际经验、主动对接国际惯例。

(四)加大政策扶持力度,提升企业市场竞争力

1. 大力开展公共服务平台建设

引导和支持企业通过自建或合作共建等方式,在人才引进、项目合作、市场拓展等方面搭建信

息统计、人才招聘、专业培训和宣传推广等公共服务平台,推动组建商务服务业中小企业联盟或行业协会,整合资源,形成发展合力,帮助企业降低成本、提高效率,提升企业市场竞争力。

2. 加强政府采购力度

加大商务服务采购力度,推动在咨询与调查、旅行社、会议及展览服务、办公服务、公益活动策划服务等方面的需求释放。

3. 加大招商引资力度,创新企业服务模式

明确专业招商团队的选拔对象、选拔条件及选拔办法,针对各商务功能区重点吸引的企业类型开展专门培训,提高招商团队的综合实力,尽快建成一支具有较强业务谈判能力、掌握优质客户资源、懂管理、会经营、战斗力强的招商团队。

4. 实施重大招商项目跟踪负责制

为总部型企业管理服务、会展服务和注册资金在1000万以上的广告服务和中介咨询服务企业提供全程服务,与已入驻企业形成长期、定向、稳固的沟通联络机制,及时了解企业发展需求,进一步提高服务效率。

5. 搭建运行监测平台,促进企业健康发展

立足江苏实际,结合国家服务业统计要求,研究江苏商务服务业评价指标体系,提高指标数据采集质量完善服务业统计调查方法,建立科学、统一、全面、协调的统计监测平台,对商务服务业企业进行全方位、全过程、全生命周期的跟踪、监测和评估,为企业、相关职能部门和社会公众提供信息服务和决策参考。开展重点行业质量监测与测评,鼓励企业和机构开展地方标准研制、参与或主导国际标准、国家标准和行业标准的制定。继续推进服务标准试点工作,以规范服务行为、提高服务质量和服务水平为核心内容。支持行业协会等社会组织通过制定实施团体标准加强行业自律、监督和管理。强化服务业质量标准的贯彻实施,探索实施企业服务标准和质量自我公开说明制度,不断提高服务行业标准化水平,扩大服务业标准的覆盖范围,优化服务业的发展环境。

（五）强化知识产权保护

商务服务业作为知识密集型产业,知识产权保护对其发展至关重要。加大对知识产权的保护力度,促进知识产权创造和运用,进一步增强企业创新积极性。推进知识产权服务体系建设,不断完善知识产权公共服务平台,依托互联网整合知识产权信息资源、创新资源和服务资源,建立以知识产权为重要内容的创新驱动评价体系,逐渐健全知识产权服务诚信信息管理及信用评价制度,采取线上线下同步运行的方式。加大对知识产权运营机构的扶持力度。强化对专利、商标、版权等无形资产的开发和保护,加大知识产权的执法力度,简化优化知识产权审查和注册流程,健全知识产权侵权惩罚赔偿制度。加强融合领域关键环节专利导航,引导企业加强知识产权战略储备与布局。加快推进专利基础信息资源开放共享,支持在线知识产权服务平台建设,鼓励服务模式创新,提升知识产权服务附加值,支持中小微企业知识产权创造和运用。增强全社会对网络知识产权的保护意识,推动建立服务业知识产权保护联盟,加大对新业态、新模式等创新成果的保护力度。

（六）加强专业服务业行业协会建设

积极支持行业协会的发展,可以为促进政府对商务服务业的监管方式由直接监管转向通过行

业协会进行间接监管创造条件。强化行业协会工作职能。行业协会要从单纯的政府政策传达者向技术性组织角色转变,应加强市场反应能力,提高服务能力和水平,积极刹那也微观经营的规划、咨询、技术开发支持、资金筹集服务等,指定行业标准,沟通政府与企业信息,帮助执业机构开拓市场,进行产业损害预警调查,维护本行业及从业人员的合法权益。完善相关法制环境,加强行业诚信建设,促进行业协会依法行事。对行业协会应专门对待,制定相应的行业协会法律,以法制化行事强化行业协会的社会地位,明确其社会职责,规范行业协会社会功能范畴。

(七)强化保障支撑

1. 加大财税政策支持

重点支持符合现代服务业新产业、新技术、新业态、新模式特征、代表产业发展前沿或引领产业创新的商务服务业项目。贯彻落实国家支持服务业创新发展的各项税收优惠政策,进一步完善政府对商务服务业发展的支持方式,继续优化使用股权投资、融资增信、贷款贴息、项目补助和政策奖励等多种方式组合,缓解服务业中小企业"融资难、融资贵"问题。探索"互联网+金融服务和信贷"的创新产品,设立服务业发展引导专项资金,积极吸引各类社会资金进入服务业领域。

2. 创新金融支持方式

健全适应服务业发展的金融服务体系,加快创新各类金融业态。大力发展天使投资和创业投资,加大财政对创业投资和天使投资的支持力度,引导更多社会资本参与创业投资和天使投资。拓宽商务服务业企业的融资渠道,鼓励通过发行股票、企业债券、项目融资、股权置换以及资产重组等多种方式筹措资金,积极利用知识产权质押、信用保险保单质押、商业保理等市场化方式融资。依托江苏省现有资源优势,大力发展科技金融、普惠金融、绿色金融等金融业态。继续加大对江苏省金融领域载体建设,积极争取金融领域国家级试点。

3. 完善土地规划政策

继续加强服务业用地保障,修订和完善符合服务业创新发展需求的投资强度和用地标准,对符合条件的商务服务业重大事项、集聚区和领军企业优先安排用地计划。坚持绿色发展理念,优化用地结构,健全服务业用地管理机制。大力开展低效用地再开发、盘活存量土地、对知识密集型服务业实行年租制、"先租赁后出让"等方式支持服务业发展。

4. 建设高素质的商务服务业人才队伍

商务服务业是典型的高端人才密集产业,法律、会计、咨询、知识产权、公共关系、经纪、产权交易等专业服务业的发展,必须有高端专业人才作为基本支撑,因此要将培养适应国际市场竞争的高水平的管理人才放到发展商务服务业的重要位置,为专业服务业内部的产业结构升级提供充足的人才保证。面向专业服务业发展需求,鼓励高校根据发展需要和学校办学能力设置相关专业,注重将国内外前沿研究成果尽快引入相关专业教学中。鼓励各类学校聘请服务业领域高级人才作为兼职教师。充分利用现有人才引进计划和鼓励企业设立海外研发中心等多种方式,引进和培养一批有利于专业服务业发展的高端人才。完善移民、签证等制度,形成有利于吸引人才的分配、激励和保障机制,为引进海外人才提供有利条件。支持通过任务外包、产业合作、学术交流等方式,充分利用全球服务业人才资源。

参考文献

[1] 侯伟强.广州商务服务业转型升级与高职营销专业人才需求[J].广东教育:职教,2017(1).

[2] 李侃桢.推动服务业高质量发展 建设现代服务产业新体系[N].新华日报,2018-12-18(017).

[3] 李俊.进口商业服务促进制造业技术进步的渠道和差异化研究[J].中国科技论坛,2017(9).

[4] 刘海波.我国现代商务服务业发展探析[J].现代经济信息,2016(4).

[5] 刘叶.我国商务服务业的空间集聚及其外溢效应研究——基于276个地级市面板数据的实证分析[J].软科学,2017,31(8).

[6] 吕梦婕.供给侧结构改革下商务服务业发展机理研究[J].财会学习,2017(23).

[7] 上海市经济和信息化委员会.世界服务业重点行业发展动态[M].上海科学技术文献出版社,2017.

[8] 祁彪.推动江苏现代服务业高质量发展[N].新华日报,2019-02-02(005).

[9] 孙康琛,魏晓光,巨晨琛,等.VR虚拟现实商务服务平台建设研究[J].产业与科技论坛,2018(6).

[10] 吴福象.总部经济:江苏高质量发展的新动能[J].群众,2019(16).

[11] 赵祝平.上海人力资源服务业在不断改革中兼修内外[J].中国人力资源社会保障,2018(2).

[12] 尹晨.上海自由贸易港功能与"一带一路"建设联动发展研究[J].科学发展,2019(08).

[13] 闫淑玲.北京商务服务业发展现状与趋势预测[J].商业经济研究,2019(18).

第八章　江苏省商贸流通业发展报告

商贸流通业是国民经济先导性和基础性产业。2018 年,江苏商贸流通业在促进社会经济转型、增强城市辐射能力、提高居民生活质量、实现包容性增长等方面发挥了积极作用。

随着互联网不断向各行各业渗透,传统的行业边界日渐模糊化,行业跨界融合发展成为一大重要趋势。在这一时代背景下,"互联网＋""智能＋"等成为商贸流通业跨界融合的主要特征,零售 O2O、机器人餐厅等是商贸流通业跨界融合的重要案例。根据十九大和 2018 年中央经济工作会议精神,高质量发展成为经济建设的根本要求。而商贸流通业的跨界融合发展,正是对高质量发展的有力呼应。但作为起步阶段,江苏商贸流通业的跨界融合之路任重道远。

一、江苏省商贸流通业发展的现状分析

(一)消费品市场增势稳定,商贸流通业总体发展平稳

2018 年,全省社会消费品零售总额比上年增长 7.9％。按经营单位所在地分,城镇消费品零售额增长 7.8％;农村消费品零售额增长 9％。按行业分,批发和零售业零售额增长 7.7％;住宿和餐饮业零售额增长 9.7％。全省限额以上社会消费品零售总额比上年增长 3.6％。从消费品类值看,基本生活类消费增长平稳,部分消费升级类商品零售额增长较快。在限额以上企业商品零售额中,粮油食品饮料烟酒类、服装鞋帽针纺织品类、日用品类商品零售额分别增长 4.4％、7.6％和 9.5％。以智能手机、平板电脑等为代表的通讯器材类商品零售额增长 30.8％;书报杂志类增长 15.9％;家具类增长 11.8％。石油制品类商品零售额增长 12.2％。

表 1　按行业分社会消费品零售总额

年　份＼社会消费品	零售总额	批发和零售业	住宿业	餐饮业	其他行业
2010	13606.34	12207.18	127.15	1147.99	124.02
2011	16058.31	14320.87	161.94	1359.27	216.23
2012	18411.11	16448.83	178.42	1588.08	195.78
2013	20878.20	18694.85	173.23	1788.44	221.68
2014	23458.07	21229.55	187.67	2040.85	
2015	25876.77	23414.30	198.91	2263.56	
2016	28707.12	25899.14	216.73	2591.25	
2017	31737.41	28610.25	235.80	2891.36	
2018	33230.35	29801.39	249.82	3179.14	

资料来源:历年《江苏统计年鉴》

商贸流通业得到了快速发展。2018年,江苏省有亿元以上商品交易市场4691个,商品成交额达20770.7亿元,营业面积共计3615.6万平方米。亿元市场向专业化集中的趋势在不断加强,这也是江苏省一些地区特色产业经济发展壮大后,形成专业化生产与专业化市场相结合的工贸联动发展格局的结果。

表2 亿元以上商品交易市场基本情况

项　目	市场个数(个)	年末摊位数(个)	年末已出租摊位(个)	商品成交额(亿元)	营业面积(万平方米)	交易业主从业人员(万人)
总　计	469	389004	338172	20770.72	3615.64	95.84
按经营方式分						
以批发为主	245	255919	221761	18845.34	2671.73	73.67
以零售为主	224	133085	116411	1925.39	943.91	22.17
专业市场	375	294503	256633	17985.54	2829.64	75.12

数据来源:《江苏统计年鉴2019》

(二)新型发展业态发展壮大,电子商务成为趋势

江苏零售业态以专业店、超级市场和专卖店为主,其中,专业店数量最多,从业人数也最多。面对网上零售新兴业态、经营成本上升等方面的挑战,实体商圈业态积极加快调整转型,不断推进业态创新融合。从江苏情况看,不少实体商圈以"百货+餐饮"为主的传统营业模式日益不适应消费需求,一些实体商圈积极调整商场业态,加快向社交、时尚、文化消费中心转型,如徐州苏宁广场的文创街区"30间铺子"、南京雨花客厅E-park、龙湖苏州狮山天街和南通印象城均引进文创品牌"西西弗书店";南京金鹰世界GE·WORLD和南京金鹰湖滨天地B区也设有自己的文创品牌G·TAKAYA书店。部分实体商圈的转型升级有效激发了消费动力,并逐渐形成"鲶鱼效应",带动周边其他商圈进行商业模式的改造和创新,有效提升了实体商业整体发展能级。

电商是商贸流通经济中出现的新生事物也是"调结构、促转型、稳增长"的重要内容,是商贸流通业创新的方向和革命性的变化。江苏省商贸流通业现代化水平进一步提升,流通新业态、新模式不断涌现,电子商务快速发展。目前,江苏省网络交易规模持续增长,线上线下融合发展特点明显,农民上网交易成"新常态",电商已经成为一种潮流和趋势。目前,江苏跨境电子商务发展处于全国第一梯队,已获批南京、苏州、无锡三个跨境电子商务综合试验区,逐步实现了保税进口B2B2C、直邮进口B2C、一般出口B2C以及跨境B2B出口全模式支持。数据显示,江苏跨境出口卖家占全国整体的11.3%左右;跨境网购用户方面,全省网购用户全国占比6.88%,居全国第三位,位列广东、浙江之后。总体来看,呈现四个方面的发展特点:一是跨境电商政策引导不断强化;二是跨境电商试点区域稳步发展;三是跨境电商企业参与持续增多;四是跨境电商监管服务同步推进。他呼吁广大跨电从业者把握当前跨电新机遇,不断创新发展模式,培育发展新动能,重视品牌营销,把关产品质量,诚信规范经营,专注提升企业自身核心竞争力,让江苏智造、江苏品牌享誉海外,进一步实现江苏跨境电商的高质量发展。

（三）三大流通商圈形成，竞争力得以提升

由于地理位置、政治因素以及历史文化等原因，南京、苏锡常、徐州这三个地区一直是江苏省的交通枢纽、生产基地和大型商品集散地，2017年出台的《江苏省流通业"十三五"发展纲要》更是将这三个地区纳入江苏省流通业重点发展地区。经过多年的发展，三地也逐渐形成了在省内甚至是全国范围内竞争力较强的三个商圈，南京、苏锡常和徐州"三大商圈"集聚效应更加凸显。新街口商圈核心区面积不到0.3平方公里，集中了近700家商店，1万平方米以上的大中型商业企业有30家，1600余户大小商家星罗棋布，营业额长期居中国各商业街区之首，商品以高端化、品牌化消费品为主。苏锡常商圈靠近上海，依托高度发达的农工业经济、保税物流政策优势，其商贸流通业发展水平一直处于全省前列。徐州是黄淮海地区的中心城市，其地理位置的优越性不言而喻，徐州商圈拥有亿元以上商品交易市场27个，营业面积236.92万平方米，商品以中低档为主，业态以批发市场为主。

（四）辐射带动力增强

1. 内部辐射

根据《江苏省城镇体系规划（2015—2030年）》，江苏省将结合全省城镇空间发展态势，引导中心城市差别发展，培育具有国际竞争力的专业化城市，对部分具有一体化发展态势的城市组群进行整体功能引导。江苏对13个直辖市和8个县、县级市进行了发展定位，这就是省政府"13＋8"中心城市（组群）规划。《规划》提出，江苏坚持"协调推进城镇化、区域发展差异化、建设模式集约化、城乡发展一体化"的新型城镇化道路，加快构建"一带二轴，三圈一极"（即沿江城市带、沿海城镇轴、沿东陇海城镇轴与南京、徐州、苏锡常三个都市圈，淮安增长极）城镇化空间格局，远期形成"带轴集聚、腹地开敞"的区域空间格局，构建特色鲜明、布局合理、生态良好、设施完善、城乡协调的城镇体系。

2. 外部辐射

南京、苏州、无锡、常州、徐州是江苏商贸流通业重点发展地区，也是江苏商贸流通业竞争最激烈的区域。强化三大商圈建设，是提升苏锡常商圈。苏锡常地区靠近上海，依托高度发展的经济，商贸流通业发展水平一直雄居全省之冠。但是由于靠近上海，这一地区又受到上海先进流通业的影响和辐射。因此，苏锡常商圈建设应以现代化、特色化为主，减少上海流通业对本地区流通业的辐射，力保本地区商贸流通业竞争力的整体提高。建设徐州商圈。徐州是黄淮海地区的中心城市，它地处苏、鲁、豫、皖四省交界，东襟淮海，西按中原，南屏江淮，北遏齐鲁，素有"五省通衢"之称，是国家重要的综合交通枢纽，对苏北、皖北、鲁南、豫南的辐射和影响深远。因此，徐州商圈发挥其突出辐射功能，重点扩大了对苏北地区、安徽北部、河南南部、山东南部的影响。

（五）农村市场不断开拓

商贸流通中一个很重要的媒介是农产品的流通，2005年开始的"万村千乡"市场工程的建设，也已经取得初步成效。现在，江苏省的部分乡镇已经建立起高效的农产品集贸市场和批发市场。2018年，全省日用消费品和生产资料连锁农家店，已经实现乡镇全覆盖，村级覆盖率超过达95％。社区民生服务网络进一步得到优化，便利店、中小超市、社区菜店等社区商业加快发展，便民生活服务体系得到基本完善。

苏北农村电商蓬勃发展，显示出强劲的发展态势。

（六）企业竞争力进一步增强

企业培育卓有成效，涌现出一批跨行业、跨地区、专业化、特色化的商贸流通企业。2018 年，苏宁云商集团销售规模达到 61821 亿元，位列中国民营企业百强第二位。苏宁云商、宏图三胞、文峰大世界、金鹰、五星电器、江苏华地、中央商场、江苏新合作常客隆等企业进入中国连锁百强。江苏品尚餐饮、大娘水饺等企业入选全国餐饮业百强。苏宁易购、宏图三胞、焦点科技、惠龙易通、同程网络、远东买卖宝、途牛等企业成为国家电子商务示范企业。早在 2015 年 7 月，首批 84 家企业（品牌）被江苏省商务厅认定为江苏老字号，另有 92 家中华老字号企业依申请自动成为江苏老字号。

二、江苏省商贸流通业发展存在的问题

（一）发展趋势研判：跨界融合

1. 商贸流通业跨界融合发展，成为顺应新宏观环境的客观需要

商贸流通业向跨界融合发展，是顺应我国国家战略的重要体现。随着"互联网＋"革命的不断深入，互联网信息技术日益融入各行各业各环节中。近年来，中央充分抓住这一有利契机，提出要加快推进产业跨界融合。例如，2016 年《国务院关于深化制造业与互联网融合发展的指导意见》就明确提出支持制造业与互联网经济跨界融合，而流通业作为连接制造端和消费端的重要枢纽，也必然要借此机遇加快推进跨界融合。2016 年《国务院办公厅关于推动实体零售创新转型的意见》就明确将促进零售业跨界融合作为一条重要路径。

消费层级不断提升，对商贸流通业跨界融合提出新要求。伴随着国民收入水平提升，整体消费层次也不断提升，居民的生活消费已不仅仅满足于食品消费。在新时期，对个性化商品的需求将持续呈现爆发式增长，这一需求导向必然会波及流通领域，加速流通服务个性化和定制化的步伐。可见，商贸流通业的跨界融合已是大势所趋。京东物流针对不同行业甚至不同企业特征，定制化推出物流全程链条服务方案；2016 年，飞凡开展与欧亚、绿地、步步高等集团的商业联盟，打造城市购物核心商圈，这些都是商贸流通业跨界融合的重要体现。

智能制造的路线引领，将带动商贸流通业走跨界融合之路。随着"中国制造 2025"战略的不断实施，智能制造上升为未来制造业发展的潮流。智能制造不是单调的传统制造，它关系到大量的供应链与价值链的融合，一个制造体系中要嵌入物联网、大数据、人工智能等高科技，这就要求与制造环节相连接的物流、零售等商贸流通环节也赋予智能化的元素，与智能制造形成配套，而商贸流通业的智能化，就必须以跨界融合作为重要前提。

绿色生态意识不断加深，对商贸流通业跨界融合提出迫切需求。当前，生态环境问题日益成为全球关注的焦点，我国明确将绿色发展理念作为新时代下经济发展必须遵循的重要理念之一，全国范围内的绿色生态意识不断深化。商贸流通业作为连接生产与消费的枢纽，流通过程是否能实现绿色低碳，对整个经济的绿色发展具有重要影响。

2. 商贸流通业跨界融合发展，成为顺应行业自身变革的内在需要

跨界融合，不仅仅是商贸流通业站在宏观趋势层面上作出的重要选择，也是商贸流通业为适应

自身发展需求,克服自身发展短板,实现商贸流通业质量、效率和动力"三大变革"的内在需要。当前我国经济进入新常态,规模总量增速逐步放缓,传统的增长方式已无法充分满足时代发展需要。类比可推,我国商贸流通业的发展也必然需要寻找新的发展路径。从自身短板来看,跨界融合也已成为商贸流通业克服制约因素、实现跨越发展的迫切需要:

第一,商贸流通业的发展方式仍显粗放。受到逐利思维的影响,许多企业借助21世纪初期我国经济持续火热的契机,不考虑自身发展基础和市场需求,违背商业规律而片面追逐规模化,因而导致服务质量偏低、成本浪费严重、资源配置低下等问题。由于我国对商贸流通业的体制机制不完善,不少商业企业钻国家空子,打着建立城市商业中心的幌子而开展盲目的"圈地运动"。

第二,商贸流通业作为连接生产和消费的重要枢纽,近年来得到国家充分重视,因而其市场份额也不断提高。在商贸流通业规模日益扩大的背景下,一些大型商业集团势力也明显增强,导致行业内部出现垄断现象,特别是外资企业进军中国市场,给本土商贸流通业的发展带来一定威胁。例如,沃尔玛、家乐福等跨国集团,凭借自身的市场优势而不断挤占本土商业市场。在垄断特征仍然明显的环境下,跨界融合成为必然需求。通过跨界融合,能促进本土商贸流通企业拓展功能、扩大业务、提高市场集中度,从而增强自身实力。

第三,商贸流通业的市场分割较为突出。当前,我国商贸流通业的市场分割仍然是制约行业高质量发展的重要短板。一是同一业态市场分割突出,比如,零售业是苏宁、国美、天猫等企业一方割据;二是城乡流通市场二元结构突出;三是不同业态间的协同发展程度不足,如实体零售、物流、电商等业态之间尚未普遍形成协同发展的良好关系。只有通过商贸流通业的跨界融合,才能促进业态之间实现协同发展,不断打破条块分割瓶颈。

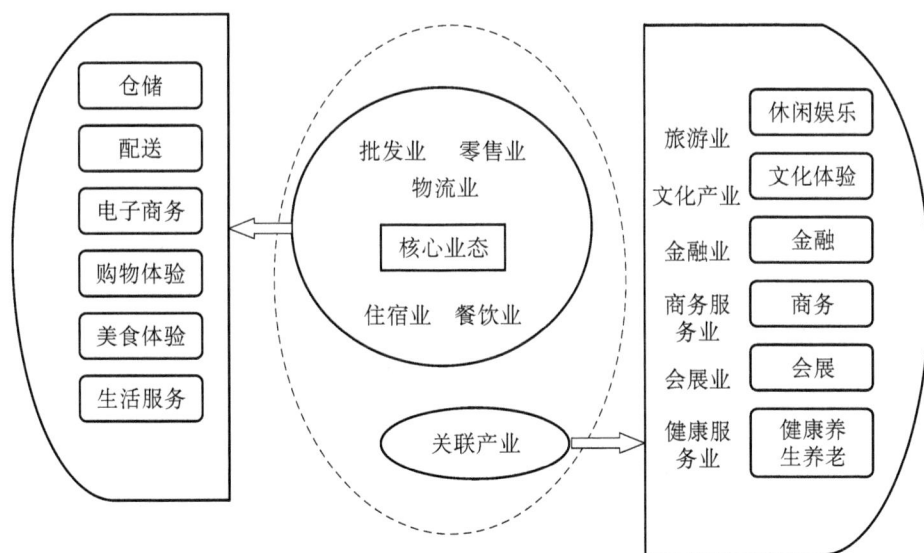

图1 商贸流通业边界与产业跨界融合示意图

(二) 突出问题

1. 商贸流通业跨界融合的意识普遍不强

国外商贸流通业的跨界融合已持续了很长一段时间,且取得了较为显著的经验。在零售领域,阿里巴巴拓展生鲜和餐厅业务,建立"生鲜＋餐厅＋外卖O2O集市"盒马鲜生;居然之家集团打造集吃、玩、卖于一体的新体验商业平台——怡食家超市。但在省内,受传统的商贸流通业态经营方式的约束,总体上无论是物流还是零售等行业,跨界融合的思维仍然没有充分打开,大部分商贸流通企业跨界融合的意识仍不强。在一些地区,商贸流通企业的跨界融合几乎演变成为一场"圈地运动",名义上跨界融合,事实上还是搞大型商业点或者甚至是房地产,这明显是不科学的。

2. 商贸流通业的跨界融合缺乏顶层设计

虽然全省已出台了一系列支持商贸流通业融合发展的政策文件,但是总体上还缺乏对商贸流通业跨界融合的顶层设计,因而政策在实际落实中仍然难以到位。由于前瞻性研究、规划等缺位,商贸流通业的跨界融合发展无法真正体系化,多为小范围合作,并且即使小范围合作也存在大量的模仿现象。

3. 商贸流通技术水平较弱

现代信息技术是商贸流通业发展的重要支撑,但是在全球化的市场竞争中江苏商贸流通技术水平较弱的缺点暴露无遗。零售业和批发业作为商贸流通业的重要组成部分,不断引进国外先进的信息系统和管理经验,但是大部分引进工作停留在形式上,没有从根本上分析国外先进技术的广泛应用和管理实践的适用性,造成零售业和批发业难以有效提升其竞争力水平。如实行购物中心和无人便利店等新型零售业态,只是停留在名称的变更,而上下游企业的协调和管理模式仍未改变。信息技术在商贸流通业的使用不足,互联网、物联网技术逐渐在全球兴起,而零售业和批发业仍采取传统的信息沟通和传递形式,造成企业内部和企业之间的信息传递不及时,而沃尔玛利用其信息系统整合了上下游的企业,为其创造了巨大的数据交换收益。

4. 商贸流通国际竞争力不足

全球化背景下江苏商贸流通业发展的国际竞争力不足主要表现在两个方面,一方面是盈利能力不足,经济新常态下我国经济发展进入缓慢增长时期,逐渐提高产品和服务的有效供给,面对市场不景气和激烈的商贸流通企业间竞争导致我国商贸流通企业的盈利能力逐渐下降。盈利能力不足主要表现在零售企业、批发企业、餐饮和服务企业的净利润出现下滑现象。另一方面是商贸流通企业创新能力不足,江苏商贸流通业发展主要依赖国外先进的零售业态和发展经验,相比国外的商贸流通企业,江苏商贸服务创新能力较弱,企业间的同质化竞争严重,为了争夺有限的市场份额,"价格战"频发。商贸流通企业的信息化水平较低,上下游企业间的信息难以得到有效沟通,造成了供应链中的"牛鞭效应"现象,增加了供应链的风险和不确定性。

5. 商贸流通业的行业监管不到位

目前,全省商贸流通业的行业监管仍然处于无的放矢的局面。虽然商贸流通业相关政策不断出台,但由于政府缺乏数据信息支撑,所以仍难以有效对行业采取科学措施进行监管。一些商家由于势力大,掌握信息多,因而可以过多地控制市场,开展不当竞争,从而不利于维护商贸流通业的市场秩序。在这样无的放矢的尴尬境地下,商贸流通业的跨界融合也就自然面临着壁垒,如何有效突破行业监管瓶颈,是商贸流通业有序开展跨界融合的重要前提。

6. 公共服务环境支撑仍然不利

虽然跨界融合越来越成为商贸流通业高质量发展的一大趋势,但当前我国许多地方仍然缺乏必要的公共服务环境来支撑商贸流通业的跨界融合。第一,省内苏北一些地区尤其是偏远农村基础设施体系仍有待完善,在生产与零售、生产与物流、物流与零售等关节经常存在"最后一公里"问题。第二,许多地区缺乏必要的互联网信息支撑,在数据采集、处理、共享等方面不到位,不利于供应链大集成大整合,也就制约商贸流通业跨界融合。第三,跨界融合需要技术,但国内缺乏创新基础支撑,特别是人才引育的环境不利,不利于集聚创新资源,制约了跨界融合的步伐。

三、江苏省商贸流通业发展的对策建议

(一)以培育新消费、推动消费全面升级为着力点,打响"江苏购物"品牌

1. 扩大中高端消费品供给

鼓励跨境电商、进口直销中心、国别中心等新业态的发展,多渠道扩大中高端消费品进口,丰富国内消费市场的供给和促进国内消费品市场竞争,倒逼国内制造业转型升级、加快产品和服务创新,培育和发展自主品牌。适应消费阶段的变化,推广消费体验、个性化设计、柔性制造等方式,满足年轻时尚消费群体需求,培育和发展新兴消费品产业。

2. 鼓励新零售业态和模式

要进一步推动商业企业线上线下结合,应用各种新型营销手段,重点引进和培育商业领域体验型、服务型、智能型业态,推动江苏成为新零售的"试验田"和"竞技场",满足消费者日益增长的全方位多层次需求。推动传统商业+互联网模式,线上销售+线下体验+供应链管理,将门店、社区、商圈与会员串联,形成全渠道商业生态圈。推动实体商业跨界融合,以新街口商圈为代表,着力推动商业、旅游、文化、艺术、体育与会展的深度融合。推动科技创新型零售业态,发展以"盒马鲜生"为代表,深受消费者欢迎的线上线下融合的无界零售,生鲜智能直投,无人值守商业等科技创新型零售业态。推动"前店后工厂"模式,以星巴克臻选上海烘焙工坊为学习代表,让消费者全流程观察生产过程,体验"浸入式"消费。创新自贸试验区特色的商业模式。打造集免税产品展示预定和完税商品零售于一体的会员制线上购物平台,会员覆盖整个长三角,实现国际国内、线上线下商品的同步同价销售。同时,扩大海外产品直销店规模,让消费者与众多海外产品直接见面。

3. 促进消费领域互动融合和创新发展

结合信息化、绿色化、智能化、高端化、服务化等消费发展新趋势,深入推动消费产品及服务差异化、个性化、定制化,重点培育以健康、美容、教育、培训、文化、体育、旅游为代表的新兴消费产业,挖掘服务消费新增长点。强化商品消费和服务消费间的融合互动,促进旅游、文化、购物、娱乐、健康、餐饮等行业之间的集聚和一体化发展,打造多样化消费共同发展的良好生态,进一步提升省内南京、苏州等国际消费城市的综合吸引力。

4. 厚植"江苏购物"制造基因

推动商业店铺与制造联动,鼓励百货商店、购物中心、连锁企业提升自营商品占比,提升企业自主品牌经营能力优势。鼓励江苏本土消费品牌加大创新研发投入,扩大自主品牌规模、拓展细分领域新产品,基于"品牌联想"理念,树立"江苏品质"的市场认知。扶持原创品牌、定制品牌发展。以"政府支持、协会引导、企业主导"为原则,推动成立江苏消费品品牌创新联盟,通过政府、行业协会与金融机构合作,重点扶植培育一批细分市场领域的新龙头品牌,打造一批引领消费潮流、具有时

代气息和鲜明"江苏元素"的定制品牌、原创品牌,并实施严格的原产地保护政策。

5. 突出文化内涵

开发"江苏礼物"旅游产品系列。鼓励本地优质商品注入文化元素,提高商品的附加值,充分挖掘江苏元素商业价值,积极研发饰品、食品、伴手礼等文旅主题类产品,营销各类限量版、典藏版商品,激发"江苏购物"新亮点。为地标商圈商街进行文化赋能,通过文化场馆嵌入式发展,时尚品牌文化植入式宣传,建设最有"文艺范"的商圈。加快"会商旅文体"融合主题区域发展。促进现有国际顶级节事、赛会配套性消费转变为主题性消费,在交通组织、活动宣传、信息导视、主题产品展销、商圈氛围营造等方面制定综合方案,树立起"会商旅文体"联动地区名片。

专栏:推动消费全面升级的国际经验借鉴

——实行有利于国际消费集聚的举措。国际消费城市能提供一流的商业消费服务,不仅能很好地满足本地居民消费,而且能引领、创新商品和服务供给,吸引数量庞大的国内外游客前往消费。从购物退税看,伦敦、巴黎、纽约和东京大多建立了较为完善的免税购物和离境退税制度。巴黎退税率为12%,伦敦为12%—14%,纽约为8.5%—9%。人们能够在免税店购买全球著名的高档消费品,更重要的是,可以买到独具特色的国产商品。从购物促销活动看,巴黎每年1月和7月举办大减价活动,伦敦每年夏、冬两次大减价,折扣力度在30%—60%,纽约黑色星期五折扣力度较大,基本在30%—50%,有时还有折上折,是真正的购物狂欢。从配套服务来看,伦敦、巴黎、纽约和东京近几年来为吸引中国游客消费,在LV等知名品牌的专卖店和部分商场,配备中文导购已成为标准配置,东京、首尔等许多店铺商品的下方还贴有中文标识,欧洲的许多商场、专卖店都安装了银联卡支付刷卡与支付宝付款系统,退税等也有懂中文的人负责。

——打造引领消费时尚潮流的风向标。纽约、伦敦、巴黎和东京等城市是全球商务资源的配置中枢,也是国际名品的汇聚地和辐射地,更是国际时尚消费的发源地和风向标。仅2014年,就有63个时尚新品牌入驻东京,50个时尚新品牌入驻巴黎。巴黎、纽约、伦敦、米兰时装周被誉为"世界四大时装周",成为引领世界时尚潮流的风向标。纽约时装周的时装设计发布秀场规模超过180场次,参与人数超过23万,相关规模位居"世界四大时装周"之首。2018巴黎秋冬时装周带来79场时装秀,吸引100个国家的访客参加。2018伦敦春夏时装周期间举行了85场秀与33场活动。伦敦作为英国首都,85.5%的英国时装设计师都集聚在伦敦。

——建设全球影响力和美誉度的商圈商街。巴黎香榭丽舍大街、纽约第五大道、伦敦牛津街、东京银座等国际知名商圈商街,其成功主要有以下几个共性特点:一是历史底蕴深厚、文化内涵丰富。通常具有悠久的发展历史,博物馆、美术馆、公园等文化设施和景点资源众多,形成浓厚的商业文化沉淀和积累,成为彰显城市文化个性和消费个性的支撑。二是区位交通优越,设施配套完善。通常位于城市的核心区域,地理位置优越,可以满足地铁、公交、出租车、私家车等多种交通出行要求。三是品牌高度集聚、引领时尚潮流。通常汇集了全球最顶尖、最时尚的品牌,商品丰富多样且更新速度快,是感受流行、感受时尚、感受经典之地,是时尚的风向标。四是政府统筹规划,环境体验舒适。国际知名商圈商街离不开政府的推动和支持,包括对街区环境、公共服务与商业服务水准的管理,对街区活动举办的支持。政府引导规划建设从人性化要求出发进行全局考虑,注重建筑风格、装饰色彩、经营类别、项目选择的整体协调,注重公共空间的打造,厕所、电话、休息座椅等配套设施齐全,景观、小品布置讲究。同时,通过举办各类节日庆典、文化主题活动,持续强化街区文化吸引力和影响力。

——营造多行业融合互动的消费生态。国际消费城市发展,是商业、旅游、文化、体育、会展等多行业联动发展的有机整体,从而实现消费的规模效应和整体优势。巴黎每天举办300多场活动,130万人走上街头参加巴黎不眠之夜活动,香榭丽舍大街圣诞节灯饰期间点亮100万个灯泡。在纽约,每年的万圣节大游行吸引10万人参与,200万人围观,每年时代广场跨年演唱会吸引近200万民众集聚曼哈顿中城区。2018年伦敦的大型活动至少有75场,包括女王官方生日皇家阅兵庆典、温网锦标赛、伦敦国际电影节等;2017年伦敦马拉松大赛报名赛众25万多人。夜间经济是城市生活文化、饮食文化的窗口,是城市经济繁荣和开放程度的“晴雨表”,巴黎、纽约和伦敦等城市比较重视夜间经济的发展。巴黎打破周末不营业的传统,允许香榭丽舍等城市中心街区周日店铺正常营业,并可以营业至凌晨。

——构建完善高效便捷的消费环境。国际消费城市普遍重视加强基础设施建设,密切与国内外城市的互联互通,完善以空港、海港为枢纽的网络化交通体系。同时,利用现代信息技术提升消费便利性和智能体验,加强宣传和信息服务。如东京交通网络的通达性,主要商业街区地下回廊都是联通的,各种交通工具的接驳非常顺畅。国际消费城市发展还依赖于包容性的环境和制度,有相对完备的消费者权益保护体系以及配套的消费争议解决机制。

(二)强化创新驱动、释放企业活力,培育更有竞争力主体

1. 孵化培育新兴龙头企业集群

通过商贸领域资本、技术、人才等要素的集聚,推动传统的商品销售商向供应链服务商、全渠道平台商、综合服务商转型,形成若干“上控资源、下控网络”基础服务供应商集群;加强细分产品领域研发市场挖掘,鼓励、吸引国际小众、高端奢侈品牌研发、设计总部,做出适销对路、迎合中国及亚太市场需求的细分产品市场研发产业集群;通过基金投资、企业品牌收购、品牌资产股权融资等市场化方式为江苏本土品牌企业发展壮大谋得新动能,重点引进和培育混业经营、跨界融合的新型泛零售企业主体,培育一批线上线下融合的“独角兽”企业研发、营销总部集群。

2. 创新提升老字号品牌

结合新一轮国家机构部委改革,加强对企业品牌的统一建设和管理,用好国资收益资金支持企业品牌创新建设,重点培育扶持一批有市场基础和发展潜力的老字号企业,有创意设计、定制服务为特色的新品牌企业;探索建立新品牌新产品从设计研发到上市销售的市场交易机制,加快老字号商标知识产权资源的有效流通,盘活江苏商业品牌的无形资产价值;建立《江苏品牌名录》,深入挖掘现有众多老字号品牌的文化内涵和历史价值,并结合江苏各地旅游购物节,举办各类中华老字号博览会、中华老字号高峰论坛、品牌联姻沙龙等特色活动,提高新消费人群对老字号的知晓度和认可度;做好传统品牌“互联网＋”的营销融入工作,政府积极牵线搭桥,与淘宝、京东等较高知名度的网络营销商开展洽谈合作,通过开设旗舰店,参与网络众筹,时尚秀售同步等,扩大影响力、消费范围和群体;重视老字号、本土品牌经营网点布局,特别是原场原址的保护,同时为本土品牌在江苏重点商圈商街开设旗舰店及体验工坊,提供必要的税收和租金减免扶持政策。

3．打造特色专业市场

按照"功能集中、优势互补、错位发展"的思路，引导各类市场合理布局、有序竞争、协调发展，形成功能明确、分工合理的多层次发展格局。依托交通枢纽发展商品市场，规划建设区域性生活资料和生产资料批发市场。立足优势产业，加强分类指导，建设一批综合与专业、批发与零售、产地与销地联动融合的商品交易市场，培育一批有影响力的区域性商品交易市场群。围绕建设辐射全国、影响全球的国际家纺商务城的目标定位，大力发展智慧物流，整合物联网、传感网与互联网，对商品实施智能化跟踪与管理，实现物流的自动化、可视化、智能化、网络化，提高资源利用率和流通效率。加强智慧流通基础设施建设，支持农产品流通全程冷链建设，支持第三方电子商务平台建设，统筹智能化物流集散和储运设施建设。加快智慧商圈建设，促进商圈内各种商业模式和业态优势互补、信息互联互通、市场资源要素共享，抱团向主动服务、智能服务、立体服务和个性化服务转变，提高商圈内资源整合能力和消费集聚水平，构建线上线下融合发展的体验式智慧商圈。

（三）加强人才队伍建设

1．加大人才培养开发力度

推进现代流通领域学科专业建设，鼓励省内高等院校增设高水平的国际商务、电子商务、现代物流、现代会展等专业和课程，培养符合现代流通业发展需要的专业人才。突出"高精尖缺"导向，大力加强复合型创新创业人才等高端人才和高技能人才队伍建设。实施重点人才工程计划，推动人才结构战略性调整。坚持高端引领和基层开发并重，打造人才队伍新质态，造就大批高素质基层人才队伍。积极引导优秀博士后向企业流动。推广工学结合、校企合作的技术工人培养模式，推行企业新型学徒制，打造"江苏技能状元"大赛等品牌。统筹抓好党政人才、企业经营管理人才、专业技术人才、技能人才、农村实用人才、社会工作人才等队伍建设，推进人力资源强省建设。

2．大力引进海内外高端人才

吸引海内外精通现代流通方式、掌握商业经营管理和信息化知识的高端紧缺人才，促进人才流动。实施更加开放的人才政策，加大全球引才引智力度，全面用好国际国内人才资源。实施"十大领域海内外引才行动计划"，组织"海外博士江苏行"等活动，广泛汇聚海内外高层次、高技能人才创新创业。采取柔性引进、项目引进、专项资助引进等方式，大力引进国外人才和智力，构建引智成果发现推广体系。加强人才创新创业载体建设，加大对留学回国人员资助力度，打造江苏海内外高端人才集中生活服务区。鼓励江苏人力资源服务机构参与国际人才竞争与合作，推进国家级（中国苏州）和省级人力资源服务产业园、南京国家领军人才创业园、常州国家科技领军人才创新驱动中心等集聚区建设。

3．创新人才发展体制机制

强化职业培训，完善各项技能资格认证制度，充分利用线上线下资源，采取企业内训、外部培训、校企联合办学等多种方式，培养实用人才、专业技术人才，探索职业教育和培训服务新方式。转变政府人才管理职能，加快构建更加完善的人才发展体系和公共人才服务体系。健全符合人才成长规律的人才培养开发机制，更加开放地引进使用机制，科学化、市场化、社会化的评价发现机制，充分体现人才价值的激励保障机制，有利于释放人才活力的流动配置机制，营造良好的人才发展环境。深化干部人事制度改革，完善职称评定制度。大力发展人力资源服务业，培育发展专业性、行业性人才市场。加快人才大数据和信息管理平台建设,定期编制发布人才需求信息。加快苏南人才管理改革试验区建设,选择有条件的县(市、区)和单位开展人才工作综合改革试点。

(四) 加强区域联动

1. 加强省内联动

(1) 加强省内商业资源的整合

加强省内商业资源的整合,建设一批特大、超大型的现代商贸流通企业是江苏发展的关键之问题一。各县(市)商业发展要注重满足当地的消费需求,体现当地的消费水平,形成当地的商业特色。各地应主动适应城镇化进程的加快,积极推动城市商业结构调整、促进现代流通发展,逐步完善流通基础设施,发展新兴商业业态,努力形成主城区商业中心、中心镇商业和社区商业三个层级良性互动的商业发展格局。一是鼓励商贸流通企业横向发展,《国务院关于深化流通体制改革加快流通产业发展的意见》要求消除地区封锁和行业垄断,严禁阻碍、限制外地商品、服务和经营者进入本地市场,严厉查处经营者通过垄断协议等方式排除、限制竞争的行为。二是资金整合,通过股票交易市场或企业协商互相参股,促进企业之间交流,推动相关联企业共同发展,从而形成整个行业和地区的一体化发展。三是人员整合,通过共管、托管、代管等方式加强人员交流,实现企业文化和理念的交融。四是品牌整合,倡导输出品牌、输出管理,以先进带后进的方式整体提升长三角商贸流通业的现代化发展水平。总之,通过区域内资源整合解决省内各地之间现代商贸流通经济发展的不平衡问题,提升长三角现代商贸流通业的核心竞争力。

(2) 促进省内商贸流通企业抱团"走出去"

商贸流通业走向世界是中国商业经济发展的主要方向之一。通过走向世界可以进一步拓展生存空间,获取先进的商业经营理念和经验,提升整体竞争能力。目前,长三角已经有苏宁、海尔等大型商贸流通和生产企业开始"走出去",到中国香港地区、日本、美国、欧洲等地发展并取得较好的成果。为了扩大"走出去"的规模,省内企业还要加大"走出去"的力度。一是与海外开发区建设相结合、相配套,区内商贸流通企业利用各市在外发展开发区的大好时机,跟随海外开发区一起"走出去",以开发区为基地开拓所在国的商业市场。二是通过并购、联营、参股等方式到目的国开拓商业市场,建立分销中心、展示中心,通过输出管理、商品,提高所在国的就业水平和财税收入,达到共赢互利。三是利用现代海上丝绸之路和陆上丝绸之路带建设的国家政策,为沿线国家的相关国家和地区发展创造新的机遇,同时也促进自己的发展。因此,在"走出去"方面,也要摆脱局部发展的观念,一是倡导全行业、全地区内外贸一起捆绑式"走出去",成为全国商贸流通业外向发展的先导、示范和推进力量。二是广泛应用信息技术,连锁化率达到22%左右,商品统一配送率达到75%左右。三是形成一批网络覆盖面广、主营业务突出、品牌知名度高、具有国际竞争力的大型流通企业。四是流通产业发展的政策、市场和法制环境更加优化,市场运行更加平稳规范,居民消费更加便捷安全,全国统一大市场基本形成。

(3) 加强城乡对接,打造农村现代流通体系

要积极发挥江苏商贸流通业在平衡区域经济中的先导作用。在新农村建设方面,要抓住党和国家乡村复兴战略和美丽乡村建设的战略机遇,分阶段、分目标地改善农村市场环境,推动现代流通业态特别是便利店进入乡村,实现城乡同步发展。针对江苏农村市场落后于城市市场的具体情

况,可以通过发展特色小镇商贸流通业进行追赶。如扬长避短,以电子商务新零售为发展主要抓手,统一协调鲜活农产品的购销调存,实现农户增收。通过发展物流促进商品下乡,实现消费上的弯道超车。将农村市场体系建设纳入城镇化规划,推进集零售、餐饮、文化娱乐、配送等于一体的多功能乡镇商贸中心建设,发展一批对周边乡镇具有较强辐射带动作用的商贸强镇,培育一批具有历史底蕴和时代特色的商贸小镇。推动农村商业网点连锁化经营、集中配送、信息化改造,提升流通效率。支持农村电子商务发展,引导电子商务企业开拓农村市场。加强农村物流体系建设,逐步完善农村地区物流快递、售后服务等网点建设。推动农产品流通骨干网络建设,支持"农批对接""农超对接"、农产品电子商务等流通模式。建立以城带乡、城乡融合的流通一体化发展机制,畅通工业品下乡和农产品进城渠道。加快建设高效畅通、安全规范、竞争有序的农产品市场体系,完善各具特色的区域农产品市场网络,优化农产品市场结构和布局,进一步畅通农产品进城流通渠道。加强综合集配中心、冷藏储运和信息化等流通基础设施建设,重点建设加工配送中心、集配中心和田头市场,提升农产品流通"最后一公里"和上市"最初一公里"组织化水平。加快培育包括专业大户、家庭农场、农民合作社、农民经纪人队伍、经销商、农产品批发市场经营管理者、农产品流通企业及市场流通服务企业在内的流通主体队伍,保证农民合理分享流通增值收益。

2. 贯彻落实长三角现代商贸流通业一体化发展

(1) 切实加强各省、市、区、县政府部门间的协调合作

贯彻区域一体化发展将包括江苏省在内的长三角地区打造成中国现代商贸流通业先导区、示范区和推进区是一个系统工程,需要国家商务部等经济领导部门的大力指导和协调,也需要江苏省内各市、区、县政府的通力合作以及长三角其他地区的协调合作。这种合作应该是具体有效的合作,是共同发展的合作。一是要制订省内商贸流通业整体发展规划,通过规划确定发展的目标、方法、阶段、策略。二是要制订互相协作、对等合作的政策,在税收、资金、土地、人才、物流、水电等环节上大力支持省内商贸流通企业的合作发展,避免诸侯经济人为地阻碍现代商贸流通经济的发展步伐。三是要建立协调机构,在区域一体化发展现代商贸流通经济中沟通上下左右的联系。四是要推进区域内要素市场的发展,建立统一的要素市场就是以现代经济发展模式促进商贸流通经济获取必要的资金、信息、人才、技术、市场份额和管理经验。

(2) 加强信息交流

信息化是商贸流通经济现代化发展的黏结剂和促进剂,没有信息化,商贸流通经济就不可能达到规模发展、集约发展、连锁发展和一体发展。因此,要高度重视信息化。一是根据《国务院关于深化流通体制改革加快流通产业发展的意见》,通过信息化建设,促进营销网、物流网、信息网三网融合,推动云计算、移动通信更大范围地应用于现代商贸流通领域。二是建立高效率地信息化中心,整合华东地区的商贸流通业发展信息。牵头建设服务于江苏省的长三角商业信息中心,达到信息共享、共用、共管的目的,各地即时将本地商贸流通业发展的信息传递到中心,中心在整理后再对各地会员开放。三是发挥信息的导向作用,通过信息整合调度长三角地区商贸流通业发展的方向、力度,调整资金、物流,发展电子商务,促进包括江苏省在内的长三角现代商贸流通业整体发展。四是加强商贸流通企业自身的信息化建设,装备现代化的信息工具,通过信息化加强企业管理,提高企业效率,增强经济效益,将信息化建设与商贸流通企业现代化建设相结合。做到发展江苏商贸流通业的同时共同促进长三角地区现代化建设。

3. 加强与上海自贸区的对接

自 2013 年 9 月成立上海自贸区以来，上海自贸区已经取得了良好的发展成就，聚集 1.6 万多家投资企业、28 万从业人员。习近平总书记在上海考察时指出："上海自由贸易试验区是块大试验田，要播下良种，精心耕作，精心管护，期待有好收成，并且把培育良种的经验推广开来。"习总书记希望"试验区按照先行先试、风险可控、分步推进、逐步完善的原则，把扩大开放同改革体制结合起来，把培育功能同政策创新结合起来，大胆闯、大胆试、自主改"。江苏省的商贸流通企业要紧紧抓住上海自贸区发展的历史良机，积极对接上海自贸区。一是加强物流对接，通过物流对接扩大物流规模，提升物流技术，提高物流发展水平。二是加强商品流通对接，通过流通对接将本地区的商品自由地流出去，需要的商品流进来，扩大商品进出口规模，提高商品出口质量，大力度地"走出去"。三是通过对接上海自贸区，不断地提升本地区现代商贸流通业发展水平、管理能力和技术含量。四是通过对接上海自贸区，推进本地区的商贸流通政策创新，为长三角现代商贸流通业一体化发展奠定政策基础。

4. 优化城市流通网络体系建设

针对长三角地区商贸流通体系需要进一步完善的具体情况，应结合一体化推进和向导区、示范区、推进区建设，将现代商贸流通业体系建设作为长三角一体化建设的一项重要内容。一是充分落实发挥电子商务的主宰作用，首先，推进电子商务平台建设。实施专业型特色型平台龙头企业培育工程。结合江苏省产业结构和特点，培育特色平台龙头企业。鼓励发展专业型平台，增强实体产业发展活力和市场竞争力。实施移动电子商务完整产业链构建工程。重点推进移动电子商务在农业生产流通、企业管理、安全生产、环保监控、物流和旅游服务等方面的试点应用。推动移动电子商务产业链和各应用领域相关主体加强合作，加快社会化协作机制创新。着力推进电子商务运营服务。积极打造总部经济，发展有基础支撑的潜力领域，培育一批在全国具有重要影响力的面向不同行业、区域和消费者的电商服务平台。着力扶持和引导电子商务产业链快速发展，提升江苏在电商领域的地位和影响力。推进电子商务服务网络和服务园区建设。关注大中企业服务网络建设，围绕信息、科技、金融三大核心业务，积极降低企业运营成本，优化发展环境。推进电子商务产业基地和示范园区建设，着力打造引领电子商务服务创新的国家示范城市。其次，促进企业电子商务智慧化应用。实施大中型企业智慧化建设工程。推进电子商务深度应用，促进研发设计、生产、销售、管理等产业链条的智慧化建设，引领企业智慧化工程。提升现代服务业电子商务应用深度。积极推进金融、物流、商贸、旅游、科技、工业设计等现代服务业电子商务应用深度，大力培育和发展各类行业技术创新中心、信息服务中心、数据中心。强化优势行业信息化深度融合。推动信息化与工业研发设计的融合、推动信息化与生产过程控制的融合、推动信息化与经营管理的融合。在苏北优先推动企业的信息化硬件投资，重点推进信息化软件投资。

（五）完善市场制度，优化市场秩序

市场进入制度是规范市场主体进入资格的有效方式，市场进入制度应该采取宽严相济的原则，同时完善交易监管制度。市场交易监管主要分为有形市场和无形市场交易监管，对于有形市场交易监管则主要采取事中监管的形式，对于市场主体的违法乱纪行为采取严格控制和惩罚，保证市场交易的顺利进行。无形市场的监管需要定期或不定期清点经营主体的资质和信誉，防止违法乱纪和违章经营。完善市场信用制度,对零售企业和批发企业建立完善的市场信用数据库,将企业诚信档案和不良行为记录运用数据库进行记录,采取统一管理的方式,并且需要对企业的信用信息及时更新。

建立全省层面统一的商贸流通品牌的评估体系,提炼江苏商贸品牌要素及评价指标,加强商贸流通领域标准化建设,建立政府引导、行业自律、企业主导的标准实施机制,把推进过程的各个环节纳入规范化、制度化、程序化轨道。推动江苏商业服务的品牌化建设。重启商业职工分级培训机制,开展星级服务企业挂牌,加强商业服务人员的职业素养培训,培育一批标准化、品牌化、规模化的服务型龙头企业。

参考文献

[1] 雍媛媛.徐州市区域性商贸物流发展[J].产业经济,2014(36):29.

[2] 王波.新常态下商贸流通经济发展研究综述[J].江苏商论,2015(11):3-11.

[3] 周丽群.新常态下我国内贸流通发展特点与政策建议——全国内贸专家座谈会综述[J].中国流通经济,2015,(3).

[4] 紫石.新常态下商业经济的创新发展[J].商业经济研究,2015,(1).

[5] 江苏省商务厅和江苏省商业经济学会联合课题组.国民经济新常态下江苏省商贸流通业发展的思考与对策[J].江苏商论,2015,(1).

[6] 马明龙,薛茂云,潘宪生,王波,居长志.江苏省商贸流通业改革开放40周年研究[J].江苏商论,2019(01).

[7] 仲锁林,倪海清.探索有江苏特色的电子商务发展模式[J].江苏商论,2013(1).

[8] 赵武.商贸流通业的经济增长效应及深化策略[J].商业经济研究,2016(13).

[9] 任保平.中国商贸流通业发展方式的评价及其转变的路径分析[J].商业经济与管理,2012(8).

[10] 张燕.我国商贸流通业产业链识别与优化研究[J].商,2016(6).

[11] 杨以文.江苏商贸流通业的发展现状、存在问题及发展重点研究[J].江苏教育学院学报(社会科学),2012(5).

[12] 陈文刚.我国商贸流通业自主品牌培育发展策略分析[J].商业经济研究,2016(11).

[13] 张宁.经济结构转型升级背景下我国商贸流通业发展策略探析[J].商业经济研究,2016(8).

第九章　江苏省金融业发展报告

一、江苏省金融业发展现状研究

2018年,江苏省金融业保持平稳运行,社会融资规模增长适度,金融市场交易活跃。金融基础设施建设不断完善,金融生态环境持续优化。证券业实力持续增强,多层次资本市场建设稳步推进。保险业发展平稳,保险服务创新取得突破。

(一)银行业经营稳健,信贷规模适度增长

1. 机构资产规模稳步增长,盈利水平有所上升

2018年末,江苏省金融机构总资产为17.7万亿元,同比增长6.3%,盈利水平有所上升,全年银行业金融机构实现净利润2009.16亿元,同比增加253.64亿元。全年实现金融业增加值7461.9亿元,同比增长7%。

表1　2018年江苏省银行业金融机构情况

机构类别	营业网点			法人机构(个)
	机构个数(个)	从业人数(人)	资产总额(亿元)	
一、大型商业银行	4936	107437	60536	0
二、国家开发银行和政策性银行	78	2415	9425	0
三、股份制商业银行	1047	33657	29473	0
四、城市商业银行	906	32549	36575	5
五、城市信用社	0	0	0	0
六、小型农村金融机构	3275	51817	28290	63
七、财务公司	0	460	1408	14
八、信托公司	0	573	346	4
九、邮政储蓄	2515	25164	7392	0
十、外资银行	35	2292	1541	6
十一、新型农村机构	173	4625	832	74
十二、其他	0	1136	1421	6
合　计	12965	262125	177240.35	172

注:营业网点不包括国家开发银行和政策性银行、大型商业银行、股份制银行等金融机构总部数据;大型商业银行包括中国工商银行、中国农业银行、中国银行、中国建设银行和交通银行;小型农村金融机构包括农村商业银行、农村合作银行和农村信用社;新型农村机构包括村镇银行、贷款公司、农村资金互助社;"其他"包含金融租赁公司、汽车金融公司、货币经纪公司、消费金融公司等。

数据来源:中国人民银行南京分行,江苏银监局,江苏省金融办。

2. 不同币种存款增势出现分化

2018 年末,全省金融机构本外币存款余额为 14.42 万亿元,同比增长 7.01%,增速比上年末下降 0.31 个百分点。全省金融机构人民币存款余额为 14 万亿元,同比增长 7.5%,增速同比上升 0.2 个百分点。全省金融机构外汇存款余额为 657 亿美元,同比减少 11.2%,增速同比下降 25.9 个百分点。

2018 年,全年新增人民币存款 9775 亿元,同比多增 939 亿元;受汇率波动和贸易摩擦影响,企业和居民持有外币意愿减弱,全年外币存款下降 82.7 亿美元,同比少增 177.9 亿美元。

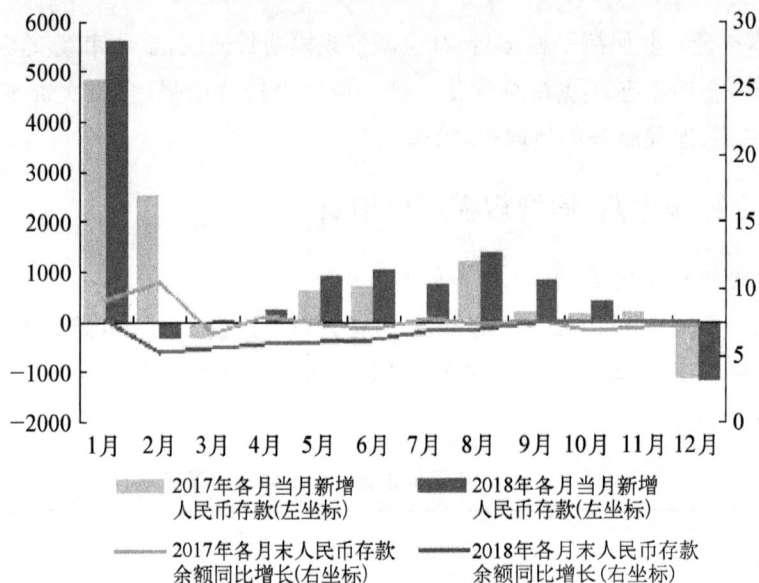

图 1 图 12017—2018 年江苏省金融机构人民币存款增长

数据来源:中国人民银行南京分行

3. 住户存款、非金融企业存款、非银行业金融机构存款增长加快,广义政府存款增长放缓

2018 年末,全省金融机构人民币住户存款余额为 5.08 万亿元,同比增长 10.16%,增速比上年末上升 5.17 个百分点。非金融企业人民币存款余额为 4.99 万亿元,同比增长 5.70%,增速比上年末上升 1.44 个百分点。非银行业金融机构人民币存款余额为 8556.67 亿元,同比增长 21.66%,增速比上年末上升 16.16 个百分点。金融机构人民币广义政府存款余额为 3.02 万亿元,同比增长 2.98%,增速比上年末下降 14.47 个百分点。

2018 年,全省金融机构人民币非金融企业存款新增 2712.41 亿元,比上年多 758.72 亿元。非银行业金融机构人民币存款新增 1517.67 亿元,比上年多 1151.33 亿元。金融机构人民币广义政府存款新增 874.24 亿元,比上年少 3462.63 亿元。

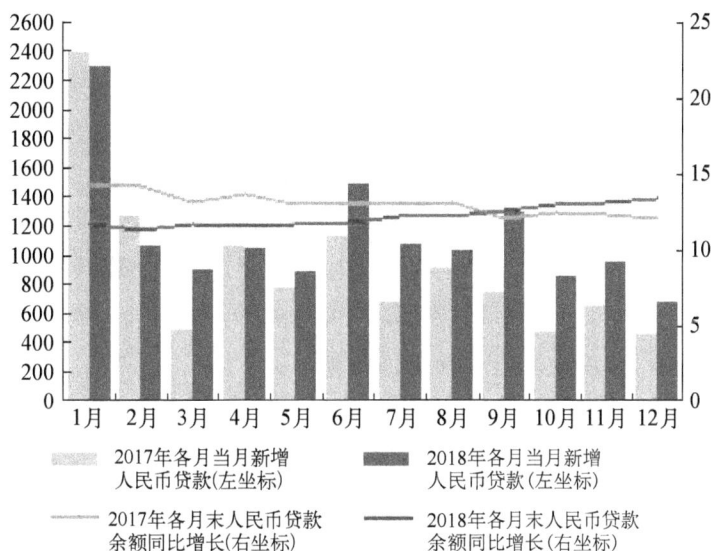

图 2　2017—2018 年江苏省金融机构人民币贷款增长

数据来源:中国人民银行南京分行

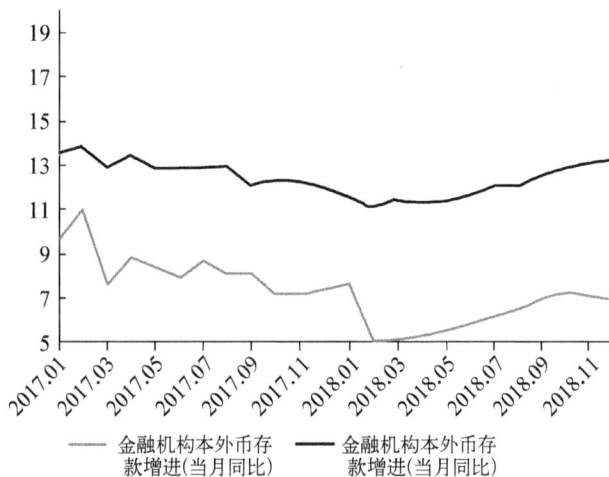

图 3　2017—2018 年江苏省金融机构本外币存、贷款增速变化

数据来源:中国人民银行南京分行

4. 贷款保持适度增长,信贷资源进一步流向实体经济

2018 年末,全省本外币各项贷款余额 11.8 万亿元,同比增长 13.3%,增速同比上升 1.4 个百分点。全年新增本外币贷款 1.37 万亿元,同比多增 2626 亿元。

从贷款币种看,受表外业务转表内等原因影响,人民币贷款增速同比提高,全年新增人民币贷款 1.36 万亿元,同比多增 2567 亿元。受今年来贸易摩擦和进出口增速放缓的影响,全省外汇贷款同比增长,增速有所下降。至 2018 年末,全省外币贷款余额 304.36 亿美元,同比增长 5%,增速较上年下降 3.7 个百分点。

从期限结构看,短期贷款与票据融资增速加快,中长期贷款增速放缓。2018 年,全省本外币短期贷款增加 3859 亿元,同比多增 1518 亿元。票据融资比年初增加 1703 亿元,同比多增 3415 亿元。年末全省本外币中长期贷款余额增速为 11.89%,比上一年增速下降 6.53%,较年初增加 7809 亿元,同比少增 2375 亿元。

从贷款投向看,小微企业贷款保持平稳增长,制造业贷款结构优化。2018 年末,全省金融机构普惠口径小微企业贷款余额 6630.93 亿元,同比增长 18.79%,增速比上年末上升 5.66 个百分点。全省制造业本外币贷款余额 1.65 万亿元,同比增长 4.0%,增速同比提升 0.13 个百分点;比年初新增 583 亿元;其中,《中国制造 2025 江苏行动纲要》确定的 15 个重点领域贷款余额同比增长 7.82%;全省钢铁、煤炭、水泥、平板玻璃、船舶等产能过剩行业贷款同比减少 11.23%。

5. 表外融资增量为负,各类表外业务变化趋势不一

2018 年末,全省表外融资(委托贷款、信托贷款和银行承兑汇票净额)下降 1281 亿元,同比多减 2177 亿元。分具体业务看,委托贷款、信托贷款同比大幅下滑,银行承兑汇票止跌并出现较快增长。

2018 年,全省金融机构委托贷款增量为 −1889.92 亿元,比上年少 2264.87 亿元,占社会融资规模增量的 −10.68%,比上年降低 12.81 个百分点。全省金融机构信托贷款增量为 −456.54 亿元,比上年少 1076.53 亿元,占社会融资规模增量的 −2.58%,比上年下降 6.11 个百分点。全省金融机构银行承兑汇票净额增量为 1065.49 亿元,同比多增 1164.19 亿元,占社会融资规模增量的 6.02%,比上年上升 6.58 个百分点。

6. 存贷利率总体平稳

2018 年 1—4 季度,江苏省定期存款加权平均利率分别为 2.1758%、2.0866%、2.0800% 和 2.0985%,同比分别上涨 10.6、8.6、7.8 和 8.7 个基点。新发放人民币贷款加权平均利率分别为 5.7331%、5.9019%、5.9817%、5.8248%,同比上涨 39、42、33、和 22 个基点。利率市场化改革深入推进。省、市、县三级利率定价自律机制相继建立并有序运转,市场化产品发行量不断扩大,全省 97 家地方法人机构通过合格审慎评估,累计发行同业存单 11893 亿元,发行大额存单 2110 亿元。

表2　2018 年江苏省金融机构人民币贷款各利率区间占比　　　　　单位%

	月份	1	2	3	4	5	6	7	8	9	10	11	12
	合计	100.0	100.0	100.0	100.0	100.0	100.0	100.0	100.0	100.0	100.0	100.0	100.0
	下浮	5.0	4.8	3.1	3.3	2.3	2.9	4.2	3.9	3.7	5.0	5.8	6.3
	基准	18.9	19.0	15.3	14.6	12.3	12.9	11.6	11.3	12.4	13.1	14.5	16.9
上浮	小计	76.1	76.2	81.6	82.2	85.4	84.1	84.2	84.7	83.9	81.8	79.8	76.8
	(1.0—1.1]	18.2	15.6	17.6	17.6	19.3	17.9	19.0	16.5	18.5	16.6	18.2	18.7
	(1.1—1.3]	31.5	29.1	28.1	27.8	27.8	28.9	27.2	29.0	28.6	27.5	27.3	28.5
	(1.3—1.5]	13.5	16.9	18.8	18.4	19.8	19.9	19.1	19.7	18.6	18.0	16.0	15.6
	(1.5—2.0]	9.1	9.9	12.0	13.2	13.3	13.0	13.2	13.7	13.1	13.6	12.7	10.0
	2.0 以上	3.9	4.8	5.1	5.2	5.2	4.4	5.7	5.8	5.1	6.1	5.6	4.0

数据来源:中国人民银行南京分行

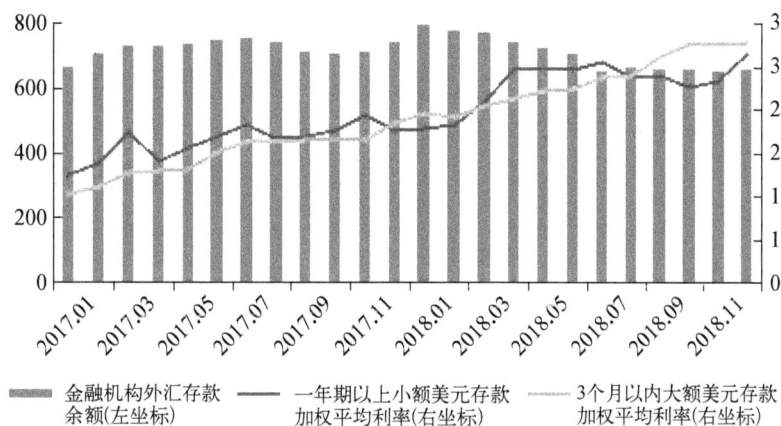

图4　2017—2018年江苏省金融机构外币存款余额及外币存款利率

数据来源:中国人民银行南京分行

7.银行业整体运行稳健,金融风险防控更加扎实

2018年末,全省银行业金融机构不良贷款率1.21%,比年初下降0.04百分点。不良贷款余额1429亿元,比年初增加130亿元,同比多增93亿元。关注类和逾期贷款余额分别较年初下降76亿元和172亿元。

2018年,人民银行南京分行坚持把防控金融风险放在更加重要位置,前移风险把控关口。一是发挥宏观审慎政策风险防范作用。认真落实资管新规要求,全面摸排调研法人金融机构和省级商业银行资管业务情况,推动地方法人金融机构平稳有序去杠杆。二是持续加强金融风险监测、预警和提示,稳步推进存款保险现场核查工作,有效发挥存款保险早期纠正作用。三是扎实开展现场评估和专项整治工作,探索开展金融控股公司监管试点。

专栏1:江苏金融切实加强对民营企业和小微企业的服务工作

根据总行工作部署,2018年以来,我分行立足地方实际,强化政策引导,积极推动更好服务民营和小微企业的政策落地。

一是深入开展"金融惠企大走访"。为深入剖析、破解企业融资困难,从10月份起,组织全省银行机构开展为期三个月的民营和小微企业"金融惠企大走访"活动,按照"边走访、边梳理、边解决"的思路,深入融资困难的企业一线,扑下身子、解剖麻雀、宣传政策、破除梗阻,尤其要求金融机构无贷户走访数量不低于50%。截至2018年末,全省金融机构累计走访企业7.01万家,其中走访本行无贷企业4.51万家,为2.84万家企业提供了融资解决方案。

二是强化货币政策工具运用。实施央行资金政策效果评估,将支小再贷款与信贷结构优化挂钩,并对创新信贷产品的金融机构给予额外激励。自主开发央行资金辅助管理系统,推动再贷款台账电子化管理和再贴现量化管理,提升管理效率。截至2018年末,全省支小再贷款、再贴现余额分别为179.72亿元和237.17亿元,限额使用率分别达93.6%和96.02%,处于全国前列。创新开展再贷款管理品牌化建设。在苏州和南京开展"小微e贷"金融产品试点,由7家法人银行机构运用支小再贷款资金,统一通过"小微e贷"品牌,向小微企业提供低成本贷款。截至2018年末,小微e贷累放749笔,金额14.47亿元,利率5.46%,低于全部法人机构小微贷款利率0.88个百分点。

三是深入开展应收账款融资专项行动。大力宣传推广中征应收账款融资服务平台,引导企业注册使用,截至 2018 年末,全省平台注册机构用户达到 1.79 万个,占全国的 15.17%。引导供应链核心企业带动上下游企业加入平台,推动核心企业 ERP 系统与平台直连,线上供应链数量、系统直连企业数均居全国前列。截至 2018 年末,全省历年通过平台促成应收账款融资 2.51 万笔,融资金额 1.34 万亿元,融资笔数和金额连续三年位居全国第一。

四是缓解银企信息不对称难题。积极推动省级综合金融服务平台建设,形成"银行开网店,企业选服务,信用换融资,政策齐助力"的服务模式,打造金融供需对接的"淘宝网"。自 5 月中旬试运行以来,全省综合金融服务平台上线企业 3.81 万家,累计发布融资需求 6315 笔、金额 230 亿元,已成功对接融资 3667 项、138 亿元。支持苏州征信服务平台建设,汇集了 70 余家政府部门信用信息,实现了当地银行有贷企业、新开基本户企业和产业引导政策企业全覆盖,通过信用评分、筛查风险企业、合作推出"征信贷"产品等方式为企业融资提供多层次服务。组织开展银企对接活动,全年共组织各种形式银企融资洽谈活动 454 场次,涉及企业 1.56 万家,融资需求超 8000 亿元。其中,我分行会同省工商联等部门组织召开民营企业发展银企对接会,现场签约 30 个项目,授信总额达 300 亿元。

(二)证券业平稳发展,多层次资本市场建设稳步推进

1. 证券行业平稳发展

2018 年末,江苏省共有法人证券公司 6 家,证券营业部 928 家,同比增长 4.62%。境内上市公司总数为 401 家,较上年新增 19 家,拟上市公司 206 家,后备上市企业资源充足。IPO 融资在全国位居前列,2018 年,省内企业 IPO 融资 188.67 亿元。省内上市公司通过首发、配股、增发、可转债、公司债在沪深证券交易所筹集资金 2249.8 亿元。

2. 多层次资本市场建设稳步推进

截至 2018 年末,江苏省有新三板挂牌公司 1273 家,总量位列全国前列。企业境内上市公司总股本 3639.3 亿股,比上年增长 11.7%,市价总值 31986.1 亿元,比上年下降 21.4%。江苏区域股权交易中心已有 4444 家挂牌企业,融资额比年初增加 2.2 亿元。期货行业稳步发展,全省共有法人期货公司 9 家,1100 家证券期货营业部,期货经营代理交易额 15.3 万亿元。全年证券市场完成交易额 28.7 万亿元,证券经营机构股票交易额 13.4 万亿元。

表3　2018年江苏省证券业基本情况

项　目	数　量
总部设在辖内的证券公司数(家)	6
总部设在辖内的基金公司数(家)	0
总部设在辖内的期货公司数(家)	9
年末国内上市公司数(家)	401
当年国内股票(A 股)筹资(亿元)	1450.7
当年发行 H 股筹资(亿元)	1263

项　　目	数　　量
当年国内债券筹资(亿元)	7495
其中:短期融资券筹资额(亿元) 中期票据筹资额(亿元)	545 1518.7

注:当年国内股票(A股)筹资额指非金融企业境内股票融资。

数据来源:江苏证监局,江苏省金融办,中国人民银行南京分行。

(三)保险业运行良好,服务能力再上新台阶

1.总体规模处于全国前列

2018年,江苏省累计实现保费收入3317.28亿元,在全国36个省(市)中,保费规模列第二位。其中,财产险保费858.81亿元,同比增长5.51%,江苏产险公司实现承保利润25.12亿元,排名全国第三,承保利润率3.11%,比全国平均水平高3.24个百分点。人身险保费2458.46亿元,同比下降6.72%。

2.保险保障功能进一步提高,服务民生能力增强

一是助力精准扶贫。向建档立卡贫困人口支付大病保险赔付1.22亿元,赔付14.17万人次,最高赔付金额35.50万元;开办扶贫补充医疗保险,承保范围已覆盖全省28个县(市)927万人,累计赔付达3682万元,1.61万名贫困群众从中获益。与慈善总会合作,将慈善扶贫捐款用于苏北低收入人群的自费医疗费用保障,保障人数达24万人。二是参与养老保障制度建设试点。截至2018年底,税延养老保险试点累计办理2211件,保费收入448.50万元,件均保费及保单续期率保持全国第一。三是大病保险项目成效明显。截至2018年底,共承办江苏地区大病保险项目76个,协议参保人数达5811.29万人。2018年大病保险项目赔付达135.60万人次,赔款金额共计23.04亿元,人均赔付4212.75元,帮助参保群众提高医疗费用报销比例11.78个百分点。

3.助力新旧动能转换取得新成效

一方面是服务科技创新。2018年,江苏首台(套)保险实现保费收入4.41亿元,为首台(套)重大技术装备提供了177.55亿元风险保障。新材料首批次保险实现保费收入6437.22万元,为应用企业提供风险保障28.56亿元。另一方面是支持江苏企业"走出去"。出口信用保险积极支持江苏外贸出口及海外投资,服务出口企业18201家,其中,服务小微企业13064家,累计支持江苏出口838.22亿美元,为江苏从制造业大省向强省转变注入新动能。

表4　2018年江苏省保险业基本情况

项　　目	数　　量
总部设在辖内的保险公司数(家)	5
其中:财产险经营主体(家) 寿险经营主体(家)	2 3
保险公司分支机构(家)	5739
其中:财产险公司分支机构(家) 寿险公司分支机构(家)	2352 3387

江苏省现代服务业发展研究报告(2019)

续表

项　目	数　量
保费收入(中外资:亿元)	3317.3
其中:财产险保费收入(中外资:亿元) 人身险保费收入(中外资:亿元)	858.8 2458.5
各类赔款给付(中外资:亿元)	996.7
保险密度(元/人)	4120.5
保险深度(%)	3.6

数据来源:江苏保监局

(四)社会融资规模保持适度增长,支持实体经济能力进一步提升

1. 社会融资规模保持适度增长

2018年,金融对实体经济支撑作用进一步增强,全省社会融资增量1.77万亿元,同比多增138亿元。从融资结构看:一是对实体经济信贷投放占比有所提升,全年新增各项贷款1.35万亿元,比上年多2380.84亿元;占社会融资规模增量的76.41%,比上年提升12.96个百分点。二是表外融资有所减少。全年新增表外融资表外融资增量为-1280.97亿元,比上年少2177.21亿元。三是直接融资增量同比有所回升。全省企业直接融资增量为2854.22亿元,比上年多147.02亿元。

2. 债券发行规模进一步扩大,金融市场创新力度增强

2018年,江苏企业共发行债务融资工具5826亿元,比上一年增加1173亿元,年末全省债务工具存续余额达10165亿元,同比增加1731亿元。法人机构主动负债能力不断增强,全省共8家地方法人金融机构在银行间债券市场发行各类主动负债工具361亿元,同比多发139亿元,其中,金融债305亿元,二级资本工具38亿元。江苏省四家企业发行绿色债券合计18.8亿元,其中,昆山市公交集团发行全省首支绿色资产支持票据2.8亿元。作为民营企业债券融资支持工具首批3个试点省份之一,江苏省2018年累计共发行9只支持工具,标的债券共计35亿元,创设13.3亿元的风险缓释凭证,债券发行利率较市场低90个基点。

单位:亿元

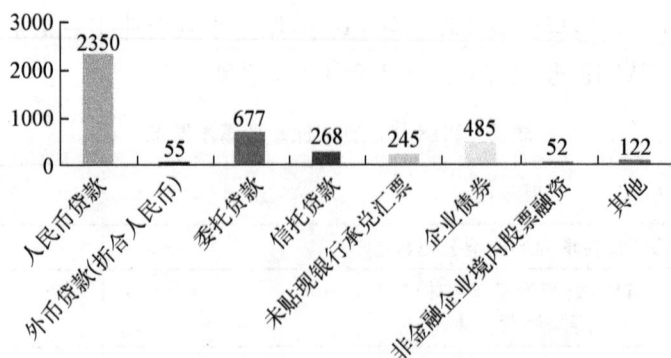

图5　2018年江苏省社会融资规模分布结构

数据来源:中国人民银行南京分行

· 222 ·

3. 银行间市场业务平稳发展

2018全年江苏省共有88家市场成员参与同业拆借交易,同比增加5家,累计拆借资金5.42万亿元,净拆入资金3.21万亿元;218家市场成员参与质押式回购交易,累计成交55.56万亿元,56家市场成员参与买断式回购交易,累计成交7752.29亿元;222家市场成员参加现券交易,累计交易额14.21万亿元。

4. 票据业务有所收缩,利率持续走低

2018年,全省承兑汇票累计发生额2.06万亿元,比上年增加3467亿元,票据贴现累计发生额3.3万亿元,比上年减少8664万亿,主要受票据业务监管趋严、商业银行加强票据风险管控等因素叠加影响,导致票据业务持续收缩。2018年1—4季度,全省票据贴现加权平均利率分别为5.4703%、5.2686%、4.2898%、3.9925%;票据转贴现加权平均利率分别为4.5501%、4.3081%、3.6154%和3.3857%,票据市场贴现利率明显回落,转贴现利率环比、同比也均出现回落。

表5　2018年江苏省金融机构票据业务量统计　　　　　　　　　　　　　　单位:亿元

| 季　度 | 银行承兑汇票承兑 | | 贴　现 | | | |
| | | | 银行承兑汇票 | | 商业承兑汇票 | |
	余　额	累计发生额	余　额	累计发生额	余　额	累计发生额
1	11503.7	6054.7	3488.6	7755.6	164.7	848.0
2	11730.0	10391.6	3924.1	14587.7	167.5	1640.1
3	12016.7	15588.9	4600.3	21670.7	185.1	2153.7
4	12919.7	20596.8	5287.7	29823.0	228.0	2885.5

数据来源:中国人民银行南京分行

表6　2018年江苏省金融机构票据贴现、转贴现利率　　　　　　　　　　　单位:%

| 季　度 | 贴　现 | | 转贴现 | |
	银行承兑汇票	商业承兑汇票	票据买断	票据回购
1	5.4	6.1	5.1	3.5
2	5.2	6.0	4.9	3.3
3	4.2	5.4	4.0	2.9
4	3.8	5.2	3.6	2.7

数据来源:中国人民银行南京分行

(五)金融基础设施不断完善,金融生态环境持续优化

金融基础设施不断完善。持续提升支付便利化水平,不断优化企业开户服务,显著降低新设企业开户时间,相关工作走在全国前列。实施移动便民示范工程,南京等10个地市实现了公交场景覆盖,苏州、无锡地铁实现移动支付应用,全省1300多条公交线路、15000多台出租车上线运行移动支付。

积极推动省级综合金融服务平台建设,2018年上线企业3.81万家,成功对接融资3667项、138亿元。征信服务不断改善。中小企业信用体系和农村信用体系建设持续推进,为江苏省247万户中小微企业、590万农户、4929多户农村经济主体建立了信用档案。

金融消费权益保护工作不断完善。2018年,江苏辖区金融消费者投诉咨询热线受理投诉712件,办结率100%,全省共计开展执法检查38次,现场工作时间累计1070人/天,检查网点62个,参与执法人员183人,督促金融机构切实维护消费者合法权益。

二、江苏省金融业发展的问题分析

(一)江苏金融业发展的经济基础

2018年,全省深入推进供给侧结构性改革,经济运行总体稳定,主要指标平稳运行,质量效益稳步改善,结构调整明显加快。全年实现地区生产总值92595亿元,同比增长6.7%。

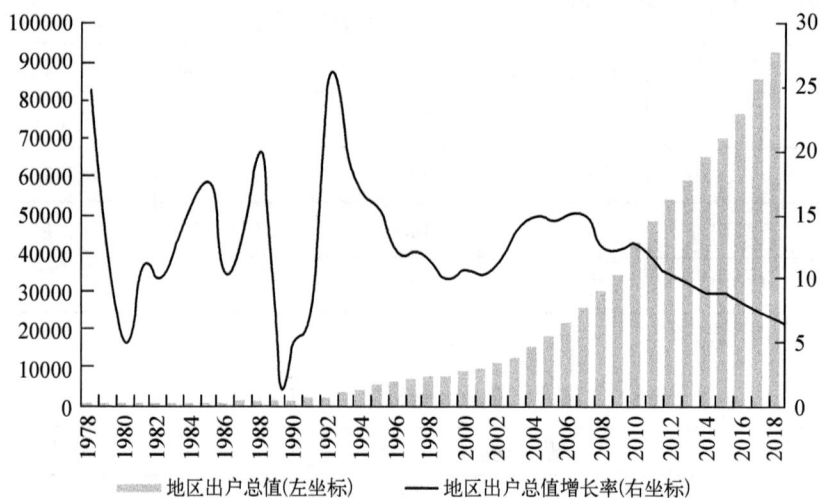

图6 1978—2018年江苏省地区生产总值及其增长率

数据来源:江苏省统计局。

1. 内需增长较为稳定,外需保持较大规模

(1)投资增速总体回落明显,投资结构不断优化。2018年,江苏省固定资产投资同比增长5.5%,增速较2017年回落2个百分点,处于历史较低水平。分季看,各季累计同比增速分别为3.9%、5.3%、5.6%和5.5%,在大幅回落后出现回升并总体保持稳定。全省工业技术改造投资增长10.7%,占工业投资比重达55%。服务业类投资各季累计同比增速分别为4.6%、4.7%、5.2%和3.7%,整体在低位徘徊。高新技术产业投资增长15.2%。电子及通讯设备、计算机及办公设备、新能源、医药、智能装备、仪器仪表制造业投资分别增长23.9%、22.6%、19.0%、14.9%、14.8%和11.4%。第三产业投资中,科学研究和技术服务业增长6.8%,水利、环境和公共设施管理业增长2.4%,文化、体育和娱乐业增长8.5%。

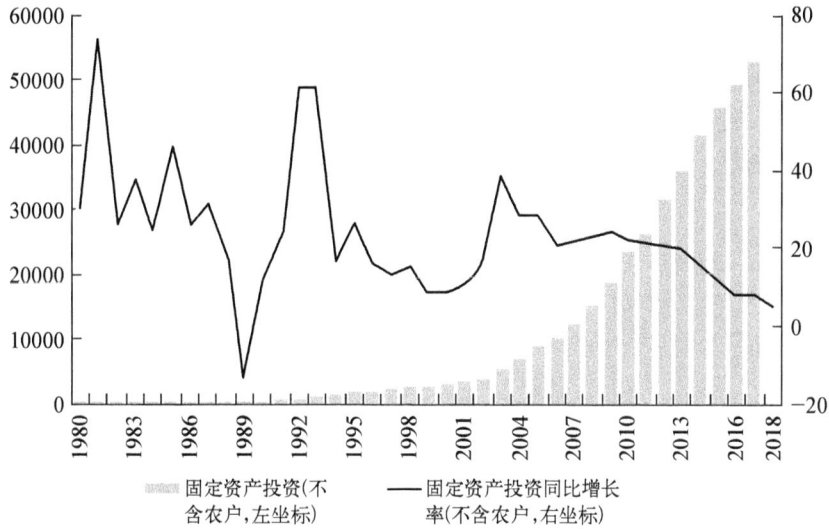

图 7　1978—2018 年江苏省固定资产投资（不含农户）及其增长率

数据来源：江苏省统计局。

（2）消费需求平稳增长，部分消费升级类商品增长较快。2018 年，全省实现社会消费品零售总额 33230 亿元，比上年增长 7.9%。从消费品类看，城镇消费品零售额增长 7.8%；农村消费品零售额增长 9%。按行业分，批发和零售业零售额增长 7.7%；住宿和餐饮业零售额增长 9.7%。全省限额以上社会消费品零售总额比上年增长 3.6%。从消费品类值看，基本生活类消费增长平稳，部分消费升级类商品零售额增长较快。在限额以上企业商品零售额中，粮油食品饮料烟酒类、服装鞋帽针纺织品类、日用品类商品零售额分别增长 4.4%、7.6% 和 9.5%。以智能手机、平板电脑等为代表的通讯器材类商品零售额增长 30.8%，书报杂志类增长 15.9%，家具类增长 11.8%，石油制品类商品零售额增长 12.2%。

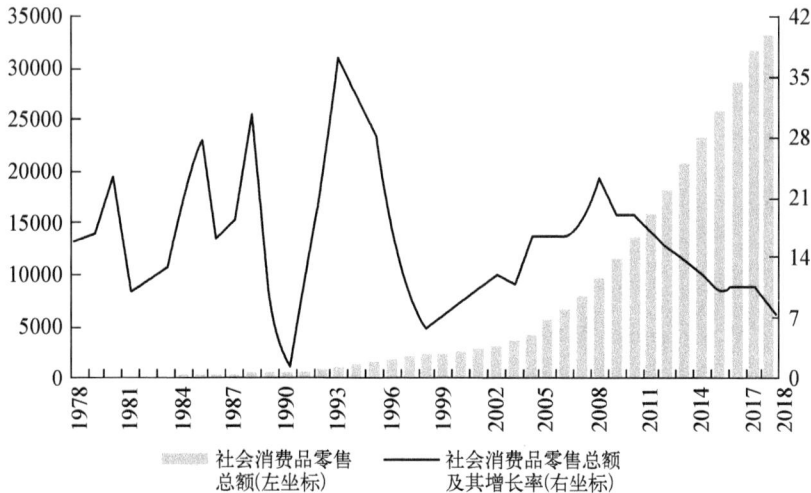

图 8　1978—2018 年江苏省社会消费品零售总额及其增长率

数据来源：江苏省统计局

(3) 进出口规模继续扩大,增幅有较大回落。2018 年,全省完成进出口总额 43802.4 亿元,比上年增长 9.5%。其中,出口 26657.7 亿元,增长 8.4%,增速较上年缩小 5.4%;进口 17144.7 亿元,增长 11.3%,增速较上年缩小 8.4 个百分点,受贸易摩擦等不利因素影响,外贸走势仍存在不确定性。其中,对"一带一路"沿线国家出口保持较快增长,出口额 6459.6 亿元,增长 8.9%;占全省出口总额的比重为 24.2%,对全省出口增长的贡献率为 25.7%。

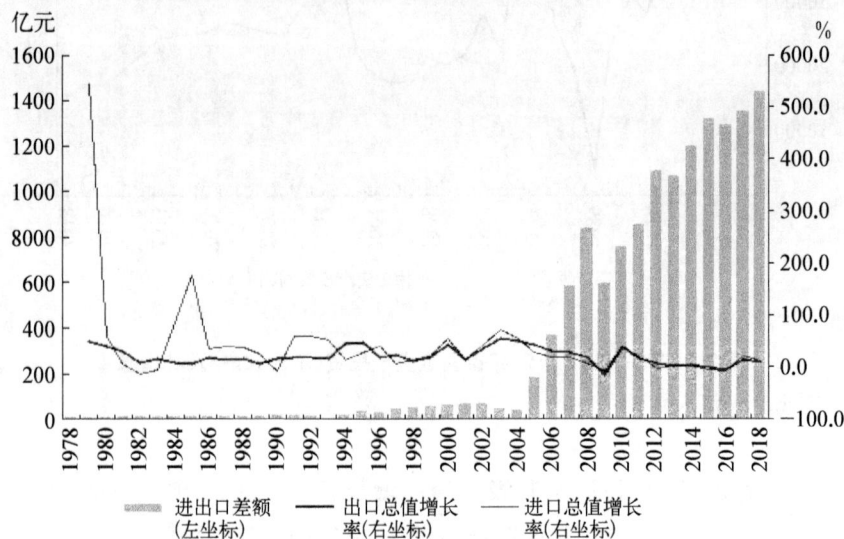

图 9　1978—2018 年江苏省外贸进出口变动情况

数据来源:江苏省统计局

(4) 利用外资保持平稳增长,"走出去"步伐不断加快。2018 年,实际使用外资 255.9 亿美元,比上年增长 1.8%,延续上年平稳增长态势(见图 10)。全年新批外商投资企业 3348 家,比上年增长 2.9%;新批协议注册外资 605.2 亿美元,比上年增长 9.2%;新批及净增资 9000 万美元以上的外商投资大项目 353 个,比上年增长 1.1%。全年新批境外投资项目 786 个,中方协议投资额 94.8 亿美元。

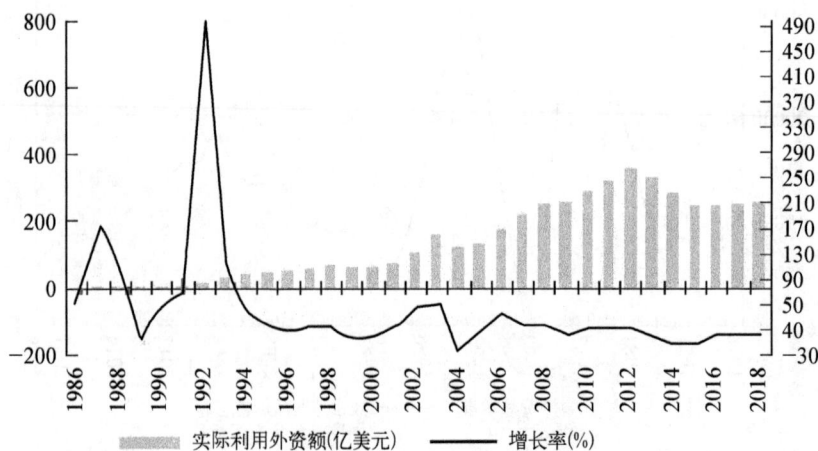

图 10　1978—2018 年江苏省外商直接投资额及其增长率

数据来源:江苏省统计局

专栏 2:影响江苏国际收支中长期变化及结构演变的因素

2009 年至今,江苏省的国际收支总额增速放缓,并一直保持区间波动的顺差。综合内外因素分析,预计中长期江苏将保持顺差收窄、区间波动的趋势。

外部因素。美国次贷危机引发的全球金融体系不稳定对江苏涉外经济和国际收支的不良效应在 2009 年显现,虽然危机逐渐消退,国际市场中的不确定性仍在积累,新兴市场国家危机频发、贸易保护主义抬头,全球经济复苏曲折缓慢。目前,短期因素是美联储的加息操作和其货币政策的外部性影响,使得全球流动性紧缩;长期因素是全球产业链和价值分配进入重塑期,一方面是劳动密集型产业向东南亚、非洲等地区转移,另一方面是美国等发达国家强化"制造业回归"战略,对投资资金起到分流作用。

内部因素。从经济结构的角度,相比全国,江苏省呈现第二产业支撑有力,第三产业迅猛发展的趋势,1999 年至 2008 年,第二产业对 GDP 增长率的贡献基本维持在 60%以上,呈现明显的外向型经济特征。2009 年后,江苏省第三产业对 GDP 增长率的贡献逐渐提高到 60%以上。尽管在经济结构上江苏第二产业逐渐转向第三产业,但制造业仍处于全国领先水平,足够支撑江苏省以贸易为主的经常项目保持在国际收支中的主导作用和维持较高顺差。从资源禀赋的角度,江苏的土地调查面积、建设用地面积在全国占比分别为 1.1%和 5.9%,而江苏 GDP 在全国占比为 10.3%,土地资源限制较大,待开发土地资源不足。劳动力价格水平在全国处于较高水平,以 2018 年为例,江苏省城镇非私营单位就业人员平均工资 84688 元,比全国高 2.7%,且从 2010 年开始,江苏城镇就业人员在全国占比就逐渐下滑,累计已经下降 0.61 个百分点。江苏在土地、劳动力成本上不占优势,粗放式制造业发展前景受限,也导致江苏近年来资本项目顺差逐渐缩小。

2. 三次产业比重继续优化,结构调整深入推进

2018 年,江苏全年三产业增加值比例为 4.5:44.5:51,服务业增加值占 GDP 比重比上年提高 0.7 个百分点,产业结构继续向"三二一"的现代产业构架稳步优化。

(1)农业生产形势基本稳定。2018 年,江苏实现农林牧渔业增加值 4141.7 亿元,同比增长 1.8%。全年粮食总产量 3660.3 万吨,比上年增产 49.5 万吨,增长 1.4%。其中,夏粮 1326.4 万吨,下降 0.7%;秋粮 2333.9 万吨,增长 2.6%。粮食亩产 445.6 公斤,比上年增加 10.1 公斤,增长 2.3%。农业产业结构不断优化,绿色农业、智慧农业、订单农业等现代农业加快发展。全省高效设施农业面积占比达 19.6%,高标准农田占比达 61%,农业机械化水平达 84%,农业科技进步贡献率提高到 68%。全省有效灌溉面积达 418 万公顷,新增有效灌溉面积 4.8 万公顷,新增节水灌溉面积 15.3 万公顷;新增设施农业面积 3.4 万公顷。年末农业机械总动力 5042 万千瓦,比上年增长 1.0%。

(2)工业总体增速放缓,但结构优化,效益较好。2018 年,江苏省实现规模以上工业增加值同比增长 5.1%,增速比上年回落 2.4 个百分点。各季度累计同比增速分别为 7.8%、6.2%、5.5%和 5.1%,年内各季增速存在下降趋势。其中,全省高技术产业、装备制造业增加值比上年分别增长 11.1%和 8%,高于规模以上工业 6 个和 2.9 个百分点;对规上工业增加值增长的贡献率达 43.4%和 74.2%。分行业看,电子、医药、汽车、专用设备等先进制造业增加值分别增长 11.3%、10.4%、

7.2%和12.5%。代表智能制造、新型材料、新型交通运输设备和高端电子信息产品的新产品产量实现较快增长。新能源汽车、城市轨道车辆、3D打印设备、智能电视、服务器等新产品产量比上年分别增长139.9%、107.1%、51.4%、36.4%和26.2%。

工业效益保持较快增长,产销率保持较高水平。全年规模以上工业企业实现主营业务收入比上年增长7.3%,利润比上年增长9.4%。规模以上工业企业主营业务收入利润率、成本费用利润率分别为6.6%、6.9%,比上年提高0.12、0.13个百分点。规模以上工业企业资产负债率为52.6%,总资产贡献率为12.1%。全年规模以上工业企业产销率达98.8%。

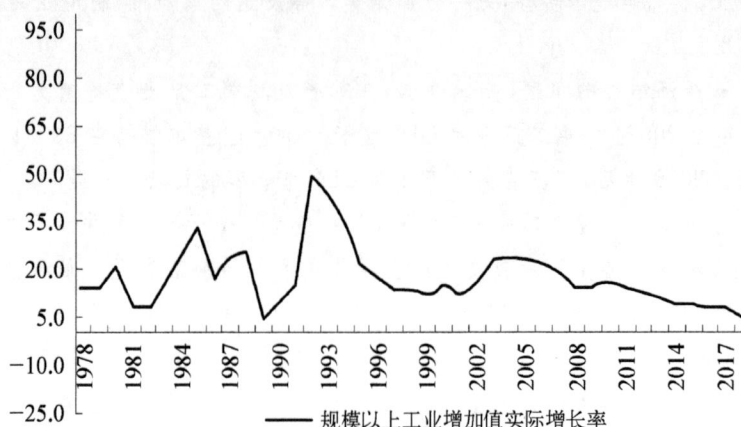

图11　1978—2018年江苏省工业增加值增长率

数据来源:江苏省统计局

(3)服务业发展态势良好。2018年,第三产业增加值47205.2亿元,增长7.9%,比GDP增速高1.2个百分点。现代服务业保持高速发展。商务服务业、软件和信息技术服务业、互联网和相关服务业营业收入比上年分别增长8%、15.2%和39%。

(4)污染防治力度加大,节能减排成效显著。实施农村人居环境整治三年行动,大力推进生活垃圾处理、生活污水处理、村容村貌提升和厕所革命,城乡人居环境持续改善。全省林木覆盖率达23.2%,建成国家生态园林城市5个,国家生态工业园区21个,国家生态文明建设示范市县9个。2018年,全省加快淘汰低水平落后产能,全年压减钢铁产能80万吨、水泥产能210万吨、平板玻璃产能660万重量箱。

3. 消费价格温和上涨,生产价格涨幅回落

(1)居民消费价格温和上涨。2018年末,全年居民消费价格比上年上涨2.3%,连续7年保持在3%以下的较低水平。其中,分类别看,食品烟酒类上涨2.3%,生活用品及服务类上涨3.4%,交通和通信类上涨2.5%,教育文化和娱乐类上涨2.4%,医疗保健类上涨1.2%。

(2)工业生产者价格涨幅回落。全年工业生产者出厂价格上涨2.8%,涨幅比上年回落2.0个百分点;工业生产者购进价格上涨4.6%,涨幅回落5.1个百分点。

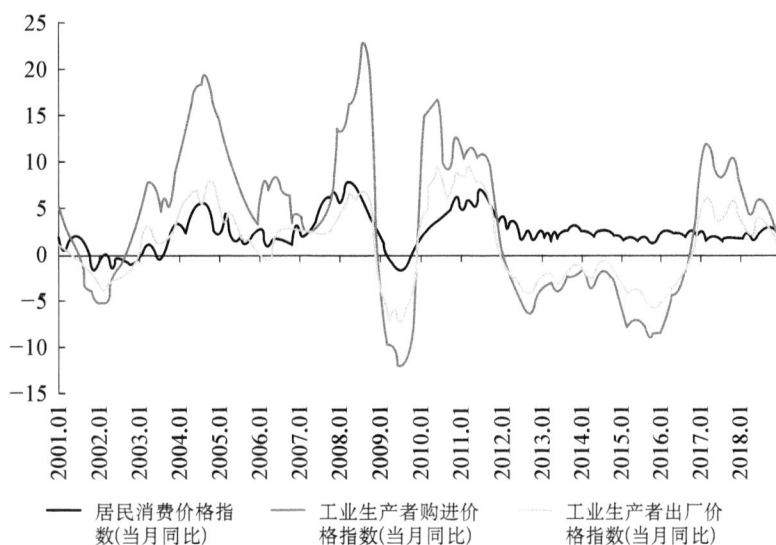

图 12　2001—2018 年江苏省居民消费价格和生产者价格变动趋势

数据来源:江苏省统计局

4. 财政收入稳定增长,财政支出有所回升

(1) 财政收入稳定增长。全年完成一般公共预算收入 8630.2 亿元,比上年增长 5.6%;其中,税收收入 7263.7 亿元,比上年增长 12%;税收占一般公共预算收入比重达 84.2%,比上年提高 4.8 个百分点。其中,企业所得税、个人所得税收入分别增长 14.6% 和 21.1%。

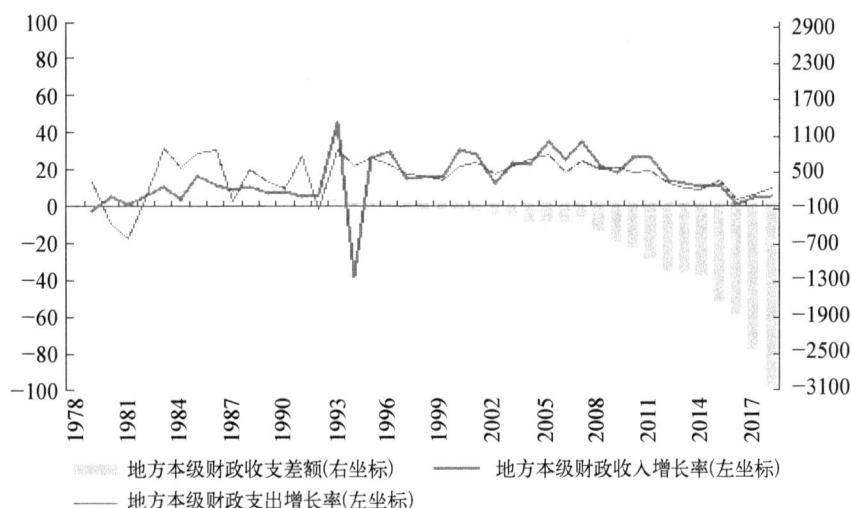

图 13　1978—2018 年江苏省财政收支状况

数据来源:江苏省统计局

(2) 财政支出有所回升,支出结构持续优化。2018 年,全年一般公共预算支出 11658.2 亿元,比上年增长 9.8%。一般公共预算支出中,教育支出 2056.5 亿元,比上年增长 3.9%;公共安全支出 826.6 亿元,增长 15.3%;医疗卫生支出 845.5 亿元,增长 7.1%;社会保障和就业支出 1309 亿元,增长 25.5%;住房保障支出 430 亿元,增长 22.2%。

(3)地方政府债务风险总体可控。2018年,江苏省地方政府债务余额同比增长10.47%,增速明显低于2017年,考虑到地方政府债务新增渠道和额度均有所增加,总体偿债风险基本可控。

5. 房地产销售增速趋于平稳,价格涨势出现分化

(1)住宅销售增速趋于平稳,但差异化明显。2018年,江苏省商品住宅登记销售面积比2017年增长3.7%,但比2016年高峰值下降12%。全省13个设区市中,商品住宅销售面积同比增长的城市有6个,下降的有7个。

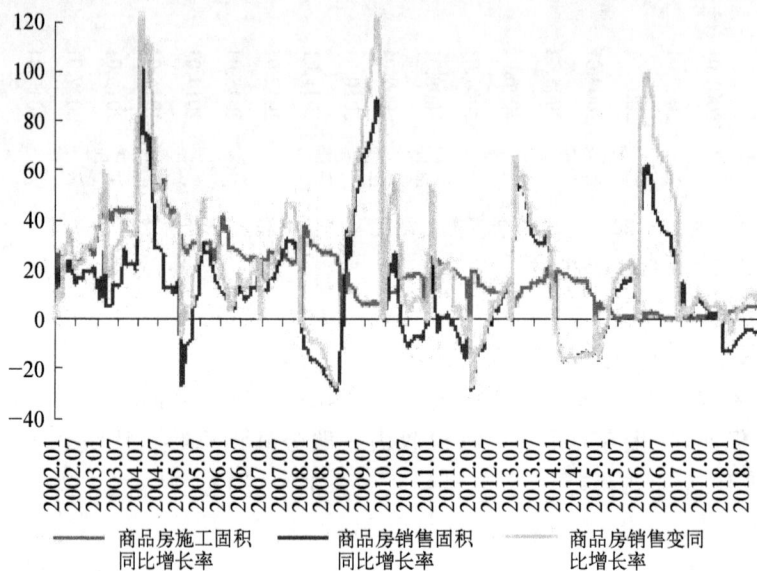

图14 2002—2018年江苏省商品房施工和销售变动趋势

数据来源:江苏省统计局

(2)从库存情况看,库存规模较上年有所增加,去化周期略有回升。2018年末,江苏省商品住宅累计可售面积比2017年末增长13%,与2016年末库存规模基本持平。全省13个设区市中,库存规模较上年末增加的城市有10个,减少的有3个。全省商品住宅去化周期为8.5个月,比上年末回升0.7个月。

(3)房价过快增长趋势得到抑制,不同城市房价涨幅分化。2018年,江苏省商品住宅成交均价9566元/平方米,同比上涨10.3%,涨幅比上年提高12.2个百分点,但比调控政策出台前(2016年9月份)的涨幅低11.9个百分点。全省13个设区市中,商品住宅成交均价涨幅同比提高的城市有5个,回落的有8个。

(4)房地产贷款增速趋于稳定,保障房贷款保持较快增长。2018年,全省金融机构本外币房地产贷款增量为6789.29亿元,比上年多1297.75亿元。2018年末,本外币房地产贷款余额为3.96万亿元,同比增长20.91%,增速比上年末上升0.72个百分点。具体来看,2018年,全省房地产贷款主要呈现以下结构特征:

一是个人购房贷款增速回落。2018年,全省个人购房贷款增量为4356.05亿元,比上年少

22.13亿元,2018年末,个人购房贷款余额为2.96万亿元,同比增长17.29%,增速比上年末下降3.70个百分点。

二是普通住房开发贷款增长明显加快。在房地产企业表外融资、资管业务以及发债等渠道监管政策依然较严的背景下,资金需求转向表内信贷,普通住房开发贷款增长加快。2018年,全省普通住房开发贷款增量为1089.39亿元,比上年多641.60亿元。2018年末,全省普通住房开发贷款余额为3158.44亿元,同比增长52.65%,增速比上年末大幅上升25.03个百分点。

三是保障性住房开发贷款增加较多。在城镇化建设和新农村建设步伐加快背景下,商业银行对棚户区改造、保障房等项目支持力度不断加大。2018年,全省保障性住房开发贷款增量为1061.81亿元,创2011年以来新高,比上年多159.56亿元。2018年末,全省保障性住房开发贷款余额为4150.02亿元,同比增长36.56%。

四是地产开发贷款增量为负。2018年,全省地产开发贷款增量为-173.76亿元,比上年多275.33亿元。其中,政府土地储备机构贷款增量为-423.48亿元,自2016年4月份以来增量连续为负。2018年末,全省地产开发贷款余额为993.22亿元,同比增速为-14.74%。

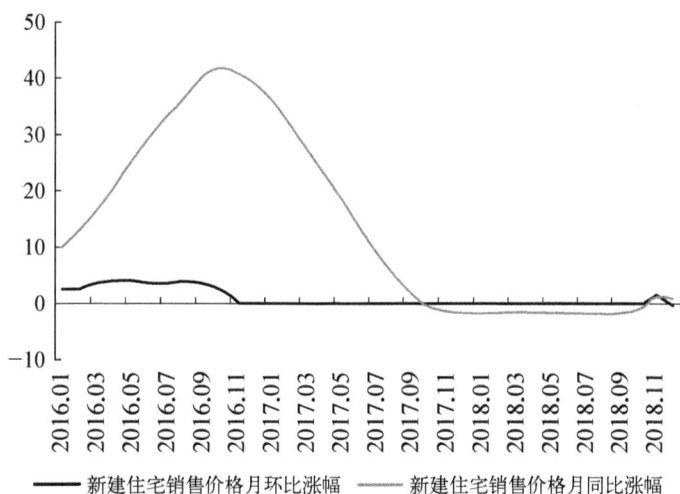

图15　2016—2018年南京市新建住宅销售价格变动趋势

数据来源:江苏省统计局

三、江苏省金融业发展的对策建议

(一)借力上海国际金融中心建设,加强长三角区域金融合作

作为我国经济最为活跃的地区,长三角区域金融业发达,民间资本充裕,金融机构实力雄厚,具有同业合作的良好基础。江苏金融的发展离不开长三角区域整体金融体系的支撑。上海作为中国大陆地区国际金融中心的首位城市,能够通过国际化金融平台对接、要素流动、信息共享等溢出效应,给江苏金融发展带来显著的辐射作用。浙江作为民营经济最为活跃的地区,也是民间金融改革的排头兵。浙江省致力打造中小企业金融服务中心和民间财富管理中心"两个中心",意欲实现从

金融大省向金融强省跨越,温州金融综合改革试验区的确立无疑为其注入了更为强劲的推动力。江苏应当认真分析自身地理特点和产业特点,立足于长三角区域金融协调发展的战略视角,借力上海国际金融中心建设和温州民间金融改革的有利契机,承接上海,策应浙江,坚持差异化和互补化的金融发展道路,求同存异,形成层次分明、分工合理、公平竞争、联动发展的金融业战略布局。

（二）以创新驱动战略为指引,深化推进金融改革和创新

金融业自身同样需要改革创新。需要引导和鼓励银行业金融机构向县域和乡镇地区延伸服务网点,重点在苏北地区增设分支机构和营业网点,扩大金融覆盖度。强化城市商业银行、农村金融机构服务小型微型企业和"三农"的市场定位;大力发展村镇银行、小额贷款公司等新型金融组织,填补市场缺口,完善金融机构体系,尽快实现村镇银行县域全覆盖,扩大农村小额贷款公司乡镇覆盖面。适当放宽民间资本、外资和国际组织资金参股中小金融机构的条件。稳步推进金融服务创新。各金融机构要围绕服务实体经济,积极进行金融组织、产品和服务模式创新,提高金融产品多样化程度和金融服务个性化水平。要注重开发适合中小企业特点的金融产品和服务,采取商圈融资、供应链融资、应收账款融资等方式,帮助中小企业降低"两项资金"占用。充分运用现代科技成果,促进科技和金融紧密结合,建立健全多层次、多渠道的科技投融资体系。引导金融机构根据经济增长科学设定经营目标,加大对商业银行不规范经营和收费行为的查处力度,缩短企业融资链条,降低不合理融资成本;通过财政贴息、风险准备金等方式,降低小微企业融资成本;加大投资人风险警示教育力度,引导投资人树立"风险自担"意识,降低社会无风险收益水平。

（三）继续推进融资结构优化,大力发展债券等直接融资方式

一是加强对拟上市企业的跟踪服务,促进企业生产经营稳定增长,推动其尽快上市;支持中小企业在中小板、创业板和海外上市;力争全面推动全省境内外上市企业总数增加。支持南京、苏州、无锡3个国家级高新区进入新三板扩容试点,引导省内其他高新区内高新技术企业做好与新三板的对接。二是扩大直接债务工具融资规模。积极争取地方政府债券发行试点。组织重大基础设施、住房保障、生态环境等重点项目通过发行债券筹集建设资金,推动具备条件的企业充分利用企业债、短期融资券和中期票据等直接债务融资工具。三是鼓励创业投资和股权投资发展。积极有序发展私募股权投资和创业投资,促进股权投资和创业投资基金规范健康发展。着力引进海内外创业资本,鼓励民间资本设立创业投资机构,省辖市、省级以上高新区以及有条件的县(市、区)要设立以支持初创期科技企业为主的创业投资机构。探索建立科技产权交易中心,推动场外市场建设,改善企业股权融资环境。

（四）坚定贯彻金融人才战略,打造金融人才集聚高地

一是加快多层次金融人才培养。充分利用江苏在教育资源上的优势,加强金融部门、教育部门和人力资源管理部门的协作,积极引进国内外知名高校、研究生院与河西 CBD 联合办学,实现教学资源共享,设立金融教育与职业培训基地,争取与企业、高校合建金融专业博士后流动站。二是加强中高端金融人才引进。着力引进境内外金融创新领军人才、拔尖人才、紧缺人才和创新团队,制定完善中高端急需金融人才引进、培养、使用的优惠政策;对于海外熟悉资本运作、拥有行业背景、

精通现代管理的创业投资人才到江苏省注册设立创投机构或管理机构者,符合相关条件的,可适当给予省对高层次创新创业人才的有关激励政策和各市、县对高级金融人才的优惠政策。三是优化金融人才的管理使用。建立创新型金融人才资源库,畅通金融机构与党政机关的人才双向交流机制,完善引进高层次金融人才的中介服务体系,规范金融人才流动市场,完善金融人才评价体系、考核激励机制和监督约束机制。

(五)建设好中心城市的金融服务区,为服务实体经济打下基础

金融服务区是展示城市形象的重要载体,是城市的核心地带,在金融改革中发挥着重要的作用,因此,江苏省在明确自己的功能定位外,还要加大招商力度,吸引更多金融资源来投资。除此之外,更要有超前规划意识,提前规划城市的商业布局、交通路线等,使金融服务区成为更加合理的中央商务区。合理划分地方金融监管职责,在"一行三会"的监管无法覆盖的领域,地方政府要充分发挥作用,提高监管的透明度和公信力;推进区域金融生态建设,打击恶意逃废债行为,完善跨部门跨行业信用信息,鼓励征信公司发展,打造诚信江苏,降低融资中的信息不对称程度;充分发挥担保公司的信用桥梁作用,加紧开展顶层设计工作,借鉴国外银保合作、政策性担保公司、担保资金注入、风险分担方面经验教训,尽快推进政府主导的担保公司建设,为弱势群体融资提供增信服务。

(六)建设好征信体系,提供优质的发展环境

征信体系的建设是金融改革的基础工程,能够为中小型企业打造干净、优质的融资环境,增强金融机构放贷的信心。江苏省要推进征信体系的健全,选用重点人才为体系服务,加快归集和整合数据的速度,让金融机构和中小型企业都放心。金融机构要严格按照监管和宏观审慎管理要求,适当提高风险拨备水平和风险缓释金,同时要密切关注房地产、产能过剩行业、政府融资平台、僵尸企业的偿债风险;金融机构要通过核销、资产证券化、转让、抵押品处置等方式,尽快压降已经形成的不良资产;引导金融机构严格审查企业互保、联保情况,密切跟踪担保圈企业经营状况,及时发现担保圈信贷风险苗头;在加大优质中小企业信贷支持的同时,通过引入风投、债权转让等方式,分散和化解中小企业信贷风险;大力发展股权融资,提高自有资本水平,提高经济体防范风险的能力。

(七)把握住金融服务实体经济发展的核心,进一步支持产业转型升级

江苏省作为经济发达地区,金融发展更是重中之重,要把握住金融服务实体经济发展的核心。由于经济实体的主体是企业,因此,江苏省应该进一步确定自己的功能定位,打通金融机构与企业之间的屏障,着力解决中小微企业融资难等问题。发展壮大经济薄弱地区金融业规模,优化金融业布局结构。对在苏北、苏中地区设立的县级银行、保险业分支机构,省财政给予20万元奖励;对在苏北、苏中地区设立的县以下银行营业网点,给予10万元奖励,引导金融机构在网点布局上向苏北、苏中地区倾斜,扩大农村地区基础金融供给,促进区域金融协调发展。

参考文献

[1] 江苏省金融办课题组,查斌仪,聂振平.江苏新金融发展研究报告[J].群众,2017(20):29-31.

[2] 王林涵.金融服务实体经济发展的困境及应对建议[J].河北金融,2015(12).

[3]《江苏省金融运行报告(2019)》中国人民银行南京分行货币政策分析小组.

[4] 袁林,王竹君.江苏省金融业发展的现状、问题及发展对策[J].改革与开放,2013(5):27-29.

[5] 徐彬,周仕通.江苏金融支持对产业升级影响的实证分析[J].商业经济研究,2016(20):205-207.

[6] 骆燕.浅析江苏金融企业审计的思路[J].行政事业资产与财务,2016(29):83-84.

[7] 吴茜茜.江苏金融集聚对制造业上市公司创新效率的影响研究[D].江苏师范大学.

[8] 殷小丽.江苏省金融发展和产业结构升级的互动机制研究——基于 VAR 模型[J].三峡大学学报(人文社会科学版),2019(4).

第十章　江苏省文化创意产业发展报告

　　文化创意产业是一种个人或团队通过技术、创意和产业化的方式来开发、营销知识产权的新兴产业，以创造力作为核心，其本质是集文化、思想、知识、精神、创意等多种无形要素于一身的创意经济。当代文化创意产业主要包括影视、传媒、广播、动漫、音像、视觉艺术、表演艺术、工艺与设计、雕塑、环境艺术、服装设计、广告装潢、软件和计算机服务等多种形式的创意产业。

　　与此同时，还需要糅合科技、媒体等现代因素才能够得到健康快速的发展。在知识经济以及后工业时代的大背景下，文化创意产业作为新兴朝阳产业，其发展备受关注，已成为国家供给侧结构性改革下区域经济战略调整的主打产业，文化创意产业竞争力已成为国家或地区的综合竞争力重要指标之一。大力发展文化创意产业，提升产业竞争力，是推动国民经济高质量发展的必然要求，不仅有利于提升传统产业的创新价值，实现产业结构优化升级，还有利于创造新的经济增长点，提升区域经济发展质量。

　　江苏省作为全国经济发展的强省之一，历史悠久，文化底蕴深厚，有着丰富的传统文化和现代文化资源，具备发展文化创意产业的独特优势。省内多元性的区域文化各具特色，为江苏省发展文化创意产业提供了得天独厚的有利条件。例如，以南京、镇江为中心的金陵文化；以苏、锡、常地区为中心的东吴文化；以徐州、淮安、宿迁为中心的楚汉文化；以扬州和泰州为中心的维扬文化；以南通、盐城及连云港为中心的苏东海洋文化。除了物质文化遗产丰富，江苏也拥有许多宝贵的非物质文化遗产，如南京云锦、苏绣、宜兴紫砂、无锡泥人等。近年来，江苏省文博事业蓬勃发展。以南京为例，南京市博物馆（朝天宫）、南京民俗博物馆、南京云锦博物馆的发展策略都注重和强调与文化创意产业之间的有机结合。

　　江苏省的经济发展在全国长期处于领先地位，"十三五"时期是江苏省全面建成小康社会并向基本实现社会主义现代化阶段迈进的关键时期，也是江苏省文化建设大有作为的重要战略机遇期和黄金发展期。在"十三五"规划中强调了经济增长、转变经济发展方式、调整优化产业结构和推动创新驱动发展，而在经济全球化进程中，文化创意产业对于转变经济增长方式、产业结构优化升级以及促进经济增长具有重要意义。江苏省把创新作为经济发展的重要战略，走创新经济之路，而文化创意产业的发展理念和发展模式正好与江苏省产业结构的调整升级以及发展创新型经济的策略不谋而合。因此，江苏省应当在全国范围内发挥表率作用，积极支持鼓励文化创意产业的发展，努力让文化创意产业成为江苏省现代经济体系中的重要组成部分。

　　2018年江苏省的GDP排名位居全国第二，与省内经济蓬勃发展相对应的，江苏省居民的收入水平和消费水平也在不断提高，2018年全年江苏居民收入稳定增长，全省居民人均可支配收入达到了38096元，比去年提高了8.8%，平均每月约为3175元。进一步来看，全省城镇居民人均可支配收入达到了47200元，比去年增长了8.2%，平均每月3933元；与此同时，农村居民人均可支配收入为20845元，平均每月1737元。从国际经验来看，当人均GDP超过3000美元后，人们对文化产品的需求将开始加速增长,按此经验,江苏省居民对精神文化产品和服务的消费需求将愈发迫切,而以创意为内核、休闲娱乐性较强、科技含量较高、凸显消费个性的文化创意产品和服务将逐渐成为人们的所追求的主流方向。在如此巨大的消费需求潜力下,网络文化业、旅游文化业、文娱休闲业等文化创意产业开始焕发生机,江苏省的文化创意产业也因此逐渐在文化产业中崭露头角,引人注目。同时,按照江苏省文化产业"十三五"规划,大力发展创意文化产业,对于促进江苏省经济结构调整,建设自主创新型省份,培育新的经济增长点,提高城市综合竞争力,进一步巩固江苏省在全国的经济强省地位,具有十分重要的现实意义和战略意义。

一、江苏省文化创意产业发展的现状

江苏省文化产业的蓬勃发展离不开省内一大批优秀文化创意产业的欣欣向荣。目前,江苏省已经拥有了不少具有代表性的优秀文化创意城市、文化创意基地和文化创意企业,逐渐形成了一个以南京为中心、以苏锡常为主体的文化创意城市群。

根据国家文化部和中国人民大学联合发布的"中国省市文化产业发展指数(2018)"显示,江苏省文化产业的发展实力排名位于强势的第一梯队(如表1所示)。

表1 2018年中国省市文化产业发展指数聚类分析数据

梯队类别	省　　市	生产力	影响力	驱动力	综合指数
强势	北京、浙江、江苏、上海、广东、山东	77.9	84.2	81.2	81.7
普通	河北、山西、辽宁、安徽、福建、湖南、重庆、天津、四川、云南、陕西	71.9	75.4	76.9	75.3
弱势	内蒙古、吉林、黑龙江、江西、河南、湖北、广西、海南、贵州、西藏、甘肃、青海、宁夏、新疆	68.8	71.7	78.3	73.8

数据来源:《2018年中国省市文化产业发展指数报告》

中国省市文化产业发展指数由产业的生产力、影响力和驱动力这三个分指数共同构成,其中,生产力指数是从投入的角度评价文化产业的人才、资本等要素和文化资源禀赋;影响力指数是从产出的角度来评价文化产业的经济效益和社会效益;驱动力指数是从外部环境的角度评价文化产业发展的市场环境、政策环境和创新环境。江苏省文化产业的发展在全国范围内处于领先地位,其中,文化产业的综合指数位居全国第三、生产力指数位居全国第一、影响力指数位居全国第二,但驱动力指数较低。(如表2所示)

表2 2018年中国省市文化产业发展指数排名前十的省市数据

排名	综合指数	生产力指数		影响力指数		驱动力指数	
1	北京	江苏	82.8	北京	91.14	北京	85.96
2	浙江	山东	80.02	江苏	84.88	浙江	85.92
3	江苏	广东	79.95	上海	84.75	重庆	82.47
4	上海	浙江	78.70	山东	82.34	上海	81.8

排名	综合指数	生产力指数		影响力指数		驱动力指数	
5	广东	四川	74.93	广东	82.18	广西	81.8
6	山东	河北	74.33	湖南	81.32	吉林	81.69
7	湖南	福建	73.94	浙江	79.98	天津	81.05
8	重庆	陕西	73.23	重庆	76.44	内蒙古	80.66
9	福建	北京	73.17	福建	76.30	河南	79.77
10	天津	河南	73.06	陕西	75.98	黑龙江	79.28

数据来源:《2018年中国省市文化产业发展指数报告》

新中国成立70年来,江苏文化体制改革深入开展,文化事业投入持续增长,公共文化服务业体系建设不断完善,文化精品创作层出不穷,文化遗产保护传承有效推进,对外文化交流硕果累累,文化事业繁荣发展。

(一)公共文化服务体系完善

省委、省政府着力加快构建现代公共文化服务体系建设,全面推动公共文化服务的标准化、均等化、社会化和数字化。积极落实文化领域改革发展重点任务,建设以江苏大剧院、扬州大运河博物馆等为代表的一批重点文化项目,推进基层公共文化服务标准化建设,实现了公共图书馆、文化馆、博物馆、美术馆、文化站免费向公众开放,江苏公共文化基础设施体系日趋完善。

1. 公共文化基础设施日趋完善

2018年,全省建有县级以上公共图书馆116个,文化馆115个,博物馆329个,乡镇(街道)文化站1264个,行政村(社区)村村有文化室、农家书屋、一定规模的文化广场,形成了省、市、县、镇、村五级公共文化设施网络。江苏基本建成与行政区划相适应的各级文化管理机构,同时积极推动文化服务单位建设,其中,博物馆、公共图书馆、文化市场经营机构比2001年分别增长了270.1%、13.9%、177.7%。(如表3所示)

表3　江苏省文化单位机构数(单位:个)

文化机构	2001年	2005年	2010年	2015年	2018年
文物保护管理机构	58	64	62	50	50
博物馆	87	99	213	312	329
公共图书馆	101	103	111	114	116
文化馆	120	117	118	113	115
文化站	1545	1417	1324	1282	1264
文化市场经营机构	7868	—	15410	18831	21581

数据来源:江苏省统计局,江苏省文化厅

2. 公共图书馆规模逐年扩大

新中国建立以来,江苏省公共图书馆的规模逐年扩大,并向数字化、专业化方向不断发展,提供服务的能力也在不断提升,有效地满足了人民群众日益增长的文化需求,全面且持续地提高了省内人民群众的文化素养。截至2018年底,全省县级以上公共图书馆藏书量达8597.6万册,比2001年增加6615.02万册,年均增长7.5%;公用房屋建筑面积134.41万平方米,增加103.41万平方米,年均增长9.0%;阅览座位数7.33万个,增加5.13万个,年均增长7.0%;电子阅览室终端数6769个,少儿阅览室7个。(如表4所示)

表4 江苏省公共图书馆基本情况

公共图书馆	2001年	2005年	2010年	2015年	2018年
总藏量(万册)	2707.07	3178.5	4370	6846.9	8597.6
公共房屋建筑面积(万平方米)	31	43.3	65.4	103.1	134.41
阅览座位数(万个)	2.2	2.5	3.9	5.1	7.33
电子阅览室终端数(个)	—	3246	4199	5810	6769
少儿阅览室(个)	4	5	6	8	7

数据来源:江苏省统计局,江苏省文化厅

3. 群众文化活动多姿多彩

通过扶持文艺团体,购买文艺演出服务等形式,开展群众文化活动,服务群众文化需求。2018年江苏省群众艺术馆和文化馆(站)共建设了1379个,从业人员达7498人,覆盖各县(区)乡镇(街道);2018年群众文化活动场所建筑面积为404.6万平方米,比2001年的120.4万平方米年均增长7.9%;2018年组织文艺活动6.75万次,比2001年的1.6万场年均增长9.2%;2018年收入合计17.8亿元,比2001年的1.6亿元年均增长16.3%。(如表5所示)

表5 江苏省群众艺术馆、文化馆(站)情况

群众文化场所	2001年	2005年	2010年	2015年	2018年
机构数(个)	1665	1534	1442	1396	1379
从业人员(人)	6206	5542	6457	6980	7498
举办展览(个)	6023	6997	7235	8467	9104
组织文艺活动次数(次)	16069	20548	32586	55298	67509
总收入(亿元)	1.6	2.6	6.1	13.7	17.8
建筑面积(万平方米)	120.4	135.5	238.2	393.7	404.6

数据来源:江苏省统计局,江苏省文化厅

4. 广播电视覆盖率大幅提升

江苏省积极推进广播电视"村村通""户户通"工作,至2015年广播电视已达到省内人口全覆盖率,有线广播电视数字化、网络化也得到快速推进。截至2018年底,全省共有广播电视台71个、电视转播发射台(座)106个、公共电视节目套数124套、电视传输网络干线总长43.5万公里,制作广播电视节目80.3万小时、电视剧582集。与2001年相比,电视传输网络干线总长、公共广播节目播出时间、公共电视节目播出时间,分别年均增长30.1%、5.7%、19.2%。(如表6所示)

表6 江苏省广播电视情况

广播电视	2001年	2005年	2010年	2015年	2018年
公共广播节目数(套)	110	120	126	123	122
公共电视节目数(套)	119	136	130	122	124
公共广播节目播出时间(万小时)	32.6	49.1	77.5	78	78.6
公共电视节目播出时间(万小时)	4.6	21.2	81.1	78.5	76.2
电视人口覆盖率(%)	99.5	99.5	99.9	100	100
电视传输网络干线总长(公里)	6438	231821	457561	387719	435330

数据来源:江苏省统计局,江苏省文化厅

(二)文化艺术创作精品纷呈

江苏省委明确提出要构筑文艺精品创作高地,文化主管部门制定文艺精品战略,推进原创性文艺作品创作生产,重点打造了一批在全国有较大影响、广受观众欢迎的文艺精品佳作。

1. 优秀出版物种类众多

截至2017年底,江苏省共有图书出版社18个、书报刊零售单位1.3万个,出版图书2.9万种、45.7亿印张,出版期刊445种、5.1亿印张,出版报纸142种、64.3亿印张。新中国成立以来,江苏各类出版物一直保持快速增长,相比1990年,期刊出版、图书出版、报纸出版的总印张数,分别年均增长5.8%、4.8%、9.6%。大量品种多样的出版物满足了群众文化生活需求,同时也涌现出较多精品佳作。凤凰出版传媒集团连续十届入选"全国文化企业30强",《钟山》《雨花》《扬子江》等期刊在全国享有较高声誉,《新华日报》《扬子晚报》同时入围"亚洲500最具价值品牌"排行榜。2018年11种项目荣获第四届中国出版政府奖,56种项目入选国家"十三五"重点出版物出版规划,11种报刊入选全国"百强报刊",18种期刊入选"中国最具国际影响力学术期刊""中国国际影响力优秀学术期刊",多项新闻出版评比位列全国各省区市第一。

2. 广播影视影响不断提升

江苏广播电视电影一直以内容生产为核心,创作了大量优秀作品,在全国享有较高声誉。江苏广电集团连续十二年入选"中国500最具价值品牌排行榜",江苏有线连续多年入选全国文化企业30强,常州国际动漫周、中国(南京)动漫创意大会成为全国影响最大的动漫活动之一,幸福蓝海集团三度荣获"全国十佳电视剧出品单位",多部作品荣获"五个一工程"奖、飞天奖、金鹰奖、白玉兰奖等知名奖项,幸福蓝海院线的票房已跻身全国前十。大量优秀作品中,电视作品销售额增速较快,2017年,江苏省电视节目国内销售额达17.9亿元,比2004年的0.3亿元年均增长37.0%。

3. 文艺创作精品丰富多彩

为丰富群众文化生活,江苏省大力开展文化基础设施建设,建成了江苏大剧院、紫金大戏院、江南剧院等为代表的一批文化艺术场馆;不断推进文化艺术团体体制改革,激发演职人员活力,弘扬传统戏曲文化,创作大批精品力作;举办紫金文化艺术节、戏曲百戏(昆山)盛典、江苏文华奖评选、"五星工程奖"评选等活动,丰富群众文化生活;突出地域特色,注重扶持培育知名文艺团体和有代表性、示范性、保护性的文艺门类,继承和发展淮剧、昆剧、锡剧、扬剧等地方剧种,创作了昆剧《白蛇传》、淮剧《祥林嫂》、扬剧《衣冠风流》、歌舞剧《金陵十三钗》等一批有代表性的精品佳作。截至2017年,江苏艺术表演团体628个,原创剧目162个,年演出10.4万场,国内观众达3724.0万人次,实现收入14.7亿元,分别比2001年增长372.2%、33.9%、147.6%、100.3%、673.7%。

4. 工艺美术生产传承创新

江苏文化底蕴丰厚,传统工艺美术品生产历史悠久,省委、省政府制定文创发展规划,加强对传统非遗技艺的传承发展,开展艺术品专业小镇建设,采取资金扶持人才培育等方式,激励传统文化艺术品创新发展,既保护文化遗产、丰富文化市场,又带动了大量就业。首批全国"大国非遗工匠"评选中江苏19位大师入选,南京云锦、无锡紫砂、扬州漆器、苏州苏绣等传统工艺品生产融合现代工艺和传统艺术审美,精品力作不断涌现。2005年江苏艺术品经营机构只有1家,年营收只有1.9万元。截至2017年底,全省艺术品经营机构740个,拍卖展览994场,交易金额4.7亿元,工艺美术品生产交易实现快速发展。

(三)文化产业投入惠及民生

新中国成立以来,江苏经济快速发展,省委、省政府出台文化惠民政策,加大文化事业投入,完善公共文化服务体系,保护传承利用文化遗产,融合发展文化旅游事业,文化市场得到持续繁荣,群众文化生活日益丰富。

1. 财政文化投入快速增长

省委、省政府不断加大财政对文化事业投入力度,推动文化体制改革,推进文化事业发展,2007年起设立文化发展专项资金,共安排19.4亿元,扶持文化项目1594个,带动项目总投资1800余亿元,推动社会资本进入文化领域。截至2017年底,文化体育与传媒支出194.4亿元,位列全国各省市第三位(低于广东省285.9亿元,北京市209.0亿元),相比2006年的43.4亿元年均增长14.6%。

2. 文化遗产保护扎实有效

通过财政投入、基金扶持等多种手段,保护传承利用文化遗产,积极参与全国重点文保单位申报评选工作,认真落实大运河文化带建设国家战略,启动实施大运河国家文化公园建设,打造了江南文化、运河文化等江苏非遗品牌。2016年江苏文物保护支出37148.4万元,举办文物陈列和展览活动2013个,参观人次8788.9万人次,相比2003年年均增速分别为24.1%、9.3%、21.9%。

3. 文旅融合发展势头良好

江苏注重利用和打造文化资源,开发旅游项目,紧紧围绕"以文化促进旅游品质提升、以旅游促进文化广泛传播"这一工作思路,推动文化和旅游真融合、深融合,实现文旅相互促进、相得益彰。目前拥有国家A级景区630家,其中,5A级23家、4A级200家,省级以上旅游度假区57家,其中国家级旅游度假区6家,5A级景区和国家级旅游度假区数量居全国第一。在文化创意产业发展过程中,各地依托独创性文化资源,形成了各具特色的创意基地、创意企业、创意产品:南京1912时尚休闲街区通过开发民国文化资源,涉及的行业包括文化演艺、休闲娱乐等,被评为"中国创意产业最佳街区";常州中华恐龙园、春秋淹城、环球嬉戏谷创造了"无中生有""借题发挥""变虚为实"三大文化创意领域经典案例;苏州太仓LOFT工业设计园共孵化出70多家文化创意设计企业,涉及文化传媒、广告设计、传媒咨询等多个门类,是江苏首个"工业设计创新与孵化基地"。截至 2017 年底,江苏省接待旅游人次 74657.4 万人次,实现国内旅游收入 11307.5 亿元,创旅游外汇收入 14.9 亿美元,分别比 2000 年年均增长 14.6%、19.0%、4.4%。

4. 文化市场发展繁荣有序

新中国成立以来经济快速发展,群众文化消费能力逐年攀升,文化消费新产品、新模式不断涌现,江苏出台政策鼓励文化和旅游、互联网融合发展,采取财政补贴、财政购买文化服务等形式丰富、繁荣文化演艺市场,同时不断加大文化市场执法,江苏文化市场发展繁荣有序。截至 2017 年底,全省文化市场经营机构 21852 个,城镇居民人均教育文化娱乐消费支出 3450 元/年,农村居民人均教育文化娱乐消费支出 1450 元/年,分别比 2000 年年均增长 6.1%、10.1%、10.4%。

党的十九大提出建设中国特色社会主义文化,江苏省将抓住文化事业大繁荣、大发展的良好机遇,巩固新中国成立以来文化事业取得的巨大成就,进一步推进文化体制改革,激发文化团体活力,推进文化事业和文化产业双轮驱动,实现"双效合一",深入实施文化精品战略和文化惠民工程,为人民群众提供更高品质的文化产品和精神食粮。

二、江苏省文化创意产业发展中存在的问题

2018 年,江苏省文化创意产业的发展取得了卓越的成绩,但与此同时,我们也应该意识到,在文化产业的发展进程中仍然存在着不少亟需解决的棘手问题,如文化产业内部结构不合理,拥有知名度的江苏知名文化品牌较少,文化企业面临融资难、融资成本高的资金问题,优秀的文化人才相对匮乏,国际科技文化合作与交流不充分,等等,都在一定程度上抑制和影响了江苏省文化创意产业的健康发展。江苏省文化创意产业的发展虽然目前处于全国前列,但与发达国家的文化创意产业相比,起步较晚,起点较低,而且在发展中还存在很多问题,这需要我们在实践中不断地进行摸索和前进,才能最终找到一条适合江苏省文化创意产业发展的正确道路。

(一)产业发展区域失衡,产业竞争力水平参差不齐

江苏文化创意产业竞争力存在明显的南强北弱的阶梯状区域性差异,具体主要体现在以下几个方面:

1. 区位经济水平和优势存在差异

江苏省的经济发展水平存在较为明显的区域差异,2018 年苏南、苏中、苏北的地区生产总值分别达 53956.8 亿元、19000.8 亿元和 21366.0 亿元,与此同时,2018 年苏南地区的居民人均可支配收入为 51065 元,苏中地区的居民人均可支配收入为 35573 元,苏北地区的居民人均可支配收入为 26997 元。改革开放以来,"苏南模式"闻名全国,苏南地区的乡镇企业异军突起,发展迅速,农村工业化也同时在大力推进,截至 2018 年,苏南地区的城镇化率达到 76.8%,比苏中、苏北地区分别高 10、13.6 个百分点。苏南地区的经济发展水平和城镇化水平均显著高于苏中和苏北地区,文化创意产业的发展水平在总体上也呈现出苏南高于苏中和苏北地区的基本态势。从区位优势来看,苏南地区优势明显,毗邻上海、浙江等文化创意产业发达的地区,能够有效利用外部经济和知识溢出效应大力发展当地的文化创意产业;苏中地区由于毗邻苏锡常等经济比较发达的地区,也同样受到

一定的正向外部性作用,为该地区发展文化创意产业提供较为良好的条件。相比之下,苏北地区与安徽、鲁南等经济相对落后,文化创意产业区较为落后的地区接壤,区位条件比较差,因而在某种程度上不利于文化创意产业的萌芽发展。

2. 区域间的经济发展战略存在差异

根据弗农的产业生命周期理论,文化创意产业是在经济发展达到一定水平后才有能够有机会发展的新兴产业,而我国文化创意产业现在仍处于增长期阶段。目前,苏南地区正处于产业结构优化升级的重要阶段,正在大力发展第三产业,转移第二产业;而苏北和苏中地区经济发展相对落后,需要通过承接苏南地区转移出来的制造业来振兴当地的经济,而文化创意产业的发展并没有受到政府有关部门和社会大众足够的重视。为了缩小苏北与苏南、苏中地区的经济发展环境差异,江苏省政府近年加大了对苏北地区发展经济的政策支持力度,努力为苏中地区提供良好的营商环境。与此同时,苏中地区逐渐处于一种相对薄弱的境地,既缺乏具有针对性的政策支持,又缺乏足够的竞争优势和资源,文化创意产业发展的处境变得十分尴尬,需要适当调整经济发展战略来弥补产业短板。

3. 人才吸引力和信息集聚能力存在差异

优秀的人才队伍和高效流通的信息能够有效促进文化创意产业链的优化升级,从而达到降低协调、组织及运营成本的目的。而同时,文化创意产业作为以创造力为核心,强调知识、创意、技术等元素的新兴产业,需要较多高素质文化创意人才的参与才能有效提高产业的活力和竞争力。江苏省自古以来文化昌盛,号称"天下文枢",拥有的高等院校数量排名位居全国第一,然而高素质专业人才的分布在江苏省内十分不均匀。江苏省高校主要集中分布在苏南地区,优秀的人才资源也主要集聚在经济较为发达的苏南地区,这无疑在一定程度上抑制了苏中地区和苏北地区的文化创意产业的发展,这需要采取具有吸引力的人才引进战略来进行弥补和改善。

(二)企业规模偏小,融资困难限制发展

1. 企业规模整体偏小,缺乏具有代表性的龙头企业

虽然江苏省的文化创意产业发展势头良好,但综合来看,全省的文化产业发展水平与国内外的产业发展先进地区相比,仍存在不小差距,这尤其体现在以中小型文化企业为主体的文化产业中缺乏具有代表性的龙头企业,产业竞争力较弱。文化创意产业作为新兴产业,发展的时间较传统产业短,江苏省的文化创意企业规模总体偏小,且行业内存在企业同构,过度竞争等问题,跨行业、具有强劲带动力的龙头企业比较少。从产业结构来看,虽然以新闻、出版、广电、文化艺术等传统文化为主要内容的传统文化产业比重逐渐下降,而以网络文化、休闲娱乐、旅游文化、广告、会展及文化商务代理等为主要内容的新兴文化产业的地位较以往显著提升,但总体来看,创意类文化产业的地位还尚未超越传统文化产业。

此外,除了由于产品本身创意不足,制作不精良等因素,很多做工好的文化创意产品要么缺乏好的包装设计,要么是非知名品牌,因而文化创意产品很难在全国范围内引起广泛的消费关注。文化创意产品没有好销路,没有好销量,文化创意产品的生产者就会被迫减产甚至停产,文化创意产品设计者的创意积极性就会受到严重打击,最终导致越来越多优秀的文化创意产品逐渐从市场上消失,产品承载的传统文化也因此丧失了在现代社会继续发展和传递的宝贵机会。省内的文化创

意产业应当增强知识产权保护意识,尤其是要加强对员工的知识产权保护和保密的教育,努力在全省营造诚信为本的良好行业氛围。与此同时,省内文化创意产业应当加强行业交流,促进产业集聚和融合,积极改善管理并锐意创新,努力提高自身的竞争力,争取成为行业内的龙头企业。

2. 企业融资困难,限制企业长远发展

事实上,江苏省各地区的文化创意产业有相当一部分还处于生产价值链的低端位置,跨行业整合水平还不够,而对于高附加值环节的开拓以及行业合作还需要通过加大资金投入来进行进一步的探索。全省的文化企业绝大多数都是小微型企业,由于资产规模小、运营不规范、社会诚信体系建设滞后和缺乏实物抵押品等原因,普遍存在"融资难、融资贵"的问题。如何通过文化金融手段创新,促进文化企业的融资信息与金融服务间快速对接,加大金融支持文化产业发展、构建完整的文化产业投融资体系,已成为江苏省发展壮大文化产业、实现由文化大省向文化强省转变的重要一环。

(三) 区域间产品同质化严重,缺乏特色创意元素

1. 区域间产品同质化严重,企业产品区分度不高

江苏省作为一个现代省级行政区域,其行政区划范围并不是一成不变的。例如,20世纪50年代初,原本属于安徽的盱眙和泗洪划归江苏;20世纪50年代末,原本属于江苏的松江区被划分给上海。而文化是在人们长期劳动生活中逐渐形成的产物,有着稳定的地域文化底蕴,并不会因为人为的行政划分变更而在短时间内发生重大改变。文化本身具有一定的区域性,周边邻近地区的文化也会对当地文化产生影响和联系。以刺绣为例,苏南地区的很多城市在长期的生产生活中形成了拥有地方特色的区域性刺绣产品,例如,南通的仿真绣、苏州的苏绣、无锡的锡绣、常州的乱针绣,等等。同时,刺绣工艺文化也在其他临近的省市间产生沟通交流,上海的顾绣就是受到了江苏刺绣文化影响的例证,顾绣主要使用的针法为套针,而套针就是苏绣的传统针法之一。文化创意产品很多都植根于区域传统文化,加上文化产品的创新水平不够高,难以做到以新的高阶形式展示传统文化,因此,江苏省的文化创意产业所生产的产品与周边地区的产品的同质化较为严重,产品区分度不高,企业的市场竞争力有限。

2. 文化产品缺乏创意元素

文化创意产业的发展与知识产权保护力度密切相关,我国的知识产权保护力度虽然与过去相比提升不少,但社会上仍旧广泛存在着不少侵占他人创意成果的剽窃行为,导致文化创意行业的产品同质化现象十分严重。与此同时,当代文化在某种程度上也具有同质性,以动漫产业为例,我国动漫产业的兴起主要受到美国、日本等动漫大国的影响。为了发展动漫产业,江苏省陆续建立了一批动漫基地,如南京软件园内的国家动漫产业基地、世界之窗文化产业园内的紫金山动漫一号、南京数码动漫创业园、苏州国家动画产业基地、无锡国家动画产业基地、常州国家动画基地等。虽然江苏全省大大小小已经有一百多个文化创意产业基地,但大多数产业基地的定位模糊,特征不够鲜明,重点发展的产业内容基本雷同,产业的定位也不尽合理,甚至脱离实际。基地里的文化创意企业的聚合度不够,没有充分发挥产业的集聚效应,加上企业间的信息交流由于地理距离较近变得更加便利等原因,文化创意产业园区内存在一定的同质化倾向,导致文化产品缺乏具有区分度的创意

元素。此外,除了由于产品本身创意不足、制作不精良等因素外,很多做工好的文化创意产品要么缺乏好的包装设计,要么非知名品牌,因而文化创意产品没有引起消费者广泛的关注。文化创意产品没有市场,那么生产者就会减产甚至停产,设计者的创作积极性就会受到受挫,进而导致优秀的文化创意产品从市场上消失,产品承载的传统文化和精神思想就因此丧失了向大众传递分享的宝贵机会。

(四)专业从业人员不足,高端创意人才相对匮乏

由于文化创意产业属于新兴产业,我国传统的教育领域缺乏具有针对性的专门组织机构,导致从业人员往往通过自发自主进入该行业,从业人数较少,产生了供不应求的局面,江苏省文化创意产业普遍存在人才缺口较大的突出问题,其中,以下三方面人才的缺失情况较为严重:

1. 政府相关部门负责指导、统筹协调、科学管理全省文化创意产业发展的人才匮乏

文化创意产业的发展不能仅仅依靠民间群体自主自发,需要政府有关部门负责产业规划和引导。为了保证产业发展的健康合理,需要一批真正了解该行业的专业人才参与顶层设计,进行统筹协调。

2. 缺乏文化创意产业所亟须的高端人才

文化创意产业链中的创意、技术、营销和经营等专业人才十分匮乏,能够达到高端要求的创意和经营的专业人才则更少。同时,北京、上海、深圳等一线城市对文化创意人才的超强吸引力导致江苏省每年都在流失大量文化创意人才,这是导致省内文化创意人才匮乏问题严重的重要原因之一。

3. 从实践层面研究和探索加快发展文化创意产业的专业人才匮乏

由于高层次的管理、策划和运营的专业人才相对缺乏,江苏省自身拥有的极具文化底蕴和开发价值的文化资源并没有在文化创意产业的发展中得到充分的挖掘和使用,导致省内文化创意旅游产品的文化创意和经济效益的附加值较低,影响力不强。省内一些投入大量资金的文化创意项目由于缺乏专业的经营管理文化创意产业的人才而最终导致项目的运营效果不尽人意,甚至到最后到了入不敷出的尴尬局面。

文化创意与文化旅游之间存在相辅相成、相互促进的密切关系,专业的文化创意实践人才能够将文化创意产品服务与旅游文化紧密结合,合理定价,有效营销,最终促进形成具有代表性的文化创意品牌。然而,省内文化创意产业实践人才相对匮乏,导致不少文化创意产品与当地的旅游文化的关联度较低或者文化创意产品的外观质量欠佳,影响了游客的购买欲望,文化创意产业实践人才的缺乏是制约江苏文化创意产业与旅游产业有机融合的一个重要原因。

(五)专项产业发展规划缺位,产业标准体系缺失

1. 专项产业发展规划缺位,产业发展受限

文化创意产业的健康发展离不开政府的合理规划和政策支持。目前,江苏省的文化创意产业发展已经有了比较坚实的产业基础,在此之前,各级政府有关部门也已经编制了不少相关的产业规划,并出台了一些具有针对性的产业扶持政策。但从整体性、系统性和前瞻性的视角来看,亟须从省级层面制定专项产业发展规划,进一步明确省内文化创意产业园区的发展思路、功能定位

和空间布局,研究制定系统全面的政策支持体系,引导省内文化创意产业园区的健康、有序、协调发展。

2. 产业标准体系缺失,市场发展杂乱

产业的健康发展离不开一系列标准体系的建立与支持。江苏省目前已建成一大批文化创意产业园区,文化创意产业标准化的相关研究也取得了一些成绩,但仍存在一些问题。没有引领文化创意产业标准化发展的技术组织——江苏省文化创意产业标准化技术委员会,文化创意产业标准体系尚未建立,园区建设在创意保护、企业认定、项目扶持、园区规划方面仍显得比较盲目,缺乏相应的标准引导。江苏省内文化创意产业的发展缺乏规范体系和标准,导致文化创意产业总体呈现出一种杂乱无序的现状,这在一定程度上制约了文化创意产业的健康发展,也会对省内生产的文化创意产品的质量产生一定的负面影响。因此,有关部门应当重视建立文化创意产业的产业标准体系,为省内文化创意产业的健康发展保驾护航。

三、江苏省文化创意产业发展的对策建议

江苏省拥有雄厚的经济实力和丰富的文化资源,文化创意产业的发展已经初具规模,当前正处于省内文化创意产业发展难得的黄金时期,需要政府相关部门将文化创意产业发展所需要的生产要素整合起来,制定长远且具有可行性的发展规划,加快经济转型,推动文化创意产业的持久健康发展。

任何一个产业的发展都离不开政府的支持,无论国内还是国外,政府对产业的发展起到了强大的推动作用,既能从宏观上政策引领,也能从微观上执法监管,可以说政府的作为可以直接关系到产业的兴衰。文化创意产业作为新兴朝阳产业,得到了各地政府乃至国家的高度重视,成为经济增长的重点领域。然而,必须认识到在发展过程中会存在旧的文化体制机制的制约,相关政府的智能管理部门的功能和范围需要调整,以前的一些政策法规不适应文化创意产业发展现状,同样需要修正,与时俱进。这就需要政府认识到营造良好产业发展环境,进一步深化改革,建立健全相关法律法规。江苏省文化创意产业的发展需要政府和企业的共同努力。政府方面,需要在未来的时间里进一步加大对省内文化创意产业的扶持力度,合理调整扶持方式,完善社会服务体系,使文化创意产业能够健康有序地蓬勃发展。企业方面,要完善企业的经营管理制度,提高研发和创新能力,加强与其他优秀文化创意产业的交流,努力开发和创造出更多为人民大众所喜闻乐见的文化创意产品,使企业自身能在激烈的市场竞争中存活下来并发展壮大,具体建议对策内容如下:

(一)完善相关产业政策,科学规划产业发展和布局

1. 科学规划产业发展

文化创意产业作为朝阳行业需要政府的引导和扶持,因此,合理规划文化创意产业的发展具有重要战略意义。文化创意产业作为新兴行业,在发展过程中容易受到一些旧的文化体制和思想观念的限制,因此,需要政府对相关的产业政策进行与时俱进的改革完善。政府需要根据文化创意产业的发展阶段和规律,依据省内文化创意产业发展的现实情况,以及借鉴其他国家和省份发展文化

创意产业的经验教训,在此基础上对本省文化创意产业发展进行合理的规划引导。通过完善文化创意产业相关政策为企业发展指引方向,营造良好的行业氛围、打造健康的营商环境,创新环境和消费环境,进而推动我省文化创意产业的蓬勃发展,打造文化创意强省。

2. 科学规划产业空间布局

合理规划创意产业空间布局是文化创意产业发展的关键,把文化创意产业园区用地的选址纳入地方总体规划中。通过市场调查和评估,制定城市文化创意产业园区总体规划布局方案,根据文化创意产业的空间布局特征,制定空间发展战略,优化布局,推进产业梯度发展,动态把握产业发展态势。根据文化创意产业的分类特征,有步骤地实现产业集聚。布局的同时注意将创意产业融入江苏城市文脉。江苏的诸多城市都是历史文化名城,要实现文化遗产保护中的创新,就必须将创意产业融入江苏城市文脉,通过发展文化创意产业保护城市的文化遗存,延续城市文脉,通过历史与未来、传统与现代的交叉融汇,为江苏城市增添历史与现代交融的文化景观。政府方面需要研究制定全省创意产业发展中的重大战略和政策,统筹协调解决全省创意产业发展中的重大问题,协调推进重大项目发展,并要加紧研究建立符合江苏实际的文化创意产业统计评估体系,监测和评价江苏文化创意产业发展的情况。根据全省文化创意产业发展规划,明确产业导向和发展空间。最后由江苏省文化创意产业发展领导小组牵头研究制定并不断完善市场准入、土地税费优惠、投融资便利、出口支持、中小企业扶持、鼓励创业等各项政策,形成全面系统的产业政策体系。

(二)拓展中小企业融资渠道,鼓励发展龙头企业

1. 拓展中小型文创企业融资渠道

资金问题是影响企业发展的重要问题,有效的资金可以为产业规模扩大、管理创新、技术研发、人才培养提供支持,而产业融资困难将会制约产业竞争力的提升。江苏省的文化创意产业以中小型企业为主,由于资产、规模的限制,或多或少都存在一定的资金融通困难。为了让中小型文创企业不再因为企业融资限制企业发展,政府应当建立多元化、多渠道的融资机制。首先,政府自身在财政支出上增加文化创意产业预算,加大资金的投入力度,落实相关产业政策,在产业发展较好的地方或项目上给予相应资金支持。其次,积极吸收民间资本,拓宽资金渠道,创新产业发展融资新模式,可以借鉴市政基础设施工程中的 PPP 模式,采取政府和社会资本合作,达到更为有益的效果。最后,完善担保机制,促进金融机构贷款向产业倾斜,将文化创意产业作为重点产业进行宣传推介,使金融机构可以放心贷款,重点项目的融资贷款问题可以有效、快速解决。

政府鼓励金融机构搭建投融资平台,形成成多渠道多元化的投入机制,这对培育文化创意企业具有十分重要的作用。对此,可以从三个方面着手:一是加快引进风投公司,组建创投公司、担保公司和小额贷款公司,提高扶持文化创意企业发展能力。二是开展融资洽谈活动,进一步拓展企业与金融机构的联系渠道,促进银企建立战略合作关系,为企业融资创造条件。三是设立创意产业发展基金,对列入国家及省各类资金补助的项目,按照国家和省有关规定予以优先配套支持。四是积极稳妥地开放文化市场,鼓励社会资本、境外资本进行文化创意产业领域里的投资,形成政府投入和社会投入相结合,国内外资本相融合,多元化、多渠道的文化创意产业投入机制。

2. 鼓励发展文创龙头企业,打造品牌效应

重大项目在推动产业发展中具有明显的示范效应和功能性作用。实施文化创意产业重大项目

工程,以打造国家数字出版基地、国家网络视听产业基地、国家动漫游戏产业示范区为契机,加大对骨干企业、龙头企业的政策扶持力度,引导企业自主创新和高端突破,鼓励骨干企业、龙头企业在研发投入占比、研发机构规模等方面增加投资,充分发挥这些企业的行业辐射、带动作用,提升产业链整体技术水平。以"立足存量抓增量"为核心,鼓励支持创意性强、有实力的企业跨行业跨所有者并购重组,加快企业规模化、集团化发展步伐,培植若干个超百亿元、超十亿元的具有行业影响力的知名品牌和龙头企业,使其成为创意产业发展的中坚力量。与此同时,还应当通过各种渠道对企业进行广告营销,提升企业的知名度,在提升产品服务质量的同时提高企业的品牌口碑。

(三)扩充专业人才队伍,培育高端创意人才

文化创意产业是知识、技术、创新相互融合的新兴产业,其发展离不开文化创意人才,人力资本是产业发展的重要资本,人才对文化创意产业竞争力的提升具有关键作用。与北京、上海这类文化创意产业发展较快的地区相比,江苏省在人才的培养和引进方面存在一定差距,因此,江苏需要借助自身科学教育优势,面向产业培养和引进高端复合型创新人才。创新是文化创意产业发展的关键,而人才是创新的来源,发展文化创意产业,提高文化创意产品的质量需要大量的专业人才。首先,要多渠道培养人才,江苏省作为教育大省,省内高校资源丰富,因此,要充分整合利用高校、科研院所资源,加强产学研融合,为文化创意产业输送更多创新人才;其次,制定相应的产业人才引进计划,用优厚的条件吸引全国乃至海外创新人才来发展江苏文化创意产业,并为他们提供良好的平台和舒适环境,并用建立多元化、完善的激励机制使之发挥自身聪明才智,为产业发展提供力量,使江苏成为一块创意人才的聚集地,具体需要做到以下几点:

1. 建设文化创意产业专业人才培训基地,开设相关专业课程

文化创意产业园区与江苏高等院校互动,联合设立与文化创意产业相关的学院,建立文化创意产业人才培训基地,开设相关课程,着力加强对高端创意人才的教育和培养。

2. 制定具有足够竞争力的优秀创意人才引进政策

文化创意产业的发展需要高层次、高技能、通晓国际通行规则和熟悉现代管理的高级文化创意产业人才。为此应制定各种优惠政策,进行特殊扶持,吸引和留住高素质文化创意产业人才落户江苏,形成人才的集聚效应。

3. 要增强国际合作,提高文化创意产业的国际化水平

通过加强文化创意产业从业人员的国际交流,开阔从业人员的国际视野,在选派人员出国研修,培养具有世界水准的专业人才的同时,重视引进国外的优秀创意人才,提升和充实江苏省文化创意产业的人才队伍,包括引进一批海外专家和优秀团队来江苏省工作。此外,要加强与海外文化创意机构的合作,积极组织人才培训与交流,开展项目合作和举办研讨会等。

(四)推动产业融合和产业集聚

1. 推动产业融合,培育新的产业增长点

在各种产业中,文化产业是综合性、渗透性、关联性比较突出的产业,与多个产业存在天然的耦合关系,具有融合的深厚基础和广阔空间。农业、制造业、服务业、科技、旅游等相关产业可以为文

化的交流和传播提供平台,为文化资源的开发提供载体,实现文化产业的市场化和规模化。文化创意产业具有低能耗、高科技附加值、高相关产业融合度等特点,推动文化创意产业与相关产业融合,一方面,可以为文化产业提供开发新产品、新服务、新业态等巨大商机,推动文化资源在更大范围内合理配置,进而促进文化产业跨越式发展;另一方面,可以使文化创意嵌于相关产业的研发、设计与品牌营销等高端价值链环节,提升相关产业附加值,推动相关产业升级。推进文化创意产业的发展,促进其与实体经济深度融合,是培育国民经济新的增长点、提升国家文化软实力的重大举措。在文化创意和工业的融合发展中,要推动设计服务与工业的纵向产业链延伸与横向服务链拓展,激发产业升级的动力;在文化创意与旅游业的融合发展中,要打造旅游魅力的智核,营造丰富的内容、多元的主体和动态发展的框架;在文化创意与农业的融合发展中,要结合中国农业发展的阶段性要求,以休闲农业项目为突破口,建立具有生态文化价值和现代服务业意义的农业形态。

文化产业的产业融合还需要运用互联网技术、大数据技术和多媒体技术提高产业的技术含量和科技附加值。江苏以创新、跨界、融合思维谋划文化创意产业发展,坚持"文化创意产业＋互联网""文化创意产业＋资本市场""文化创意产业＋科技创新""文化创意产业＋文化消费""文化创意产业＋文化贸易",走出文化创意与相关产业融合发展新路径,抓创新驱动、抓需求培育、抓成果转化、抓重点突破,强化文化创意的先导作用,实现与相关产业全方位、深层次、宽领域的融合发展。

2. 推动产业集聚,发挥规模经济效应

产业集聚日益成为提升产业竞争力的重要因素,对于产业的发展可以起到重要的推动作用。针对文化创意产业,重视集聚效应有助于形成地区文化品牌,促进产业内部的良性竞争。江苏文化创意产业的发展虽然已经初具规模,但还未发挥很好的集聚效应,市场占有率相对不高,因此,可以通过培育重点文化创意产业园区、龙头企业以及开发重点项目等形成产业集群和完整的产业链,提升产业整体竞争力。通过产业集聚来加强产业交流沟通,扩大企业规模,有利于充分发挥规模经济效应,提高企业的实力和效益。

(五)协调区域产业发展差异,发挥地区比较优势

1. 协调区域产业协调发展

江苏省在现有基础上已经发展了众多文化创意园区,包括江苏(国家)未来影视文化创意园区、苏州阳澄湖数字文化创意产业园、常州创意产业基地等,但是总体来看,大多数集中于苏南地区,显然文创产业在省内的发展不够平衡,存在比较明显的区域差异。江苏省应该重视地区间的协调发展,出台政策引领省内各地区产业集聚平衡,在苏北、苏中及苏南三个地区都可以形成强有力的产业集聚现象,促进省内文化创意产业空间布局合理。同时,培育区域特色重点品牌,以重点大项目带动产业发展,发挥优势,共同发展,提升文化创意产业竞争力。针对江苏省各地区文化创意产业发展的差异性问题,需要协调苏南、苏中和苏北地区的经济发展,缩小地区间的经济发展水平,进而带动江苏文化创意产业总体竞争力的提升。

2. 培育创新环境,发挥地区比较优势

产业结构趋同问题已经成为江苏省文化创意产业园区发展中急需解决的问题之一。长三角地

区是中国文化创意产业发展的先行地区,江苏省应紧随长三角地区的发展潮流,在把握长三角地区文化创意产业的总体发展趋势的同时,挖掘苏南、苏中和苏北的城市文化内涵,结合自身优势,确立自身的发展特色和方向。在传统产业内融入创意元素,并提高创意在传统中的贡献率,把传统产业升级为文化创意产业,实现产业的创意化。为此,省内需要大力培育社会创新环境,重视文化创意人才培养。创新环境建设对于文化创意产业的发展起到至关重要的作用,一个好的创新环境必然少不了对于创新的保护制度,因此,首要工作就是开发和完善知识产权保护制度。另外,文化创意产业是一个知识密集型的产业,归根结底人才是首要的生产要素,因此要从个人、家庭、学校和社会全方位地加大创新型人才的培养,注重培育青少年文化艺术方面的特长。最后,加强文化创意产业集群发展充分挖掘各地区的比较优势。文化创意产业集群发展要综合考虑各地的比较优势和竞争优势。综合竞争力较强的南京、苏州、无锡和常州等城市可优先发展影视和动漫制作、时尚设计等附加值较高的子产业;苏中、苏北地区可以将文化创意与旅游业相结合大力发展创意旅游,提升传统旅游业的活力,还可以将文化创意产业与农业相结合发展生态农业、观光农业等。另外,江苏有着深厚的历史文化,因此,要充分挖掘传统文化的特色,例如,"南京云锦""苏州刺绣""无锡泥人""扬州漆器"等地域特色文化资源。

(六)加强文化创意市场体系,拓展营销渠道

1. 开拓文化创意消费市场,提高市场占有率

任何一个产业的发展都离不开市场的作用,尤其是在中国社会主义市场经济制度下,文化创意产业的发展需要完善的产业市场体系。江苏省在现有产业规模的基础上,应充分拓展文化创意有关的消费市场。十八大后,我国进入了新时代,社会主要矛盾转变为人民日益增长的美好生活需要和不平衡不充分发展之间的矛盾。随着生活水平提高,越来越多的人更加关注文化和精神的需求。因此,江苏省应抓住此时机遇,研究开发迎合大众趣味的产项目,大力宣传和推荐文创产品,提供安全消费环境,扩大文化消费市场。此外,江苏省政府要放眼国外,在法律、产业结构、投融资、税收、出口政策等方面给文化创意产业大力支持,使本省在全球激烈竞争环境中不仅能够占领国内市场,还要积极拓展国外市场,"走出去"是江苏省文化创意产业发展的一大战略,这样在国际市场上能更好地彰显中国文化影响力,对品牌价值有巨大的提升作用。

2. 拓展文化创意营销渠道,提升企业综合竞争力

随着互联网技术的发展,多媒体、自媒体等技术的不断创新,传统的营销方式在文化创意产业的应用中显得格格不入,为了更好地在产业市场中抢占份额,在注重"内容为王"的基础上强调营销制胜。江苏应积极采用多种营销方法,线上利用新媒体中各类载体策划营销活动,建立文化创意网站、设置微信公众号、利用微博以及网站广告投放等方式;线下采用报纸、宣传海报、图书等纸质媒介进行宣传营销,同时举办各类大型活动,如文化节、旅游节、美食节等主题活动,让更多人参与进来,促进文化消费,取得营销效果。建立多元化营销渠道,扩大消费需求,完善产业市场体系,形成良性竞争,有利于促进产业提质增效,实现企业综合竞争力的提升。

参考文献

[1] 江苏省统计局.江苏统计年鉴2018[EB/OL].江苏省统计局网站,2018.

［2］江苏省统计局.2018年江苏省国民经济和社会发展统计公报[EB/OL].江苏省统计局网站,2019.

［3］江苏省文化厅.江苏省"十三五"时期文化发展情况统计分析[EB/OL].江苏省文化厅网站,2019.

［4］江苏省文化厅.2018年度全省文化发展相关统计报表[EB/OL].江苏省文化厅网站,2019.

［5］国家文化部.2018年中国省市文化产业发展指数报告[EB/OL].江苏省文化厅网站.2019.

［6］蒋园园,杨秀云,李敏.中国文化创意产业政策效果及其区域异质性[J].管理学刊,2019,32(5):9-19.

［7］姜玲,王丽龄.文化创意产业集聚效益分析——以北京市文化创意产业发展为例[J].中国软科学,2016(4):176-183.

［8］高秀艳,邵晨曦.区域文化创意产业竞争力评价与对策分析——以辽宁省为例[J].企业经济,2013(1).

集聚区篇

第一章　江苏省现代服务业集聚区的发展概况

近年来,江苏以习近平新时代中国特色社会主义思想为指导,在省委、省政府的坚强领导下,围绕推进"两聚一高"新实践和建设"强富美高"新江苏目标,依托政策驱动,推进现代服务业集聚区建设,其规模逐步扩大,经济社会效益日益显著。

一、江苏现代服务业集聚区的发展现状

(一)集聚区规模逐步扩大

到2018年末,江苏共有省级现代服务业集聚区125个,入驻企业单位20.8万家,实现营业收入约2.9万亿元,从业人员超过220万人,营业收入超千亿元的现代服务业集聚区10家,现代服务业集聚区已成为引领全省服务业高质量发展的重要增长极。可见其总量规模与产业规模逐步扩大,经济效益显著,吸纳社会就业能力逐步增强,对全省经济社会发展的支撑作用进一步增强。

(二)集聚区分布的区位特征明显

江苏区域经济发展特征,决定了现代服务业集聚区的空间布局存在非均衡状态。南京凭借科研院所林立、高等院校众多的科教资源优势,以发展软件业、科技服务业、高端服务业为主,是集聚区最多的城市;无锡、常州、苏州凭借高度发达的工业基础,以发展工业设计、综合性生产服务为主,是集聚区最密集的区域,三市共有集聚区48个,占全省总数的38.4%;南通、扬州、泰州则分别受益于上海经济圈、苏锡常城市带和南京城市圈的辐射带动,整合区域资源优势,通过承接产业转移,实现产业对接,促进现代服务业集聚发展,三市共有集聚区25个,占全省总数的20%;徐州、连云港则依托"一带一路"优势,与盐城、淮安、宿迁一起,主动与苏南各市对接优势、合作共建,促进集聚区互补发展,苏北五市共有集聚区27个,占全省总数的21.6%。[①]

(三)集聚区呈现多业态协同发展格局

在集聚区发展实践中,各设区市依托生产要素资源优势,厘定优势行业发展方向,着重打造现代物流、科技服务、软件和信息服务、文化创意等专业性集聚区。到2018年末,江苏共有现代物流集聚区35个、科技服务集聚区26个、软件和信息服务集聚区17个、文化创意产业集聚区14个、商贸流通集聚区14个、商务服务集聚区8个、电子商务集聚区5个、金融服务集聚区2个、服务贸易集聚区2个、健康养老园区1个。各业态集聚区依托城市发展规划,在空间布局上促进要素资源集

---

①　江苏省统计局课题组.江苏现代服务业集聚区的未来发展[J].统实,2019(3).

聚共享,引导产业集聚、集约发展;在产业布局上力促产业链高效衔接,实现互补发展,促进多业态协同发展。

(四) 集聚区的集聚效应比较显著

2018 年,江苏 125 个省级现代服务业集聚区平均单体入驻企业 1664 家,实现营业收入 2.9 万亿元。集聚区吸纳就业人数占全省服务业从业人员的比重达 11.4%,上缴税金占全省服务业税收的比重达 10.9%。在经济效益产出和社会效益贡献上,集聚区对经济的集聚效应表现显著。调查数据显示,省级集聚区在单体规模上的集聚能力明显强于市级集聚区,其单体入驻企业数、吸纳就业人数和上缴税金均超过市级集聚区的均值。从集聚区的产出强度和江苏现代服务业集聚区的未来发展看,常州的集聚区多为专业市场,其单位面积营业收入最高,达 3.30 万元/平方米,但其单位面积上缴税金仅 275 元/平方米;南京的集聚区单位面积上缴税金最多,达 961 元/平方米,但其单位面积营业收入却低于省级集聚区的 1.87 万元/平方米。从上缴税金上来看,南京、南通、扬州三市集聚区上缴税金占服务业税收收入的比重均超 20%,其集聚效应对税源的支撑作用十分明显。

(五) 集聚区的示范带动效应明显

在省级集聚区的示范带动下,各设区市、县(区)因地制宜出台产业政策,整合区域资源与特色产业相融合,促进现代服务业集聚发展。2017 年,全省共有市级现代服务业集聚区 300 家,与省级集聚区实现联动发展,成为拉动全省经济增长的新动能。从调查数据来看,南京凭借省会城市的独特优势,重点发展软件业、商务服务业等高端服务业集聚区,在创建 20 个省级集聚区基础上,又重点建设了 42 个市级集聚区,形成省市联动、繁荣共进的局面;常州则凭借高度发达的工业基础,重点发展科技创新、现代物流和专业市场等市级集聚区 53 个,促进产业繁荣共生;南通凭借毗邻上海、链接长江南北的区位优势,重点发展现代物流、综合性生产服务等市级集聚区 42 个,彰显发展优势;扬州凭借丰富的旅游文化资源,重点发展旅游休闲、文化产业等市级集聚区 32 个,凸显区域特色。可见,省级集聚区对市级集聚区的示范带动作用呈现放大效应,市级集聚区从数量上实现规模效应赶超,两者并驾齐驱、优势互补,成为拉动区域经济增长的重要增长极。

二、现代服务业集聚区对经济发展的积极贡献

在全省现代服务业集聚区内部,高效的政策引导与信息、技术、资金、资本等生产要素充分融合,在市场作用下凝聚成为促进现代服务业快速发展的优越营商环境,有效促进服务产业快速发展,龙头企业做大做强,对经济发展的逐级拉动效应明显。受益于集聚区的发展拉动,新兴产业增长快速。在发展实践中,率先发展特征明显的软件业、商务服务业、科技服务业、现代物流业和旅游业,迅速成为集聚区的主导产业,成效凸显,成为拉动经济稳定发展的新动能。从分行业数据来看:软件业营业收入增长最快,2017 年实现业务收入 9230.6 亿元,同比增长 12.6%,比十年前增长 10.09 倍,年均增长 27.2%;其次是商务服务业,2017 年实现业务收入 8130.6 亿元,同比增长 14.0%,比十年前增长 4.93 倍,年均增长 19.5%;旅游业增长稳健,2017 年完成总收入 11662.2 亿

元,同比增长 13.6%,比十年前增长 3.13 倍,年均增长 15.2%;物流业运营收入同比增长 12.6%,科技服务业务收入同比增长 12.5%。

规模以上服务业快速增长,对服务经济的拉动作用明显。集聚区将生产要素集聚成创新发展的高地,为服务业企业发展壮大提供了丰富的政策资源和产业资源,有力地支持服务业企业做强做大。调查数据显示,规模以上企业营业收入连续保持 12% 及以上的高速增长,均高于同期服务业增加值增速 2 个百分点以上,对全省服务经济增长的拉动作用十分明显。

服务业税收增长较快,促进税源结构优化。在集聚区带动下,全省服务业经济近几年逐步繁荣,直接带动服务业税收快速增长。2018 年,全省实现服务业税收收入 6788.0 亿元,同比增长 17.4%,比上年大幅提高 15.4 个百分点。服务业税收增速分别快于全部税收和第二产业税收 5.9 个、11.2 个百分点。从服务业税收收入结构上来看,批发和零售业增长 16.4%,交通运输、仓储和邮政业增长 15.7%,租赁和商务服务业增长 14.4%,住宿和餐饮业增长 8.2%,金融业增长 5.5%。服务业税收收入占税收总收入比重为 49.5%,已接近半数水平,比上年提高了 2.5 个百分点。

三、江苏省现代服务业集聚区发展的优势效应

江苏现代服务业集聚区的稳定发展及其对产业经济的集聚效应,有力地支撑着服务业经济的较快发展,也为全省经济发展带来了深刻变化。服务业的行业结构出现实质性转变。2018 年江苏服务业增加值占全省 GDP 的比重达 51%,比上年上升了 0.7 个百分点,即占据了"半壁江山",但在服务业内部,传统服务业比重自 2010 年以来呈下降之势,而以信息传输、软件和信息技术服务业、金融业、租赁和商务服务业等为代表的现代服务业,则呈上升趋势。行业结构悄然发生此消彼长的实质性转变,表明现代服务业已成为支撑国民经济的重要行业。详见表 1:

表 1 第三产业分行业产值增加值及占 GDP 比重(单位:%)

	2014 年		2015 年		2016 年		2017 年	
	增加值	GDP 比重	增加值	GDP 比重	增加值	GDP 比重	增加值	GDP 比重
批发和零售业	6559.03	10.1	6992.68	10.0	7470.27	9.8	8070.23	9.4
交通运输、仓储和邮政业	2591.15	4.0	2705.44	3.9	2834.56	3.7	3097.67	3.6
住宿和餐饮业	1094.45	1.7	1189.40	1.7	1291.32	1.7	1406.82	1.6
信息传输、软件和信息技术服务业	1579.55	2.4	1870.81	2.7	2443.22	3.2	2882.52	3.4
金融业	4723.69	7.3	5302.93	7.6	6011.13	7.9	6783.87	7.9
房地产业	3564.44	5.5	3755.45	5.4	4292.79	5.6	5016.54	5.8
租赁和商务服务业	2469.55	3.8	2845.33	4.1	3451.12	4.5	3824.48	4.5
科学研究和技术服务业	884.50	1.3	998.71	1.4	1097.81	1.4	1350.83	1.6
水利、环境和公共设施管理业	428.27	0.6	496.67	0.7	551.91	0.7	591.57	0.7

续表

	2014 年		2015 年		2016 年		2017 年	
	增加值	GDP 比重	增加值	GDP 比重	增加值	GDP 比重	增加值	GDP 比重
居民服务、修理和其他服务业	1073.53	1.6	1259.45	1.8	1507.03	2.0	1756.07	2.0
教育	1866.58	2.9	2195.15	3.1	2426.57	3.2	2750.45	3.2
卫生和社会工作	1015.45	1.6	1230.89	1.7	1410.95	1.9	1615.15	1.9
文化、体育和娱乐业	536.56	0.8	635.64	0.9	795.79	1.0	863.43	1.0
公共管理、社会保障和社会组织	2003.97	3.1	2376.46	3.4	2618.65	3.4	2880.25	3.4

拉动经济增长方式出现重大转变。统计资料显示,2017 年末与 1978 年末相比,江苏现价 GDP 增长了 343.7 倍,年均增长 16.2%;服务业增加值(现价)增长了 872.2 倍,年均增长 19.0%,快于 GDP 平均增速 2.8 个百分点。从行业增加值对 GDP 增长的贡献率趋势来看,第二产业贡献率呈现波动中下降趋势,而服务业贡献率虽有波动但总体呈上升趋势,表明服务业经济对 GDP 增长的贡献逐年增大。至 2016 年末,拉动经济增长的方式出现重大转变,服务业对 GDP 增长的贡献率达 60.4%,首次超过第二产业的贡献率,服务经济成为拉动 GDP 增长的主要动力。

推动全省经济发展迈进新时代。建国初期江苏以农业经济为主,工业基础薄弱,1952 年三次产业结构为 52.7:17.6:29.7。随着改革开放的推进和社会主义市场经济体制的确立,工业经济迅速发展,大量农村富余劳动力持续转移到二、三产业就业,以商贸业为主的传统服务业快速发展,促进经济结构表现为"二三一"结构。迈进新世纪,伴随着改革开放的深入和经济全球化浪潮,以高新技术和互联网为代表的现代服务业快速发展,至 2015 年第三产业比重首次超过第二产业,达 48.1%,开启了由服务业拉动发展、第二产业支撑发展的新格局,进入了服务业创新转型、繁荣发展的新时代。

区位优势决定率先发展趋势。从地理位置上来看,江苏地处美丽富饶的长三角地区,自然条件优越。苏州、无锡、常州毗邻上海,是长三角经济圈的"腹地",是江苏全省乃至全国民营经济和外向型经济最活跃、制造业和高新技术产业发展最快的经济区域之一;南京是江苏省的省会城市,科教文化资源底蕴深厚,是长三角经济圈的次级核心,也是沿江经济带的重点城市、向内陆辐射的核心城市;南通、连云港是经国务院批准的全国首批对外开放城市,开放型经济特色明显;徐州是淮海经济区的中心城市,发挥着京沪线、陇海线交通枢纽功能;扬州、淮安是京杭运河沿线的重点城市,历史文化资源丰富,也是贯穿江苏、链接南北的经济长廊。江苏的区位优势为江苏在供给侧结构性改革中大力发展现代服务业提供了坚实基础,决定了新一轮率先发展的必然趋势。

经济发展加速生产要素集聚。江苏是全国经济发达省份之一,工业经济发展程度高,为现代服务业发展奠定了基础。在江苏经济发展进程中,经济发展增强着产业发展的基础,构建起促进集聚发展的"高地",有效促进人才、技术和资金等生产要素向江苏流动、新产业向江苏集聚,进而又强力支撑着江苏的快速发展。经济发展成就与生产要素集聚互为成因、相互促进,为促进现代服务业实现集聚发展备足了生产要素资源,构筑了完备的产业链基础。

政策驱动与市场激励共同作用。为落实中央、省委关于发展现代服务业的决策部署,省政府制定《江苏省"十三五"现代服务业发展规划》《江苏省"十三五"现代产业体系发展规划》等指导性文件,确立全省现代服务业发展总目标;印发《关于加快发展生产性服务业促进产业结构调整升级的实施意见》《关于加快发展生活性服务业促进消费结构升级的实施意见》等政策性文件,引导现代服务业健康发展。省发展和改革委员会印发《关于加快建设现代服务业集聚区的意见》《江苏省省级现代服务业集聚区认定管理暂行办法》《江苏省新一轮服务业综合改革试点实施意见》,积极探索现代服务业集聚发展新途径,加快培育服务业新业态、新模式,推进服务业供给侧结构性改革,促进经济发展方式转变,推动经济结构转型升级。江苏各设区市因势利导,科学评估区域内的产业基础,厘定产业优势,整合区域资源,出台配套政策,在土地供给、资金信贷、税收、政府转移支付等方面给予政策优惠,在人才引进、产业引育、科技孵化等方面给予政策支持;通过科学规划、合理布局和招商引商,直接作用于市场,发挥市场机制的激励效应,促进产业集聚发展,鼓励创新创业,激励企业做大做强,"筑巢引凤"成效明显。

四、江苏省现代服务业集聚区发展中的问题分析

(一)集聚区区域分布仍然不平衡

江苏各设区市经济社会发展格局与程度的差异,是造成现代服务业集聚区发展不平衡的主要因素。苏南五市是全省经济最发达的区域,共有现代服务业集聚区 73 个,占全省总数的 58.4%;苏北五市有 27 个,占全省总数的 21.6%,与苏中三市的数量基本持平。从集聚区单体规模与集聚程度来看,也呈现出苏南大于苏中、苏中大于苏北的不平衡格局。这种发展不平衡的存在,势必造成发展新动能的区域差异被再次拉大,对促进区域协调发展不利,需要引起关注。

(二)集聚区产业发展仍存不平衡

现代服务业的产生与发展规律,决定了生产性服务业必然率先发展。2018 年,在江苏 125 个现代服务业集聚区中,软件和信息服务、科技服务、现代物流、商务服务等生产性服务业集聚区共有 104 个,占全省总数的 83.2%;健康养老、文化创意、电子商务等生活性服务业集聚区仅有 20 个,占全省总数的 16%,远低于生产性服务业集聚区。全省 129 个城市商贸综合体是与居民生活联系最紧密、最直接的生活性服务业新形态,2017 年完成销售额(营业收入)750.4 亿元,占全年社会消费品零售总额的比重仅为 2.4%。生活性服务业集聚区发展程度与城市发展扁平化多中心趋势、居民生活片区化集中趋势的客观需求还有不小差距。各产业类别的集聚区发展不平衡,直接影响着满足居民日益增长的美好生活需要,不利于完整产业链的共荣发展,影响高质量发展成效,需要引起关注。

(三)集聚区产业集聚程度不够高

从全省范围来看,各集聚区的单体规模、产业集聚程度、产出强度存在较大差距;相同区域内省、市级集聚区之间的差距也十分明显。在集聚区内部,主导产业发展不充分,核心产业凝聚力不

强,对相关产业的吸引力不足,产业链的规模效应难以实现,造成主导产业集聚度不高、带动力不强。如部分旅游休闲集聚区仅靠景区开发和旅游商贸创收,创新性旅游产品开发不足;部分商贸服务业集聚区依旧停留在传统的市场形态,面对现代网络经济浪潮转型升级意识不够强,业态创新能力明显不足,主观能动性不够强,从而造成集聚度不高,需要引起关注。

五、江苏省现代服务业集聚区发展的策略建议

现代服务业集聚区的产生与发展,既有产业发展的内生规律,也有促进产业集聚的外部因素。客观分析内生规律与外部因素之间的辩证关系,有利于促进发展、提升效率。为此,我们综合分析、探索促进江苏现代服务业集聚区发展的策略建议。

(一)政策驱动:发展预期与发展成效

在促进现代服务业集聚区发展的实践中,政策驱动的发展预期与发展成效之间总会存在差异。发展活力强的产业对政策输入反应灵敏,在第一阶段就能实现快速发展,在第二阶段一般会出现不同程度的降速调整,之后才会稳定发展。而需要长期投入和培育的产业,对政策输入反应迟缓,第一阶段发展缓慢,第二阶段之后才会逐渐加速。发展预期与发展成效的差异,客观上需要我们对组合政策的实施进行宏观把控。第一阶段是组合政策快速出台期,要强调政策相互配套、共同发力,促进发展实效。第二阶段则要侧重政策调整与制度完善,同时加强宏观管理,促进长效发展。第三阶段进入发展成效的综合显现期,需在稳健退出刺激发展的政策工具时,既要稳定预期,又要注重长远,引导产业稳健发展,发挥更大的经济社会成效。

(二)空间布局:城建发散与业态集聚

城市开发建设加快了城市功能的同质化、扁平化发展趋势,也引导着居民安居、产业空间布局的分散化趋势,次级核心区、卫星区的快速发展,为集聚区发展提供了新空间,但也分散着中心城市、中心城区对产业的集聚能力。

从全省经济发展来看,江苏位于长三角经济圈,受核心区上海的辐射,形成了苏锡常的核心辐射带,也形成了以南京为中心的次核心区和凭借"一带一路"区位优势的卫星区(徐州和连云港)。在这种空间格局下,各设区市在促进现代服务业集聚区发展时,需立足全省发展大局,突出区域优势,也要兼顾产业关联与产业优势互补,尽量避免同质化竞争,促进全省区域内的协调发展。从设区市经济发展层面来看,各市在布局集聚区发展时,既面临城市核心区集聚功能被分散的转型发展,又面临新建次核心区、卫星区急需增强集聚能力的创新发展,因而需要正确处理好城建发散与业态集聚的关系,通过科学规划,强化导向,实现合理布局。

与自然生态类同,任何产业发展都离不开其所在的生态系统。现代服务业的主导产业凭借产业优势,能快速获得政策优势,实现稳定发展,但又需要上下游产业链的密切配合和相关产业共同辅助。各类产业发展都需要公共服务在资源调配、人才交流、专业培训等方面的综合保障,也需要生活性服务业承担各种社会生活需求。因此,江苏各设区市在促进现代服务业集聚区发展的实践中,需要从构建产业生态系统的高度,综合考虑主导产业定位,发挥主导产业的带动效应,吸引相关

产业集聚,引导派生产业,布局基础产业,促进产业共生,从而实现产业生态的共融发展。

(三)发展包容:创新发展与转型发展

近年来,"新常态"被经济界人士认为是对产业发展、产业转型与政策预期的包容。这一判断与江苏现代服务业集聚区的发展状况也比较吻合。在上文分析中,我们发现以创新发展为驱动力的产业,在经历第一阶段快速发展后,普遍面临滞涨;需要长期投入和培育的产业在前期发展缓慢,对经济增长的拉动力较弱;以转型发展为驱动力的产业,在经历降速转型后步入中后期,新的增长动能仍未充分显现,表现出长期的缓慢增长。我们对现代服务业集聚区发展趋势持包容态度的同时,更需要整合区域资源优势、政策优势和产业优势,为创新发展类集聚区及企业增强发展后劲;更需要加强新产业引育,促进新业态形成,储备发展潜能;更需要加快建设、合理布局,促进转型发展类集聚区及企业加快转型突破,凝聚成发展新亮点,从而开拓集聚区经济形态与产业结构协同发展的新局面。

(四)目标管理:政策输入与发展反馈

目标管理是全省及各设区市进行服务业集聚区发展绩效管理的主要管理方法之一,也是检验集聚区发展实效的主要途径。江苏各设区市在促进集聚区发展的实践中,都成立了园区管理委员会或园区管理办公室,针对发展中的新情况、新问题进行调研、督查,为其提供全方位的政策服务。我们还要结合区域经济发展情况出台配套政策与落实细则,结合调研成果实施政策调整,通过全方位、多层面的政策输入,将集聚区打造成政策集聚的"富地",引领创新转型发展的"高地"。更要重视发展信息反馈,通过建立全省发展情况信息库,科学制定发展监测指标体系、考核评价体系,周期性开展专项调查和评价分析,从而实现对集聚区发展过程的全面监测与绩效管理,加快其产业体系构建进程,集聚拉动经济增长的新动能,实现高质量发展。

第二章　江苏省新增省级生产性
服务业集聚区简介

一、南京农副产品物流配送中心

南京农副产品物流中心是按照"华东一流、全国有影响"的发展定位,高起点、高标准规划建设的现代化农副产品物流基地。项目规划占地 3000 亩,总建筑面积 150 万平方米,总投资 50 亿元以上。内设蔬菜、果品、水产、肉类、副食品、百货、粮油、酒店用品等八大专业市场,13 万平方米配套服务区,交易品种超过 40 万种,强力辐射苏北、皖南等区域,辐射半径超过 300 公里,是全国经营规模最大的农副产品交易平台之一。2018 年实现交易额 530 亿元,交易量 890 万吨。同时,建设了 13 万平方米配套服务区及国家级物流场站,提供一站式配套及物流服务。经过八年多的发展,现已成为引领全国农产品批发市场改造升级的样板工程、南京及周边地区农副产品供应的主要源头市场。先后被国家级农业产业化重点龙头企业、全国十强市场、全国最具竞争力市场、全国成功模式典型市场等多项荣誉。

1. 初创期(2003—2006 年)

2003 年,南京市政府开展老市场搬迁规划选址工作。经充分调研,征询各类市场主体和消费者意见,召开多层次、多领域专家论证会,2006 年,市政府最终确定市场选址江宁上坊片区。该区域处于南京主城东南角,是南京通往上海、浙江、安徽以及江苏省苏州、无锡、常州、镇江等地区的交通枢纽,为农副产品大进大出创造了极为有利的条件。同年 8 月 7 日,江宁区政府决定与南京农贸中心共同组建农副产品物流中心公司(市政府会议纪要 43 号)。

2. 建设期(2007—2009 年)

2007 年 11 月,项目开工建设。2009 年 5 月,一期市场建成,南京主城大型批发市场陆续迁入,为城市建设腾出空间。项目工程集产品交易、展示、冷藏、加工、配送为一体。经营和生活分区布局,总建筑面积 110 万平方米,上下两层,二层以高架连接,集约土地资源,各功能区高度关联。

3. 运行初期(2009—2014 年)

2009 年 5 月,占地 1200 余亩的一期项目建成,内设蔬菜、果品、水产、肉类、副食品、粮油、酒店用品等八大专业市场,交易品种超过 40 万种,是全国经营规模最大的农副产品交易平台之一;2010 年 6 月 12 日,中心正式开业,开业当年实现交易额 158 亿元,交易量 320 万吨,跻身全国十强;中心日均车流量近 3 万辆次,人流量超过 6 万人次,强力辐射苏北、皖南等区域,辐射半径超过 300 公里,外销比例稳定在 40% 左右,辐射范围位居华东地区规模第一;入场经营商户超过 4000 户,基本都是长期从事农产品经营的大供应商、大经销商以及关联的生产基地、生产厂家,经营主体结构全行业最优。

4. 智慧众彩打造期(2015 年至今)

全面落实公益市场要求,在全国首创了实物储备、在田储备、委托应急调运"三位一体"的常态化蔬菜保供机制,年蔬菜保供量达 2 万吨,可连续保障全市 7 天供应,已连续 9 年圆满完成南京市冬季蔬菜保供工作;建立食品安全五大管理体系,投资 1500 万元建成 1200 平方米省级农产品实验室;严把食品安全进口关、检测关、溯源关,年检测农产品超 100 万批次,检测率达到 100%,开业至今未发生一起重大食品安全事故,先后获得国家商务部列为首批国家级公益性示范市场称号,全国十强市场、全国最具竞争力市场、全国成功模式典型市场、"中国农产品流通改革开放 40 年全国十佳市场"等多项荣誉。

在下一步工作中,将围绕服务 2000 万人口、实现 1000 亿元交易规模的目标,不断探索农产品流通模式,着力将南京农副物流中心建设成国家级骨干市场网络核心区、国家级公益性市场示范区、国家级农产品流通方式创新试验区,奋力将众彩市场打造成为全国首位度最高的公益性示范市场。

专栏:农副物流着力打造作风"特色品牌"助力建设"强富美高"新江宁

交易规模实现新突破;2018 年未发生一起食品安全事故;荣获"中国农产品流通改革开放 40 周年最具社会责任感市场"等荣誉称号……日前,在南京农副产品物流配送中心有限公司召开的对标找差创新实干推动高质量发展推进大会上,2018 年度公司取得的丰硕成果让与会人员为之振奋。

"成绩背后,折射出的是广大干部职工的工作作风得到了进一步提升。"农副物流相关负责人表示,今年正值新中国成立 70 周年,公司将着力打造作风"特色品牌",助力建设"强富美高"新江宁。

有担当,有创新,作风建设推动农副物流持续向好发展。刚过去的 2018 年,"不言苦、不怕累、不畏难,亲力亲为干、扑下身子干、敢于担当干、创新办法干、凝聚合力干"成为农副物流人共同的标签。

以"不忘初心、牢记使命"主题教育为抓手,农副物流广泛发动党员干部走市场、访商户、解难题,对群众商户反映的突出问题分类梳理,挂牌督办,限期销号,真正把群众的需求作为工作的出发点和落脚点。

通过制定《农副物流对照整改落实工作方法方案》和"三项清单",公司 2018 全年梳理整改措施 19 条,细化整改任务 28 个,出台相关规章制度 16 项,整改率 100%,将作风建设提高到新水平。

"我们农副物流是全区乃至全市的窗口单位,更是服务南京及周边市民的民生工程。"农副物流相关负责人坦言,新的一年,紧扣全区"八提八强",抓好作风建设,是农副物流贯彻落实好区委决策部署,投身更高水平建设全面小康社会的关键举措。

基于此,农副物流将进一步树立"肩膀要硬敢担当、撸起袖子比实干、用心用情做公仆、纪律严明当铁军"四种崭新状态,纠"四风"树新风,深化典型引路新途径,用身边事影响身边人、激励身边人、带动身边人,大力宣传作风建设先进典型,以一往无前的精气神,让农副物流高质量发展的道路越走越宽广,献礼新中国 70 周年华诞。

二、江苏省东台科技服务业集聚区

东台科技服务业集聚区成立于 2013 年,规划总面积 1500 亩,2015 年集聚区成功获批省现代服务业集聚区。集聚区以研发设计、电子商务、软件信息、物联网、云计算、高端智能装备研发等高技术服务业为重点,以金融服务、商务服务和文化休闲等相关现代服务业为补充,致力打造东台最具活力的集商务办公、科技研发、产业金融、电子商务、总部经济、文化休闲为一体的生态型、开放型、智能型现代服务业集聚区。

强化创新驱动发展,深入推进创新创业是东台科技服务业集聚区的另一大特色。在城东新区颐高电子商务产业园,15家初创企业入驻其中。颐高电子商务产业园通过减免租金,提供技术支持等服务,来促进入驻企业做大做强。目前,园区已成功孵化企业20家。

集聚区借助城东新区有力政策优势,通过精准服务、完善平台功能、加快提升新区产业环境,促进区内企业做大做强。区内现有服务业企业350多家,已形成以科技孵化、科技中介、信息技术、电子商务为核心的四大主导产业。未来,集聚区将围绕高质量发展目标,大力实施创新驱动战略,加快生产性服务业产业集聚,助推区域经济发展和科技创新迈台阶,切实发挥集聚示范作用。

专栏:东台锚定高端打造主体经济升级版

6月的东台,项目建设如火如荼。位于东台经济开发区的华东智能成套设备项目建设现场,23万平方米的主体建筑已经竣工,一批从国外进口的成套设备正在紧张有序地安装调试。"这个项目今年被列为江苏省重大项目,全面投产后年产造纸成套智能装备及风力发电机关键零部件2万多台套,可实现销售超30亿元、利税3亿元。"东台经济开发区负责人说。

在东台的各大园区内,热火朝天的建设现场随处可见,沿海经济区海容科技项目仅设备投入就达6亿元,一号厂房将配置国际先进的配套设备。富安印刷包装智能装备产业园内的东台世恒机械科技公司成功研发深压纹全自动模切机,今年8月份产品将投入市场……

今年以来,东台大力践行"两海两绿"发展路径,扎实开展"重大产业项目攻坚年"活动,继续获评全省制造业创新转型成效明显地区,被表彰为省推进高质量发展先进县(市、区)。上半年,东台新开工、新竣工亿元以上项目分别达39个、22个,一大批体量大、科技含量高、市场前景好的新项目为经济高质量发展注入了新动能。

聚焦科技前沿,重大项目接踵而至。东台坚持高端导向,以接轨上海、对接深圳为关键,招引战略性新兴产业项目。强化"五个一"工作机制,先后举行深圳招商周、上海现代服务业发展说明会、深圳战略性新兴产业投资说明会、新经济投资说明会等活动,精准开展驻点招商和产业链招商。截至目前,东台新开工、新竣工亿元以上产业项目与上年同比增长61%、28%。投资20亿元的润田电子、15亿元的华东智能装备、12亿元的海容工程机械等21个在建5亿元以上项目加快建设,科比特精密电子、徕木电子等12个5亿元以上项目即将开工,5亿元以上产业项目群持续壮大。2个项目入选省重大项目,11个项目入选省重点工业投资项目计划。科森光电及3C智造、领胜科技三期等重大项目竣工投产,一批高质量新增长点加速形成。

聚集规模优势,新兴产业迎风生长。东台紧扣"3+2+1"定位,大力发展战略性新兴产业,以新兴产业培育计划为抓手,致力打造千亿级产业集群。电子信息产业异军突起,完成开票销售100亿元,同比增长30.5%,10家企业启动5G产品生产,沃特LCP液晶高分子材料填补国内空白。半导体、机器人产业迅速形成集聚效应,富乐德半导体、广谦电子、贺鸿电子等龙头项目,有效提升产业能级;机器人产业园区已入驻哈工智能、萨默尔科技等一批机器人企业。装备制造产业快速向"智造"

转型提升,华东智能装备、莱纳多智能纺机、创励安智能装备、华族激光、鸿禧智能印机等企业均自主研发、生产成套化智能装备,拥有核心技术和较强的行业掌控力。1至5月份,东台新兴产业开票销售占比达到68.5%,成为全市经济发展强引擎。

聚力转型升级,传统企业生机勃发。东台实施"百家星级企业""百家智能企业""百家企业技改"推进计划,120个技改项目已实施96个,单体规模超1600万元;40个智能化改造项目已实施32个、竣工9个,工业机器人应用增加到420台,捷士通、磊达、明源3家企业入选省智能制造先进单位,84家企业通过国家科技型中小企业认定。截至目前,东台工业投资同比增长12.4%,全口径工业开票销售、规上企业入库税金增幅分别达25.4%、20%。

聚合资源要素,营商环境不断优化。东台大力推行"八个一"政务服务,促进服务更加精准高效,最大程度利企便民。实施上市企业培育三年行动计划,建立上市"金种子"后备企业库,更多运用市场化手段支持实体经济发展。更大力度支持民营经济发展,出台更具含金量和获得感的"22条"政策措施,积极培育"百家星级企业",星级培育企业入库税金同比增长24%。

优化产业定位和产业布局,东台对13个镇工业园区进行系统整合,实行集约化、专业化和规模化发展。富安印刷包装智能装备产业目前已形成了从糊盒机、覆膜机、模切机,到制盒机、分切机、喷码机等12个印后一体化设备的"大满贯"制造,集聚关联企业35家,成为华东最大的印刷包装智能装备基地。

项目为王,产业为基,高端为先。东台坚定不移推进项目建设,持之以恒推进产业向"高轻新智绿"转型提升,实现工业经济健康稳健发展。今年1月至5月,东台已实现全口径开票销售505.5亿元,增长20.4%;规上工业应税开票销售233.2亿元,增长15.3%。好项目、大项目、新项目,正支撑起东台高质量发展的一片新天地。

三、"一带一路"(连云港)国际商务中心

作为经省政府批准开发建设的综合性商务集聚区,连云港CBD与南京河西、昆山花桥并列为省级三大区域性国际商务中心。近年来,连云港市依托"山、海、港、岛、城"优质资源集聚优势,全力发展以现代物流、商贸服务、跨境电商、休闲旅游、康复疗养为代表的现代服务业,统筹国际商务中心发展,取得了显著成效。

位于连云新城的连云港国际商务中心自2012年正式建设以来,按照高水平规划、高标准建设、高层次招商的要求,加快基础设施建设、加大招商引资力度、加强项目推进力度,近五年来,建成了大陆桥国际商务大厦、金海国际、金港湾大厦、阳光国际、丰惠广场、金海商务广场等一批标志性写字楼和上城国际、金鼎湾等高级公寓,区域功能逐步显现,总部基地正形成磁力,600多家企业相继入驻区内,为打造全省一流、苏北领先的现代商务集聚区打下了坚实的基础。

据了解,下一步,连云新城将成为港产城融合发展的现代服务业集聚中心,有效地促使区域内优势资源集中,强化连云港区域商务服务功能,大力促进地区总部、经济中心的建设,提升服务业业态层次和整体发展水平、推动经济高质量发展,扩大连云港作为新亚欧大陆桥经济走廊东起点的影响力。

专栏:对接"一带一路"连云港要建立国际"朋友圈"

"一带一路"即"丝绸之路经济带"和"21世纪海上丝绸之路",是由习近平主席分别于2013年9月和10月提出的战略构想,这一倡议让2100岁高龄的"丝绸之路"焕发活力。作为中国"一带一路"重要枢纽城市,连云港正在践行国家"一带一路"发展倡议,不断深化同亚欧沿线国家和地区的交往,扩大自己的"朋友圈"。专家表示,2017年,"一带一路"倡议将面临众多的不确定因素,在这样的背景下,连云港更要继续做稳自己既有的"朋友圈",不断扩大同周边国家的联系。

产业合作打牢发展经济基础

"海内存知己,天涯若比邻。"港城要想扩大自己的"一带一路""朋友圈",首先必须让贸易的火花迸发在周边。

意大利米兰举行连云港果蔬设备产业园招商论坛、日本东京举办中国连云港·东京医药企业合作论坛……去年,连云港开发区适应全球经济一体化,融入全球产业链空间及其载体,奋力迈步国际化转型。"未来,开发区将抓住用好'一带一路'等重大开放机遇,做到'引进来'和'走出去'并重、引资和引技引智并举,构筑内外开放新格局,促进开放型经济发展。"市开发区相关负责人表示。

市开发区的"一带一路"倡议今年不断升级。市开发区相关负责人表示,目前,连云港跨境电子商务公共服务平台项目由市开发区负责承建。跨境电子商务作为"互联网+国际贸易"的新兴业态,在国际贸易中的作用日益凸显,随着连云港市成功进入江苏省跨境电子商务试点城市,公共服务平台建设将成为跨境电商产业发展新平台,为外贸产业转型升级提供新动力,成为"一带一路"交汇点建设新亮点。

伴随着园区主动走出去,连云港企业也开始深入到"一带一路"沿线。市商务局相关负责人介绍,连云港并不缺乏走入"一带一路"沿线的项目。例如,中蓝连海设计院与央企合作,在乌兹别克斯坦承包建设的年产60万吨的钾肥生产线令人瞩目。该生产线的投产运行极大地促进了当地实现资源利用最大化,在扩大钾肥生产规模、支持农牧业生产等方面都发挥了积极作用,获得了乌兹别克斯坦国家有关部委的高度评价。在鼓励企业"走出去"的同时,连云港市编制印发了中亚等"一带一路"沿线国家《国别投资指引》,收集发布境外投资项目合作信息,制定实施了《关于金融支持"一带一路"交汇点建设的实施意见》,从金融端着手给予企业最需要的资金支持。目前,连云港市康缘药业新疆基地正在加快建设,天明机械、港口集团等企业纷纷表示对沿线的国家和地区充满投资信心。

做大"朋友圈"要有大视野

省社科院沿海沿桥发展研究中心副主任、连云港分院研究员古龙高表示,三年了,连云港"一带一路"建设初见成效,但是从国家对于连云港的要求来说,我们还有很多上升的空间。简单地说,我们连云港的"一带一路"事业刚刚开始。例如,韩国曾经提出要建设丝路快线,这条线路有两条通道、三个口岸可以选择:一是可选择连云港口岸,通过新亚欧大陆桥通道到中亚、欧洲;二是选择大连或者海参崴口岸,通过西伯利亚大陆桥通道到欧洲。如何选择,关键看物流流向,东海岸选择海参崴,西海岸选择连云港或者大连。三个口岸中,连云港与海参崴可能更合理。与此同时,连云港要按照国际自贸港的模式,率先将相关的东西南北线路密布。目前,连云港市已经实现了高铁的突破,下一步就是要将这些高铁线路提速或者建设更加便捷的通道。首先,连云港要加快建设直通上海港的高铁线路。目前连云港同上海线路还是绕弯的,下一步连云港要争取国家支持,建设连云港港口直通上海港口的线路。因为作为枢纽港,连云港只有同上海港快速联通,才能让连云港这个枢纽真正地动起来。

通过友好城市模式,打造合作新模板。目前,连云港与日本、韩国、美国、德国、西班牙等国家的诸多城市结成了友好城市,但在东南亚、南亚、中亚、西亚、中东、北非等地区友好城市相对比较少。业内人士表示,连云港应当与"一带一路"沿线国家建立友好城市关系,加强交流与合作。在这个过程中,港口航运合作是基础。例如,连云港可以开通到巴基斯坦瓜达尔港的大陆桥,连接东北亚、太平洋、黄海、南亚、印度洋、阿拉伯海;开通连云港到伊朗、土耳其方向的大陆桥,连接罗马、伊斯坦布尔等地;开通连云港到中亚、波斯湾大陆桥。因为随着"一带一路"沿线国家和地区基础设施建设,连云港未来在这些地方将大有可为。

连云港港口集团相关负责人表示,目前他们正在积极推进这样的变革。连云港港口集团通过深化港口的"一带一路"品牌,抢抓中欧班列和海洋联盟全球远洋航线规划的机遇,主动对接全球"一带一路"倡议的机遇,彰显其作为全球重要港口影响力。在此次省党代会报告中,明确提出江苏将依托地处"一带一路"交汇点定位,放大向东开放优势,做好向西开放文章的倡议,这对于连云港港来说是重大机遇。他们将进一步推进海铁联运、海河联运机制,力争到2020年实现连云港港口功能的全面提升。与此同时,连云港港还将借助海洋联盟远洋始发航线的开通机遇,深化其远洋干线港、近洋基本港的发展体系,打造现代化的港口物流格局。此外,连云港港还将深化"一关三检"等创新机制,增强港口的竞争力,维护港口的市场口碑。通过推进智慧港口,提升港口的运行效率,提高客户的消费体验。通过信息化,带动港口服务功能提升,打造具有国际视野的现代化港口。

合作共赢才能天长地久

曾经,连云港仅是一座偏安一隅的小岛,这里的人们过着自给自足的生活。然而,随着人类大规模迁徙、地理大发现、跨洋商贸兴起、古丝绸之路形成……连云港人走出海岛到世界去讨生活。在与外部交往中,连云港这座小渔村逐渐变成了都市。

连云港曾经是佛教东传的重要节点城市;连云港曾经是中国最早的通商口岸之一;连云港曾经拥有较为发达的民族工业,堪称苏北的"小上海"……这些都是连云港人主动走出去看世界的结果。时光蹉跎,连云港这座古老的港口已经成为世界航运路线中不可或缺的一环。站在新的起点,连云港必须进一步解放思想,扩大开放,让更多人成为连云港人的好朋友。

一趟趟中欧班列驰骋在亚欧大陆,"海上丝路"愿景将太平洋和印度洋连通,两洋铁路蓝图将缩短来往太平洋和大西洋的运输距离,在"一带一路"的征途中,连云港枢纽的地位将进一步彰显。我们必须思考我们如何参与到这场全球化的浪潮中。虽然我们的产业还不够发达,但是我们拥有世界石化基地的名牌和中国医药创新基地的好口碑;虽然我们的城市不够高大,但是精致小巧同样美丽;虽然我们老百姓钱袋子还不太鼓,但是只要我们努力,在连云港还是可以开创自己的事业的。今天连云港需要的不仅是发展的信心和勇气,更需要正确地评价自己和别人,从弱处着手,找到自己对接世界的窗口。

建立开放包容的城市精神。连云港有山有海,但是这座城市开放精神还不够。专家表示,连云港的发展第一步就是启蒙思想,通过各种方式在全社会建立开放包容的城市精神。只有解放思想了,连云港发展才有动力和信心。

建立通畅的城市运作体制。专家表示,经过多年的发展,连云港城市运转体系基本建立,但是这种运转体系同现代化的产业和城市发展要求还有距离。简单地说,连云港必须建立快速便捷的城市行政规则。人们出门办事没有"肠阻塞"、没有"拦路虎",所有的行政规矩都为这座城市更加便捷而存在。企业填好一张表,一个企业所有的手续都可以快速办结;一个人填好一张表,生老病死所有的手续都可以快速办理。这样的城市,谁不喜欢呢?

建立合作共赢的交往规则。全球化时代,各个城市利益相通,命运与共。然而在相当长的时间内,城市之间关系是因为竞争而存在的。十八大以后,合作成为城市之间的共识。专家表示,连云港首先要主动参与苏北地区建设,担当苏北出海的大通道。其实,连云港要主动承担东陇海线经济带科技高地建设。作为苏北科技资源最丰富的地区,连云港必须发挥自己的科技优势,建立苏北科技高地。再次,连云港要建立苏北能源基地。连云港要主动担起苏北调结构的重任,发展绿色清洁能源。借助中科院能动中心优势,让煤清洁化利用等难题在这里破解,为徐州等产煤地区的二次能源开放贡献自己的力量。

四、江苏信息服务基地(扬州)

产业基地于2007年开工建设,占地2.52平方公里,总投资50亿元,已投资18亿元,接纳了国内外300多家BPO客户资源数据库。规划包括呼叫中心产业区、数据服务产业区、软件研发产业区、教育培训区和综合配套区共五个专业区。总体目标是把产业基地建成一个生态环境优美、基建水平一流、服务体制完善、综合功能齐全的呼叫及数据中心产业集聚区、高科技产研园区,逐步发展成全国乃至世界呼叫中心产业最佳实践基地、呼叫中心人才培训与派遣基地、海外留学人员创业基地、全国生产性服务业的标杆示范基地。目前,首发项目一期已交付使用,首发项目二期建设正如火如荼地进行。

产业基地首发项目占地153亩,于2007年9月22日开工奠基。规划建筑单体11座,其中标准面积6000平方米和10000平方米的产业楼各3座;高度70米、17层的信息服务产业大厦1幢;配套服务楼1幢;配套会所及展示中心2座,总建筑面积14万平方米。

2008年基地获得一系列荣誉与授牌:江苏省信息安全应用技术研究与推广中心、江苏省现代服务业集聚区、江苏省软件和信息服务产业园区、海外留学人员创业园等授牌,并被评为"2008中国信息产业年度最佳投资环境奖"。2008年12月,时任工信部娄勤俭副部长听取基地汇报后,娄部长给予了"很有特色,大有希望"的高度评价。

目前入驻产业基地企业20个,中国电信江苏呼叫中心、江苏怡丰软件、江苏南开之星、昊驰呼叫管理、中电扬州莱斯、神州数码(扬州)、扬州市民卡公司、扬州购龙网、扬州热点资讯、扬州核创科技、扬州紫竹软件、扬州苏讯科技、扬州酒店无忧、扬州讯鸟技术公司等。

产业基地自落户扬州以来,瞄准建成"中国声谷"的目标,坚持解放思想、高点定位、科学谋划,创造性地推出一系列新举措、新方法。

制定出台扶持性政策文件。2006年12月,扬州市政府出《扬州市信息化建设管理办法》,明确提出市和县(市、区)人民政府应该设立信息服务产业发展基金,促进和扶持地方信息产业做大做强,发展基金纳入统计财政年度预算。2008年1月,扬州市政府出台《扬州市加快软件与信息服务业发展的意见》,明确今后三年每年市、区两级政府安排不少于1000万元的基地扶持专项资金,支持江苏信息服务产业基地公共平台、服务支撑体系建设,奖励扶持入驻企业。2008年9月,市财政局、市信息办联合出台了《江苏信息服务产业基地(扬州)产业发展专项引导资金管理办法》,规范了引导资金的申报、使用、管理程序,提高引导资金的实际使用效率。

推行积极的税收优惠政策。一是鼓励企业用税后利润投资从事软件与信息服务产业研发、生产和服务,形成或增加企业资本金,且投资合同期超过5年的,与该投资额对管部门备案确认,税务主管部门审核后,当年技术开发费可按实际发生额的150%抵扣当年应纳税所得税。二是增值税一般纳税人将进口的软件进行转应的已征企业所得税地方留成部分,给予30%的财政补贴支持。三是经科技转换等本地化改造后对外销售,其销售的软件可按自行开发生产的软件产品享受相应的税收优惠政策。四是软件开发企业的员工工资和培训费用,可按实际发生额在企业所得税税前列支。五是企事业单位购进软件,凡购置成本达到固定资产标准或构成无形资产的,可以按照固定资产或无形资产核算。六是企业人员薪酬和培训费用可按实际发生额在计算应纳税所得额时扣除。

细化完善人才引进政策。一是鼓励企业对作出突出贡献的科技人员给予重奖。允许技术专利和科技成果作价入股,并将该股份奖励发明者和贡献者。二是获得国家承认的硕士以上学位或具有中级以上专业技术职务任职条件的留学人员,凡带高新技术成果、项目来扬实施转化或从事高新技术项目研究开发的,一次性给予不超过20万元的创业资助资金。三是对进入企业博士后科研工作站的博士后(含国内培养的),每人给予生活补助经费2万元;同时,在科研成果完成后,按《扬州市工业奖励扶持政策实施办法》(扬府发〔2006〕184号),再给予5万元—8万元奖励。四是对第一次在扬州购买住房或轿车的软件与信息服务业企业高级管理人员和技术人员实行补助,补助标准为个人上年度交纳个人所得税地方留成部分的50%—90%。五是企业内具有高级专业技术职称的技术人员或连续担任一年以上(含一年)部门经理以上职务,且年薪在5万元以上(含5万元)的,经市财政局、信息办认定后,其所上缴的个人所得税总额形成地方财政留成部分全额奖励给个人。

目前,综合体内入驻企业122家,其中,500人以上企业10家,千人以上企业4家,本土培育上市企业4家(金泉网、阿尼股份、智途科技、易图地信),获批国家高新技术企业12家,省级民营科技企业75家,建成市级以上"两站三中心"32个,高校院所设立分支机构3个,签订产学研协议80项,软件著作权及专利数273个,软件产品登记数135个,引进各类公共服务机构18个;综合体现有员工总数近20000人,其中本科以上学历人员7500人,先后引进"千人计划"人才7名,省"双创"人才8名、市"绿扬金凤"人才9名,吸引各类海归博士60多名。

五、常熟国家大学科技园

常熟国家大学科技园揭牌仪式2010年11月26日在江苏常熟举行,长三角地区科技创新又添一重要平台。常熟国家大学科技园正式被国家科技部、教育部认定为全国县级市中首家国家级大学科技园,并同时授予"全国高校学生科技创业实习基地"称号。

常熟国家大学科技园由常熟市人民政府与常熟国家大学科技园由东南大学、南京师范大学、常熟理工学院等19所江苏高校合作共建,是教育部"蓝火计划"试点和江苏省科技特派员试点工作的重要成果。常熟国家大学科技园于2007年启动建设,2009年12月被批准为江苏省省级大学科技园,并于近期顺利通过国家级大学科技园答辩与现场验收。依托江苏科教资源优势和常熟特色产业优势,常熟国家大学科技园坚持"直接面向地方经济发展、直接面向地方产业升级、直接面向地方企业需求"的方针,着力构建具有自身发展特色的"以产业为导向,以企业为主体,以高校为依托,以政府为帮持"的科技创新体系,目前已吸引19所共建高校一大批专家教授及海内外一大批高层次人才来此创业。目前,大学科技园已启用孵化面积13.5万平方米,落户科技创新企业84家,引进博士153人,硕士232人,提供就业岗位3800个。

常熟国家大学科技园自全面启动建设以来,在各级领导的关心支持下,在相关部门的大力配合下,发展势头迅猛,载体建设如火如荼,配套设施不断完善,吸引了一大批科技创新项目和创业创新人才落户园区。2010年,大学科技园的工作重点是全力争创国家级大学科技园,为了能圆满完成这个任务,需进一步提升园区服务水平,为入园企业创造一个良好的工作环境,提高企业的孵化成功率,帮助企业快速成长。今年,大学科技园将全力打造科技服务、人才服务、创业服务、公共技术、投融资、信息网络、行政服务、物管服务等八大服务平台。

1. 科技服务平台

协助企业进行科技项目申报;提供知识产权服务;协助企业办理专利技术申请;为企业提供政策咨询服务;不定期举行科技沙龙,促进科研人员、企业家、投资者和政府之间的交流合作;建立技术转移中心,促进科技成果转化;启动"小巨人"计划,全面推进科技园加速器建设。

2. 人才服务平台

协助企业进行创业创新人才申报;落实一系列人才优惠政策;为企业提供人力资源招聘和猎头服务,满足企业的人才需求;提供高效、快捷的人事代理服务;根据企业需求定期举办各类专题培训;"优配、优售、优租"人才公寓,解决人才的住房需求。

3. 创业服务平台

为企业提供创业导师服务,帮助企业提升研发经营管理能力;实行联络员跟踪制度,了解掌握企业需求及发展动态;不定期举办专家讲座和入园企业联谊会;成立企业家俱乐部,促进入园企业间的沟通合作。

4. 公共技术平台

科技园内建有长效机制平台,如高校研究院和各类技术服务平台,向企业释放高校资源,提供全方位的技术支持;各类专业技术检测平台提供相关仪器设备支持;常熟市科技信息公共服务平台和常熟理工学院科技文献信息平台通过网络通道,确保园内企业享用国内外科技期刊、专利、标准、会议论文、学位论文等信息、资料资源。

5. 投融资平台

整合政府、银行、创投、基金、担保公司等多方资源,为企业提供启动资金补贴、股权投资、贷款贴息、贷款担保、债权融资等投融资服务。

6. 信息网络平台

通过大学科技园网站及时准确发布信息,展示入园企业形象,宣传企业项目和产品,拓展企业营销渠道,为企业与政府、企业与高校、企业间打造一个互相交流合作的平台;同时,提供技术支持和资源共享服务,推动技术交流和成果转化。

7. 行政服务平台

为入园企业提供工商、财政、税务、社保、技术监督、环保等"一站式"服务；设有财务、法律、审计、资产评估等中介服务机构，为企业发展提供低成本、高质量的专业化服务。

8. 物管服务平台

通过科技园物业管理公司，向入园企业提供卫生保洁、水电维修、安全保卫、餐饮休闲、会务配套等服务，为入园企业创造良好的办公环境。

六、智光科技服务业集聚区

智光科技服务业集聚区位于泰兴高新区，以人才科技创新为核心竞争力，大力实施创新驱动战略，采取高新区主导、社会资本参与、引入知名品牌、市场化专业运作的方式，建设"产业＋创业＋融资＋服务＋生活"五位一体的科技服务业集聚区，重点从文化营造、主体培育、载体建设、政策扶持、服务提升等方面聚焦持续发力，进一步提升"人才科技创新"。同时，大力推进人才引进现代化改革和信息化变革，引进国内外高校及科研机构，带动提高本土人才队伍水平，不断奠定人力资源基础，拓展产业发展空间，进一步提升有效供给，促进地方供给侧结构性改革。

近年来，智光科技服务业集聚区注重公共创新平台建设，推动传统孵化器与新型创业服务机构开展深层次合作，"创业苗圃—孵化器—加速器"孵化链条初步形成。与西安交大、西北工大合作成立西安高校产业园，已吸引入驻高科技研发、孵化企业10多家；与上海交大合作成立上海交大泰兴慧谷科技园，5年内引入高新技术项目20个以上，培育上市（挂牌）企业5家，引进双创人才团队19个。目前，已有10多所国家"985"和"211"高校以及生态环境部南京环科所、省环科院等科研院所在区内设立了国家级、省级以上重点实验室和技术中心。与南京大学"污染控制与资源化研究国家重点实验室"、上海大学技术转移中心、东南大学"洁净煤发电及燃烧技术教育部重点实验室"、中科院南京土壤研究所"土壤修复国家重点实验室"等建立了长期的产学研合作关系。引进高层次创新创业领军人才119名、团队19个，其中，国家创新创业"千人计划"领军人才3名、长江学者特聘教授2名、博士学历94名。拥有博士后科研工作站3家、企业研究生工作站13家、企业院士工作站3家。

七、能达商务区

能达商务区是集行政、商务、研发、商业、生活等为一体的大型功能性项目，规划选址紧邻开发区南北中轴线——通盛大道，在开发区星湖大道（336省道）北、通盛大道以西、宏兴路以南、新开北路以东，规划面积约140公顷，总开发建筑面积约205万平方米，总投资约需60亿元。能达商务区项目于2007年7月被南通市服务业发展领导小组列入南通市现代服务业集聚区，2009年5月申报省级现代服务业集聚区。

能达商务区项目是开发区建区以来的以发展服务业为主导的地产开发项目。党工委、管委会研究决定由开发区总公司作为项目推进实施主体，统一编制规划、统一土地开发、统一基础配套，在此基础上通过土地出让吸引社会投资参与分地块项目开发建设，按照配套先行、滚动开发、有序推进、良性循环的思路推动能达商务区项目全面建成。

随着能达商务区基础配套的日趋完善以及开发区党工委、管委会宣传推介、招商引资力度的不断加大,能达商务区已吸引了一批项目落户。携程呼叫中心、润华国际中心、创业外包服务中心等项目正在加紧建设,总部大厦、财富大厦以及华润置地橡树湾和景瑞18号高档居住小区等项目正在规划筹建。

专栏:南通能达商务区快速崛起布局全面打造"氧"人居住圣地

一直以来,南通开发区素有"江海明珠、风水好地方"的美誉,近年来区域经济持续发展,一个宜商宜居、繁荣繁华的南翼新城正快速崛起。其中,集行政、商务、研发、商业、生活等为一体的大型功能性区域——能达商务区,更是凭借其优势成为南通接轨上海、区域融入苏南的前沿阵地。

自2017年1月4日中南集团拿下能达商务区R16025地块开始,能达商务区正式进入了全面部署阶段,一年的时间,先后进驻了中南、华德、碧桂园、万科、大和房屋、宝业集团、绿地、龙湖地产等,中南和碧桂园更是多次在此拿地,能达商务区实现了最短时间内的全面布局,又一个强劲的居住圣地正在崛起!

说到开发区的商业综合体,不得不提星湖101和世茂广场,但相较于崇川、港闸的商业区而言,还是略微显得单薄了,永旺入驻后,开发区商圈再添一实力猛将,商业配套十分完备。以星湖大道为界,南侧教育资源丰富,南通开发区幼儿园、南通开发区实验小学、南通市东方中学、南通市天星湖中学、南通航运职业技术学院、南通工贸技师学院、南通高等师范学校新校区,等等,教育资源跨越度大,涉及面广了,可以说是应有尽有了。

备受瞩目的南通轨道交通1号线已经正式开工,不久的将来,南通也将步入地铁时代,而在公布的轨交1号线的站点中,能达商务区设有两处站点。一处设在新开北路与源兴路的交界口,为轨道交通1号线中央创新区站,另一处设在宏兴东路与通盛大道的交界口,为轨道交通1号线宏兴路站。这两处站点的设立也标志着未来能达商务区范围内的楼盘都将是地铁盘,这也是能达商务区受各大房企青睐的原因之一。

不仅如此,能达商务区位于南通经济技术开发区核心区,以星湖大道、通盛大道为十字形交通骨架,北起通启运河以北的园林路,南至振兴路,西至新开路,东至东方大道,四通八达。

南通能达生态通廊总占地面积约213公顷,其中,水面面积约53公顷,绿地面积126公顷,绿地率达83.5%,是开发区内绿地的主体,也是开发区生态系统构建的基础。另外,这里还有2017年建设完成的20个小游园,是附近居民闲暇时光的好去处。远离城市的喧嚣,在一片绿色清新的世界里环绕,这无疑是当前忙碌时代的居住首选之地,因此,良好的生态环境也为该区域的置业加分不少。

八、盐城智慧科技城(盐城大数据产业园)

近年来,随着物联网、云计算的发展,"大数据"成为时下最火热的IT行业的词汇,随之而来的数据仓库、数据安全、数据分析、数据挖掘等围绕大数据的商业价值的利用逐渐成为行业人士争相追捧的利润焦点。大数据目前的市场需求非常巨大,各行各业均对大数据的市场前景抱以乐观的态度。而对于大数据企业的发展,大数据产业园的作用可谓举足轻重。

大数据产业园作为大数据企业的重要聚集基地,通过自身的规模、品牌、资源等价值为区域经济发展和企业资本扩张起到了巨大的推动作用。盐城紧抓时代机遇,将大数据产业作为盐城战略性新兴产业,从零起步,躬身耕"云",撒播"数"种,加快大数据与经济转型、社会治理、民生服务的深度融合,积极抢占数字经济发展阵地,在新一轮产业革命浪潮中占据先机。

盐城市规划建设了30平方公里的大数据产业园,作为部、省、市合作共建的重点产业园区,已被纳入江苏省互联网经济、云计算和大数据产业发展总体规划,是国家战略中中韩自贸协定——中韩(盐城)产业园的重要组成部分。园区规划按照国家智慧城市的示范标准进行规划设计,目前,大数据产业园已经成为全省第一家拥有数据中心、云计算、分析应用和交易、端产品制造完整产业生态链的园区,在全省乃至全国已经形成一定的影响。

截至目前,建成和在建各类平台载体面积达100万平方米,集聚大数据产业项目123个,总投资近145亿元,"载体—平台—应用"的产业功能体系初步形成。

大数据产业园空间布局为"一核三园",即核心区,智能装备制造园、数字生态应用园、高等职业教育园,已引进全球技术领先的中科院绿色数据中心;挂牌成立中关村(盐城)大数据产业联盟;正式启用甲骨文、中科普开培训平台;全国首家大数据资产评估机构——中关村大数据资产评估中心在盐城设立分中心;华东江苏大数据交易中心平台已上线运营,成为华东地区首个大数据资源交易平台;南邮大数据研究院等15个研发机构陆续落户。

推动数字智能产业发展是盐城市城南新区厚植新兴产业发展沃土、加速新旧动能转化的重要举措。目前,盐城大数据产业园已成为全国第一个部、省、市合作共建的国家级大数据产业基地,省内设立的第一个大数据产业专门园区,已落户华为、微软、阿里、东方国信、360等产业龙头企业,并开通苏北首条直连上海的互联网国际通信专用通道,初步构建了数字经济生态产业链。

该区将重点围绕四个方向招引产业项目。一是以5G商用产品、信息处理和存储设备、集成电路设计研制等为重点的下一代信息网络;二是以高端芯片、智能家居、可穿戴设备、无人机、机器人等为重点的人工智能;三是以绿色数据中心、高标准热数据IDC机房等为重点的云计算产业;四是以工业设计、数字创意、软件开发为重点的生产性服务业。

近年来,盐城大数据产业园紧扣"数梦小镇"建设总任务,以大数据存储中心、数梦小镇产业创新孵化中心、大数据信息技术应用基地等重大项目为核心,持续加大有效投入,打造立体式、复合型创新生态。

1. 启动创新功能

园区坚持市场化导向,深化与微软、甲骨文、阿里等龙头企业及行业协会、高校院所合作,推动向项目协作、人才引进、产业转移等务实领域过渡。邀请知名学者为入驻企业开讲授课,联合阿里云举办天池大赛决赛,联合微软创新孵化中心举办无人机项目论坛,联合南邮举办巡回论坛,持续提升园区创新活力。

2. 完善功能配套

园区紧扣"双核三轴四片区"规划布局,全面启动26万平方米产业载体、2万平方米人才公寓建设,提升园区综合性功能配套。扎实推进省政务数据备份中心二期项目建设,努力打造全省数据中心的标杆。

3. 建设高端平台

园区积极策应盐城市产业转型大局,重抓行业"独角兽"企业招引,与远景能源进行深度合作,园区建设展示中心、分步式风机、创新孵化中心、能源大数据中心四个子项目,全面展示盐城独特的风电资源及新能源的推广使用成效。

"我们将做足拉长大数据产业链,深入挖掘数字经济的价值,在'数据高地'上打造'创新高地',以产促城、以城带产。"数字智能产业园相关负责人表示,期待能与更多的有识之士携手前行,共谋未来。

九、常州津通现代服务业集聚区

常州津通现代服务业集聚区是常州市江苏津通投资建设有限公司抓住长三角地区制造业发展需求和国际服务业加速转移带来的现实机遇,立足产业基础,发挥比较优势,全力打造的一个国际水准、管理先进、科技支撑、服务一流的现代服务业与先进制造业互动发展的现代服务业集聚区。该集聚区按照"政府引导、企业主体、市场运作"的模式发展。

津通现代服务业集聚区位于武进国家高新区,以先进制造业为服务对象,引进集聚国内外现代服务业,特别是生产性服务业的专业机构,旨在通过推动社会化、专业化的现代服务业集约发展。目前已集聚了为各类高科技产业公司提供科技、信息、金融、物流、商务等优质生产性服务的现代服务业企业,如TUV、新思源等100多家服务业企业,同时与30多家国内外著名的生产性服务企业进行了合作。

专栏:专访津通集团董事长贡毅——今日"武高新",未来"芯"武进

四十年前,一场伟大的思想解放盛大开启,对内改革、对外开放,如春风化雨,滋长出无限可能。企业作为见证时代变迁的参与者与直接受益者,不仅享受和把握住了改革之路上的新机遇,同时也是推动时代发展的重要力量。

值此40周年庆之际,我们采访了武进国家高新区(以下均简称"武高新")企业代表人物——津通集团董事长贡毅。

提到改革开放40周年,贡总以"今日'武高新',未来'芯'武进"这样一句话来概括多年来的发展之路,语气中透露出满满的骄傲感。

纵观津通(常州)国际工业园,园区占地1000亩,总规划建筑面积90万平方米,参照国际先进科技工业园的标准建设,吸纳了众多科技工业园的特点和要求。

从设计风格、建筑形态、企业运营和物流保障等都一步到位地实现了与发达国家产业环境及企业平台的完美对接。目前,工业园已成功引进包括世界500强美国GE在内的多家国内外知名制造型企业、现代服务业企业以及创新创业企业。

可见,这已经是一个与国际接轨的高标准科技产业园。以小见大,在"武高新",无数的企业正如津通一样,从无到有,从弱到强,一步一步的发展轨迹也印证了"武高新"一点一滴的变化。

现如今,纵观整个"武高新",区域内已拥有工业、企业7000余家,世界500强20家,外资企业400家,整体由智电汽车产业、机器人产业、轨道交通产业、节能环保产业、电子信息产业、智能装备产业

六大尖端产业主导,逐渐形成了以高门槛、高创新、高科技的企业格局,成为武进区名副其实创新发展的领头羊,正如贡总所说的"未来'芯'武进"。

改革给企业带来了看得见摸得着的实惠,超 361 亿元(2017 年数据)的地区生产总值背后更是专业人才的汇集。武进的发展离不开高新区,而高新区的壮大更是需要人才,基于优渥的人才政策以及一流的创新平台,区域大力引才育才,加快形成产业及其人才"双集聚"效应,力求以一流环境引一流人才,以一流人才建一流园区。因而近年来大批高精尖人才汇聚于此,堪称常州"智谷"。

落实到细处,大批高精尖人才的进驻背后还存在区域市场品质住宅的空缺问题。作为常州大力开发的"南翼",目前厂企多达 7600 家,区域的潜力值显而易见,未来将是新一代人居新城。

而纵观区域市场,商品房较为稀缺,大多为安置房,面对高精尖人才的品质人居需求,这些社区的配套、物业、环境等尚不能完全匹配,这也是新城地产立足长远选择进驻板块的原因之一。

高达 361 亿元的地区生产总值,区域想要长久发展之道是留住人才,而留住人才则需要打造一处符合"智谷"定位的人居项目。新城地产深耕常州 25 载,作为最懂常州人的品牌房企,深刻地明白高新区人才的品质需求。

2018 年,新城地产正式进驻"武高新",推出高端项目"新城都荟",以"1 公里城市未来家"结合"健康家、安全家、尊崇家、交流家、智慧家"五大必备品质因素弥补区域房地产市场的空白。

超千平前广场、三进制安全保障、社区直饮水、夜光跑道、城市会客厅以及全 Wifi 覆盖和物业的人性化服务……"新城都荟"致力于从细处着手,全方位完善城市进化先行者的日常生活,在学术交流、智能研发之外能够享受别样的舒适生活。

在这里,厂企的专业人才可以真正安心扎根于此,无论是舒适的生活,抑或是完善的配套,都可一应俱全。真正的生活便是外享"武高新"区域超前规划,内拥安全、宁静、健康、智慧的日常生活。

十、海门生物医药科创园

海门生物医药科创园占地 500 亩,建筑面积 32 万平方米,是为生物医药领域的企业、团队提供技术创新的研发试验、中试、外包服务、企业产业化发展的专业孵化平台。科创园功能上分为公共实验平台、创业孵化区、服务外包区、产品展示区、商务办公区、公共服务配套等。为了更好、更快地推进生物医药科创园的建设,园区加强科研和创新平台载体建设,推进创新人才团队建设和规范化建设,不断提升科研实力和创新能力,各项事业取得良好进展,快速发展态势基本确立,并获得了诸多荣誉:2015 年荣获"江苏省创业孵化基地"和"江苏省科技企业孵化器";2016 年荣获"江苏省留学回国人员创新创业园"和"江苏省级众创空间";2017 年荣获"国家级科技企业孵化器"和"江苏省服务外包示范区";在 2017 中国生物医药园区评选结果中荣获"生物医药最具潜力园区奖""生物医药最具人气园区"等。

随着园区的发展不断得到认可,未来,园区将通过加快载体建设,培育企业成长,加强人才培养等措施,努力成为具有国际化水平的高端生物医药园区,努力实现生物医药产业的快速发展。

专栏:海门实现现代服务业与先进制造业深度融合

百奥赛图江苏基因生物技术有限公司总投资超 10 亿元的二期工程——模式动物研发生产基地项目正在建设,在建的 8 幢厂房年内全部竣工投产,届时,该公司可同时饲养上百万只模式动物,成为全国最大的模式动物生产服务基地。至昨天,已有 4 幢厂房封顶。

该公司位于海门市临江新区生物医药科创园,一期工程投运三年多来,研发了各类新药研发所需的模式动物小鼠,单只售价最高超过 5000 元,今年上半年实现应税销售超过 1300 万元。

"百奥赛图公司是我们科创园落户的 150 多家企业的代表。"临江新区海门科技园招商负责人东继军介绍,经过五年多的发展,院士、"海归"、博士等创新团队在这里安营扎寨,为国内外生物医药企业提供技术服务支撑,成为海门增长最快、爆发力最强的新兴产业。

近年来,海门抢抓多重叠加国家战略机遇期,改变过去片面追求速度的观念,更多关注经济发展的质量和效率。将生产性服务业作为撬动制造业向产业两端延伸、价值链向高端攀升的新动能。以服务业集聚区建设为载体,实现现代服务业与先进制造业深度融合。来自海门发改委的数据显示,服务业应税销售已连续 10 多个月增幅超 40%,今年上半年实现应税销售 284.9 亿元,同比增长46.8%,增幅较去年同期提升 15.3 个百分点,其中,科学研究、技术服务业实现应税销售同比增长 269.8%。

家纺产业是海门传统特色产业,海门工业园区家纺服务业集聚区重点发展家纺设计、物流、外贸服务等生产性服务业企业,推动家纺产业稳健发展。最近,叠石桥物流园成功获评省级示范园区。目前,海门有市级以上服务集聚区 11 家,成为海门生产性服务业发展的集聚地。建筑产业是海门传统优势产业,海门以今年获评的省级南通现代建筑产业园为载体,重点发展建筑设计、建筑服务等生产性服务业企业,推动建筑业转型升级。南通三建建筑装饰有限公司成立了设计总院,并在全国各地建立了 40 多个设计分院,设计人员超过 500 人,今年设计外包执行额将达到 1 亿元。设计产能以 1 比 10 的倍率撬动建筑装饰产业发展。目前,海门依托睿公湖科教城、大生创业园、通海港区集装箱物流码头等优势载体和平台,大力培育一批业态新、集聚水平高、辐射力强的生产性服务业集聚区。

十一、常州市检验检测认证产业园

中国常州检验检测认证产业园是南京海关(原江苏检验检疫局)和常州市人民政府携手共建的国际级特色产业园,立足行业生态链的集群化、智能化、共享化,以满足常州及长三角区域的检验检测认证需求为基础,整合现有检验检测机构,吸引集聚国内外知名检验检测认证机构,着力打造长三角区域检验检测认证服务业发展高地和共生共荣的产业生态圈。

园区功能区主要分为检验检测认证企业用地、检测专业用品商贸区、检验检测认证学院、"一带一路"培训中心、科学仪器分园、商务办公区、专家公寓、精品住宅区。规划打造立足常州、服务江苏、辐射华东、面向全国、走向世界的以检验检测认证业务为主业;检验检测认证上下游企业为辅业;检验检测认证学院为人才配套;培训与商务洽谈场所、大型会展场所、酒店住宿等为商务配套;食堂、仓储、变电站、污水处理站为基础配套;超市、商场、园区商品住宅、专家公寓、健身场所为生活配套的全产业生态链。

2018年9月27日,中国常州检验检测认证产业园智慧平台上线暨入驻企业签约仪式在园区招商中心一楼报告厅举行。常州市天宁区委书记宋建伟出席活动并致辞,原常州检验检疫局局长戴云徽、天宁区副区长方力以及市、区两级相关部门领导参加本次活动。仪式上,钛和资本等10家企业签约,产业园智慧平台正式上线。

据了解,本次上线的园区智慧平台,将通过线上资源整合,集中实现园区一站式服务、园区入驻企业展示、园区招商资讯及第三方高效对接,利用信息化与数字化,有效推动检验检测认证产业园实现"数字园区""量化园区""线上园区",让智慧成果在中国常州检验检测认证产业园落地生根。

中国常州检验检测认证产业园成立两年多来,发展迅速,成功通过"国家检验检测认证高技术服务业集聚区"验收,并被确定符合"国家检验检测认证公共服务平台示范区"验收标准,有望建成"国家技术标准创新基地",逐渐形成独特的品牌优势。截至目前,园区共计引进第三方检测机构74家,初步形成了外资、国有和民营全面开花的局面,同时,园区致力于六大服务平台的建设,以期为园区企业提供更加便利优质的服务,打造智慧园区。

未来,产业园将继续坚持顶层设计的前瞻性、开放包容的延展性和服务至上的持续性,赋能检验检测认证于地方产业的支撑作用,助力常州经济转型升级。

专栏:上海爱回收项目入驻常州检验检测认证产业园

2019年5月20日,上海爱回收项目入驻中国常州检验检测认证产业园二期暨入驻企业签约仪式在产业园二期2号楼举行。常州市委常委、常务副市长曹佳中,天宁区委书记宋建伟,市政府副秘书长刘卫国,区长许小波出席仪式,区委常委、天宁经济开发区党工委书记曹志伟主持。

"爱回收"是中国电子产品回收及环保处理平台,也是"互联网+环保"类型的新零售企业。2018年,"爱回收"年产值达到70亿元,年处理手机检测超1000万台。今年公司已经完成在印度、巴西和印度尼西亚的市场布局。目前,该品牌估值超100亿元。

本次"爱回收"常州运营中心正式开仓运营,总投资超5000万元,该运营中心将立足打造为"爱回收亚洲一号",日均处理量将超24000台。

据悉,"爱回收"依托的是常州检验检测认证产业园载体。产业园目前已建成载体10万平方米,企业入驻率达90%,园区配套公共食堂、书式咖啡吧已投入使用。二期103亩在建项目总建筑面积约15.6万平方米,共9幢建筑。

截至目前,园区已入驻51家企业,年产值达到24.9亿元,其中包括了3家顶尖检测机构,1家上市企业,3家拟上市企业。本次总共10家企业集中签约,其中,"爱回收""坛墨""苏理"已确定入驻2号楼。2期项目预计在明年9月具备进场装修条件。

常州市委常委、常务副市长曹佳中表示,"爱回收"等项目选择常州检验检测认证产业园,不仅显示了大家看好常州检验检测认证产业发展的战略眼光,也充分证明常州检验检测认证产业园正成为行业内企业创新创业的热土。曹佳中希望,常州检验检测认证产业园继续保持一流的姿态,坚持一流的标准,彰显自身特色,创新体制机制,推动更多优质项目、科技成果落地转化,全力打造行业内的品牌标杆。同时,也希望入园企业加快规划建设步伐,早日投产运营,做大做强,为高质量发展提供更加有力的支撑。

> 天宁区委常委、天宁经济开发区党工委书记曹志伟表示,天宁经济开发区将全力以赴将中国常州检验检测认证产业园建设成为江苏乃至全国领先的现代服务业、生产性服务业的典范,打造技术权威、行业领先、辐射面广的检验检测服务业发展高地。

十二、徐州雨润农产品物流集聚区

自雨润项目落地之初,徐州市委、市政府就赋予其三大功能定位:徐州地区最大的"菜篮子"民生工程、城市西大门棚户区改造的民心工程、徐州西区商贸中心。从 2013 年年底开工建设,到 2015 年 12 月投入试运营,徐州雨润一步一个脚印,创造了无数个项目建设的"雨润奇迹",仅用 4 年时间就基本实现了三大功能定位。

目前,产品物流平台被评为省级农业产业化龙头企业、省级现代服务业集聚区、全国农产品综合批发市场行业 50 强、江苏省放心消费创建示范单位,并被徐州市委、市政府列为"雨润农产品特色小镇"。

目前,徐州雨润运营果品、蔬菜、粮油、干调、副食品、冷库、冻品、肉类、水产等九大业态,有 3000 余家商户入驻市场,日交易量在 5000 吨以上,2017 年已实现农产品交易 110 万吨、交易额突破 100 亿元。2018 年实现农产品交易 200 万吨,交易额突破 150 亿元。

2019 年下半年,物流集聚区交易额突破 200 亿元,此外,还计划通过 6 到 9 个月的时间,再打造茶叶、花卉等产品交易业态,目前已有多家企业表现出浓厚兴趣,主动来洽谈对接。一年 200 亿元交易额,这个看起来难以完成的目标,徐州雨润目标在 2019 年下半年攻克。而通过盘点,徐州雨润认为,在现有经营规模的基础上,还有较大的发展空间,应该设立更大的发展目标,那就是:打造"淮海经济区食品谷",通过 5 到 10 年的努力,打造出农产品(食品)行业千亿级以上的新产业。这也与国家"推进农业供给侧结构性改革,着力构建农业与二、三产业交叉融合的现代产业体系"的发展战略高度契合。

徐州是江苏第一农业大市,交通区位优越,农产品资源丰富,建设"淮海经济区食品谷"条件得天独厚。徐州雨润的想法是,不求所有,只求所在。这个"食品谷"不是徐州雨润的,而是以雨润农副产品全球采购中心为依托,在"生产、生活、生态"紧密结合的雨润农产品特色小镇基础上,通过政府统一规划和政策引导,统筹设计、利用徐州雨润及周边土地打造的。不求落地的项目都是雨润的项目,只要是优质农产品(食品)项目都能落地,最终形成产业集聚,共同打造出千亿级产业。

1. 站位淮海经济区,形成产业区域性战略高地

2017 年,国务院批复《徐州市城市总体规划》,进一步确立了徐州作为淮海经济区中心城市的地位。2018 年徐州"两会"上,《政府工作报告》对打造现代物流提出明确要求:构建大市场大物流,打造区域性商贸物流中心;构建国家级综合物流枢纽和多式联运中心、"一带一路"核心物流节点城市。

作为农业产业化龙头企业、淮海经济区最大的农副产品物流平台,将农副产品物流资源优势转化为产业优势,促进形成徐州新的经济增长点,助力徐州淮海经济区中心城市建设,徐州雨润责无旁贷。其打造"淮海经济区食品谷"便是具体行动。

2018年11月8日,首个项目成功签约,"淮海经济区食品谷"已初现雏形。据徐州雨润农产品全球采购有限公司总经理助理沙彬介绍,其建成后,将形成六大园区。

(1)农产品商贸物流园区。规划建设110万平方米,包括农副产品及食品现货交易、"一带一路"农产品进出口贸易等。建设农产品及食品初级产品交易区、国内外名优土特产交易区、加工制品交易区、"一带一路"进出口商品专区,打造淮海经济区规模最大、现代化程度最高的农副产品及食品实体交易物流平台。

(2)食品产业园区。吸纳国内外知名的科研项目机构、食品加工企业入驻园区,进行农产品和食品的科研、孵化、加工、生产等,并侧重应用开发研究,促进成果转化,创出一批国际、国内知名品牌。

(3)仓储物流园区。容纳500家以上的产业集聚、体系集中的配送中心,产业分拣中心及仓储中心,拥有300家以上的配载、专线、零担快递、运输功能的物流中心,拥有信息和综合服务功能的专业物流平台和冷链物流体系,并积极争取开通冷链物流班列。

(4)农业信息产业园区。规划建设70万平方米,包括农产品和食品大数据中心、跨境电子商务平台,积极吸纳从事农业信息技术研究开发、设备制造、技术应用等知名企业入驻园区,占领淮海经济区农业信息战略高地,服务广大生产经营者和消费者。

(5)农文化旅游产业园区。重点建设和提升"生态""生活"要素,以"休闲农业"为特色,重点发展农耕文化、彭祖文化、知青文化、旅游文化等多业态的田园综合体,打造AAAA级旅游标准的特色小镇,以"生态低碳"为特质,打造集配套住宅、办公、商业、养老等于一体的人文特色小镇。

(6)生活服务园区。规划建设220万平方米,提供居住、餐饮、购物、教育、医疗、健身、娱乐、金融、邮政、通信等众多公共服务,为食品谷的发展奠定坚实的物质基础和后勤保障。

目前,徐州雨润建设有大型农产品检测、结算、监控指挥调度及网络信息"四大中心","农鲜生"电商平台也正式上线,在此基础上,未来的"淮海经济区食品谷"将进一步升级,打造八大中心,即农产品展示交易中心、农产品和食品物流配送中心、农产品和食品大数据中心、区域性检验检测中心、食品研发中心、企业创新孵化中心、商贸金融中心、国际合作交流中心。

"淮海经济区食品谷"的建设,必将进一步强化徐州作为淮海经济区中心城市在农产品一二三产全产业链上的集聚辐射作用,"未来计划吸纳入谷企业、科研机构、合作单位、经营实体等10000家以上,立足徐州,辐射淮海,打造全国农产品和食品集聚、研发、加工、配送、服务的战略高地。同时通过拉动相关产业发展,带动淮海经济区乃至全国范围5000万以上农民增收致富"。

2. 融入"一带一路",打造国内国际双向新高地

具备战略眼光,树立全球视野。作为"一带一路"重要节点城市,这是徐州必须拥有的胸襟,必将承担的使命。

在徐州市委、市政府领导下,徐州雨润全力打造"淮海经济区食品谷",旨在主动融入"一带一路",不断提档升级,成为"一带一路"重要的国际农产品集散地,打造国内国际双向开放的新高地。

一直以来,徐州雨润在融入"一带一路"方面有不少卓有成效的行动实践。

在雨润新生活体验馆内,来自俄罗斯的商品比比皆是,面粉及制品(挂面)、大豆、蜂蜜、糖果,品类繁多。在雨润水果精品市场,从每年11月到第二年5月,平均每天有600吨来自缅甸、泰国、越南等"一带一路"沿线国家的精品水果运至雨润。雨润水产市场开业后,连云港的海鲜水产也源源不断地运至雨润。

今后,在建设"淮海经济区食品谷"基础上,徐州雨润在主动融入"一带一路"方面还有一系列大动作:

联手淮海经济区20个地级市,整合农产品的科研、孵化、加工、仓储、配送等平台,形成向全国和世界辐射的高端产业集聚。

利用中欧班列、"一带一路"通道,吸收国际先进理念、先进技术、先进模式,把国外的优质产品引进来,把国内的优质产品输出去,向国际化、规模化、产业化、平台化、网络化、智能化方向发展。

狄康说:"今后,我们将建设国际功能区,包括国际合作商贸区、国际新零售体验区、国际仓储物流区、国际食品加工区、国际农产品科研实验区、国际教育培训基地、'一带一路'农产品国际论坛、国际美食养生谷、国际生活区等。依托打造'淮海经济区食品谷',我们将完成更大的发展目标。"

中国管理科学研究院深圳分院副院长、中国杰出策划人葛孝成说,淮海食品谷在党中央提出"一带一路"倡议五周年之际落地徐州,这是徐州市落实"一带一路"倡议的重要举措,填补了"一带一路"农产品交易采购平台的空白,为中国农产品和"一带一路"沿线国家农产品提供了交易合作的平台,对实施"走出去""引进来"发展战略、对我国农产品走向国际市场、对徐州打造淮海经济区中心城市,将产生积极推动作用。

十三、苏州工业园区现代物流园

苏州物流中心成立于1997年,是全国首批三家直通式陆路口岸之一,也是全国唯一的实行SZV空陆联程快速通关模式的虚拟机场、全国首家保税物流中心(B型)试点、全国第一个获得国务院批复同意进行具有保税港区综合保税功能的海关特殊监管区域——综合保税区的试点。

苏州物流中心是苏州工业园区国资委下属企业,是8.18平方公里物流园区(包含5.28平方公里综合保税区)的主体开发商,公司注册资本10亿元,总资产20亿元。物流中心作为服务于园区的一个平台型公司,主要经营海关监管点业务,同时开发各种有利于改善园区物流环境的模式,包括空运的"陆空联运"、海运的"区港联动"等模式。

苏州物流中心享有国家5A级物流企业、省服务业名牌企业、省重点物流基地、市服务业发展重点集聚区等称号。

专栏:苏州园区港开港至上海港外贸航线同时开通

近日,苏州园区港正式开港,园区港至上海港的外贸航线同时开通。上午11点,一艘满载64个标箱货物的驳船从苏州园区港起航,14个小时后货物将准时抵达上海港,并从上海港出发运往全世界。苏州园区港的开港是园区积极响应长三角一体化发展战略、提升贸易便利化水平的又一重要举措,至上海港外贸航线的开通则意味着园区将全面打通与上海港口间的水上运输体系,构建起区域大交通、大通关体系。市委常委、园区党工委书记吴庆文,上海国际港务集团总裁严俊,园区党工委委员、管委会副主任黄海涛出席活动。

苏州园区港位于吴淞江畔,集码头、堆场、驳运、订舱、仓库、办公为一体,可提供集装箱内外贸运输、件杂货及大宗商品内河水运、集装箱及件杂货堆存服务、仓储、物流配送、货运代理等综合物流服务,是目前江苏省规模最大的内河港码头。该项目总投资约5.5亿元,总用地284.9亩,建设8个1000吨级码头泊位,计划年吞吐量220万吨、集装箱25万标箱。园区港于2017年5月试运营以来,已开通一条至上海港的内贸航线与一条至宁波港的外贸航线,2018年至今完成集装箱作业量4.86万标箱。

上海国际港务集团成立于2005年6月,是我国大陆最大的港口企业,并于2006年登陆上交所,成为全国首家整体上市的港口股份制企业。2017年,上海港集装箱吞吐量达4030万标箱,位居全球首位。由于距离相对较近,园区许多企业会通过上海港口海运进出口货物,2018年1—10月,园区通过上海港进出口总额236.36亿美元,约51万标箱,同比增长4.14%。

仪式现场,上海国际港务集团与园区高贸区签署合作备忘录。未来,双方将发挥各自的产业、政策、功能优势,依托苏州园区港、苏州工业园综合保税区等物流载体,围绕现代物流、港口物流、供应链管理等重点业务开展多层次、多领域的深度合作。苏州园区港将作为上海港的功能延伸进一步提升辐射能力,园区港至上海港支线驳船可在上海港享受优先靠泊"绿色通道"等服务。

苏州三星电子有限公司于1995年入驻园区,主要从事冰箱、洗衣机、空调等家电产品的生产,产品出口全球80多个国家和地区,全年货运箱量近6万标箱,主要通过上海港口海运出口,此次苏州园区港开港后发出的首班航线上就有来自苏州三星电子的家电产品。"相比目前沪宁沿线陆上交通,航道运输不仅避免了陆路交通的常态性拥堵,而且在物流运输成本上具有明显优势,每个标箱可节约成本约200元,这对于企业的发展具有非常大的帮助。"苏州三星电子有限公司副总经理刘志刚说。

随着外贸航线的开通,苏州园区港构建起了园区至上海港的内外贸双航线。"一方面为园区企业提供了一条更便捷、更高效、更绿色的物流通道,另一方面也将助推园区加快对接融入上海,提升区域联动协同发展水平,推动园区更好地接受上海辐射带动,争当长三角地区一体化发展的样板区。"据苏州园区港、中国外运苏州物流中心有限公司副总经理曾甲伃介绍,目前苏州园区港至上海港的航线为每周三班,未来将不断增加航线密度,力争达到一天三班,让更多园区乃至苏州企业的货物高效便捷地运往世界各地。

十四、江苏仙林生命科技创新园

江苏生命科技创新园成立于2009年初,位于南京市仙林大学城北部,紧邻312国道和长江四桥,占地675亩,总建筑面积约78万平方米。规划建设成为生态化科技型生物医药高端产业特色的生物医药集聚区。江苏生命科技创新园一期研发孵化中心,包括两栋10层楼的建筑,每幢约4万平方米左右,其中,一层层高5.4米,其余楼层层高均为4.8米,配有地下车库,是为适应生物医药科技创新领域发展而专门设计的孵化器。研发孵化中心主要包括公共服务平台、高校研发机构、孵化单元等三个部分用房,孵化单元可为企业提供通用型研发实验用房,每个实验单元面积约150平方米,可自由组合和分割。每个实验室均预留排风出口,便于排毒柜和化学气体的排出。

江苏生命科技创新园二期于2016年4月全面完工。该项目占地40亩,建有一栋18层的总部楼宇,总建筑面积78.4万平方米,产业发展方向为医疗器械、生物医药、大健康产业,已引进一家世界500强的生物医药领军型总部企业。

截至2015年10月,园区引进了北京双鹭、湘北威尔曼、江苏联环等12家企业总部项目,并有江苏开元医药、南京诺瑞特、南京安塞莱等150多家孵化器企业签约落户。南京大学、中国药科大学、南京中医药大学、南京师范大学的14个产业成果转化基地、新药临床前国家、省级重点实验室、研究中心进驻园区。

江苏生命科技创新园高校研发机构主要引进南京大学、中国药科大学、南京中医药大学、南京师范大学重点实验室,为园区入园企业提供专业技术支撑。目前,园区与南京中医药大学达成共建"江苏省中药新药创制与产业发展中心"意向,与中国药科大学达成共建"中国药科大学药物科学院"意向,与南京大学达成共建"化学生物学与创新药物研究所"合作意向,与南京师范大学达成共建"生物医药研究院"合作意向,分别研究开发中药、化学药物、高端创新药物及分子生物医药。

园区始终坚持"公共服务就是生产力,公共服务就是竞争力"的发展理念,在园区构架起公共技术服务、产业孵化等服务平台,为入园企业提供全方位的技术支撑,推动生物医药产业中下游的转化对接。2012年1月,江苏省首个"诺贝尔奖得主工作室"落户园区,促使了整个园区在人才品质上的提档升级。江苏生命科技创新园先后获得"国家级科技企业孵化器""国家级生殖健康产业基地""江苏省协同创新基地""中国科协海智计划江苏(南京)生物医药产业基地""江苏省特色产业园"、首批"江苏省科技产业园""南京现代服务业集聚区""南京市新兴产业基地"等称号。

江苏生命科技创新园公共服务平台主要配置一些企业研发需要但使用频率较低且价格昂贵的大型精密仪器,为企业提供第三方分析检测服务,开展产品研发创新中所急需的分析测试、检测验证、标准研究等服务。

此外,为加快公共服务平台建设,让入园企业尽享优质、高效、专业的服务,园区与江苏省生产力促进中心达成合作共建协议,可为园区及周边企业、机构提供科技金融、创新人才引进、国际技术转移、管理咨询、体系认证咨询、科技培训等服务。推荐园区企业申报国家科技型中小企业技术创新基金、运作科技创业人才资助资金等某些政府机构职能。

经过七年的发展,园区已经确立"生物医药、医疗器械、生殖健康"三大产业定位。未来,园区将整合优势资源、加大建设力度、引进重点项目、完善配套服务,将江苏生命科技创新园建设成为学术的前沿、人才的福地、创新的高地,助推栖霞区成为生命科技领域的"硅谷"。

十五、镇江大学科技园现代服务业集聚区

镇江大学科技园于2007年3月开始筹建,由镇江市政府、镇江新区管委会联合江苏大学、江苏科技大学四方合资共同打造,2010年1月获批国家级大学科技园,是镇江市最成熟、最优质的现代科技创新创业集聚区,也是苏南国家自主创新示范区的核心区。

镇江国家大学科技园占地20平方公里,核心区占地5.2平方公里,以智慧大道为界,分东、西

两园。东园主要定位于科技研发、产业孵化、产业加速等功能,西园主要定位于科技生活、文化休闲、品质社区等功能,东、西两园相互支撑、共生共融,共同塑造一个具有魅力、活力和创新力的科技小镇。

截至目前,已建成各类创新创业载体 65.5 万平方米,已集聚各类创新创业人才团队 350 多个,其中,引进(培育)"国家千人计划"人才 18 名;省"双创人才"52 名;省"创新团队"3 个;省"企业博士集聚计划"19 人;省"333 工程"资助人才 8 名;省"六大人才高峰技术"资助 9 名;市"331 计划人才"前八批落户 160 名,市"金山英才"落户 38 名;拥有各类产学研平台共 51 家,其中国家级重点实验室、共性技术平台及工程技术研究中心共 4 家;拥有省级共性技术平台、工程技术研究中心、院士工作站、研究生工作站等共 13 家,高校创新合作平台 14 家,其他市级工程技术研究中心、企业技术中心等共 20 余家。国家级高新技术企业 28 家、江苏省高新技术产品 47 个、江苏省民营科技企业 67 个、江苏省科技型中小企业 200 多个。先后创成国家级知识产权集群管理试点、国家级小型微型创新创业示范基地、国家级"圆梦湖畔"众创空间、省级科技孵化器、省级服务业集聚区、省级生命健康众创社区、苏南国家自主创新示范区"优秀科技园区"等多项品牌。

2018 年 11 月 16 日上午,镇江智能制造创新中心在国家大学科技园正式揭牌,一批省市现代服务业平台同步落地,以差异化服务协同构建一个吸引优质产业项目集聚发展、高层次科技创业人才汇聚创新的生态圈,不断延长拓展创新创业优质服务链,助力产业强市高质量发展。本次揭牌的创新中心抓住长三角一体化国家战略机遇,以产业创新战略联盟的新模式,构建汇集方案、技术、服务、资金的智能制造创新发展的开放式大平台,整合智能制造产业链上下游骨干企业、科研院所等各类创新资源,推进智能制造共性技术、产品研发与成果转化,为镇江智能制造业的自主创新提供服务支撑。

未来三年,创新中心计划引进 10 位智能制造领域技术专家,培养 100 名工程技术人员,为 100 家企业提供智能制造相关技术服务,为镇江市智能制造创新生态网络进一步争创省级创新中心,助力长三角地区智能制造相关技术要素的加速流动。

当天,江苏省生产性服务业集聚示范区、江苏省知识产权服务业集聚发展区、镇江市软件园运营服务中心同步揭牌。以技术转移服务为入口,将企业、技术提供方、服务机构、金融机构、园区载体等多方资源聚合的江苏省技术网络交互平台——"苏畅网"正式上线,截至当日已汇集上百家机构、包括中科院在内的五六十家院校入驻。

"大数据时代下,创新创业是一项系统工程,第三方现代性服务业对整个产业发展的支撑至关重要不可或缺。"镇江大学科技园有限公司总经理李建介绍。新区充分发挥"金牌店小二"的服务精神,推动系列线上线下平台集聚,进一步丰富了大学科技园作为全市科创高地的内涵,让政策、资金、技术、信息等配套服务无短板;推动新区作为镇江市"一体两翼"发展战略格局东翼,发挥开放发展的前沿窗口和创新发展的主阵地作用,为全市高质量发展示范打造智慧服务生态圈。

十六、常州绿色建筑产业示范区

2012 年,武进"绿建区"正式成立。六年后,武进"绿建区"闯入省级生产性服务业集聚示范区,成为全国唯一的"绿色建筑产业聚集区"。

以"种好部省合作试验田、争当生态文明领头羊"为使命,武进"绿建区"全力打造"一港四谷"。"一港"即建筑科技集成创新港,"四谷"即绿色商务谷、企业总部谷、建筑科技谷、绿色智造谷。上引云端大数据,下建绿色智慧谷。搭建绿色建筑科技产业集成创新发展平台,汇集建筑科技领域的绿色设计、研发创新等重点服务产业,融合商贸、推广等服务功能,经过六年发展,武进"绿建区"现已成为世界一流、国内领先的绿色设计集聚高地。

截至目前,武进"绿建"核心区共引进了包括绿色建筑科技研发、绿色建筑设计等领域的生产性服务业企业400余家,注册资金超100亿元,基本涵盖了全产业链。从国内首座绿色建筑主题公园"江苏省绿色建筑博览园"到全国首个以绿色建筑为主题的会展中心"江苏省绿色建筑会议展览中心",从全省首个绿色技术国际合作中心"中芬绿色创新中心"到全省首个以绿色建筑产业技术研发为重心的"江苏省绿色建筑产业技术研究院",武进"绿建区"成功打响了"绿色发展看常州"的特色品牌,为全省乃至全国绿色建筑产业发展提供了先进样本。

一核引领,全区联动。"全区布局绿色建筑产业,全域推广绿色建筑技术。"副市长、武进区委书记史志军表示,"绿建区"是武进新产业的一张名片,也是转型发展的重要方向。高质量发展不仅上接天线,更要下接地气。武进区委、区政府调整"绿建区"相关职能,就是要摆脱"开发区模式"的思维定式和惯性,把战略重点转到拼质量、拼效益、拼模式、拼绿色上。真正的绿色建筑不是高科技的堆砌,而是让百姓能获得幸福感的空间。让群众住得更健康、智能、舒适,是武进"绿建区"不断探索的原始动力。

在这里,从有形到无形,可以感受到"满园绿色"。由绿建科技研发、绿色建筑设计、绿色企业总部、绿色商贸服务、绿色检测认证等领域的"绿建区"与统计局联合建设了武进绿色建筑产业企业信息库,目前入库企业367家,总产值超600亿元。深化企业合作,广纳全球翘楚。北京太空板业、美国贝塞尔、上海研砼治筑、美国诺森等绿色建筑企业共聚绿建区。重视科研,引智"建绿"。武进"绿建区"与常州创客天使投资有限公司等多方合作,引进了国家级众创空间极客车间,省级科技企业孵化器中科绿色科技产业园。目前,全武进1066平方公里,则作为"无形的绿建区",主要实现推广应用并推动全区绿色建筑产业做强做大。

近年来,武进"绿建区"加快转换思维的步伐,不断实现绿色建筑产业新突破,形成了以"新""绿"为特色的园区发展体系,以生态圈理念引导生产性服务业产业集群要素集聚发展。从"围墙内的有型园区"到"全域绿建一盘棋",武进通过机制体制改革,率先探索"三合一""全过程""全域化""互联网"的发展新平台。

"'绿建区'诞生于改革创新,二次创业更要依靠改革创新。"武进"绿建区"党工委书记徐宁告诉记者,如果说前5年是拓路,侧重规模扩张和要素驱动,那么现在就是深耕细作,转向结构升级和创新驱动。结合多年探索的经验,武进"绿建区"进行职能优化,从精简人员到剥离了低效职能,着重专注于"绿建"行政、产业、技术从"相加"到"相融"。

做好绿色加减法。从绿色材料到智能应用,从科技服务到绿色金融,武进"绿建区"不断借鉴"互联网+"思维,全面实现"绿建+"。位于湟里镇的江苏晨光涂料有限公司,近年来向智能家居领域延伸。在"绿建区"的产学研牵线搭桥中,企业去年成功研发智能变色调光膜。这种膜加在普通玻璃上,就成了一块保温隔热的调光玻璃,连接小于4瓦的电源后成为透明状态,可以成为投影的触摸屏,手指操作看视频和图片。该产品已投放了2条生产线,年产值可达3亿元。目前,园区引进的"2.5企业"已集聚20多家,年产值均上亿元。

围绕"智慧绿谷"发展需要,武进"绿建区"进一步在打造精致专业园区上下功夫。维绿大厦大力发展楼宇总部经济,实现总销售收入超10亿元,入库税收不少于3000万元;绿博园在过去示范展示的基础上,落户优质总部经济企业,让每栋建筑成为绿色智能科技应用的"网红",重点发展智能信息和智能应用。立足产业基础,结合绿色建筑产业的智慧化发展特性与要求,协同武进乃至常州智能信息产业大环境,以智能科技、智能建筑以及智慧城市为发展重点,全力打造引领全国的绿色建筑生产性服务业集聚高地。

十七、盐城环保科技城智慧谷

城环保科技城智慧谷规划占地面积3750亩,建筑面积400万平方米。集聚区现已累计完成投资150亿元,已开发面积2600亩;2017年实现营业收入42.4亿元。集聚区现有企业156家,其中,科技研发服务企业49家、环境咨询服务企业20家、工程总包服务企业11家、环境金融服务企业12家。集聚区将结合环保装备制造业优势,以推动环保科技研发、打造国际化高端产业平台为发展方向,以环保技术与产品研发服务以及工程服务为核心的环境服务业发展,加快形成国家级"环保技术创新基地、环保标准制定基地、环保品牌集聚基地、环保服务输出基地",成为世界知名、中国一流、江苏领先的环境综合服务产业示范区。

以"科技为先、产业兴城"的发展思路,科技城主攻烟气治理、水处理、固废综合利用和新型材料等优势领域,在产业发展轴环保大道两侧,中国环境科学研究院、中科院过程研究所、中建材环保研究院、清华大学、东南大学、同济大学、西南交通大学、德国GEA、日本上岛等国内外顶尖院所,中电投远达环保、中国国电集团、中国节能集团、国电清新、浙江菲达、福建龙净、北京万邦达、桑德集团、中德集团、上海复旦复华等行业领军企业高密度集聚,使环科城呈现出产业集群发展的暴发性态势。

聚焦产业,增强创新动能。环科城以行业领军企业为支撑,完善产业链条,汇聚了中建材、中车、国电投、浙江菲达、福建龙净、美国科杰、日本东丽等行业领军企业全面入驻;以大院、大学、大所为引领,汇集了清华大学、复旦大学、南京大学、中科院工程所等顶尖院所;以打造环境治理全产业链为目标,启动建设国家环境综合治理诊疗中心,形成全方位、全流程的一站式环境综合治理服务,着力构建以烟气治理、水处理、固废综合利用、新型材料等环保装备制造业和环境服务业协调发展的产业格局。2017年,环科城烟气治理装备制造全国市场占有率达12.8%。

聚集人才,激发创新活力。环科城以开放的政策引进人才、优厚的环境留住人才、灵活的机制用好人才,吸纳了郝吉明、张全兴、曲久辉、贺克斌等院士11名,国家"千人计划""长江学者奖励计划"等高端领军人才35名,建有9个博士后工作站、11家国家工程技术中心和企业技术中心,建成环保产业众创中心、环保产业孵化基地、环保金融服务中心等创新创业载体。2017年高新技术产业产值占比达58%。

聚合平台,集成创新要素。环科城积极抢占产业前沿阵地,成功创建国家烟气多污染物控制技术与装备实验室、国家高浓度难降解有机废水处理实验室、国家环境保护工业炉窑烟气脱硝工程技术中心等"十大国字号"公共服务平台,先后参与"国家蓝天工程行动计划""国家水体污染控制与治理重大专项"等国家级课题,从做产品向定标准迈进,实现了技术创新链与产业增值链的双向融合。清华大学第一个校外国家工程实验室在此落户,其中,中低温非电行业脱硝催化剂项目成功实现产业化。

2017年底园区有环保企业118家,其中,环境上市公司24家,与美国科杰、丹麦弗洛微升、德国莱斯、日本揖斐电等国际知名企业形成深度战略合作关系。2015年,环科城烟气治理装备制造全国市场占有率达19.8%,水泥行业脱硫脱硝工程全国市场占有率达52%,玻璃行业脱硫脱硝工程全国市场占有率达70%,拥有BOT、EPC工程总承包能力的企业达37家,销售市场覆盖全球30多个国家和地区。

十八、南通火车站北物流园

南通火车站北物流园位于南通火车站北部,东至通京大道,西至幸福大道,南至新长铁路,北至团结河,规划面积约10平方公里,其中,启动区1.2平方公里。园区坐拥南通火车站,通宁大道、通京大道分别连接沪陕高速、沈海高速,距南通机场仅20分钟车程。园区已集聚规模物流企业20多家,宝湾物流、德邦物流、林森物流等多家知名物流企业入驻,其中林森物流是南通首家5A级物流企业。园区目前正与多家国内外知名物流企业洽谈,计划总投资10亿元的南通首个多功能云商物流中心项目已经签约。

南通火车站北物流园策应上海自贸区,立足南通,辐射华东,面向全国,建成以城市配送、电商快递、第三方物流、第四方物流、供应链管理、展示交易、售后服务等为主要业态,以公铁水空一体化的物流体系为支撑,涵盖综合物流服务作业的全部基本功能、增值服务功能和相应配套服务等功能于一体的国家级示范物流园区。园区是南通市政府重点打造的物流园区,享受一系列扶持政策,对重大项目可采取"一企一策"。

南通火车站北物流园即南通综合示范物流园。物流园形成了以火车站为核心,宁通高速和京沪高速为轴,以城北大道和幸余路为干,园区内路网为支的物流交通体系。园区与兴东国际机场仅15分钟之遥,与国内外高效连接,具备了铁路、公路和航空"三港合一"独特、立体的物流区位优势。

产业聚集效应,让物流园内企业如滚雪球一样发展得越来越大。TOLL、招商、日邮、德邦、DHL第三方物流快递相续入驻,京东、1号店、国美在线、聚美优品等电商大鳄云集。在林森、宝湾和铭源"三驾马车"驱动下,2017年,国内知名的第四方物流卡行天下、物流汇、中铁云链和国内快递第一家上市公司圆通快递,以及铭源二期5个亿元以上重大项目签约园区,总投资额达12亿元。

专栏:快运大鳄扎堆南通综合物流园

2017年7月16日,位于港闸区幸福街道安顺路和顺达路十字路口的铭源智慧物流港,国内专线物流车辆进港、出港、配送络绎不绝。"到了夏天高温季节,街道三产办工作人员全程跟踪铭源二期,确保项目建设用水用电供应,现场解决企业难题。"幸福街道党工委书记张晓兵在南通综合示范物流园现场巡查时告诉记者。

南通综合示范物流园位于火车站北,园区大部分企业分布在幸福街道内。"十二五"期间,随着港闸区公铁高速路网的建成,物流园区所在的幸福街道成为港闸交通枢纽的中心区域,物流园也形成了以火车站为核心,宁通高速和京沪高速为轴,以城北大道和幸余路为干,园区内路网为支的物流交通体系。园区与兴东国际机场仅15分钟之遥,与国内外高效连接,具备了铁路、公路和航空"三港合一"独特、立体的物流区位优势。

良好的区位优势,让物流示范园内快递物流业如虎添翼。"快递的生命是速度,港闸四通八达的交通路网缩短了运输时间,节省了企业成本,运营效率明显提高。"铭源物流董事长高永芝告诉记者,"把公司迁至幸福街道,就是看中园区交通便利,物流企业集聚,业务拓展方便。"

"有城镇的地方就有铭源的专线。"从老牌国企改制而来的铭源物流,是专业化的第三方物流企业,自主开发100多条专线,基本覆盖全国地级市。投资5亿元投资兴建"铭源智慧物流港",去年一期工程已竣工投产,当年营收超2亿元,税收超1000万元。

园区瞄准产业经济,加大物联网、大数据中心、互联网通信等行业企业的引进和培育力度,全面提升物流产业信息化水平,为园内第三方、第四方物流企业插上腾飞的翅膀。

宝湾物流是一家以客户需求为目标,量身定制国际高标准通用物流仓储和管理服务的物流地产企业。"以物联网和云计算构建的云仓储智慧物流平台,把宝湾全国的网络连在一起,来满足不同客户线上线下的需求。"宝湾物流运营总监陈杰告诉记者,"宝湾也是一个实体平台,所有客户在我们的平台上能够更高效地响应客户需求。宝湾在港闸建立分仓,减少了不必要的周转率,把华东地区物流信息串联起来,有效辐射苏中、苏北地区。"自去年11月上线森通物流信息交易平台后,林森物流将30多亿元的线下业务全部迁到线上,打通了物流产业链上下游各方的痛点,让第三方企业更加省心、省力、省钱,聚集到更多的一手货源。通过平台与林森物流形成合约关系的运力也大幅度增长,平台现有中小物流企业用户1890多家,整合运力超15000部,遍布全国各地。去年,在实体经济不断下行的压力下,借助森通物流信息交易平台的集聚效应,林森物流营业额实现了33%的大幅增长。

产业聚集效应,让南通综合示范物流园内企业如滚雪球一样发展得越来越大。园内,TOLL、招商、日邮、德邦、DHL第三方物流快递相续入驻,京东、1号店、国美在线、聚美优品等电商大鳄云集。在林森、宝湾和铭源"三驾马车"驱动下,今年,国内知名的第四方物流卡行天下、物流汇、中铁云链和国内快递第一家上市公司圆通快递,以及铭源二期五个亿元以上重大项目签约园区,总投资额达12亿元。年内预计完成林森三期研发中心、昱程物联网、琦欣供应链管理等8个市级亿元项目,实现物流业务收入50亿元,上缴税收4.5亿元。

十九、江苏师范大学科技园

江苏师范大学科技园(文化创意产业园)是江苏省第一家以发展文化创意产业为主题的大学科技园,是徐州市为进一步完善科技创新体系,促进产学研相结合,加快科技文化成果转化与产业化,与江苏师范大学共建大学科技园区的一项重要举措,已被徐州市列为2011—2012年度重大产业项目。园区于2010年7月启动筹建,选址位于江苏师范大学云龙校区(徐州市和平路57号),占地176亩。园区北临徐州博物馆和戏马台,西靠云龙山和云龙湖,南望淮海烈士纪念塔和东坡广场,东近沃尔玛超市和故黄河风光带,是徐州的文化中心和商业副中心。

在徐州市委、市政府的正确领导和亲切关怀下,在江苏师范大学校党委、校行政的直接领导和大力支持下,园区坚持"两手推进,创新发展"的工作思路,一手又好又快地推进园区规划、土地运作和基本建设;一手又好又快地推进服务于企业入园的各项工作。

在园区规划、土地运作和基本建设方面,坚持高起点规划、高品质设计、高标准建设、高速度推进。已经完成了一期工程(2.5万平方米的"修旧如旧"工程),正在全面推进二期工程(2.4万平方米的多层研发孵化大楼、11.1万平方米的文化创意大楼),总投资达7亿元,计划2014年底完工。

在服务于企业入园方面,紧紧围绕国家《大学科技园认定和管理办法》,结合实际,大胆探索,先后建立了一个建筑面积达2.8万平方米的孵化区,两类平台(9个公共服务中心、9个专业实验中心),五大研发中心(文化创意研发中心、激光技术研发中心、氢能技术研发中心、物联网工程技术研发中心、生物医药研发中心),培育和引进的文化创意、新能源、新材料、新电子、新制造、物联网、生物医药等新兴产业企业与日俱增。2011年9月16日,园区被认定为省级大学科技园;2011年9月27日,园区被徐州市认定为市级大学生创业园;2011年11月2日,园区被认定为国家高校学生科技创业实习基地;目前正在申报国家级大学科技园。

建设思路:

大学科技园(文化创意产业园)将以"营造创新环境、建立创新机制,孵化创新企业、培育创新人才,促进经济转型、服务社会发展"为宗旨,坚持下述建设思路:

第一,依托大学,政府推动。以江苏师范大学为主要依托,充分发挥我校和其它在徐高校的人才、技术、信息及科研平台优势;在徐州市政府及云龙区、泉山区政府大力推动下,依靠社会力量,走"产、学、研、官、金、商"紧密结合、共同创办大学科技园(文化创意产业园)之路。

第二,集成资源,市场运行。集成江苏师范大学和其它在徐高校的科技、文化资源与广泛的社会资源,坚持以市场为导向,实行市场化运行,优化资源配置,吸纳各类人才、成果与资本参与园区建设。

第三,突出特色,自主创新。将江苏师范大学的学科优势与徐州市支柱产业和新兴产业紧密结合,突出"文化创意产业"的办园特色;以江苏师范大学优势学科及省级重点实验室(重点研究基地)、工程(技术)中心为依托,大力加强园区自主创新能力建设,力争将园区建设成为立足徐州、面向苏北、服务淮海、辐射全国的自主创新基地、高新技术企业孵化基地、创新创业人才聚集和培育基地、产学研结合示范基地。

第四,集群集聚,互动发展。坚持集群集聚和互动发展原则,力争吸引徐州市域70%的文化创意企业进入江苏师范大学科技园(文化创意产业园),产生集群效应。互动发展主要是要与徐州市产业结构调整互动,贯彻落实徐州市坚持"做强主导产业、做新传统产业、做大新兴产业"的结构调整思路,为徐州市调整产业结构、促进新兴产业发展、培养创新创业人才做出贡献。

主要做法:

1. 搭建技术创新服务平台

为了给企业提供完善的办公环境、基础网络、数据中心、仓储物流、技术研发、人才培训、金融咨询等多层面的服务,江苏师大科技园成立了八个公共服务平台、八个专业技术试验中心、八大研发中心支撑平台。八个公共服务平台分别是商务服务平台、管理咨询服务平台、国际合作服务平台、云计算服务平台、信息服务平台、人才培训服务平台、投融资服务平台、法律服务平台。园区依托学校建立了生物学实验中心、轨道交通信息与控制虚拟仿真实验中心、区域经济与管理综合实验中心、科学计算与信息技术综合训练中心、规划与设计学科群综合训练中心、影视制作技能综合训练中心、信息与控制工程实践教育中心、商务系统模拟仿真综合训练中心等八个专业技术实验中心。依托学校建立江苏省先进激光材料与器件重点实验室、江苏省药食植物生物技术重点实验室、江苏省语言与认知神经科学重点实验室、江苏省功能材料绿色合成重点实验室、江苏省教育大数据科学与工程重点实验室、江苏省系统发育与比较基因组学重点实验室、江苏师范大学工业设计中心、江苏省教育信息化工程技术研究中心等八大研发中心支撑平台。

国家级技术转移中心落户园区,服务能力显著提升。该中心拥有 400 平方米的办公场所和成果展示厅,组建了 15 人的专兼职相结合的技术转移服务团队,5 人具有知识产权工程师证书,3 人具有技术经纪人从业资格证书。中心网站资源丰富,浏览方便,成为中心对外交流和信息资源共享的有效平台。中心组织机构完备,设有综合办公室、信息部、成果与知识产权部、项目管理部、财务部 5 个部门,中心拥有自己独立的管理制度和办法。建设分中心 3 家(铜山、云龙、沛县分中心)。"江苏省语言能力协同创新中心""江苏省先进激光技术与新兴产业协同创新中心"在运行保障、机制体制创新、建设与创新成效、可持续发展能力、重大标志性成果等方面,取得突出的成绩。

2. 助推文创产业发展

汉文化研究院是江苏师范大学根据形势发展的需要,根据学校的学科优势成立实体性研究机构,有汉文化研究所、汉画像艺术研究所、秦汉史研究所等多个科研机构,为汉文化研究做出突出贡献。

"一带一路"研究院由徐州市政府和江苏师范大学共建,以徐州经济发展需求和文化产业特色为研究载体,在语言文化、经贸往来、城市发展等方面,开展战略咨询和应用对策服务。江苏师范大学语言能力协同创新中心是目前国内语言学领域唯一的协同创新中心,为了解沿线国家的语言国情和语言人才状况提供详细的资料。

淮海发展研究院主要研究领域是区域发展综合研究,以研究院为平台,聚集了一批年富力强的研究人员,在城市与区域经济规划布局、区域经济理论与发展战略、地域文化与经济一体化、资源环境与可持续发展等几个研究方向,已经形成明显的特色和一定的学术优势。

3. 开展创业教育培训

江苏师范大学科技园在园区建立了大学生实践与创业见习基地,并被徐州市政府认定其为省市级大学生创业园。园区设立了每年 100 万元共 1000 万元的创业孵化基金,优先支持、资助园区内大学生创业活动和创办企业;明确园区为大学生提供实习实践条件、创业培训、在孵企业见习、创业服务等方面支持,相关学院为园区提供实验室开放、教研资源、科技成果转移等方面支持;多次组织优秀企业家、社会成功人士向园区创业者做创业事迹报告,开展"创业计划大赛"培训,累计 6952 人参加,大学生获得"挑战杯"江苏省第六届创业计划竞赛一等奖;认真规范地实施 SYB、KAB 等创业培训教育项目,一方面为园区企业提供定期、不定期的专题讲座、项目培训,另一方面为社会培养一批复合型的科技文化企业创新管理人才。这些活动的开展进一步激发创业者的创业热情,提高了创业者的创业能力。

二十、阳澄湖数字文化创意产业园

苏州阳澄湖数字文化创意产业园位于苏州市相城区京沪高铁新城东侧,于2011年6月获批"江苏国家数字出版基地"园区,2013年12月获批"国家级科技企业孵化器",占地面积465亩,采用创新A区、B区双轮驱动发展模式,成立1.5亿元发展基金、荻溪文化创意产业投资中心平台、游戏运营公共服务平台及苏州市首家版权工作站。苏州阳澄湖数字文化创意产业园是苏州高铁新城打造"高铁枢纽、创智枢纽"产业引擎,探索城市新产业发展的重要载体。

产业园由政府出资,"苏州阳澄湖数字文化创意园投资有限公司"负责建设,于2010年10月筹划,2011年2月正式注册成立,注册资金5000万元,目前已增资到5.1亿元。

A区总占地面积150亩,建筑面积约20万平方米,主要建设中小型企业孵化基地,目前分三期推进。其中,A区一期两幢办公楼2万平方米,已经集聚企业80多家;A区二期占地20多亩,已经完成3.7万平方米生产用房和1.7万平方米员工公寓建设,中纸在线、凤凰之歌等40多个文化创意、电商、互联网项目已进驻。A区三期占地35亩,包括10幢总部大楼及研发大楼1幢已建设完成,总建筑面积6.8万平方米。

B区总占地面积315亩,规划建筑面积25万平方米。重点打造影视文化产业园,拥有15栋企业总部大楼。B区将以电影频道制作基地为"引擎",着力打造集电影投资、电影筹拍、剧本IP孵化、数字影棚、动漫特效、后期制作、品牌集中展示等为一体的全产业链影视产业集聚区,加快打造成为特色化、差异化、全国一流的国家级影视产业园区。

为了更好更快地推进文创园建设,文创园成立了人才服务、科技中介服务、金融服务、版权服务"四位一体"服务平台,重点与中国传媒大学、浙江大学、南京师范大学等10余所高校设立了人才培训中心、实训基地,与国内著名投融资机构合作设立了荻溪文化产业投资中心、阳澄湖种子基金等投融资平台,并取得了明显的经济效益。

文创园将逐步形成产业园区—基地—集群发展的"三级并进"发展模式,着力打造"创智高铁、数字硅谷"品牌。

通过企业化运作为园区提供基地运营、企业服务和产业投资等服务:

1. 基地运营

负责基地开发、运营与管理,推进基地各种平台建设和基础设施建设,推进基地规划、物理空间开发、招商引资,等等。

2. 企业服务

努力成为连接政府与企业的桥梁,强化软环境建设,为入驻基地的各类企业提供创意、技术和人才方面一流的、全方位的专家式服务,形成"凤引百鸟"的"温室效应"。

3. 产业投资

形成价值发现、价值培育和价值实现的独特能力,在数字出版领域对有前景的项目、企业、产业进行投资,夯实产业和盈利基础。

遵照省政府建设"专、精、特"的数字出版样板园区的发展目标为指导,以数字出版产业为核心,重点发展游戏、电子商务、应用软件、互联网产业,初步形成了"1+X"产业发展模式。

专栏:阳澄湖数字文化创意产业园:文旅融合促进文创生根

如果把"筑巢引凤"当作文化创意产业园发展的1.0版,把集聚互联网、影视动漫、金融等相关高附加值产业作为2.0版,那么,文创产业园发展的3.0版究竟是什么样的呢?

从改造"闲置楼"起步的苏州阳澄湖数字文化创意产业园,通过帮助企业发展,挖掘、开发产业园周边的文化旅游资源,以文旅融合促进文创生根,短短5年时间,走出了一条从1.0版到3.0版的转型升级之路。

1.0版:从两幢"闲置楼"起步

走进相城区金澄路北侧的阳澄湖数字文化创意产业园A区,4幢多层建筑呈"田"字形分布,淡雅的外观、宽敞的内部空间给人一种舒适感。北侧,新建的15层研发大楼和10幢别墅型总部经济楼也已拔地而起,即将投入使用。

工作人员姚炯炯告诉记者,5年前这里可不是这个模样,当时这里只有最南面的两幢楼。投资者本来想用于办酒店,但由于种种原因,总建筑面积2万平方米的这两幢楼只完成了一个外壳,成了"闲置楼",后来被政府收购。

那些年,数字文化创意产业逐渐成为热点,正在太平街道挂职任副书记的南京师范大学数字娱乐系主任恽如伟根据自己的主要研究领域,建议跳出当地的机械加工、精密制造产业,在这里建设数字文化创意产业园,得到了大家的赞同。

于是,两幢"闲置楼"装修后,于2011年8月投入运营,被称为苏州阳澄湖数字文化创意产业园A区一期,成为一个"筑巢引凤"1.0版的文创园,首批入驻企业8家,包括苏州盛游网络科技有限公司、兴游网络科技有限公司、星云网络科技有限公司等。

2.0版:四大服务平台推进产业聚变

"一年形成产业聚集,三年推进产业聚核,五年实现产业聚变"。这是产业园启动之初就制定的目标,瞄准的产业重点是游戏、电子图书、应用软件、互联网等。产业园成立了人才服务、科技中介服务、金融服务、版权服务"四位一体"服务平台,不但为入驻企业提供人才招聘、人才培训、人力资源规划等"一站式"人才服务,还与国内著名投融资机构合作设立了荻溪文化产业投资中心、阳澄湖种子基金等投融资平台,同时为入驻企业提供版权登记、版权维权等知识产权服务。当地还配套建设了高标准的人才公寓、邻里中心等设施。

文创园除帮助入驻企业落实各级政府给予的优惠政策外,还专门制定了《优惠政策实施办法》,从租金优惠、人才扶持、税收优惠、贷款贴息等方面支持入驻企业。

"我们收购了开泰路18号楼宇作为B区,于2012年8月启用,实现了A区、B区的双轮驱动发展模式。"姚炯炯告诉记者,其中A区主要建设孵化基地,已吸引凤凰之歌文化发展有限公司、中纸在线(苏州)电子商务有限公司等40多个文创项目进驻。B区拥有15栋企业总部大楼,重点打造影视文化产业园,目前已入驻国家新闻出版总局电影频道制作基地、苏州米粒影视文化传播有限公司、苏州影视产业联盟等单位、机构。种种努力,让产业园迅速升级为2.0版的文创园,2013年12月被批准为国家级科技企业孵化器。目前,整个产业园入驻各类数字文化创意企业已达160家,2015年实现销售140多亿元,2016年上半年实现产值63.6亿元,税收6870万元。2016年8月这里还启用了大学生孵化器项目——CPLUS创业方舟,首批吸引6家大学生创业企业入驻。

3.0版:文旅融合打造全域型文创园

随着竞争加剧,文化创意产业园里企业、人才流动频繁,成了典型的"候鸟一族"。"无论是1.0

还是2.0,都没有突破'候鸟'瓶颈",产业园管委会常务副主任龚刚说,所以产业园两年前就开始思考如何留住企业和人才的问题。

3.0版文创产业园格局是一种都市生活型的文化艺术聚居区,赋予产业园新的生命,促使工业经济转型,塑造新的城市形象。

经过反复研究,产业园决定通过打好文旅融合牌,向3.0版迈进,即利用产业园附近的历史街区——太平老街,以及占地800亩的葫芦岛和湖边的村落形成"三合一",建设文化气息浓郁、生态环境优美的产业空间,让各类企业不仅可以在产业园里办公,还可以在老街、湖边、村落里办公,让产业园成为全域型、辐散型的文创园。经过前期规划,建设特色小镇"太平书镇"的概念已经跃然而出,与同里、周庄、西塘等水乡古镇错位发展。"具体来说,这里要建设许多书香小楼、小院、客栈、写作坊、名作家书店、书楼、书院、手作非遗场馆、展馆、工坊、工作室",龚刚高兴地说。经过一阶段的建设,一个以文化产业为特色、以数字出版为亮点的3.0版文创园格局目前已初步形成。"实践证明,产业发展可以提供饭碗,文旅融合可以提供良好的生活环境。"龚刚相信,将产业园发展成3.0版,可以拉长文化生态链,让人才安居乐业、宜居宜业,"这样,我们就能把更多有想法的、有情怀的人才请进来、留下来了!"

二十一、兴化市粮食交易市场

兴化市粮食交易市场是全国最大的粮食交易市场之一,创建于1991年,位于"苏中水乡、板桥故里"的兴化市戴窑镇。市场已经建立起具有现代化水平的信息中心和检验检测中心。市场连续多年被评为省、市文明市场,被省工商局和省文明委评为四星级文明市场,是国家农业部定点市场、江苏省重点农产品批发市场,被国家统计局、商业联合会评为全国同类市场第一名,全国商品交易市场先进单位和中国最大的粮食市场称号。

兴化市粮食交易市场是江苏省最大的粮食市场,日平均成交1800吨,主要经营品种为梗米、杂交米。场中有大米加工厂48家,粮食经营户77家。

专栏:泰州9家企业上榜全国农业产业化龙头企业500强

近日,《农民日报》发布"2019农业产业化龙头企业500强"榜单,泰州市9家企业榜上有名。

据悉,"2019农业产业化龙头企业500强"榜单由农民日报社启动评定,主要评价指标为营业收入,全国31个省(市、区)企业参加排名。本次入围门槛为6.7亿元。

泰州市入围的9家企业分别为益海(泰州)粮油工业有限公司、兴化市粮食交易市场、江苏三零面粉有限公司、江苏华穗粮食有限公司、江苏泰达纺织有限公司、江苏百汇农业发展有限公司、江苏双蝶集团有限公司、江苏红膏大闸蟹有限公司、江苏省扬子江现代粮食物流有限公司。

近年来,泰州市深入贯彻落实党中央和省委关于农业农村工作的部署要求,坚持以产业兴旺和农民增收为目标,带动传统农业向科技农业、绿色农业、品牌农业、质量农业转型发展,收到了明显成效。农业产业化龙头企业数量不断增加,规模不断扩大,名牌产品不断增多,市场竞争力不断提升,促进了全市农业和农村经济可持续健康发展。

市农业农村局有关负责人介绍,截至目前,泰州市一共有 230 家市级以上农业产业化龙头企业,去年年销售收入共计 349.47 亿元,比 2017 年增长 8.02%。

今后,市农业农村局将继续加强对龙头企业指导服务,加大政策扶持,拓宽融资渠道,强化宣传推介,推动龙头企业由分散布局向集中集聚发展、由要素驱动向创新驱动转型、由数量增长向质量提升转变、由单打独斗向联合经营升级,全面提升质量效益和综合竞争力。

二十二、南京紫东国际创意园

园区处于南京"灵山—龙王山"绿色生态廊道的起点,西至宁芜铁路,东至土城头路,南至麒麟路,北至灵山北路,总占地 1000 亩,建筑面积 67.97 万平方米,规划容积率 0.8,建筑密度仅为 14%,绿地率达 66%,具有良好的生态环境。

园区处于沪宁高速公路、南京绕城公路的交汇点,邻近 312 国道、122 省道等公路主干线,公路网络四通八达。无论是火车站、机场等交通枢纽,还是南京主城区和南京"一小时都市圈",或是长三角及江北各大中城市,均可便利抵达。沪宁城际铁路开通后,由园区前往上海仅需 60 分钟。园区紧邻地铁 2 号线金马路站和仙鹤门站。"紫东创意园·金马路"站为南京地铁二号线东延线首站,向西直通新街口和河西新城,向东直通仙林新市区。

钟山国际高尔夫球场、南京国际赛马场,紫金山庄、索菲特钟山高尔夫酒店以及规划中的仙林超五星级酒店都可为园区企业的商务活动和休闲娱乐提供配套服务。紧邻园区北侧,配有约 55 万平方米中高档商品房及商业配套设施。园区周边中高档楼盘林立,为入园企业员工提供了丰富的住房资源。仙林大学城紧邻园区,是国内规模最大、设施最全的现代化大学城,现已有南京大学、南京师范大学等 12 所高校和南京外国语学校仙林分校、南京国际学校等 4 所中小学入驻。仙林大学城既为园区提供了丰富的人才和科教资源,也为入园企业员工子女就学提供了便利。

"总部天地,创意绿洲"准确概括了南京紫东国际创意园的双重产业定位。作为总部经济园区,将重点引入研发或设计行业的企业总部,以及各类非生产型企业总部。作为创意产业园区,将以发展研发服务业和设计服务业为主,文化传媒业和咨询策划业为辅,并通过创意消费的形式,形成完整的创意产业链。

为打造高端园区,在谋划之初,南京紫东国际创意园就确立了园林景观式、低碳环保型、高度智能化的发展方向。为维持绿色生态廊道的延续性,在优越的自然环境基础上,园区将打造高档园林景观,并大量运用生态科技手段,使园区处处充满创意,处处体现人文关怀,促进人与自然、人与人的和谐发展。同时,园区还将设计采用 5A 智能化系统,运用物联网新概念,提高园区管理效率,彰显园区档次。

园区定位为南京乃至长三角地区最具优势的国际性创意总部型商务园区,将会对长三角地区的创意企业和总部企业形成跨界整合和集聚,打造成为同类园区的典范。

据了解,为打造高端园区,在谋划之初,南京紫东国际创意园就确立了园林景观式、低碳环保型、高度智能化的发展方向。

南京紫东国际创意园以文化创意为核心,在原有的四大传统产业基础上提档升级,并把文化、科技、金融等资源要素有机融合，重点引进"文化产业、科技研发、金融投资"等项目，大力培育人工智能、大数据等科技型企业，同时吸引了一批高素质的创新创业人才和技术团队集聚。自2009年1月正式成立以来，截至目前，园区实际入驻企业341家，累计规模以上企业27家，2018年净增高新技术企业17家。

硬件无可挑剔，而在软实力上，南京紫东国际创意园也是精益求精，把服务做到极致。据了解，园区内有一家专门生产制造智能垃圾箱的公司——南京云思顿智能科技有限公司。该公司进驻南京紫东国际创意园时，还是一家只有几个人的创业小团队。虽然拥有不错的创意、一大堆发明专利，却没有打开市场。在2013年，创业者云曙先带着他的智能垃圾箱创业项目入驻紫东创意园之初，紫东创意园创业导师对该项目从技术改进、创业团队能力拓展等方面进行了系统的辅导，并牵头与仙林高校教授联系，帮助他改进技术、攻克难题。针对项目初期缺乏资金的问题，大学生创业专员为其对接人社局，陆续为他申请了南京市优秀创业项目10万元奖励、小额担保贷款30万元、近2万元的场地租金补贴、预孵化补贴3000元等，提供免租金或低租金的创业场地帮助他渡过难关。除了在技术和资金上帮助这家创业公司外，园区还把自己的垃圾箱订单交给了该公司，成了云思顿的客户。不但园区先行先试，身体力行，为了帮助云思顿开拓市场，园区竭力把云思顿的垃圾箱推荐给其他潜在客户。值得一提的是，为了更好地服务创意园区的企业，园区打造网格化服务体系。园区设立了企业联络员工作机制，为每家企业配备固定的服务人员，定期开展企业巡诊活动，协助解决企业发展难题。

据栖霞高新区管委会副主任、企业服务处处长蒋尚平透露，目前，园区企服处每一位工作人员都是网格员，点对点划分到各个企业。工作人员负责小到修水龙头、换门窗玻璃等小事，大到融合资源、解决企业发展诉求等具体事务。

二十三、东部全球家具采购中心

2009年9月，中国东部家具产业基地落户海安经济技术开发区，围绕"研发有机构、生产有基地、物流有平台、消费有市场、服务有配套"的发展目标，海安家具产业从无到有、由弱变强，打造出一条完整的"家具全产业链"。随着东部全球家具采购中心1号馆、2号馆的建成运营，国内外家具生产商、供应商、流通商在海安的集聚度越来越高，海安以家具为中心的生产性服务业全产业链发展模式更趋完善。

中国东部家具产业基地自2009年9月落户开发区以来，紧紧围绕"研发有机构、生产有基地、物流有平台、消费有市场、服务有配套"的发展目标，坚持科学发展，突出主导产业，注重资源集约利用，实现了海安家具产业从无到有、由弱变强的蜕变，打造出一条完整的"家具全产业链"，进一步推动了海安巩固枢纽优势，打造物流优势，增创产业优势。目前已有500多家家具企业在海安及周边集聚，升级版产源地批发市场的辐射效应正在逐步显现。根据海安家具产业"十三五"发展规划，"十三五"期间，海安家具企业将超过1000家，家具市场规模达到100万平方米。

中国东部家具产业基地已连续举办了两届较具规模和影响力的家具博览会，第三届家具博览会正在紧锣密鼓筹划中。随着产业集聚度越来越高，海安以家具为中心的生产性服务业全产业链发展模式将更趋完善。

建筑面积 20 万平方米的东部全球家具采购中心 1 号馆市场逐步形成并日趋繁荣,吸引了上海、浙江、南京及苏中地区众多消费者来海安选购出厂价家具;2 号馆项目已封顶招商,计划今年开馆营业;3 号馆已于今年初开工建设;4 号馆、5 号馆计划于今年四季度开工建设。意大利家具品牌馆将引进意大利家具的原创设计和原装产品,将其打造成意大利家具在中国的直销中心。

专栏:第三届中国东部家具博览会南通海安开幕

2018 年 10 月 27 日,第三届中国东部家具博览会在海安东部全球家具博览中心开幕。中国家具协会理事长徐祥楠,江苏省家具协会执行会长冯建华,市委书记顾国标,市委副书记、市长于立忠,市人大常委会主任周宗泉,市政协主席李春旺,市委副书记张亚曦,市领导陈鹏军、卢忠平、严长江、储开泉、彭晓红、孙巍,来自全国各地家具行业的参展商、采购商,海安市工商界企业家代表以及各区镇、各相关部门负责人参加活动。

本届博览会由中国家具协会、海安市人民政府主办,海安经济技术开发区、中国东部家具产业基地、东部家具行业商会承办。博览会汇集了来自国内知名企业及海安本地各类家具企业的 800 多个品牌,涵盖家具设备、户外家具、原辅材料、家居建材品牌联盟、家装设计、异业联盟等多个主题展。博览会为期 3 天。

徐祥楠指出,目前,家具行业持续转型升级,大力改革创新,发展成效显著。中国东部家具产业基地承接着家具产业转移、创新升级、规模集聚的重要功能,形成了全产业链发展模式,具备信息共享水平高、抵御风险能力强等优势,为发展地方经济积累了宝贵经验,为推动行业进步提供了有力支撑。海安家具行业的发展成就离不开海安市委、市政府的高度重视与远见卓识,同时也离不开企业家与从业者的砥砺奋进与艰苦奋斗。他希望博览会秉持创新交流、合作共赢的理念,搭建平台、服务企业、展示成果、增加供给,促进交流合作,推动信息共享,鼓励创新发展,带动经济繁荣,为行业发展发挥积极的促进作用。

顾国标致辞中提出,家具产业是重要的民生产业,有着巨大的市场容量和广阔的发展前景。近年来,中国东部家具产业基地已走上市场专业化、物流现代化、产业集群化、服务网络化的发展道路,成为华东地区具有较强影响力的综合性家具交易平台。他希望东部家具产业基地以本次活动为契机,不断增强自身承载服务能力,不断加大对优质、高端、品牌项目的招引力度,不断加快产业转型升级步伐,全力打造华东地区种类最多、服务最优、可选性最强的家具展销中心。全市各区镇、各相关部门要形成强大工作合力,主动作为、积极服务,全力支持海安现代家具全产业链进一步发展壮大。

附件1:

省级生产性服务业集聚示范区名单

序　号	集聚区名称
1	南京农副产品物流配送中心
2	江苏省东台科技服务业集聚区
3	"一带一路"(连云港)国际商务中心
4	江苏信息服务基地(扬州)

序 号	集聚区名称
5	常熟国家大学科技园
6	智光科技服务业集聚区
7	南通能达商务区
8	盐城智慧科技城(盐城大数据产业园)
9	常州津通现代服务业集聚区
10	海门生物医药科技创业园
11	常州市检验检测认证产业园
12	徐州雨润农产品物流集聚区
13	苏州工业园区现代物流园
14	江苏仙林生命科技创新园
15	镇江大学科技园现代服务业集聚区
16	常州绿色建筑产业示范区
17	盐城环保科技城智慧谷
18	南通火车站北物流园
19	江苏师范大学科技园
20	阳澄湖数字文化创意产业园
21	兴化市粮食交易市场
22	南京紫东创意产业集聚区
23	东部全球家具采购中心

举 措 篇

一、江苏生产性服务业"双百工程"

早在 2015 年,江苏省政府就发布《省政府关于加快发展生产性服务业促进产业结构调整升级的实施意见》(苏政发〔2015〕41 号),提出加大生产性服务业企业培育力度,大力实施"生产性服务业百企升级引领工程";加快生产性服务业集聚区提档升级,重点实施"生产性服务业百区提升示范工程"(以下简称"双百工程")。

(一)"双百工程"任务过半

2018 年 9 月,江苏省发展改革委发布了第三批省级生产性服务业集聚示范区和第三批省级生产性服务业领军企业名单,江苏仙林生命科技创新园等 23 家集聚区及苏宁易购集团股份有限公司等 29 家企业入围。至此,共认定省级生产性服务业集聚示范区 56 家、领军企业 72 家,至 2020 年完成的"双百工程"任务进度均已过半。

2016 年 6 月 29 日,江苏省发展改革委根据省政府《实施意见》,出台《江苏省生产性服务业双百工程实施方案》(《百区提升示范工程实施方案》和《百企升级引领工程实施方案》),提出从提高产业集聚度、优化产业链条、促进企业融合发展等方面采取切实有效的措施,推动生产性服务业集聚区提升发展,培育形成 100 家左右在全国有较强影响力和示范作用的生产性服务业集聚示范区。到 2020 年,营业收入超 1000 亿元的服务业集聚区 5—6 家,超 500 亿元的 10—12 家。在科技服务、信息技术服务、金融服务、现代物流、商务服务、服务外包等重点服务产业领域和电子商务、节能环保服务、检验检测、售后服务、人力资源服务、品牌和标准化等服务业细分领域和行业,培育领军企业 100 家左右。在生产性服务业前沿技术、高端产品和细分市场领域取得重大突破,其中,20—30 家领军企业进入全国服务业企业 500 强或成为全国生产性服务业行业龙头企业。

江苏省发展改革委在第三批省级生产性服务业集聚示范区申报要求中,对营业收入规模要求等条件做出适当调整,鼓励各设区市申报业态模式创新、产业集聚度高、引领示范作用大,在全省同行中位于前列的集聚区。

"百企升级引领工程"采取地方培育、省级命名、分批认定、联动推进的方式实施。在遵守国家税收政策法规的前提下,优化财税支持方式,支持符合条件的集团型物流企业总分机构实行增值税合并纳税,支持符合条件的科技型、创新型生产性服务业企业申请高新技术企业认定,经认定为高新技术企业的享受 15％的企业所得税优惠税率。

(二)各地聚焦生产性服务业发展

2016 年以来,江苏各设区市在省发展改革委指导下围绕生产性服务业优先积极主动开展工作,因地制宜地发展本地优势产业,充分体现省级产业政策意图。2018 年上半年,南京市软件和信息服务、金融和科技服务、文旅健康、现代物流与高端商务商贸四大服务业主导产业实现营业收入 12700 亿元,软件和信息服务业收入同比增长 14.3％左右,软件业务收入同比增长 12.5％,规模继续保持全省第一。常州市专题召开全市生产性服务业集聚区建设现场推进会,围绕规划编制、公共服务平台建设、项目建设等十个方面指导和推进建设。今年刚刚入选的地处武进区的常州绿色建筑产业示范区,作为以节能环保为主题的生产性服务业集聚示范区,创新了绿色建筑从实业到实践,从实践到示范的发展路径。在国家信息中心发布的中国大数据发展报告中,盐城大数据产业关注度排名全国第一。盐城大数据产业园也入选今年省级生产性服务业集聚示范区名单,全市省级生产性服务业集聚示范区达3家,现代服务业集聚区达8家,总数均居苏北第一。

江苏各地还出台了一些针对性的政策意见,作为省级政策的补充和具体化,支持当地的生产性服务业发展。丹阳市制定出台《关于培育和扶持眼镜产业发展的若干政策意见》,加快眼镜博物馆、眼视光设计中心及配套基础设施建设,并发布国内首个眼镜行业指数,支持丹阳眼镜城发展。

(三)稳步推进任重道远

江苏省生产性服务业发展也存在着诸如"行业龙头""全国第一"尚不够多,科技研发、成果转化仍需强化等问题,8月中下旬起在全省陆续举行的构建现代服务产业新体系专题政策调研中,各地也就生产性服务业集聚发展、服务业新业态新模式及跨界融合发展等议题,提出了对策建议。

在专题政策调研座谈会上,13个设区市发改委分管领导紧扣调研提纲作交流发言,总结今年以来服务业运行情况及推动服务业高质量发展、创新发展的主要思路举措,结合当前形势,提出了现代服务业发展面临的困难问题和值得关注的情况变化。调研组还分别在南京、常州、徐州、扬州等地召开了企业座谈会,针对构建现代服务产业新体系的重点行业和关键领域,精心挑选现代金融、现代供应链、高端研发、大数据服务等服务业企业负责人参加座谈。

今后一段时间,江苏发改委将会同各地及省有关部门,跟踪推进"双百工程"入围集聚区及企业开展行业示范、平台服务及升级引领工作。加强政策保障和支持,组织服务业集聚区和企业信息采集样本点建设,并组织综合评价,实行动态绩效管理。入围集聚区及企业要按要求定期填报重点经营指标、指标预测及创新发展情况,为全省生产性服务业运行分析和决策咨询提供第一手资料。

专栏一:江苏省生产性服务业百区提升示范工程实施方案

为深入贯彻落实《国务院关于加快发展生产性服务业促进产业结构调整升级的指导意见》(国发〔2014〕26号)和《省政府关于加快发展生产性服务业促进产业结构调整升级的实施意见》(苏政发〔2015〕41号)精神,加快重点领域生产性服务业集聚发展,提升全省生产性服务业综合竞争力和集聚发展水平,为推动我省产业结构调整和经济转型升级提供有力支撑,特制定如下实施方案。

一、总体要求

全面贯彻党的十八大和十八届三中、四中、五中全会精神,深入落实习近平总书记系列重要讲话特别是视察江苏重要讲话精神,牢固树立并自觉践行创新、协调、绿色、开放、共享的发展理念,遵循供给侧结构性改革的指导方针,按照"市场导向、科学规划、优化存量、培育增量、创新驱动、突出重点"的原则,围绕生产性服务业重点领域和发展方向,以构建完整产业链和提升价值链为目标,推动生产性服务业创新发展和集聚发展,进一步完善园区配套服务功能,增强其要素吸附能力、产业支撑能力和辐射带动能力,引导以生产性服务业为主体的集聚区进一步明确方向、突出重点,加强规划设计和公共服务平台建设,形成主导产业鲜明、集聚协作紧密、要素生产率高的生产性服务业集聚示范区。

二、目标任务

引导生产性服务业集聚示范区围绕某一或某些服务产业,以信息化和交通枢纽为依托,将资源、产业、服务集中整合,合理地布局在某一相对集中的空间,形成功能完善、设施配套、环境友好、服务集成、经营管理科学的服务产业集群区域,实现资源共享,取得集聚效应。重点实施"生产性服务业百区提升示范工程",从提高产业集聚度、优化产业链条、促进企业融合发展等方面采取切实有效的措施推动生产性服务业集聚区提升发展,培育形成 100 家在全国有较强影响力和示范作用的生产性服务业集聚示范区。到 2020 年,营业收入超 1000 亿元的服务业集聚区 5—6 家,超 500 亿元的 10—12 家。

1. 强化规划引导,突出主导产业。服务业集聚区发展规划对集聚区发展具有重要的引导和引领作用,各地要根据经济发展基础和资源禀赋优势,明确集聚区发展定位和发展重点,面对新形势、新任务和新要求,做好新一轮集聚区产业发展规划修编工作,明确 1—2 个主导产业,围绕产业链培育创新链,围绕创新链打造价值链,迅速提升产业集聚度,快速壮大主导产业规模。通过主导产业形成较强的吸引力、集聚互动能力和辐射带动能力,入驻企业可以是同类企业,也可以是处于产业链不同位置的相关企业,以及有关配套服务企业或机构,不属于主导产业链范围的企业要加大调整整合力度,给集聚区后续发展提供空间。

2. 加强技术创新,夯实发展基础。企业是集聚区的发展主体,加快发展以企业为主体、以市场为导向、产学研相结合的技术创新体系,对于提升现代服务业集聚区的综合竞争力具有重要的意义和作用。对此,一方面,要深度实施江苏服务业创新百企示范工程,引导企业开展技术创新、业态创新和品牌创新,推进创新示范企业和新兴服务业企业进一步做大做强做优,全面提升微观市场主体竞争力。另一方面,要加大现代服务业集聚区研发投入,努力形成研发投入刚性增长机制,并借此提高投入产出效率和产业技术供给率以及技术进步贡献率,力争在三到五年内,培育一批拥有自主知识产权和自主品牌的创新型企业,推进一批富含原始创新和集成创新并能注重应用技术研发和先进技术应用的大型项目,以此推动江苏服务业集聚区在人才、技术和资本、市场等方面形成有效对接,进而促进更多的技术成果能够转化为现实生产力。

3. 搭建平台,增强服务能力。在集聚区发展过程中平台建设是重要的手段,是服务业快速发展的有效支撑。服务功能强大的公共平台可以有效降低企业经营成本,扩大企业间信息交流,是实现科学可持续发展的必要条件。一是积极创建平台。根据发展主体和主导产业搭建各种平台,如信息平台、统计平台、电子商务平台、科技研发平台、服务外包跟踪平台等等,让入驻企业享受到专业化、高质量的公共服务。二是强化资源整合。鼓励运用市场手段搭建集聚区公共服务平台,让企业成为平台建设的投资、运营、管理和受益主体。要想方设法帮助企业解决初期创建遇到的各种困难,优化整合各方面资源,让服务平台更好地为企业服务。三是注重培育高端平台。高端平台可以迅速提高客户的产品档次和品质,会大大提升集聚区整体发展的层次,提高知名度和美誉度。

4. 创新发展,创立品牌。江苏具有发展现代服务业集聚区的良好基础,在经济发展新常态下,更应该通过创新将此优势做实做强。一是要坚持生产性服务业率先发展的思路,对省内各类集聚区实行分类指导和错位发展,坚持走"人无我有、人有我优"的特色化发展之路,并以此为基础,加快推进企业和产品向高端化和品牌化方向发展,努力打造一批在省内外有影响力的优质产业集群。二是要支持各类服务业集聚区重点建设一批集研发设计、科技创新、展示交易等于一体的公共服务体系，以此提升集聚区的要素资源吸附、产业创新和辐射带动能力，促进集聚区全面发展。三是要积极引导集聚区围绕主导产业有的放矢地进行招商引资和整合资源，有重点有选择地引进龙头旗舰企业和基地型项目，以此加快培育现代服务业示范区的步伐。四是要以服务业国际化加速发展为契机，通过引进高端外商投资企业、主动融入全球分工网络与积极汲取外部先进技术和管理经验等，提升服务业集聚区的对外开放水平、创新能力和发展质量。

5. 突出要素，招才引智。江苏具有优良的科教和人才资源，这对于发展和提升现代服务业集聚区的综合竞争力具有十分重要的作用。为此，一方面要引导省内高校和科研院所主动对接企业技术需求，加快形成以项目为纽带，以利益共享和风险共担为内涵的技术创新战略联盟，扩大创新成果向现实生产力快速转化的渠道，努力把江苏的科教优势转化为创新优势和竞争优势。另一方面，要坚持人才优先发展战略，尤其是要强化高层次人才智力的支撑作用，通过深入实施现代服务业高层次人才引培工程，继续推进境内外现代服务业培训计划、现代服务业双创团队引进计划、服务业科技企业家培育计划等，吸引更多海内外高端人才能够带项目、带技术、带团队入驻江苏服务业集聚区，以智力高地建设带动产业高地和创新高地建设。

6. 强化制度创新，改善发展环境。正确处理好"政府"和"市场"的关系是十八届三中全会的核心议题，也是提升江苏服务业集聚区核心竞争力的关键所在。为此，一方面要着重理顺政府、企业和市场这三者之间的关系，通过制度创新，努力改善服务业集聚区的发展环境。对此，一是要以实施省级服务业综合改革试点为契机，深入探索"一区一策"管理模式，大胆鼓励先行先试。二是要加快落实服务业投资体制改革，通过减少行政审批事项和推进服务型政府建设，激发服务业集聚区自我发展、自我强化的内生动力。三是要建立和完善现代服务业集聚区评价与监测系统，优化政策效果，规避市场失灵。

三、保障措施

1. 加强组织领导。建立健全与生产性服务业集聚区发展新任务、新要求相适应的工作体系和推进机制，各集聚区要成立专门的管理机构，配备相关内设机构和管理人员，集聚区管理机构负责园区规划编制和实施、园区招商引资，做好入区企业日常管理和相关服务工作，制定园区发展目标和具体推进措施，协调企业做好集聚区统计工作，确保各项目标任务完成。

2. 创新支持方式。充分发挥省级服务业发展专项引导资金作用，重点支持生产性服务业"双百工程"的服务平台、集聚区载体建设和企业创新发展。创新引导资金支持方式，对生产性服务业集聚区载体建设、公共服务平台给予相应奖励。积极推荐集聚区内生产性服务业企业和百企升级企业给合作银行和股权投资机构，寻求融资增信和股权投资基金支持。

3. 完善土地和价格政策。强化生产性服务业用地保障，对省级生产性服务业集聚区内实施的重大项目，列入省重大项目投资计划的，可由省国土资源部门给予优先保障，其他重点项目的用地指标由各地给予优先保障。鼓励工业企业以利用自有工业用地或提高容积率等方式，兴办促进企业转型升级的自营生产性服务业，经依法批准，对提高自有工业用地容积率用于自营生产性服务业的工业企业，可按新用途办理相关手续。

4. 强化统计分析。完善升级现代服务业集聚区发展季度报表制度，各省级现代服务业集聚区要按照规定时间及时上报季度统计数据和集聚区发展情况，保证数据的真实性、完整性和及时性，其结果作为年终考评的重要依据。同时，要加强集聚区发展成果的宣传和发展形势的研判，为全省服务业集聚发展提供经验和建议。

5.注重考核,优胜劣汰。加强集聚区的考核管理。通过考核规范各地集聚区的建设,突出聚合与辐射效应,突出效益与服务并重,建立统计直报制度,实行动态监测按季度分析各地建设情况。对发展前景好、示范带动作用强的省级现代服务业集聚区给予表彰奖励,优先支持其申报省级生产性服务业集聚示范区。对考核排名靠后、管理机制不规范不健全、不能按时报送发展情况的集聚区将予以摘牌。

专栏二:江苏省生产性服务业百企升级引领工程实施方案

为深入贯彻落实《国务院关于加快发展生产性服务业促进产业结构调整升级的指导意见》(国发〔2014〕26号)和《省政府关于加快发展生产性服务业促进产业结构调整升级的实施意见》(苏政发〔2015〕41号,以下简称《实施意见》)精神,充分发挥企业市场主体作用,促进生产性服务业企业加快转变发展方式,大幅提升自主创新能力,努力抢占竞争制高点,推动我省现代服务业产业结构优化、提质增效升级,现启动实施"江苏省生产性服务业百企升级引领工程",特制定如下实施方案。

一、总体要求

全面贯彻党的十八大和十八届三中、四中、五中全会精神,深入落实习近平总书记系列重要讲话特别是视察江苏重要讲话精神,牢固树立并自觉践行创新、协调、绿色、开放、共享的发展理念,遵循供给侧结构性改革的指导方针,按照"市场导向、分类指导、创新驱动、示范带动"的原则,紧扣生产性服务业重点领域和发展方向,引导生产性服务业企业全面树立先进服务理念,积极运用现代科技信息手段,加大技术创新、模式创新和管理创新,提高运营效能和服务品质,通过行业领军企业的认定培育,形成以点带面、示范引领作用,带动重点领域生产性服务业企业加快高效化、规模化、集聚化、国际化发展,进一步优化整合全产业链,引导相关行业向价值链高端攀升,争先发展一批在全国具有导向性、示范性、开拓性的生产性服务业优势产业和新兴业态,为推动我省产业结构调整和经济转型升级提供有力支撑。

二、主要目标

围绕《实施意见》提出的"十三五"时期生产性服务业发展的"六大六小"重点产业和细分行业领域,努力打造百家引领行业质态提升、具有国际竞争力的生产性服务业领军企业。其中,在科技服务、信息技术服务、金融服务、现代物流、商务服务、服务外包等六大重点服务产业领域,各培育领军企业10家左右;在电子商务、节能环保服务、检验检测、售后服务、人力资源服务、品牌和标准化等6个服务业细分领域和行业,各培育领军企业8家左右。至2020年,百家领军企业户企营业收入增速明显高于同行业平均水平,户企税收贡献年均增长15%左右,力争户企平均年度利税达到千万元。在生产性服务业前沿技术、高端产品和细分市场领域取得重大突破,其中,20—30家领军企业进入全国服务业企业500强或成为全国生产性服务业行业龙头企业,力争10家以上领军企业的市场占有率进入行业细分领域全国前三位。

三、重点任务

(一)强化创新发展导向,提升增长源动力。加大关键技术研发和应用。支持生产性服务业企业建设研究院、重点实验室、技术研究中心等研发机构,搭建产学研合作平台,提高企业研发投入占销售收入总额的比例,大力开发拥有自主知识产权和市场竞争力的服务新产品和新技术,大幅度提高专利申请量及授权量,并注重先进技术应用,推动创新成果向现实生产力转化,在服务业关键技术革新、重大产品创新或升级方面取得突破性进展。创新商业模式和服务业态。积极适应消费需求升级,科学细分市场,运用网络信息技术和现代经营管理理念,以产品、营销、服务为中心积极推动商业模式创新,拓展服务新领域,开发服务新产品,培植服务新业态。变革服务方式和产品供给。强调供给侧结构性改革导向,促进服务手段智慧化和服务形式特色化,加快传统服务方式向全过程、多层次、综合性服务转变,大力发展供应链管理、企业流程再造和精益服务,重点培育一批理念新、水平高、市场前景好的定制服务提供商、技术服务运营商和整体方案解决商。

(二)增强辐射带动功能,提升行业引领力。引领行业加快质态提升。指导生产性服务业领军企业根据自身战略定位和发展特点,按照"一企一策"要求,编制领军企业"升级引领规划",重点推进一批行业特色鲜明、带动作用明显的行业示范项目,牵头建设若干行业公共服务平台。生产性服务业领军企业要立足共性服务技术与关键技术的自主创新,行业标准的主导或参与创制,生产性服务业产业链的完善升级,区域产业结构的优化提升,国际化进程的高效推进等,以创新规划为引领,以项目载体建设为依托,有计划、可操作、富实效地发挥其行业龙头示范作用。促进产业深度跨界融合。充分发挥信息技术服务、金融服务、现代物流、商务服务、电子商务、节能环保服务、检验检测等生产性服务业对制造业的支撑作用,推动制造业服务化、工业互联网服务专业化,促进现代服务业与先进制造业深度融合互动发展。

(三)夯实产业要素支撑,提升规模影响力。强化多方位资本运作。鼓励生产性服务业企业通过兼并重组、股份制改造、融资运营等资本运作方式,不断优化企业内部治理结构、提高企业整体经营效率和盈利能力。拓展多元化经营模式。运用连锁经营、特许经营、合同管理、战略联盟等新兴组织形式,更加高效集约的实现市场资源要素配置,实现生产性服务业企业的规模化网络化扩张。构筑高层次人才集聚高地。坚持人才优先发展战略,尤其是强化高层次人才智力的支撑引领作用,通过深入推进生产性服务业海内外人才引培行动,吸引更多海内外高端人才能够带项目、带技术、带团队入驻江苏,增强企业的可持续发展能力。

(四)优化服务品质内涵,提升市场开拓力。力推自主品牌创建与运营。积极推动服务业企业自主品牌创建,重点培育金融、现代物流、商务服务等生产性服务业品牌,创建电子商务、云计算、物联网等新兴服务业品牌,形成一批在全国乃至国际范围内有影响力的江苏服务业品牌企业和江苏服务业区域品牌。重点支持技术先进型生产服务业企业和省级服务外包基地完善商标战略规划、创建知名品牌。引导企业增强品牌营销意识,构建高品位营销理念,完善商标战略规划,支持企业举办品牌展会、开展特许加盟和连锁经营等,通过打造品牌个性形象、拓展品牌传播渠道、创新品牌销售手段、优化品牌管理模式,提高品牌附加值,提升企业形象和市场影响力。加强服务业标准制定与推广。大力开展"标准提升服务质量行动",突出抓好信息、物流、金融、科技、商务服务、电子商务等重点领域和新型业态服务标准的制(修)订、实施与推广,积极推进国家级、省级生产性服务业标准化示范项目,建设一批生产性服务业标准化试点示范单位,加大相关标准的推广应用力度。

(五)加快对外开放步伐,提升国际竞争力。挖掘"引进来"潜力。引导生产性服务业内资企业加强与国内先进外资企业的合作力度,通过竞争效应、示范和模仿效应、人员培训和流动效应以及水平、前向和后向关联效应等渠道,学习吸纳外资企业的先进经验、技术与管理模式,促进提质增效。

推行"走出去"战略。按照市场导向和企业自主决策原则,引导内资生产性服务业企业有序开展境外投资合作,支持在境外开展技术研发投资合作,创建国际化营销网络和知名品牌,培育我省生产性服务业大型跨国公司和跨国金融机构,提高国际化经营水平和影响力。推进境外投资项目备案和企业备案单一窗口模式试点,进一步提高生产性服务业境外投资的便利化程度。鼓励企业利用电子商务开拓国际营销渠道,积极争取跨境电子商务通关试点。鼓励设立境外投资贸易服务机构,做好境外投资需求的规模、领域和国别研究,提供对外投资准确信息,为企业"走出去"提供咨询服务。进一步扩大与有关国家和地区的服务业交流与合作,完善服务业"走出去"综合服务体系建设,加强对生产性服务业企业"走出去"的制度保障,在更大范围、更广领域、更高层次上参与服务业国际合作与竞争。

四、支持措施

(一)优化财税支持方式。根据生产性服务业产业融合度高等特点,整合完善并加大落实促进生产性服务业企业发展的税收政策。支持符合条件的集团型物流企业总分机构实行增值税合并纳税,支持符合条件的科技型、创新型生产性服务业企业申请高新技术企业认定,经认定为高新技术企业的享受15%的企业所得税优惠税率。落实企业研究开发费用加计扣除政策,对生产性服务业企业发生的符合规定的研发费用,未形成无形资产计入当期损益的,在按规定据实扣除的基础上,按研发费用的50%加计扣除;形成无形资产的,按照无形资产成本的150%摊销。充分发挥省级服务业发展专项引导资金作用,对入选百企升级引领工程的生产性服务业领军企业,给予一次性100万元资助,以支持企业实施升级引领规划。创新引导资金支持方式,加大对生产性服务业领军企业实施示范项目、建设行业公共服务平台等的支持力度。省服务业融资增信和股权投资基金重点支持百企升级引领工程的推进实施,吸引各类社会投资和金融机构加大对生产性服务业企业和项目的支持力度。

(二)强化人才引培力度。建立健全有特色、有实效、有活力的生产性服务业人才培养和引进机制,区别行业特点实施差别化人才政策,紧扣人才需求营造能留住人才、激励人才的良好环境。建设大型专业人才服务平台,增强人才供需衔接,重点培养和引进三个"一批"生产性服务业紧缺人才,即一批具备行业领军水平和国际市场开拓能力的高层次创新创业人才,一批既通晓先进技术又擅长现代经营管理的复合型高级管理人才,以及一批专业化、高素质、适应生产性服务业行业发展需要的实用型高技能人才,各地可结合实际对相关紧缺人才引进和培训给予适当补助。面向百企升级引领工程入选企业的高层次管理和技术人才,制定专项境内外人才培训计划。促进江苏省服务业专业人才特别贡献奖、现代服务业海内外引才行动计划以及省高层次创新创业人才引进计划专项资金加大对百企升级引领工程的支持力度。加快建立人才国际化政策体系,在海外人才落户、住房安排、社会保障、子女入学、配偶安置、重大科技项目承担、参与国家标准制定等方面优先予以支持。

(三)放大示范引领效应。指导生产性服务业领军企业立足升级引领规划的制定和实施,重点推进一批行业示范项目,符合条件的,优先推荐列入省服务业重大项目。通过组织编写生产性服务业升级引领工程典型案例,开展多种形式的分行业推进专题活动,在新华日报"江苏服务"专刊开辟专栏宣传报道等方式,加大推广生产性服务业企业创新创优、转型升级的典型经验和先进模式,全面提升我省生产性服务业领域关键技术、自主品牌和服务产品在全国范围内的知名度和影响力。

五、组织实施

"江苏省生产性服务业百企升级引领工程"采取地方培育、省级命名、分批认定、联动推进的方式实施。省发展改革委员会同各省辖市发展改革委开展前期培育、推荐申报工作,根据各市地方培育和推荐情况,负责组织评审、认定和管理,同时充分发挥服务业各行业主管部门、各级发展改革部门和行业协会的作用,上下联动、协力齐推,在全省范围内形成共同推动生产性服务业企业创新创优、转型发展的良好局面。

(一)地方培育。围绕贯彻落实《实施意见》精神,省辖市发展改革委结合本地生产性服务业发展实际,制定领军服务业培育方案和配套政策,在"十百千"重点培育企业库的基础上,突出围绕"六大六小"重点行业,补充选拔出一批行业特色鲜明、发展基础较好、带动作用明显的优秀骨干企业,区分行业建立生产性服务业重点企业动态培育库。紧扣工程相关建设任务,指导入库企业完善升级引领规划,加大创新发展投入,树立示范项目,全面推进生产性服务业领军企业的前期培育工作。省发展改革委员会同各地、各有关部门及行业协会对企业动态培育库实施统筹分类管理,加强规范性指导和滚动式更新,完善措施支持和政策保障,加大项目、资金、人才和教育培训等方面的扶持力度。

(二)推荐申报。各省辖市发展改革委在会同行业主管部门及行业协会意见的基础上,针对各行业入库企业的发展实绩以及前期培育情况、工作成效进行综合评价,组织初步遴选,择优推荐企业申报"江苏省生产性服务业百企升级引领工程"。各省辖市发展改革委统一出具推荐意见,连同企业申报材料一并提交省发展改革委。省发展改革委分年度制定指标计划,定期组织各地进行集中申报。

(三)评审认定。省发展改革委编制申报指南和评审办法,组织开展评审和认定工作,评审结果向社会公示。根据公示结果,予以正式授牌。

(四)绩效管理。省发展改革委对纳入"生产性服务业百企升级引领工程"的服务业企业加强创新引导,实施分类指导,会同各地及省有关部门指导、督促和保障生产性服务业领军企业制定年度发展目标,细化分解年度发展计划和措施,高效稳步地实施升级引领规划和行业示范项目;围绕资金、项目、人才等资源要素持续强化支持力度,落实相关政策;开展生产性服务业企业信息采集样本点建设,组织相关企业按要求定期填报重点经营指标、指标预测及发展情况,并定期组织考核评估,实行动态绩效管理。对百企升级引领工程实施过程中发现不符合条件,或连续两年达不成发展目标任务的,将撤销授牌并予以公告。

二、江苏现代服务业重点项目

2018年,江苏省发展改革委从各地上报的98个新增重大项目中遴选出63个,与从去年结转的87个项目共同组成2018年度150个省现代服务业重点项目投资建设计划下发。江苏现代服务业重点项目以党的十九大提出的"加快发展现代服务业,瞄准国际标准提高水平"为指导,落实省委省政府决策部署,成为建设服务业创新发展高地的重要抓手。

(一)立足江苏省情,把握"五个优先"

作为推进江苏现代服务业发展的重要抓手,今年的省现代服务业重点项目进一步优化投向、加快投速、提高投效,发挥其支撑、带动、示范作用,促进生产性服务业向专业化和高端化延伸,生活性服务业向精细化和高品质转变。江苏省发展改革委在组织编制过程中,既立足省情实际,发挥地方的积极性和主动性,又统筹安排,突出重点,在工作中把握了"五个优先"原则。

一是优先安排符合规划方向的项目。促进重点项目在经济实践中更好地发挥《江苏省现代服务业"十三五"发展规划》引领作用,遴选的 63 个项目符合"高轻优强"产业发展方向,属于服务业"十三五"规划确定的"8+8"重点领域(即生产性服务业 8 个和生活性服务业 8 个)。通过今年服务业重点项目的实施,将增加服务有效供给,促进产业融合发展,成为确保规划目标任务顺利完成的重要支撑。

二是优先安排促进服务业"三大工程"深入实施的项目。按江苏省发展改革委的部署,今年继续实施生产性服务业百区提升示范工程、百企升级引领工程和互联网平台经济"百千万"工程等"三大工程",所以在今年的重点项目中,优先安排生产性服务业集聚示范区、重点领军企业和平台经济重点企业申报的优质项目,促进"三大工程"顺利实施。

三是优先安排示范带动效应强的项目。今年江苏省服务业重点项目具有较大规模、先进管理技术和较强带动作用,能实现规模化、产业化、高端化经营,形成较强竞争力,对行业发展起到示范带动效应。优先安排"补短板"项目,改进薄弱环节,推动经济转型升级,促进民生改善。

四是优先安排创新驱动发展的项目。在申报过程中,省发展改革委鼓励地方申报创新项目,特别是"互联网+"相关行业项目,力促现代服务业业态创新、技术创新、模式创新和管理创新,试图促进相关行业向价值链高端攀升。

五是优先安排兼顾区域平衡的项目。从苏南、苏中、苏北地区的资源禀赋、区位优势、产业特征等实际出发,在项目规模、业态、影响力等方面区别对待,各有侧重倾斜。优先安排苏中、苏北地区服务业转型升级项目,鼓励支持发展特色行业,实现优势互补,协同推进,提升全省服务业整体发展水平。

(二)一年接着一年干,重点项目"突出重点"

江苏省服务业重点项目投资建设计划每年都编制,不少项目存在年度结转,与省重大项目间也有结转,省发展改革委相关处室做了大量细致工作。2017 年度省服务业重点投资计划项目共 150 个,年度计划总投资 1046.2 亿元,实际完成 1207.6 亿元。有 87 个项目结转至 2018 年,2 个由省重大项目结转至 2018 年服务业重点项目,有 63 个项目不再结转,其中,35 个项目基本建成,25 个项目因规划调整、土地或市场等原因不再结转,3 个项目列入省重大项目推进,今年新列入的有63 个。

2018 年列入计划的 150 个重点项目总投资 6803 亿元,年度计划新增投资 1121 亿元,达到年度新增千亿元投资的任务要求。从所属行业看,投入较集中的旅游服务、现代物流和科技服务类项目数量居前列,达到 95 个,占到项目总数的 63.33%;年度计划新增投资 726.9 亿元,占到全部新增投资的 64.85%。

新增的 63 个项目涉及 11 个重点发展领域,总投资 2671.1 亿元,今年计划新增投资 557.8 亿元,年度新增投资占到全部新增投资的 42%,新增的项目总体建设周期一般在 3—4 年左右,投资时效性较强,其中,旅游服务、现代物流以及科技服务也是新增项目的投资热点,占新增项目总数的

61.9％,年度新增投资占比达到53.67％。金融服务类新增四个项目,总投资252亿元,新增投资65亿元,占新增项目总投资的11.65％;旅游服务作为"补短板"行业,今年新增项目15个,年度新增投资占比达到26.44％,成为今年新增项目的亮点。

从区域经济发展角度看,苏南、苏中、苏北地区项目数分别为72、33、45个;苏南、苏中、苏北地区项目总投资占计划总投资的比例分别为53.84％、14.66％、31.5％;苏南、苏中、苏北地区项目年度新增投资占计划新增投资的比例分别为47.8％、18.05％、34.15％,基本能够反映出各地服务业发展和工作现状。

（三）重点项目"重点在推进"

重点项目要真正发挥促进现代服务业发展的抓手作用,重点在推进。为保证今年江苏省服务业年度投资计划的推进,省发展改革委将充分发挥全省服务业发展牵头部门的职能,着重抓好三方面工作。

一是强化组织协调。健全协调推进机制,要求各地按照年度目标任务,进一步细化职责分工,明确项目责任单位和责任人,指定专人负责项目的推进实施。江苏省服务业领导小组办公室将主动靠前服务,对地方在项目实施过程中需要省相关职能部门解决的事项,加强横向协调,合力推进项目建设。

二是强化用地、金融、人才等方面的服务保障。争取国土管理部门对省服务业重点项目予以优先安排;加大各级服务业发展引导资金及银行信贷资金、直接债务工具等对重点项目的支持力度;对入选重点项目所属企业的技术与管理人员,优先安排境内外业务培训,提供智力支撑。

三是强化督查考核。要求各市落实重点项目信息上报工作,江苏省发展改革委将适时组织现场督查,并将项目完成效果作为服务业年度考核的重要内容。

三、江苏新一轮服务业综改试点建设

近年来,服务业吸收就业人口和占GDP的比例随着中国经济的高速发展不断提高。引导和促进服务业特别是现代服务业的发展,成为政府产业政策的重点,探索服务业发展的新体制、新思路、新模式、新举措、新路径而进行的服务业综合改革试点成为必然。

2010年,南京市被确定为国家级服务业综合改革试点单位。2013年3月,经省政府批准,张家港市、无锡市滨湖区、徐州市云龙区、常熟市高新技术产业开发区、宿迁湖滨新城、淮安市现代商务集聚区成为江苏省首批省级服务业综合改革试点单位。2017年,徐州市列入全国第二批服务业综合改革试点。各试点区秉承先行先试的担当意识,在政策措施、体制机制、发展模式等方面探索前行,积累了丰富的经验,取得了不错的成果,推动了全省服务业创新发展。

2018年,为了积极探索推动服务业发展的有效途径,进一步完善体制机制和政策环境,加快培育服务业新业态、新模式,因地制宜、探索创新,形成一批可复制推广的经验做法。江苏省新一轮服务业综合改革试点工作评审工作尘埃落定,全省共计16个区域入选,这将为全省服务业创新发展寻求到新的支撑、释放新动力,引领服务业向更高效、更优质方向发展。

（一）高度重视，指导意见先行

聚焦服务业关键的环节和重点领域，更好地开展新一轮江苏省服务业综合改革试点工作。作为全省服务业发展的牵头部门，省发改委制定《江苏省新一轮服务业综合改革试点实施意见》。《意见》强调新一轮综改试点工作的基本原则：坚持市场主导与政府推动相结合；坚持创新驱动与改革引领相促进；坚持上下联动与责任分工相统一；坚持因地制宜与体现特色相一致。

《意见》指出，本次综改试点工作将重点围绕四个方面开展：一是探索更好发挥市场与政府作用的导向机制。进一步厘清市场与政府边界，明晰市场与政府在推动服务业发展中的功能定位，最大限度发挥市场配置资源的决定性作用。二是探索生产性服务业向价值链高端延伸的基本路径。重点发展研发设计、第三方物流、融资租赁、信息技术、节能环保、计量测试、检验检测认证、重大设备监理、电子商务、商务咨询、服务外包、售后服务、人力资源和外包非核心业务等生产性服务业，细化专业分工，进一步打破"大而全""小而全"的发展格局。三是探索生活性服务业便利化、精细化、品质化发展的有效方式。重点发展居民家庭、健康养老、文化旅游、体育休闲、法律咨询、批发零售、住宿餐饮、教育培训等服务行业。围绕人民群众对生活服务普遍关注和迫切期待的领域，创新服务业态和商业模式，优化服务供给，增加短缺服务，开发新型服务，主动运用互联网等现代信息技术，改进服务流程和传统模式。四是探索集聚区发展从传统要素向新兴要素驱动转换的内在规律。按照国家"一带一路"倡议、长江经济带建设等重大战略部署，围绕江苏省"1＋3"重点功能区战略实施，科学谋划本地区服务业发展，引导服务业向中心城区、制造业集中区域、现代农业示范区和农业产业化示范基地等区域合理集聚。

（二）各地响应，层层评审入选

新一轮服务业综合改革试点工作刚刚启动，便得到了各地响应，各设区市结合当地实际，认真编制试点方案，踊跃参与试点申请。扬州广陵区服务业发展局相关负责人介绍，自2013年顺利推动广陵新城创成市级服务业综合改革试点单位以来，本着"决不放弃"的原则，他们多次提请市服务业主管部门共同研究，瞄准省、市两级综改试点申报要素的差异，科学定位广陵新城服务业发展阶段，准确把握制约服务业发展的突出问题，为新一轮的省级综改试点评审做准备。

据省发改委服务业处相关负责人介绍，此次服务业综改试点单位的确定经过申报、初选、复选、现场考察、专家答辩等一系列评审，最后共有19个申报区域参加答辩，南京大学、江苏现代服务业研究院的专家和服务业处负责同志与会。会上，专家评审认真听取各设区市的试点方案，侧重围绕发挥市场与政府作用、彰显区域优势与发展特色、实施举措与推进机制的可行性等方面开展评价，对试点方案中存在的问题予以指正，并给出相应建议。专家建议指出，综合试点改革的目的要明确，可复制的经验要清晰，改什么，怎么改，心中要有一把尺，力求精准发力和逐个突破。

会后，依据各地申报服务业综合改革试点方案的专家评审意见，结合试点区域基础和产业条件，突出打造南京、徐州、苏州三大服务业高地，兼顾地区平衡，经研究确定南京雨花台区、无锡江阴市、徐州泉山区、苏州相城区等16个区域为省新一轮服务业综合改革试点区域。

（三）先行先试，保障与考核并重

"十三五"后三年，是江苏省着力推进"两聚一高"新实践和建设"强富美高"新江苏，以及全面建成小康社会关键时期，为确保"十三五"服务业发展目标任务的如期完成，彰显服务业综合改革试点的助推作用，省新一轮服务业综合改革试点时间为"十三五"的后三年，即2018年1月至2020年12月底。

《意见》强调，在综改试点期间，入选的试点区域要细化组织实施方案，加强相关部门沟通协调，做到方案可落地、可实施、可检查，建立健全考核体系，明确各级负责主体，逐级分解试点任务，认真落实相关政策举措，及时协调解决问题，定期上报进展情况，扎实推进试点工作，确保试点任务如期完成。

在考核评估方面，省发展改革委将根据各试点区域目标任务，建立量化目标与工作任务相结合的试点工作考核制度，适时组织专家对试点单位进行年度考核。考核工作将在试点区域年度试点总结的基础上，采取调研、现场察看和与相关企业、单位座谈等形式进行考核评估，对考核优秀的试点单位给予通报表扬，存在问题的限期整改，直至取消试点资格。

同时，省发改委将支持试点区域在企业登记注册、税收减免、财政资金支持、土地性质转变、区域规划调整、人才培养和引进等领域进行先行先试，同时加大省级服务业引导资金支持力度，促进要素资源和政策措施向试点区域聚焦。

江苏省新一轮服务业综合改革试点区域名单

1. 南京市雨花台区
2. 南京空港经济开发区（江宁片区）
3. 无锡江阴市
4. 徐州市泉山区
5. 徐州市鼓楼区
6. 徐州新沂市
7. 常州国家高新区
8. 苏州市常熟服装城
9. 苏州市相城区
10. 苏州市太仓港经济技术开发区
11. 南通市海安商贸物流产业园
12. 扬州市广陵新城
13. 泰州市江苏三江现代物流园
14. 盐城市城西南现代物流园
15. 镇江市润州区
16. 宿迁电子商务产业园

专栏三：江苏省新一轮服务业综合改革试点实施意见

为更好地贯彻落实省政府《关于加快发展生产性服务业促进产业结构调整升级的实施意见》（苏政发〔2015〕41号）、《关于加快发展生活性服务业促进消费结构升级的实施意见》（苏政办发〔2016〕160号）和《江苏省"十三五"现代服务业发展规划》（苏政办发〔2016〕133号）的目标要求，以国

家开展"十三五"服务业综合改革试点为契机,结合我省"十二五"服务业综合改革试点经验,聚焦服务业关键环节和重点领域,开展新一轮江苏省服务业综合改革试点,力求在体制机制、行业领域和市场环境等制约因素方面有所突破,形成一批可复制可推广的经验做法,为此特提出如下实施意见。

一、总体要求

(一)指导思想

全面贯彻落实党的十九大会议精神,以习近平新时代中国特色社会主义思想为指导,按照"五位一体"总体布局和"四个全面"战略布局,牢固树立创新、协调、绿色、开放、共享的发展理念,着力围绕推进"两聚一高"新实践和建设"强富美高"新江苏总体目标,紧扣服务业发展目标任务,聚焦制约服务业发展难点热点问题,积极推进服务业供给侧结构性改革,进一步完善体制机制和政策环境,探索推动服务业发展的有效途径,加快培育服务业新业态、新模式、新技术和新产品,因地制宜、探索实践,为全省服务业创新发展寻求新支撑和释放新动力。

(二)基本原则

(1)坚持市场主导与政府推动相结合。积极发挥市场在资源配置中的决定性作用,进一步简化行政审批流程,放宽市场准入,完善质量标准,营造良好环境,特别是在市场机制不能有效运行的领域,更好地发挥规划引领、要素支撑、政策助推和服务配套等方面的作用。

(2)坚持创新驱动与改革引领相促进。抓住新一代信息技术革命和产业转型升级契机顺势而为,注重解决问题和求实效,着力破除发展中各类制约因素,充分激发企业创新动力和大众创业、万众创新活力,推动生产生活方式由传统型、物质型、数量型向现代型、服务型、质量型转变。

(3)坚持上下联动与责任分工相统一。强化试点工作顶层设计,既着眼当前,又谋划长远,以顶层设计引导保障改革试点,以改革试点拓展破题领域。充分发挥试点单位积极性、主动性和创造性,做到权责清晰、任务明确、推进有序、措施得力。切实强化各有关部门配合,加强宏观指导,积极推动试点方案实施和试点举措落实,着力形成上下联动推进改革的良好态势。

(4)坚持因地制宜与体现特色相一致。试点区域要注意结合本地服务业发展特点,因地制宜,突出特色,着力围绕制约服务业发展的重点领域、关键环节(方向)开展先行先试,力求精准发力和逐个突破,为全省服务业发展提供示范效应和经验做法。

(三)总体目标

以遵循服务业发展自身规律,提高发展质量水平为根本,以打破垄断、消除壁垒,推动服务业释放新动能为重点,以促进服务业结构优化、产业融合、功能集成,实现服务业集聚化、集约化和创新发展为导向,坚持因地制宜和探索创新,力争服务业发展制约因素明显改善、营商环境显著提升、产业结构持续优化。通过三年的努力,确保实现服务业总体规模有效扩大,服务业新业态、新模式、新技术不断涌现,发展质量效益明显提升;生产性服务业技术含量、科技创新能力和增加值稳步提高;产业融合发展取得积极进展,由生产制造型向生产服务型转变显著加快;生活性服务业向精细化高品质提升,有效供给不断增强,顾客满意度持续提高;服务业体制机制、市场准入等改革取得积极进展,有效推进服务业加快发展的工作体系和工作机制初步健全,形成一批可复制可推广的经验做法。

二、试点任务

省新一轮服务业综合改革试点重点围绕以下四个方面开展:

一是探索更好发挥市场与政府作用的导向机制。进一步厘清市场与政府边界,明晰市场与政府在推动服务业发展中的功能定位,最大限度发挥市场配置资源的决定性作用。依法规范行政权力,清理和废除妨碍统一市场和公平竞争的各种规定和做法,破除行业垄断和地方保护。完善服务业市场导向机制,加大知识产权保护,营造公平竞争的市场环境,建立质量品牌促进与激励机制,完善质量标准认证体系。更好发挥政府作用,加快推进政府职能转变,进一步减少服务业前置审批和资质认定项目,完善政策支撑体系,建立健全职责明确、协调有力、务实高效的服务业发展推进体系和工作机制,切实破解监管发现机制失灵、部门职责交叉、协调困难等问题。

二是探索生产性服务业向价值链高端延伸的基本路径。重点发展研发设计、第三方物流、融资租赁、信息技术、节能环保、计量测试、检验检测认证、重大设备监理、电子商务、商务咨询、服务外包、售后服务、人力资源和外包非核心业务等生产性服务业,细化专业分工,进一步打破"大而全""小而全"的发展格局。加快制造与服务的协同发展,促进生产型制造向服务型制造转变。鼓励发展市场调研、产品设计、技术开发、工程总包和系统控制等业务。加快构建发展现代销售服务体系,增强产业链上下游企业协同能力。加快推动新一代信息技术与制造技术融合,推动产品创新,拓宽服务领域。加快发展为农服务,促进农业延长产业链、打造供应链、提升价值链,推动农村一二三产业融合联动发展。

三是探索生活性服务业便利化、精细化、品质化发展的有效方式。重点发展居民家庭、健康养老、文化旅游、体育休闲、法律咨询、批发零售、住宿餐饮、教育培训等服务行业。围绕人民群众对生活服务普遍关注和迫切期待的领域,创新服务业态和商业模式,优化服务供给,增加短缺服务,开发新型服务,主动运用互联网等现代信息技术,改进服务流程和传统模式。优化消费环境,完善服务质量治理体系和顾客满意测评体系,打造优质服务品牌,探索建立服务企业信用档案,开展服务质量信用评价监管制度,保障居民放心消费。城市生活性服务业要遵循产城融合、产业融合和宜居宜业的发展规律,科学规划,合理布局,进一步完善服务体系。农村生活性服务业要以改善基础条件,满足农民需求为重点,鼓励城镇生活性服务业网络向农村延伸,以城带乡加快改变农村生活性服务业落后面貌。

四是探索集聚区发展从传统要素向新兴要素驱动转换的内在规律。按照国家"一带一路"倡议、长江经济带建设等重大战略部署,围绕我省"1+3"重点功能区战略实施,科学谋划本地区服务业发展,引导服务业向中心城区、制造业集中区域、现代农业示范区和农业产业化示范基地等区域合理集聚。试点区域要因地制宜,在与本地区经济发展水平、产业布局和新型城镇化进程相协调的基础上,统筹推进中央商务区、现代物流园、信息软件园、科技创业园、文化创意园、数字出版产业基地(园区)、旅游休闲度假区、商贸流通集中区、知识产权服务中心、检验检测认证高技术服务园区、国家地理标志产品保护示范区等服务业集聚区(园区)发展。探索集聚区发展动能从传统要素投入为主向新兴要素投入为主转变的路径,推动集聚区智能化、绿色化、服务化和高端化发展。强化服务业供给侧结构性改革,以创新驱动,激发发展活力,以开放合作,拓展发展空间。要进一步提升集聚区服务管理水平,加快构建完善科学、务实高效的服务管理体制,强化目标任务分解和责任分工,建立形成科学有效的考核评估体系,不断提升服务业集聚区发展质量和水平。

三、试点要求

(一)试点区域

根据我省"十三五"服务业发展目标、任务,全省拟选择10个左右的区域进行新一轮服务业综合改革试点。各设区市发展改革委会同有关方面可分别组织推荐1—2个试点区域,试点区域为设区市和县(市)区行政区域或为国家级产业园以及省级现代服务业集聚区等区域。试点区域领导应高度重视试点工作,将试点列为工作重点,并已建立有效的服务业发展推进体系和工作机制;对国家和省级发展服务业的政策措施执行坚决,落实到位,成效显著,并有创新。

(二)试点内容

试点区域应根据本《意见》提出四个试点方向的任务要求,结合本地区服务业发展目标、重点和比较优势,选择相关试点任务。试点区域选择的试点任务应具有全省或区域领先的相关产业基础和环境条件,并具有一定的典型性、代表性以及影响力大等优势和特点。

(三)试点方案

试点区域应编制试点方案,并经设区市发展改革委会同有关方面审核确认。试点方案要定位合理、目标明确、任务具体、措施有力,是一个可落地、可实施、可检查的行动方案。试点方案主要内容应包括:一是试点区域概况、服务业发展有利条件、试点总体设想和着力解决的主要问题等;二是试点确定的总目标以及每年拟完成的阶段性目标;三是提出试点总体任务和各年度重点任务,明确责任单位、时间安排等;四是试点的组织领导、工作机制和保障举措,以及设区市政府给予的政策支持等。

四、组织实施

(一)试点申请

试点区域由设区市发展改革委研究确定后,向省发展改革委提出申请。申请材料包括:开展试点的请示、试点方案、保障举措,以及相关承诺文件等。

(二)试点评审

省发展改革委根据相关通知的时间要求,组织召开专家评审会,遴选符合条件的试点区域。评审主要流程是:察看申请材料,听取方案汇报,开展质询答辩,给出得分评价等。

(三)试点确定

省发展改革委根据专家评审意见,结合试点区域基础条件和产业实际,研究确定相应试点区域名单,下发开展试点相关文件。

(四)试点推进

试点区域要细化组织实施方案,加强相关部门沟通协调,建立健全考核体系,明确各级负责主体,逐级分解试点任务,认真落实相关政策举措,及时协调解决问题,定期上报进展情况,扎实推进试点工作,确保试点任务如期完成。

(五)试点保障

支持试点区域在企业登记注册、税收减免、财政资金支持、土地性质转变、区域规划调整、人才培养和引进等领域进行先行先试,同时加大省级服务业引导资金支持力度,促进要素资源和政策措施向试点区域聚焦。

(六)考核评估

省发展改革委将根据各试点区域目标任务,建立量化目标与工作任务相结合的试点工作考核制度,适时组织专家对试点单位进行年度考核。考核工作将在试点区域年度试点总结的基础上,采取调研、现场察看和与相关企业、单位座谈等形式进行考核评估,对考核优秀的试点单位给予通报表扬,存在问题的限期整改,直至取消试点资格。

政　策　篇

省政府办公厅关于制定和实施老年人照顾服务项目的实施意见

各市、县(市、区)人民政府,省各委办厅局,省各直属单位:

为深入贯彻落实《国务院办公厅关于制定和实施老年人照顾服务项目的意见》(国办发〔2017〕52号)精神,积极应对人口老龄化,构建养老、孝老、敬老政策体系和社会环境,现就制定和实施我省老年人照顾服务项目提出如下实施意见:

一、总体要求

(一)指导思想

以习近平新时代中国特色社会主义思想为指导,全面贯彻党的十九大精神,认真落实习近平总书记关于加强老龄工作的重要指示,从我省实际出发,以提升广大老年人的获得感、幸福感为目标,进一步整合服务资源,提升服务质量,优化服务环境,创新服务机制,不断满足广大老年群体多样化、多层次的养老服务需求,推动实现老有所养、老有所医、老有所为、老有所学、老有所乐,使全省老年人共享改革发展成果。

(二)基本原则

政府主导,社会参与。充分发挥政府在养老服务发展中的主导作用,进一步厘清政府、社会与市场的边界责任,健全制度体系,强化监督管理。坚持社会参与、市场运作,在保障特定老年人群托底服务的基础上,引导社会力量参与老年人照顾服务项目的实施,提升服务质量和专业化水平。

保障基本,突出重点。坚持问题导向,重点关注城乡特困老年人、经济困难的高龄空巢老年人、失能部分失能老年人以及失独老年人等老年群体,合理确定照顾服务的对象、内容、范围及标准。加大对老年人照顾服务项目的投入力度,通过政府购买养老服务等方式,着力保障特殊困难老年人的养老服务需求。

改革创新,提质增效。积极运用改革思维、创新举措解决养老服务发展过程中遇到的矛盾和问题,鼓励各地结合经济社会发展实际,破除体制机制障碍,创新老年人照顾服务方式,总结出可持续的经验做法和创新成果。

注重衔接,精准施策。强化与社会保险(含护理保险)、社会救助、社会福利、慈善事业、文化体育等政策制度之间的有效衔接,提高政策的综合效益。制定实施差别化的支持服务政策,推动老年人照顾服务向农村倾斜、向居家和社区养老倾斜、向医养结合倾斜。

二、重点任务

（一）健全经济困难高龄、失能老年人补贴制度

最低生活保障家庭中 60 周岁以上的失能老年人，按不低于 100 元/月·人的标准给予护理、服务补贴。最低生活保障家庭和分散供养的特困对象中 80 周岁以上的老年人、最低生活保障和低收入家庭中 60 周岁以上的失独老年人，按不低于 60 元/月·人的标准给予护理、服务补贴。各地可结合实际，确定与当地经济社会发展水平相适应的补贴对象和补贴标准。养老护理或服务补贴可以通过政府购买第三方服务的方式为符合条件的老年人提供上门服务。将符合最低生活保障条件的贫困家庭中的老年人全部纳入最低生活保障范围，实现应保尽保。（责任单位：省民政厅、省财政厅、省残联等）

（二）发展居家和社区养老服务

推动各地建立健全居家养老扶持政策，制定居家养老基本服务清单，不断扩大政府购买养老服务范围，积极探索建立失能、失智和高龄独居老年人的家庭照护支持政策，引导老年人优先选择居家养老。改善社区居家养老服务供给结构，努力实现服务供给与老年人需求的精准对接，积极培育发展基层为老服务组织，立足社区，上门为行动不便的老年人提供助浴、助医、助洁、助购等服务。到 2020 年，城乡社区居家养老服务实现全覆盖，90％以上街道开展日间照料服务，90％城市社区开展助餐服务，享受政府购买服务的老年人占老年人总数的 10％以上。鼓励邻里互助养老和老年人之间的互助服务，鼓励低龄健康老年人为高龄、独居、空巢老年人提供服务。（责任单位：省民政厅、省财政厅、省卫生计生委等，各设区市人民政府）

（三）拓展基本公共养老服务范围

老年人到子女所在城市与子女共同生活的，有关部门应当在户口迁移、医保结算、公共交通、进入公园等方面给予便利。80 周岁及以上老年人可自愿随子女迁移户口，依法依规享受迁入地基本公共服务。建立应急服务机制，对发生意外的老年人及时给予救助。城乡特困对象和经济困难的高龄、失能老年人接受救助所需承担费用，由政府负担。（责任单位：省人力资源社会保障厅、省民政厅、省公安厅、省交通运输厅、省文化厅，各设区市人民政府）

（四）推进居住区适老化建设和改造

通过政府补贴、产业引导和业主众筹等方式，加快推进适宜养老的居住区建设。制定实施社区适老化改造建设标准，加大适老化改造项目推进步伐。重点做好老旧居住区缘石坡道、轮椅坡道、公共出入口、走道、楼梯等设施和部位的无障碍改造，优先支持在老年人居住比例高的住宅加装电梯。对于有失能、失智老年人的最低生活保障家庭、最低生活保障边缘家庭以及有重度残疾老年人家庭进行生活设施无障碍改造的，县级以上地方人民政府应当给予资金补助。规模较大的已建成居住区应通过改造或新建，设置老年人活动中心，为居家老年人提供实用便利的活动场所。支持开

发老年宜居住宅和代际亲情住宅。到 2020 年,全省新建和现有社区适老化改造项目达到 100 个以上。(责任单位:省住房城乡建设厅、省民政厅、省发展改革委、省老龄办,各设区市人民政府)

(五)加大医养结合推进力度

建立健全与居家为基础、社区为依托、机构为补充、医养相结合的养老服务体系相适应的,覆盖城乡、规模适宜、功能合理的医养结合服务网络。基层医疗卫生机构结合实施基本公共卫生服务项目要求,建立老年人健康管理服务制度,为老年人免费建立电子健康档案,加强老年人健康指标监测和信息管理。每年为 65 岁以上老年人提供一次健康管理服务,开展生活方式和健康状况评估、体格检查、健康教育指导。利用家庭医生签约服务方式为行动不便的居家老年人提供上门健康管理和康复护理等服务,符合规定的费用纳入医疗保险和长期护理保险基金支付范围。养老机构实现医疗卫生服务全覆盖,为机构内老年人提供更加完善的医疗、康复护理服务。所有医疗卫生机构开设老年人挂号、就医等绿色通道。倡导社会力量举办医养结合机构,鼓励有条件的医疗卫生机构为社区失能老年人设立家庭病床,建立巡诊制度。到 2020 年,每个设区市至少建立 1—2 所安宁疗护中心或有安宁疗护功能的医疗机构,每个县(市、区)建有 1 所以上护理院或康复医院,全省老年护理院达到 200 所以上,护理型床位占养老床位比例达 50% 以上。(责任单位:省卫生计生委、省民政厅、省人力资源社会保障厅、省发展改革委、省财政厅等,各设区市人民政府)

(六)探索建立长期护理保险制度

鼓励和支持有条件的地区积极探索建立长期护理保险制度。按照政府主导、社会参与、专业运作、责任共担的机制,探索建立以社会互助共济方式筹集资金,为长期失能人员特别是失能老年人的基本生活照料和与基本生活密切相关的医疗护理提供资金或服务保障的社会保险制度。支持商业保险机构参与长期护理保险工作,鼓励开发适销对路的保险产品和服务,发展与长期护理社会保险相衔接的商业护理保险,满足多样化、多层次的长期护理保障需求。厘清医疗护理和长期照护的关系,做好医疗护理和长期照护的有机衔接,建立健全长期照护项目内涵、服务标准以及质量评价等行业规范和体制机制。(责任单位:省人力资源社会保障厅、省民政厅、省卫生计生委、省发展改革委、省财政厅、江苏保监局等,各设区市人民政府)

(七)完善基本医疗保险异地就医结算工作

对于长期驻外及因病经参保地定点医疗机构诊断需转异地医疗机构诊治的老年人,可申请办理异地就医联网结算。异地就医的老年人就医时按参保地政策直接结算,定点医疗机构提供相应的结算清单。应该由个人负担的部分,由个人按规定结清;应该由个人帐户及统筹基金支付的部分,由就医地经办机构与定点医疗机构代为结算。(责任单位:省人力资源社会保障厅、省财政厅、省卫生计生委等)

(八)深化敬老月活动

各级党委和政府坚持每年组织开展走访慰问困难老年人活动。发挥基层党组织和工会、共青团、妇联等群团组织以及城乡基层社会组织的优势,开展经常性为老志愿服务活动。扎实开展老年人维权优待活动,以维护老年人权益为重点,开展老年法律法规、老年优待政策贯彻落实情况专项检查督导。各级老龄委要着力开展敬老爱老助老活动,结合养老院服务质量建设专项行动,将敬老爱老助老纳入"工人先锋号""青年文明号"和"敬老文明号"等创建内容,为广大老年人提供优惠、便利的服务。(责任单位:省老龄办、省民政厅、省委组织部、省总工会、团省委等,各设区市党委和人民政府)

(九) 保障老年人合法权益不受侵害

贫困老年人因合法权益受到侵害提起诉讼的,依法依规给予其法律援助和司法救助。经济困难的老年人申请法律援助的,法律援助机构应当简化审批程序,优先提供法律援助,有条件的地方可适度放宽老年人申请法律援助的经济困难标准和受案范围,对于老年受援人交纳司法鉴定费有困难的,鉴定机构应当缓收、减收或者免收鉴定费。经济困难的老年人申请办理公证的,公证机构应当按照规定减免公证费。老年人为追索赡养费、扶养费、抚恤金、养老金、最低生活保障金、医疗费等向人民法院起诉,交纳诉讼费用有困难的,人民法院应当按照国家规定免收、减收或者缓收诉讼费用。人民检察院依法对涉及老年人合法权益的审判活动实施法律监督,依法采取抗诉、检察建议等方式保障老年人合法权益。老年人主张合法权益有困难的,其所在的乡镇(街道)和村(居)民委员会应当提供帮助。(责任单位:省司法厅、省民政厅、省财政厅、省法院、省检察院)

(十) 完善老年人优待政策

60周岁以上的老年人持优待证、居民身份证或者当地人民政府规定的其他证件,免费进入政府投资、建设和管理的公园、公共文化设施;70周岁以上的老年人免费进入政府投资、建设和管理的旅游景点,免费乘坐城市交通工具,60周岁以上的老年人享受半价优惠。有条件的公共交通场所、站点和公共交通工具要按照无障碍环境建设要求,加快无障碍设施建设和改造,在醒目位置设置老年人等重点人群服务标志,开辟候车专区或专座,为无人陪同、行动不便等有服务需求的老年人提供便利服务。各市、县(市、区)人民政府可以根据本地区经济社会发展水平,扩大老年人享受优待的范围。外地老年人与当地老年人同等享受本条规定的优待。农村老年人不承担兴办公益事业的筹劳义务。(责任单位:省文化厅、省交通运输厅、省住房城乡建设厅、省发展改革委、省农委等,各设区市人民政府)

(十一) 保障高龄、特殊困难等重点老年人的基本生活服务

县级以上地方人民政府应当依法建立健全覆盖城乡的养老、医疗、最低生活保障、社会救助和被征地农民基本生活保障等社会保障制度,逐步提高老年人的基本生活和基本医疗等保障水平。享受最低生活保障的老年人和其他低收入家庭的老年人参加城乡居民基本医疗保险的,其个人缴费部分由政府给予补贴。符合医疗救助条件的特殊困难老年人患病的,县级以上地方人民政府应当按照有关规定提供医疗救助。对享受最低生活保障的70周岁以上的老年人,每月增发不低于最低生活保障标准10%的保障金。(责任单位:省民政厅、省财政厅、省卫生计生委等,各设区市人民政府)

（十二）开展老年人照顾服务专业技能培训

鼓励相关职业院校和培训机构每年面向老年人及其亲属开设一定学时的老年护理、保健课程或开展专项技能培训。县级以上地方人民政府应当组织开展免费培训,向家庭成员普及照料失能、失智等老年人的护理知识和技能。鼓励、支持高等学校职业院校和培训机构设置养老服务相关专业或者培训项目,在养老机构设立实习基地,培养养老服务相关专业人才。对在本省连续从事养老护理岗位工作满5年的高等学校、中等职业学校毕业生,由县级以上地方财政给予一次性入职奖励。(责任单位:省人力资源社会保障厅、省民政厅、省教育厅、省财政厅、省老龄办、省卫生计生委等)

（十三）鼓励制定家庭养老支持政策

老年人养老以居家为基础,家庭成员应当尊重、关心和照料老年人。鼓励家庭成员与老年人共同生活或者就近居住。老年人的子女及其他依法负有赡养、扶养义务的人,应当履行对老年人经济供养、生活照料、健康关心和精神慰藉的义务,照顾老年人的特殊需要。(责任单位:省民政厅、省老龄办等,各设区市人民政府)

（十四）大力发展老年教育事业

坚持老年教育事业与经济社会发展和人口老龄化相适应,积极扶持老年教育事业,扩大老年教育供给,鼓励在乡镇(街道)单独举办或依托县(市、区)老年大学,设置老年大学或教学点,满足更多老年人学习愿望和受教育权益。老年教育资源要向老年人公平有序开放,减免贫困老年人进入老年大学(学校)学习的费用。发挥江苏开放大学的引领作用,依托社区教育中心、村(居)民学校,充分利用社区文体、养老等公共服务设施资源,提高老年教学的活动次数、内容和效果。支持各类院校发展老年教育,开发适合老年人多方面、多层次学习需求的非学历和学历课程。支持社会力量兴办老年电视(互联网)大学,完善老年人社区学习网络,为广大老年人学习创造条件。(责任单位:省教育厅、省文化厅、省委老干部局、省新闻出版广电局、省老龄办等,各设区市人民政府)

（十五）大力推进老年精神关爱工作

重点开展一批针对不同地区、不同年龄段、不同层次的老年人群体的老年精神关爱项目。定期对经济困难的高龄、独居、空巢、失能、失智和失独等重点老年人群开展心理关爱服务。借助社会力量大力开展适合老年人群体参与的教育、文化和体育活动。乡镇(街道)、村(居)要为老年人提供安全可靠、环境适宜、相对固定的室内外活动场所,建立一批覆盖面广、号召力强的老年群众文体组织。引导有条件的公共图书馆开设老年阅览区域,提供大字阅读设备、触屏读报系统等。福彩公益金和体彩公益金要优先为老年人配备文体器材。广泛建立老年人精神关爱服务组织,开展心理讲座和培训,提供专业化的心理咨询、辅导和康复服务。(责任单位:省民政厅、省老龄办、省教育厅、省文化厅、省体育局等,各设区市人民政府)

三、组织实施

（一）加强组织领导

各级党委和政府要高度重视老年人照顾服务工作,纳入目标管理绩效考核内容,及时研究解决工作推进过程中遇到的困难和问题。要从实际出发,做好老年人照顾服务工作与《江苏省养老服务条例》《江苏省"十三五"养老服务业发展规划》《江苏省"十三五"老龄事业发展规划》等政策的衔接,扎实推进,全面落实。

（二）健全保障机制

县级以上人民政府要把老年人照顾服务工作所需经费纳入财政预算,福彩公益金支出要向老年人照顾服务项目倾斜。加大政府购买养老服务力度,通过市场化方式,把适合老年人照顾服务项目交由具备条件的社会组织和企业承担。各地要指导照顾服务提供方制定服务清单和办事指南,简化流程,提高效率。

（三）营造浓厚氛围

围绕建设社会主义核心价值体系,大力弘扬中华民族传统美德,在全社会深入开展敬老、爱老、助老教育。要充分运用各类新闻媒体,大力宣传老年人照顾服务政策和在老年人照顾服务工作中涌现出的先进单位和个人,增强老年人的幸福感、获得感。

（四）强化督促检查

各地各有关部门要加大对老年人照顾服务工作的检查指导力度,进一步健全工作机制,分解责任、强化考核、定期督办。充分发挥第三方监督作用,定期对老年人照顾服务落实情况进行评估。强化问责机制,对落实老年人照顾服务政策不力的单位和个人要严肃追究责任。

江苏省人民政府办公厅

2018 年 1 月 2 日

省政府办公厅关于进一步激发民间有效投资活力促进经济持续健康发展的实施意见

苏政办发〔2018〕4 号

各市、县(市、区)人民政府,省各委办厅局,省各直属单位:

为认真贯彻党的十九大精神和习近平新时代中国特色社会主义思想,全面落实《国务院办公厅关于进一步激发民间有效投资活力促进经济持续健康发展的指导意见》(国办发〔2017〕79 号)要求,切实破解民间投资发展遇到的困难和障碍,进一步激发民间有效投资活力,充分发挥投资对优化供给结构的关键性作用,促进经济持续健康发展,现提出以下意见。

一、深刻认识新时期激发民间有效投资活力的重要意义

近年来,我省民间投资不断发展壮大,占全社会投资比重逐步提高至近 70%,在稳增长、促改革、调结构、惠民生中发挥了重要作用。党的十九大报告指出,全面实施市场准入负面清单制度,清理废除妨碍统一市场和公平竞争的各种规定和做法,支持民营企业发展,激发各类市场主体活力。持续增强民间有效投资活力,有利于深化供给侧结构性改革,进一步提高供给体系质量;有利于强化创新,提升经济发展核心竞争力;有利于提高保障和改善民生水平,加强和创新社会治理;有利于推进生态文明体制改革,形成节约资源和保护环境的空间格局。各地各有关部门要进一步提高认识、开拓创新,把激发民间有效投资活力放在更加重要位置,充分发挥民间投资在经济社会发展中的支撑和促进作用,推动全省经济高质量发展。

二、持续深化"放管服"改革,全面推进不见面审批

按照"简无可简、放无可放"的原则,全面推行"网上办、集中批、联合审、区域评、代办制、不见面"办理模式,加快实现"3550"目标,努力使"不见面"审批(服务)成为全省普遍的制度安排,为民营企业提供更加高效便捷的服务。加快推进企业投资项目信用承诺制试点,变"先批后建"为"先建后验",促进民间投资项目尽快落地。健全涉企审批无偿代办机制,为民营企业无偿提供接洽、联系、申请、办结等全流程精准化的"店小二"服务。充分发挥江苏政务服务网作用,加快"多图联审""多评合一""互联网+审图""模拟审批"等改革,打造高效便捷的网上政务服务平台,让民营企业办事更加便捷、更有效率。巩固扩大南通市、苏州工业园区等 4 个相对集中行政许可权改革试点,加快推进泰州等 4 个设区市、江阴等 7 个县市、南京江北新区等 19 个省级以上开发区扩大试点工作,实现 13 个设区市相对集中行政许可权改革试点全覆盖,积极推动县级集中行政许可权改革试点。减少行政许可事项,除涉及安全、环保等事项外,对技术工艺成熟、通过市场机制和事中事后监管能保证质量安全的工业产品,一律按国家要求取消生产许可。继续开展市县简政放权创业创新环境评

价,以评促改,持续优化民营企业营商环境。

三、认真开展报建审批事项清理核查,提高民间投资项目办理效率

认真落实清理规范投资项目报建审批事项有关要求,精简合并投资项目报建审批事项,不得擅自增加行政审批事项,不得擅自增加审批环节,切实防范权力复归和边减边增。各地各有关部门要依据《中华人民共和国行政许可法》等法律法规和报建审批事项有关文件规定,对上报的民间投资项目报建审批情况开展一次全面细致的清理核查,逐项梳理已报审的民间投资项目报建审批事项办理情况,明确办理时限,加快办理进度。能够办理的,要尽快办理;暂不具备办理条件的,要帮助民营企业尽快落实有关条件;依法依规确实不能办理的,要主动做好解释工作。对无正当理由拖延不办的,要加大问责力度,通过约谈、通报、督办等方式督促限期整改,必要时对相关责任人给予处分。要针对清理核查中发现的问题,进一步改进工作,提高效率,优化民间投资项目报建审批服务。

四、推动产业转型升级,加快构建现代产业体系

加快实施《中国制造2025江苏行动纲要》,健全省市共建特色产业培育体系,积极推动智能制造、增材制造、轨道交通装备、工业机器人、智能电网装备、航空装备、能源装备、新能源汽车、高端船舶等特色产业发展,加快培育特色产业基地和产业标杆。鼓励民营企业进入"互联网+"领域,深入落实省大数据发展行动计划,优化大数据产业布局与企业分布,引导和支持民营企业进入大数据产业及相关领域;深化互联网产业园、众创园建设,打造全省互联网企业展示、交流与合作平台,加强基础配套设施建设和公共服务供给,打造一批我省互联网示范企业。鼓励民间资本开展多元化农业投资,支持农村新产业新业态发展,推动民间资本与农户建立股份合作等紧密利益联结机制,对带动农户较多的市场主体加大支持力度。积极推动民营企业与央企、外企开展战略合作,优化产业布局,提升产业发展水平,加快培育壮大新兴产业。省工业和信息化转型升级专项资金、省政府投资基金等扶持引导资金通过多种方式,广泛吸纳和聚合各类社会资本,进一步加大企业技术改造支持力度,重点加大集成电路等关键领域和薄弱环节投资力度,推动我省重点领域、重点产业实现突破发展。

五、支持民间投资创新发展,积极抢占高端环节

高水平建设科技创新载体,坚持以社会力量为主,运用市场化机制、资本化途径,推动龙头企业、高校院所、创投机构等各类主体加快建设众创空间、科技企业孵化器等科技创新载体。加快建设科技公共服务平台,依托高新技术产业开发区等布局建设一批科技服务平台,创建一批省级高端装备制造业示范和特色产业基地,做强产业链条,吸引更多民营企业落地投产。鼓励民营企业建立重点实验室、工程研究中心、技术创新中心、企业技术中心等研发机构。大力发展知识产权运营新业态,支持民间投资设立知识产权运营机构,通过培育高价值专利、组建专利池、撮合知识产权交易

等方式,盘活知识产权资产。进一步推进科技成果转化,促进科技成果转化向前端延伸,积极探索科技成果转化新渠道,大力鼓励和支持企业特别是小微企业实施科技成果转化。支持具备条件的中小民营企业参与高新技术企业培育"小升高"计划,鼓励企业向新模式与新业态转型,加快成长为行业有影响的高新技术企业。加快推进省技术产权交易市场建设,强化线上平台功能开发,建设线下技术转移服务体系,缩短科技成果转化周期。支持民营企业参与行业发展标准规范制定,对民营企业主导或参与国际、国家级行业标准和技术规范制定修订的,各级财政可视情况给予奖励。

六、大力推进政府和社会资本合作(PPP)项目,拓展合作规模和层次

进一步加大基础设施和公用事业领域改革开放力度,除国家法律法规明确禁止准入的行业和领域外,一律向民间资本开放,禁止排斥、限制或歧视民间资本的行为,支持民间资本股权占比高的社会资本方参与PPP项目,调动民间资本积极性。鼓励民间资本采取混合所有制、设立基金、组建联合体等多种方式,参与投资规模较大的PPP项目。分类施策支持民间资本参与PPP项目,针对不同PPP项目投资规模、运营期限、工程技术等特点,采取多种方式支持民间资本参与,充分发挥民营企业创新、运营等方面优势。鼓励民间资本采取TOT、ROT等多种运作方式,规范有序盘活存量资产,丰富民营企业投资机会,回收的资金主要用于补短板项目建设,形成新的优质资产,实现投资良性循环。健全PPP项目价格和收费调整机制,通过适当延长合作期限、积极创新运营模式、充分挖掘项目商业价值等,建立PPP项目合理回报机制,吸引民间资本参与。着力提高民营企业融资能力,推动PPP项目资产证券化,PPP融资支持基金、PPP项目以奖代补资金向民间投资参与的PPP项目适度倾斜,有效降低融资成本。完善PPP项目储备库,对入库项目定期梳理并规范有序开展推介工作。各地和各有关部门在制定政策、编制规划和确定实施方案时,要认真听取民间资本意见,充分吸收采纳合理建议。

七、降低企业经营成本,增强民间投资动力

落实和完善全面推开营改增试点政策,落实好研发费用税前加计扣除政策和高新技术企业所得税优惠政策,加强涉企经营服务性收费和中介服务收费监管。降低企业用工成本,继续落实阶段性降低失业保险费率至1%的政策,对符合条件的困难企业缓缴除基本医疗保险费之外的社会保险费,落实适当降低企业住房公积金缴存比例政策,推动各地出台或完善户口迁移政策和配套措施,合理调整最低工资标准,各级财政安排专项资金加大对企业职工培训的支持力度。深化输配电价格改革,推进电力市场化交易等,积极稳妥推进售电侧改革,支持民间资本参与电力市场竞争,扩大大用户直供电规模及范围。鼓励灵活选择长期租赁、租让结合、先租后让、弹性出让等方式供应土地,用好用足标准厂房、科技孵化器用地支持政策,落实好设施农用地政策,有效降低民营企业用地成本。调整完善公路收费政策,科学合理确定车辆通行费标准,开展物流领域收费专项检查,着力解决"乱收费、乱罚款"等问题。督促各商业银行严格执行"七不准""四公开"等收费规定,科学合理定价,精简收费项目,切实降低民间投资主体融资成本。加大金融违规收费清理和处罚力度,严

肃查处银行业金融机构发放贷款时附加不合理条件等变相提升企业融资成本行为。组织开展全省降成本政策落实及涉企收费检查,重点检查各类"红顶中介"及行业协会依托行政权力、垄断地位乱收费等问题,切实减轻企业负担。

八、创新金融支持,破解民营企业融资难题

鼓励金融机构加大创新力度,完善特许经营权、收费权、知识产权等权利的确权、登记、抵押、流转等配套制度,发展和丰富循环贷款等金融产品,加快建设普惠金融体系。督促银行业金融机构合理确定贷款利率水平和还款方式,积极探索银科互动、投贷联动等业务,进一步深化小微企业转贷方式创新,着力提供多层次、多样化的融资服务。实施小微企业应收账款融资专项行动,充分发挥应收账款融资服务平台作用,推动供应链核心企业支持小微企业应收账款融资,引导金融机构扩大应收账款业务规模,着力解决对企业抽贷、压贷、断贷等融资难题。加快省级综合金融服务平台建设,积极推进"银税互动"、银行业金融机构和信用信息共享平台之间的合作等,有效整合金融产品、融资需求等资源,实现银企一站式高效率对接。创新金融支持,加快发展科技保险、专利保险、重大技术装备保险以及信用保证保险,完善农业保险制度,增加农业保险险种,推进融资模式和征信机制创新。加强对备案信用评级机构监管,督促信用评级机构全面准确反映民营企业信用状况。发展政府支持的融资担保和再担保机构,支持再担保机构深入推进风险分担合作模式,加大风险分担模式合作范围,发挥好再担保机构政策性属性,加快省农业信贷担保体系建设。鼓励各地设立信贷风险补偿基金、过桥转贷资金池、科技金融风险补偿资金等,加大对中小微企业、科技创新企业的支持。支持符合条件的企业通过发行非金融企业债务融资工具、公司债券、企业债券等融资,拓展企业融资渠道。充分利用多层次资本市场,积极鼓励和支持实力较强的民营企业通过主板、中小板、创业板和新三版、区域性股权市场(挂牌)融资。

九、加强政务诚信建设,确保政府诚信履约

建立健全政务信用管理体系,健全守信激励与失信惩戒机制,探索开展区域政务诚信状况评价,在改革试点、项目投资、专项资金安排、评先评优、社会管理等政策领域、工作组织和绩效考核中应用政务诚信评价结果。加强政府采购、招投标等重点领域政务诚信建设,不得违法违规承诺优惠条件,认真履行并严格兑现依法合规作出的政策承诺以及协议和合同,不得以政府换届、相关责任人更替等理由拒不执行,不得随意改变约定,不得出现"新官不理旧账"等情况。完善行政监察机构和审计部门对政务诚信的管理体制,开展政务失信专项治理,对地方政府拒不履行政府所作的合法合规承诺,特别是严重损害民营企业合法权益、破坏民间投资良好环境等行为,加大查处力度。对造成政府严重失信违约行为的主要责任人和直接责任人要依法依规追究责任,惩戒到人。建立社会监督和第三方机构评估机制,发挥社会舆论监督作用,畅通民意诉求和投诉渠道,引导和支持信用服务机构、高校及科研院所等第三方机构对各地、各部门政务诚信建设绩效开展综合评价评级。

十、加强政策统筹协调，稳定市场预期和投资信心

大力推行"互联网＋政务服务"，加强部门间协调配合和与国家层面的对接，科学审慎研判拟出台政策的预期效果和市场反应，统筹把握好政策出台时机和力度。建立健全公平竞争审查制度，防止出台排除、限制民营企业参与竞争的政策措施。深化以市场监管领域为重点的综合行政执法改革，在加强监管的同时要明确政策导向，提出符合法律法规和政策规定的具体要求，正确引导投资预期。完善公平、开放、透明的市场规则，稳定市场预期、增强市场活力，帮助民营企业充分利用好国内大市场，加大对适应国内消费升级和产业转型需要项目的投资力度，支持劳动密集型产业向苏北和中西部地区梯度转移。围绕经济运行态势和宏观政策取向，加大政策解读力度，帮助民营企业准确理解政策意图。完善政策发布等信息公开机制，在江苏政务网上设立涉企政策服务窗口，汇集国家和省全部涉企政策，便于企业查找和运用，建立涉企政策手机推送制度和网上集中公开制度，加大政府信息数据开放力度。

十一、构建"亲""清"新型政商关系，提高政府服务水平

构建制度化、常态化政企沟通渠道，逐步推广企业评议政府服务和营商环境做法，加大对民营企业转型升级、创新创优等先进典型宣传力度，坚定民营企业发展信心。进一步发挥工商联和协会商会在企业与政府沟通中的桥梁纽带作用，倾听民营企业呼声，帮助解决实际困难。因地制宜明确政商交往"正面清单"和"负面清单"，着力破解"亲"而不"清"、"清"而不"亲"等问题。贯彻落实完善产权保护制度依法保护产权的政策措施，加强各种所有制经济产权保护，激发和保护企业家精神。实施严格的知识产权保护制度，加大知识产权侵权违法行为惩治力度，依法对各类市场主体和创新主体的知识产权同等保护。组织开展民营企业家专业化、精准化培训，提升民营企业经营管理水平。

十二、狠抓政策落实，切实增强民营企业获得感

各地各有关部门要全面梳理国家和省已出台的鼓励民间投资政策措施，逐项检查政策措施在本地区、本领域落实情况，重点打通政策落实"最后一公里"，对尚未有效落实的政策措施，认真分析原因，抓紧研究解决办法，确保政策尽快落地。充分发挥地方和部门积极性，鼓励以改革的办法、创新的思维进一步实化、细化、深化鼓励民间投资的具体措施，努力解决制约民间投资增长的深层次问题，进一步激发民间有效投资活力。

各设区市人民政府、省各有关部门要按照本意见要求，切实抓好贯彻落实，进一步做好民间投资各项工作。省发展改革委要加强统筹协调，会同有关部门对本意见落实情况进行督促检查和跟踪分析，重大事项及时向省政府报告。

江苏省人民政府办公厅

2018 年 1 月 3 日

省政府关于推进普惠金融发展的实施意见

苏政发〔2018〕6号

各市、县(市、区)人民政府,省各委办厅局,省各直属单位:

为深入贯彻落实《国务院关于印发推进普惠金融发展规划(2016—2020年)的通知》(国发〔2015〕74号)精神,积极推进普惠金融发展,结合我省经济社会发展实际,现提出如下实施意见。

一、指导思想

全面贯彻落实党的十九大精神,坚持以习近平新时代中国特色社会主义思想为指导,坚持政府引导与市场主导相结合、完善基础金融服务与改进重点领域金融服务相结合,不断提高普惠金融服务的覆盖率、可得性和满意度,使最广大人民群众公平分享金融改革发展的成果,为推进"两聚一高"新实践和建设"强富美高"新江苏提供有力支撑。

二、基本原则

加强制度和体系建设。建立健全有利于普惠金融发展的政策制度及体制机制,强化对小微企业、农民、城镇低收入人群、贫困人群和残疾人、老年人等特殊群体金融服务的政策支持,提高准确性与有效性,促进普惠金融持续发展。

坚持平等和适度原则。以增进民生福祉为目的,让所有阶层和群体都能够平等、便利、合理地享受到符合自身需求特点的金融服务。

统筹市场和政府作用。正确处理政府与市场关系,尊重市场规律,让市场在金融资源配置中发挥决定性作用。更好发挥政府在统筹规划、组织协调、均衡布局、政策扶持等方面作用,实现社会效益与经济效益有机统一。

有效防范和化解风险。发展与规范并行,完善金融监管,维护金融稳定。在合法合规和风险可控前提下,鼓励金融机构开展金融服务和产品创新。

三、发展目标

提高金融服务覆盖率。基本实现乡乡有机构、村村有服务,提高助农取款保险服务点覆盖率和利用效率,推动行政村一级实现更多基础金融服务全覆盖。拓展城市社区金融服务广度和深度,显著改善城镇企业和居民金融服务的便利性。

提高金融服务可得性。大力改善对特殊群体的金融服务,加大对新业态、新模式、新主体的金融支持。充分发挥信用档案作用,提高小微企业和农户贷款覆盖率。提高小微企业信用保险和贷款保证保险覆盖率,农业保险参保农户覆盖率提升至 95% 以上。

提高金融服务满意度。有效提升金融服务效率,提高小微企业和农户申贷获得率和贷款满意度。加强金融消费者教育和权益保护工作力度,明显降低金融服务投诉率。

四、健全多元化机构体系

(一)发挥银行业金融机构作用

推动国家开发银行、农业发展银行等政策性银行在江苏分支机构与各级政府建立合作推进机制,增强在服务"三农"、精准扶贫以及农村开发和水利、贫困地区公路等农业农村基础设施建设方面的贷款支持力度。(牵头责任单位:江苏银监局)

鼓励地方法人城市商业银行设立普惠金融事业部,以薄弱领域金融服务为重点,专项配置信贷、队伍等资源,建立科学合理的风险管理机制和差异化的考核评价机制。支持发起设立面向小微和"三农"的融资租赁公司或金融租赁公司。(牵头责任单位:江苏银监局)

发挥农村商业银行农村金融服务"主力军"作用。鼓励优质农商行通过上市(挂牌)、兼并重组等方式发展壮大。支持有条件的农村商业银行发行"三农"、小微企业专项金融债,拓宽支农资金融资渠道。(牵头责任单位:省农村信用联社)

鼓励符合条件的村镇银行按照可持续发展原则,在县(市、区)域内积极向基层延伸服务网点和设施,创新服务手段和服务模式,切实加强基层和社区金融服务。(牵头责任单位:江苏银监局)

(二)规范发展各类新型金融组织

支持小额贷款公司发展,调整完善监管政策。坚持农村小额贷款公司"服务三农、小额分散"的经营宗旨,鼓励农村小额贷款公司开展"惠农贷""小微贷"业务。(牵头责任单位:省金融办)

规范农民资金互助社运行。按照"适度规模、封闭运作、支持三农"的基本要求,稳步推进农民资金互助社"转籍"工作,建立健全法人治理结构和内部管理制度,建立完善全省统一的业务系统和以县(市、区)为主体的监管系统。(牵头责任单位:省金融办)

促进互联网金融组织规范发展。贯彻落实国务院有关部门、省委、省政府关于开展互联网金融专项整治的一系列部署要求,加强互联网金融风险专项整治,按照有关法律法规和政策文件规范发展业务。(牵头责任单位:人民银行南京分行)

(三)积极发挥保险公司保障优势

扩大贫困地区政策性农业保险覆盖面,降低贫困户保费费率和起赔点。积极推广小额贷款保证保险,为贫困户融资提供增信支持。鼓励保险机构建立健全针对贫困农户的保险保障体系,开展人身和财产安全保险业务,防止贫困群众因病致贫、因灾返贫问题。创新优化适合江苏特点的农业保险经营模式,完善农业保险协办机制。(牵头责任单位:江苏保监局)

五、创新金融产品和服务手段

（一）鼓励金融机构创新金融产品和服务模式

推广针对小微企业、高校毕业生、农户，以及精准扶贫对象等特殊群体的小额信贷产品。针对不同类型和经营规模的新型农业经营主体，积极提供差别化融资方案，推广"一次授信、余额控制、随用随贷、周转使用"的信贷模式。开展动产质押贷款业务，推动中征应收账款融资服务平台应用，发展知识产权、股权、仓单、订单、应收账款等质押贷款和供应链融资业务。（牵头责任单位：人民银行南京分行）

深入推进"两权"抵押贷款试点工作，探索扩大抵押物范围。深入开展小微企业转贷方式创新，鼓励各地设立小微企业转贷基金，支持建立小微企业转贷服务公司。（牵头责任单位：人民银行南京分行）

鼓励符合条件的小微企业发行私募债券、集合债券，探索发行小微企业集合信托。引导农业企业通过期货市场进行农产品的套期保值。鼓励各类资本设立农业产业投资基金、农业科技创业投资基金等股权投资基金，拓宽农业和涉农企业直接融资渠道。（牵头责任单位：省金融办）

完善银行、融资担保机构和政府出资的担保基金之间的风险共担机制。提升政策性农业信贷担保服务能力，加快构建覆盖全省的农业信贷担保服务网络。引导银行业金融机构对购买信用保险和贷款保证保险的小微企业给予贷款优惠政策。加大创业担保贷款财政贴息补助资金安排规模，强化对城镇登记失业人员、就业困难人员、创业农民、建档立卡贫困人口等弱势群体创业、就业、致富的信贷支持力度。（牵头责任单位：省财政厅）

提高农业保险覆盖程度。巩固发展主要种植业保险，大力发展高效农业保险。扩大农业保险覆盖率和省级财政高效设施农业保险奖补险种范围，按规定将符合条件的近海养殖保险纳入财政奖补范围，扩大畜产品及森林保险范围，鼓励保险机构开展地方特色农产品保险、目标价格保险、收入保险、天气指数保险和新型农业经营主体专属保险，全面提高保险服务现代农业建设的能力。（牵头责任单位：江苏保监局）

（二）发挥互联网促进普惠金融发展的有益作用

鼓励具有资质的各类金融机构积极利用互联网技术，为小微企业、农户和各类低收入人群提供小额存贷款业务。支持农村商业银行发挥机构、客户优势，通过手机银行业务等服务方式，全面提升农村金融服务的信息化、网络化水平。鼓励具有资质的各类金融机构、涉农电商探索开展"金融＋互联网＋农业"经营模式，提升农村互联网金融服务水平。（牵头责任单位：省金融办）

六、完善金融基础设施

（一）推进农村支付环境建设

支持各类金融机构结合自身战略定位，下沉服务网点，进一步向县域和重点乡镇延伸，提高基础金融服务的基层覆盖面。完善农村金融综合服务站服务功能,进一步叠加惠农补贴支取、缴费、金融服务信息收集、征信信息采集、金融消费者投诉接报、金融知识宣传等服务。支持农村金融服务站与电商平台村级服务站功能融合,打造农村金融服务站"升级版",不断提高为农村地区提供金融服务的能力。大力宣传推广现代支付工具,鼓励各地增加农村地区支付服务环境基础设施建设的资金投入,进一步优化 ATM、POS 机在农村地区的布局,充分利用现代信息科技手段,大力推广自助银行、网上银行、手机银行等现代化金融服务渠道,提升农村支付结算互联网水平。(牵头责任单位:人民银行南京分行)

(二)建立健全普惠金融信用体系

设立主要服务于中小微企业的省级企业征信公司,进一步健全中小企业信用信息采集和应用机制,提高中小微企业的信息透明度。稳步推进小微信贷机构接入金融信用信息基础数据库,提高接入效率,降低接入成本。稳步推进金融机构接入省级综合金融服务平台,提高融资效率,降低融资成本。(牵头责任单位:省金融办)

完善江苏省农村经济主体综合信息管理系统,整合县域涉农公共信用信息和"三农"信息等资源,提高新型农业经营主体、农户信用档案建档覆盖面。强化信用信息在促进"三农"融资方面的运用,引导涉农金融机构积极运用信用等级评价结果,创新金融服务,提高金融支农惠农的水平和实效。(牵头责任单位:人民银行南京分行)

(三)做好普惠金融统计工作

建立涵盖金融服务可得性、使用情况、服务质量的统计指标体系,开展普惠金融专项调查和统计,全面掌握普惠金融服务基础数据和信息。建立普惠金融发展动态评估和考核机制,从区域和金融机构两个维度,对普惠金融发展情况进行全面评价,督促各地区、各金融机构持续改进服务工作。(牵头责任单位:人民银行南京分行)

七、发挥政策引导和激励作用

(一)建设省级综合金融服务平台

提升综合金融服务水平,不断完善基于互联网技术的省级综合金融服务平台,服务中小微企业融资。按照"一个平台、三大支撑"的建设思路,有效整合金融产品、融资需求、信息中介、征信服务、扶持政策等资源,实现网络化、一站式、高效率融资对接。(牵头责任单位:省金融办)

完善农村金融综合服务体系。健全完善全省统一联网、信息互联、资源共享、省市县乡四级联动的农村产权交易信息服务平台,开展资产评估、法律服务、产权经纪、抵押登记等业务,打造农村产权"互联网＋交易鉴证＋他项权证＋抵押登记"抵押融资链条,构建集信息发布、产权交易、法律咨询、资产评估、抵押登记等为一体的农村产权交易和融资服务体系。(牵头责任单位:省委农工办)

支持设立农村综合金融服务公司。积极发展小额信贷、信用担保、农业保险代理、涉农产业投资、农业农村人才培训等综合金融服务。支持符合条件的县(市、区)组建农村资产经营公司,以市

场化方式运营管理,开展农村各类经营性资产资源价值评估、抵押物回购处置等业务。(牵头责任单位:省金融办)

(二) 加强金融监管政策差异化激励

开展涉农和小微企业信贷政策导向效果评估,加强评估结果反馈和运用,推动金融机构加大对农业供给侧结构性改革的金融支持力度,进一步提升小微企业金融服务水平。通过普惠金融定向降准政策及再贷款再贴现政策工具,不断引导金融机构贯彻金融服务实体经济理念,将更多金融资源配置到经济社会发展的重点领域和薄弱环节。合理确定辖区内使用再贷款资金发放的涉农、小微企业贷款利率水平,促进社会融资成本降低。加强对地方法人金融机构涉农、小微企业贷款考核,通过精准考核、有效激励,提升金融机构支农支小的积极性。加强对辖区内地方法人机构已发行存续期小微金融债、三农金融债后续监督管理。(牵头责任单位:人民银行南京分行)

(三) 发挥财税政策作用

设立普惠金融发展专项资金,专项用于普惠金融发展,制定普惠金融发展专项资金管理办法,包括建立财政资金增信措施、贷款和担保风险补偿政策、支持直接融资和地方金融体系发展政策等。(牵头责任单位:省财政厅)

(四) 压实地方政府金融监管和风险处置第一责任

严厉打击各类非法金融活动。重点打击非法集资、非法证券交易、非法保险等涉众涉稳不法金融活动,完善非法集资举报奖励制度,探索建设非法集资监测预警平台。切实加强金融监管,着力做好风险识别、监测、评估、预警和控制工作,完善金融突发事件应急处置预案,妥善处置普惠金融重点服务对象金融风险,坚决守住不发生区域性金融风险的底线。(牵头责任单位:省金融办)

八、加强普惠金融教育和金融消费者权益保护

(一) 加强金融知识普及教育

充分发挥媒体的舆论引导作用,督促金融机构多渠道开展金融消费者教育,引导金融消费者树立理性消费投资理念,提高风险意识和自我保护能力。加强对金融消费者宣教基地的工作指导,鼓励有条件的机构建设金融消费者宣教基地,方便社会公众就近、便捷获取教育资源。(牵头责任单位:人民银行南京分行)

(二) 提高公众金融风险意识

以金融创新业务为重点,针对投资理财、融资担保和网络借贷平台等重点行业和领域,深入宣传金融风险防范知识,增强群众风险防范意识,树立"收益自享、风险自担"观念。督促金融机构重点加强信息披露和风险提示,引导金融消费者根据自身风险承受能力和金融产品风险特征理性投资消费。(牵头责任单位:省金融办)

（三）强化金融消费者权益保护

建立金融消费者权益保护工作协调机制,加强金融消费者权益保护监督检查,及时查处侵害金融消费者合法权益的行为,维护金融消费市场健康有序运行。督促金融机构切实担负起受理、处理金融消费纠纷的主体责任,进一步完善工作机制,改进服务质量。畅通金融机构、行业协会、监管部门、仲裁、诉讼等金融消费争议解决渠道,探索建立非诉第三方纠纷解决机制,引导金融消费者通过合法渠道解决金融纠纷。(牵头责任单位:人民银行南京分行)

九、加大普惠金融发展组织保障

（一）加强组织领导

加强与中国人民银行和银监会、证监会、保监会等国家金融管理部门及其派出机构的沟通协调,争取国家对我省普惠金融更多的支持。建立由省金融办牵头,金融监管部门、省有关部门参加的省普惠金融工作联席会议制度,加强金融监管部门、地方政府、金融企业之间的协调互动,强化意见实施的总体指导和统筹协调,研究解决意见实施过程中出现的新情况新问题,确保各项目标、任务和措施落实到位。联席会议办公室设在省金融办,具体负责联席会议日常工作,各成员单位按照工作职责各负其责、协同推进,根据职责分工完善并推动落实各项配套政策措施。各设区市要加强组织领导,建立相应的普惠金融发展工作协调机制,结合本地经济金融发展实际,制定具体落实方案,细化支持政策和配套措施,扎实推进各项工作。

（二）强化法制保障

加强地方立法,抓紧起草《江苏省地方金融条例》,明确各类普惠金融服务主体行为规范,依法保护各方权益,维护竞争公平有序、要素合理流动的金融市场环境。建立金融政法联动机制,完善金融执法体系。协调法院加快金融案件立案、审判、执行速度,推行金融案件审判程序繁简分流,加大简易程序适用力度。严厉打击恶意逃废金融债权的违法犯罪行为,切实保护金融企业合法权益。

（三）完善考评机制

建立对意见实施情况的跟踪监测、检查和评估制度,把意见目标任务完成情况纳入各级地方政府工作目标责任制考核内容,定期公布检查评估结果,确保各项政策措施落到实处。构建全省金融机构工作绩效评价体系,对评价较高的金融机构,在货币政策工具使用、差异化监管、风险资金补偿等方面给予倾斜。完善金融业综合统计分析和数据共享制度,强化非现场监管信息系统建设,逐步将各类新型金融市场主体纳入统计监测范围。加强实施情况信息披露,建立群众评价反馈机制和第三方评价机制,鼓励公众参与监督,切实推进意见实施。

江苏省人民政府

2018 年 1 月 7 日

江苏省市场监管信息平台运行管理办法

第一章 总 则

第一条 为充分发挥江苏省市场监管信息平台在加强事中事后监管、提高政府监管效能、促进社会诚信体系建设中的作用，根据国家法律、法规和国务院有关文件规定，结合江苏实际，制定本办法。

第二条 本办法用于规范全省政府部门应用江苏省市场监管信息平台（以下简称市场监管平台）开展涉企信息归集、证照联动监管、失信联合惩戒和"双随机、一公开"抽查工作。

第三条 江苏省市场监管信息平台是政府部门对市场主体开展跨部门协同监管、联合惩戒和政府部门涉企信息统一归集、共享交换的工作平台。市场监管平台归集并记于企业名下的信息，由工商和市场监管部门（以下简称工商部门）及时推送至同级数据共享交换平台和公共信用信息平台。

第四条 本办法所称市场主体，是指在江苏依法登记注册的企业、个体工商户、农民专业合作社以及企业或农民专业合作社的分支机构、外国企业常驻代表机构和在中国境内从事经营活动的外国（地区）企业。

第五条 政府部门涉企信息是指依法应当公示的市场主体信息，包括市场主体注册登记备案、动产抵押登记、股权出质登记、知识产权出质登记、商标注册、纳入经营异常名录和严重违法失信企业名单（"黑名单"）、行政许可、行政处罚、监督检查结果（包括抽查结果、专项检查结果、重点检查结果等），以及其他依法应当公示的市场主体信息。

第六条 政府部门通过市场监管平台归集、使用和管理涉企信息应当遵循"统一归集、及时准确、共享共用"和"谁产生、谁提供、谁负责"以及保护国家秘密、商业秘密和个人隐私的原则。

第七条 省工商局牵头组织市场监管平台的建设，定期汇总发布《江苏省政府部门涉企信息归集资源目录》，统筹推进系统运行和管理，会同有关部门对平台应用情况进行检查考核。

设区市、县级人民政府推进本行政区域市场监管平台的应用和管理，确保本行政区域内政府部门充分应用好平台。

各部门负责本部门的系统用户管理、本单位业务系统与市场监管平台的联通，按照《江苏省政府部门涉企信息归集资源目录》向市场监管平台提供本部门产生的涉企信息，在职责范围内做好涉企信息更新和共享交换工作。

第八条 市场监管平台建设是加强事中事后监管工作的重要内容，平台建设、管理和维护经费列入各级政府财政预算。

第二章 系统应用管理

第九条 各级工商部门为市场主体办理登记注册后,应当将市场主体设立、变更、撤销、撤回、注销登记和吊销执照等信息实时推送至市场监管平台。

市场主体登记的经营范围中涉及省政府公布的《工商登记前置改后置审批事项目录》所列事项的,工商部门将市场主体登记信息推送至市场监管平台"许可市场主体"库。经营范围中不涉及《工商登记前置改后置审批事项目录》所列事项的,工商部门将市场主体登记信息推送至市场监管平台"非许可市场主体"库。审批部门或行业主管部门向工商部门提供其审批或监管的行业常用语清单的,工商部门办理登记注册后,将经营范围中涉及清单所列行业常用语的市场主体登记信息精准推送至同级审批部门或行业主管部门。

第十条 审批部门登录市场监管平台查阅同级工商部门推送的市场主体登记信息,下载属于应由本部门审批的市场主体信息,按照"谁审批、谁监管,谁主管、谁监管"的原则,主动做好行政指导,将其纳入监管对象范围,履行审批或监管职责,强化事中事后监管。

市场主体的经营范围中涉及审批事项的,审批部门根据申请人的申请作出许可或不予许可的决定后,应当自决定作出之日起7个工作日内将处理结果传送至市场监管平台。

市场主体的经营范围中虽不涉及审批事项但国家法律、行政法规明确行业主管部门的,行业主管部门应在获取市场主体工商登记信息后将其纳入监管对象范围,依法履行监管职责,并及时反馈监督检查结果信息至市场监管平台。

第十一条 审批部门、行业主管部门、工商部门通过市场监管平台逐步建立发证发照、先证后照、先照后证、无证无照等许可证管理与营业执照管理之间证照联动监管、执法协作的协同监管模式。

工商部门将市场主体注销、营业执照被吊销等信息共享至平台,审批部门获取信息后,依法撤销、注销或吊销相关许可证,并将处理结果在7个工作日内传递至市场监管平台。

审批部门作出许可证或批准文件的核准、变更、注销、撤销、撤回、吊销等行政决定后,应当自作出决定之日起7个工作日内将相应的许可证或批准文件信息推送至市场监管平台。工商部门获取许可证被注销、撤销、撤回、吊销信息后,依法对市场主体分别采取纳入警示管理、责令限期办理相关登记手续、吊销营业执照等联动监管措施。

审批部门或行业主管部门对市场主体实施行政指导、抽查检查等监督管理活动中,发现市场主体在登记的住所(经营场所)无法联系的,可将市场主体查无下落线索信息录入平台,工商部门依据线索实施核查。经查实市场主体在登记的住所(经营场所)无法联系的,依法将其纳入经营异常名录管理并通过国家企业信用信息公示系统(江苏)向社会公示。

第十二条 政府部门将所监管领域的涉企失信当事人信息推送至市场监管平台,实现部门之间失信当事人信息实时传递。在管理企业经营、投融资、取得政府供应土地、进出口、出入境、招投标、政府采购、取得荣誉、安全许可、生产经营许可、从业任职资格、资质审核、监督检查等工作中对失信当事人依法实施跨地区、跨部门、跨领域协同监管和联合惩戒。

第十三条 审批部门、行业主管部门应当自作出有关决定之日起 7 个工作日内将涉企信息推送至市场监管平台。工商部门自平台归集涉企信息之日起 20 个工作日内将信息记于企业名下,并依法将应当公示的涉企信息通过国家企业信用信息公示系统(江苏)公示。

第十四条 政府部门依托市场监管平台开展"双随机、一公开"抽查。通过建立抽查工作计划任务库、抽查事项清单库、检查对象名录库、执法检查人员名录库等基础信息库,对检查对象和执法检查人员进行双随机抽取、匹配。执法检查人员实施检查后向平台反馈抽查结果。抽查结果在国家企业信用信息公示系统(江苏)公示。

第三章 系统数据管理

第十五条 市场监管平台实行用户账号分级管理和数据授权管理。各级工商部门应当设置系统管理员,负责对本级其他政府部门、下级工商部门进行用户分配和管理。

审批部门、行业主管部门在所在地经济开发区、工业园区、保税区等功能区内没有与区内工商部门相同层级机构的,审批部门、行业主管部门应同时获得功能区市场监管平台的用户授权,以便接收功能区内工商部门推送的市场主体登记信息。

各部门应当确定本单位责任部门和责任人员指导市场监管平台在本部门的应用,明确使用管理职责、权限、流程,逐步实现数据使用管理科学化、规范化。

第十六条 各部门应及时维护和更新所提供的涉企信息,保障数据的合法性、完整性、准确性、时效性。

市场监管平台建立错误信息快速校核机制,对于未成功归集的数据向信息提供单位反馈,信息提供单位应于接收未成功归集的信息之日起 5 日内核查完毕。

各部门提供的行政许可、行政处罚信息,因行政复议、行政诉讼或者其他原因被变更、撤销或者确认违法等被改变情形的,应当及时更新信息。

第十七条 信息使用部门按照"谁使用、谁管理、谁负责"的原则,根据履行职责需要依法依规使用平台上的共享信息。未经信息提供单位授权不得直接或以改变数据形式等方式提供给第三方,也不得用于或变相用于社会有偿服务和商业用途等其他目的,不得擅自向社会发布和公开所获取的共享信息。

第十八条 市场监管平台同步至国家企业信用信息公示系统(江苏)公示的市场主体信息,市场主体、其他单位或个人认为公示的信息与实际情况不一致的,可以向市场主体所在地工商部门提出请求核实的书面申请,并提供相关证据。工商部门按照下列规定处理:

(一)经核实发现国家企业信用信息公示系统(江苏)公示的信息与来源信息确有不一致的,工商部门应在收到异议申请之日起 3 个工作日内更正。

(二)经核实发现国家企业信用信息公示系统(江苏)公示的信息与来源信息一致的,工商部门应当自收到异议信息核实申请 3 个工作日内向信息提供单位转交异议信息核实申请。信息提供单位应当自收到异议信息核实申请之日起 15 个工作日内进行核查。与实际情况一致的,信息提供单位书面答复申请人并说明理由;与实际情况不一致的,应当在市场监管平台及时修正异议信息。

第十九条　省工商局应当按照信息系统安全等级保护基本要求,建立平台安全管理制度,切实保障信息共享交换时的数据安全。信息提供单位和使用单位要加强信息采集、共享、使用时的安全保障工作,落实本单位对接平台的网络安全防护措施。

共享信息涉及国家秘密的,提供单位和使用单位应当遵守有关保密法律法规的规定,在信息共享工作中分别承担保障责任。

第二十条　工商部门对平台应用情况进行定期通报,会同同级政府指定的其他部门对依托市场监管平台开展证照联动监管、失信联合惩戒、跨部门跨行业联合双随机抽查、涉企信息的归集、异议信息处理等情况进行监督检查。

第四章　责任追究及附则

第二十一条　部门违反本办法,有下列行为之一的,由上一级部门或监察机关依法处理。构成犯罪的,依法追究刑事责任。

（一）无正当理由拒不更正错误信息或拒不处理异议信息;

（二）非法修改、删除已公示的涉企信息;

（三）违规使用市场监管平台的信息,造成国家秘密、商业秘密和个人隐私泄漏的;

（四）将信息用于或变相用于社会有偿服务和商业用途等其他目的。

第二十二条　部门应用市场监管平台开展协同监管和失信联合惩戒、市场主体涉企信息的归集、使用和管理工作情况,各级政府应当列入部门绩效考评指标体系。

第二十三条　本办法自印发之日起施行。

政府关于鼓励社会力量兴办教育促进民办教育健康发展的实施意见

苏政发〔2018〕31 号

各市、县(市、区)人民政府,省各委办厅局,省各直属单位:

民办教育是教育事业的重要组成部分,促进民办教育持续健康发展事关教育现代化建设。进入新时代,我省民办教育工作要认真贯彻党的十九大精神,以习近平新时代中国特色社会主义思想为指导,全面贯彻党的教育方针,坚持社会主义办学方向,坚持把立德树人作为根本任务,坚持分类管理、公益导向,创新体制机制,完善扶持政策,提高教育质量,加强规范管理,进一步调动社会力量兴办教育的积极性,努力办好人民满意的教育,为建设"强富美高"新江苏提供人才支撑和智力保障。根据《中华人民共和国民办教育促进法》和《国务院关于鼓励社会力量兴办教育促进民办教育健康发展的若干意见》(国发〔2016〕81 号)精神,现提出如下实施意见。

一、加强党对民办学校的领导

(一)发挥学校党组织政治核心作用

加强民办学校党的建设,选好配强民办学校党组织负责人,推行向民办高校选派党组织负责人,党组织负责人一般兼任政府督导专员;民办中小学、幼儿园党组织负责人一般从学校管理层中产生,符合条件的董(理)事长、校长经上级党组织同意也可担任党组织负责人。牢牢把握党对民办学校意识形态工作的领导权、话语权,确保学校按照党的教育方针办学,切实维护学校和谐稳定。落实全面从严治党要求,民办学校党务干部纳入教育系统党务干部教育培训体系,定期开展民办学校党建工作检查考核。

(二)增强思想政治教育的针对性实效性

将思想政治教育工作纳入民办学校事业发展规划,在机构、队伍、经费等方面给予有力保障。把社会主义核心价值观融入教育教学全过程、教书育人各环节,引导学生树立正确的世界观、人生观、价值观。民办高校按规定配备专职学生辅导员和专职心理健康教育教师。

二、创新民办教育体制机制

(一)实行分类管理

对民办学校实行非营利性和营利性分类管理,非营利性民办学校举办者不取得办学收益,办学结余全部用于办学;营利性民办学校举办者可以取得办学收益,办学结余依据国家有关规定进行分配。非营利性民办学校符合社会服务机构登记管理相关规定的,到民政部门登记为社会服务机构;符合《事业单位登记管理暂行条例》等有关规定的,到事业单位登记管理机关登记为事业单位。营利性民办学校依据法律法规规定到企业登记管理部门办理登记。同时实施义务教育与非义务教育的民办学校,非义务教育阶段登记为营利性法人的,必须与义务教育阶段分设,分别登记为不同类型的独立法人,财务资产独立核算。对 2017 年 9 月 1 日前经批准设立的民办学校,可自主选择为非营利性或者营利性民办学校,原则上在 2020 年 12 月 31 日前完成分类登记,如有需要可延期至2022 年 12 月 31 日。(责任单位:省教育厅、省编办、省民政厅、省人力资源社会保障厅、省工商局)

(二)建立差别化政策体系

积极鼓励和大力支持社会力量举办非营利性民办学校,各地在政府补贴、购买服务、基金奖励、捐资激励、土地划拨、税收减免等方面对非营利性民办学校给予扶持。对营利性民办学校,可通过购买服务、税收优惠、优先保障供地等方式给予支持。(责任单位:省教育厅、省发展改革委、省财政厅、省人力资源社会保障厅、省国土资源厅、省地税局、省国税局)

(三)探索多元主体合作办学

各地要重新梳理民办学校准入条件和程序,进一步简政放权,吸引更多的社会资源进入教育领域。鼓励公办学校与民办学校相互购买管理服务、教学资源、科研成果。推广政府和社会资本合作模式,探索举办混合所有制职业院校。拓宽办学筹资渠道,鼓励组建教育融资担保公司,为民办学校提供贷款担保等服务,对产权明晰、办学行为规范、诚信度高的民办学校发放信用贷款。(责任单位:省教育厅、省发展改革委、省经济和信息化委、省财政厅、省人力资源社会保障厅、人民银行南京分行、江苏银监局)

(四)明确民办学校退出办法

捐资举办的民办学校终止时,清偿后剩余财产统筹用于教育等社会事业。2016 年 11 月 7 日《全国人民代表大会常务委员会关于修改〈中华人民共和国民办教育促进法〉的决定》公布前经批准设立的民办学校,选择登记为非营利性民办学校的,终止时依法依规进行财务清算清偿后有剩余的(出资额计算时间为 2017 年 9 月 1 日前),根据出资者的申请,从学校剩余净资产中给予出资者相应补偿,补偿数额为出资额(即学校在登记管理机关登记的开办资金数额)及其增值,增值按照清算当年中国人民银行 5 年期存款基准利率计算;同时,综合考虑出资者取得合理回报的情况、办学成本、办学效益、社会声誉等因素,可采取一次结算、分期奖励的形式,从民办教育专项资金和民办学校剩余净资产中给予出资者一定奖励,奖励数额不高于民办学校补偿后剩余净资产的 20%,其余财产继续用于其他非营利性学校办学。2016 年 11 月 7 日前经批准设立的民办学校,选择登记为营利性民办学校的,终止时财产依法清算清偿后有剩余的,依照《中华人民共和国公司法》和学校章程处理。2016 年 11 月 7 日后设立的民办学校终止时,财产处置按有关规定和学校章程处理。(责任单位:省教育厅、省编办、省民政厅、省财政厅、省人力资源社会保障厅、省审计厅、省工商局)

三、完善对民办教育的扶持政策

（一）注重财政资金引导

鼓励各地设立民办教育发展专项资金，用于发展非营利性民办学校。省财政继续安排民办高等教育发展专项资金，并根据民办高校办学绩效等给予综合奖补。建立健全民办教育政府补贴制度，完善政府购买服务的标准和程序，健全向民办学校购买就读学位、课程教材、政策咨询等教育服务的政策。义务教育阶段民办学校学生免除学杂费标准，按省定生均公用经费基准定额执行。对执行公办幼儿园收费标准的非营利性民办幼儿园，按照公办幼儿园同等标准安排生均公用经费拨款。（责任单位：省财政厅、省教育厅、省人力资源社会保障厅）

（二）落实税收优惠等激励政策

非营利性民办学校按规定享受与公办学校同等税收优惠政策。非营利性民办学校按照税法规定进行免税资格认定后，其符合条件的收入免征企业所得税。对取得社会力量办学许可证的非营利性民办学校承受土地、房屋权属用于教学的，免征契税。对企业办的各类学校、幼儿园自用的房产、土地，免征房产税、城镇土地使用税。对企业支持教育事业的公益性捐赠支出，在年度利润总额12%以内的部分，准予在计算应纳税所得额时扣除；超过年度利润总额12%的部分，准予结转以后3年内在计算应纳税所得额时扣除。从事学历教育的民办学校，对经有关部门审核批准收取的学费、住宿费等免征增值税。民办学校中的一般纳税人，提供非学历教育服务，可选择适用简易计税方法按照3%征收率计算缴纳增值税。对财产所有人将财产赠给学校所立的书据，免征印花税。对从事学历教育的营利性民办学校提供的教育服务免征增值税。（责任单位：省财政厅、省地税局、省国税局）

（三）健全民办学校用地、收费、资助等政策

各地要将民办学校新增建设用地统一纳入土地利用总体规划和年度新增用地规划，鼓励优先盘活现有建设用地，根据民办学校营利属性按规定供给土地。对现有民办学校登记为营利性的，应将其名下的划拨用地转为有偿使用，在不改变土地用途情况下，可按协议方式供地。举办者或出资者将所拥有的土地以原值过户到学校名下时，只收取工本费和登记费。放开营利性民办学校收费和非营利性民办学校非学历教育（除幼儿园外）收费，具体收费标准由民办学校依据培养成本等因素自主确定。在试点基础上有序放开部分学段非营利性民办学校学历教育收费，具体办法由省物价局会同有关部门另行制定。民办学校与公办学校学生按规定同等享受助学贷款、奖助学金等国家资助政策，民办学校应从学费收入中提取不少于5%的资金用于奖励和资助学生。（责任单位：省国土资源厅、省财政厅、省物价局、省教育厅、省人力资源社会保障厅）

（四）保障民办学校及其师生合法权益

民办学校在教学改革、专业建设、课题申报、科学研究、评优评先、教研成果奖励、科技平台建

设、人才培养工程等方面与公办学校享有同等机会和待遇。高校招生计划增量部分应向办学条件好、管理规范的民办高校倾斜,对社会声誉好、教学质量高、就业有保障的民办高校,可在核定的办学规模内自主确定招生范围和年度招生计划。义务教育阶段民办学校招生,执行免试入学的法律规定。各地不得对民办学校跨区域招生设置障碍,跨区域招生的民办学校应到招生所在地主管部门备案,保证招生秩序稳定。民办学校教师在职务评聘、评优表彰、出国进修等方面与公办学校教师享有同等权利。民办学校应按规定为教职工建立补充养老保险。依法落实民办学校师生对学校办学管理的知情权、参与权。(责任单位:省教育厅、省发展改革委、省科技厅、省人力资源社会保障厅)

四、加快民办学校现代学校制度建设

(一)完善法人治理结构和资产管理制度

民办学校应依法制定章程并按照章程管理学校,举办者依据学校章程规定的权限和程序参与学校办学和管理。董(理)事会要优化人员构成,监事会中应当有党组织领导班子成员。民办学校应明确产权关系,明确出资人、出资额度及出资比例,明确学校法定代表人。民办学校举办者应依法履行出资义务,将出资用于学校办学的土地、校舍和其他资产足额过户到学校名下。(责任单位:省教育厅、省编办、省财政厅、省人力资源社会保障厅)

(二)规范学校办学行为

民办学校办学条件应符合设置标准和要求,在校生数控制在审批机关核定的办学规模内。民办学校应按照有关规定进行宣传和招生,招生简章和广告发布后须报有关部门备案。(责任单位:省教育厅、省人力资源社会保障厅)

(三)严格安全管理责任

民办学校选址和校舍建筑应符合现行国家抗震设防、消防技术、安防建设等相关标准,教学用房、学生宿舍、食堂抗震设防类别不低于重点抗震设防类标准,新建学校应同步建成应急避难场所。加强师生安全教育培训,定期开展安全演练,发生安全责任事故的,依法依规追究学校和相关责任人责任。(责任单位:省教育厅、省公安厅、省人力资源社会保障厅、省住房城乡建设厅)

五、提高民办教育质量

(一)引导学校科学定位

各地各有关部门要引导民办学校更新办学理念,深化教学改革,强化内涵建设,服务社会需求。学前教育阶段鼓励举办普惠性民办幼儿园,防止和纠正"小学化"现象;中小学坚持特色办学、优质发展,执行国家课程方案和课程标准;职业院校深化产教融合、校企合作,培养技术技能人才,服务区域经济和产业发展;高校突出高水平应用型,条件成熟的民办本科高校可举办研究生教育。(责任单位:省教育厅、省人力资源社会保障厅)

(二)强化教师队伍建设

民办学校应着力加强教师思想政治工作,建立健全教育、宣传、考核、监督与奖惩相结合的师德建设长效机制。民办学校专任教师总量与生师比应达到国家和省有关规定,每年在学费收入中安排不少于5%的资金用于教师队伍建设。支持公办学校和民办学校通过委托管理、结对帮扶、互派校长教师等方式,共同提高教育教学水平。(责任单位:省教育厅、省人力资源社会保障厅)

(三)引进培育优质教育资源

鼓励民办学校扩大对外交流合作,支持民办高校、中等职业学校与国外学校在学科、专业、课程建设以及人才培养等方面开展交流,支持民办高校、中等职业学校根据国家相关规定开展中外合作办学项目、引进外方优质教育课程,着力打造一批具有国际影响力和竞争力的民办教育品牌。(责任单位:省教育厅、省人力资源社会保障厅、省外办)

六、优化民办教育管理

(一)改进政府管理方式

各级人民政府及其部门要积极转变职能,减少事前审批,加强事中事后监管,提高政府管理服务水平。省级层面建立由省教育厅牵头,省编办、省发展改革委、省公安厅、省民政厅、省财政厅、省人力资源社会保障厅、省国土资源厅、省住房城乡建设厅、省地税局、省工商局、省物价局、省国税局等部门参加的联席会议制度,协调解决民办教育发展中的重点难点问题。积极培育民办教育行业组织,支持行业组织及其他教育中介组织在引导民办学校坚持公益性办学、创新人才培养模式等方面发挥作用。鼓励各地和民办学校按照国家、省有关规定,表彰奖励对民办教育改革发展作出突出贡献的集体和个人。(责任单位:省教育厅、省编办、省发展改革委、省公安厅、省民政厅、省财政厅、省人力资源社会保障厅、省国土资源厅、省住房城乡建设厅、省地税局、省工商局、省物价局、省国税局)

(二)实施监督检查制度

强化对新设立民办学校的举办者资格、资金投入、学校章程等方面的审核工作,加大对无证无照等违法违规办学行为的查处力度,不定期组织开展跨部门联合检查,推行综合执法。逐步建立民办学校信用评价、质量认证和评估制度。(责任单位:省教育厅、省编办、省民政厅、省财政厅、省人力资源社会保障厅、省工商局、省物价局)

江苏省人民政府

2018 年 2 月 22 日

省政府办公厅关于进一步推进物流降本增效促进实体经济发展的实施意见

苏政办发〔2018〕17 号

各市、县（市、区）人民政府，省各委办厅局，省各直属单位：

为认真贯彻落实党的十九大精神，以习近平新时代中国特色社会主义思想为指引，推进供给侧结构性改革，加快培育物流业发展新动能，进一步推进物流降本增效，营造物流业良好发展环境，促进实体经济健康发展，根据《国务院办公厅关于进一步推进物流降本增效促进实体经济发展的意见》（国办发〔2017〕73 号）精神，结合我省实际，提出如下实施意见。

一、着力深化"放管服"改革

（一）简化行政审批程序

按照简政放权、放管结合、优化服务改革要求，在确保企业生产运营安全的基础上，清理、归并和精简物流企业和物流从业人员的证照资质，加强事中事后监管。指导各地开展快递领域在同一工商登记机关管辖范围内实行"一照多址"改革。进一步简化快递企业设立分支机构备案手续，完善末端网点备案制度。严格落实快递业务员职业技能确认与快递业务经营许可脱钩政策。（责任单位：省工商局、邮政管理局）

（二）完善证照管理和车辆检验检测制度

制定道路水路运输证件管理工作规范，优化服务流程，推进年审结果签注网上办理。加快制定普通货运车辆省内异地年审和驾驶员异地考核规范，2018 年 6 月底前实现普通货运车辆省内异地年审和驾驶员省内异地考核。督促各地取消危险货物道路运输驾驶员异地从业资格证转籍要求。推进普通货运车辆安全技术检验、综合性能检测和环保检测结果互认，杜绝重复检测、重复收费，推动安检、综检和环检"三站合一"，减少杜绝重复检测、重复收费。严格落实取消营运车辆二级维护强制性检测政策。（责任单位：省交通运输厅、公安厅、质监局、环保厅）

（三）优化道路运输通行管理

落实跨省大件运输并联许可全国联网工作，推进由起运地省份统一受理、沿途省份限时并联审批。各地应科学合理规划货车通行区域，完善货车通行证制度，对需要进入城市限行、禁行区域的货车，发放指定时间和线路的通行证。完善城乡物流配送跨部门协同工作机制，进一步完善城市配送车辆通行管理政策，统筹优化交通安全和通行管控措施。（责任单位：省交通运输厅、公安厅、商务厅）

（四）规范公路、水路货运执法行为

科学合理设置公路超限检测站。严格执行货车超限超载违法行为处罚有关规定,开展联合执法,实行由交通部门公路管理机构负责监督消除违法行为、公安交管部门单独处罚记分的治超联合执法模式,对货车超限超载违法行为的现场检查处罚一律引导至省政府批准设立的公路超限检测站进行,坚决杜绝乱处罚和重复处罚,维护货车驾驶人合法权益。积极推行行政执法公示制度、执法全过程记录制度、重大执法决定法制审核制度。依据法律法规,抓紧制定公路货运、水路运输处罚事项清单,明确处罚标准并向社会公布。加强重点货运源头监管,研究制定江苏省公路超限超载处罚实施细则,落实"一超四罚"措施,研究制定高速公路入口称重管理系统建设技术要求,实施高速公路入口称重劝返模式。严格货运车辆、船舶执法程序,执法人员现场执法时必须持合法证件,规范使用执法记录仪等执法监督设备。公路货运和水路货运罚款落实罚缴分离政策,按照规定要求统一缴入国库。完善公路货运、水路货运执法财政经费保障机制。进一步健全监督制约机制,完善货运执法监督举报平台。(责任单位:省交通运输厅、省公安厅、省水利厅、省财政厅、江苏海事局,各设区市人民政府)

（五）推进贸易通关便利化

全面推进海关通关一体化改革,实行"一次申报、分步处置"通关模式,推行"自报自缴",简化通关环节,提升通关效率。优化流程管理、深化审单放行改革,持续提高检验检疫口岸放行效率。加快推进国际贸易"单一窗口"建设,积极推广应用"单一窗口"标准版,实现一点接入、共享共用、免费申报。全面加强电子口岸平台与各口岸和口岸管理部门的系统对接。鼓励支持内河运输企业探索开展内外贸集装箱同船运输业务。(责任单位:南京海关、江苏检验检疫局、省公安厅、省交通运输厅、江苏海事局)

二、切实推进降税清费工作

（一）优化车辆通行收费

组织开展高速公路分时段、分路段差异化收费调查研究,研究制定我省高速公路分时段差异化收费方案。全面推广货车使用电子收费系统(ETC)非现金支付方式。继续实施货车通行费优惠政策,对持有"运政苏通卡"的货运车辆享有通行费优惠 10% 的政策,延续到 2020 年 12 月 31 日。继续严格执行鲜活农产品"绿色通道"政策,免收整车合法装载运输鲜活农产品车辆通行费。积极落实中欧班列通行优惠政策,实行中欧班列货物进出连云港、南京、苏州、徐州、南通等地主要铁路装车点和集货点的公路集装箱运输免收过路费等扶持政策。逐步减少普通国省干线公路收费站数量。(责任单位:省交通运输厅、物价局、财政厅、经济和信息化委)

（二）降低水路运输收费

全面清理涉及水运的各类收费,规范过闸费等收费项目。将全省交通船闸过闸费、水利船闸过

闸费(不含经营性船闸)分别在现有征收标准上给予20％、10％的优惠政策延续到2020年12月31日。对集装箱货运船舶过交通船闸、水利船闸免收过闸费。(责任单位:省交通运输厅、水利厅、物价局、财政厅)

(三)做好公路水路通行费等营改增相关工作

落实收费公路通行费增值税发票开具工作实施方案,完成收费公路收费系统改造,依托全国统一的收费公路通行发票服务平台,开具高速公路通行费增值税电子发票。进一步落实好国家增值税抵扣政策,做好经营性道路、桥、闸通行费增值税抵扣工作。(责任单位:省交通运输厅、国税局、财政厅)

(四)加大物流领域收费清理力度

全面梳理物流领域的行政事业性收费、经营服务性收费和行业协会收费,加强监督管理,严禁不按政策标准收费。完善港口服务价格形成机制,改革拖轮计费方式,落实国家港口收费计费办法。全面清理口岸各类收费,规范收费项目,免除查验没有问题外贸企业的吊装、移位、仓储等费用,降低集装箱进出口环节合规成本。清理规范铁路运输企业收取的杂费、专用线代运营代维护费用、企业自备车检修费用等,以及地方政府附加收费、专用线产权或经营单位收费、与铁路运输密切相关的短驳等两端收费。(责任单位:省交通运输厅、物价局、经济和信息化委、财政厅,各设区市人民政府)

(五)落实物流相关税收政策

按照国家统一部署,贯彻落实好交通运输业个体纳税人异地代开增值税发票管理制度,做好纳税宣传和代开发票服务工作。用好江苏政务服务网,加强与国税系统对接,为个体纳税人提供网上纳税申报服务。按规定全面落实物流企业大宗商品仓储设施用地城镇土地使用税减半征收优惠政策。加大政策宣传力度,确保物流领域相关税收政策落实到位。(责任单位:省国税局、财政厅、地税局)

三、提升枢纽通道物流服务能力

(一)加强跨区域物流通道建设

进一步强化沿沪宁线、沿长江、沿海、沿东陇海、沿运河五大物流通道能力,重点推进过江通道建设,增强过江通道能力,提升交通基础设施互联互通水平和关键物流节点功能。全力推进连云港-霍尔果斯串联起的新亚欧陆海联运通道建设,协力打造"一带一路"合作倡议下的标杆和示范项目。(责任单位:省发展改革委、交通运输厅、经济和信息化委、商务厅,相关设区市人民政府)

(二)打造一批重点物流枢纽

结合国家级物流枢纽布局和建设规划,进一步强化南京、徐州、苏州、连云港四大综合性物流枢纽功能。着力推进南京长江区域性航运物流中心、南京空港枢纽经济区、徐州铁路枢纽、太仓集装箱干线港等建设发展。加快推进上合组织(连云港)国际物流园建设,建成面向"一带一路"沿线国

家的区域性国际物流枢纽。（责任单位：省发展改革委、交通运输厅、经济和信息化委，相关设区市人民政府）

（三）加快完善物流集疏运体系

加强铁路、公路、水运、民航、邮政等基础设施建设衔接。依托重点港区、多式联运枢纽、物流园区和重要空港等节点，推进入园、入港区铁路专用线、集装箱多式联运设施、内河集疏运航道建设以及航空货运站的改造扩建，进一步提升中转联运设施功能。重点开辟通向全球主要枢纽机场和重要城市的国际远程航线，形成通达欧美、辐射亚洲的国际航空货运网络。加快南京机场大通关基地建设，提升陆空联运及空空联运能力。推动交通、邮政融合发展，在主要交通枢纽规划建设一批邮件、快件集散处理中心、转运中心等基础设施。进一步落实国家利用车购税等相关资金支持港口集疏运铁路、公路建设的相关政策，畅通港站枢纽"微循环"。（责任单位：省交通运输厅、发展改革委、铁路办、经济和信息化委、邮政管理局、财政厅，相关设区市人民政府）

（四）提升铁路物流服务水平

充分发挥铁路长距离干线运输优势，进一步提高铁路货运量占全省货运总量的比重。加快推进铁路物流基地建设，重点推动解决铁路运输"最后一公里"问题。大力发展铁路集装箱多式联运，统筹布局铁路集装箱办理站和还箱点，加快形成点、线、网相互协调、技术设备先进、功能完善的铁路集装箱运输网络。支持铁路运输企业与港口、园区、大型制造企业、物流企业等开展合资合作开行货物列车，积极推动港口、园区铁路自备线资源开放共享。加快发展高铁快运物流和电商快递班列。鼓励企业自备载运工具的共管共用，提高企业自备载运工具的运用效率。大力推进物联网、无线射频识别（RFID）等信息技术在铁路物流服务中的应用。（责任单位：省发展改革委、经济和信息化委、交通运输厅、铁路办、邮政管理局，相关设区市人民政府）

（五）推进中欧班列集约化发展

加强对全省中欧班列的统筹协调和资源整合，进一步增强中欧班列区域竞争力。贯彻落实《江苏省中欧班列建设发展规划实施方案（2017—2020）》，提升江苏中欧班列品牌影响力，加快形成布局合理、设施完善、便捷高效、安全畅通的中欧班列综合服务体系。推进中欧班列运营模式创新，形成沿途加挂、分拨的联运机制，重点打造"连新亚""宁新亚""苏满欧"等中欧班列品牌。（责任单位：省交通运输厅、发展改革委、经济和信息化委、交通运输厅、商务厅、铁路办）

四、大力发展智慧物流

（一）推动物流数据开发共享

依托江苏省大数据中心，推进公路、铁路、航空、水运、邮政及公安、工商、海关、质检等领域相关物流数据对接和开放共享，加快开展物流大数据应用示范。加强物流信息资源整合，推动跨地区、跨行业物流信息互联共享，推进各物流园区之间实现信息联通兼容。（责任单位：省经济和信息化

委、发展改革委、交通运输厅、邮政管理局、商务厅、公安厅、工商局、质监局、国税局,江苏检验检疫局,南京海关)

(二)加强物流公共信息平台建设

加快物流业与互联网融合。落实《江苏省企业互联网化提升计划》,推动物流企业物流管理的信息化应用和互联网化提升。鼓励建设物流公共服务云平台和物流行业特色应用平台,打造一批集政府服务和监管、在线交易和跟踪、在线支付和结算、信息发布、产品展示、推广营销、互动交流、系统及设备终端应用等功能为一体的具有行业和区域影响力的物流信息平台。(责任单位:省经济和信息化委、发展改革委、交通运输厅、商务厅)

(三)推广应用高效便捷物流新模式

推进实施"互联网+高效物流",大力发展"互联网+"车货匹配、"互联网+"运力优化、"互联网+"运输协同、"互联网+"仓储交易等新业态、新模式。加大政策支持力度,培育一批骨干龙头企业,深入推进无车承运人试点工作,通过搭建互联网平台,创新物流资源配置方式,扩大资源配置范围,实现货运供需信息实时共享和智能匹配。加快推进重点船闸内河船舶智能过闸、调度、排挡系统的开通运行。(责任单位:省经济和信息化委、交通运输厅、发展改革委)

(四)加强物流技术装备研发与应用

加快移动互联网、大数据、物联网、云计算等现代信息技术在物流中的应用开发及推广,推进运输、仓储、装卸、包装、配送等物流环节的智能化建设。加快推进关键物流技术装备产业化进程,加强物流机器人、自动分拣设备等智能化物流装备的研发创新和推广应用。培育一批物流企业技术中心,加大对科技型中小物流企业的支持力度,进一步提升物流企业的技术水平和创新能力,支持具备条件的物流企业申报高新技术企业。支持物流龙头企业依托自身优势建设众创空间、孵化器等载体平台,提供专业化的创新创业孵化服务。(责任单位:省经济和信息化委、科技厅)

五、推进制造业供应链应用创新

(一)推进供应链创新和应用示范

适应现代产业柔性、智能、精细发展要求,提升制造业供应链管理的精益化、定制化、一体化水平。按照国家打造大数据支撑、网络化共享、智能化协作的智慧供应链体系要求,完善我省重点产业供应链体系,推广先进供应链管理经验,加快培育一批供应链创新与应用示范企业,建设一批跨行业、跨领域的供应链协同、交易和服务示范平台。(责任单位:省经济和信息化委、商务厅、发展改革委)

(二)提升制造业物流管理水平

对接制造业转型升级需求,大力支持提供精细化、定制化、一体化服务的第三方物流发展,提高面向线上线下双重渠道的供应链整合能力。依托特色产业集群和先进制造业基地,加快建设与制造业配套衔接的公共外库等仓储配送设施。鼓励大型生产制造企业开放自营物流系统,面向社会提供公共物流服务。鼓励快递企业全面服务制造企业,提供精准、便利的个性化服务。积极开展制造业物流成本核算与对标,引导企业对物流成本进行精细化管理,提高制造业物流管理水平。(责任单位:省经济和信息化委、发展改革委、邮政管理局)

六、加快城乡物流网络建设

(一)大力发展共同配送

开展城乡高效配送专项行动,通过科学布局、整合资源、完善机制,加强网络构建、模式创新、技术应用、共享协同,推进城乡配送网络化、集约化、标准化,进一步完善城市共同配送体系。推进城乡配送公共信息平台建设,积极推广"货的""定制化配送公交"等新型末端配送模式。鼓励使用节能与新能源车辆从事共同配送,按规定对符合条件的节能和新能源汽车给予财政补助。加快研究制定我省快递专用电动三轮车的技术标准及上路行驶和停靠规定,建立源头管控和路面联动的邮政快递末端配送车辆管理模式。(责任单位:省商务厅、交通运输厅、公安厅、邮政管理局、发展改革委、经济和信息化委、财政厅)

(二)完善配送网络节点

统筹规划建设一批开放共享、干线运输与城乡配送有效衔接的共同配送中心。整合利用城市商业网点、快递网点、社区服务机构等设施资源,建设公共末端配送网点。在学校、社区、机关等区域合理布局邮政服务用房用于建设末端配送站,加强智能快递柜、智能信包箱等末端配送设施建设。加强配送车辆停靠作业管理,结合实际设置专用临时车位等停靠作业区域。(责任单位:省商务厅、交通运输厅、邮政管理局、公安厅、住房城乡建设厅、国土资源厅、发展改革委、经济和信息化委)

(三)加快农村物流设施建设

按照县、乡、村三级网络架构和"多站合一、资源共享"的模式,推进三级农村物流节点体系建设。以县为重点规划建设连锁经营共同配送体系,加快推进农产品进城和工业品下乡的双向物流配送体系建设。加强农村公共仓储设施建设,推进交通运输、商贸流通、供销、邮政等物流资源与电商、快递等企业的物流服务网络和设施共享衔接,提升农村邮政网点、村邮站、电商服务网点、三农服务站等物流服务功能。(责任单位:省交通运输厅、商务厅、供销社、邮政管理局)

七、加强物流标准化建设

(一)建立健全物流标准化体系

加快物流信息标准、服务标准和管理标准的研究、制定与推广。支持仓储设施、转运设施、运输工具、停靠和装卸站点的标准化建设和改造,推动条形码、RFID 等物流技术及智慧物流信息标准化建设。推广应用电子运单、电子仓单、电子面单等电子化单证。积极推动铁路集装箱多式联运标准化建设。推进无锡等市国家物流标准化试点和苏州市供应链体系建设。（责任单位：省质监局、商务厅、经济和信息化委、交通运输厅、铁路办、邮政管理局）

（二）加强物流装载单元化建设

加强物流标准的配套衔接。鼓励商贸流通企业、制造企业、标准托盘运营企业、物流园区、第三方物流企业开展标准托盘（1200mm×1000mm）及包装基础模数（600mm×400mm）的应用推广及循环利用，促进包装箱、周转箱、集装箱等上下游设施设备的标准化，推动标准装载单元器具的循环共用，做好与相关运输工具的衔接。加快推进区域性、全国性托盘循环共用系统及叉车公共租赁平台建设，鼓励开展托盘租赁、维修等延伸服务。鼓励推广使用共享快递盒。（责任单位：省商务厅、质监局、经济和信息化委、邮政管理局、发展改革委）

（三）推进运输工具标准化集装化

推进货运车型标准化，推广使用中置轴汽车列车、厢式货车等专用货车，促进货运车辆标准化、轻量化。适时启动不合规平板半挂车等车型治理工作，分阶段有序推进车型替代和分批退出，2018年6月底全面完成不合规车辆运输车更新淘汰。大力推动甩挂运输发展，培育一批甩挂运输龙头示范企业。深化推进船型标准化，加快推广内河集装箱船型、绿色环保船型，推动我省研究的江河、江海直达船型纳入部颁船型标准并推广应用。（责任单位：省交通运输厅、公安厅、经济和信息化委）

八、充分发挥示范带动作用

（一）深入推进物流园区示范工程

培育一批辐射带动能力强、技术水平先进、集散能力突出、用地节约集约、公共服务完善的省级示范物流园区和省级重点物流基地，推动园区（基地）在多业融合、多式联运、共同配送、智慧物流、绿色物流、公共平台等领域开展试点示范。进一步完善示范园区考核评价体系，对考核评价优秀的省级示范物流园区，在资金、政策等方面大力扶持，并推荐申报国家级示范物流园区。（责任单位：省发展改革委、经济和信息化委、国土资源厅、住房城乡建设厅）

（二）继续开展多式联运示范工程

推进部、省级多式联运示范工程项目建设，完善多式联运示范工程动态管理工作机制，做好部、省示范工程项目运营情况动态监测工作，组织开展省示范工程年度目标考核和跟踪评估，加大支持运行效果好的示范项目，逐步淘汰运行效果不佳的项目。在建立合作机制、完善基础设施、联运信息共享、运输规则规范等方面形成试点示范，探索提供"一单制"的多式联运全程运输服务，有效推动我省多式联运运营模式和联运产品创新，提升一体化运输组织和服务效能。（责任单位：省交通运输厅、发展改革委、经济和信息化委）

（三）开展智能仓储示范工程

按照国家提高物流仓储智能化、信息化水平，以点带面推动传统仓储转型升级的要求，推进我省智能化仓储示范工作，推广应用大数据、云计算、物联网、移动互联网等先进技术和智能化装备，提升仓储、分拣、包装等作业效率和仓储管理水平，降低物流仓储成本。（责任单位：省经济和信息化委、发展改革委、商务厅）

九、强化要素保障力度

（一）加强对物流发展的规划和用地支持

各地在编制城市总体规划和土地利用总体规划时，要综合考虑物流发展用地，统筹安排物流及配套公共服务设施用地选址和布局，在综合交通枢纽、产业集聚区等物流集散地布局和完善一批物流园区、配送中心等，确保规划和物流用地落实，禁止随意变更。对纳入国家和省级示范的物流园区新增物流仓储用地给予重点保障，对符合省支持和保障重大产业项目用地计划暂行办法的物流项目，优先安排用地计划。对政府供应的物流用地，应纳入年度建设用地供应计划，依法采取招标、拍卖或挂牌等方式出让。鼓励各地通过弹性出让、长期租赁、先租后让、租让结合等多种方式供应物流仓储等工业用地。积极支持利用工业企业旧厂房、仓库和存量土地资源建设物流设施或提供物流服务，涉及原划拨土地使用权转让或租赁的，经批准可采取协议方式办理土地有偿使用手续。在符合相关规定的前提下，经市、县人民政府批准，利用现有房屋和土地兴办生产性服务业等的，可实行继续按原用途和土地权利类型使用土地的过渡期政策，过渡期为5年。研究建立重点物流基础设施建设用地审批绿色通道，提高审批效率。（责任单位：省住房城乡建设厅、国土资源厅，各设区市人民政府）

（二）加大对物流设施建设的投融资支持力度

加大对物流基础设施的投资扶持力度，特别是支撑"一带一路"、长江经济带战略实施的关键性、枢纽性物流设施建设。国家和省专项资金优先支持示范物流园区、重点物流基地、多式联运枢纽和列入规划的重点物流项目。支持符合条件的国有企业、金融机构、大型物流企业集团等设立现代物流产业发展投资基金。鼓励金融机构探索适合物流业发展特点的供应链金融产品和融资服务方案，通过完善供应链信息系统研发，实现对供应链上下游客户的内外部信用评级、综合金融服务、系统性风险管理。支持银行依法探索扩大与物流公司的电子化系统合作。鼓励物流企业采用发行企业债、公司债、短期融资券、中期票据、定向工具、资产证券化等方式拓展融资渠道。（责任单位：省发展改革委、财政厅、金融办、经济和信息化委、商务厅、交通运输厅，江苏证监局，人民银行南京分行）

（三）健全物流行业信用体系

落实国家部委《关于对运输物流行业严重违法失信市场主体及其有关人员实施联合惩戒的合

作备忘录》,对失信企业在行政审批、资质认定、银行贷款、工程招投标、债券发行等方面予以限制,构建守信激励和失信惩戒机制。(责任单位:省经济和信息化委、交通运输厅、工商局、发展改革委,省现代物流协会)

(四)强化人力资源保障

充分发挥我省科教人才优势,推动物流企业与高等院校、科研院所和技工院校开展多种形式的合作,校企合作共建物流实训基地和实验基地,校企双方共同培养物流专业技能人才。大力开展职业技能培训,积极提升物流从业人员的技能水平和职业素养,强化中高层管理人员的物流管理能力培养,形成多层次的物流教育培训体系。落实国家降低社保费率政策,切实降低企业用工成本。(责任单位:省教育厅、人力资源社会保障厅、经济和信息化委)

各地各有关部门要充分认识物流降本增效对深化供给侧结构性改革、促进实体经济发展的重要意义,加强组织领导,明确责任分工,结合本地本部门实际,深入落实本实施意见明确的各项政策措施,完善制定相关实施细则,扎实推进各项工作。省发展改革委会同相关部门加强工作指导和督促检查,成立联席会议制度,定期研究会商,及时解决政策实施中存在的问题,确保各项政策措施的贯彻落实。

江苏省人民政府办公厅

2018 年 2 月 17 日

省物价局关于印发江苏省景区门票和相关服务价格管理办法的通知

苏价规〔2018〕1号

各设区市物价局：

现将《江苏省景区门票和相关服务价格管理办法》印发你们，请结合实际，认真贯彻执行。

江苏省物价局

2018年1月24日

江苏省景区门票和相关服务价格管理办法

第一条 为了规范景区门票和相关服务价格行为，维护旅游市场价格秩序，保护旅游者和旅游经营者合法权益，促进全省旅游业持续健康发展，依据《中华人民共和国价格法》《中华人民共和国旅游法》和《江苏省价格条例》等法律法规，结合本省实际，制定本办法。

第二条 本省行政区域内对外开放的风景名胜区、自然与文化遗产地、红色旅游景区、自然保护区、乡村旅游区、人文景观（含文物古迹、宗教场所、博物馆、纪念馆、科技馆等）和公园（含动物园、森林公园、地质公园、城市休闲公园等）等景区门票和相关服务价格行为的管理，适用本办法。

第三条 各级价格主管部门是景区门票和相关服务价格的主管部门，依法对景区门票和相关服务价格实施管理和监督。

第四条 制定或者调整景区门票和相关服务价格应当遵循经济效益、社会效益和生态效益相统一的原则，实行属地管理，分级负责。

第五条 景区门票和相关服务价格实行政府指导价或者市场调节价。

利用公共资源建设的景区门票，以及景区内具有垄断服务性质的交通运输服务价格、配套停车场服务收费实行政府指导价。旅游经营者可以在政府指导价范围内，自主确定价格水平。景区内其他已经形成充分竞争的服务价格实行市场调节价。

非利用公共资源建设的景区门票和相关服务价格，实行市场调节价。

第六条 实行政府指导价的景区门票和相关服务价格应当保持基本稳定，从严控制价格上涨。

因景区核心游览项目增加、游览面积扩大、成本支出大幅增加等因素，确需调整门票和相关服务价格的，价格主管部门可以根据景区实际运营成本，综合考虑景区公共服务特性、社会承受能力等因素，适当调整景区门票和相关服务价格。

上级价格主管部门应当加强对下一级价格主管部门景区门票价格管理工作的协调指导，保持本行政区域内门票价格合理稳定。

第七条　制定或者调整实行政府指导价的景区门票和相关服务价格应当体现公益性,按照景区与群众日常生活关系的紧密程度和受保护程度等因素实行分类定价:

(一)除文物建筑及遗址类博物馆外,各级宣传文化文物部门归口管理的公共博物馆、纪念馆和美术馆,列入爱国主义教育示范基地的景区和以爱国主义教育为目的举行的各种展览,应当向社会免费开放。

(二)与居民日常生活关系密切的城市休闲公园应当体现公益性,实行免费开放。暂不具备免费开放条件的,应当实行低票价。

(三)实行保护性开放的风景名胜区、自然保护区、地质公园等景区,应当考虑景区保护和适度开放等因素,按照保本微利的原则确定门票价格。

(四)制定或者调整与宗教活动场所有关的景区门票价格时,应当听取宗教事务部门、宗教活动场所代表以及有关部门的意见。

第八条　制定或者调整实行政府指导价的景区门票和相关服务价格,应当履行价格调查、成本监审、听取社会意见、合法性审查、集体审议、作出制定价格的决定等程序。需要听证的,按有关规定执行。

第九条　合理确定景区门票价格调整时限。实行政府指导价的景区不得在法定节假日期间及之前1个月内提高门票价格。提高门票价格的景区,具体价格水平以及执行时间等应当提前6个月向社会公布。

第十条　实行政府指导价的景区门票原则上实行一票制,未经批准不得设置园中园门票。

景区内实行重点保护性开放、确有需要单独设置门票的景点,应当按照管理权限报价格主管部门批准。

景区内举办各种临时活动原则上不得加价。确有观赏价值且投入较大的景区,应当按照管理权限申报临时活动的门票价格。

第十一条　将不同景区的门票或者同一景区内不同游览场所的门票合并出售的,应当按照管理权限报告价格主管部门。合并后的价格不得高于各单项门票的价格之和,并保留各单项门票。

景区内的核心游览项目因故暂停向旅游者开放或者停止提供服务的,应当向社会公示。暂停时间较长的,应当相应降低门票价格。

景区不得在出售门票的同时强制代收保险费或者其他费用。不得区别中外游客、本地外地游客设置歧视性门票价格。景区内其他各类服务价格不得与门票捆绑销售。

第十二条　鼓励景区实行淡旺季票价和非周末促销价,引导错时错峰旅游消费。

第十三条　景区可以设置月(季、年)度门票,降低旅游成本,促进旅游消费。实行政府指导价的景区月(季、年)度门票价格按照管理权限报价格主管部门批准。

第十四条　实行政府指导价的景区,应当对未成年人、全日制在校学生、老年人、现役军人、残疾人等特定旅游消费群体实行以下价格优惠政策:

(一)对6周岁(含6周岁)以下或者身高1.4米(含1.4米)以下的儿童、70周岁(含70周岁)以上老人、残疾人以及重度残疾人的一名陪护人员凭有效身份证件免收门票;对6周岁(不含6周岁)—18周岁(含18周岁)未成年人、全日制大学本科及以下学历在校学生、60周岁(含60周岁)至70周岁(不含70周岁)的老年人凭有效证件实行半票。

（二）对中华人民共和国现役军人、军队离退休干部等特殊群体实行门票优惠政策,具体优惠幅度由各地价格主管部门制定。

（三）景区内宗教活动场所所属宗教教职人员及其工作人员,与景区内宗教活动场所所属的宗教是同一宗教的,凭有效证件进入景区前往宗教活动场所免收门票。

（四）鼓励景区根据自身特点及旅游市场情况,逐步建立免费开放日制度。

（五）法律、法规规定的其他门票价格优惠政策。

（六）鼓励各地及景区在上述政策规定的基础上,根据当地实际情况,进一步加大对特定群体的价格减免优惠力度。

第十五条 旅游经营者应当严格执行明码标价规定,在售票处显著位置公示普通门票、特殊参观点门票、联票及临时展览门票价格、门票价格优惠范围和幅度以及景区内另行收费项目的价格和投诉举报电话等信息,主动接受社会监督。

第十六条 景区的门票价格应当印制在门票票面的明显位置,不得用加盖印章等形式在票面上标示价格。

第十七条 旅游经营者应当加强门票和相关服务价格行为的管理,完善内部管理制度,规范经营服务行为,自觉接受价格主管部门的监督与检查。

第十八条 对违反本办法规定构成价格违法行为的,由价格主管部门依法查处,并对情节严重的典型案例予以曝光。

第十九条 实行市场调节价的景区门票和相关服务价格,由旅游经营者按照公平、合法、诚实信用的原则,依据生产经营成本和市场供求状况,依法自主制定。

价格主管部门应当加强事中事后监管,引导旅游经营者加强价格自律,坚持诚信经营,合理确定票价水平。

鼓励实行市场调节价的景区参照本办法对未成年人、全日制在校学生、老年人、现役军人、残疾人等特定旅游消费群体实行门票价格优惠。

第二十条 旅游者在旅游活动中应当文明旅游,诚信消费,严格遵守社会公德,自觉维护公共秩序。

第二十一条 本办法由江苏省物价局负责解释。各地价格主管部门可以依据本办法制定实施细则。

第二十二条 本办法自 2018 年 2 月 1 日起施行,有效期 5 年。期间国家如有新的规定,从其规定。《江苏省景区门票及相关服务价格管理办法》(苏价规〔2014〕7 号)同时废止。

省政府办公厅关于印发江苏省深化医药卫生体制改革规划(2018—2020年)的通知

苏政办发〔2018〕28号

各市、县(市、区)人民政府,省各委办厅局,省各直属单位:

《江苏省深化医药卫生体制改革规划(2018—2020年)》已经省人民政府同意,现印发给你们,请认真贯彻执行。

江苏省人民政府办公厅

2018年3月28日

江苏省深化医药卫生体制改革规划(2018—2020年)

医改是全面深化改革的重要内容,关系人民群众健康福祉。为全面深化医药卫生体制改革,推进健康江苏建设,根据《国务院关于印发"十三五"深化医药卫生体制改革规划的通知》(国发〔2016〕78号)和《"健康江苏2030"规划纲要》,制定本规划。

一、规划背景

2015年以来,我省认真贯彻中央决策部署,以保障人民健康为中心,积极开展省级综合医改试点。全省上下以改革试点为契机,蹄疾步稳,创新实践,推动医改工作取得了重要进展和阶段性成效。公立医院综合改革全面推开,基本医疗卫生服务能力和技术水平明显提升、公益性得到强化;分级诊疗制度建设扎实推进,基层首诊比例不断提高;社会办医规模进一步壮大,非公立医疗机构床位数和服务量占比达到20%以上;基本医疗保障水平持续提升;药品供应保障体系逐步健全;政府卫生投入政策有效落实。通过各地各部门共同努力,我省基本医疗卫生体系进一步完善,为建立现代医疗卫生体系打下良好基础。

当前,随着医改进入深水区和攻坚期,深层次体制机制矛盾日益凸显,改革的整体性、系统性和协同性明显增强。面对人民日益增长的美好生活需要和不平衡不充分的发展之间的矛盾,深化医改的任务更为艰巨。同时,经济发展进入新常态,工业化、城镇化、人口老龄化进程加快,以及疾病谱变化、生态环境和生活方式变化、医药技术创新等,都对深化医改提出了新的更高要求。党的十九大报告明确提出,实施健康中国战略,深化医药卫生体制改革,全面建立中国特色基本医疗卫生制度、医疗保障制度和优质高效的医疗卫生服务体系,健全现代医院管理制度。面对新形势、新挑战,必须在巩固前期成果、认真总结经验的基础上,进一步统一思想、坚定信心、增强定力,加强组织领导、制度创新和重点突破,推动我省综合医改试点向纵深发展,持续取得新成效,不断提高人民群众健康水平。

二、总体要求

(一)指导思想

以习近平新时代中国特色社会主义思想为指导,全面贯彻党的十九大精神,紧紧围绕统筹推进"五位一体"总体布局和协调推进"四个全面"战略布局,认真落实党中央、国务院决策部署,牢固树立并自觉践行以人民为中心的发展思想和创新、协调、绿色、开放、共享的发展理念,坚持新时期卫生与健康工作方针,坚持保基本、强基层、建机制,坚持政府主导与发挥市场机制作用相结合,坚持推进医药卫生供给侧结构性改革,坚持医疗、医保、医药联动,坚持突出重点、试点示范、循序推进,强化大健康理念,全力推动卫生与健康领域理论创新、制度创新、管理创新、技术创新,加快推进基本医疗卫生制度建设,实现发展方式由以治病为中心向以健康为中心转变,推进医药卫生治理体系和治理能力现代化,为建设健康江苏、促进经济社会发展增添新动力。

(二)主要目标

到 2020 年,全省医疗卫生资源配置进一步优化,全民医疗保障制度运行效率进一步提升,药品供应保障机制进一步完善,公共卫生和基本医疗服务公平性可及性进一步增强,医务人员积极性和创造力进一步激发,人民群众对医疗卫生服务满意度进一步提高;基本建成医疗服务、公共卫生服务、全民医疗保障、药品供应保障、医疗卫生监管五位一体的现代医疗卫生体系,基本建立覆盖城乡居民的基本医疗卫生制度,实现人人享有较高水平的基本医疗卫生服务,个人卫生支出占卫生总费用的比重控制在 28% 左右;医疗卫生体制机制活力显著增强,医疗卫生事业发展整体水平位于全国前列,城乡居民健康主要指标接近或达到国际先进水平。

三、重点任务

着力在分级诊疗、现代医院管理、全民医保、药品供应保障、综合监管等 5 项制度建设上取得新突破、新成效,同时统筹推进相关领域改革。

(一)建立科学合理的分级诊疗制度

1. 健全完善医疗卫生服务体系

制定出台医疗机构设置规划指导意见,在医疗机构设置审批、级别认定上依法严格把关,强化规划引导、约束作用。严格控制大型综合医院数量规模,控制公立医院特需服务规模,每千常住人口医疗卫生机构床位达到 4 张的,原则上不再扩大公立医院规模。严禁公立医院举债建设。落实儿童、精神、传染、康复、急救、护理、妇幼健康等医疗卫生事业专项规划,大力发展康复、护理、安宁疗护、妇产、儿科等专科医疗机构,完善接续性医疗服务体系。加强妇幼健康服务机构规划建设,

60%以上的县(市)和涉农区建成独立建制的妇幼保健院。加快推进疾病预防控制、综合监督、精神卫生、采供血、院前急救和健康教育等专业公共卫生机构现代化建设,提高公共卫生服务能力。加强精神、产儿科等急需薄弱领域公立专科医院建设。建立医院与基层医疗卫生机构之间诊疗信息共享机制,推动区域性医学检查、检验、会诊等中心建设和检验检查结果互认。优化中医药资源配置,进一步加强政府主办的中医医疗机构建设。重点建设好2—3所省级中医医院(中西医结合医院),设区市政府办好1所三级中医医院,县级政府办好1所二级以上独立建制的中医医院。支持医养融合发展,支持养老机构开展康复护理、老年病和临终关怀服务,所有医疗卫生机构开设老年人就医绿色通道,二级以上综合医院和中医医院逐步开设老年病科。到2020年,全省护理院达到200所以上。

2. 提升基层医疗卫生服务能力

加强全科医生队伍建设,提高基层卫生队伍素质。强化县级医院能力建设,加大专科扶持力度,将符合条件和标准的县(市)级医院转设为三级医院。进一步完善城乡医疗卫生机构对口支援长效机制,全面落实对口支援制度。以常见病、多发病诊疗为重点,强化乡镇卫生院、社区卫生服务中心基本医疗服务能力建设,着力提升急诊抢救、正常分娩、常规二级及以下手术、儿科、产科、老年病、中医、康复等服务能力。支持基层医疗卫生机构围绕功能定位合理拓展医疗业务范围。加强基层中医药服务能力建设,所有社区卫生服务中心、乡镇卫生院建有达到国家或省定标准的中医综合服务区(中医馆、国医堂)。推进城乡基层医疗卫生机构转设社区医院(区域性基层医疗卫生中心)试点。开展"示范乡镇卫生院""示范村卫生室""优质服务示范社区卫生服务中心"等建设,培育基层特色科室。

深化基层医疗卫生机构管理和运行机制改革。实施基层医疗卫生机构负责人任期目标责任制,强化法人主体地位,落实人事、经营、分配等方面自主权。创新人员编制管理,采取"县管乡用""乡管村用"等方式壮大基层卫生人才队伍。实施财政对基层机构核定任务、定额补助、绩效考核、动态调整的补助方式。允许基层医疗卫生机构收支结余部分按规定提取各项基金后主要用于人员奖励,合理确定基层医疗卫生机构绩效工资总量。加大对基层主要负责人考核力度,其绩效工资年薪水平由县级卫生部门根据年度考核结果确定,原则上控制在单位年人均绩效工资水平的150%—230%之间。二级以上医院要在绩效工资分配上向参与签约服务的医师倾斜。调整基层医疗卫生机构医疗服务价格,做好基层医疗卫生机构与公立医院医疗服务价格的政策衔接,对家庭医生签约新增个性化及延伸医疗服务项目,可通过与服务对象签订合同,按照服务时间、服务次数或服务人数等协商收取费用,报有关部门备案。

3. 加快实施医疗资源纵向整合

以医联体龙头医院为核心,以远程医疗信息系统建设为手段,加快医疗服务联合体建设,促进医疗资源纵向流动、资源共享。三级公立医院、妇幼保健院全部参与医联体建设并发挥引领作用。加快分级诊疗管理信息平台建设以及远程会诊、远程影像诊断、远程病理诊断、远程心电诊断、远程培训等业务系统建设。推进同级医疗机构间以及医疗机构与独立检查检验机构间检查检验结果互认及"基层检查检验、上级诊断指导"检查检验服务模式。鼓励医联体核心医院骨干医师到基层医疗卫生机构开设工作室。

4. 建立连续服务的诊疗服务新模式

按照急慢分治要求,基层逐步承接在大医院诊断明确、病情稳定的慢性病患者、康复期患者、老年病患者、晚期肿瘤患者、残疾人,提供治疗、康复服务,为有需要的居民提供长期或居家护理服务。制定基层医疗卫生机构康复医学科建设指南,推动基层医疗卫生机构加快完善康复服务功能。在基层医疗卫生机构增设康复、护理和安宁疗护床位,实现优质康复和护理服务下沉。

5. 健全基层首诊、双向转诊制度

完善双向转诊协议和程序,畅通向下转诊渠道。落实上级医院为基层医疗卫生机构、县级医院提供一定比例的专家、专科门诊等预约转诊号源,优先保证基层转诊预约。落实国家高血压、糖尿病等慢性病分级诊疗技术方案,推动基层首诊。鼓励开展基层医生首诊签约,在诊疗费减免、用药目录范围、医保报销比例、实施转诊绿色通道等方面加大政策倾斜力度。全面推进预约诊疗,开展实名制预约诊疗试点,建立基层转诊预约通道。以居民电子健康档案和电子病历互联互通、务实应用为关键,畅通双向转诊诊治信息。实行差别化医保支付政策,对符合规定的转诊住院患者连续计算起付线。完善妇幼健康分级服务制度,严格执行分级服务项目清单。

6. 大力推进家庭医生签约服务

出台家庭医生签约服务实施意见,研究建立家庭医生签约服务项目库。以老年人、孕产妇、0—6岁儿童、残疾人、慢性病人、严重精神障碍患者、农村建档立卡低收入人口、计划生育特殊家庭等人群为重点,将医疗服务和公共卫生服务有机融合,逐步扩大签约服务数量和范围。开展居家养老医养结合试点,引导老年人主动参与家庭医生签约服务。设立家庭医生签约服务费项目,对签约居民实行差别化报销政策,分层次设计签约服务包,明确服务包名称、项目内涵、收费文件依据、收费标准、医保支付标准和减免金额等,满足不同层次需求。签约服务费由医保基金、基本公共卫生服务经费和签约居民付费等共同分担。有条件的地区可结合门诊统筹探索将签约居民的门诊基金按照人头支付给基层医疗卫生机构或家庭医生团队,患者向医院转诊的,由基层医疗卫生机构或家庭医生团队支付一定的转诊费用。到2020年,家庭医生签约服务力争扩大到全人群,基本实现家庭医生签约服务制度全覆盖。

(二) 构建科学高效的现代医院管理制度

1. 完善公立医院管理体制

妥善处理医院和政府关系,实行政事分开和管办分开,推动医院管理模式和运行方式转变。加强政府在方向、政策、引导、规划、评价等方面的宏观管理,加大对医疗行为、医疗费用等方面监管力度,减少对医院人事编制、科室设定、岗位聘任、收入分配等的管理。建立和完善公立医院理事会、董事会、管委会等多种形式的法人治理结构,健全决策、执行和监督机制。把加强党的领导贯穿于公立医院治理结构,按照中央组织部公立医院领导人员管理有关规定,选拔任用公立医院领导人员。逐步取消公立医院的行政级别。各级各类医院制定章程,明确医院性质、办医宗旨、功能定位、办医方向、管理体制等内容,规范内部治理结构和权力运行规则。公立医院依法依规进行经营管理和提供医疗服务,行使内部人事管理、机构设置、中层干部聘任、人员招聘和人才引进、内部绩效考核与薪酬分配、年度预算执行等经营管理自主权。

2. 建立规范高效的运行机制

建立全员参与、覆盖临床诊疗服务全过程的医疗质量管理与控制工作制度,严格落实首诊负责、三级查房、分级护理、手术分级管理、抗菌药物分级管理、临床用血安全等医疗质量安全核心制度。加强公立医院经济管理,确保经济活动合法合规,提高资金资产使用效益。按照"分类指导、优化结构、有升有降、逐步到位"的原则,根据政府投入与物价变化情况,动态调整医疗服务价格,逐步理顺医疗服务比价关系。统筹考虑中医药特点,同步推进公立中医医院改革,落实差别化的政策措施,优化医院收入结构,建立有利于中医药特色优势发挥的现代医院管理制度。规范公立医院改制,推进国有企业所属医院分离移交和改制试点,原则上政府举办的传染病院、精神病院、职业病防治院、妇幼保健院和妇产医院、儿童医院、中医医院(民族医院)等不进行改制。推进院务公开,落实职工群众知情权、参与权、表达权、监督权。到 2020 年,基本形成维护公益性、调动积极性、保障可持续的公立医院运行新机制。

3. 创新符合行业特点的人事薪酬制度

贯彻落实"允许医疗卫生机构突破现行事业单位工资调控水平,允许医疗服务收入扣除成本并按规定提取各项基金后主要用于人员奖励"的要求,稳步推进公立医院薪酬制度改革。医院对选拔确定和引进的省"六个一"工程高层次人才和海外引进人才可以探索实行目标年薪制和协议薪酬。适当提高公立医院绩效工资总量水平,合理体现医务人员技术劳务价值。扩大内部分配自主权,绩效工资全部由公立医院自主分配。公立医院在绩效工资内部分配时,要重点向临床一线、关键岗位、业务骨干、风险度高和贡献突出的医务人员倾斜,同时也要向产科、儿科、急诊、病理、护理、重症医学、传染、精神等专业岗位倾斜,多劳多得,优绩优酬。加大对高层次卫生人才薪酬分配支持力度,适当提高妇幼保健、急救、精神、儿童、传染等专科医疗机构绩效工资总量。支持医师开展多点执业合理合规获取报酬,不纳入单位绩效工资总量。创新公立医院人员编制管理,积极推行"标准核定、备案管理、岗位设置、分类聘用"。落实医疗卫生机构用人自主权,在机构编制部门确定的人员总额内,根据业务需要依法依规面向社会自主公开招聘医务人员,对紧缺、高层次人才可按规定采取考察或校园招聘的方式予以招聘。全面推行岗位聘用制,动态核定岗位。坚持按需设岗、按岗聘用、以岗定薪、合同管理,完善公立医院备案制人员管理,形成能进能出、能上能下的灵活用人机制。

4. 建立完善公益性的考评机制

建立以公益性为导向的考核评价机制,定期组织公立医院绩效考核以及院长年度和任期目标责任考核,考核结果纳入事业单位信用等级评价体系,并与财政补助、医保支付、绩效工资总量,以及院长薪酬、任免、奖惩等挂钩。健全内部绩效考核制度,将政府、举办主体对医院的绩效考核落实到科室和医务人员,对不同岗位、不同职级医务人员实行分类考核。建立健全绩效考核指标体系,围绕办院方向、社会效益、医疗服务、经济管理、人才培养培训、可持续发展等方面,突出岗位职责履行、工作量、服务质量、行为规范、医疗质量安全、医疗费用控制、医德医风和患者满意度等指标。严禁设定科室、医务人员创收指标。将考核结果与医务人员岗位聘用、职称晋升、个人薪酬挂钩。

5. 控制医疗费用不合理增长

强化对医疗费用药占比、检查化验收入占比、卫生材料占比、技术劳务性医疗服务收入占比等控制性指标的监测,降低药品、耗材、检验检查等费用。围绕方便、高效、安全、规范、控费的原则,有效落实改善医疗服务各项措施。逐步扩大日间手术实施范围,强化质量管理,提升服务效率。推动二级以上医疗机构实施国家确定的1010个病种临床路径,落实原发性肺癌等恶性肿瘤诊疗规范、"三合理规范"、医学检验检查结果互认等措施,有效控制公立医院医疗费用不合理增长。确保全省公立医院医疗费用增长幅度稳定在合理水平。

(三)完善高效运行的全民医保制度

1. 实施统一的城乡居民基本医保制度

加快统一城乡居民医保筹资标准,目前实行"一制两档"的地区要用两年左右时间逐步过渡到同一筹资标准。做好原城镇居民基本医保和原新农合医疗待遇政策衔接,稳步统一城乡居民门诊、住院以及生育医疗等保障项目和待遇水平。城乡居民医保基金纳入社会保障基金财政专户,实行"收支两条线"管理,执行国家统一的基金财务制度、会计制度和基金预决算管理制度。依法依规做好基金预算工作,基金独立核算、专款专用。统一城乡居民医保药品、诊疗项目、医疗服务设施等基本医疗保险三个目录,明确支付范围。

2. 健全基本医保稳定可持续筹资和报销比例调整机制

健全城乡居民基本医保筹资机制,在精算平衡的基础上,逐步建立与经济社会发展水平、各方承受能力相适应的稳定筹资机制,提高基本医疗保障水平。合理划分政府与个人的筹资责任,在提高政府补助标准的同时,适当提高个人缴费比重。明确基本医保的保障边界,合理确定基本医保待遇标准。完善个人账户管理,开展门诊费用统筹,提高市级统筹运行质量。巩固提升省内和跨省异地就医联网结算水平,方便群众结算。到2020年,基本医保参保率稳定在98%以上,城镇职工医保、城乡居民医保政策范围内住院医疗费用报销比例分别稳定在80%以上、75%左右。

3. 深化医保支付方式改革

加强基金预算管理,完善总额控制办法。扩大支付方式改革的覆盖面,全面推行按病种付费为主,按人头、按床日、总额预付等多种付费方式相结合的复合型付费方式,开展按疾病诊断相关分组(DRGs)付费方式试点。到2020年,按项目付费占比明显下降。完善医保经办机构与医疗机构及药品供应商的谈判协商机制和风险分担机制,合理确定医疗机构年度总额控制指标、医药费用付费方式、支付标准及结算时间等。加强医保支付政策与医药价格调整和药品供应保障制度建设等的衔接,制定合理的医疗服务和药品支付标准。

建立健全支付方式改革相关的管理规范、技术支撑和配套政策,落实符合基本医疗需求的临床路径等行业技术规范或标准,规范病历及病案书写,规范执行统一服务项目名称和内涵、疾病分类编码、医疗服务操作码等。落实对中医药服务的支持政策,逐步扩大纳入医保支付的中药制剂和针灸、治疗性推拿等中医非药物诊疗技术范围,提高支付比例,探索符合中医药服务特点的支付方式,鼓励提供和使用适宜的中医药服务。将符合条件的护理院(站)、康复医院、养老机构内设医疗机构等医养结合机构,优先纳入城乡基本医疗保险定点范围。逐步扩大门诊统筹基金规模,支付政策向基层签约、门诊慢性病、门诊特殊病种以及日间手术倾斜。结合门诊统筹推动实施基层首诊、按人头付费改革。

4. 健全重特大疾病保障机制

完善城乡居民大病保险制度,提高合规医疗费用基金支付比例,提升大病保险保障水平。建立大病保险可持续筹资机制,加强大病保险与基本医保、医疗救助等的衔接,提高综合保障水平。全面落实疾病应急救助制度。全面开展重特大疾病医疗救助工作,在做好低保对象、特困人员等医疗救助基础上,将符合条件的低收入家庭的老年人、未成年人、重度残疾人、重病患者等低收入救助对象,以及因病致贫、因病返贫家庭重病患者纳入救助范围,发挥托底保障作用。实施医保精准扶贫,完善医保支付政策,对医疗救助对象等困难群体、建档立卡城乡低收入人口实行大病保险倾斜政策,减轻困难群体经济负担。鼓励开展医疗互助保障活动,降低群众患重特大疾病的致困风险。

5. 加快发展商业健康保险

创新经办服务模式,在确保基金安全和有效监管的前提下,以政府购买服务的方式委托具备资质的商业保险机构等社会力量参与基本医保的经办服务。继续推进商业保险公司承办城乡居民大病保险。鼓励保险公司开发重大疾病保险、特定疾病长期护理保险、小额惠民保险、基本医疗补充保险等与基本医保相补充的商业健康保险产品。积极开发面向老年人、残疾人以及与健康管理、运动健身、养老服务相关的商业健康保险产品。落实税收优惠政策,鼓励企业、个人参加商业健康保险及多种形式的补充保险。推动发展医疗责任保险、养老机构责任保险、医疗意外保险,探索发展多种形式的医疗执业保险。适应人口老龄化、家庭结构变化、慢性病治疗等需求,加快发展多种形式的长期商业护理保险。建立健全保险公司与医疗、体检、护理等机构的合作机制,支持保险公司投资设立医疗机构、养老社区、健康体检、健康管理等服务机构。支持保险公司参与人口健康数据应用业务平台建设,鼓励商业健康保险信息系统与基本医保信息系统、医疗机构信息系统进行必要的信息交换和数据共享。

（四）建设规范有序的现代药品供应保障制度

1. 深化药品供应领域改革

建立更加科学、高效的药品审评审批体系,做好省级层面的药品审评审批。出台激励措施,加快推进仿制药质量和疗效一致性评价,鼓励新药创新。稳步推进药品上市许可持有人制度试点,加快研究制度实施后的配套监管措施。根据国家部署,做好小品种、短缺药品供应保障工作。完善短缺药品监测预警机制,实行短缺药品监测信息每月零报告制度。建立短缺药品省级清单管理制度和分级联动应对机制,实施短缺药品省、市和医疗卫生机构三级储备,开启短缺药品采购绿色通道,通过协商调拨、责任约谈和严格监管等综合措施,切实提高短缺药品供应保障能力。

2. 深化药品流通体制改革

积极推动大中型药品批发企业和零售连锁企业收购并购、兼并重组、做大做强,形成更加集中的药品流通供应主渠道。鼓励质量信誉好、配送能力强的药品现代物流企业进一步整合现有仓储和运输资源,跨区域设置药品配送中心。进一步提高药品冷链管理水平。

3. 完善药品和医用耗材集中采购制度

完善以省为单位的网上药品集中采购机制。实行一个平台、省市联动、统分结合,增强医疗卫生机构参与度。坚持分类采购,实行招生产企业、量价挂钩、招采合一,发挥批量采购优势,降低药品虚高价格。鼓励跨区域联合采购和专科医院联合采购。做好国家谈判药品日常采购。探索药品价格谈判的新方法、新路径,提高医疗卫生机构参与议价的积极性。在公立医疗机构药品采购中推行"两票制"。加强省药品采购平台信息化建设,提升服务和监管能力。推动省药品采购平台与省级卫生综合信息平台对接，实现信息共享。根据省统一规划，推进药品、耗材集中采购平台与公共资源交易平台整合。采取招标采购、谈判采购、直接挂网采购等方式，开展医用耗材和检验检测试剂集中采购，实现购销全过程公开、透明、可追溯。

4. 完善基本药物制度

巩固政府办和非政府办基层医疗卫生机构和村卫生室实施基本药物制度成果，完善日常采购、配送监管制度，推动各级医疗卫生机构全面配备、优先使用基本药物。做好基层医疗卫生机构用药目录与二级以上医院的衔接，实施慢性病"长处方"和上级医院"延伸处方"服务，探索在医联体内促进双向转诊的用药方式和途径。加强儿童、老年人、慢性病人、结核病人、严重精神障碍患者和重度残疾人等特殊人群基本用药保障。

5. 完善药物政策体系

探索建立医院总药师制度，完善医疗机构和零售药店药师管理制度。开展药物临床综合评价和儿童用药临床综合评价，落实临床药事管理制度，提高合理用药水平。推进临床药师队伍建设。推动医药分开，医疗机构不得限制处方外流，患者可凭处方到药店购药。加大药品市场调整力度，使药店逐步成为向患者售药和提供药学服务的重要渠道。完善药品价格形成机制，强化价格、医保、采购等政策的衔接。对价格上涨较快或者有可能显著上涨、出现社会集中反映价格问题的药品实行价格备案管理。建立药品价格评估工作机制，建立药品经营者价格失信信息与药品招标采购价格、医保支付价格信息的共享与联合惩戒机制，逐步建立符合药品市场特点的药价管理体系。

（五）建立严格规范的综合监管制度

1. 深化"放管服"改革

加快简政放权，完善权力清单管理，加强信息公开公示。强化对行政权力清单的动态管理，规范行政许可行为。推进权责清单标准化，完善落实依据责任清单追责制度，进一步限制和规范自由裁量权。坚持"谁审批、谁负责，谁主管、谁监管"原则，理顺行政部门内部监督管理运行机制。注重精准服务，融入全省政务服务"一张网"，建立网上政务服务系统。规范行政审批流程，严格审批时限，提升审批效率和服务效能。除涉密事项外的卫生政务服务事项数据，全省实现"一次采集、多方复用，一库管理、互认共享"。

2. 构建多元化的监管体系

加强卫生综合监督行政执法机构建设，集中行使行政执法职责。强化基层监督执法机构建设，推进执法力量下沉。加强制度建设，严格执行行政执法裁量权基准、"双随机一公开"、双公示、行政执法全过程记录、执法责任制和责任追究制等制度。加强监督人员管理，建立卫生监督员职位分级管理制度。加强卫生监督综合信息管理平台建设，实现与区域卫生信息平台对接，深化信息数据采集、分析与应用，对医疗机构医疗服务、质量安全、诊疗行为、医疗费用等实时监测、客观评价。利用信息化手段，全面实施医保智能审核和实时监控。加强医疗全行业监管和属地化管理，加大对医疗机构依法执业监督抽查力度。积极引导第三方依法依规参与医疗机构监管，开展医疗服务第三方评价。

3. 加强全行业综合监管

坚持依法依规设置审批医疗机构，加快对医疗机构和医务人员推行和实施信用报告、信用承诺和信用审查等制度,强化事中事后监管。建立以医疗机构设置审批、校验及依法执业等为主要内容的督导检查制度。积极参加医疗机构及执业医师、护士等电子证照试点,探索建立电子证照制度。依法做好医师资格准入,稳步推进医师资格考试改革。组织实施《医师执业注册管理办法》,加强医师定期考核、医疗美容主诊医师日常监管。严格护士执业注册和执业行为管理。改革中医医疗执业人员资格准入、执业范围和执业管理制度。强化医疗技术临床应用监管,制定限制类医疗技术目录,分批修订管理规范。强化医疗质量和安全监管,制定《江苏省医疗质量管理实施办法》。加强监督检查,依法严厉查处医疗卫生机构违法违规行为;严厉打击违法违规医疗广告行为;严肃查处医药价格违法行为,逐步建立价格综合监管体系;加强医保基金监督,完善定点医药机构协议管理,加大对骗保欺诈等医保违规行为的惩戒力度;严厉打击药品数据造假、制售假劣药品、挂靠经营、"走票"等行为;开展药品研究、生产、流通、使用环节"双随机"检查,淘汰落后企业,净化市场环境;保持对医药购销和医疗服务中不正之风严查猛打的高压态势,严厉查处顶风违纪行为和情节严重、影响恶劣的案件,严厉查处权钱交易、收受贿赂等违法犯罪行为。

4. 引导规范第三方评价和行业自律

落实医疗卫生机构主体责任,建立健全各项管理制度。加强各类行业协会(学会)建设,充分发挥桥梁纽带作用。加强卫生领域社会诚信体系建设,建立跨部门、跨地区、跨行业的失信行为联合惩戒制度。加大行风和职业道德建设力度,推进廉洁风险防控,强化医务人员、干部职工自律意识,共建共享风清气正的行业氛围。贯彻落实行风建设"九不准"规定,健全行风建设工作责任制和责任追究制。开展大型医院巡查及第三方机构出院病人满意度调查。

(六)统筹推进相关领域改革

1. 健全完善人才培养使用和评价激励机制

创新卫生人才培养机制。健全医务人员培训培养制度,使每名医务人员都有接受继续教育和职业再培训的机会。基本建成院校教育、毕业后教育和继续教育三阶段有机衔接的标准化、规范化临床医学人才培养体系,加强全科、儿科、妇产科、精神科、病理、老年医学、公共卫生、护理、助产、康复、心理健康、急救等紧缺人才培养,完善农村订单定向医学生教育培养政策。强化医教协同,健全医学教育质量保障机制,建立健全教育和卫生行政部门共同主导的医学教育质量与评估认证制度。以岗位胜任能力为核心,完善毕业后教育制度,实施住院医师规范化培训制度,重点强化培训过程管理和质量考核,到2020年所有新进医疗岗位的本科及以上学历临床医师均接受住院医师规范化培训。规范继续医学教育管理,提高继续教育项目的针对性和有效性。深化中医药教育教学综合改革,实施中医药传承与创新人才工程,完善师承教育制度。

创新卫生人才使用机制。探索建立公立医疗卫生机构管理岗位职员等级晋升制度。改革专业技术人员岗位聘用制度。适当提高基层中、高级岗位设置比例,基层具有高级职称的全科医生可按一定比例超岗位聘用,待岗位空缺时优先将全科医生纳入岗位管理。实施以全科医生为主的基层卫生骨干人才遴选计划,给予职称晋升、进修培训、生活待遇等政策倾斜,省和当地财政按规定给予适当补助。建立乡村医生补充和退出机制。在公立医院实施编制备案管理,推动实行医疗集团内备案人员的控制数额、人员招聘、岗位聘用等统筹管理,重点向基层倾斜,形成卫生人才下移、双向流动机制。鼓励各地调剂部分乡镇卫生院编制,定向招聘在村卫生室工作满6年的执业(助理)医师。县域内新招聘的医学生人事关系可集中在县级卫生部门管理,县级卫生部门按照竞聘上岗、双向选择等方式安排医学生到基层工作。

健全卫生人才评价机制。坚持德才兼备、以德为先。在高级职称评审中引入医德考评指标,全面考察卫生人才的职业操守和从业行为。建立健全诚信档案和评审黑名单制度,完善诚信承诺和失信惩戒机制,实行学术造假"一票否决制"。突出能力业绩导向,修订卫生系列高级职称资格条件,重点考察卫生人才的专业能力水平和工作绩效,探索量化打分制的评审模式,合理设置学历、资历、论文著作等要素在评审中所占权重。进一步推进简政放权、放管结合、优化服务,探索向苏南五市下放卫生副高职称评审权,探索三级甲等医院试点用人单位自主评审。

创新卫生人才激励机制。从提升和改善合理薪酬待遇、发展空间、执业环境、社会地位等方面入手,调动广大医务人员积极性。加强以党建引领的医院文化建设,建立行业荣誉制度,弘扬"敬佑生命、救死扶伤、甘于奉献、大爱无疆"的职业精神,加强社会主义核心价值观教育,形成良好医德医风。做好"人民好医生"选树工作,建立不同层次的"首席医师""首席护师""首席康复师"等资质认定制度,增强医务人员的职业荣誉感。完善"国医名师"、省"名中医"评选制度,建立符合中医药行业特点的激励机制。

2. 加快发展社会办医

优化社会办医审批。按照每千常住人口不低于1.5张床位为社会办医院预留规划空间,同步预留诊疗科目设置和大型医用设备配置空间。主动公开鼓励社会办医的各项政策措施,建立社会办医重点项目库,及时调整发布社会资本举办医疗机构投资指引目录,引导社会资本投资方向。允许社会资本依法自主选择医疗服务投资领域,举办各级各类医疗机构,优先支持举办非营利性医疗机构及康复、护理、安宁疗护等医疗机构。鼓励社会资本发展非基本医疗服务。加强监督管理,强化政府在制度建设、标准制定、市场监管等方面职责,加强对非公立医疗机构服务行为的指导监管。统筹推进社会办医省级试点。到2020年,社会力量办医能力明显增强,社会资本举办的医疗机构床位数和服务量占比均达25%。

优化政策环境。按照国家规定进一步放宽中外合资、合作办医条件,破除社会力量进入医疗领域的不合理限制和隐形壁垒。落实对非公立医疗机构的税收、融资扶持政策和投资奖励政策,对非营利性民办健康服务机构给予投资奖励。采取购买服务的方式,鼓励非公立医疗机构承担部分公共卫生服务和基本医疗卫生服务。允许公立医院根据规划和需求,与社会力量合作举办新的非营利性医疗机构,支持社会办医疗机构与公立医院加强合作,共享人才、技术、品牌。落实非公立医疗机构与公立医疗机构在科研课题申报、职称晋升、重点专科评审、医院评审等方面同等待遇。将符合条件的社会办医机构纳入基本医疗保险定点范围,医保管理机构与社会办医机构签订服务协议,在程序、时限、标准等方面与公立医院同等对待。积极推进医师区域注册,放开公立医院在职或退休主治以上医师开设工作室,支持有资质的中医专业技术人员特别是名老中医开办中医门诊部、诊所。

引导投资领域。鼓励非公立医疗机构向高水平、规模化方向发展,建立专业性医疗管理集团。支持社会力量加快发展专业化服务,在眼科、骨科、口腔、妇产、儿科、肿瘤、精神等专科及康复、护理、体检等领域扩大服务有效供给。支持社会力量兴办医养结合机构。鼓励发展全科医疗服务,举办、运营高水平全科诊所。鼓励中医药健康服务发展,推进中医药与养老、旅游等融合发展,实现中医药健康养生文化的创造性转化和创新性发展。鼓励发展前沿医疗服务,稳妥推动精准医疗、个性化医疗等服务发展。鼓励多业态融合服务,促进医疗与高端医疗、康复疗养、休闲养生等融合发展,支持社会办医疗机构为老年人家庭提供签约服务。鼓励社会资本以市场需求为导向,发挥在产业集聚中的主体作用,探索发展特色健康服务产业集聚区。

3. 提升公共卫生服务体系运行质量

强化基本公共卫生服务项目统筹管理与协调指导,建立分工协作机制,免费为城乡居民提供基本公共卫生服务。2020 年全省人均基本公共卫生服务经费标准继续保持高于国家规定标准。完善资金使用和支付方式,根据服务数量和质量拨付资金,基层获得的项目补助资金在核定任务和补助标准、绩效评价补助的基础上,可统筹用于经常性支出。加强绩效考核,把考核结果与财政补助资金挂钩,对考核优秀地区给予奖励,调动基层积极性。积极推进新增基本公共卫生服务中医药项目的实施。

规范实施重大公共卫生服务项目。建立专业公共卫生机构与医疗机构、基层医疗卫生机构分工协作机制,强化分工协作,促进信息共享。落实预防接种等公共卫生服务,完善结核病分级诊疗和综合防治服务模式,健全艾滋病等重大疾病防治服务网络,实现医防结合、功能互补,提高重大疾病防控成效。加强医疗机构的公共卫生(预防保健)科室建设,完善对承担公共卫生服务任务的补偿机制。按照国家政策规定,进一步完善专业公共卫生机构绩效工资制度,加强绩效考核,逐步提高工资待遇。大力推进残疾人健康管理,加强残疾人社区康复,强化严重精神障碍患者社区康复。进一步完善卫生应急体系,提升突发公共卫生事件防控和突发事件紧急医学救援水平。

四、保障措施

(一)加强组织领导

各地要高度重视医改工作,调整充实医改领导小组,充分发挥医改领导小组的统筹协调作用,加强系统设计、组织协调、整体推动、督促落实,统一推进医疗、医保、医药联动改革。紧紧依靠党的领导,发挥党委(党组)领导核心作用,将医改纳入全面深化改革中同部署、同要求、同考核,为深化医改提供坚强保证。各地各有关部门要结合实际,制定具体医改实施方案,细化政策措施,精心组织实施。

(二)加强责任落实

全面落实各级政府的领导责任、保障责任、管理责任、监督责任,建立责任落实和考核的刚性约束机制。加大政府卫生投入,全面落实各项卫生投入政策。建立健全公立医院由服务收费和政府补助两个渠道补偿的新机制。贯彻落实《中华人民共和国中医药法》,细化落实政府对中医医院(中西医结合医院)投入倾斜政策。将经核定的公立医院长期债务纳入政府行政主管部门统一管理,通过多渠道筹资逐步予以化解。加强医药卫生机构党组织建设,强化基层党组织整体功能,在医改中发挥基层党组织战斗堡垒作用和党员先锋模范作用,增强改革执行力。

（三）加强科技支撑

大力推进卫生与健康科技创新，以临床医学研究中心、高水平创新平台建设等为抓手，围绕技术、资本和人才等资源的积聚优化，逐步建立医、研、企协同的卫生与健康科技创新体系。深入实施"科教强卫工程"，构筑卫生与健康学科发展和人才建设高地。加强新药创制和传染病防治等重大专项项目的组织，推动精准医学、再生医学、重大慢性病、智慧医疗、整合医学等重点技术研究，全面提升卫生与健康科技创新能力。建立促进卫生与健康科技成果转移转化的制度体系，重点建设一批卫生与健康科技成果转移转化机构、示范基地和人才队伍，加快临床诊疗指南和技术规范的研究与推广，推进适宜技术应用，推动医学科技成果转移转化与开放共享。以中医药传承、中药保护和发展为重点，大力推动中医药科技创新。

（四）加强交流合作

加强友好省州交流，建立完善国际（地区）合作机制，积极参与多双边交流合作，交流借鉴医药卫生改革发展有益经验。强化人才海外培养。稳步推进中医药走出去战略。鼓励和支持江苏杰出医药人才在国际学术机构中任职，广泛参与健康相关领域国际标准、规范和指南的研究和制定。

（五）加强督查评估

健全考核机制，加大督查推进力度。完善督查评估制度，发挥第三方评估作用，组织对改革进展情况进行考核评价。加强医改监测，及时将监测结果运用到政策制定、执行、督查、整改之中。省有关部门要加强对规划落实总体情况进行监督检查和评估分析，统筹研究解决规划实施中的重要问题，重大情况及时向省委、省政府报告。

（六）加强宣传引导

坚持正确舆论导向，积极宣传医改进展与成效。加强政策解读，回应社会关切。加大典型宣传，弘扬职业精神，营造全社会尊医重卫的舆论环境。发展健康文化，加强健康知识传播，引导公众正确认识医学发展规律，提升公众健康素养水平。加强思想政治工作，进一步树立良好医德医风，合理引导社会预期，最大限度凝聚共识，推动医改向纵深发展。

省政府办公厅关于加快推进覆盖城乡的公共法律服务体系建设的意见

苏政办发〔2018〕32号

各市、县(市、区)人民政府,省各委办厅局,省各直属单位:

为进一步推进公共法律服务均等化,全面提升公共法律服务供给水平,不断满足广大群众日益增长的法律服务需求,根据《国务院关于印发"十三五"推进基本公共服务均等化规划的通知》(国发〔2017〕9号)和《省政府关于印发江苏省国民经济和社会发展第十三个五年规划纲要的通知》(苏政发〔2016〕35号)精神,现结合我省实际,就加快推进覆盖城乡的公共法律服务体系建设提出如下意见。

一、总体要求

(一) 指导思想

认真贯彻党的十九大精神和全面依法治国战略部署,以习近平新时代中国特色社会主义思想为指导,紧扣社会主要矛盾变化,主动顺应人民对美好生活的向往,按照高质量发展要求,以推进均等普惠为方向,积极构筑优质高效的公共法律服务平台,不断健全广泛覆盖的公共法律服务网络,持续完善公共法律服务机制,全面提升公共法律服务质效,切实增强人民群众的法治获得感,为建设"强富美高"新江苏营造公平正义的法治环境。

(二) 基本原则

——以人为本、保障权益。完善公共法律服务便民机制,丰富公共法律服务产品,提高公共法律服务的供给能力,有效维护群众的合法权益,不断提高人民群众的法治获得感。

——政府主导、社会协同。全面落实政府在公共法律服务体系建设中的主体责任,完善政府购买服务机制,引导和支持社会力量参与公共法律服务,推动公共法律服务可持续发展。

——因地制宜、稳步推进。立足经济社会发展实际,准确把握公共法律服务需求与供给发展规律,统筹规划,分层分步实施,积极稳妥推进。

——改革创新、融合发展。适应"互联网+"新形势,创新公共法律服务管理体制和运行机制,推动现代信息技术与公共法律服务有机融合,完善服务内容和模式,让人民群众享受便捷高效的公共法律服务。

(三) 目标任务

公共法律服务平台建设和运行水平进一步提高,法治宣传教育、公益法律服务、矛盾纠纷排查调处和特殊人群服务管理"四个全覆盖"网络进一步健全,资源统筹配置、多元协同共建、服务质量监管、政策资金保障等四项机制进一步完善。2018年底前,"一村(社区)一法律顾问"全部配备,12348江苏法网和12348热线平台建成运行。2019年底前,市、县(市、区)、乡(镇、街道)、村(社区)四级实体服务平台全部建成运行。2020年,全面建成具有江苏特色的"全覆盖、多层级、标准化、高效能"公共法律服务体系。

二、加强公共法律服务平台建设

(一)构建四级实体服务平台体系

积极推进设区市公共法律服务中心建设,将市级平台建成本区域公共法律服务总枢纽。加强县(市、区)公共法律服务中心建设,合理调配辖区内服务资源,完善服务功能,开设法律咨询、法治宣传、人民调解以及公证、法律援助和司法鉴定指引等服务窗口,打造"一个门进、集中受理、分头办理、一揽子解决"的"一站式"服务平台。改善乡(镇、街道)公共法律服务中心和村(社区)司法行政服务站基础条件,充分发挥一线平台宣传、指引、咨询和需求分析等服务功能,打通服务群众的"最后一公里"。突出便民高效,实施市、县(市、区)、乡(镇、街道)、村(社区)实体平台一体化、规范化建设,健全平台建设标准、服务标准和运行管理制度,统一服务流程,优化服务机制,形成上下贯通、功能互补、整体联动的公共法律服务实体平台体系。

(二)积极打造线上服务平台

规范12348江苏法网运行,拓展法律顾问微信群功能应用,加快推进互联网律师事务所建设,不断完善"互联网+"法律服务模式,拓宽公共法律服务的有效覆盖面。推动12348江苏法网融入各地"智慧城市"建设项目,加快12348江苏法网市级平台建设,不断丰富网上服务内容,为群众提供网上调解、公证办理、法律援助申请、律师聘请指引、司法鉴定申请引导等综合性法律服务。优化12348热线平台服务功能,完善"7天×24小时"全天候服务模式,推动12348热线与"12345""110"等对接联动。加快12348移动平台建设,引导律师、公证、司法鉴定、基层法律服务、法律援助等行业开发公共法律服务产品,有效满足群众法治需求。

三、完善公共法律服务网络

(一)健全法治宣传教育全覆盖网络

加强全民普法工作,严格落实"谁执法谁普法、谁主管谁负责""谁服务谁普法"要求,推动建立党政机关、人民团体和企事业单位普法责任清单,完善法官、检察官、行政执法人员、律师等以案释法制度。丰富法治宣传教育方式,深入开展"德法共建"活动,把法治教育纳入精神文明创建内容,将法治精神融入市民公约、村规民约、行业规范、团体章程等。充分利用大数据、云计算、新媒体等现代技术开展法治宣传教育,提升普法工作的实效性。加强法治文化阵地建设,广泛开展群众性法治文化活动。

（二）健全公益法律服务全覆盖网络

按照"普惠性、保基本、均等化、可持续"要求,健全实体平台与网络热线平台、法律服务与政府综合服务对接互通、有机融合的服务机制,打造城乡半小时法律服务圈。完善法律援助工作机制,逐步降低法律援助门槛,扩大法律援助事项范围,努力把更多的低收入群体、弱势群体纳入援助范围,完善律师值班制度,加快推进刑事法律援助全覆盖。以政府购买为基础,鼓励法律服务机构和人员面向社会公众、小微企业、农村集体经济组织等不同群体,提供公益性法律顾问、咨询、辩护、代理、公证、司法鉴定等服务,引导法律服务人员积极参与信访、调解、群体性事件处置等公益服务。进一步加强村(社区)法律顾问配备和管理,提高服务绩效,推动法律服务向基层延伸,促进城乡公共法律服务一体化、均等化。

（三）健全矛盾纠纷调处全覆盖网络

进一步拓展人民调解领域,推进公安、检察机关、法院等人民调解工作室建设,引导律师事务所在家事、商事等领域提供调解服务,鼓励县(市、区)人民调解委员会在民间纠纷易发、多发领域设立医患纠纷、交通事故、劳动人事、物业管理等行业性专业性调解组织,努力形成多层次、宽领域的调解组织体系。加快调解队伍的专业化建设,提高矛盾纠纷化解能力。完善矛盾纠纷预测预警预防机制,深化人民调解委员会规范化建设,更好发挥人民调解在多元化矛盾纠纷调处中的基础性作用。

（四）健全特殊人群服务管理全覆盖网络

坚持把促进刑满释放人员、解除强制隔离戒毒人员顺利回归社会作为目标,积极推进安置帮教前置化、社会化、协议制改革,强化安置帮教成员单位工作责任,落实回归衔接、技能培训、就业指导和社会保险等保障帮扶政策,帮助特殊群体修复社会关系。突出多元参与,加强资源整合,畅通社会力量参与渠道,发挥专业社工和志愿者作用,完善政府、社会、家庭三位一体的特殊人群服务管理体系,健全特殊人群服务管理帮扶网络,提高服务管理水平。

四、提升公共法律服务质效

（一）强化服务有效供给

围绕群众基本法律服务需求,制定服务项目,为城乡居民免费提供普法教育、法律咨询、维权指导、矛盾纠纷预防化解等基础法律服务,为城乡低收入居民提供代理、辩护、公证等法律服务资助,为经济困难的公民和特殊案件当事人提供刑事辩护等无偿法律服务。针对公民出生、入学、就业、婚姻、退休等人生关键阶段,探索开展全生命周期法律服务。拓宽服务领域,构建工作机制,为社会公益性事务和社会突发公共事件提供法律咨询、维权指导、矛盾化解等法律服务。

（二）统筹配置服务力量

加快发展律师、公证、司法鉴定、法律援助等专业队伍,不断增加法律服务人才总量。合理规划法律服务机构布局,建立激励引导机制,鼓励公证、法律援助机构设立乡（镇、街道）工作站点,鼓励律师资源相对集中地区的律师事务所到律师数量不足地区设立分支机构,推动法律服务力量均衡分布,实现区域之间、中心城市与县城之间、城乡之间公共法律服务人才资源动态平衡发展。

（三）加强多元协同共建

建立省、市、县三级公共法律服务队,选派公证、司法鉴定机构和基层法律服务机构参与公共法律服务,不断壮大以司法行政工作人员、律师、公证员、基层法律服务工作者等为主体的公共法律服务骨干队伍。深化"政社互动",积极培育司法行政领域社会组织,建立健全社会组织参与公共法律服务工作机制,扶持引导社会组织承接服务项目。广泛吸纳志愿者参与公共法律服务,完善志愿服务管理制度和服务方式,建立健全注册招募、服务记录、管理评价、激励保障机制,形成全社会共同参与的良好局面。

（四）加强服务监管

建立省、市、县三级公共法律服务基本项目清单,明确服务事项、资金来源和服务主体,向社会公开,接受群众监督。建立岗位责任、服务承诺、首问负责、限时办结等制度,开展满意度测评等工作,建立服务诚信档案,不断完善服务质量监督评价机制。探索建立公共法律服务供给评价指标体系,定期研判供给水平和群众需求满足程度,不断改进供给方式,努力实现需求与供给的动态平衡。加强考核评估和督查巡查,及时通报服务平台运行和各项服务开展情况,不断优化服务模式,提升公共法律服务质量。

五、加强公共法律服务体系建设保障

（一）强化组织领导

各地要从战略和全局高度出发,充分认识新形势下加快推进公共法律服务体系建设的重要意义,将公共法律服务体系建设纳入国民经济和社会发展规划,将公共法律服务纳入政府为民办实事项目,加强统筹协调,推进工作落实。司法行政部门要充分发挥职能作用,做好组织实施和日常监管工作,人力资源社会保障、民政、财政等部门要加强协同配合,努力形成党委领导、政府主导、部门协同、司法行政部门具体实施的良好工作格局。

（二）加强经费保障

各地要建立与群众需求、地方财力相适应的经费保障机制,将公共法律服务项目纳入各级财政预算和政府采购目录,落实法律援助和村（社区）法律顾问等保障政策。建立政府购买服务的常态机制,保障服务平台建设、公益性法律服务、法治宣传、人民调解、参与重大事件处置等必需经费。

积极探索引入市场机制,吸纳社会慈善、公益创投、个人捐赠等各类公益资助,形成政府主导、多元参与的经费保障制度。加强资金监管,提高资金使用效率。

(三)注重宣传引导

充分利用微博、微信等新媒体,不断加大宣传力度,扩大宣传覆盖面。广泛宣传公共法律服务的内容和途径,引导广大群众运用法律咨询、矛盾调解、法律援助等方式维护自身合法权益。大力宣传公共法律服务的重要意义和作用,积极营造开展公共法律服务的良好社会氛围,引导律师、公证员、基层法律服务工作者、社会组织等力量主动参与公共法律服务。坚持典型引领,宣传表扬作出突出贡献的单位和个人,及时总结、推广基层先进经验和创新举措,不断提升公共法律服务体系建设水平。

江苏省人民政府办公厅

2018 年 4 月 4 日

省政府办公厅关于推进供应链创新与应用
培育经济增长新动能的实施意见

苏政办发〔2018〕35号

各市、县(市、区)人民政府,省各委办厅局,省各直属单位:

近年来,随着信息技术的发展,供应链与互联网、物联网深度融合,已进入到智慧供应链的新阶段。党的十九大报告提出,在现代供应链等领域培育新增长点、形成新动能。加快推进供应链创新与应用,是落实党中央、国务院决策部署的重要举措,有利于促进产业协同发展、深化供给侧结构性改革,有利于促进供需精准匹配、引领消费升级,有利于深度融入全球供给体系、提升产业国际竞争力。为贯彻落实《国务院办公厅关于积极推进供应链创新与应用的指导意见》(国办发〔2017〕84号),经省人民政府同意,现提出以下意见。

一、总体要求

(一)指导思想

以习近平新时代中国特色社会主义思想为指导,全面贯彻党的十九大精神,统筹推进"五位一体"总体布局和协调推进"四个全面"战略布局,坚持以人民为中心的发展思想,坚持稳中求进工作总基调,牢固树立和贯彻落实创新、协调、绿色、开放、共享的发展理念,以提高发展质量和效益为中心,以推进供给侧结构性改革为主线,以供应链与互联网、物联网深度融合为路径,以信息化、标准化、信用体系建设和人才培养为支撑,高效整合各类资源和要素,打造大数据支撑、网络化共享、智能化协作的智慧供应链体系,为实现经济高质量发展、建设"强富美高"新江苏提供强大动力。

(二)基本原则

——创新驱动。深入实施创新驱动战略,加强人工智能、物联网、大数据、云计算等新技术在供应链领域的广泛应用,提升供应链智能化水平,提升供应链企业的创新力和竞争力,进一步促进供应链模式、业态和服务创新。

——需求导向。坚持以需求为导向,加强供应链上下游企业的联动,强化需求信息的获取和反馈,进一步优化产品和服务供给,促进供需精准匹配,推动产业转型升级,提高经济运行质量和效益。

——协同共享。加强资源整合和流程优化,促进产业协同发展、跨界发展。引导企业在竞争中加强合作,打破相对封闭的传统管理和运作模式,共享供应链资源、信息和渠道。深化社会分工,推动地区之间、城乡之间、产业之间、企业之间加强供应链协同合作。

——绿色发展。坚持节约资源和保护环境的基本国策,倡导绿色生产、绿色流通和绿色消费,将绿色、环保、可持续的发展理念贯穿于供应链各个环节。积极构建绿色供应链体系,建立全社会逆向物流体系,促进全产业链条的绿色发展。

——开放安全。树立开放发展的理念,积极推进供应链全球布局,通过更广更深地融入全球供给体系,推进"一带一路"建设。坚持引进来和走出去并重,面向全球吸纳高端生产要素,提升供应链核心竞争力。建立完善风险预警体系,提升风险防控能力,提高全球供应链安全水平。

(三)目标任务

力争到2020年,培育一批包括供应链核心企业、服务企业和终端企业在内的供应链骨干企业,其中,主营业务收入在千亿元以上的龙头企业3—4家,进入全国供应链百强的领先企业15—20家。形成一批供应链新技术和新模式,供应链资源整合能力显著提升,重点产业建成智慧供应链,基本建立绿色供应链体系,有效融入全球供应链网络,跨界融合共享的供应链生态初步形成。供应链综合竞争力位居全国前列,争创全国供应链创新与应用的先行区和示范区。

二、重点举措

(一)以供应链创新促进我省优势产业发展

1. 推进制造业协同化、智能化

鼓励引导制造企业应用精益供应链等管理技术,建立和完善从研发设计、生产制造到售后服务的全链条供应链体系。支持供应链核心企业建立协同平台,带动上下游企业协同采购、协同制造、协同物流。出台工业互联网发展支持政策,加快发展工业互联网,培育工业互联网平台,推动企业"上云"。加快发展大数据产业,提供数据挖掘和商业智能服务,鼓励企业运用大数据开展柔性化生产、个性化制造和精准营销。推进重点行业供应链体系的智能化,加快人机智能交互、工业机器人、智慧物流等技术装备的应用,不断增强智能制造、敏捷制造能力。(省经济和信息化委、省发展改革委、省科技厅、省商务厅负责)

2. 发展基于供应链的生产性服务业

鼓励相关企业向供应链上游拓展协同研发、众包设计、解决方案等专业服务,向供应链下游延伸远程诊断、维护检修、仓储物流、技术培训、融资租赁、消费信贷等增值服务,推动制造供应链向产业服务供应链转型。开展多层次服务型制造试点示范,探索推进"产业联盟+总集成总承包""电商+个性化定制"等服务模式。实施服务型制造示范企业培育计划,培育300家发展模式典型、示范推广性强的服务型制造示范企业。(省经济和信息化委、省发展改革委、省科技厅、省商务厅、省金融办负责)

3. 进一步提升我省建筑业竞争优势

鼓励总承包商等供应链核心企业与上下游企业密切合作,形成稳定的供应链条。支持企业以多种方式拓展工程咨询、系统集成、运营维护、监测维修等全产业链业务。构建面向建筑工业化的供应链,大力发展装配式建筑,推动建筑全装修。推广"互联网+集采"方式,搭建标准化、规范化的交易体系。鼓励建立物流联盟,共享物流节点,提高物流效率。推广"建营一体化",更多采用

EPC、BOT、PPP 等模式,促进工程与投资相结合。推进对外承包工程,鼓励上下游企业互补合作,抱团出海。(省住房城乡建设厅、省经济和信息化委、省商务厅、省交通运输厅、省发展改革委负责)

4. 加快供应链技术的创新和应用

加快人工智能、云计算、大数据、物联网等新技术在供应链领域的应用,支持供应链核心企业牵头组织、联合攻关,加快关键和共性技术研发,提高供应链智能化水平。加强对供应链先进技术的引进、消化、吸收和再创新,不断提升供应链核心竞争力。推动感知技术在供应链关键节点的应用,促进全链条信息共享和综合集成,逐步推行供应链的可视化。推动大中型企业全面开展两化融合管理体系贯标,提升企业供应链应用水平。积极支持符合条件的供应链企业申报高新技术企业,调动供应链企业创新积极性。(省经济和信息化委、省科技厅、省发展改革委、省商务厅、省质监局负责)

(二)提升流通现代化水平。

1. 推动流通业创新和转型

支持南京、无锡、徐州等地开展商贸流通改革创新试点,积极探索流通领域供应链创新与应用。实施"商贸＋互联网"工程,利用信息技术加快传统商业改造,努力打造精准感知需求、信息互联互通、客户资源共享、业态功能互补的现代化智慧商圈。推动实体零售创新转型,探索智慧商店、无人商店等新业态新模式。提高商品批发和大型零售企业对上下游渠道的资源整合能力,以平台化、信息化、国际化为发展方向,向供应链核心企业转型。支持餐饮、住宿、养老、文化、体育、旅游、生活服务、资源回收等各类服务业企业运用新一代信息技术,以供应链思维和方式创新商业模式,提升服务水平。(省商务厅、省发展改革委、省科技厅负责)

2. 推进流通与生产深度融合

强化信息技术在供应链终端企业的广泛应用,促进流通的扁平化、集约化、共生化。鼓励销售终端与生产商、代理商直接对接,减少中间环节。鼓励批发零售物流企业整合供应链资源,构建采购、分销、仓储、配送供应链协同平台,深化数据挖掘、分析与预测,及时准确传导需求信息,引导前端企业根据市场变化,加速产品创新和结构调整。加强物流标准化在生产和流通领域的推广应用,着力推进标准托盘循环共用体系建设,进一步降低物流成本,提高生产和流通效率。(省商务厅、省经济和信息化委、省农委、省质监局负责)

3. 提升供应链服务实体经济水平

实施"供应链服务企业成长工程",大力培育新型供应链服务企业。引导传统商贸企业、物流企业、外贸综合服务企业、信息咨询和科技服务企业等向供应链服务企业转型,向市场提供供应链金融、供应链管理、代理采购分销、产品质量追溯、知识产权服务、虚拟生产、报关报检、国际国内物流等各类专业化供应链业务。推动供应链综合服务平台建设,聚合核心企业、物流企业、金融机构、增值服务商等各类企业,提供覆盖生产、消费全生命周期的"一站式"供应链服务。探索构建生物医药等专业化供应链体系,积极打造影视制作企业交流平台,助力相关产业集聚发展。支持苏州市供应链体系建设综合试点,在物流标准化、供应链平台搭建、追溯体系建设等供应链服务功能提升上先行先试。(省商务厅、省经济和信息化委、省科技厅、省交通运输厅、省金融办、省质监局、江苏检验检疫局、南京海关、省食品药品监管局、省新闻出版广电局负责)

（三）推动农村产业融合发展。

1. 优化农村产业组织体系

鼓励和支持农业种养殖、加工企业向下游延伸，农产品流通企业向上游延伸，建立集农产品生产、加工、流通、服务于一体的农业供应链体系，发展种养加、产供销、内外贸一体化的现代农业。鼓励承包农户采用土地流转、股份合作、农业生产托管等方式融入农业供应链体系，积极推进农业产业化联合体建设，完善"企业＋合作社＋基地＋农户"的生产经营模式，促进多种形式的农业适度规模经营。加强产销衔接，优化种养结构，增加绿色优质农产品供给，推动农业生产向消费导向型转变。（省农委、省供销合作总社、省海洋与渔业局、省商务厅负责）

2. 加强农业支撑体系建设

大力发展农业生产性服务业，推动农业生产服务外包，提升农业生产专业化水平。大力发展智慧农业，推动现代信息技术在农业生产、经营、管理、服务各环节和农村经济社会各领域的广泛应用，促进农业信息化和数字化。推动建设农业供应链信息平台，促进政策、市场、科技等信息共享。落实乡村振兴战略，实施新供销服务三农综合平台建设工程，推动三农服务链创新发展。大力发展"互联网＋冷链物流"，强化冷链物流基础设施建设，着力提升冷链物流信息化水平。大力发展农产品精深加工，推进农产品标准化体系建设，打造区域性农产品品牌。多方合作拓展农业供应链金融服务。（省农委、省供销合作总社、省海洋与渔业局、省科技厅、省商务厅、省金融办、人民银行南京分行、江苏银监局、江苏保监局负责）

3. 大力发展农村电子商务

大力发展农村电商公共服务平台，完善人才培训、普惠金融、物流配送和综合服务网络，实现人才、信息、物流等资源共享。推动快递和电商协同发展，深入推进快递下乡工程。支持打造"网上供销合作社"，充分发挥既有经营网络优势，进一步畅通工业品下乡、农产品进城通道。继续推进县、镇、村三级示范体系建设，推动农村电商集聚发展。到 2020 年，建成 30 个农村电商示范县、100 个农村电商示范镇、500 个农村电商示范村、100 个乡镇电商特色产业园(街)区。（省商务厅、省农委、省供销合作总社、省交通运输厅、省邮政管理局负责）

（四）积极稳妥发展供应链金融。

1. 推进供应链金融服务实体经济

推动省联合征信公司、金融机构、供应链核心企业等开放共享信息。鼓励政府采购中心、供应链核心企业以及大型供应链服务企业与人民银行应收账款融资服务平台对接，为供应链上下游中小微企业融资提供便利。支持符合条件的供应链核心企业和大型供应链服务企业申请设立或合作设立民营银行、企业财务公司、融资租赁公司、担保公司、商业保理公司、小额贷款公司等。大力发展商业保理，支持供应链上下游关联企业联合发行集合债券、票据，推动供应链企业开展资产证券化业务。支持省政府投资基金加大在供应链领域的投资力度，鼓励供应链企业利用股权投资基金等相关金融工具，以市场化方式整合供应链资源。鼓励供应链企业上市，支持定位于开展全球性业务的供应链企业在海外上市。鼓励保险机构与供应链企业加强合作，服务供应链企业发展。（省金融办、人民银行南京分行、江苏银监局、江苏证监局、江苏保监局、省发展改革委、省财政厅、省商务

厅、省经济和信息化委负责)

2. 有效防范供应链金融风险

推动金融机构、供应链核心企业建立债项评级和主体评级相结合的风险控制体系。健全供应链金融担保、抵押、质押机制,鼓励开展应收账款及其他动产融资质押和转让登记,防止重复质押和空单质押。按照"谁审批、谁监管,谁主管、谁监管"原则,完善各类新型金融组织的监管和风险处置机制。推动供应链金融健康稳定发展,鼓励金融机构运用大数据、区块链、物联网、人工智能等新技术,加强对供应链金融的风险监控,提高风险管理水平,确保资金流向实体经济。(省金融办、人民银行南京分行、江苏银监局、省商务厅负责)

(五) 积极倡导绿色供应链。

1. 大力推动绿色制造

积极创建国家生态文明建设示范县(市),在创建活动中支持绿色产业发展,鼓励采购绿色产品和服务,推动形成绿色制造供应链体系。建设生态工业园区,按照相关标准对工业园区进行生态化改造,引导企业使用低毒无害原料、引入绿色生产工艺、生产绿色生态产品。大力发展循环经济,突破循环经济关键链接技术,推动企业内部、各关联企业及产业之间循环利用和耦合发展。健全环保信用体系,开展环保失信企业联合惩戒。(省经济和信息化委、省环保厅、省发展改革委、省商务厅、省质监局负责)

2. 积极推行绿色流通

在全社会培育健康科学的消费文化,倡导绿色环保有机的消费理念,普及绿色消费知识,以绿色消费引领绿色流通。鼓励流通企业采购和销售绿色产品,落实流通领域节能环保技术产品推广目录,开发应用绿色包装材料,建立绿色物流体系。推动运输、装卸、仓储等相关企业贯彻执行绿色标准。培育一批集节能改造、节能产品销售和废弃物回收于一体的绿色商场。(省商务厅、省环保厅、省经济和信息化委、省交通运输厅、省发展改革委负责)

3. 建立逆向物流体系

优化再生资源产业链,鼓励建立基于供应链的废旧资源回收利用平台。加快再生资源回收体系建设,创新再生资源回收模式,依托线上线下开展再生资源回收,建设线上废弃物和再生资源交易市场。重点针对电子、电器、汽车、轮胎、蓄电池、包装物等产品领域,落实生产者责任延伸制度,促进产品回收和再制造发展。(省发展改革委、省经济和信息化委、省商务厅负责)

(六) 努力构建全球供应链。

1. 积极参与国家"一带一路"建设

加强与国际国内互联互通,加快推进交通枢纽、物流通道、信息平台等基础设施建设,结合沿线国家工业化和基建需求,推动我省钢铁、水泥等优势产能走出去。全面落实《江苏省中欧班列建设发展实施方案(2017—2020)》,加强对全省中欧班列的统筹协调和资源整合,加快形成布局合理、设施完善、便捷高效、安全畅通的中欧班列综合服务体系,进一步增强中欧班列区域竞争力。加强与"一带一路"沿线国家和地区的园区合作,加强与境外园区的对接,打通供应链,实现融资、物流、商务服务等方面的联动,搭建我省开发区与境外园区间的高效互动合作机制。(省发展改革委、省商

务厅、省财政厅、省交通运输厅负责)

2. 积极融入全球供应链网络

推动国际产能合作和装备制造业走出去,支持我省优势产业到境外设立生产加工基地,建设营销网络,逐步建立本地化的供应链体系。鼓励境外产业园区建设,借鉴新加坡等境外工业园区建设经验,实行"建工厂＋建市场"相结合。大力发展跨境电子商务,依托公共海外仓等载体平台,建立完善跨境电商境内外物流配套体系,加快融入境外零售网络体系。建立面向全省企业、高校、国际留学生的走出去企校国际人才信息平台,服务江苏企业走出去。(省商务厅、省发展改革委、省教育厅、省人力资源社会保障厅负责)

3. 提升供应链全球竞争力

开展上市公司海外并购专项行动,鼓励我省企业通过并购扩大市场渠道、获得关键技术和国际品牌。加强自主品牌建设,鼓励企业提升品牌国际影响力,培育一批有较高国际知名度的区域品牌。推动我省优势出口行业在重点国别地区培育一批展示中心、分拨中心、批发市场、零售和售后服务网点。加大力度吸引跨国公司以及国际知名供应链服务企业在江苏设立地区总部和研发、营销、供应链管理、财务结算、利润中心等功能性机构。(省商务厅、省发展改革委、省工商局、省质监局负责)

三、支撑体系

(一)加强质量安全追溯体系建设

坚持政府引导与市场化运作相结合,利用先进信息技术,加快推进全省农产品、食品、药品、农业生产资料、特种设备、危险品、稀土产品等七大类重要产品追溯体系建设,形成来源可追、去向可查、责任可究的信息链条。完善追溯运行管理机制,推进跨部门、跨地区追溯体系对接和信息互通共享。提升追溯体系综合服务功能,扩大追溯信息在事中事后监管、行业发展促进、信用体系建设等方面的应用。鼓励建设消费者深度参与的双向互动追溯模式,开通统一服务窗口,提供"一站式"查询服务。(省质监局、省农委、省经济和信息化委、省食品药品监管局、省商务厅、省发展改革委负责)

(二)加快培养多层次供应链人才

支持各类高等院校和职业学校设置供应链相关专业和课程,鼓励企业和专业机构加强培训,培养供应链专业人才。出台吸引国内外优秀供应链人才优惠政策,用好"外专百人计划"等人才政策,为外国供应链人才来苏提供工作生活便利。成立供应链战略咨询委员会,支持高校、研究机构开展供应链重大问题研究,提供决策参考,为供应链发展提供智力支持。(省教育厅、省人力资源社会保障厅、省商务厅负责)

(三)加快供应链信用监管体系建设

加强各类供应链平台对接,充分利用现有信息共享平台对接国家级信用信息系统,强化对信用评级、信用记录、风险预警、违法失信行为等信息的披露和共享。研究利用区块链等新技术,建立基于供应链的信用评价机制。创新供应链监管机制,整合市场准入、进出口、产品质量监督、检验检疫、寄递物流等方面政策,加强供应链风险管控,促进供应链健康稳定发展。(省经济和信息化委、省发展改革委、省商务厅、省交通运输厅、省金融办、人民银行南京分行、江苏银监局、南京海关、省工商局、江苏检验检疫局、省质监局、省邮政管理局负责)

(四)推进供应链标准体系和统计调查体系建设

建立政府引导、中介组织推动、骨干企业示范的供应链标准实施应用机制。加快建立供应链标准体系,研究制定信息、技术、服务等领域的关键性标准,引导重点企业开展供应链标准化试点示范。推动企业提高供应链管理流程标准化水平,推进供应链服务标准化,提高供应链系统集成和资源整合能力。支持企业参与国际、国家标准化活动,推动江苏供应链标准国际化进程。完善供应链统计体系,积极开展供应链行业统计调查。(省质监局、省商务厅、省发展改革委、省经济和信息化委、省统计局负责)

(五)加强供应链行业组织建设

推动建立供应链行业协会、学会、商会、联合会等组织,加强供应链研究,制定满足市场和创新需要的标准。鼓励行业组织建立供应链公共服务平台,提供供应链信息咨询、人才培训等专业化服务。支持行业组织加强行业自律,促进行业健康有序发展。(省民政厅、省发展改革委、省经济和信息化委、省商务厅、省质监局负责)

四、保障措施

(一)加强组织领导

建立省供应链创新与应用工作联席会议机制,联席会议办公室设在省商务厅,定期召开会议,研究提出工作目标和任务,协调各方行动,形成工作合力。

(二)强化政策支持

围绕供应链管理的重点领域、重点产业和骨干企业,实施企业成长、技术创新、平台建设、人才培养、标准制定等一批供应链创新与应用工程,出台配套政策,引导和激励企业开展供应链创新与应用。

(三)开展试点示范

积极开展供应链试点示范,组织地方和企业申报国家级试点,及时总结、复制推广先进地区的经验和做法。加大对供应链创新与应用的宣传力度,调动全社会参与的积极性,为供应链创新与应用营造良好的发展环境。

各地各有关部门要高度重视供应链创新与应用工作,健全工作机制,明确任务分工,加强跟踪服务,确保各项目标任务落到实处。各地要结合实际,制定本地区的具体实施方案,细化政策措施,精心组织实施。各有关部门要制定配套措施,加强协作配合,共同推进全省供应链创新与应用工作。

江苏省人民政府办公厅

2018 年 4 月 6 日

省政府关于加快推进全省技术
转移体系建设的实施意见

苏政发〔2018〕73号

各市、县(市、区)人民政府,省各委办厅局,省各直属单位:

为加快建设和完善全省技术转移体系,高质量推进科技成果转化和产业化,根据《中华人民共和国促进科技成果转化法》《国务院关于印发国家技术转移体系建设方案的通知》(国发〔2017〕44号)精神,结合我省实际,提出如下实施意见。

一、准确把握技术转移体系建设的目标要求

(一)总体要求

以习近平新时代中国特色社会主义思想为指引,全面贯彻党的十九大精神,自觉践行新发展理念,深入实施创新驱动发展战略,牢牢把握高质量发展要求,集成技术转移全要素,打通技术转移全链条,服务技术转移全过程,加快建设结构合理、功能完善、体制健全、运行高效的技术转移体系,充分发挥技术转移对提升科技创新能力、促进经济社会发展的重要作用,为高水平建成创新型省份、推进"强富美高"新江苏建设提供有力支撑。

(二)基本原则

坚持市场主导、政府推动,发挥市场在促进技术转移中的决定性作用,强化政府规划引导和政策服务。坚持问题导向、改革创新,聚焦技术转移体系的薄弱环节和转移转化的关键症结,做到供给侧改革和需求侧激励两端发力。坚持龙头牵引、人才支撑,突出省技术产权交易市场示范牵引作用,培育壮大专业化、职业化技术转移人才队伍。坚持协同推进、开放共享,优化整合各方资源,实现各地区、各部门、各行业技术转移工作的衔接配套。

(三)主要目标

到2020年,基本形成链接国家、覆盖全省、互联互通的技术转移体系,信息互通、要素融合、制度规范、交易活跃的技术市场充分发育。全省技术转移机构达350家,从业人员超过1万人,技术合同年成交额达1000亿元。到2025年,全面建成结构合理、功能完善、体制健全、运行高效的技术转移体系,各类创新主体高效协同互动,省技术产权交易市场成为国家技术转移体系的骨干节点,全省技术合同年成交额达1500亿元。

二、加快完善技术转移体系的基础架构

（一）发展多层次技术市场

加快省技术产权交易市场建设，强化资源整合，促进要素流动，引导供需对接，打通转移链条，规范技术交易，打造全国领先、国际有影响的技术转移"第四方"服务平台。在省级以上高新区和市（县）加快培育技术市场。以省技术产权交易市场线上平台为枢纽，深度挖掘技术需求、成果供给、中介服务、知识产权等信息，推动各类技术转移资源平台互联互通、开放共享，形成技术转移全流程线上服务。

（二）激发创新主体技术转移活力

深化科技成果使用权、处置权和收益权改革，落实高校和科研院所成果转化年度报告制度，推进高校、科研院所等单位与发明人对知识产权分割确权和共同申请制度试点。支持省产业技术研究院聚焦科研成果转移转化，加快关键核心技术二次开发和产业化。大力发展新型研发机构，引导其集成各类科教资源，开展市场化技术中试和企业孵化。支持企业与高校、科研院所共建研发机构，早期介入高校院所应用基础研究和战略前瞻性研究，面向社会公开征集技术解决方案，提升吸纳技术和转化成果能力。企业引进省内外先进技术成果转移转化的，各市、县（市）按技术合同实际成交额的 5% 左右给予奖补。鼓励科技成果优先在省内转化，符合科技计划支持方向的，各级科技计划在同等条件下优先予以支持。

（三）加强技术转移机构建设

推进高校、科研院所、企事业单位技术转移机构专业化队伍建设和市场化运营改革，吸引国内外一流高校、科研院所在江苏建立技术转移机构。支持高校、科研院所技术转移中心集成社会化法律、金融、知识产权等全要素专业服务。鼓励创办各类技术转移机构，加强品牌技术转移机构引进，支持咨询、评估、法律、创业投资等各类服务机构跨界发展，集成技术转移全链条服务。推动区域性科技成果转化服务中心发展成为专业化的技术转移实体，加强技术转移联盟等行业组织建设。各类技术转移机构为我省企事业单位引进转移转化成果的，各市、县（市）按技术合同实际成交额的 2% 左右给予奖补，关联企业间技术转移活动除外。

（四）壮大技术转移人才队伍

支持省科技镇长团成员依法从事技术转移工作，享受技术经纪人政策（公务员除外）。鼓励各类技术人员兼职从事技术转移活动，省教育、人力资源社会保障等主管部门以及高校、科研院所等人才所在单位认可其技术转移工作业绩。鼓励社会专业组织依法开展技术经理人专业职称评定，培养技术经纪专业人才。鼓励有条件的高校设立技术转移相关学科或专业，设置从事技术转移的专职岗位，鼓励科研人员到园区、企业、农村等基层一线开展科技成果转移转化活动。对技术经纪人开展的技术转移活动，各市、县（市）按技术合同实际成交额的 1% 左右予以奖补，国家另有规定的除外。

三、进一步拓宽技术转移转化通道

(一)加强科技成果信息汇交与发布

高校、科研院所由财政资金支持形成的科技成果和知识产权信息(涉及国家安全的除外),项目验收前应通过省技术产权交易市场线上服务平台向社会发布、挂牌转让。通过技术交易市场挂牌交易、拍卖,或通过协议定价并在本单位及省技术产权交易市场等技术交易机构公示拟交易价格的,按国家规定免除单位领导因科技成果转化后续价值变化产生的决策责任。鼓励省内外企业和个人通过省技术产权交易市场线上服务平台发布各类可转化的科技成果。

(二)优化创新创业载体技术转移功能

支持专业化众创空间和孵化器建设,优化大学科技园、科技企业孵化器、加速器、众创社区等各类孵化载体技术转移转化功能。支持企业建设院士工作站、博士后工作站,引进科研人员与企业联合开展成果转化。

(三)强化重点区域和领域技术转移

大力推进苏南国家科技成果转移转化示范区建设,加强省地联合招标,建立一体化服务平台,支持面向示范区高端环节和关键领域开展技术转移活动,支持示范区先行先试转移转化的新机制和新模式。推动人工智能、智能制造、大数据等关键共性技术转移扩散,加强生态环境、人口健康、公共安全、公共服务等先进适用技术示范推广应用,加快农业农村科技成果转移转化。建设军民融合协同创新服务中心,深化与中电科、中船重工等国家重点军工单位的军民融合发展,推动军民两用技术双向转化。

(四)拓展国内外技术转移空间

办好中国·江苏产学研合作成果展示洽谈会、跨国技术转移大会、"创业江苏"科技创业大赛等品牌活动,深化与大院大所战略合作。支持国内外重点高校和科研院所、知名跨国公司、行业龙头企业等在江苏设立研发机构和研发总部。鼓励高校、科研院所、新型研发机构等引进国内外先进技术成果到江苏转移转化。鼓励省内企业开展以整合高端要素资源为重点的海外并购和跨境技术转移。加快推进苏州纳米技术国际创新园、中以常州创新园等国际科技合作基地建设,做实做强"一带一路"创新合作与技术转移联盟。

四、着力优化技术转移转化政策环境

(一)树立正确的科技评价导向

把科技成果转化对经济社会发展的贡献作为科研人员职务晋升、职称评聘、绩效考核等的重要依据。高校、科研院所承担省级财政资金资助的应用类科技计划项目,资助经费中可预留不少于总额5%的资金,待完成转化任务后予以拨付。对职务成果转化绩效较好的创新团队加大持续支持力度,转化绩效较差的在一定期限内不再继续给予支持。完善技术转移机构绩效评估机制,健全技术转移服务业专项统计制度。

（二）强化政策落实与衔接配套

加强科技、财政、投资、税收、人才、知识产权等政策协同,集成支持技术转移体系建设。完善全省技术合同认定登记工作体系,支持符合条件的市、县设立技术合同登记和统计监测机构,经费由同级财政予以足额保障。

（三）加强投融资支持和知识产权保护

发挥政府科技成果转化专项资金杠杆作用,引导社会资本、创投机构加大对转移转化项目的早期投入。加快"科技创新板"建设,联通中小微企业技术成长、资本成长双向通道。大力发展知识产权质押融资和专利保险等金融产品,鼓励省内企业引进技术成果时购买专利保险,降低知识产权风险。积极争取知识产权证券化融资试点,支持企业利用公司债等进行科技成果转化项目融资。面向重点优势产业建设知识产权保护中心,为技术转移提供专业的知识产权保护服务。加强对技术转移过程中商业秘密的法律保护,支持专业机构为技术转移各方提供法律援助服务,打击各类知识产权违法违规行为。

（四）加大税收支持力度

从事技术转让、技术开发业务取得的收入,符合条件的免征增值税。符合条件的技术转让所得不超过500万元的部分免征企业所得税,超过部分减半征收。符合条件的企业类技术交易机构、技术交易中介服务机构与技术转移服务机构被认定为高新技术企业或技术先进型服务企业的,减按15%的税率征收企业所得税,其职工教育经费支出不超过工资薪金总额8%的部分,可在计算应纳税所得额时据实扣除;超过8%部分准予在以后纳税年度结转扣除。技术转移机构、技术合同登记机构因有特殊困难不能按期缴纳税款的,经省级税务机关批准可延期缴纳税款;缴纳房产税确有困难的,经省、市、县人民政府批准可给予减免税支持;缴纳城镇土地使用税确有困难的,经省级税务机关批准可给予减免税支持。

五、强化技术转移体系建设保障措施

（一）加强统筹推进

省科技主管部门要发挥牵头协调作用,明确责任分工,细化目标任务,强化督促落实。省各有关部门要制订具体实施细则,研究落实促进技术转移的相关政策措施,并加强上下衔接和协同推进。各市、县(市)人民政府要将技术转移体系建设纳入重要议事日程,建立协调推进机制,结合实际抓好组织实施。

（二）强化财政支持

各市、县(市)人民政府应根据本地区实际,落实对企业吸纳技术成果、技术转移机构和技术经纪人从事技术转移活动的财政奖补资金,对技术合同登记机构予以财政足额保障。省财政依据各市、县(市)技术合同数量、实际成交额及技术转移工作情况等按因素法予以补助。

（三）开展监督评估

将技术转移工作情况纳入省政府对各地区科技创新考核内容,各市、县(市)人民政府应根据本地区实际,在3个月内制定配套政策措施。省科技主管部门要会同相关部门对本意见的落实情况进行跟踪分析和督促指导,定期发布各主要高校、各地区技术转移监测结果。加强政策宣传和解读,及时总结推广可借鉴、可复制的做法和经验。

（四）营造良好氛围

将技术转移各类主体纳入省社会信用体系,由省技术产权交易市场收集、整理并通过适当方式公开信用评价信息。完善高校、科研院所等企事业单位勤勉尽责和容错纠错机制,营造鼓励社会各方投身技术转移转化的浓厚氛围和有利于创新驱动发展的市场环境。

江苏省人民政府

2018年5月29日

江苏省开展国家标准化综合改革
试点工作方案的通知

苏政发〔2018〕75 号

各市、县(市、区)人民政府,省各委办厅局,省各直属单位:

现将《江苏省开展国家标准化综合改革试点工作方案》印发给你们,请认真组织实施。

江苏省人民政府

2018 年 6 月 15 日

江苏省开展国家标准化综合改革试点工作方案

为贯彻落实《国务院关于印发深化标准化工作改革方案的通知》(国发〔2015〕13 号)精神,根据《国务院办公厅关于同意山西、江苏、山东、广东省开展国家标准化综合改革试点工作的复函》(国办函〔2018〕25 号)要求,结合我省实际,制定如下试点工作方案。

一、总体要求

(一)指导思想

以习近平新时代中国特色社会主义思想为指导,全面贯彻党的十九大精神,认真落实习近平总书记对江苏工作的重要指示要求,自觉践行新发展理念,以供给侧结构性改革为主线,以提高发展质量和效益为中心,以开展国家标准化综合改革试点为抓手,创新标准化管理体制机制,加快建立适应高质量发展要求的新型标准体系,促进质量变革、效率变革、动力变革,为推进"两聚一高"新实践、建设"强富美高"新江苏提供有力保障,为国家标准化综合改革作出示范引领。

(二)基本原则

——坚持以服务高质量发展为导向。围绕"六个高质量"部署,更好发挥标准的基础性、战略性和引领性作用,不断提升高品质产品、工程和服务供给能力,推动江苏制造向江苏创造转变、江苏速度向江苏质量转变、江苏产品向江苏品牌转变。

——坚持以人民为中心的发展思想。紧扣社会主要矛盾变化,深入实施标准化战略,着力解决标准化发展不平衡不充分问题,促进质量全面提升,不断满足人民日益增长的美好生活需要。

——坚持深化改革、扩大开放。加大改革创新力度,积极探索,先行先试,努力形成可复制、可推广的江苏标准化工作经验。树立国际视野和世界眼光,瞄准超越国际标准完善江苏标准工作体系,加大标准"走出去"力度,促进全省经济迈向中高端。

——坚持统筹推进、示范带动。依法加强标准化管理,注重改革试点的系统性、协同性,发挥政府主导制定公益类标准的作用,激发市场自主制定团体标准和企业标准的活力,强化试点经验的示范推广,发挥标准化在治理体系和治理能力现代化中的重要作用。

(三)目标任务

到2020年,政府主导制定的标准与市场自主制定的标准协同发展、协调配套的新型标准体系基本建成,江苏标准化工作影响力和贡献力大幅提升,各项指标位居全国前列,为国家标准化综合改革提供更多"江苏经验"。

1. 标准化管理体制机制更加优化

标准化行政主管部门统一管理、相关行政部门分工负责的标准化管理体制日益完善,政府引导、市场驱动、社会参与的标准化工作格局基本形成,统筹推进、有效运转的标准化协调机制建立健全。

2. 标准体系进一步健全

基本实现经济社会发展重点领域标准全覆盖,制定一批高于国家标准、行业标准的地方标准、团体标准与企业标准。团体标准达300项,企业标准自我声明公开数突破8万个,市场自主制定的标准数量、质量和比重明显提高。

3. 标准化水平大幅提升

参与国家、国际标准化活动能力进一步增强,承担标准化技术组织数量持续增长。新承担国际、全国标准化技术组织10个,提交国际标准提案50项,组织制定国际标准20项,主导制定国家标准400项,参与制定国家标准1000项,打造一批江苏精品标准,江苏标准化工作全国领先。

4. 标准化效应充分显现

标准化工作融入经济社会发展各个领域,成为引领科技进步、产业转型升级、实体经济发展、城乡建设、民生改善、高水平对外开放的重要支撑。

5. 标准化基础不断夯实

标准化人才供给明显增加,标准化服务业发展水平不断提升,标准化管理水平显著提高。

二、主要任务

(一)深化标准化管理体制改革

1. 完善标准化管理体制

省标准化行政主管部门统一管理全省标准化工作,省有关行政主管部门分工管理本部门本行业标准化工作。省标准化行政主管部门与有关行政主管部门加强沟通协作,形成工作合力。设区市人民政府要建立标准化协调机制,统筹标准化工作重大事项,协调推进标准化综合改革。结合地方机构改革,建立健全标准化工作机构。支持如皋市开展国家基层标准化改革创新先行区创建活

动,鼓励各地探索创新标准化管理体制。(责任部门:省质监局,省各有关部门,各设区市人民政府)

2. 优化标准化法治环境

广泛宣传、贯彻实施新修订的《中华人民共和国标准化法》,以法治思维和法治方式推进标准化综合改革试点工作,加强事前事中事后全方位监管,提升标准化工作法治化水平。尽快修订《江苏省标准监督管理办法》,完善配套政策制度。在地方性法规、规章和重要文件等制定中积极引用先进、适用标准,使标准逐步成为制度供给的重要来源。(责任部门:省法制办、省质监局)

3. 推动全社会广泛参与

发挥政府的统筹作用,强化行业组织的协调作用,突出科研院所和龙头企业的骨干作用,提升标准化公共信息平台和标准化服务机构的支撑作用,引导社会各方参与标准的申报、制定、实施、监督全过程。围绕"中国制造2025"扬子江城市群示范区建设,举办扬子江城市群标准化论坛,进一步提升江苏标准化工作影响力。(责任部门:省质监局、省经济和信息化委)

(二)创新标准化工作机制

1. 完善标准转化机制

推动形成重大战略试点经验、经济社会发展创新成果、科技专项研究成果和核心自主知识产权转化为标准的长效机制,促进各类创新成果转移转化和开放共享。建立地方标准立项论证评估机制,促进地方标准管理创新。完善试点培育和标准激励机制,鼓励社会团体、企业将自主知识产权转化为团体标准、企业标准。建立与国家标准化管理委员会及专业标准化技术组织的沟通协作机制,推动泰州等市创建标准国际化创新型城市,促进更多先进的江苏地方、企业标准上升为国家标准、国际标准。(责任部门:省科技厅、省民政厅、省质监局、省知识产权局)

2. 强化标准实施机制

开展传统产业标准提升、新兴产业标准对标国际等活动,在部分领域建立实施企业标准"领跑者"制度,发挥标准提质增效作用。建立实施地方标准全文公开制度,全面实行团体标准、企业标准自我声明公开和监督制度。加快标准化信息化建设,推动各类标准信息公开。建立健全标准实施信息反馈、评估和结果运用机制,及时修订和废止不适应发展需要的标准。建立标准化试点示范工作机制,推动各领域实施标准,运用标准化方式组织生产、经营、管理和服务。(责任部门:省经济和信息化委、省质监局)

3. 构建标准监督机制

加强对标准制定和实施的监督管理,推动标准制定和实施主体落实相关权利和责任。加强对地方标准、团体标准和企业标准制定过程的监督指导,从源头提高标准质量水平。建立标准实施情况监督检查机制,组织对标准核心内容和关键技术指标进行验证。重点开展消费品领域国家强制性标准实施情况监督检查,对依据企业标准生产的产品或提供的服务开展监督检查,将不合格情况纳入企业质量信用记录。(责任部门:省质监局、省经济和信息化委)

(三)深入实施"标准化+"行动计划

1. 实施"标准化+"江苏制造

围绕"中国制造2025"江苏行动纲要,加快制定新材料、高端装备、新能源汽车、海洋船舶、生物

交易等重点环节标准制定。加强政务服务标准化建设,深入开展基层政务公开标准化试点,支持南通市深化全国政务服务标准化示范基地建设、镇江市开展国家行政服务标准化示范、江阴市创建全省集成改革综合标准化试点。建立完善司法行政、安全生产监管标准体系,加强基层政权和社区建设、区划地名、社会组织管理等标准制定。(责任部门:省编办、省政务服务管理办公室、省司法厅、省安监局、省民政厅、省质监局)

(四)增强标准供给支撑能力

1. 提高标准化管理水平

提高标准制定效率,加强标准立项和实施评估,健全标准全生命周期管理。提高标准化科学管理、精细管理水平,促进企业和全社会标准化管理水平提升。按照依法、高效、优质的要求,探索建立有利于发展新产业、培育新动能的标准化工作模式和运行机制。(责任部门:省质监局,省各有关部门)

2. 提升标准化服务能力

鼓励支持标准化服务机构发展,培育标准化服务市场,规范标准化服务机构和人员管理,提升标准化服务质量。支持常州检验检测认证产业园争创国家技术标准创新基地。加强全省标准信息公共服务平台建设,构建标准云平台,推动与国际标准组织、国内外标准机构的标准信息资源交换与合作。(责任部门:省质监局)

3. 增加标准化人才供给

完善标准化人才培养机制,支持高等院校开展标准化工程本科教育。加强标准化管理和专业技术人才培训,积极选派人员赴国际标准化组织(ISO)及其专业标准化技术机构任职,帮助企事业单位引进国内外标准化高端人才。加强标准化培训和交流,积极举办和承办国际标准化、地方标准化管理培训和全国专业标准化技术委员会组织的培训,开展多层次标准化学术交流。(责任部门:省教育厅、省人力资源社会保障厅、省质监局)

4. 推动江苏标准"走出去"

深化与"一带一路"沿线国家和长江经济带、长江三角洲地区的标准化交流合作,促进江苏产品、技术、装备、服务"走出去"。建立健全参加国际标准化活动的激励机制,推动我省企业广泛、深入参与国际标准化活动。探索建立与国外城市间标准化合作机制,主动承办国际相关标准化文化交流、项目合作等活动,加快中哈(连云港)物流合作基地、上合组织(连云港)国际物流园标准化建设,组织翻译一批国际产能和装备制造及对外经贸合作急需标准,推动我省与主要贸易伙伴之间标准互认。(责任部门:省发展改革委、省经济和信息化委、省商务厅、省质监局)

三、组织实施

开展国家标准化综合改革试点分三个阶段实施。

(一)第一阶段(2018 年)

研究制定工作方案和工作计划,积极推进体制机制改革,加快标准转化、实施和监督机制的创新实践,鼓励发展团体标准,放开搞活企业标准,激发市场主体活力,按照整合精简、优化提升原则,规划建立新型江苏标准化工作体系。

(二)第二阶段(2019 年)

构建新型标准体系,一批经济社会发展亟需的江苏精品标准完成制定、修订并发布实施。积极发挥"标准化+"效应,标准化理念在各领域得到广泛推行。标准化服务业快速发展,标准供给成为制度供给的重要支撑。

(三)第三阶段(2020 年)

基本建成结构合理、衔接配套、覆盖全面、水平先进的新型江苏标准化工作体系,形成具有江苏特色的标准化工作模式。"标准化+"融入经济社会各领域,成为治理体系和治理能力现代化的重要标志。

四、保障措施

(一)加强组织领导

发挥省标准化工作联席会议作用,统筹开展国家标准化综合改革试点工作,研究制定标准化重大政策,协调推进标准化重大项目。各市、县(市、区)人民政府和省各有关部门要将推进标准化综合改革试点摆上重要位置,结合本地、本部门实际,细化具体任务,强化组织推进,把改革措施落到实处。(责任部门:省质监局,省各有关部门,各设区市人民政府)

(二)加强政策保障

各市、县(市、区)人民政府和省各有关部门要健全完善标准化发展政策措施,制定标准化相关规划和工作计划,纳入地方经济社会发展规划、质量提升行动重要内容。强化标准化工作经费保障,鼓励各地充分发挥财政专项资金引导作用,优化标准化专项资金使用方向,对主导制定国际、国家、地方标准以及标准化试点示范的单位给予专项补助。深化与国家标准化管理委员会的合作,在政策保障、业务指导、项目引进、人员培训、国际合作等方面争取更多支持。(责任部门:省质监局、省财政厅,省各有关部门,各设区市人民政府)

(三)强化考核评估

建立国家标准化综合改革试点工作指标体系,纳入质量工作考核重要内容,做好考核结果通报、督促整改、检查指导等工作。建立改革试点评估机制,定期对任务完成情况和工作进展情况进行综合评估,加大经验推广和问题整改力度,确保试点工作取得实效。(责任部门:省质监局)

财政厅省供销合作总社关于印发《江苏省新农村现代流通及供销合作发展引导资金管理办法》的通知

苏财规〔2018〕5 号

各市县财政局、供销合作总社：

为贯彻实施乡村振兴战略，加快推进供销合作社综合改革，规范江苏省新农村现代流通及供销合作发展引导资金的使用管理，我们修订了《江苏省新农村现代流通及供销合作发展引导资金管理办法》。现印发给你们，请遵照执行。

附件：江苏省新农村现代流通及供销合作发展引导资金管理办法

江苏省财政厅
江苏省供销合作总社
2018 年 6 月 6 日

附件

江苏省新农村现代流通及供销合作发展引导资金管理办法

第一章　总　则

第一条　为推进供销合作社综合改革，规范江苏省新农村现代流通及供销合作发展引导资金（以下简称"引导资金"）的使用管理，根据《中华人民共和国预算法》《江苏省省级财政专项资金管理办法》和省委省政府《关于贯彻落实乡村振兴战略的实施意见》（苏发〔2018〕1 号），制定本办法。

第二条　本办法所称引导资金，是指省级财政预算安排，专项用于扶持新农村现代流通及供销合作发展的资金，由省财政厅和省供销合作总社共同管理。

第三条　引导资金坚持以为农服务为根本宗旨，紧紧围绕乡村振兴战略，以支持社有企业转型升级和基层服务网络改造为重点，加大对供销合作社实体经济的投入力度，增强社有企业发展活力和为农服务能力，加快构建新供销服务"三农"的综合平台。

第二章　支持范围、条件与方式

第四条　引导资金支持纳入供销合作社综合改革行动计划、新供销服务"三农"综合平台实施方案以及社有龙头企业转型发展等相关供销合作改革发展项目。重点支持：

（一）乡镇基层社和农村综合服务社提档升级，打造综合性农民合作社，开展以土地托管为重点的农业生产全程社会化服务，培育专业化、市场化综合性农业服务组织；

（二）打造一二三产业融合发展综合体，支持"网上供销合作社"建设，健全农村电子商务经营服务体系，培育和做强电商龙头企业，支持农产品智慧市场建设，培育区域农产品品牌；

（三）改造提升日用品配送中心和连锁经营网点，支持城乡再生资源回收利用网络改造提升，加快分拣中心和集散市场的升级改造，支持资源循环利用基地建设，支持社有龙头企业转型发展。

第五条　纳入引导资金支持范围的项目应分别符合以下条件：

（一）乡镇基层社。必须承认市县供销合作社章程、服从市、县级供销合作社管理并列入网上统计直报；达到省供销合作社乡镇基层社恢复重建、改造升级标准或被省供销合作社列为综合性合作社试点单位。

（二）农村综合服务社。必须达到省供销合作总社农村综合服务社建设标准；承担省供销合作总社下达的农村综合服务社建设目标任务；实施主体为县（市、区）供销合作总社、基层供销合作社或村委会。

（三）产业发展类项目。项目实施单位必须是江苏省内注册的独立法人企业和单位，优先支持供销合作社控股或参股企业和单位；应具有较为完善的企业管理制度和公司章程，产权清晰；应依法正常经营，业务模式明确，人才资源具备，经营能力突出，具有较强的发展潜力和示范带动作用；在企业信用信息系统中无不良记录。具体申报条件结合年度重点工作任务在申报指南中进一步明确。

第六条　引导资金采取以奖代补、贷款贴息、股权投资等方式支持项目实施。

（一）以奖代补。对乡镇基层社、农村综合服务社开展扶贫、农业社会化服务等公益性项目建设，奖补资金给予定额补助；对产业发展类项目，奖补资金不超过项目总投资的50％。

（二）贷款贴息。贴息资金根据实际到位银行贷款、规定的贴息率、贷款期限和实际支付的利息数计算，年贴息率最高不超过国家规定的银行贷款基准利率。

（三）股权投资。按照市场化的原则对所投资企业进行估值，确定投资价格和股份比例，由各级供销合作总社或社有企业对其进行股权投资。

第三章　资金分配与使用

第七条　引导资金分配采用省级统筹与切块地方相结合的方式。

第八条　每年年初，省财政厅会同省供销合作总社根据年度预算和工作重点，确定引导资金省级统筹和切块地方的支持规模。

第九条 省级统筹资金按项目法分配,用于产业类投资项目;切块地方资金按因素法分配,由市县供销合作社经必要程序落实到具体项目。

第十条 引导资金切块地方部分分配因素包括:各地供销合作社主要经济发展指标、当年支持重点和工作任务、以前年度资金安排情况和绩效评价结果等。

第十一条 省级统筹项目申报与审核。

(一)每年年初,省供销合作总社会同省财政厅下达省级统筹项目申报指南;

(二)省供销合作总社制定项目评审方案,商省财政厅同意后实施;

(三)省供销合作总社对通过评审的项目提出年度项目安排的初步建议,会商省财政厅确定;

(四)根据会商结果,省供销合作总社对通过审核的项目上网公示,公示时间5个工作日;

(五)公示无异议的项目,省财政厅会同省供销合作总社下达引导资金。

第十二条 引导资金拨付按照财政国库集中支付制度的规定办理。

第十三条 各级项目实施单位要加强资金核算和管理,严格按照规定用途使用资金。未经批准,不得擅自变更项目实施内容或者调整预算。在执行期限内,项目实施单位提出项目建设内容重大变更申请的,由原审批部门批准后方可变更。未经批准擅自变更项目的,涉及的财政补助资金一律收回财政。

第十四条 有下列情形之一的为重大变更:

(一)变更投资对象;

(二)项目投资规模变动幅度超过20%。

第四章 绩效评价与监督检查

第十五条 各级供销合作社按要切实加强项目实施和资金使用的监督检查,建立健全资金绩效评价制度,评价结果作为引导资金支持政策调整和预算安排的重要依据。

第十六条 各地、各部门和项目实施单位要自觉接受财政、审计以及上级主管部门对引导资金使用情况的监督检查,自觉接受社会监督。对违法违规使用引导资金的单位和个人,依照《财政违法行为处罚处分条例》《江苏省财政监督条例》等有关规定追究法律责任。情节严重涉嫌犯罪的相关人员,依法移交司法机关追究刑事责任。

第五章 附 则

第十七条 本办法由省财政厅、省供销合作总社负责解释。

第十八条 本办法自2018年7月10日起施行。《江苏省新农村现代流通及供销合作发展引导资金管理暂行办法》(苏财规〔2016〕8号)同时废止。

省政府办公厅关于支持社会力量提供多层次多样化医疗服务的实施意见

发布日期:2018-08-1717:12　来源:江苏省人民政府办公厅

苏政办发〔2018〕54号

各市、县(市、区)人民政府,省各委办厅局,省各直属单位:

为深入贯彻《国务院办公厅关于支持社会力量提供多层次多样化医疗服务的意见》(国办发〔2017〕44号)精神,深化医疗领域供给侧结构性改革,进一步调动社会办医积极性,支持社会力量提供多层次多样化医疗服务,为"健康江苏"建设提供有力支撑,结合我省实际,制定如下实施意见。

一、指导思想和发展目标

(一)指导思想

以习近平新时代中国特色社会主义思想为指导,全面贯彻落实党的十九大精神和习近平总书记对江苏工作的重要指示要求,坚决落实党中央、国务院决策部署,坚持以人民为中心的发展思想,紧紧围绕省委十三届三次全会关于"六个高质量"发展的部署要求,按照"以人为本、统筹推进,需求引领、供给升级,放宽准入、优化服务,严格监管、有序发展"的原则,以提高人民健康水平为核心,在基本医疗卫生服务领域坚持政府主导并适当引入竞争机制,在非基本医疗卫生服务领域市场要更有活力,持续深化"放管服"改革,进一步完善政策环境、优化服务供给、强化监督管理,推动我省社会办医高质量发展,培育经济发展新动能,不断满足人民群众日益增长的多层次多样化健康需求。

(二)发展目标

到2020年,我省社会办医的市场环境、政策体系、服务监管进一步完善,技术水平、服务能力、品牌形象进一步提高,专业人才、健康保险、医药技术等支撑进一步夯实,形成一批有较强竞争力的社会办医疗机构,打造一批有较强影响力的健康产业集聚平台,力争社会办医规模水平和发展质量走在全国前列,人民群众对社会办医的获得感和满意度明显提升,多层次多样化医疗服务新格局基本形成。

二、拓宽社会办医发展领域

(一)鼓励发展基层医疗服务

将各类主体举办的诊所、门诊部、一级医疗机构、康复医疗中心、护理中心等纳入基层医疗卫生服务体系。符合条件的社会办医疗机构开展签约服务,在转诊、收付费、考核激励等方面与公立医疗机构享有同等待遇。推进社会力量举办或运营高水平全科诊所,支持全科医生个体或合伙在城乡开办全科诊所,符合规定的纳入基本医保定点范围。具备条件的全科诊所可认定为全科医生基层实践基地,承担全科医生培养任务。鼓励全科诊所与医院、商业保险机构开展深度合作,打造医疗联合体。(责任单位:省卫生计生委、省财政厅、省人力资源社会保障厅)

(二)大力发展专业化医疗服务

积极引导社会力量深入专科医疗领域,扩大服务有效供给,培育专业化优势。优先支持社会力量举办妇产、儿科、精神、康复、护理、安宁疗护等亟需加强的专科医疗机构。鼓励社会资本举办独立设置的医学检验、病理诊断、医学影像、消毒供应、血液净化等专业机构,引导向连锁化、集团化发展。探索以公建民营或民办公助等方式,建立区域性医学影像、医学检验中心,面向所有医疗机构开放,实现结果互认和资源共享。(责任单位:省卫生计生委)

(三)全面发展中医药服务

支持社会力量优先举办中医类专科医院,发展中医特色的康复医院、护理院。在中医药资源和区位等基础条件较好的地方,相对集中设置只提供传统中医药服务的中医门诊部和中医诊所。鼓励有实力的社会办中医诊所、门诊部等机构做优做强,实现跨省市连锁经营、规模发展。支持社会力量在确保安全的前提下按规范要求开展中药饮片代煎代配服务。(责任单位:省中医药局、省卫生计生委、省食品药品监管局)

(四)有序发展前沿医疗服务

支持社会办医疗机构瞄准前沿医学技术,建设优势医疗团队,提供以先进医疗技术为特色的医疗服务。适应生命科学纵深发展、生物新技术广泛应用和融合创新趋势,稳妥有序推动精准医疗、个性化医疗等服务发展。推进经依法依规批准的新型个体化生物治疗产品标准化规范化应用。持续推动成熟可靠、经依法依规批准的前沿医疗技术和产品进入临床应用的转化机制建设。(责任单位:省卫生计生委、省食品药品监管局)

(五)积极发展个性化医疗保健

推动社会办医疗机构依托移动互联网等方式进行流程优化,不断适应新形势下各类社会群体的就医新需求,逐步建立方便快捷的就医流程,营造高效舒适温馨的就医环境,为有需要的患者提供远程会诊、专人导医陪护、家庭病房等个性化服务。支持助产机构对孕产妇婴童护理机构加强技术扶持,确保质量安全。鼓励社会办医疗机构积极探索诊疗、护理、康复、心理关怀等连续整合的服务,进一步提升就医体验,多方位满足群众身心健康需要。(责任单位:省卫生计生委)

(六)深入推进医养结合

支持社会力量针对老年人健康需求,通过市场化运作方式开办医养结合机构。医疗机构内设护理床位、取得养老机构设立许可证的,按规定享受养老机构相关建设补贴、运营补贴和其他政策扶持;养老机构内设医疗机构属于社会办医范畴的,按规定享受政策扶持,对符合条件的医疗护理费用纳入医保基金支付范围。鼓励社会力量举办社区护理站,支持专业照护机构、护理院及其他医疗机构参与护理站建设运营。加快发展健康养老联合体,整合养老、医疗、康复和护理资源,为老年人提供一体化健康服务。鼓励各类主体举办的基层医疗机构提供家庭病床服务,合理确定家庭病床收费标准,符合规定的纳入基本医保支付范围。支持有条件的地区探索建立长期护理保险制度,并做好与基本医疗保险的有效衔接。(责任单位:省卫生计生委、省民政厅、省财政厅、省人力资源社会保障厅)

(七)大力发展健康旅游

以个性化诊断、高端医疗、中医药服务、康复疗养、休闲养生为核心,丰富健康旅游产品,培育健康旅游消费市场。依托省内各地自然、人文、生态、区位等特色资源和重要旅游目的地,以医疗机构、健康管理机构、康复护理机构和休闲疗养机构等为载体,重点开发中医保健、康复疗养、医养结合等系列产品,打造健康旅游产业链。推进健康医疗旅游示范基地、中医药健康旅游示范区建设,打造健康旅游发展新模式。(责任单位:省旅游局、省卫生计生委、省发展改革委、省民政厅、省中医药局)

(八)融合发展医疗体育

支持社会力量兴办以科学健身为核心的体医结合健康管理机构,推广建设康复医院、运动康复机构、健康促进中心。引导社会资本开展运动康复领域重点和关键技术攻关,开发新型运动康复、运动健身指导技术、可穿戴式运动等装备。鼓励社会办提供健康体检服务的医疗机构和运动康复机构配置体质测试器材,面向群众开展体质测试服务、开具运动处方。对社区医生开展运动康复、慢病防治知识和运动处方培训。(责任单位:省体育局、省卫生计生委、省发展改革委)

(九)创新发展"互联网+医疗健康"

推动人工智能、云计算、大数据、物联网、移动互联网等新兴信息技术与医疗服务深度融合,积极培育医疗服务新业态。允许依托医疗机构发展互联网医院,在线开展部分常见病、慢性病复诊。支持医疗卫生机构、符合条件的第三方机构搭建互联网信息平台,开展远程医疗、健康咨询、健康管理服务。鼓励开展网上签约服务,在线提供健康咨询、预约转诊、慢性病随访、健康管理、延伸处方等服务。健全"互联网+医疗健康"标准体系,制定项目价格和医保支付政策,逐步将符合条件的互联网诊疗服务纳入医保支付范围。推进社会办医疗机构信息系统与区域全民健康信息化平台实现规范化的互联互通、信息共享。加强行业监管,切实依法保障医疗健康数据安全和患者隐私。支持南京、常州市开展国家健康医疗大数据中心暨产业园建设试点。(责任单位:省卫生计生委、省发展改革委、省经济和信息化委、省人力资源社会保障厅、省物价局、江苏保监局)

(十)建设健康产业集聚发展新平台

坚持市场化运作和创新导向,积极培育健康服务产业集聚区、健康类的特色小镇等产业发展载体。支持各地探索医疗与养老、旅游、健身休闲等业态融合发展和健康服务与医药研发制造、医学教育相协同的集聚模式,并在土地规划、市政配套、机构准入、人才引进、执业环境等方面给予政策扶持。发展改革部门要加强规划引领和指导,各地要加强规划引导和科学论证,避免同质化竞争和重复建设,杜绝简单园区建设或变相搞房地产开发。深化省级社会办医试点工作。加快推进泰州市长江经济带大健康产业集聚发展试点。(责任单位:省发展改革委、省卫生计生委、省经济和信息化委、省民政厅、省国土资源厅、省住房城乡建设厅、省体育局、省旅游局)

三、加大医疗市场开放力度

(一)有序放宽市场准入

各地在制定或调整医疗卫生服务体系规划、医疗机构设置规划时,要落实《江苏省医疗卫生服务体系规划(2017—2020年)》等要求,按照到2020年每千常住人口不低于1.5张床位的标准,为社会办医疗机构预留规划空间,并及时向社会公布。凡符合规划条件和准入资质的,不得以任何违反市场经济下公平竞争原则的理由限制。对社会办医疗机构配备大型医用设备可合理放宽规划预留空间,不得将机构等级、床位规模等作为确定配置大型医用设备的必要前置条件。发布社会办医投资指引,优先支持社会力量举办非营利性医疗机构。社会力量举办康复、护理、精神、妇产、儿童等紧缺型专科医疗机构及诊所、门诊部等,不受机构数量和规划布局限制。社会力量举办只提供传统中医药服务的中医诊所及养老机构内设诊所、卫生所(室)、医务室、护理站等实行备案制。及时落实国家出台的各类医疗机构基本标准,在专科医院等医疗机构执业登记时,将审核重点放在人员资质与技术服务能力上,在保障医疗质量安全的前提下,动态调整相关标准规范,探索制定适合省情的专科医疗机构基本标准。(责任单位:省卫生计生委、省发展改革委、省民政厅、省中医药局)

(二)简化优化审批服务

制定我省社会办医跨部门全流程综合审批方案,精简整合审批环节,向社会公布后实施。依托江苏政务服务网,在各级政务服务中心推行线上线下一站受理、窗口服务、并联审批,提高审批效率。根据卫生健康委等部门《关于进一步改革完善医疗机构、医师审批工作的通知》规定,除三级医院、三级妇幼保健院、急救中心、急救站、临床检验中心、中外合资合作医疗机构、港澳台独资医疗机构外,举办其他医疗机构的,卫生健康行政部门不再核发《设置医疗机构批准书》,仅在执业登记时发放《医疗机构执业许可证》。在申请执业登记前,举办人应当对设置医疗机构的可行性和对周边的影响进行深入研究,合理设计医疗机构的选址布局、功能定位、服务方式、诊疗科目、人员配备、床位数量、设备设施等事项。申请医疗机构执业登记的,不再提供验资证明,申请人应当对注册资金的真实性负责。连锁经营的服务企业可由企业总部统一向服务企业所在地工商登记机关办理注册登记手续,鼓励健康服务企业品牌化连锁化经营。加快规范统一营利性医疗机构名称。各地各部门在制定社会办医政策措施过程中,要全面深入落实《江苏省公平竞争审查制度实施意见》,严格对照审查标准进行自我审查。经审查认为不具有排除、限制竞争效果的,可以实施;具有排除、限制竞争效果的,应当不予出台,或调整至符合相关要求后出台。没有进行公平竞争审查的,不得出台。全面清理并取消无法定依据的前置条件或证明材料,严禁违反法定程序新设前置审批事项或提高审批条件,不得无故限制社会办医疗机构的经营性质、执业范围和诊疗科目。(责任单位:省编办、省政务办、省发展改革委、省公安厅、省民政厅、省国土资源厅、省住房城乡建设厅、省卫生计生委、省工商局)

(三)促进投资与合作

支持社会办医疗机构参与分级诊疗制度建设,各地在建设医联体时,不得将符合条件的社会办医疗机构排除在外。鼓励有实力的社会办医疗机构领办医联体。支持公立医院与社会办医疗机构在人才、管理、服务、技术、品牌等方面建立合作关系,促进社会办医疗机构提升服务水平。允许公立医院在保证基本医疗服务主体责任、服务质量和国有资产不流失的前提下,根据规划和需求,与社会力量在院外合作举办新的非营利性医疗机构。加快发展专业性医院管理集团,在明确责权关系的前提下,参与公立医院管理。严格落实公立医院举办特需医疗有关规定,除保留合理部分外,逐步交由市场提供。(责任单位:省卫生计生委、省财政厅、省发展改革委)

(四)提升对外开放水平

国外医疗机构、公司、企业和其他经济组织以合资或者合作形式在我省设立的诊所,放宽外方投资股权比例不超过70%的限制。加快推进港澳台地区在我省举办高水平独资医疗机构。外商投资医疗机构实行准入前国民待遇加负面清单管理,并纳入社会办医统一监管体系,按规定享受扶持政策。落实我省《关于促进外资提质增效的若干意见》,对外商与政府共同投资建设的非营利性医疗、养老、体育等公共服务项目,可使用划拨土地的,允许采用国有建设用地作价出资或入股方式供应土地。加快发展健康服务贸易,积极参与"一带一路"建设,鼓励有条件的社会办医疗机构和社会资本通过新设、收购、合作等方式,在境外开办专科医院、中医医院、连锁诊所等国际分支机构。推动我省中医药院校走出去,申办中医孔子学院或在已有孔子学院基础上开设中医学堂。(责任单位:省卫生计生委、省商务厅、省发展改革委、省教育厅、省中医药局)

四、优化社会办医发展环境

(一)强化专业人才培养

调整优化医学教育专业结构,加大紧缺医学专业人才培养力度。建立财政投入保障机制,鼓励省内高等院校、中等职业学校对紧缺医学专业学生给予学费减免等政策。制定具体实施细则,进一步落实社会办医疗机构在专科建设、住院医师规范化培训、学术地位、职称晋升、技能鉴定等方面与公立医疗机构享受同等待遇。支持符合条件的社会办医疗机构申报认定住院医师规范化培训基地、医师定期考核机构、医学院校临床教学基地。社会办医疗机构卫生技术人员依法依规参加社会保险,享受同等的住房公积金待遇。支持社会办医疗机构为职工建立企业年金等补充保险制度。(责任单位:省教育厅、省人力资源社会保障厅、省卫生计生委、省财政厅)

(二)全面实施医师区域注册

按照《医师执业注册管理办法》要求,在全省范围内实行所有类别的医师主要执业地点区域注册、多机构执业备案制,实现"一次注册、区域有效"。医师个人以合同(协议)为依据,确定1家主要执业机构进行注册,可在多个机构备案执业。全面建立医师电子注册制度。推动省外医师来我省开展执业注册。研究制定适应医师区域注册和多机构执业备案的社会保障、人事管理、绩效考核、医疗质量安全等政策措施。医师可按规定申请设置医疗机构,鼓励医师利用业余时间、退休医师到基层医疗卫生机构执业或开设工作室。在社会办医疗机构稳定执业的兼职医务人员,合同(协议)期内可代表该机构参加各类学术活动,本人可按规定参加职称评审。在医疗资源薄弱区域和基层社会办医疗机构执业经历可视为医师专业技术职称晋升前基层服务经历。(责任单位:省卫生计生委、省人力资源社会保障厅)

(三)强化基本医保支撑作用

对社会办医疗机构提供的基本医疗服务,符合规定的纳入医保基金支付范围。完善定点医疗机构协议管理,协议管理的医疗机构条件及签约流程、规则、结果等要及时向社会公开。鼓励医保经办机构与社会办医疗机构建立谈判机制,按照医保支付方式改革要求,谈判确定具体付费方式和标准。对纳入协议管理范围的社会办医疗机构,各地要严格执行社会办医疗机构和公立医疗机构相同的医保支付政策,在程序、时限、标准等方面同等对待,不得设置社会办医疗机构与公立医疗机构不同的医保准入时限,不得限制社会办医疗机构单病种报销数量和降低付费标准。医疗收费票据和符合规定的发票均可作为医保基金支付凭证,各地不得因票据发票性质不同不予报销。对低保对象、建档立卡贫困人口及残疾人等困难群体在社会办医疗机构就医的合规费用,同等享受民政、残联等部门相关补助。(责任单位:省人力资源社会保障厅、省卫生计生委、省民政厅、省物价局、省残联)

(四)加快发展商业健康保险

丰富健康保险产品,大力发展与基本医保有序衔接的商业健康保险。鼓励商业保险公司与社会办医疗机构建立信息对接机制,方便患者通过参加商业健康保险解决基本医疗保险覆盖范围之外的需求。支持商业保险机构和医疗机构共同开发针对特需医疗、创新疗法、先进检查检验服务、利用高值医疗器械等保险产品。鼓励社会办医疗机构参加医疗责任保险、医疗意外保险等多种形式的执业保险。在确保基金安全和有效监管的前提下,支持商业保险机构发挥专业优势,承办城乡居民大病保险、长期护理保险等。鼓励商业保险机构以战略合作、并购、新建医疗机构等方式整合医疗服务产业链,探索健康管理组织等新型健康服务形式。落实推广商业健康保险个人所得税税前扣除政策。(责任单位:江苏保监局、省人力资源社会保障厅、省税务局)

(五)严格落实税收优惠政策

各地要按规定全面落实社会办医各项税收优惠政策,对社会办医疗机构提供的医疗服务按规定免征增值税,进一步落实对社会办非营利性医疗机构企业所得税支持政策。鼓励符合条件的社会办营利性医疗机构参与高新技术企业认定,通过认定的按规定享受相关优惠政策。(责任单位:省税务局、省科技厅)

（六）完善财政支持政策

省级财政统筹现有专项资金,按规定对符合条件的社会办非营利性医疗机构重点专科建设、人才培养、医疗设备购置等给予适当补助。对提供基本医疗卫生服务的社会办非营利性医疗机构,各地要严格执行在医学重点学科建设、临床重点专科建设、人才培养、等级晋升等方面与公立医疗机构的同等补助政策。对受政府委托承担基本医疗、公共卫生服务和健康管理、突发公共事件应急处置任务及其他指令性任务的社会办医疗机构,各地要采取政府购买服务方式给予补偿,并逐步扩大购买范围。对实行基本药物制度的社会办医疗机构,有条件的地区可通过购买服务方式给予合理补助。(责任单位:省财政厅、省卫生计生委)

（七）拓宽投融资渠道

探索社会办医疗机构以其收益权、知识产权等无形资产作为质押物开展融资活动。在充分保障患者权益、不影响医疗机构持续健康运行的前提下,探索扩大营利性医疗机构有偿取得的财产抵押范围。支持符合条件的社会办营利性医疗机构上市融资或发行债券。鼓励各类创业投资机构和融资担保机构积极为医疗领域创新型业态、小微企业提供服务,调动社会资本进入医疗、养老等领域的积极性。加快设立各类健康产业投资基金,通过参股、融资担保、跟进投资等方式引导产业发展。(责任单位:人民银行南京分行、省金融办、省发展改革委、省经济和信息化委、省财政厅、江苏银监局、江苏证监局)

（八）加强用地保障

各地要统筹考虑医疗服务需求,将社会办医疗机构用地纳入土地利用总体规划、城乡规划和年度用地计划,有序适度扩大医疗卫生用地供给。包括诊所在内的各类医疗机构用地,均可按照医疗卫生用地办理供地手续,医疗用地未经批准不得擅自改变用途。社会办非营利性医疗机构享受与公立医疗机构相同的土地使用政策,符合划拨用地目录的,可按划拨方式供应。社会办营利性医疗机构用地应以租赁、出让等有偿方式供应,只有一个意向用地者的,依法可按协议方式供应。土地出让价款可在规定期限内按合同约定分期缴纳。在符合相关规划的前提下,经市、县两级人民政府批准,利用现有房屋和土地兴办健康养老等新业态,可实行继续按原用途和土地权利类型使用土地的过渡期政策,过渡期为 5 年,过渡期满后需按新用途办理用地手续。支持通过长期租赁、先租后让、租让结合、弹性出让等方式供应土地,降低社会办医用地成本。(责任单位:省国土资源厅)

（九）推进医药新技术新产品应用

出台深化审评审批制度改革鼓励药品医疗器械创新的政策意见,制定第二类创新医疗器械特别审批程序(试行),加快临床急需的创新药物、医疗器械产品审评。对经确定为创新医疗器械的,按照创新医疗器械审批程序优先审查。将社会办医疗机构纳入创新医疗器械产品应用示范工程和大型医疗设备配置试点范围,积极推进临床有优势、急需以及列入国家科技重大专项或国家、省重点研发计划的相关药品医疗器械产品尽快上市,鼓励社会办医机构优先使用通过仿制药质量和疗效一致性评价的药品。对社会办医疗机构与医药企业合作建设创新药品研发机构、药物临床试验机构、医疗器械示范应用基地、临床新技术应用试验中心的,实行与公立医疗机构同等支持政策。支持重点医药产业基地建设,提升药品医疗器械产业创新发展能力。(责任单位:省食品药品监管局、省经济和信息化委、省科技厅、省卫生计生委)

五、强化社会办医全行业监管

(一)完善制度标准

对社会办医疗机构和公立医疗机构实行同等评审标准。支持行业协会开展符合社会办医特点的服务能力和社会信用等级评价,探索将评价结果与基本医保定点管理和政府资源配置等挂钩,鼓励商业保险应用评价结果。鼓励行业协会制定医疗服务团体标准,推进医疗机构制定高于国家标准、行业标准的企业标准,推动团体标准和企业标准自我声明公开。支持社会办医疗机构开展医疗服务质量认证。发挥"江苏12345在线"等平台功能,推动各地各有关部门有效落实社会办医"放管服"改革举措,促进社会办医疗机构和从业人员依法依规开展医疗活动。(责任单位:省卫生计生委、省发展改革委、省人力资源社会保障厅、省政务办、省质监局、江苏保监局)

(二)加强综合监管

建立综合协调监管机制,将社会办医疗机构纳入全行业医疗监督执法、医疗质量监管、药械不良反应监测预警范围,接入健康信息化平台,实现信息共享、统一监管、实时预警。强化医保对定点医疗机构的激励约束作用,加快建立医疗服务社会监督员制度,有效发挥会计、审计事务所等中介机构作用,提升外部监管综合效能。加强各级卫生健康行政监督机构特别是基层监管能力建设,推动乡镇(街道)卫生计生机构融合提升综合监督职能。推行"双随机、一公开"工作机制,定期开展医疗机构校验和监督检查,定期公布区域内医疗机构服务情况及日常监督、处罚信息,接受社会监督。制定《江苏省医疗质量管理实施办法》,严厉打击非法行医、医疗欺诈,严肃查处租借《医疗机构执业许可证》开设医疗机构、出租承包科室等行为,严惩经查实的恶性医疗事故、骗取医保资金、虚假广告宣传、雇佣医托、过度医疗、推诿患者等行为。加强对社会办非营利性医疗机构产权归属、财务运营、资金结余使用等方面的监管,强化对营利性医疗机构盈利率的管控。(责任单位:省卫生计生委、省公安厅、省民政厅、省财政厅、省人力资源社会保障厅、省工商局、省物价局)

(三)提升诚信经营水平

引导社会办医疗机构加强全过程自律,公开诊疗科目、服务内容、价格收费等服务信息。对存在严重违规情形的医疗机构法人、医疗机构负责人和相关责任人员依法依规严肃处理,并纳入机构和相关人员的信用记录,定期公开医疗机构类别、级别、床位数、诊疗科目、服务质量和违法违规行为查处情况。建立社会办医疗机构及从业人员信用档案并纳入全省公共信用信息服务平台,通过"信用江苏"等网站和企业信用信息公示系统,向社会公示相关医疗机构的行政许可、行政处罚等信息。建立医疗机构及从业人员"黑名单"制度和退出机制,对进入"黑名单"的机构和人员依法依规采取行业禁入、吊销相关医务人员执业证书等惩戒措施。依法加强医疗养生类节目监管。鼓励各地按照国家、省有关规定,表彰奖励对社会办医作出突出贡献的集体和个人。(责任单位:省卫生计生委、省经济和信息化委、省人力资源社会保障厅、省工商局、省新闻出版广电局、省物价局)

各地各有关部门要充分认识支持社会力量提供多层次多样化医疗服务的重要意义,进一步加强组织领导,强化责任落实,结合本地本部门实际,制定完善政策措施,推动本意见提出的各项任务落到实处。省发展改革委、卫生计生委会同相关部门建立工作协调机制,加强考核评估,定期研究会商,协调解决本意见实施中的问题,及时总结推广好的经验做法,确保支持社会力量提供多层次多样化医疗服务取得实效。

江苏省人民政府办公厅

2018 年 7 月 11 日

省政府办公厅关于推进电子商务与
快递物流协同发展的实施意见

苏政办发〔2018〕56号

各市、县(市、区)人民政府,省各委办厅局,省各直属单位:

为全面贯彻落实习近平新时代中国特色社会主义思想和党的十九大精神,深入实施"互联网＋流通"行动计划,培育经济发展新动能,推进电子商务高质量发展,根据《国务院办公厅关于推进电子商务与快递物流协同发展的意见》(国办发〔2018〕1号),结合我省实际,提出以下实施意见。

一、完善电子商务快递物流基础设施建设

(一)加强基础设施网络建设

积极融入"一带一路"与长江经济带建设,引导快递物流企业围绕物流通道和物流枢纽,完善快递物流网络布局;加强快件处理中心、航空及陆运集散中心和基层网点等网络节点建设,构建适应电子商务发展需要的快递物流服务平台和配送网络。优化农村快递资源配置,健全以县级快递物流配送中心、乡镇配送节点、村级公共服务点和农村综合服务社电商服务站为支撑的农村配送网络,鼓励在村邮站叠加快递和电子商务服务功能,避免重复建设和资源浪费。(省发展改革委、省商务厅、省邮政管理局)

(二)推进园区建设和功能提升

推动电子商务园区与快递物流园区融合发展,强化产业集聚,增强区域辐射能力。加快培育具备仓配一体、智能分仓、快递集散、电子商务孵化、展示体验等功能的电子商务物流园,促进电子商务物流综合服务一体化建设。建立电子商务物流园评估体系,制定电子商务快递产业园认定标准,建设一批省级电子商务快递产业示范园。培育壮大电子商务物流运作主体,结合跨境电子商务综合试验区和跨境电子商务试点城市建设,积极开展跨境电子商务物流快递业务。(省商务厅、省发展改革委、省邮政管理局,地方各级人民政府)

(三)推广智能投递设施

支持各地将智能快件箱、住宅智能信报箱纳入便民服务、民生工程等项目,在社区、高等院校、商务中心、地铁站周边等末端节点加快布局智能投递设施。制定实施住宅智能信报箱、智能快件箱管理服务规范等江苏省地方标准。新建住宅小区应配套建设住宅智能信报箱,并与住宅小区同步规划、同步建设、同步施工;鼓励老旧小区出新改造时补建智能信报箱。多个经营快递业务的企业应共享末端服务设施,为用户提供便捷的快递末端服务。(省邮政管理局、省住房城乡建设厅、省质

监局,地方各级人民政府)

二、推进电子商务快递物流标准化智能化发展

(一)加强快递物流标准体系建设

贯彻落实国家各项快递物流标准,鼓励各地出台快递物流行业地方标准。鼓励快递企业参与制定快递物流行业标准,对符合条件的主导制(修)订国际标准、国家标准和地方标准的快递企业,省级财政根据相关政策给予适当补助。(省财政厅、省质监局,地方各级人民政府)

(二)提高信息化智能化应用水平

鼓励和引导快递企业采用先进技术,促进自动化分拣设备、机械化装卸设备、智能末端服务设施、快递电子运单以及快递信息化管理系统等推广运用。推动发展"互联网＋"快递,鼓励快递企业充分利用移动互联网、物联网、大数据、云计算等信息技术,提升运营管理效率,创新服务模式,加快向综合型快递物流运营商转型。推广全自动、半自动分拣装备和智能标签识别等快速分拣技术的应用,实现分拣中心作业流程信息化、标准化;加大快件在线监测、实时跟踪技术的投入和使用,推广使用智能化手持终端,全面提升分拣、运输、末端投递的智能化水平。(省经济和信息化委、省科技厅、省邮政管理局,地方各级人民政府)

(三)推动供应链协同发展

开展电子商务与快递物流协同发展试点,引导供应链相关企业加强大数据分析运用,支持快递企业与上下游服务企业优势互补、信息互通,提供仓储、金融、保险、通关、货代等一体化解决方案,鼓励快递企业通过自建、合作、并购等方式建设跨境物流网络和公共海外仓,提升快递企业跨境业务承接能力,促进快递业与电子商务服务业、制造业等相关产业协同发展。(省商务厅、省邮政管理局、省经济和信息化委)

三、鼓励电子商务快递物流企业创新服务

(一)鼓励快递末端集约化服务

加强新技术应用研究,鼓励和支持快递物流企业运用无人机等先进技术开展快递投送,提高快递物流服务效率。鼓励快递物流企业开展投递服务合作,建设快递末端综合服务场所,开展联收联投。鼓励快递物流企业、电子商务企业与连锁商业机构、便利店、物业服务企业、高等院校开展合作,提供集约化配送、网订店取等多样化、个性化服务。支持邮政、快递企业参与农村共同配送体系建设,推动交通运输、商贸流通、农业、供销、邮政等部门与电子商务、快递企业在农村物流服务网络和设施方面有效衔接,鼓励多站合一、资源共享;推动农村发展第三方配送、共同配送,建立完善农村公共仓储配送体系。(省商务厅、省农委、省邮政管理局、省交通运输厅、省供销社)

（二）推进冷链物流体系建设

鼓励和引导电子商务和快递物流企业创新经营理念，拓展经营业务，大力发展生鲜温控供应链，推广各种新型冷链物流运作模式。加快构建生鲜电子商务交易平台、冷链物流资源交易平台，探索建立对接产销、供需的大数据分析中心，实现精准营销、高效配送。鼓励快递物流企业与农村生鲜电子商务协同发展，加快建设涉农电子商务平台，为特色农产品提供包装、仓储、运输的标准化、定制化服务。贯彻实施《道路冷链物流运输服务规则》，规范冷链物流企业经营行为，推动解决冷链物流运输环节"断链"现象。推进冷链物流系统软件的开发与应用，按照规范化、标准化要求，配备车辆定位跟踪和全程温度自动监测、记录、控制系统，逐步完善冷链物流体系建设，实现质量可追溯、责任可追查。（省商务厅、省交通运输厅、省农委、省发展改革委、省邮政管理局）

四、优化电子商务快递物流配送运营管理

（一）推动配送车辆规范运营

鼓励各地对快递服务车辆实施统一编号和标识管理，依法规范快递服务车辆管理使用，加强快递服务车辆驾驶人交通安全教育，建立从业人员退出机制和黑名单管理制度，执法部门、行业管理部门和企业共享快递服务车辆、驾驶人、交通管理等信息，实施针对性管理。支持快递企业为快递服务车辆统一购买交通意外险。引导企业使用符合国家标准、安全、美观、实用的配送车型，推动配送车辆标准化、厢式化。（省邮政管理局、省交通运输厅、省公安厅，地方各级人民政府）

（二）便利配送车辆通行

县级以上地方人民政府公安、交通运输等部门和邮政管理部门应当加强协调配合，建立健全快递运输保障机制，依法保障快递服务车辆通行和临时停靠的权利，不得禁止快递服务车辆依法通行。认真落实省邮政管理局、公安厅、交通运输厅、工商局等部门关于加强快递企业运输车辆管理的有关规定，完善城市配送车辆科学发展、报废淘汰、通行管理等政策措施，对快递服务车辆给予通行便利。推动各地完善商业区、居住区、高等院校等区域停靠、装卸、充电等设施，推广分时停车、错时停车，提高停车设施利用率。（省交通运输厅、省邮政管理局、省公安厅，地方各级人民政府）

五、推动电子商务快递物流绿色发展

（一）推动绿色运输

鼓励快递物流领域加快推广使用新能源汽车和满足更高排放标准的燃油汽车，逐步提高新能源汽车使用比例。邮政、快递企业应加大甩挂运输、多式联运等先进运输组织方式的应用，加快调整运输结构，逐步提高铁路等清洁运输在快递物流领域的应用比例。（省经济和信息化委、省环保厅、省交通运输厅、省邮政管理局）

（二）推广绿色包装和配送

鼓励和支持快递企业制定适应电子商务寄递需求的定制化包装、专业化服务等规范,根据服务对象的商品特点,加大研发投入,生产使用可回收、可循环利用的包装材料及可降解的物料辅料,降低原材料和能源消耗。加快制定促进我省快递物流行业绿色发展的标准规范,支持邮政快递企业建设绿色末端和绿色回收体系,在电子商务企业和快递企业推广使用"共享快递盒"。倡导绿色消费,鼓励快递包装循环利用,推行快递包装垃圾分类处理,引导消费者自觉保护环境、低碳消费。(省商务厅、省发展改革委、省住房城乡建设厅、省环保厅、省邮政管理局,地方各级人民政府)

六、强化政策支撑

（一）加强土地供给保障

县级以上地方人民政府在城乡规划和土地利用总体规划中应统筹考虑快件大型集散、分拣等基础设施用地的需要,支持将总部机构设在我省的龙头快递企业发展。鼓励再开发利用低效产业用地建设电子商务快递物流基础设施,在不改变用地主体、规划条件的前提下,利用存量房产和土地资源建设电子商务快递物流项目的,可在 5 年内保持土地原用途和权利类型不变,5 年期满后需办理相关用地手续的,可采取协议方式办理。地方各级人民政府对利用废旧、闲置厂房改建的快递物流园区、站点,应给予必要的扶持、奖励。(省国土资源厅、省发展改革委,地方各级人民政府)

（二）加强末端投递保障

进一步明确智能信报箱、智能快件箱及快递末端综合服务场所的公共属性,新建工业、商业项目和居住小区应为快递物流配送末端网点建设预留条件。已建的居住面积 5 万平方米以上的居民小区,应按照《中华人民共和国物权法》规定,在征得业主同意的基础上,提供不低于 25 平方米的邮政快递服务场所;在校学生数量超过 1 万人的高等院校,应提供(预留)一定的邮(快)件用房,以满足邮政快递服务需要,保障邮(快)件安全。(省住房城乡建设厅、省国土资源厅、省教育厅、省邮政管理局,地方各级人民政府)

（三）支持乡（镇）、村快递物流发展

地方各级人民政府应加强对农村地区电子商务与快递物流协同发展的支持,鼓励各类快递企业深入农村开展投递服务合作,在乡(镇)、村布站设点,实现"技术先进、服务优质、安全高效、绿色节能"。对在乡(镇)、村布站设点和快件量达到一定数量的快递企业,视情给予政策激励。(地方各级人民政府)

（四）加强政策引导

鼓励和支持符合条件的快递重点企业、建设项目和产业园区申请现代服务业发展引导资金,对

重要的快递基础设施建设项目,提供补助、贴息扶持,经批准可给予城市基础设施配套费减免优惠。鼓励和支持地方政府、快递企业、承运人以分摊处置的方式,共同购买符合标准的快递物流配送车辆。(省发展改革委,地方各级人民政府)

七、创新行业监管体制机制

(一)贯彻落实《快递暂行条例》

地方各级人民政府要结合贯彻《快递暂行条例》,立足电子商务发展需要,进一步优化环境,支持快递物流企业创新商业模式和服务方式,引导快递物流企业健全管理制度,提升服务质量,完善安全保障措施,为用户提供迅速、准确、安全、方便的快递物流服务。(省邮政管理局,地方各级人民政府)

(二)加强规划协同引领

县级以上地方人民政府应当将快递业发展纳入本级国民经济和社会发展规划。地方各级人民政府应制定出台《城市和农村地区快递物流配送体系基础设施建设中长期规划》,将快递园区、快件处理中心、航空及陆运集散中心、基层网点、智能快递末端服务场所及设施、县级物流配送中心、乡镇配送节点及村级公共服务点等纳入规划,统筹考虑,加强相关规划间的有效衔接。针对电子商务全渠道、多平台、线上线下融合等特点,科学引导快递物流基础设施建设,构建适应电子商务发展的快递物流服务体系。(省国土资源厅、省住房城乡建设厅,地方各级人民政府)

(三)深化"放管服"改革

落实快递业务经营许可简化程序和改革后的快递企业年度报告制度,探索对快递企业实行同一工商机关管辖范围内"一照多址"模式,细化我省快递末端网点备案管理规定。落实国家邮政局快递业务经营许可管理信息系统相关优化措施,实现许可备案事项网上统一办理。加强对我省邮政快递企业的事中事后监管,全面推行"双随机、一公开"制度。(省邮政管理局)

八、加强组织领导

(一)强化工作协调

充分发挥省和各地电子商务工作领导小组作用,在省级层面建立推进电子商务与快递物流协同发展联席会议制度,加强工作统筹,研究制定政策措施,及时协调解决发展中遇到的各类问题,特别是针对城镇智能投递设施和农村服务网点建设、快递配送车辆依法安全通行、快递物件包装污染、无人机投递等事关产业发展和民生改善的突出问题,要进一步创新工作思路,制定切实可行的具体举措,强化协调配合,认真加以解决。(省各有关部门,地方各级人民政府)

各地各有关部门要深刻认识推进电子商务与快递物流协同发展的重要作用,结合本地本部门实际,制定细化实施方案,明确任务分工,落实工作责任。省、市牵头部门和主要职能部门要加强指导监督和跟踪问效,确保各项工作落实到位。

江苏省人民政府办公厅

2018 年 7 月 16 日

省政府关于深入推进大众创业万众创新发展的实施意见

苏政发〔2018〕112 号

各市、县(市、区)人民政府,省各委办厅局,省各直属单位:

　　为深入贯彻党的十九大报告中提出的"鼓励更多社会主体投身创新创业"精神和 2018 年《政府工作报告》关于"打造'双创'升级版"的工作部署,落实《国务院关于强化实施创新驱动发展战略进一步推进大众创业万众创新深入发展的意见》(国发〔2017〕37 号)有关要求,进一步优化双创生态环境,加快发展新经济、培育发展新动能、构筑双创新引擎,充分发挥双创在新旧动能转换过程中的战略支撑作用,着力推动新时代江苏经济社会高质量发展,不断开拓大众创业万众创新工作新局面。现结合我省实际,提出以下意见。

　　以习近平新时代中国特色社会主义思想和党的十九大精神为指导,认真落实习近平总书记对江苏工作的重要指示精神,以供给侧结构性改革为主线,推动经济发展质量变革、效率变革、动力变革,坚持创新、协调、绿色、开放、共享的发展理念,进一步拓展双创的深度和广度,提升双创的科技内涵,增强双创的发展实效,优化双创的发展环境,加强双创的实施保障,形成线上线下结合、产学研用协同、大中小企业融合的双创格局,多措并举推进江苏经济由高速增长阶段转向高质量发展阶段。到 2020 年,基本形成"要素集聚、载体多元、服务专业、活动持续、资源共享"的大众创业万众创新的生态体系。鼓励更多社会主体投身创新创业,实现创新带动创业,创业促进创新的良性循环,全省新增注册企业年均增速保持在 13% 左右,年均带动就业约 100 万人次以上;发展创业投资,全省创业投资备案企业管理资本规模超 1500 亿元,鼓励投向更多早中期、初创期企业,破解双创企业融资难题;建设一批高水平的双创示范基地,形成 30 个左右可复制可推广的双创模式和典型经验;创建一批双创支撑平台,健全双创服务体系,推动各类要素向双创集聚;举办各类双创活动,推动双创理念更加深入人心。

一、扩大试点示范效应,进一步加强双创深度

(一)推进国家级和省级双创示范基地建设

　　充分发挥现有国家和省级双创示范基地示范和辐射作用,推进认定一批省级双创示范基地,积极争取国家级双创示范基地。通过试点示范完善双创政策环境,推动双创政策落地,扶持双创支撑平台,构建双创发展生态,调动双创主体积极性,发挥双创集众智汇众力的乘数效应,形成双创成功经验并向全省推广。到 2020 年,打造 100 个覆盖全省各地,包括区域、高校和科研院所、创新型企业等主体类型的省级双创示范基地。(责任部门:省发展改革委、省教育厅、省经济和信息化委)

（二）推动小型微型企业双创基地发展

培育一批国家、省和市级小微企业"双创"基地，推动小微企业"双创"基地向智慧化、平台化、生态化方向发展，通过示范基地的辐射带动作用，提升小微企业"双创"基地建设和运营水平，不断提高双创服务能力，为各类双创主体健康发展提供有效支撑。到2020年，创建300个省级小微企业双创示范基地。（责任部门：省经济和信息化委、省科技厅、省发展改革委）

（三）鼓励开展离岸双创基地合作

鼓励与世界知名高校、科研院所、龙头企业及科技社团等开展合作，共同设立离岸双创基地，探索海外高端人才引进新机制，建立与世界接轨的柔性人才引进机制，深度融入全球产业链、创新链、价值链，打造立足区域、服务全球的海外创新资源的集聚平台，实现更高水平"引进来"，更加有效"走出去"。到2020年，创建50个省级离岸双创基地。（责任部门：省商务厅、省发展改革委、省科技厅、省教育厅、省科协）

（四）打造一批众创社区和专业化众创空间

在全省重点培育和打造一批"创新资源富集、创业服务完善、产业特色鲜明、人居环境适宜、管理体制科学"的众创社区，引导众创空间向专业化、精细化方向升级，支持龙头骨干企业、高校、科研院所围绕优势细分领域建设平台型众创空间，打造最具活力和竞争力的双创生态系统。到2020年，创建100个省级众创社区。（责任部门：省科技厅、省经济和信息化委、省教育厅）

（五）加快创业示范基地建设

坚持就业优先战略，促进以创业带动就业，争取新增一批国家级创业孵化示范基地，加快认定一批省级创业孵化示范基地、省级大学生创业示范园和省级创业培训实训示范基地，试点推动老旧商业设施、仓储设施、闲置楼宇、过剩商业地产转为创业孵化基地，进一步加快构建主体多元化、类型多样化、产业集群化的创业载体新格局，提升我省创业载体建设整体水平。（责任部门：省人力资源社会保障厅、省发展改革委、省经济和信息化委、省教育厅、省科技厅）

（六）制定省级双创平台认定和考核标准

推进现有各类省级双创平台交流与合作，形成双创推进合力。省有关部门分工负责制定省级双创平台认定标准体系，规范省级双创平台认定工作。对已认定的双创平台实施定期评价，对于不合格的双创平台第一年提出警告，连续两年不合格者予以摘牌。通过定期评价，优胜劣汰，持续提升省级双创平台的服务质量。（责任部门：省发展改革委、省经济和信息化委、省教育厅、省科技厅、省人力资源社会保障厅、省农委）

二、激发多元主体活力，进一步拓宽双创广度

（一）强化创新示范企业培育

充分发挥大企业在资金、技术、人才、市场等方面的优势，带动中小企业双创，着力培育形成一

批具有国际先进技术水平和国际竞争力的创新型企业。推动认定省级战略性新兴产业创新示范企业,实施"专精特新"企业培育计划,培育一批"专精特新"产品、科技小巨人企业和制造业单项冠军示范(培育)企业。实施重点骨干企业"双创"平台示范工程,打造龙头企业、中小企业协同共生的双创新格局。(责任部门:省发展改革委、省经济和信息化委、省科技厅)

(二)推进农村青年返乡创业基地建设

鼓励农村青年返乡创业,重点整合建设一批农村青年返乡创业基地,打造具有江苏区域特色的创业集群。把返乡下乡人员双创纳入双创相关政策支持范围,允许返乡下乡人员依法使用集体建设用地开展双创,返乡农民工可在创业地参加各项社会保险,鼓励有条件的地方将返乡农民工纳入住房公积金缴存范围,按规定将其子女纳入城镇(城乡)居民基本医疗保险参保范围。(责任部门:省农委、省人力资源社会保障厅、省国土资源厅、省住房城乡建设厅、省卫生计生委)

(三)深化高等院校双创教育改革

整合双创教育课程资源,建立双创教育课程资源共享平台,推行在线开放课程和跨校学习的认证、学分认定制度,鼓励双创教育专家、知名企业家进课堂,推动高水平双创讲座、高品位双创活动进课程。鼓励建立弹性学制,支持在校学生保留学籍休学创业。将双创教育纳入教师专业技术职务评聘标准和绩效考核指标体系,支持教师以对外转让、合作转化、作价入股、自主创业等形式将科技成果产业化,鼓励教师带领学生双创。(责任部门:省教育厅、省人力资源社会保障厅)

(四)开展江苏大学生创业培育计划

依托省内高校设立的大学科技园、软件园、产业园、创业园(街)等,支持建设一批大学生双创示范基地。举办"创青春"大学生创业大赛、江苏青年双创大赛等各类双创活动,支持奖励一批大学生优秀创业项目。鼓励地方设立大学生双创天使投资基金,对符合产业政策和发展方向的大学生创业项目提供股权融资支持。(责任部门:省教育厅、团省委、省人力资源社会保障厅、省科技厅、省金融办)

(五)鼓励科研院所专业技术人员双创

在履行所承担的公益性研发服务职能的前提下,进一步扩大科研院所自主权,强化激励导向,支持科研院所符合条件的专业技术人员携带科技成果以在职创业、离岗创业等形式开展双创活动,切实解决离岗创业人员的人事关系、基本待遇、职称评聘、考核管理等问题,提高科研院所成果转化效率。(责任部门:省科技厅、省教育厅、省人力资源社会保障厅)

(六)引进高层次人才来我省创业

灵活制定引才引智政策,采取不改变人才的户籍、人事关系等方式,解决关键领域高素质人才稀缺等问题。加大对海内外高层次人才或团队来我省创业的政策支持力度,简化事业单位引进高层次和急需紧缺人才招录程序。深入实施"双创计划""凤还巢计划"和留学人员回国双创启动支持计划,对拥有先进技术和自主知识产权的人才或团队到我省实施成果转化的项目,在同等条件下给予倾斜支持。对回国领军人才、高端人才创办的科技型中小企业,在同等条件下给予优先支持。(责任部门:省人才办、省人力资源社会保障厅、省科技厅、省财政厅、省教育厅)

(七)加强外国人才制度保障

完善外国高端人才居住证制度。推动外国人签证审批权限下放至县级公安机关,放宽来苏外国高端人才永久居留证办理条件,对列入省"双创人才"的外国高端人才,其本人及其外籍配偶和未满18周岁外籍子女,可申请办理永久居留手续,拥有永久居留身份证,享受与中国公民同等待遇。简化外国高层次人才办理在华工作许可和居留证件程序,开展安居保障、子女入学和医疗保健等服务"一卡通"试点。允许外国留学生凭高校毕业证书、创业计划申请加注"创业"的私人事务类居留许可。依法申请注册企业的外国人,可凭创办企业注册证明等材料向有关部门申请工作许可和工作类居留许可。(责任部门:省公安厅、省人才办、省教育厅、省人力资源社会保障厅、省卫生计生委、省住房城乡建设厅)

三、加快成果转移转化,进一步提升双创科技内涵

(一)加快重大科技成果转化应用

围绕我省战略性新兴产业重点领域,以需求为导向发布一批符合产业导向、带动作用大的科技成果包。发挥财政资金引导作用和科技中介机构成果筛选、市场化评估、融资服务、成果推介等作用,鼓励企业探索新的商业模式和科技成果产业化路径。(责任部门:省科技厅、省经济和信息化委、省发展改革委)

(二)加强基础研究和应用技术研究有机衔接

发挥高校和科研院所基础研究创新源头作用,进一步加强关键共性技术、前沿引领技术、现代工程技术、颠覆性技术创新。深入实施江苏高校协同创新计划,支持建设一批国家级、省级和校级协同创新中心。组织高校和科研院所不定期发布科技成果目录,建立面向企业的技术服务网络,推动科技成果与产业、企业需求有效对接。鼓励和支持省内高校和科研院所普遍建立技术转移中心,创建国家技术转移机构。支持建立中科院科技服务网络江苏中心,推动中科院科技成果在江苏的转移转化。(责任部门:省教育厅、省科技厅、省发展改革委)

四、融合实体经济发展,进一步增强双创发展实效

(一)加快产业创新中心建设

充分发挥江苏实体经济发达和科教人才资源集聚优势,探索形成示范引领全国的产业创新发展模式,结合江苏的产业特点,遴选江苏在全球具有影响力的优势产业,由领军型企业牵头,联合行业上下游企业、金融机构、知名高校和科研院所,整合创新资源,形成创新网络,创建一批国家产业

创新中心,培育一批省级产业创新中心,构建创新活力强劲与产业繁荣发展共融共生的新型产创载体。到2020年,创建20个省级产业创新中心。(责任部门:省发展改革委、省经济和信息化委、省科技厅)

(二)实施制造业创新中心建设工程

着力培育一批省级制造业创新中心,争创一批国家级制造业创新中心,通过汇聚创新资源,建立共享机制,发挥溢出效应,打通技术开发到转移扩散到首次商业化应用的创新链条,进一步完善以企业为主体、市场为导向、产学研相结合的制造业创新体系,形成制造业创新驱动、大中小企业协同发展的新格局,切实提高制造业创新能力,推动我省制造业由大变强。(责任部门:省经济和信息化委、省发展改革委、省科技厅)

(三)开展"互联网十"行动

全面落实《省政府关于加快推进"互联网＋"行动的实施意见》,在制造业、普惠金融、现代农业、电子商务、现代物流、智慧能源、绿色生态和政务服务等领域,加快打造"互联网＋"融合发展新模式,鼓励发展基于互联网的新技术、新产品、新服务和新业态创新,增强各行业竞争力。实施"互联网＋小微企业"行动计划,推动小微企业利用互联网技术和资源提升创新力和生产力。(责任部门:省发展改革委、省经济和信息化委、省科技厅)

(四)深入推进智能制造

推进大中型企业深化信息技术综合集成应用,鼓励工业企业综合应用虚拟设计制造、智能测控、精益管理以及集成协同等技术提升智能制造能力。着力培育先进机器人、3D打印机等新型智能装备,提高重大成套设备及生产线系统集成水平。推进智能制造车间改造和智能工厂建设,创建一批智能制造示范试验区和两化融合智慧园区,形成智能制造和双创融合发展的新局面。(责任部门:省经济和信息化委、省发展改革委、省科技厅)

(五)培育"共享经济"新业态

落实我省《关于促进共享经济发展的实施意见》,以支持双创为核心,按照鼓励创新、包容审慎的原则,大力发展生产能力共享、生活服务共享、现代农业共享、交通物流共享、医疗健康共享和金融保险共享等领域,支持各类共享经济平台建设,研究制定"共享经济"发展统计指标体系,科学、准确、及时反映经济结构优化升级的新进展。(责任部门:省发展改革委、省经济和信息化委、省科技厅、省统计局)

(六)推动"数字经济"和实体经济深度融合

研究出台我省《关于促进数字经济发展的实施意见》,充分发挥信息技术在资源合理配置和高效利用中的重要作用,鼓励数字经济领域双创,推动数字经济和实体经济深度融合,加快传统产业数字化、智能化,拓展经济发展新空间。(责任部门:省发展改革委、省经济和信息化委、省科技厅)

（七）推进供应链创新与应用

落实《国务院办公厅关于积极推进供应链创新与应用的指导意见》，推进供应链与互联网、物联网深度融合，创新发展供应链新理念、新技术、新模式，高效整合各类资源和要素，提升产业集成和协同水平，打造大数据支撑、网络化共享、智能化协作的智慧供应链体系，推进供给侧结构性改革，进一步提升我省经济竞争力。（责任部门：省商务厅、省发展改革委、省经济和信息化委）

（八）推进军民融合发展

以《江苏省经济建设和国防建设融合发展的实施意见》出台为契机，进一步打通"军转民"和"民参军"渠道，加强"军工＋"体系建设，在高端制造、节能环保、空天海洋等领域，推动建立一批军民结合、产学研一体的产业协同创新平台，打造一批军民融合创新示范区，形成军民融合发展新优势。（责任部门：省发展改革委、省经济和信息化委）

五、加强双创服务，进一步优化双创发展环境

（一）支持创业投资引导基金发展

积极争取国家新兴产业创业投资引导基金、国家中小企业发展基金、国家科技成果转化引导基金等在江苏设立一批创业投资子基金。鼓励江苏省政府投资基金，江苏省新兴产业创业投资引导基金等设立创业投资子基金。全面落实创业投资企业和天使投资个人有关税收试点政策，引导社会资本参与创业投资。省天使投资风险补偿资金对符合条件的天使投资机构按规定给予一定的风险投资损失补偿。依法依规豁免国有创业投资机构和国有创业投资引导基金国有股转持义务。（责任部门：省发展改革委、省经济和信息化委、省科技厅、省财政厅、省国资委、省税务局）

（二）鼓励创新金融服务方式

支持金融机构为创业企业创新活动提供股权和债权相结合的融资服务方式，以"小股权、大债权"方式，为企业提供金融服务。在有效防控风险的前提下，合理赋予大型银行县级支行信贷业务权限。支持地方性法人银行增设从事普惠金融服务的小微支行，支持地方性商业银行向县域及以下增设网点、延伸服务。引导江苏银行等地方性商业银行开展先行先试，改造小微企业信贷流程和信用评价模型，提高信贷审批效率，降低信贷审批门槛，破解轻资产的创业企业贷款难问题。（责任部门：省金融办、江苏银监局、省发展改革委、省经济和信息化委、省科技厅、人民银行南京分行）

（三）拓宽创业企业直接融资渠道

支持符合条件的科技型企业在中小板、创业板、新三板上市或挂牌。稳步扩大双创公司债券试点规模，鼓励双创企业利用短期融资券、专利质押、商标质押等方式融资。利用好区域性股权交易市场，充分发挥江苏股权交易中心"科创板"和"专精特新板"作用，为已完成股份制改造的双创企业提供区域性融资平台。鼓励保险公司为科技型中小企业知识产权融资提供保险服务，对符合条件

的由地方各级人民政府提供风险补偿。支持政府性融资担保机构为科技型中小企业发债提供担保。鼓励地方各级人民政府建立政银担、政银保等不同类型的风险补偿机制。(责任部门:省金融办、省发展改革委、省经济和信息化委、省科技厅、省财政厅、江苏银监局、江苏证监局、江苏保监局)

(四)优化财政资金支持双创方式方法

探索在战略性新兴产业相关领域率先建立利用财政资金项目的创新成果限时转化制度,财政资金支持形成的创新成果,除涉及国防、国家安全、国家利益、重大社会公共利益外,在合理期限内未能转化的,可依法依规强制许可实施转化。改革财政资金、国有资本参与创业投资的投入管理标准和规则,建立完善与其特点相适应的绩效评价体系。(责任部门:省发展改革委、省科技厅、省财政厅、省国资委)

(五)强化知识产权公共服务供给

构建省、市、县三级知识产权公共服务网络,免费开放专利、商标、版权、集成电路布图设计、植物新品种、地理标志等基础信息。在南京江北新区、苏南国家自主创新示范区、徐州高新区试点建立知识产权综合法律服务平台。建立完善知识产权运用和快速协同保护体系,加快推进快速保护由单一产业领域向多领域扩展。健全完善创新券的管理制度和运行机制,试点发放知识产权服务券,通过政府购买方式,支持知识产权服务机构为中小微企业、双创团队、众创空间提供知识产权服务。(责任部门:省知识产权局、省科技厅、省新闻出版广电局)

(六)推动创新资源开放共享

落实《省政府关于重大科研基础设施和大型科研仪器向社会开放的实施意见》,鼓励科学仪器设备集中约束管理,财政资金购置的50万元以上的仪器设备接入国家网络管理平台并对社会开放,提高设备使用效率,充分释放服务潜能,为双创提供有效支撑。(责任部门:省科技厅、省教育厅、省财政厅)

六、推进体制机制创新,进一步加强实施保障

(一)强化双创组织领导

进一步完善由省发展改革委牵头,省经济和信息化委、教育厅、科技厅、财政厅、人力资源社会保障厅等单位参与的省级双创联席会议制度,明确双创联席会议成员单位职责分工,加强对双创工作的指导、监督和评估。各地要认真落实省政府工作部署,成立工作推进机构,形成上下联动的工作格局。(责任部门:省发展改革委、省经济和信息化委、省教育厅、省科技厅、省财政厅、省人力资源社会保障厅等)

(二)精准有效推进"放管服"

试行市场准入负面清单制度,市场准入负面清单以外的行业、领域、业务等,各类市场主体皆可

依法平等进入,对有利于双创活动的互联网教育等行业适当放宽准入条件。全面推行行政审批标准化,逐步实现同一事项同等条件无差别办理。支持科技类社会组织有序承接政府转移职能,不断增加公共服务产品的有效供给。(责任部门:省编办、省发展改革委、省经济和信息化委、省教育厅、省科技厅、省财政厅、省人力资源社会保障厅、省商务厅、省工商局、省政务办等)

（三）加快推进不见面审批改革

加快推进《关于全省推进不见面审批(服务)改革实施方案》在各领域各地区的落地,以"网上办、集中批、联合审、区域评、代办制、不见面"为指南,加快将我省打造成为审批事项最少、办事效率最高、双创活力最强地区之一,推动实现政府治理体系和治理能力的现代化。(责任部门:省编办、省发展改革委、省经济和信息化委、省教育厅、省科技厅、省财政厅、省人力资源社会保障厅、省商务厅、省工商局、省政务办等)

（四）深化商事制度改革

加快推动信息采集、记载公示、管理备查类的一般经营项目涉企证照事项,以及企业登记信息能够满足政府部门管理需要的涉企证照事项,进一步整合至营业执照,实现更大范围的"多证合一"。加快推广企业集群注册、自助办照、名称自主申报、手机工商通等新业务系统,进一步提高全程电子化登记比例。进一步提升工商登记效能,尽快实现具备条件的企业名称预先核准和设立登记合并办理,加快涉企事务网上办理,全面推进落实"3550"工作要求。(责任部门:省工商局、省国土资源厅、省住房城乡建设厅、省税务局、省食品药品监管局、省质监局等)

（五）打造双创江苏品牌

办好全国"双创活动周"、"创响江苏活动月"、中国(江苏)国际双创大会、"创业江苏"科技创业大赛、中国江苏中小企业双创大赛、"i创杯"江苏省互联网双创大赛、江苏省"互联网＋"大学生双创大赛训练营等赛事和活动,加大对双创的宣传力度,加强舆论引导,大力营造鼓励创新、宽容失败的良好环境。(责任部门:省发展改革委、省经济和信息化委、省教育厅、省科技厅、省人力资源社会保障厅等)

江苏省人民政府

2018 年 8 月 24 日

数据篇

2018 年全国各地区人口及生产总值

地　区	年末常住人口（万人）	年末城镇人口比重（%）	地区生产总值（亿元）	第一产业	第二产业	第三产业	均地区生产总值（元）
全　国	**139538**	**59.6**	**900309**	**64734**	**366001**	**469575**	**64644**
北　京	2154.20	86.5	30319.98	118.69	5647.65	24553.64	140211
天　津	1559.60	83.2	18809.64	172.71	7609.81	11027.12	120711
河　北	7556.30	56.4	36010.27	3338.00	16040.06	16632.21	47772
山　西	3718.00	58.4	16818.11	740.64	7089.19	8988.28	45328
内蒙古	2533.98	62.7	17289.22	1753.82	6807.30	8728.10	68302
辽　宁	4359.30	68.1	25315.35	2033.30	10025.10	13256.95	58008
吉　林	2704.06	57.5	15074.62	1160.75	6410.85	7503.02	55611
黑龙江	3773.10	60.1	16361.62	3000.96	4030.94	9329.72	43274
上　海	2423.78	88.1	32679.87	104.37	9732.54	22842.96	134982
江　苏	**8050.70**	**69.6**	**92595.40**	**4141.72**	**41248.52**	**47205.16**	**115168**
浙　江	5737.00	68.9	56197.15	1967.01	23505.88	30724.26	98643
安　徽	6323.60	54.7	30006.82	2638.01	13842.09	13526.72	47712
福　建	3941.00	65.8	35804.04	2379.82	17232.36	16191.86	91197
江　西	4647.57	56.0	21984.78	1877.33	10250.21	9857.24	47434
山　东	10047.24	61.2	76469.67	4950.52	33641.72	37877.43	76267
河　南	9605.00	51.7	48055.86	4289.38	22034.83	21731.65	50152
湖　北	5917.00	60.3	39366.55	3547.51	17088.95	18730.09	66616
湖　南	6898.77	56.0	36425.78	3083.59	14453.54	18888.65	52949
广　东	11346.48	70.7	97277.77	3831.44	40695.15	52751.18	86412
广　西	4926.00	50.2	20352.51	3019.37	8072.94	9260.20	41489
海　南	934.32	59.1	4832.05	1000.11	1095.79	2736.15	51955
重　庆	3101.79	65.5	20363.19	1378.27	8328.79	10656.13	65933
四　川	8341.00	52.3	40678.13	4426.66	15322.72	20928.70	48883
贵　州	3600.00	47.5	14806.45	2159.54	5755.54	6891.37	41244
云　南	4829.50	47.8	17881.12	2498.86	6957.44	8424.82	37136
西　藏	343.82	31.1	1477.63	130.25	628.37	719.01	43397
陕　西	3864.40	58.1	24438.32	1830.19	12157.48	10450.65	63477
甘　肃	2637.26	47.7	8246.07	921.30	2794.67	4530.10	31336
青　海	603.23	54.5	2865.23	268.10	1247.06	1350.07	47689
宁　夏	688.11	58.9	3705.18	279.85	1650.26	1775.07	54094
新　疆	2486.76	50.9	12199.08	1692.09	4922.97	5584.02	49475

2018 年全国各地区生产总值构成及增速

地　区	地区生产总值构成(%)				区生产总值比上年增长(%)
		第一产业	第二产业	第三产业	
全　国	**100.0**	**7.2**	**40.7**	**52.2**	**6.6**
北　京	100.0	0.4	18.6	81.0	6.6
天　津	100.0	0.9	40.5	58.6	3.6
河　北	100.0	9.3	44.5	46.2	6.6
山　西	100.0	4.4	42.2	53.4	6.7
内蒙古	100.0	10.1	39.4	50.5	5.3
辽　宁	100.0	8.0	39.6	52.4	5.7
吉　林	100.0	7.7	42.5	49.8	4.5
黑龙江	100.0	18.3	24.6	57.0	4.7
上　海	100.0	0.3	29.8	69.9	6.6
江　苏	**100.0**	**4.5**	**44.5**	**51.0**	**6.7**
浙　江	100.0	3.5	41.8	54.7	7.1
安　徽	100.0	8.8	46.1	45.1	8.0
福　建	100.0	6.6	48.1	45.2	8.3
江　西	100.0	8.5	46.6	44.8	8.7
山　东	100.0	6.5	44.0	49.5	6.4
河　南	100.0	8.9	45.9	45.2	7.6
湖　北	100.0	9.0	43.4	47.6	7.8
湖　南	100.0	8.5	39.7	51.9	7.8
广　东	100.0	3.9	41.8	54.2	6.8
广　西	100.0	14.8	39.7	45.5	6.8
海　南	100.0	20.7	22.7	56.6	5.8
重　庆	100.0	6.8	40.9	52.3	6.0
四　川	100.0	10.9	37.7	51.4	8.0
贵　州	100.0	14.6	38.9	46.5	9.1
云　南	100.0	14.0	38.9	47.1	8.9
西　藏	100.0	8.8	42.5	48.7	9.1
陕　西	100.0	7.5	49.7	42.8	8.3
甘　肃	100.0	11.2	33.9	54.9	6.3
青　海	100.0	9.4	43.5	47.1	7.2
宁　夏	100.0	7.6	44.5	47.9	7.0
新　疆	100.0	13.9	40.4	45.8	6.1

2018 年全国各地区国内外贸易

地 区	社会消费品零售总额（亿元）	进出口总额（亿美元）	出 口	进 口
全 国	**380987**	**46230**	**24874**	**21356**
北 京	11747.7	4124.01	741.70	3382.30
天 津	5533.0	1225.37	488.15	737.22
河 北	16537.1	538.78	339.88	198.90
山 西	7338.5	207.75	122.70	85.05
内蒙古	7311.1	156.87	57.52	99.35
辽 宁	14142.8	1144.29	487.97	656.31
吉 林	7520.4	206.74	49.44	157.30
黑龙江	9317.4	264.11	44.50	219.62
上 海	12668.7	5156.41	2071.70	3084.72
江 苏	**33230.4**	**6640.43**	**4040.44**	**2599.99**
浙 江	25007.9	4324.77	3211.55	1113.22
安 徽	12100.1	629.74	362.09	267.65
福 建	14317.4	1875.35	1155.63	719.72
江 西	7566.4	482.36	339.60	142.76
山 东	33605.0	2923.91	1601.40	1322.51
河 南	20594.7	828.30	537.79	290.51
湖 北	18333.6	528.02	340.89	187.13
湖 南	15638.3	465.30	305.74	159.55
广 东	39501.1	10847.08	6466.76	4380.32
广 西	8291.6	623.38	327.99	295.39
海 南	1717.1	127.45	44.87	82.58
重 庆	7977.0	790.40	513.77	276.63
四 川	18254.5	899.37	503.99	395.38
贵 州	3971.2	76.01	51.21	24.79
云 南	6826.0	298.95	128.12	170.83
西 藏	597.6	7.23	4.28	2.95
陕 西	8938.3	533.15	315.95	217.19
甘 肃	3428.3	60.00	22.11	37.90
青 海	835.6	6.96	4.70	2.26
宁 夏	935.8	37.81	27.39	10.42
新 疆	3187.0	200.10	164.19	35.91

2018 年江苏省各市(县)地区生产总值

位 次	县(市)名称	绝对数(亿元)	位 次	县(市)名称	绝对数(亿元)
1	昆山市	3832.06	22	高邮市	669.02
2	江阴市	3806.18	23	新沂市	653.32
3	张家港市	2720.18	24	宝应县	630.46
4	常熟市	2400.23	25	睢宁县	577.30
5	宜兴市	1713.28	26	句容市	571.10
6	太仓市	1330.72	27	建湖县	561.68
7	丹阳市	1250.25	28	扬中市	542.00
8	海门市	1249.00	29	射阳县	536.61
9	如皋市	1120.48	30	东海县	494.42
10	启东市	1063.33	31	阜宁县	482.83
11	泰兴市	1050.34	32	泗阳县	479.22
12	靖江市	1002.05	33	泗洪县	478.95
13	海安市	993.00	34	涟水县	476.00
14	如东县	952.29	35	滨海县	475.42
15	溧阳市	935.51	36	丰 县	460.14
16	邳州市	920.66	37	盱眙县	441.00
17	兴化市	905.13	38	灌云县	375.00
18	东台市	878.68	39	灌南县	352.99
19	沭阳县	825.45	40	响水县	349.86
20	沛 县	762.62	41	金湖县	296.00
21	仪征市	673.94			

2018 年江苏省各市(县)地区生产总值构成

市　县	地区生产总值指数(上年=100)	三次产业占 GDP 比重(%)			一般公共预算收入占 GDP 比重(%)	外贸依存度(%)
		第一产业	第二产业	第三产业		
南京市	108.0	2.1	36.9	61.0	11.5	33.7
无锡市	107.4	1.1	47.8	51.1	8.8	53.9
江阴市	107.0	1.0	54.4	44.6	6.7	41.9
宜兴市	108.0	2.9	52.0	45.1	7.0	16.3
徐州市	104.2	9.3	41.6	49.0	7.8	11.5
丰　县	103.0	18.9	39.7	41.4	6.1	11.7
沛　县	103.6	13.7	43.6	42.7	7.4	5.9
睢宁县	104.4	16.7	40.8	42.5	7.2	8.8
新沂市	104.3	11.3	40.1	48.6	8.0	12.5
邳州市	103.5	14.4	39.6	46.0	6.4	11.0
常州市	107.0	2.2	46.3	51.5	7.9	32.1
溧阳市	108.0	5.5	48.5	46.0	7.1	8.1
苏州市	106.8	1.2	48.0	50.8	11.4	125.7
常熟市	106.8	1.7	51.2	47.1	8.8	69.5
张家港市	106.7	1.1	52.3	46.5	8.6	88.3
昆山市	107.2	0.8	54.1	45.0	10.1	153.9
太仓市	106.8	2.6	50.8	46.6	11.7	72.2
南通市	107.2	4.7	46.8	48.4	7.2	30.2
如东县	107.5	7.9	46.1	46.0	6.0	42.4
启东市	107.4	6.8	47.5	45.7	6.8	18.3
如皋市	107.3	6.2	47.7	46.1	6.2	21.8
海门市	108.0	4.7	48.8	46.5	5.7	16.2
海安市	108.1	6.2	47.1	46.7	6.2	12.3
连云港市	104.7	11.7	43.6	44.7	8.5	22.7
东海县	104.9	14.9	42.0	43.1	4.7	6.3
灌云县	104.0	18.4	42.4	39.1	6.0	3.6
灌南县	104.0	16.2	45.9	37.9	6.4	3.6

市　县	地区生产总值指数（上年＝100）	三次产业占GDP比重(%)			一般公共预算收入占GDP比重(%)	外贸依存度(%)
		第一产业	第二产业	第三产业		
淮安市	**106.5**	**10.0**	**41.9**	**48.2**	**6.9**	**9.2**
涟水县	106.6	13.1	38.6	48.3	4.5	4.6
盱眙县	106.5	13.5	39.4	47.2	4.1	2.4
金湖县	106.5	12.5	37.7	49.9	7.4	12.1
盐城市	**105.5**	**10.5**	**44.4**	**45.1**	**6.9**	**11.5**
响水县	108.1	12.2	49.7	38.1	7.2	12.5
滨海县	105.3	13.3	40.8	45.9	6.1	7.6
阜宁县	105.3	12.2	43.6	44.2	5.7	5.2
射阳县	105.6	16.3	36.7	47.0	4.9	5.8
建湖县	105.6	8.9	42.5	48.5	5.0	4.6
东台市	105.6	11.3	40.5	48.2	6.5	7.2
扬州市	**106.7**	**5.0**	**48.0**	**47.0**	**6.2**	**14.4**
宝应县	107.0	11.4	44.8	43.8	4.4	11.8
仪征市	107.0	3.5	51.6	45.0	7.6	16.7
高邮市	108.0	11.6	43.5	44.8	5.5	4.9
镇江市	**103.1**	**3.4**	**48.8**	**47.8**	**7.4**	**19.2**
丹阳市	102.8	3.9	50.5	45.6	4.9	16.9
扬中市	105.0	3.4	50.4	46.2	6.0	8.7
句容市	105.5	8.1	46.3	45.6	8.8	8.0
泰州市	**106.7**	**5.5**	**47.6**	**46.9**	**7.0**	**19.0**
兴化市	104.5	13.7	37.6	48.7	4.4	5.3
靖江市	107.1	2.4	49.2	48.4	6.6	18.6
泰兴市	107.2	5.8	46.7	47.5	7.1	32.5
宿迁市	**106.8**	**10.9**	**46.5**	**42.5**	**7.5**	**8.6**
沭阳县	106.8	11.8	45.3	42.9	5.7	6.3
泗阳县	106.9	12.8	49.3	37.9	5.3	6.7
泗洪县	106.9	14.6	42.4	43.0	5.4	3.0

2018 年末江苏省各市（县）地区从业人员

单位：万人

市 县	就 业 人 员	第一产业	第二产业	第三产业	私营企业 就业人员	个体 就业人员
南京市	462.60	42.60	146.20	273.80	396.75	123.93
无锡市	388.20	15.80	213.60	158.80	291.99	79.31
江阴市	99.33	4.69	60.68	33.96	72.03	23.53
宜兴市	74.13	7.95	40.17	26.01	64.84	9.79
徐州市	483.10	119.90	170.20	193.00	143.21	105.97
丰 县	55.02	16.27	20.25	18.50	9.31	10.24
沛 县	64.05	18.35	23.51	22.19	17.05	7.73
睢宁县	61.98	18.55	22.63	20.80	19.83	12.75
新沂市	54.98	14.81	20.09	20.09	21.48	10.26
邳州市	87.00	24.21	31.69	31.10	15.66	19.72
常州市	282.20	29.40	137.40	115.40	184.19	72.94
溧阳市	49.90	11.56	24.31	14.03	25.30	9.64
苏州市	692.30	21.70	405.80	264.80	489.84	171.59
常熟市	104.42	3.64	63.06	37.72	55.19	23.23
张家港市	77.15	4.07	45.70	27.38	63.95	19.88
昆山市	116.90	1.59	73.42	41.89	81.94	34.46
太仓市	45.82	2.44	26.41	16.97	30.36	8.33
南通市	455.00	83.70	211.60	159.70	227.89	101.74
如东县	61.40	12.31	30.51	19.00	19.56	9.91
启东市	66.38	15.42	29.06	22.00	22.92	7.42
如皋市	73.35	16.66	34.30	22.00	32.91	16.05
海门市	64.04	14.08	30.99	19.00	26.01	13.20
海安市	53.85	10.36	28.40	15.00	35.85	11.43
连云港市	250.50	77.70	81.70	91.10	54.39	43.96
东海县	56.59	18.41	18.03	20.14	9.59	11.13
灌云县	47.85	18.37	13.08	16.39	5.80	7.59
灌南县	36.44	14.96	11.09	10.39	4.61	5.73

市　县	就　业人　员	第一产业	第二产业	第三产业	私营企业就业人员	个体就业人员
淮安市	285.10	76.90	89.90	118.30	90.57	58.15
涟水县	48.68	16.93	11.67	20.07	12.09	8.21
盱眙县	38.60	11.60	12.78	14.22	11.13	7.81
金湖县	19.30	5.44	6.64	7.22	8.73	2.93
盐城市	431.80	95.90	158.50	177.40	156.79	63.57
响水县	27.45	7.03	9.88	10.54	6.57	4.41
滨海县	55.10	14.71	19.12	21.27	13.76	5.94
阜宁县	50.07	13.47	17.56	19.04	20.32	7.69
射阳县	55.67	14.07	19.71	21.89	11.38	5.99
建湖县	42.84	9.36	16.96	16.52	12.04	5.51
东台市	63.70	14.15	23.26	26.29	34.77	8.43
扬州市	267.10	39.40	120.40	107.30	140.08	61.87
宝应县	42.12	10.28	18.82	13.00	16.29	7.99
仪征市	39.65	7.77	18.41	13.00	13.64	7.79
高邮市	46.12	10.05	21.49	15.00	23.65	9.48
镇江市	194.80	21.90	85.10	87.80	111.63	55.48
丹阳市	63.75	5.71	32.95	25.09	42.27	16.41
扬中市	21.76	1.31	11.40	9.05	18.55	3.75
句容市	39.40	9.42	15.22	14.76	12.62	11.26
泰州市	275.50	55.70	111.90	107.90	127.36	63.89
兴化市	73.90	21.70	25.70	26.50	19.19	15.39
靖江市	40.70	6.20	20.60	13.90	21.21	8.20
泰兴市	63.50	14.70	25.90	22.90	25.28	16.75
宿迁市	282.70	84.30	101.10	97.30	97.60	67.41
沭阳县	94.23	26.86	36.63	30.74	44.65	16.98
泗阳县	49.40	18.18	16.06	15.16	12.76	11.88
泗洪县	48.66	16.80	16.42	15.44	12.27	11.59

2018 年江苏省各市（县）地区财政收支及金融

单位：亿元

市 县	一般公共预算收入	♯税收收入	一般公共预算支出	年末金融机构存款余额	♯住户存款	年末金融机构贷款余额
南 京 市	1470.02	1242.49	1532.72	33740.63	6914.84	28402.34
无 锡 市	1012.28	860.51	1055.94	15568.68	5511.59	11971.55
江 阴 市	254.04	223.01	230.48	3594.67	1250.90	3007.56
宜 兴 市	120.01	102.05	140.70	2068.53	1085.59	1586.91
徐 州 市	526.21	416.77	880.86	7107.39	3604.84	4912.47
丰 县	28.10	23.57	70.00	440.97	292.42	240.44
沛 县	56.21	43.99	103.34	554.51	368.13	315.57
睢 宁 县	41.74	32.78	87.19	558.57	338.15	328.21
新 沂 市	52.38	41.75	99.50	470.98	267.35	332.88
邳 州 市	58.78	45.89	120.77	644.04	417.24	488.14
常 州 市	560.33	489.38	594.82	9798.55	3841.90	7533.42
溧 阳 市	66.29	57.99	87.17	1121.24	542.72	899.92
苏 州 市	2119.99	1929.54	1952.71	28560.45	9168.45	26546.23
常 熟 市	211.06	184.32	183.12	3279.58	1341.80	2552.14
张 家 港 市	233.43	210.00	211.99	2928.72	1113.37	2368.85
昆 山 市	387.89	356.01	318.49	4674.94	1356.05	3441.40
太 仓 市	155.06	139.52	132.59	1570.01	593.31	1499.35
南 通 市	606.19	503.98	877.18	12001.61	6287.26	8811.69
如 东 县	57.55	48.05	119.18	1192.69	698.07	698.82
启 东 市	72.31	59.64	95.23	1386.69	874.19	943.68
如 皋 市	70.01	59.20	107.69	1292.72	826.76	883.68
海 门 市	71.01	56.82	102.71	1515.63	883.29	1066.98
海 安 市	61.71	51.64	112.49	1386.21	785.50	1059.14
连 云 港 市	234.31	187.45	419.57	3218.79	1420.02	2921.36
东 海 县	23.00	17.76	66.75	410.40	271.13	333.00
灌 云 县	22.33	16.42	56.57	320.06	177.02	244.12
灌 南 县	22.50	18.63	53.41	270.20	133.24	215.51

市 县	一般公共预算收入	＃税收收入	一般公共预算支出	年末金融机构存款余额	＃住户存款	年末金融机构贷款余额
淮 安 市	247.27	203.49	486.77	3638.01	1605.25	3303.44
涟 水 县	21.50	18.46	62.98	392.51	215.31	257.17
盱 眙 县	18.01	14.50	54.97	391.86	212.71	319.79
金 湖 县	22.03	19.19	40.78	280.71	157.04	236.07
盐 城 市	381.00	305.06	840.08	6177.28	3171.33	4887.74
响 水 县	25.35	20.54	61.54	229.27	128.56	195.76
滨 海 县	28.94	22.58	81.00	376.67	227.90	334.95
阜 宁 县	27.70	21.62	86.52	470.49	323.39	278.50
射 阳 县	26.36	21.76	85.11	485.94	339.10	346.07
建 湖 县	28.32	22.67	87.34	481.12	332.80	339.09
东 台 市	56.70	45.70	115.34	827.46	593.29	509.08
扬 州 市	340.03	272.11	563.39	5997.55	2860.65	4630.51
宝 应 县	27.59	22.06	71.76	561.85	328.52	378.10
仪 征 市	50.92	44.04	66.03	655.11	331.46	452.44
高 邮 市	36.80	31.80	74.19	637.67	399.83	429.51
镇 江 市	301.50	241.24	408.41	5042.97	2161.07	4450.60
丹 阳 市	61.40	52.80	91.65	1112.43	659.05	1069.03
扬 中 市	32.77	28.00	42.03	624.92	303.70	489.97
句 容 市	50.00	44.70	69.80	817.07	353.38	906.04
泰 州 市	357.15	285.80	532.36	6119.38	2876.63	4784.04
兴 化 市	39.41	32.24	105.50	867.99	589.98	559.92
靖 江 市	65.71	54.05	81.15	1023.73	536.82	876.49
泰 兴 市	74.51	62.69	96.34	1091.14	518.81	840.93
宿 迁 市	206.20	173.20	433.54	2746.69	1344.78	2563.61
沭 阳 县	47.00	37.64	109.80	632.53	393.75	552.63
泗 阳 县	25.46	20.46	67.13	396.36	243.74	426.35
泗 洪 县	26.03	20.96	74.97	354.11	243.90	363.01

按登记注册类型分固定资产投资比上年增长情况（2018）

单位：%

类别	投资额	#工业投资
总　计	**2. 2**	**8. 0**
内资企业	2.7	9.9
国有企业	−10.0	−9.6
集体企业	−17.2	−31.0
股份合作企业	−14.5	−10.8
联营企业	−48.1	75.7
国有联营	−69.9	−100.0
集体联营	93.2	109.1
国有与集体联营	45.0	271.8
其他联营企业	−71.1	−100.0
有限责任公司	−0.9	−2.7
国有独资公司	14.7	16.0
其他有限责任公司	−5.0	−3.7
股份有限公司	8.0	23.4
私营企业	7.7	13.2
其他企业	47.0	20.6
港、澳、台商投资企业	−2.7	−4.8
合资经营企业	−12.8	−14.9
合作经营企业	9.1	13.8
独资企业	7.4	5.2
股份有限公司	−42.5	−57.3
其他港澳台商投资	−72.4	−61.1

市　县	社会消费品零售总额(亿元)	#批发和零售业	进出口总额(亿美元)	出　口	进　口	实际使用外资(亿美元)
灌 南 县	112.08	93.78	1.96	1.48	0.48	0.83
淮 安 市	**1239.66**	**1116.28**	**50.10**	**33.67**	**16.43**	**11.82**
涟 水 县	143.48	131.77	3.33	2.97	0.36	1.30
盱 眙 县	134.41	118.47	1.63	1.40	0.23	1.24
金 湖 县	104.44	92.94	5.44	5.17	0.26	1.35
盐 城 市	**1778.74**	**1579.65**	**95.49**	**60.31**	**35.19**	**9.13**
响 水 县	77.69	71.80	6.62	6.01	0.61	0.58
滨 海 县	130.93	117.80	5.46	4.70	0.76	0.55
阜 宁 县	134.70	125.44	3.81	3.13	0.69	0.35
射 阳 县	190.02	168.36	4.73	2.73	2.00	0.61
建 湖 县	157.14	122.24	3.88	3.69	0.19	0.38
东 台 市	290.10	258.77	9.52	8.68	0.85	0.90
扬 州 市	**1557.03**	**1371.94**	**119.93**	**85.42**	**34.51**	**12.20**
宝 应 县	181.72	163.48	11.25	8.83	2.42	0.70
仪 征 市	129.57	113.54	17.08	6.56	10.52	1.40
高 邮 市	191.15	161.57	4.94	4.48	0.46	0.93
镇 江 市	**1360.92**	**1174.93**	**118.39**	**79.80**	**38.59**	**8.68**
丹 阳 市	358.74	318.29	32.06	27.83	4.23	1.62
扬 中 市	166.52	133.14	7.15	6.23	0.92	1.03
句 容 市	167.54	148.15	6.88	6.00	0.88	1.10
泰 州 市	**1282.87**	**1100.09**	**147.30**	**95.31**	**51.99**	**15.07**
兴 化 市	203.63	42.42	7.31	7.04	0.27	1.12
靖 江 市	204.07	48.31	28.31	20.11	8.21	0.90
泰 兴 市	237.05	65.87	52.06	31.35	20.71	3.69
宿 迁 市	**833.82**	**713.67**	**36.01**	**27.17**	**8.84**	**3.77**
沭 阳 县	233.54	159.42	7.92	7.04	0.88	0.92
泗 阳 县	119.00	106.79	4.88	4.69	0.19	0.56
泗 洪 县	124.67	116.07	2.18	1.71	0.47	0.56

分市交通运输基本情况（2018 年）

指　标	南京市	无锡市	徐州市	常州市
运输线路				
公路通车里程（公里）	10632	7576	16611	9331
♯等级公路里程	10571	7576	15798	9331
♯高速公路	521	274	464	306
一级公路	1347	961	1291	1176
二级公路	1169	1702	1655	1554
内河航道里程（公里）	630	1578	1033	1080
公路桥梁（座）	2173	3967	5098	3641
公路桥梁长度（米）	232951	275820	246823	240122
客运量				
公路（万人）	8278	5179	9960	4087
水运（万人）	23	500		379
民用航空（万人）	2858	721	252	333
货运量				
公路（万吨）	14995	15761	21164	13068
水运（万吨）	14805	2791	6456	2463
民用航空（吨）	365044	123819	10066	28170
机动车拥有量（万辆）	275.06	211.92	168.99	141.33
♯机动汽车拥有量	258.24	194.13	136.64	133.76
♯载客汽车	243.86	183.24	119.31	125.03
载货汽车	13.13	10.19	14.81	8.26
♯营运汽车（含公交出租车辆）	14.48	9.62	15.06	7.01
♯私人汽车	207.25	161.42	125.53	113.41
全社会船舶拥有量（万艘）	0.150	0.130	0.347	0.173
机动船	0.148	0.129	0.142	0.171
驳船	0.002	0.001	0.205	0.002
港口货物吞吐量（万吨）	25404	23240	3140	10170

指　标	苏州市	南通市	连云港市	淮安市	盐城市
运输线路					
公路通车里程(公里)	12173	19005	11909	13436	20550
♯等级公路里程	12173	19005	11909	12845	20333
♯高速公路	598	334	354	404	396
一级公路	1791	2010	839	749	1628
二级公路	4149	1742	1742	1634	2779
内河航道里程(公里)	2786	3522	1111	1483	4346
公路桥梁(座)	9547	8366	2781	3884	15925
公路桥梁长度(米)	587886	368053	217763	213871	512227
客运量					
公路(万人)	29123	6807	4290	5995	6428
水运(万人)	639	478	17	17	
民用航空(万人)		277	152	152	182
货运量					
公路(万吨)	14787	13746	9965	6671	5885
水运(万吨)	1372	9385	2024	7251	11967
民用航空(吨)		42990	2906	6286	6587
机动车拥有量(万辆)	404.20	199.15	83.80	83.10	128.94
♯机动汽车拥有量	391.59	167.27	64.27	57.84	96.78
♯载客汽车	372.61	156.89	54.65	51.80	87.06
载货汽车	17.64	9.62	8.31	5.48	8.02
♯营运汽车(含公交出租车辆)	14.89	6.28	6.17	4.67	5.40
♯私人汽车	329.72	149.31	58.80	52.01	87.30
全社会船舶拥有量(万艘)	0.033	0.136	0.103	0.292	0.722
机动船	0.033	0.132	0.097	0.271	0.646
驳船	0.000	0.004	0.006	0.020	0.076
港口货物吞吐量(万吨)	61295	30764	24315	8769	14359
♯外贸	13893	6063	11884	0	1801

指　标	扬州市	镇江市	泰州市	宿迁市
运输线路				
公路通车里程(公里)	9730	7255	9954	10565
♯等级公路里程	9363	7255	9953	10183
♯高速公路	294	193	321	253
一级公路	602	961	1084	641
二级公路	1356	850	1449	1660
内河航道里程(公里)	2297	597	2550	980
公路桥梁(座)	4419	1350	6713	3179
公路桥梁长度(米)	202938	114424	320134	160965
客运量				
公路(万人)	3094	2965	6057	4762
水运(万人)	6		324	
民用航空(万人)	238			
货运量				
公路(万吨)	7634	8058	3041	4476
水运(万吨)	6493	1583	18715	2430
民用航空(吨)	11137			
机动车拥有量(万辆)	98.02	71.11	94.98	99.98
♯机动汽车拥有量	77.13	60.62	76.82	66.20
♯载客汽车	70.85	56.81	71.44	56.78
载货汽车	5.58	3.50	4.77	6.81
♯营运汽车(含公交出租车辆)	5.28	3.02	4.11	5.48
♯私人汽车	68.43	53.78	69.00	61.66
全社会船舶拥有量(万艘)	0.238	0.035	0.745	0.168
机动船	0.224	0.035	0.742	0.094
驳船	0.014	0.001	0.002	0.074
港口货物吞吐量(万吨)	12571	16265	26960	1217
♯外贸	972	3750	2196	0

商品零售价格分类指数（2018 年）　　　　　　上年＝100

类　别	全　省	城　市	农　村
商品零售价格指数	**102.6**	**102.5**	**103.2**
食品	102.4	102.5	101.9
饮料、烟酒	102.1	102.2	102.1
服装、鞋帽	102.2	102.1	102.8
纺织品	102.1	102.0	103.0
家用电器及音像器材	100.9	100.9	101.7
文化办公用品	101.4	101.5	101.1
日用品	103.5	103.5	103.8
体育娱乐用品	102.6	102.6	102.0
交通、通信用品	99.0	98.9	100.2
家具	103.1	102.8	105.1
化妆品	102.0	102.0	101.9
金银饰品	97.3	97.3	97.6
中西药品及医疗保健用品	104.2	104.1	105.0
书报杂志及电子出版物	107.4	107.5	106.7
燃料	109.9	110.0	109.1
建筑材料及五金电料	105.0	104.4	108.8
农业生产资料价格指数	**103.9**		
农用手工工具	106.8		
饲料	104.0		
仔畜幼禽及畜产品	92.7		
半机械化农具	100.5		
机械化农具	100.3		
化学肥料	109.3		
农药及农药器械	105.2		
化学农药	105.5		
农药器械	101.9		
农机用油	116.0		
其他农用生产资料	101.8		
农业生产服务	102.3		

附录：主要统计指标解释

国内生产总值（GDP） 指一个国家所有常住单位在一定时期内生产活动的最终成果。国内生产总值有三种表现形态，即价值形态、收入形态和产品形态。从价值形态看，它是所有常住单位在一定时期内生产的全部货物和服务价值超过同期中间投入的全部非固定资产货物和服务价值的差额，即所有常住单位的增加值之和；从收入形态看，它是所有常住单位在一定时期内创造并分配给常住单位和非常住单位的初次收入分配之和；从产品形态看，它是所有常住单位在一定时期内最终使用的货物和服务价值与货物和服务净出口价值之和。在实际核算中，国内生产总值有三种计算方法，即生产法、收入法和支出法。三种方法分别从不同的方面反映国内生产总值及其构成。对于地区，GDP中文名称为"地区生产总值"。

货物和服务净出口 指货物和服务出口减货物和服务进口的差额。出口包括常住单位向非常住单位出售或无偿转让的各种货物和服务的价值；进口包括常住单位从非常住单位购买或无偿得到的各种货物和服务的价值。由于服务活动的提供与使用同时发生，因此服务的进出口业务并不发生出入境现象，一般把常住单位从国外得到的服务作为进口，非常住单位从本国得到的服务作为出口。货物的出口和进口都按离岸价格计算。

居民消费 指常住住户对货物和服务的全部最终消费支出。居民消费按市场价格计算，即按居民支付的购买者价格计算。购买者价格是购买者取得货物所支付的价格，包括购买者支付的运输和商业费用。居民消费除了直接以货币形式购买货物和服务的消费之外，还包括以其他方式获得的货物和服务的消费支出，即所谓的虚拟消费支出。居民虚拟消费支出包括以下几种类型：单位以实物报酬及实物转移的形式提供给劳动者的货物和服务；住户生产并由本住户消费了的货物和服务，其中的服务仅指住户的自有住房服务；金融机构提供的金融媒介服务；保险公司提供的保险服务。

政府消费 指政府部门为全社会提供公共服务的消费支出和免费或以较低价格向住户提供的货物和服务的净支出。前者等于政府服务的产出价值减去政府单位所获得的经营收入的价值，政府服务的产出价值等于它的经常性业务支出加上固定资产折旧；后者等于政府部门免费或以较低价格向住户提供的货物和服务的市场价值减去向住户收取的价值。

就业人员 指从事一定社会劳动并取得劳动报酬或经营收入的人员，包括在岗职工、再就业的离退休人员、私营业主、个体户主、私营和个体就业人员、乡镇企业就业人员、农村就业人员、其他就业人员（包括民办教师、宗教职业者、现役军人等）。这一指标反映了一定时期内全部劳动力资源的实际利用情况，是研究我国基本国情国力的重要指标。

单位就业人员 指在各类法人单位工作，并由单位支付劳动报酬的人员，包括在岗职工和其他就业人员。在岗职工指在本单位工作且与本单位签订劳动合同，并由单位支付各项工资和社会保险、住房公积金的人员，以及上述人员中由于学习、病伤、产假等原因暂未工作仍由单位支付工资的人员。

其他就业人员　指在本单位工作,不能归到在岗职工、劳务派遣人员中的人员。此类人员是实际参加本单位生产或工作并从本单位取得劳动报酬的人员。具体包括:非全日制人员、聘用的正式离退休人员、兼职人员和第二职业者等,以及在本单位中工作的外籍和港澳台方人员。

城镇私营和个体就业人员　**城镇私营就业人员**　指在工商管理部门注册登记,其经营地址设在县城关镇(含城关镇)以上的私营企业就业人员;包括私营企业投资者和雇工。城镇个体就业人员指在工商管理部门注册登记,并持有城镇户口或在城镇长期居住,经批准从事个体工商经营的就业人员;包括个体经营者和在个体工商户劳动的家庭帮工和雇工。

平均工资　指在报告期内单位发放工资的人均水平。计算公式为:

$$平均工资＝报告期工资总额/报告期平均人数$$

在岗职工平均工资指数　指报告期在岗职工平均工资与基期在岗职工平均工资的比率,是反映不同时期在岗职工货币工资水平变动情况的相对数。计算公式为:

$$在岗职工平均工资指数＝报告期平均工资/基期平均工资×100\%$$

居民消费价格指数　是反映一定时期内城乡居民所购买的生活消费品价格和服务项目价格变动趋势和程度的相对数,是对城市居民消费价格指数和农村居民消费价格指数进行综合汇总计算的结果。通过该指数可以观察和分析消费品的零售价格和服务价格变动对城乡居民实际生活费支出的影响程度。

可支配收入　指调查户在调查期内获得的、可用于最终消费支出和储蓄的总和,即调查户可以用来自由支配的收入。可支配收入既包括现金,也包括实物收入。按照收入的来源,可支配收入包含四项:工资性收入、经营净收入、财产净收入和转移净收入。计算公式为:

$$可支配收入＝工资性收入＋经营净收入＋财产净收入＋转移净收入$$

固定资产投资　是以货币表现的建造和购置固定资产活动的工作量,它是反映固定资产投资规模、速度、比例关系和使用方向的综合性指标。全社会固定资产投资按登记注册类型可分为国有、集体、个体、联营、股份制、外商、港澳台商、其他等。全社会固定资产投资总额分为城镇项目投资、农村建设项目投资和房地产开发投资三个部分。

新增固定资产　指通过投资活动所形成的新的固定资产价值,包括已经建成投入生产或交付使用的工程价值和达到固定资产标准的设备、工具、器具的价值及有关应摊入的费用。它是以价值形式表示的固定资产投资成果的综合性指标,可以综合反映不同时期、不同部门、不同地区的固定资产投资成果。

财政收入　指国家财政参与社会产品分配所取得的收入,是实现国家职能的财力保证。按我省口径,财政总收入为公共财政预算收入、基金收入和上划中央四税之和。

财政支出　国家财政将筹集起来的资金进行分配使用,以满足经济建设和各项事业的需要。

进出口总额　海关进出口总额指实际进出我国国境的货物总金额。包括对外贸易实际进出口货物,来料加工装配进出口货物,国家间、联合国及国际组织无偿援助物资和赠送品,华侨、港澳台同胞和外籍华人捐赠品,租赁期满归承租人所有的租赁货物,进料加工进出口货物,边境地方贸易及边境地区小额贸易进出口货物（边民互市贸易除外），中外合资企业、中外合作经营企业、外商独资经营企业进出口货物和公用物品，到、离岸价格在规定限额以上的进出口货样和广告品（无商业价值、无使用价值和免费提供出口的除外），从保税仓库提取在中国境内销售的进口货物，以及其他进出口货物。进出口总额用以观察一个国家在对外贸易方面的总规模。我国规定出口货物按离岸价格统计，进口货物按到岸价格统计。

实际使用外资　指外国企业和经济组织或个人（包括华侨、港澳台胞以及我国在境外注册的企业）按我国有关政策、法规，用现汇、实物、技术等在我国境内开办外商独资企业、与我国境内的企业或经济组织共同举办中外合资经营企业、合作经营企业或合作开发资源的投资（包括外商投资收益的再投资）。

对外承包工程　指各对外承包公司以招标议标承包方式承揽的下列业务：（1）承包国外工程建设项目，（2）承包我国对外经援项目，（3）承包我国驻外机构的工程建设项目，（4）承包我国境内利用外资进行建设的工程项目，（5）与外国承包公司合营或联合承包工程项目时我国公司分包部分，（6）对外承包兼营的房屋开发业务。对外承包工程的营业额是以货币表现的本期内完成的对外承包工程的工作量，包括以前年度签订的合同和本年度新签订的合同在报告期内完成的工作量。

对外劳务合作　指以收取工资的形式向业主或承包商提供技术和劳动服务的活动。我国对外承包公司在境外开办的合营企业，中国公司同时又提供劳务的，其劳务部分也纳入劳务合作统计。劳务合作营业额按报告期内向雇主提交的结算数（包括工资、加班费和奖金等）统计。

铁路营业里程　又称营业长度（包括正式营业和临时营业里程），指办理客货运输业务的铁路正线总长度。凡是全线或部分建成双线及以上的线路，以第一线的实际长度计算；复线、站线、段管线、岔线和特殊用途线以及不计算运费的联络线都不计算营业里程。铁路营业里程是反映铁路运输业基础设施发展水平的重要指标，也是计算客货周转量、运输密度和机车车辆运用效率等指标的基础资料。

货（客）运量　指在一定时期内，各种运输工具实际运送的货物（旅客）数量。它是反映运输业为国民经济和人民生活服务的数量指标，也是制定和检查运输生产计划、研究运输发展规模和速度的重要指标。货运按吨计算，客运按人计算。货物不论运输距离长短、货物类别，均按实际重量统计。旅客不论行程远近或票价多少，均按一人一次客运量统计；半价票、小孩票也按一人统计。

货物（旅客）周转量　指在一定时期内，由各种运输工具运送的货物（旅客）数量与其相应运输距离的乘积之总和。它是反映运输业生产总成果的重要指标，也是编制和检查运输生产计划，计算运输效率、劳动生产率以及核算运输单位成本的主要基础资料。计算货物周转量通常按发出站与到达站之间的最短距离，也就是计费距离计算。计算公式为：

$$货物（旅客）周转量＝\sum 货物（旅客）运输量×运输距离$$

沿海主要港口货物吞吐量　指经水运进出沿海主要港区范围，并经过装卸的货物数量，包括邮件及办理托运手续的行李、包裹以及补给运输船舶的燃、物料和淡水。货物吞吐量按货物流向分为进口、出口吞吐量，按货物交流性质分为外贸货物吞吐量和国内贸易货物吞吐量。货物吞吐量的货类构成及其流向，是衡量港口生产能力大小的重要指标。

邮电业务总量　指以价值量形式表现的邮电通信企业为社会提供各类邮电通信服务的总数

量。邮电业务量按专业分类包括函件、包件、汇票、报刊发行、邮政快件、特快专递、邮政储蓄、集邮、公众电报、用户电报、传真、长途电话、出租电路、无线寻呼、移动电话、分组交换数据通信、出租代维等。计算方法为各类产品乘以相应的平均单价(不变价)之和,再加上出租电路和设备、代用户维护电话交换机和线路等的服务收入。它综合反映了一定时期邮电业务发展的总成果,是研究邮电业务量构成和发展趋势的重要指标。计算公式为:

$$邮电业务总量 = \sum(各类邮电业务量 \times 不变单价) + 出租代维及其他业务收入$$

移动电话用户　是指通过移动电话交换机进入移动电话网、占用移动电话号码的电话用户。用户数量以报告期末在移动电话营业部门实际办理登记手续进入移动电话网的户数进行计算,一部移动电话统计为一户。

电话用户　指接入国家公众固定电话网,并按固定电话业务进行经营管理的电话用户。1997年以前,电话用户分为市内电话用户和农村电话用户。"市内电话用户"是指接入县城及县以上城市的电话网上的电话用户;"农村电话用户"是指接入县邮电局农话台及县以下农村电话交换点,以县城为中心(除市话用户外)联通县、乡(镇)、行政村、村民小组的用户。从1997年起,电话用户数分组调整为以用户所在区域划分为"城市电话用户"和"乡村电话用户",与过去的按市内电话和农村电话划分方法不同。而电话用户总数、电话机总部数统计范围不变。

批发和零售业商品购、销、存总额　指各种登记注册类型的批发和零售企业、产业活动单位、个体经营者以本单位为总体的商品购进、销售、库存总额。

商品购进总额　指从本单位以外的单位和个人购进(包括从境外直接进口)作为转卖或加工后转卖的商品总额。

商品销售总额　指对本单位以外的单位和个人出售(包括对境外直接出口)本单位经营的商品总额(含增值税)。

商品批发额　指商品零售额以外的一切商品销售额。包括售给生产经营单位用于生产或经营用的商品销售额;售给批发和零售业、餐饮业用于转卖或加工后转卖的商品销售额;直接向国(境)外出口和委托外贸部门代理出口的商品销售额。

商品零售额　指售给城乡居民用于生活消费、售给社会集团用公款购买用作非生产、非经营使用的商品销售额。

商品库存总额　指报告期末各种登记注册类型的批发和零售业企业、产业活动单位、个体经营者已取得所有权的商品。

商品交易市场　指有固定场所、设施,有若干经营者入场实行集中、公开交易各类实物商品的市场。

商品交易市场成交额　指商品交易市场内所有经营者所实现的商品销售金额。商品交易市场包括消费品市场和生产资料市场。

旅游者人数

(1)入境国际旅游者人数:指来中国参观、访问、旅行、探亲、访友、休养、考察、参加会议和从事经济、科技、文化、教育、宗教等活动的外国人、华侨、港澳同胞和台湾同胞的人数。不包括外国在我国的常驻机构,如使领馆、通讯社、企业办事处的工作人员;来我国常住的外国专家、留学生以及在岸逗留不过夜人员。

（2）出境居民人数:指大陆居民因公务活动或私人事务短期出境的人数。公务活动出境居民人数包括在国际交通工具上的中国服务员工,因私出境居民人数不包括在国际交通工具上的中国服务员工。

（3）国内旅游者人数:指我国大陆居民和在我国常住1年以上的外国人、华侨、港澳台同胞离开常住地在境内其他地方的旅游设施内至少停留一夜,最长不超过6个月的人数。

国际旅游(外汇)收入 指入境旅游的外国人、华侨、港澳同胞和台湾同胞在中国大陆旅游过程中发生的一切旅游支出,对于国家来说就是国际旅游(外汇)收入。

科技活动人员 指直接从事科技活动,以及专门从事科技活动管理和为科技活动提供直接服务的人员。累计从事科技活动的实际工作时间占全年制度工作时间10%及以上的人员。（1）直接从事科技活动的人员包括:在独立核算的科学研究与技术开发机构、高等学校、各类企业及其他事业单位内设的研究室、实验室、技术开发中心及中试车间(基地)等机构中从事科技活动的研究人员、工程技术人员、技术工人及其它人员;虽不在上述机构工作,但编入科技活动项目(课题)组的人员;科技信息与文献机构中的专业技术人员;从事论文设计的研究生等。（2）专门从事科技活动管理和为科技活动提供直接服务的人员包括:独立核算的科学研究与技术开发机构、科技信息与文献机构、高等学校、各类企业及其他事业单位主管科技工作的负责人,专门从事科技活动的计划、行政、人事、财务、物资供应、设备维护、图书资料管理等工作的各类人员,但不包括保卫、医疗保健人员、司机、食堂人员、茶炉工、水暖工、清洁工等为科技活动提供间接服务的人员。

研究与试验发展(R&D) 指在科学技术领域,为增加知识总量,以及运用这些知识去创造新的应用而进行的系统的创造性的活动,包括基础研究、应用研究、试验发展三类活动。

基础研究 指为了获得关于现象和可观察事实的基本原理的新知识(揭示客观事物的本质、运动规律,获得新发现、新学说)而进行的实验性或理论性研究,它不以任何专门或特定的应用或使用为目的。其成果以科学论文和科学著作为主要形式。

应用研究 指为获得新知识而进行的创造性研究,主要针对某一特定的目的或目标。应用研究是为了确定基础研究成果可能的用途,或是为达到预定的目标探索应采取的新方法(原理性)或新途径。其成果形式以科学论文、专著、原理性模型或发明专利为主。

试验发展 指利用从基础研究、应用研究和实际经验所获得的现有知识,为产生新的产品、材料和装置,建立新的工艺、系统和服务,以及对已产生和建立的上述各项作实质性的改进而进行的系统性工作。其成果形式主要是专利、专有技术、具有新产品基本特征的产品原型或具有新装置基本特征的原始样机等。在社会科学领域,试验发展是指把通过基础研究、应用研究获得的知识转变成可以实施的计划(包括为进行检验和评估实施示范项目)的过程。人文科学领域没有对应的试验发展活动。

研究与试验发展人员 指参与研究与试验发展项目研究、管理和辅助工作的人员,包括项目(课题)组人员,企业科技行政管理人员和直接为项目(课题)活动提供服务的辅助人员。

专业技术人员 指从事专业技术工作和专业技术管理工作的人员,即企事业单位中已经聘任专业技术职务从事专业技术工作和专业技术管理工作的人员,以及未聘任专业技术职务,现在专业技术岗位上工作的人员。包括工程技术人员,农业技术人员,科学研究人员,卫生技术人员,教学人员,经济人员,会计人员,统计人员,翻译人员,图书资料、档案、文博人员,新闻出版人员,律师、公证人员,广播电视播音人员,工艺美术人员,体育人员,艺术人员及企业政治思想工作人员,共十七个专业技术职务类别。

科技活动经费筹集 指从各种渠道筹集到的计划用于科技活动的经费,包括政府资金、企业资金、事业单位资金、金融机构贷款、国外资金和其他资金等。

政府资金 指从各级政府部门获得的计划用于科技活动的经费,包括科学事业费、科技三项费、科研基建费、科学基金、教育等部门事业费中计划用于科技活动的经费以及政府部门预算外资金中计划用于科技活动的经费等。

企业资金 指从自有资金中提取或接受其他企业委托的、科研院所和高校等事业单位接受企业委托获得的,计划用于科研和技术开发的经费。不包括来自政府、金融机构及国外的计划用于科技活动的资金。

金融机构贷款 指从各类金融机构获得的用于科技活动的贷款。

科技活动经费内部支出 指报告年内用于科技活动的实际支出包括劳务费、科研业务费、科研管理费,非基建投资购建的固定资产、科研基建支出以及其他用于科技活动的支出。不包括生产性活动支出、归还贷款支出及转拨外单位支出。

劳务费 指以货币或实物形式直接或间接支付给从事科技活动人员的劳动报酬及各种费用。包括各种形式的工资、津贴、奖金、福利、离退休人员费用、人民助学金等。

固定资产购建费 指报告年内使用非基建投资购建的固定资产和用于科研基建投资的实际支出额,即固定资产实际支出和科研基建投资实际完成额之和。固定资产是指长期使用而不改变原有实物形态的主要物资设备、图书资料、实验材料和标本以及其他设备和家具、房屋、建筑物。

新产品 指采用新技术原理、新设计构思研制、生产的全新产品,或在结构、材质、工艺等某一方面比原有产品有明显改进,从而显著提高了产品性能或扩大了使用功能的产品。既包括政府有关部门认定并在有效期内的新产品,也包括企业自行研制开发,未经政府有关部门认定,从投产之日起一年之内的新产品。

专利 是专利权的简称,是对发明人的发明创造经审查合格后,由专利局依据专利法授予发明人和设计人对该项发明创造享有的专有权。包括发明、实用新型和外观设计。

发明 指对产品、方法或者其改进所提出的新的技术方案。

实用新型 指对产品的形状、构造或者其结合所提出的适于实用的新的技术方案。

外观设计 指对产品的形状、图案、色彩或者其结合所作出的富有美感并适于工业上应用的新设计。

普通高等学校 指按照国家规定的设置标准和审批程序批准举办,通过国家统一招生考试,招收高中毕业生为主要培养对象,实施高等学历教育的全日制大学、独立设置的学院和高等专科学校、高等职业学校和其他机构。